南無本師釋迦牟尼佛

本師釋迦牟尼佛 偈讚

俱胝圓滿妙善所生身

成滿無邊眾生希願語

如實觀見無餘所知意

於是釋迦尊主稽首禮

至尊彌勒

至尊彌勒 偈讚

大慈火燒瞋恚薪

智慧光滅無明暗

紹法王位衆生怙

住兜率尊誠頂禮

阿底峽尊者

阿底峽尊者 偈讚

富饒之地邦伽羅

貴胄撒賀王種姓

菩薩靜命所生族

燃燈智足敬頂禮

宗喀巴大師父子三尊

宗喀巴大師父子三尊 偈讚

肇建雪域車軌宗喀巴

事勢正理自在賈曹傑

顯密教法持主克主傑

佛王父子三尊敬頂禮

菩提道次第廣論四家合註

————白話校註集————

造論／ 宗喀巴大師

合註／ 巴梭法王　語王堅穩尊者　妙音笑大師　札帝格西

譯論／ 法尊法師　總監／ 真 如　譯註／ 釋如法 釋如密 等

《菩提道次第廣論四家合註白話校註集》
第一冊・譯場成員

承　辦／大慈恩・月光國際譯經院・第一譯場

授　義／哈爾瓦・嘉木樣洛周仁波切、如月格西

總　監／真　如

主　譯／釋如法

主　校／釋如密

主　潤／釋如吉

審　義／釋性華

合校潤／釋如行

語　譯／釋性忠

參　異／釋性柏、釋性同（助理）、釋性懷（助理）

考　據／釋性展、釋性理、釋性尊（助理）

訓　詁／蔡纓勳

核　定／釋如俊

眾　校／釋性泰、釋性鴻、釋性黎、釋性輝、釋性崇、釋性幻、釋性銘
　　　　釋性奉、釋性謹、釋性璠、釋性將、釋性進、釋性殿、釋性照
　　　　釋性朝、釋性察、釋性慎、釋性獻

眾　潤／釋如俊、江寶珠、潘呂棋昌、蔡纓勳

提　疑／釋緣亦、釋法川、釋圓道、釋性觀、陳耀輝、李永晃、胡克勤
　　　　游陳溪、趙　軍、張　嘉、左玉波、王俊文、陳永盛、胡之寧
　　　　潘　紘、洪金澤

審　閱／釋融法、釋見越、釋融揚、釋融昱、釋起演、釋起行、釋起論
　　　　釋起世、釋起振、釋起海、釋法根、釋法入、釋法鍊

行　政／釋性體、釋性由、張　波

དགའ་ལྡན་ཁྲི་པ་རི་རྫོང་སྲས་སྤྲུལ་ཐུབ་བསྟན་ཉི་མ།

GADEN TRIPA RIZONG SRAS -TRUL
THUPTEN NYIMA

LUKHIL KHANGTSEN
DREPUNG LOSELING
L.C # 2 , TATTIHALLI
MUNDGOD-581411
N.K. KARNATAKA
SOUTH INDIA

PHONE: 08301 245658

DATE _____

ལམ་རིམ་ཆེན་མོའི་མཆན་བཞི་སྐྱགས་ཀྱི་ཆེད་བརྗོད།

༄༅། །ཕྱོགས་དུས་རྒྱལ་བ་ཀུན་གྱི་མཁྱེན་བརྩེ་ནུས་གསུམ་གཅིག་ཏུ་འདུས་པའི་རང་
གཟུགས་སྟོབ་བཅུན་དྲང་སྲིག་གར་གྱི་རྣམ་པར་རོལ་བ། ཁམས་གསུམ་ཆོས་ཀྱི་རྒྱལ་པོ་ཙོང་ཁ་པ་ཆེན་
པོ་དཔལ་བཟང་པོ་མཆོག ཏེ་སྐད་དུ། མདོ་སྟེ་གདམས་ངག་འགོག་པའི་རྒྱལ་པོ་ལས། ཀུན་དགའ་བོ་
དཔལ་ལ་ཤེལ་དགར་གྱི་འཛིན་བ་སྟེར་བའི་ཐིག་འདི། ང་ཡི་བསྟན་པ་གསོ་བྱེད་ལ། །མ་འོངས་སྤྲིགས་
མའི་དུས་སུ་ནི། །འབྲི་དང་ཀློན་གྱི་ས་མཚམས་སུ། །དགེ་ཞེས་བྱ་བའི་དགོན་པ་འདེབས། །བློ་བཟང་
ཞེས་བྱའི་མིང་ཅན་འབྱུང་། །ཞེས་སོགས་རྒྱ་ཆེར་གསུངས་པ་ལྟར། འབྲོག་རི་བོ་ཆེ་དགའ་ལྡན་རྣམ་པར་
རྒྱལ་བའི་སྒྲིག་ཕྱག་བཏབ་པ་མཛད་ཅིང་། སྤྲག་པར་རྗེ་རང་ཉིད་ཀྱི་ཞལ་སྣ་ནས། དེ་དུས་རྒྱལ་འགྲོར་
བཅོན་རྣམས་ཐོས་པ་ཅུང་། །མང་ཐོས་ཉམས་ལེན་གནད་ལ་མི་མཁས་ཤིང་། །ཁལ་ཆེར་གསུང་རབ་
བལྟ་ལ་ཕྱོགས་རེའི་མིག །ལུང་དོན་རིགས་པས་འབྱེད་པའི་མཐུ་མེད་ལས། །བསྟན་པའི་གནད་རྣམས་
རྟོགས་པའི་གདམས་པ་མཆོག །མཁས་པ་དགྱིས་པའི་ལམ་དང་བྲལ་མཛོད་ནས། །ཤིང་ཏུ་ཆེན་པོའི་
ལམ་འདི་བཤད་པ་ལ། །བདག་གི་ཡིད་ནི་ཀུན་ནས་སྟོབ་པར་གྱུར། །ཞེས་གསུངས་པ་ལྟར། བཀའ་སྡུབ་
ཀྱི་བསྟན་པ་རྒྱ་ཆེར་སྤེལ་བར་མཛད་ཅིང་། ཁྱད་པར་དུ་ལྷ་བཅུའི་གཅུག་རྒྱན་ཊོ་པོ་རྗེ་དཔལ་ལྡན་ཨ་ཏི་
ཤས་མཛད་པའི་བྱང་ཆུབ་ལམ་སྒྲོན་ལ་བརྟེན་ནས་ཆེ་བ་བཞི་དང་ཁྱད་ཆོས་གསུམ་ལྡན་གྱི་སྐྱེས་བུ་
གསུམ་གྱི་ལམ་གྱི་རིམ་པ་དང་། ཉེ་བཅུན་འཛམ་པའི་དབང་གི་མན་ངག་ལ་བརྟེན་ནས་ལམ་གྱི་གཙོ་
བོ་རྣམ་པ་གསུམ་གྱི་གནད་རྣམས་ལེགས་པར་བསྡུས་ནས་ས་གསུམ་གྱི་སྒྲོན་མེ་གཅིག་ཏུ་བྱུང་ཆུབ་
ལམ་རིམ་ཆེན་མོ་མཛད་ཅིང་། དེ་ནས་བྱང་ཆུབ་ལམ་རིམ་ཆེན་མོའི་མཆན་བཞི་སྐྱགས་ཀྱི་འགྲེལ་བ་

日宗仁波切藏文序

3

དགའ་ལྡན་ཁྲི་པ་རི་རྫོང་སྲས་སྤྲུལ་ཐུབ་བསྟན་ཉི་མ།

GADEN TRIPA RIZONG SRAS -TRUL
THUPTEN NYIMA

རི་རྫོང་སྲས་སྤྲུལ་བསྟན་ཉི་མ།

LUKHIL KHANGTSEN
DREPUNG LOSELING
L.C # 2 , TATTIHALLI
MUNDGOD-581411
N.K. KARNATAKA
SOUTH INDIA

PHONE: 08301 245658

DATE _____

ཐེག་ཆེན་ལམ་གྱི་གསལ་སྒྲོན་ཞེས་པ་བྱུང་རིག །ༀ་རྗེ་ཤེས་རབ་རྒྱ་མཚོའི་གསུང་ལུང་སྤྱན་བཀྱུད།

གདམས་པའི་བཀའ་བབས་པ་པོ་ཚོས་ཀྱི་རྒྱལ་མཚན་གྱི་སྒྲེ་ཕྲེང་ལྟ་དབང་ཚོས་ཀྱི་རྒྱལ་མཚན་གྱིས་

དགའ་བའི་གནད་ལ་མཚན་ཡིག་ཅིག་མཛད། དེ་ནས་ཀུན་མཁྱེན་ཚོས་ཀྱི་འབྱུང་གནས་ཀྱི་གསུང་རྒྱུན་

ཁྲི་སྤྲག་ལུང་བག་ལ་རྡོ་གྲོས་རྒྱ་མཚོ་དང་། རྒྱལ་མཚོག་ལྷ་པའི་ཡོངས་འཛིན་ཁྲི་དགོན་མཚོག་ཚོས་

འཕེལ་གཞིས་ནས་རིམ་བཀྱུད། སྲེ་དྲག་མཁན་པོ་དག་དབང་རབ་བརྟན་ནས་མཚན་ཡིག་བཏབ། དེའི་

རྗེས་ཀུན་མཁྱེན་འཇམ་དབྱངས་བཞད་པ་དག་དབང་བརྩོན་འགྲུས་ཀྱིས་མཚན་འགྲེལ་གསེར་གྱི་འབོར་

བོ་ཞེས་པ་དགའ་གནད་ཀུན་ལ་དོན་གྱིས་ཁོག་ཕུབ་པའི་ཞིབ་མཚན་ཞིག་མཛད། དེའི་རྗེས་འཛམ་

དབྱངས་དགར་པོས་རྗེས་སུ་བཟུང་བའི་སེར་བྱེས་སུ་ཏེའི་དགེ་བཤེས་རིན་ཆེན་དོན་འགྲུབ་ཀྱིས་ལྷག་

མཐོང་གི་མཚན་ཡིག་ཅིག་མཛད་པ་བཅས་མཚན་བཞི་བྱུང་བ་དེ་དག་པོ་སོར་སྤྱར་བའི་འཆད་ཉན་བྱུང་

ཡོད་འདུག་ཀྱང་། རབ་བྱུང་བཅུ་གསུམ་པའི་ཆུ་ཁྲི་ཕྱི་ལོ་ ༡༨༠༣ བོར་ཚེ་མཚོག་སྦྱིང་མཛོད་པ་དགེ་

ལེགས་རྒྱལ་མཚན་གྱིས་པར་དུ་བསྐྲུན་པ་དེ་ཉིད་མཚན་བཞི་སྦྱགས་པའི་བསྐྲུན་ཐུས་པ་ཐོག་མ་དེ་ཡིན་

འདུག པར་མ་དེའི་ནང་མཚན་འདུག་མཆམས་རོར་བ་དང་། མ་དག་པ་མང་བས་བརྒྱ་དར་ཁྲབ་ཏུ་

སོང་ན་བསྟན་པ་ལ་ཕན་ལས་གནོད་ཚབས་ཆེ་བས་བསྒྱུར་ཞིག་ལེགས་བཙས་དགོས་རྒྱལ་ཁྲི་ཆེན་དང་

དབང་སྐུན་གྲགས་དང་། རྒྱལ་ཚབ་རྗེ་མིན་ཏུན་འཛག་དཔལ་ཡེ་ཤེས་བསྟན་པའི་རྒྱལ་མཚན་སོགས་

ཀྱིས་བཀའ་ནན་པོ་སྩ་ཕྱིར་ཐེབས་དོན་ལྟར། འབྲས་སྤུངས་མི་ཉག་དགེ་བཤེས་ཆུལ་ཁྲིམས་རྣམ་རྒྱལ་

ཀྱིས་ཕྱགས་འགན་གཙོ་བཞེས་ཐོག་ཁྲི་ཆེན་དག་དང་སྐུན་གྲགས་དང་བྱུང་ཙེ་ཚོས་རྗེ་བློ་བཟང་སྤྱན་

གྲུབ་སོགས་མཁས་གྲུབ་མང་པོས་ཞུས་དག་གནང་སྟེ། པར་གཞི་གཉིས་པ་དེ་རབ་བྱུང་བཅུ་བཞི་པའི་

དགའ་ལྡན་ཁྲི་པ་རི་རྫོང་སྲས་སྤྲུལ་ཐུབ་བསྟན་ཉི་མ།

GADEN TRIPA RIZONG SRAS -TRUL
THUPTEN NYIMA

LUKHIL KHANGTSEN
DREPUNG LOSELING
L.C # 2 , TATTIHALLI
MUNDGOD-581411
N.K. KARNATAKA
SOUTH INDIA

PHONE: 08301 245658

DATE ____________________

ཆུ་སྟག་ཕྱི་ལོ་ ༡༩༥༣ ལོར་ཚེ་མཆོག་གླིང་ནས་བསྒྱུར་བསྒྲུན་བྱས་འདུག པར་གཞི་གསུམ་པ་དེ་རབ་བྱུང་བཅུ་དྲུག་པའི་མེ་ཕྲེ་ཕྱི་ལོ་ ༡༩༥༦ ལོར་སྲིད་སྐྱོང་ཡོངས་འཛིན་སྟག་བྲག་རིན་པོ་ཆེའི་བཀའ་འབྲེལ་ལྟར་གོང་གི་ཚེ་མཆོག་གླིང་པར་མ་སོར་བཞག་ཐོག་གཞུང་ས་མཆོག་ནས་པོ་བྲང་ཆེན་པོ་པོ་ཏ་ལའི་ཞོལ་དཔར་ཁང་ཆེན་མོ་གངས་ཅན་ཕན་བདེའི་གཏེར་མཛོད་གླིང་དུ་པར་བསྒྲུན་ཞུས་པ་བཞིན་གྱི་མ་དཔེ་གཞིར་བཟུང་ཐོག ད་ལམ་ཟེ་ཕན་ཚོགས་གཉིས་ཚོས་ཚོགས་ནས་བྱང་ཆུབ་ལམ་རིམ་ཆེན་མོའི་མཆན་བཞི་སྦྲགས་ཀྱི་འགྲེལ་པ་རྒྱ་ཡིག་ཐོག་དཔར་གསར་བསྒྲུན་ཞུ་བརྩི་ཡོད་པ་ལྟར། གོང་དུ་བཤད་མ་ཐག་པ་བཞིན་གྱི་མཁས་གྲུབ་གཉིས་ལྡན་གྱི་སྐྱེས་ཆེན་དམ་པ་མང་པོས་དག་ཟེར་རྨད་དུ་བྱུང་བ་མཛད་པའི་མཆན་སོ་སོའི་འཇུག་མཚམས་དང་། གོང་འོག་མ་ནོར་བ་རང་བཟོའི་བསྲེས་ལྷད་མེད་པར་བཤད་སྒྲུབ་བསྟན་པ་རིན་པོ་ཆེའི་ཞབས་འདེགས་སུ་འགྲོ་ངེས་ཡོད་པ་ཤིན་ཏུ་གལ་ཆེ་བས་དེ་དོན་ཚང་མས་ཐུགས་དགོངས་སུ་མངའ་བར་འཚལ།

ཞེས་ཟེ་ཕན་ཚོགས་གཉིས་ཚོས་ཚོགས་ནས་རྒྱ་ཡིག་ཐོག་ལམ་རིམ་ཆེན་མོའི་མཆན་བཞི་སྦྲགས་ཀྱི་འགྲེལ་པ་པར་གསར་དུ་བསྒྲུན་གནང་མཛད་པ་དེར་ཆེད་བརྗོད་ཅིག་དགོས་ཞེས་བསྐུལ་མ་བྱུང་བ་བཞིན་དགའ་ལྡན་ཁྲི་ཐོག་ ༡༠༢ པའི་མཚན་གྲལ་དུ་འཁོད་པ་རྒྱ་གར་ཧི་མ་ལ་ཡའི་རི་རྒྱུད་སྟོད་མངའ་རིས་ལ་དྭགས་རི་རྫོང་སྲས་སྤྲུལ་ཐུབ་བསྟན་ཉི་མས། ཕྱི་ལོ་ ༢༠༡༦ ཟླ་བ་ ༠༥ ཚེས་ ༢༩ ཉིན་རྒྱ་གར་ལྷོ་ཕྱོགས་གདན་ས་ཆེན་པོ་དགའ་ལྡན་རྣམ་པར་རྒྱལ་བའི་གླིང་གི་ཁྲི་ཐོག་ཁང་ནས་ཕུལ།

總攝十方三世一切諸佛悲智力的本體、勤持戒律舞現著袈裟相、三界法王宗喀巴大師最勝吉祥賢，如同《教授王經》廣泛宣說道：「阿難，現在供養我白水晶鬘的這位童子，將復興我教，未來濁世中，於具『止』地界，建寺名具『善』，其人名『善慧』……」，興建卓山甘丹尊勝洲寺；特別又如大師自己所說：「今勤瑜伽多寡聞，廣聞不善於修要，觀視佛語多片眼，復乏理辨教義力。故離智者歡喜道，圓滿教要勝教授；見已釋此大車道，我心全然遍勇喜。」廣大地弘傳講修的教法，特別依著五百智者的頂嚴——具德阿底峽尊者所造的《道炬論》，將具足四種殊勝、三種特法的三士夫菩提道次第，以及依靠至尊文殊的口訣，將三主要道的扼要善巧地收攝，而撰寫了三地唯一明燈——《菩提道次第廣論》。

　　之後《菩提道次第廣論四家合註・大乘道明炬論》作註者出現的順序，如慧海大師所說：由耳傳教授受囑者巴梭法幢的轉世——巴梭天王法幢對難點撰寫一部箋註。之後遍智法源的口傳教授，由座主達隆札巴・慧海及五世佛王的親教師——座主珍寶法增二師依序傳承，由德竹堪布語王堅穩作註。在此之後，遍智妙音笑語王精進對所有難點撰寫直指心要的詳細的箋註——《金輪》。之後則是白文殊所攝受的色拉傑札帝格西大寶義成撰寫《毗缽舍那註》，共產生四部箋註。過去雖然有結合這些個別箋註進行講聞，但是在十三迴繞壬戌、西元 1802 年，由勝壽寺司庫善妙幢合併刻版，這即是首次印行《四家合註》。由於此刻本有許多箋註安插錯誤及不正確之處，假如此本盛行於世，對於教法弊大於利，因此經赤欽語王美譽、紹勝諾門汗妙吉祥智教法幢等先後殷重囑咐要重新善加校正，哲蚌木雅格西戒勝主要承擔此重任，在這之上赤欽語王美譽及絳孜法王善慧任運等諸多善巧成就者進行校訂，此第二版於十四迴繞壬寅、西元 1842 年在勝壽寺重新印行。第三版在十六迴繞丙戌、西元 1946 年依照攝政親教師達札仁波切的敦囑，完全依循前次勝壽寺的刻本，由政府在布達拉宮雪印經院・雪域利樂寶藏洲刊刻。

最近台灣福智團體以上述為底本打算出版漢文本《菩提道次第廣論四家合註》，應依上述具足善巧成就二種功德的許多正量士夫經過殊勝校正的箋註，其中個別應該安插之處，以及前後無謬，不摻雜臆造之失，才必然能夠承事大寶講修聖教。由於這非常重要，因此希望所有譯者將上述內容放在心上。

　　應台灣福智團體即將出版漢文本《菩提道次第廣論四家合註》，請求說需要賜予此書一篇序言。

時任第 102 任甘丹赤巴、喜馬拉雅山脈上部阿里拉達克
日宗轉世佛教日輪（圖登尼瑪）於西元 2016 年 4 月 26 日
在南印大寺甘丹尊勝洲寺的甘丹座主樓撰寫
釋如密　恭譯

總監序言

　　生老病死，是人生似乎難以更改，難以迴避的大災大難。眾生為了生死，淚成了海，每一生所拋下的屍骨，如不損壞，可成須彌。

　　但佛陀找到了這種痛苦的解藥。所有成佛之路的艱辛與偉大，只是為了不忍眾生苦的堅忍探索。偉大的佛陀成功地渡越了生死的大海，並擁有令有情眾生得以渡越的方便。那方便即是八萬四千法要──浩瀚的典籍所詮說的自度度他的不二法門。而《菩提道次第廣論》以三主要道詮釋佛經的要義，是一個補特伽羅從凡夫到成佛所有的次第無所缺少的殊妙法門。自從宗喀巴大師造論以來，被廣大的修道者奉為不能離開的稀有的引導與難得的助伴。所以道次第的相關著作，多達三百多種，而《四家合註》是其中《菩提道次第廣論》最權威的一個註釋，幸得至尊上師哈爾瓦·嘉木樣洛周仁波切的傳承，福智僧團的法師們認真的學習藏文已二十多年，其中用了近十年完成了從《攝類學》到《戒論》的第一輪五大論的學習課程後，才開始譯經。在量與非量的層層辨析中，力求準確再準確，多方請教大善知識，為求一字的深義，也曾用心良苦，真是為伊消得人憔悴，衣帶漸寬終不悔的真實寫照。

　　至今終於能出版《四家合註》，請廣大讀者莫將經典容易看，浸滿著傳承祖師、譯師們心血乃至生命的譯著，實非為名為利，也非只是讓家中的書櫃再充盈飽滿，以眩人目，終是為了芸芸眾生依之離苦，無邊有情依之得樂。為勸發此心，為成熟眾善，代代譯師，殫精於此。捧讀之際，祈願再再成熟讀者相續的善種子，用力開敷出離三界的聖潔之花，令菩提心樹枝繁葉茂，以此報三寶上師的洪恩、報父母恩、報僧眾恩、報眾生恩，這方是世世代代的出家人擎舉教典的目的啊！

真　如

出版說明

　　兩千五百多年前，本師釋迦牟尼佛出世，為娑婆世界久處無明長夜的眾生，帶來無限的光明與希望！無量有情多生多劫以來無法解決的生命問題，因此得以解決，不僅可以生生增上，甚而能夠解脫、成佛。

　　佛陀示寂之後，歷經正法、像法而至末法，歷代傳承祖師紹隆佛種，續佛慧命，源遠流長的法脈，亙古一如的道心，師師相承，光明續耀。

　　般若為佛法之核心要義，一千六百年前，由彌勒菩薩所造、無著菩薩傳出的《現觀莊嚴論》，將《般若經》隱義現觀之內涵，和盤托出，故此論又稱《般若經論現觀莊嚴頌》，成為世所著稱「彌勒五論」之一。

　　一千年前，不論大乘小乘、性宗相宗乃至顯教密教所有智者的頂上莊嚴──阿底峽尊者，從印度被迎請至西藏弘法，造《菩提道炬論》，將佛陀三藏十二部融攝成為「道次第」，傳授時人，開啟道次第學修之先河。

　　六百年前，宗喀巴大師，總依《現觀莊嚴論》，別依《菩提道炬論》，同時廣引經論，而造《菩提道次第廣論》。因此，宗喀巴大師的《菩提道次第廣論》，即是總攝一切佛法之綱要，能普利有情眾生，從博地凡夫一直修證到圓滿佛果的大寶全書。

　　由於宗喀巴大師清淨圓滿的教證功德，與震古鑠今的佛行事業，經其不可思議的悲智願力所詮釋的《菩提道次第廣論》，六百年來已真實饒益了無數有情。

　　此曠世鉅作古來註疏者不少，其中最為著稱而完整者，即為《菩提道次第廣論四家合註》，顧名思義正是由四位祖師加以註釋，令佛日光輝，再次顯耀。這四位祖師分別為巴梭法王、語王堅穩尊者、妙音笑大師及札帝格西。

　　其中，巴梭法王主要是針對難解、簡約的文句，嵌入字詞以釋其義，令學者暢讀無滯；語王堅穩尊者多為徵引典故、歸結論義、探討難點，結合修要的大段註釋；妙音笑大師側重列科疏文、釋說難點之科判式註解；而札帝格西則註解前三家未詳

盡註釋之〈毗缽舍那〉。四家註解交相呼應，互為補充，四家的箋註合輯，形成一部天衣無縫、完整的《廣論》註本。

1966 年，恩師 日常老和尚由於特殊因緣，在台灣獲贈《廣論》海內孤本。而後多年於海內外廣學深研漢、藏佛法，見到本論如此殊勝，矢志弘揚，先於 1982 年在洛杉磯啟講，雖屢次挫敗卻毫不氣餒，更以清淨的發心、無與倫比的慈悲、智慧與勇氣，廣傳此一教法，於今《廣論》學員遍及世界各地。

2000 年，真如老師值遇了日常老和尚，殷重地祈求老和尚能詳講《廣論》的止、觀二章，以利廣大習學道次的眾生。當時老和尚告訴真如老師：這個佛法事業，就由你來完成。轉而敦囑真如老師求受《菩提道次第廣論四家合註》的傳承。

於是真如老師向哈爾瓦·嘉木樣洛周仁波切多次祈請，於 2002 年得到《菩提道次第廣論四家合註》的傳承。

2013 年，仁波切應真如老師及眾僧祈請，蒞臨加拿大傳燈寺，歷經半月，為五百多位僧眾及五百多位居士完整傳授《四家合註》講誦傳承。此希有的道次傳承，遂始傳佈於漢土的僧團、信士之中。仁波切更殷重囑咐真如老師及求法僧眾，交付弘傳此法的神聖任務。而日常老和尚高瞻遠矚，於二十年前即開始招收沙彌，教令學習古文及藏文，以期將來成辦譯經事業，饒益各方眾生，遂有本書的誕生。

本書是由大慈恩·月光國際譯經院參考玄奘大師的譯場分工，斟酌現況，訂立一級譯場的各種分工：授義、總監、主譯、主校、主潤、審義、合校潤、核定、參異、考據、語譯、眾校、眾潤、提疑等。嚴密為學，用心於契理契機，祈願立聖教於千古；對未學佛者，有趣入之階；對已學佛者，由此更為增上；對於已學習《廣論》之佛弟子而言，更是一部不可或缺之修行寶典。

全書正文架構包含五項：

一、「原文」為《廣論》原文與四家祖師箋註文，《廣論》文採用粗明字體，箋註文配合不同祖師註釋標色，採用中黑字體，科判文則為特粗明體。

二、「語譯」為《廣論》及四家箋註的白話語譯，採用字體為與原文相同之小字，俾利不慣古文者，免於消文所難，能輕鬆了解其內容。

三、「校勘」為參校不同藏文版本，讓讀者即使不懂藏文，也能讀到不同版本的差異處，配合不同祖師箋註標色，採用仿宋字體。

四、「註釋」有五種內容：

　　1.「譯註」即對法尊法師譯文更動說明。

　　2.「考據」即註解引文出處、人物生平、地理考據。

　　3.「法義」即註解論典中出現的法相名詞及難解之義理。

　　4.「訓詁」即訓釋原文中的古文字詞。

　　5.「科判」即對照說明前後科判差異。

　　以上五種，主要採用中明字體。

五、「說明」即針對原文中應詳盡討論的議題進一步說明，採用仿宋字體。

以上五項，由於內容繁複，恐有不易了解之處，敬請參閱〈編輯凡例〉。

同時，主譯師為協助讀者學習，特撰〈綜述〉一文，因篇幅關係，置於正文之後，讀者可尋之細閱，以利趣入。

全套《菩提道次第廣論四家合註白話校註集》擬分八冊依次出版，首冊即是本書，內容為詮釋《廣論》之〈道前基礎〉；其後分別為：〈共下士道〉一冊、〈共中士道〉及〈上士道・發心〉一冊、〈上士道・六度；四攝〉一冊、〈上士道・奢摩他〉一冊、〈上士道・毗缽舍那〉三冊。

本書內容龐大複雜，雖經多人反覆編校，然錯漏之處必所難免，懇請十方大德不吝斧正！

感恩上師、三寶、護法加持，本書得以出版問世！

祈願正法僧團恆興隆，聖教久住恆光耀！

祈願一切見聞者，學修增上，速疾圓滿離苦得樂！

編輯凡例

一、本書之《四家合註》原本，係依哲蚌寺果芒僧院所出版的《菩提道次第廣論‧四家合註》（以下簡稱《四家合註》）作為基礎，參校異本，擇善而從。

二、本書所譯法相名詞，主要以玄奘大師及法尊法師所譯為主。未見先賢譯法者，則依藏文原義及據師長授義譯之。

三、本書之《廣論》原文，依福智之聲出版社《菩提道次第廣論》第三版法尊法師譯文，除有部分文字無法配合箋註，或與藏文原文有差異，必須改譯時，方作改動，並於註釋中特別說明。

例如：

❸**如極難量勝者母**　法尊法師依其他底本而譯為：「如極難量勝者教」，但《四家合註》本作「如極難量勝者母」，為配合箋註，故改譯。

凡《廣論》原文皆標作黑色粗明體。又為令讀者易解，增加之字詞皆以小字表示。

例如：**是無等導師最勝子。**

四、原文翻譯，主要採取直譯方式，保留原樣。除非直譯在漢文語法上極難理解，方作調整。

五、為尊重出處故，凡引用經論原文，即予保留其原用字為原則，箋註則使用現代通用字。

例如：

廣論：**大卓壟巴**

箋註：卓隆巴

六、為減少造字，故某些冷僻字改以同音字取代。

例如：

覺嚩＝覺窩

七、人名採義譯，於註釋中再附上音譯、藏文或梵文。

八、四家合註分別為巴梭法王箋註、妙音笑大師箋註、語王堅穩尊者箋註、札帝格西箋註。巴梭法王箋註以紅字呈現，並於每段箋註前標上小字的巴。妙音笑大師的箋註，其箋註以藍字呈現，並於每段箋註前標上小字的妙。語王堅穩尊者箋註以綠字呈現，並於每段箋註前標上小字的語。札帝格西箋註只註解毗鉢舍那的部分，其箋註以褐字呈現，並依藏文母本不作標記。

九、《四家合註》原本採取註解插入原文的箋註作法，翻譯時亦保留原樣。故《四家合註》的讀法大多可依著箋註及《廣論》原文的排序直接讀文，但是部分箋註是針對單字作解釋，如果依照語序直接讀時，則有不通暢的問題，針對這部分的註解，在原文中會加入〔 〕符號，上下文連讀時只留下〔 〕內的黑字連讀，其餘〔 〕內的內容必須另讀。

例如：

「我禮〔妙等同龍與阿周那故為龍猛。〕語以及無著足。」

上下文連讀時讀為「我禮〔龍猛。〕語以及無著足。」

至於〔 〕內的內容〔妙等同龍與阿周那故為龍猛。〕則另外單讀。

十、《四家合註》藏文版中，或有於文中標上藏文字母ཀ ཁ ག ང ཅ等，以說明建議的閱讀順序。翻譯時，以中文數字（一）、（二）、（三）、（四）、（五）、（六）取代。讀者閱讀時，可試依其數字讀之。

例如：

（一）《相續本母》云：「（三）此世間中更無巴毫許善巧於勝者巴薄伽梵自身者故，〔遍智，巴即謂自身。〕如實正知無餘巴盡所有法及如所有勝巴真實性，定非巴其餘巴補特伽羅所能了知，是故巴擾亂契經當招何等罪耶？擾亂契經者，（二）〔語無有諂誑端行正道故名大仙。〕巴佛薄伽梵自立為自宗之契經皆勿巴以分判佛語之意樂，將不了義說為了義，說了義為不了義，及謂大乘非佛說等倒說義理而擾亂巴之。不應擾亂之因相者，巴以（五）巴其壞牟尼巴正法宗軌故，（四）彼亦損於正法，巴謂成謗法障。」

若依其所標順序，則讀作：

^(一)《相續本母》云：「^(二)〔^語無有諂誑端行正道故名**大仙**。〕^巴佛薄伽梵**自立**^巴為自宗之**契經皆勿**^巴以分判佛語之意樂，將不了義說為了義，說了義為不了義，及謂大乘非佛說等倒說義理而擾**亂**^巴之。不應擾亂之因相者，^巴以^(三)**此世間中更無**^巴毫許**善巧於勝者**^巴薄伽梵自身者故，〔**遍智**，^巴即謂自身。〕如實**正知無餘**^巴盡所有法及如所有**勝**^巴真實性，**定非**^巴其餘^巴補特伽羅所能了知，**是故**^巴擾亂契經當招何等罪耶？擾亂契經者，^(四)**彼亦損於正法**，^巴謂成謗法障。^(五)^巴**其壞牟尼**^巴**正法宗軌故**，」

一、《廣論》原文中，法尊法師的譯文如與藏文文義略有出入時，白話語譯則依據藏文翻譯。

二、完整單詞於正文中分作二色者，語譯中合併成一色，不再區分。

例如：

原文：贍部樹所表徵之**贍**^巴部**洲**^妙中

語譯：以贍部樹為象徵的**贍部洲**中

贍部洲是完整的單詞，黑字連讀時也無法省略「部」字，所以一併譯入原文，用同一顏色來表示。

三、原文中的偈頌，語譯中都翻譯成長文。原有的標點、斷句，在語譯中為求行文順暢，稍作調整。

例如：

原文：如《勝金剛頂》云：「**縱為活命故，不應捨覺心**。」

語譯：如同《勝金剛頂》中說：「縱使為了活命的緣故，也不應該捨棄菩提心。」

例如：

> 原文：《別解脫》云：「心馬常馳奔，恆勵終難制，百利針順銜，即此別解脫。」
>
> 語譯：《別解脫經》提到：「對於即使常常勤加驅策也難以駕馭的心馬，令牠就範的百根鋒利鐵釘的口銜，便是此別解脫戒。」

四、部分的偈頌，在語譯中會調整語句的前後順序，這是遵照藏文《四家合註》標識的閱讀順序而作編排。

例如：

> 原文：^{（三）}此世間中更無[㊣]毫許善巧於勝者[㊣]薄伽梵自身者故，〔遍智，[㊣]即謂自身。〕如實正知無餘[㊣]盡所有法及如所有勝[㊣]真實性，定非[㊣]其餘[㊣]補特伽羅所能了知，是故[㊣]擾亂契經當招何等罪耶？擾亂契經者，^{（二）}〔^語無有諂誑端行正道故名大仙。〕佛薄伽梵自立[㊣]為自宗之契經皆勿[㊣]以分判佛語之意樂，將不了義說為了義，說了義為不了義，及謂大乘非佛說等倒說義理而擾亂[㊣]之。不應擾亂之因相者，[㊣]以^{（五）}其壞牟尼[㊣]正法宗軌故，^{（四）}彼亦損於正法，[㊣]謂成謗法障。
>
> 語譯：〔心中不懷狡詐，端行正道，因此名為大仙。〕世尊自身闡述自宗的任何一部經典，都不應懷著妄自判別佛語的心態，將不了義說成是了義，了義卻說成是不了義，甚而宣稱大乘非佛說等等，邪謬地解釋義理而扭曲契經。不應擾亂的原因在於，這個世間沒有任何人會比勝者世尊本人更加善巧，並且〔遍智，即指佛陀自己。〕如其原貌地通曉一切盡所有性，與最勝真實義的如所有性，而絕非其他人補特伽羅所能了知。因此，假若一旦曲解佛經，將會導致什麼樣的罪過？曲解佛經，這麼扭曲就會形成損害佛法——毀謗正法的業障，因為這樣的行為會破壞如來的正法宗軌的緣故。

五、語譯之人名、地名等多使用現代通用字及常用字；原文、引文則仍沿用經論原用字。

例如：

原文：**那蘭陀**

語譯：**那爛陀**

一、《四家合註》版本略述：

《四家合註》從目前所知的第一次合輯開始，到現在確切可考的版本，共有九種。如下：勝壽寺古本（公元 1802 年）、拉卜楞寺本（公元 1807 年，簡稱拉寺本）、勝壽寺新本（公元 1842 年）、拉薩布達拉宮雪本（公元 1946 年，簡稱雪本）、新德里本（公元 1972 年）、哲霍長壽法會小組本（公元 2005 年，簡稱哲霍本）、印度果芒僧院本（公元 2005 年，簡稱果芒本）、色珠佛教古籍收輯社本（公元 2005 年後）、隆務寺本（公元 2005 年後）。

九個版本可以分為拉薩和安多兩個流傳系統，除了拉卜楞寺是安多系統外，其餘八種版本都是拉薩系統。以下簡述拉薩系統和拉卜楞寺系統的刊刻始末。

拉薩系統從一開始依永津班智達智幢大師心願，公元 1802 年由勝壽寺司庫善妙幢整理刊刻，這即是勝壽寺古本。之後第 66 任甘丹赤巴語王名稱一再提及此本有許多誤植等錯誤，因此永津班智達諾門罕文殊慧幢大師發心重刻，請了戒勝格西重新校勘，於公元 1842 年在勝壽寺重刻新本。此二本刊刻的緣由在戒勝格西所著的《四家合註箋註源流始末》中有說明。後來攝政王達札班智達擔心勝壽寺的《四家合註》刻版因老舊而損壞，因此在公元 1946 年布達拉宮的雪印經院利樂寶庫洲重新刊刻。公元 1972 年語王忍辱比丘以雪本為底本，第一次以現代化印刷，並請赤江仁波切撰跋發願，即新德里本，不過此本錯誤極多，使用上需慎重。公元 2005 年，哲霍長壽法會小組為了在嘉瓦仁波切的長壽法會上供養《四家合註》，重新以新德

里本作為底本，用雪本訂正，修正了新德里本大多數的謬誤，此本即是哲霍本。同年，印度果芒僧院圖書館也應達波仁波切善慧文殊慈海大師的心願：希望能利益到想要學習《四家合註》的人們，重新以雪本作為底本，依木刻版《菩提道次第廣論》進行校訂，並將箋註部分以紅色小字標明，比起其他版本更易於辨識閱讀，而且校勘工作更勝於哲霍本。之後的色珠佛教古籍收輯社本及隆務寺本都是翻印哲霍本，並未作出新的校訂修正。

安多系統係三世妙音笑大師等大德因人勸請而發起，請了多位格西重新校訂《四家合註》，在公元 1807 年出版。據說文革期間拉卜楞寺的經書和經版曾遭毀損，《四家合註》本亦未倖免，所以又曾經整理重刻，不過目前並未確切見到文獻記載相關情況。

二、本書依據之版本：

底本：印度果芒僧院本（簡稱果芒本）

校本：拉卜楞寺本（簡稱拉寺本）

布達拉宮雪本（簡稱雪本）

哲霍長壽法會小組本（簡稱哲霍本）

校勘時所用相關書籍，如青海本《菩提道次第廣論》（簡稱青海本《廣論》）、《夏日東文集》等，各舉其稱。

凡引用前賢校說者，必具名以述，不敢掠美。

三、校勘原則：

1. 凡中文無法表達歧異者，概不出校。

2. 各本僅出異於果芒本者，同果芒本者不另說明。

例如：

「〔釋迦，妙謂強力或勇猛種族。〕」拉寺本作語註。

他本皆同果芒本作妙註，故不另外說明。

3. 他本異文善於果芒本者，則據他本改之。

例如：

「妙柔妙」果芒本原作「妙吉祥」，拉寺本作「柔妙」。按，曼殊但有柔妙義而無吉祥義，故依拉寺本改之。

4. 各本異文若未勝於果芒本，亦錄出並酌情予以評斷，俾令讀者瞭解各本樣貌。

例如：

「祈以悲手今賜我善緣」 哲霍本作「祈以悲手賜彼我賢劫」（ཐུགས་རྗེའི་ཕྱག་གིས་བདག་དེ་བསྐལ་བཟང་མཛོད ）。按，其中「彼」 （དེ） 為「今」 （དེང） 之訛字；「賢劫」 （བསྐལ་བཟང་） 為「善緣」 （སྐལ་བཟང་） 之訛字。

5. 果芒本與法尊法師原譯相異，又無勝出者，仍依法尊法師原譯。如改法尊法師原譯，則出譯註說明理由。

例如：

「降以雨澤」 果芒本原作「降水」，青海本藏文《廣論》、拉寺本、法尊法師原譯作「降以雨澤」。按，藏文「降水」 （ཆར་པབ་） ，語法不順，疑誤。

6. 果芒本、哲霍本皆有後人附加之段落標題，非原《四家合註》所有，今皆改以插頁分段，此等概不出校。

7. 各本中如有僅缺標作者，皆以「○○本無○」處理。

例如：

「㉃觀世音」 哲霍本無「㉃」。

8. 果芒本中箋註缺標作者，則據他本補之。

例如：

「㉃覺窩」 原果芒本未標作者，今依拉寺本補之。

一、此書的註釋內容分為五項：

1. 「譯註」即對法尊法師譯文更動說明。

2. 「考據」即註解引文出處、人物生平、地理考據。

3. 「法義」即註解論典中出現的法相名詞及難解之義理。

4. 「訓詁」即訓釋原文中的古文字詞。

5. 「科判」即對照說明前後科判差異。

二、凡所註釋的詞條，會於原文該詞句後，以黑圈反白數字標示順序。

　　例如：

　　　　《大毘婆沙》❶。

三、所註的名詞、人名、地名、法相、引文等，首次出現時會作較為詳盡的介
　　紹。若之後再次出現相同的詞條，即略作說明，後附上「見前頁……
　　註……」，以利查詢。

　　例如：

　　　　能映覆戒　即止迦摩囉室囉，見前頁98註5。

四、若同一經論再次被引用，則省略介紹，直接摘錄該文的段落；若只見出處
　　不見引文，則表示此書只有藏文版，沒有對應的漢譯本。

　　例如：

　　　　《莊嚴經論》云　引文唐波羅頗蜜多羅譯《大乘莊嚴經論・親近品》
　　　　作：「敬養及給侍，身心亦相應。」

　　　　如《讚》中云　引文見《噶當箴言集》，頁29。

五、參考資料的出處，涉及中、藏二版，尚無相應的漢譯段落，所以會說明無
　　相應段落。

六、雖全書使用常用字、名稱字詞作統一之原則；但為尊重出處故，凡引用經
　　論之書名、作者名、引文，皆予保留其原用字。

　　例如：「吝」字全書依常用字統一用「吝」，而在頁194《諦者品》註釋中
　　引用劉宋求那跋陀羅譯《佛說菩薩行方便境界神通變化經》：「……，我
　　便有於悋惜法咎。……」，為尊重出處故，即予保留原用字。

目 錄

菩提道次第廣論四家合註〈第一冊〉科判表

※ 本科判表科文標有甲乙……干支者,乃援用法尊法師譯本科判之標示。

【表一】

此中分為 064
├─ 一前行趣入講說之方便 064
│　├─ 一皈敬 065
│　│　├─ 一頂禮殊勝天或根本上師怙主妙音 065
│　│　└─ 二諸傳承上師（接表二）
│　├─ 二立誓宣說 090
│　│　├─ 一著作之因 090
│　│　└─ 二由此因故,踴躍造論而立誓 090
│　├─ 三敦囑勵聽 091
│　└─ 四由辨識所詮之門而明如何講聞此法 092
│　　　├─ 一辨識名義及所說法 092
│　　　├─ 二開示釋儀當中諸智者異門 094
│　　　└─ 三明當隨於何規 094
├─ 二正敘所說 102
│　├─ 甲一為顯其法根源淨故開示造者殊勝（接表三）
│　├─ 甲二令於教授起敬重故開示其法殊勝（接表七）
│　├─ 甲三如何講聞二種殊勝相應正法（接表八）
│　└─ 甲四如何正以教授引導學徒之次第（接表十）
└─ 三宣講究竟之理

【表二】

【表三】

【表四】

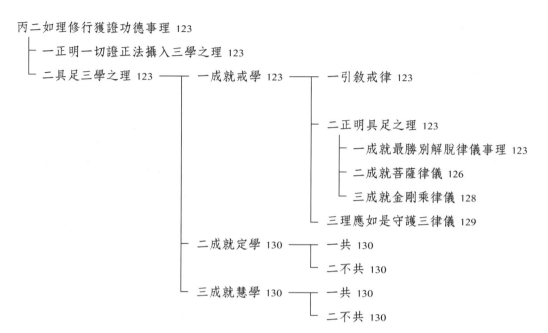
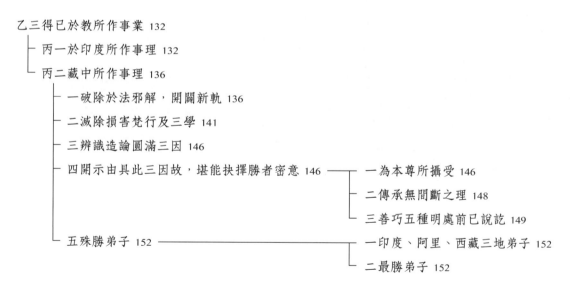

【表十一】

【表十四】

丙二總略宣說修持軌理 350
├─ 丁一正明修法 350
│　　├─ 戊一正修時應如何行 350
│　　│　　├─ 一正說 350 ───┬─ 己一加行（接表十五）
│　　│　　│　　　　　　　　├─ 己二正行（接表十七）
│　　│　　│　　　　　　　　└─ 己三完結（於座後時如何行者）372
│　　│　　└─ 二開示修習之時等 372 ──┬─ 一修習之時 372
│　　│　　　　　　　　　　　　　　　├─ 二最初修習之理 372
│　　│　　　　　　　　　　　　　　　├─ 三稍略堅固修習之理 372
│　　│　　　　　　　　　　　　　　　└─ 四不令疲倦之口訣 372
│　　└─ 戊二未修中間應如何行 375
│　　　　├─ 一善盡總體所緣效用 375
│　　　　└─ 二成止觀因之行持（接表十八）
└─ 丁二破除此中邪妄分別（接表二十一）

【表十五】

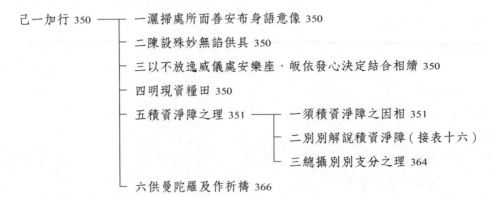

己一加行 350 ──┬─ 一灑掃處所而善安布身語意像 350
　　　　　　　├─ 二陳設殊妙無諂供具 350
　　　　　　　├─ 三以不放逸威儀處安樂座，皈依發心決定結合相續 350
　　　　　　　├─ 四明現資糧田 350
　　　　　　　├─ 五積資淨障之理 351 ──┬─ 一須積資淨障之因相 351
　　　　　　　│　　　　　　　　　　　　├─ 二別別解說積資淨障（接表十六）
　　　　　　　│　　　　　　　　　　　　└─ 三總攝別別支分之理 364
　　　　　　　└─ 六供曼陀羅及作祈禱 366

【表十八】

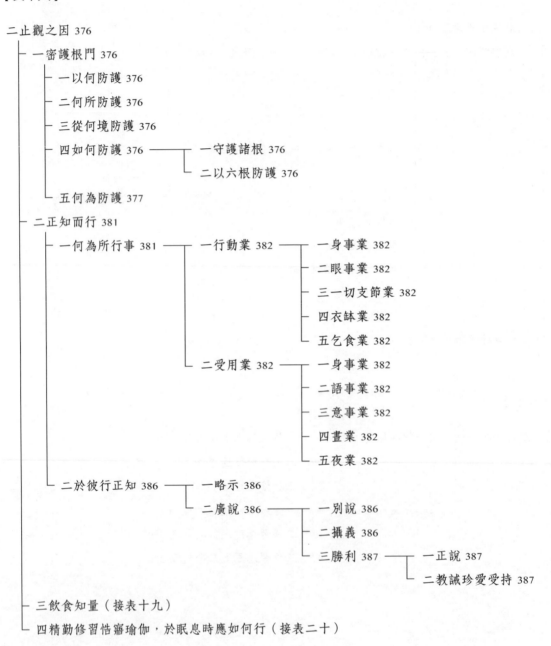

二止觀之因 376
├ 一密護根門 376
│ ├ 一以何防護 376
│ ├ 二何所防護 376
│ ├ 三從何境防護 376
│ ├ 四如何防護 376 ── 一守護諸根 376
│ │ └ 二以六根防護 376
│ └ 五何為防護 377
├ 二正知而行 381
│ ├ 一何為所行事 381 ── 一行動業 382 ── 一身事業 382
│ │ │ ├ 二眼事業 382
│ │ │ ├ 三一切支節業 382
│ │ │ ├ 四衣缽業 382
│ │ │ └ 五乞食業 382
│ │ └ 二受用業 382 ── 一身事業 382
│ │ ├ 二語事業 382
│ │ ├ 三意事業 382
│ │ ├ 四晝業 382
│ │ └ 五夜業 382
│ └ 二於彼行正知 386 ── 一略示 386
│ └ 二廣說 386 ── 一別說 386
│ ├ 二攝義 386
│ └ 三勝利 387 ── 一正說 387
│ └ 二教誡珍愛受持 387
├ 三飲食知量（接表十九）
└ 四精勤修習悎寤瑜伽，於眠息時應如何行（接表二十）

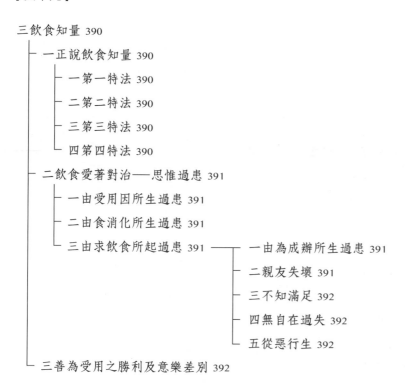
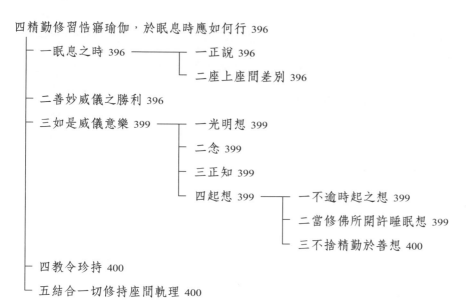

【表二十一】

【表二十三】

丙二如何攝取心要之理 462
└ 丁一於道總建立發決定解 462
    └ 戊一三士道中總攝一切至言之理 462
        ├ 一一切至言攝於成辦二利之理 462
        ├ 二下士成辦增上生之理 462
        ├ 三中士成辦決定勝解脫之理 462
        ├ 四上士成辦一切遍智之理 463
        ├ 五明三士夫名之依據 467
        └ 六決疑 468
    └ 戊二顯示由三士門如次引導之因相 472
        ├ 己一顯示何為由三士道引導之義 472
            ├ 一下中二者為上者支分之理 472
            ├ 二如下中士思惟而趣上士之理 475
            └ 三斷諍，修習共中下士道為發起上士道前行之理 475
        └ 己二如是次第引導之因相（接表二十四）
└ 丁二正於彼道取心要之理

箋註序言

新訂箋註標記源流始末 [1]❶

此中《道次第廣論箋註》凡標記「」者,皆為第六任文殊怙主上師法王座主巴梭法幢❷之箋註。標記「語」者,為至尊妙音達隆札巴[2]❸講規,依第三十五任座主妙音珍寶法增❹所講授,由德竹大堪布卡若語王堅穩❺撰文。標記「妙」者,為至尊妙音笑❻所著。止觀二章箋註❼無標記者,為大成就智者札帝格西大寶義成❽所著。

 語 譯

於此《菩提道次第廣論箋註》當中,凡是標記「巴」的部分,都是第六任文殊怙主上師法王座主巴梭法幢所寫的箋註。標記「語」的部分,是遵循至尊妙音達隆札巴的講說傳規,並依據第三十五任座主妙音珍寶法增所講授的內容,由德竹大堪布卡若語王堅穩編寫成書。標記「妙」的部分,是至尊妙音笑大師所著作的。〈奢摩他〉、〈毗缽舍那〉二章箋註當中沒有標記的部分,是由大成就智者札帝格西大寶義成所著。

校 勘

[1]「新訂箋註標記源流始末」 此篇果芒本原置〈箋註皈敬頌〉、〈禮讚決疑〉之後,拉寺本無。按,此篇內容為戒勝格西所著,原非《四家合註》之文,又其內容為序言

體，故重置於《四家合註》正文之前，以明其為後人之作。　[2]「達隆札巴」果芒本、雪本及哲霍本皆作「達隆名稱」（སྟག་ལུང་གྲགས་པ），然《東噶藏學大辭典》（以下簡稱《東噶辭典》）、《阿嘉・雍曾洛桑董智文集》及《洛桑諾布文集》等書皆作「達隆札巴」（སྟག་ལུང་བྲག་པ）。按，此師原名慧海（བློ་གྲོས་རྒྱ་མཚོ），達隆札為地名及世系名，此師為此世系轉世，故名「達隆札巴」。「達隆名稱」為誤。

❶ **新訂箋註標記源流始末**　此篇為《四家合註》再版時，主要的校對師——戒勝（ཚུལ་ཁྲིམས་རྣམ་རྒྱལ）所寫的重新校刻《四家合註》的因緣。

❷ **巴梭法幢**　克主傑大師（མཁས་གྲུབ་རྗེ）的弟弟（公元1402～1473），藏語བ་སོ་ཆོས་ཀྱི་རྒྱལ་མཚན（巴梭確吉堅參）義譯。出生在後藏垛雄（རྡོག་གཞུང），幼年出家，依止宗喀巴大師和克主傑大師，精通諸大經論，成為格魯耳傳派傳承祖師之一。由於曾住錫於巴梭倫珠德清寺（བ་སོ་ལྷུན་གྲུབ་བདེ་ཆེན），廣作講修事業，以此獲得巴梭法王之名。62歲陞座為第六任甘丹赤巴（格魯派最高法位），任期十一年，著有《中觀見廣義指授》、《時輪生圓二次第講義》等。據《道次第四家合註傳承上師祈請文》、《阿莽班智達文集》及阿嘉永津《廣論解釋名詞論》記載，巴梭註實非第六任甘丹赤巴巴梭法幢——克主傑之弟所撰，而是其轉世巴梭天王法幢（ལྷ་དབང་ཆོས་ཀྱི་རྒྱལ་མཚན，公元1537～1605）所著，與巴梭法幢相隔六十四年。喀納譯師（མཁར་ནག）《甘丹教法史・如意樹智者喜悅》認為，此師即一世巴梭法幢的轉世；阿嘉永津《廣論解釋名詞論》記載，巴梭天王法幢為巴梭五世，慧海大師亦持相同看法；《東噶藏學大辭典》則說此師為第四世，有待考證。巴梭天王法幢，出生於多麥（མདོ་སྨད）。7歲依止慶喜賢（ཀུན་དགའ་བཟང་པོ）學法，12歲於勝者正士聖佛（རྒྱལ་བ་དམ་པ་འཕགས་པ་སངས་རྒྱས）座前受出家律儀，法名天王法幢，並於噶透寺（སྐར་རྡོག་དགོན）聞思《入行論》等修心教授。21歲赴桑樸（གསང་ཕུ）等寺學習五大論，長達十一年。又於哲蚌寺（འབྲས་སྤུངས）晉見福德海大師（བསོད་ནམས་རྒྱ་མཚོ），求得許多正法甘露。41歲擔任昌都（ཆབ་མདོ）彌勒院（བྱམས་པ་གླིང）的法台期間，於此地廣弘教法，69歲示寂。參見《菩提道次第師師相承傳》藏文冊上，頁725（雲增耶喜絳稱著，拉薩：色拉出

版社，2011）；中文頁637（雲增耶喜絳稱著，郭和卿譯，台北：福智之聲出版社，2004。以下簡稱《師師相承傳》）；《道次第四家合註傳承上師祈請文》（木刻本）；《阿莽班智達文集》第9函，頁31（阿莽班智達著，夏河：安秋甘丹法輪寺，1974）；《甘丹教法史‧如意樹智者喜悅》，頁27（喀納譯師著，拉薩：色珠出版社。以下簡稱《喀納法源》）；《阿嘉‧雍曾洛桑董智文集》冊上，頁48（阿嘉‧雍曾洛桑董智著，蘭州：甘肅人民出版社，2011。以下簡稱《阿嘉雍曾文集》）；《菩提道次第廣論講授筆記》，頁4（慧海大師著，拉薩：雪巴印經院，1998～1999。以下簡稱《廣論講授筆記》）；《東噶藏學大辭典》，頁351、1395（東噶洛桑赤烈編，北京：中國藏學出版社，2009。以下簡稱《東噶辭典》）。

❸ **妙音達隆札巴** 第三十任甘丹赤巴（公元1546～1618），藏語འཇམ་དབྱངས་སྟག་ལུང་བ（蔣揚達隆札巴）義譯。本名慧海（洛追嘉措‧བློ་གྲོས་རྒྱ་མཚོ）。相傳為覺慧譯師（བློ་ལྡན་ཤེས་རབ）的轉世。出生於堆隆（སྟོད་ལུང），於覺摩隆（ཇོ་མོ་ལུང）出家，依止一切遍智法源（ཆོས་ཀྱི་འབྱུང་གནས）學習經教。曾赴惹對（ར་སྟོད）學習《量論》，並擔任惹對寺的住持。後往拉薩復興甘丹寺絳孜僧院（དགའ་ལྡན་བྱང་རྩེ་གྲ་ཚང），重建覺摩隆寺的學制。70歲陞座為第三十任甘丹赤巴，任期四年，世壽73。參見《東噶辭典》，頁363。

❹ **妙音珍寶法增** 第三十五任甘丹赤巴（公元1573～1646），藏語འཇམ་དབྱངས་དཀོན་མཆོག་ཆོས་འཕེལ（蔣揚袞秋確佩）義譯。相傳為慈林大師（བྱམས་པ་གླིང་པ）的轉世，幼年聰穎過人，此師12歲進入達波僧院（དྭགས་པོ），21歲到澤塘（ཚེད་ཐང）遊學辯經。22歲在達隆札巴大師座下聽聞菩提道次第的法類。之後擔任惹對、惹昧（ར་སྨད）、洛色林（བློ་གསལ་གླིང）、甘丹夏孜（དགའ་ལྡན་ཤར་རྩེ）等僧院住持。54歲陞座為第三十五任甘丹赤巴，63歲被請為第五世嘉瓦仁波切的親教師。參見《東噶辭典》，頁364；《五世達賴昂旺洛桑嘉措文集》冊11，頁388（五世達賴著，北京：中國藏學出版社，2009）。

❺ **卡若語王堅穩** 《四家合註》作者之一，藏語ཁ་རོག་ངག་དབང་རབ་བརྟན（卡若昂旺熱旦），生卒事蹟不詳。《廣論講授筆記》提到語註又稱貢汝註或達隆札註，係因此傳承由貢汝‧法源（གུང་རུ་ཆོས་འབྱུང）傳達隆札巴，達隆札巴傳妙音珍寶法增，依次傳開而得名。但實際撰文者則是卡惹語王堅穩，又稱德竹堪布語王

堅穩。卡惹（ཀ་རག）與卡若（ཀ་རོག）音似，或是傳寫時致異。哲霍本《四家合註‧出版說明》對語註作者列有幾種說法，有人說是卡若大堪布語王堅穩，有人說是德竹大堪布善慧增長（སློ་བཟང་དར་རྒྱས），有人說是克蘇確澤善慧持教（ཁེ་གསུམ་ཆོས་མཛད་བློ་བཟང་བསྟན་འཛིན）；阿莽班智達則說上述三人有可能只是名稱不同，實為一人。參見《廣論講授筆記》，頁5；哲霍本《四家合註‧出版說明》，頁2（India：Tehor Tenzhug Committe，2005）。

❻**妙音笑** 哲蚌寺果芒僧院（འབྲས་སྤུངས་སྒོ་མང་གྲྭ་ཚང）教材主要作者（公元1648～1721），藏語འཇམ་དབྱངས་བཞད་པ（蔣揚協巴）義譯，此處是指第一世妙音笑大師語王精進（昂旺尊珠‧ངག་དབང་བརྩོན་འགྲུས）。出生於多麥的甘加當讓（གན་གྱའི་སྟེང་རིང），誕生時有諸多瑞相。幼年夢見金剛手菩薩賜予永作守護的加持，13歲依智海大師（ཡེ་ཤེས་རྒྱ་མཚོ）出家，法名善慧幢（洛桑堅參‧བློ་བཟང་རྒྱལ་མཚན）。16歲起晚上不臥睡，勤修唸誦。21歲入果芒僧院學習五大論，以刻苦勤學為眾僧表率，又以對經論深廣的智慧著稱於當時，因此倍受許多前輩大善知識愛護。29歲開始研習密續。33歲靜修於格佩山（རི་བོ་དགེ་འཕེལ），在這期間求得極為希有的耳傳教授，成為此教授的傳承祖師，同時也為其具緣弟子說法，僅菩提道次第就宣說了五十遍，並開始撰寫五部大論註疏等相關著作。53歲被請為哲蚌寺果芒僧院住持，任期五年，培育出來的格西遍及各地，從此以後，其論述成為果芒學派主要教材。62歲赴甘肅省南部興建拉卜楞寺（བླ་བྲང་བཀྲ་ཤིས་འཁྱིལ），成為格魯六大寺之一，世壽74。參見《東噶辭典》，頁63；《第一世嘉木樣尊者傳》（貢去呼久美旺波著，楊世宏譯，台北：圓音有聲出版股份有限公司，2007）。

❼**止觀二章箋註** 札帝格西註解皆在〈毗缽舍那〉，〈奢摩他〉以前未見其註。此處說「止觀二章箋註」，應有訛誤。

❽**札帝格西大寶義成** 色拉寺傑僧院（སེ་ར་བྱེས་གྲྭ་ཚང）的大格西（約18世紀），藏語བྲ་ཏི་དགེ་བཤེས་རིན་ཆེན་དོན་གྲུབ（札帝格西仁欽敦珠）義譯。大堪布善慧施（བློ་བཟང་སྦྱིན་པ）座前出家受戒。曾依止大成就者秀‧不空善巧（ཤོགས་དོན་ཡོད་མཁས་གྲུབ）。《毗缽舍那註》是由義成吉祥（དོན་གྲུབ་བཀྲ་ཤིས）等勸請而撰寫。著有辨了不了義及文法等相關釋論，其文法著作成為西藏後代學者遵循之準繩。又《菩提道次第廣論筆記‧仙人古道》中記載，札帝格西，出生於多麥巴日札帝（མདོ་སྨད

དཔའ་རིས་བྱ་བྲེ）。曾在色拉傑僧院學習五大論，之後於札頁巴（ཊྒ་ཡེར་བ）修成白文殊法，啟發智慧，成為智者。參見《民族圖書館文典籍目錄·文集類子目》冊下，頁85（北京：民族出版社，1996。以下簡稱《藏文典籍目錄》）；《布達拉宮典籍目錄》，頁322（拉薩：西藏人民出版社，1990）；《菩提道次第廣論四家合註》冊下，頁753（巴梭天王等著，印度：果芒出版社，2005。以下簡稱《四家合註》）；《菩提道次第廣論筆記·仙人古道》，頁17（貢卻嘉措著，蘭州：甘肅民族出版社，2015。以下簡稱《仙人古道》）。

此將論中一切難點釋為散文之諸箋合編，三界唯一明燈——《菩提道次第廣論四家合註》，是為成滿濁世無比殊勝導師永津大班智達至尊智幢吉祥賢❶之甚深心願，並欲利諸以聞思趣入此勝教典者，故於十三迴繞❷壬戌年❸，由勝壽寺❹司庫善妙幢❺出資千一百餘兩銀，以諸具量道次為底本，佯作校勘，新刻建版，如是經本，遂廣流通。然諸習學勝者至言非為低下、智力廣博眾善知識，尤其善巧成就大自在者赤欽❻語王美譽❼，皆數稱云：「此本所記諸箋，極多相互錯雜、插處乖舛等訛誤，故於諸求學者，非但無益，反成損害因緣。」

語 譯

這本將《菩提道次第廣論》中一切難點解釋為散文的諸箋合編，三界唯一的明燈——《菩提道次第廣論四家合註》，是為了圓滿濁世之中無比殊勝的導師——永津大班智達‧至尊智幢吉祥賢的甚深心願，以及利益眾多透過聞思趣入這本殊勝教典的學人，因而在十三迴繞壬戌（1802）年，由勝壽寺的管家善妙幢，出資一千一百餘兩白銀，以一些具量道次第作為底本，貌似作了校對，便重新刊刻建版，於是這樣的經本就廣泛流通開來了。但是許多在學習勝者佛陀至言方面有著卓越能力、智力廣博的善知識們，特別是善巧成就大自在者赤欽語王美譽，都曾多次說到：「這個版本所標記的箋註，有許多相互錯雜、安插錯誤等等的過失，所以對於求學的人們，不但沒有幫助，反而成為損害的因緣。」

 註 釋

❶智幢吉祥賢　八世嘉瓦仁波切親教師（公元1713～1794），藏語ཡེ་ཤེས་རྒྱལ་མཚན་དཔལ་བཟང་པོ（耶謝堅參貝桑波）義譯，永津大班智達為其封號。出生於後藏吉絨縣（སྐྱིད་རོང་），7歲剃度，名頂飾法增（དབུ་རྒྱན་ཆོས་འཕེལ），10歲在五世班禪善慧智（བློ་བཟང་ཡེ་ཤེས）座下受出家戒，法名智幢。17歲開始聞思五大論，20歲依止成就自在善慧尊勝（བློ་བཟང་རྣམ་རྒྱལ）受比丘戒。後至衛藏謁見至尊普覺語王慈氏（ཕུར་ལྕོག་ངག་དབང་བྱམས་པ）求受《妙音教授》及密集金剛等無量教授。之後又於各地求學，精通顯密教法，進行閉關修持、修復寺院等。62歲擔任第八世嘉瓦仁波切文殊海大師（འཇམ་དཔལ་རྒྱ་མཚོ）的親教師，並獲得班智達封號。著有《三十四本生傳註》、《菩提道次第師師相承傳》、《上師薈供廣解》等權威的顯密論著。參見《東噶辭典》，頁1894；《文殊海文集》冊2（文殊海大師著，拉薩：色珠出版社，2009）。

❷ **十三迴繞** 公元1747～1806。藏曆五行配合十二生肖，60年為一周期，又稱一迴繞，第一迴繞從公元1027年開始起算，公元1087年進入第二迴繞，依此往後計算。

❸ **壬戌年** 此處指公元1802年。藏文直譯為「大鼓水狗年」，為藏曆一迴繞中的第五十六年，大鼓是水狗年的年號。

❹ **勝壽寺** 拉薩寺院之一，藏語ཚེ་མཆོག་གླིང་（策覺林）義譯，全名勝壽吉祥禪院（策覺札西桑登林・ཚེ་མཆོག་བཀྲ་ཤིས་བསམ་གཏན་གླིང་），公元1790年啟建於拉薩河西邊止區（ཤིག）。大班智達智幢擔任第八世嘉瓦仁波切親教師時，吉絨縣的禪院遭廓爾喀（Gurkha）軍人嚴重破壞，其中部分僧人逃往拉薩，請求智幢大師攝護。大師一方面為令這些僧人能繼續修學教法，一方面觀察到止區這個地方，遠從松贊干布（སྲོང་བཙན་སྒམ་པོ）政期，經歷拉隆吉祥金剛（ལྷ་ལུང་དཔལ་གྱི་རྡོ་རྗེ）、宗喀巴大師等先賢的祝願，一直到三世嘉瓦仁波切福海大師（བསོད་ནམས་རྒྱ་མཚོ）時，都不斷出現聖教將興於此的緣起，於是與八世嘉瓦仁波切文殊海大師共同建寺。參見《東噶辭典》，頁1726；《文殊海文集》冊2，頁222、341。

❺ **善妙幢** 勝壽寺的管家（約18世紀），藏語དགེ་ལེགས་རྒྱལ་མཚན（格勒堅參）義譯，事蹟不詳。

❻ **赤欽** 藏語ཁྲི་ཆེན音譯，義為大法台，此處指格魯派中代表宗喀巴大師的最大座主——甘丹赤巴。

❼ **語王美譽** 第六十六任甘丹赤巴（公元1746～1825），藏語ངག་དབང་སྣན་གྲགས（昂旺念札）義譯。出生於多麥（མདོ་སྨད），10歲出家，17歲入色拉傑僧院學習。32歲成為第一等格西並進入下密院，47歲擔任下密院住持，58歲登上絳孜法王法座，61歲陞座甘丹赤巴，之後擔任九世、十世嘉瓦仁波切的親教師。參見《東噶辭典》，頁378。

為此，永津班智達諾門汗❶妙吉祥智教法幢❷仁波切遂作是念：「如是總攝一切佛語扼要殊勝教授，縱僅無誤勘校而珍愛之，亦定是於大寶聖教

之無上承事。」即殷重囑吾，應當承擔善校此本之責。適亦自忖，若於聖教略有裨益，誠為善緣，乃加校訂。復依斷行者❸比丘珍寶增盛❹將妙註等對照諸多古善本所審校本、傳為札里格西遍主❺之善本、安多及蒙古二種版本、依怙紹聖赤欽諾門汗仁波切講修寺經本等四家箋註本❻、三家箋註本、一家箋註本，共約十一種道次第論箋註，並餘具量教典以及善士口訣，由我久習經教、具格西名、略得辯才之斷行者戒勝❼，於達隆札寂靜處，歷三四載，精勤善為修訂。經永津班智達諾門汗轉呈紹聖赤欽勝法王，至尊亦起大荷擔心，詳閱審訂；絳敦法王❽善慧任運❾亦作一二次校訂。

因為這個緣故，永津班智達諾門汗妙吉祥智教法幢仁波切便想：「對於這樣總攝一切佛語扼要的殊勝教授，縱然只是精確地校對而善加珍愛，也必定是對大寶聖教的無上承事。」於是就殷重囑咐我，應當承擔起善為校訂這部論典的責任。恰好我自己也思忖：「如果對聖教能有些利益，那也確實是個善妙的福緣。」於是便開始校訂。此外，有隱世斷行者比丘珍寶增盛將妙音笑大師的箋註等對照許多古善本所作的審訂校對本，以及

傳說為札里格西遍主的善本，還有安多以及蒙古的二種版本，依怙紹聖赤欽諾門汗仁波切講說寺的經本等四家箋註本、三家箋註本、一家箋註本，大約共有十一種具有箋註的道次第論版本，並有其他的具量教典以及善士的口訣。依照這些經本口訣，由我長久學習經教、具有格西名位、得到些許辯才的隱世斷行者戒勝，在達隆札的寂靜處，經歷三、四年的時間，精勤善加修訂。後來經由永津班智達諾門汗將此校訂本轉呈給紹聖赤欽勝法王，至尊紹聖赤欽勝法王也發起了強大的荷擔心，作了詳細的審閱校訂；絳孜法王善.慧任運同樣地也作了一兩次校訂。

❶ 諾門汗　清朝時授予蒙藏地區僧俗首領的稱號。

❷ 妙吉祥智教法幢　疑為永津班智達智幢的轉世，藏語འཇམ་དཔལ་ཡེ་ཤེས་བསྟན་པའི་རྒྱལ་མཚན（蔣貝耶謝丹貝堅參）義譯。生卒事蹟不詳。

❸ 斷行者　指遠離世事，樂居山林的修行者。

❹ 珍寶增盛　藏語དཀོན་མཆོག་དར་རྒྱས（袞秋達傑）義譯。生卒事蹟不詳。

❺ 札里格西遍主　札里（ཟ་རི）地區的格西，事蹟不詳。

❻ 四家箋註本　四位祖師所撰箋註的合刊稱為四家箋註本。餘依此類推。

❼ 戒勝　《四家合註》主要修訂的格西（約19世紀），藏語ཚུལ་ཁྲིམས་རྣམ་རྒྱལ（促青南傑）義譯。著有《福稱現觀、中觀論著等難點答疑》、《福稱戒律、現觀、中觀論中難點答問·教理光明藏》，從其著作推知此師應為洛色林僧院的格西。

❽ 絳孜法王　甘丹寺三大法台之一。其中甘丹赤巴為甘丹寺最大法台，其次分別是甘丹夏孜法王（ཤར་རྩེ་ཆོས་རྗེ）及絳孜法王（བྱང་རྩེ་ཆོས་རྗེ）。夏孜及絳孜是甘丹寺中僧院的名稱。

❾ 善慧任運　第七十四任甘丹赤巴（公元1781～1847），藏語བློ་བཟང་ལྷུན་གྲུབ（洛桑倫珠）義譯。出生於嘉絨卓尼（རྒྱལ་རོང་ཅོ་ནེ），16歲出家並進入色拉昧僧院（སེ་ར་སྨད་གྲྭ་ཚང）開始學習。36歲考上第一等格西並進入下密院，49歲擔任下密院住持，57歲任絳孜法王，63歲陞座為甘丹赤巴，隔一年兼任十一世嘉瓦仁波切的親教師。參見《東噶辭典》，頁383。

由是殷重教敕云：「歷前多番審校，而成如是圓滿，若能無雜無謬如實付梓，則更無餘善妙聚門，可得承事文殊怙主上師宗喀巴大師教法，及能長養等空眾生利樂，由是務須刊行此本。」茲即欣然受命，順應永津班智達諾門汗之心願，事業師尊勝法賢❶乃以清淨增上意樂，出資百五十餘兩銀，更於勝壽吉祥禪院鄭重校訂，舊版訛誤過多者，重刻新版，餘應刻者則刊刻之，遂於十四迴繞❷壬寅年❸善為修訂。諸具慧者，應當棄捨墮黨染雜，將此作為憑信之處。其餘未作任何校訂，一見底本，適因略有順緣，隨即刻版印經，於諸疑點置之不問，致使經典蒙汙，更令學人引生誤解，刊刻如是不可依信殘本，當致極大罪惡。諸求解脫之人，宜以深細智慧明辨而趣於此。

　　於是永津班智達諾門汗殷重地教敕說：「經過之前多次的審校，現在有了這樣圓滿的成果，如果能夠將此稿無雜無誤如實地刊刻出版，再也沒有其他更加善妙的方式，可以承事文殊怙主上師宗喀巴大師的教法，以及長養如同虛空般芸芸眾生的利益安

樂了，所以一定要將這個校本刊刻出版。」於是我欣然受命，而
事業師尊勝法賢順應永津班智達諾門汗的心願，懷著清淨的增
上意樂，出資一百五十多兩銀子，由我再次在勝壽吉祥禪院鄭
重校訂，把舊版錯誤過多的部分重新刻版，其他應該刊刻的就
再作刊刻，在十四迴繞壬寅（1842）年善為修訂。具足智慧的人
們，應該拋棄墮入黨執的染雜，把這個版本作為憑信之處。其餘
那些沒有作任何校訂，一看到底本，剛好自己也有點財力物力，
馬上就刻版印經的人，對於底本當中的許多疑點置之不問，以
致經典蒙汙，摻雜錯誤，並且令學人引生錯解。刊刻這樣不可
依信的殘本，必定會產生極大的罪惡。關於此點，諸位希求解
脫的人，應當以深細的智慧經過觀察而體會。

❶尊勝法賢　出資助刻果芒本《四家合註》的法師（約19世紀），藏語 རྣམ་རྒྱལ་
ཆོས་བཟང་（南傑確桑）義譯。生卒事蹟不詳。

❷十四迴繞　公元1807～1866。

❸壬寅年　此處指公元1842年。藏文直譯為「作善水虎年」，為藏曆一迴繞中的
第三十六年，作善是水虎年的年號。

頁數者❶，〈道次第廣論箋註皈敬頌及禮讚決疑
暨新訂箋註標記源流始末〉五頁。《無等至尊宗
喀巴大師所著菩提道次第廣論四家合註善解諸
難處·大乘道明炬論》中，〈學習總體上士行持

道理〉以前四百二十九頁，〈別學止觀二種道理〉
四百三十三頁。共爲八百六十七頁。願善妙增長！

關於頁數，〈道次第廣論箋註皈敬頌及禮讚決疑暨新訂箋註標
記源流始末〉，一共有五頁。《無等至尊宗喀巴大師所著菩提道
次第廣論四家合註善解諸難處‧大乘道明炬論》之中，從開頭到
〈學習總體上士行持道理〉爲止，一共有四百二十九頁，〈別學
止觀二種道理〉，一共有四百三十三頁。合計爲長函八百六十七
頁。祈願善妙增長！

❶頁數者　以下的頁數均指古刻版的長函頁數，不是西式裝訂版的頁數。

如是勝壽寺舊版《道次第四家合註》目錄即如此。
十六迴繞❶丙戌年❷，政府雖刻新版，然傳《四家
合註》引導誦授時，傳規亦將上述目錄一併傳誦。
依此，恐有損於誦授傳承❸，故除新版頁數外，舊
版施主等文亦遵底本，不敢更改。應知新版迴向
跋文，編於《四家合註》二函之末。願衆生利益增
長[1]！

勝壽寺所刊刻的舊版《菩提道次第廣論四家合註》的目錄內容，大致即如上所述。藏曆第十六迴繞丙戌（1946）年間，政府雖然出資刊刻新版發行，但是依循傳統作法，在傳授《四家合註》的引導與誦授傳承時，也會將上述的目錄一併傳授。因此，為了避免破壞誦授傳承的傳統慣例，除了新版的頁數重新作編排以外，連舊版的助印施主等在內的所有內容，都遵循底本，一概照錄，不敢更改。而刊刻新版的迴向跋文，則編於《四家合註》第二函的最後。祈願眾生利益增長！

[1]「如是勝壽寺……願眾生利益增長」 此段非戒勝格西所撰，為拉薩雪本刊刻時所附之說明。果芒本作小字。

❶十六迴繞 公元1927～1986。

❷丙戌年 此處指公元1946年。藏文直譯為「火狗年」，為藏曆一迴繞中的第二十年。

❸誦授傳承 擁有傳承教法的上師僅僅將所傳經論向弟子唸誦一遍，不加任何解釋而獲得的一種傳承，俗稱「過嚨」。

道前基礎
皈敬頌

無等至尊宗喀巴大師所著
菩提道次第廣論四家合註
善解諸難處大乘道明炬論

宗喀巴大師　造論

巴梭法王　語王堅穩尊者　妙音笑大師　札帝格西　四家合註

法尊法師　譯論　釋如法 釋如密 等　譯註

^妙拿瑪梭惹梭帝^歎曼殊廓喀雅姑如布達菩提薩埵唄

（敬禮皈依妙音天女❶ 妙音❷ 上師佛菩薩）

勝解行❸ 時志力即無敵，猶如日月諸佛共讚歎，

喻如白蓮❹ 獨一日親❺ 尊，祈以悲手今賜我善緣[1]❻ 。

紹繼能仁❼ 慈氏❽ 怙，諸佛獨父慧藏❾ 等，

三寶上師並諸祖，頂嚴眾尊恆禮敬。

光顯勝者善妙規，開無謬軌被三地❿ ，

二車⓫ 覺窩聖父子⓬ ，袞巴⓭ 內蘇⓮ 博朵瓦⓯ ，

懂哦⓰ 仁欽崗巴⓱ 等，敬禮法尊⓲ 諸善識[2]。

拿瑪梭惹梭帝欸曼殊廓喀雅姑如布達菩提薩埵唄

（敬禮皈依妙音天女妙音上師佛菩薩）

從勝解行位的時候開始，志力就如同日月一般無所匹敵，一切諸佛共同讚歎您猶如白蓮花一般，唯一的日親——釋迦世尊，祈請您現今以大悲手賜予我善妙福緣。

紹繼能仁聖位的慈氏怙主、一切諸佛獨一之父——文殊智慧藏等，以及三寶、上師與傳承祖師，這些被尊奉為最殊勝的頂嚴聖眾，我在一切時中恆常向您們禮敬。

為三地眾生開創無謬道軌，從而極為光顯勝者佛陀善妙教規的二大車，以及覺窩阿底峽聖父子、袞巴瓦、內鄔蘇巴、博朵瓦、懂哦瓦、仁欽崗巴等，因住持正法而成尊貴崇高的善知識們，我向您們禮敬。

[1]「祈以悲手今賜我善緣」哲霍本作「祈以悲手賜彼我賢劫」（ཕྱག་རྗེའི་ཕྱག་གིས་བདག་དེ་བསྐལ་བཟང་མཛོད）。按，其中「彼」（དེ）為「今」（དེང）之訛字；「賢劫」（བསྐལ་བཟང）為「善緣」（སྐལ་བཟང）之訛字。 [2]「拿瑪……諸善識」此文果芒本原置於〈箋註皈敬頌禮讚決疑暨箋註源流始末〉，拉寺本置於正文書名之後。按，此文應為《四家合註》之正文，〈箋註皈敬頌禮讚決疑暨箋註源流始末〉為戒勝格西時方別出於《四家合註》正文書名之前，拉寺本成書早於戒勝格西時代，故今依拉寺本改之。

❶妙音天女 佛教智慧本尊之一，梵語Sarasvatī及藏語དབྱངས་ཅན་མ（漾尖瑪）的義譯，又名大辯才天女、美音天、妙音天。此天女聰明而有辯才，故名辯才天；其能發出美妙的歌音，故名美音天、妙音天。唐一行著《大日經疏》云：「美音天，是諸天顯詠美者，與乾闥婆稍異，彼是奏樂者也。」唐智儼、溫古編修《大日經義釋》云：「美音天亦名辯才天，是諸天中歌詠美妙者，猶如毘首羯磨工於伎巧之類，非乾闥婆也。」參見《佛學大辭典》，頁432（丁福保編，台北：佛陀教育基金會，2012）。

❷**妙音** 至尊文殊的尊號。梵語Mañjughoṣa及藏語འཇམ་དབྱངས་（蔣揚）的義譯，又名曼殊廓喀。曼殊為妙，廓喀為音。其名又作文殊師利、滿殊尸利、曼殊室利，義為妙吉祥、妙德。往昔作轉輪王，名為虛空。於雷音王佛前發菩提心，在無數劫中，令無量有情趣入大乘，成等正覺。賢劫千佛皆因文殊菩薩的引渡而發菩提心，因此共稱其為諸佛之師。導師釋尊教化人間時，示現菩薩相，為釋尊八大近侍佛子之一。有些經典說：其於往昔即已成佛，佛號龍種尊勝如來，或說是龍種明燈佛，未來復當於南方無塵淨積佛土中，示現成佛事業，佛號普照如來。唐不空三藏譯《大聖文殊師利菩薩佛土功德莊嚴經》也記載：文殊菩薩當於南方如願圓滿積集離塵清淨世界中，示現成佛，名為普見。由於文殊菩薩口不出惡語，言語有美妙之德，故名妙音。參見《大正藏》冊11，頁915（大藏經勘行會編，台北：新文豐出版社，2000）；《師師相承傳》藏文冊上，頁182；中文頁134；《藏漢大辭典》，頁887（張怡蓀編，北京：民族出版社，2011）。

❸**勝解行** 又名信解行，指資糧道及加行道。菩薩發菩提心後，還未獲得通達空性的毗缽舍那前為資糧道位，從獲得通達空性的毗缽舍那到登地前，為加行道位，在這兩個階段還未現證空性，只能用分別心對空性生起信解而修持，所以稱為勝解行。

❹**喻如白蓮** 佛典典故，出自《悲華經·授記品》。釋尊往昔為寶海梵志時，見許多菩薩，都未發願在五濁惡世示現成佛救度有情，因而向寶藏如來發願：在靜劫人壽百二十歲，示現成佛事業，度化有情，並發下五百大願。當時寶藏如來及十方一切諸佛都稱讚他如分陀利花。分陀利（Puṇḍarīka）即白蓮的梵音，此花最大，花瓣數百，多出於阿耨蓮池，人間無有。即在眾多菩薩之中，志力超勝，所以比喻為眾多蓮花中的白蓮花，極為希有。藏傳經典中，「寶海」譯作「海塵」，「人壽百二十歲」作「人壽百歲」。參見《大正藏》冊3，頁218；藏文《中華大藏經甘珠爾》對勘本冊50，頁638（北京：中國藏學出版社，2001。以下簡稱《甘珠爾》對勘本）。

❺**日親** 又名日種、暖生，一般泛指釋迦種，此處特指釋迦牟尼佛。據《根本說一切有部毗奈耶·破僧事》記載，釋迦世尊的祖先喬達摩（Gautama），隨黑色仙人出家修道，後遭陷害處死，黑色仙人取其兩滴精血，經陽光照射而變成

兩個卵，生出兩個童子，後來依次登上王位。釋迦族因為被陽光照耀而得以延續，所以稱為日親。智幢大師（ཡེ་ཤེས་རྒྱལ་མཚན）所著的《師師相承傳》中也記載這段歷史。參見《大正藏》冊24，頁102；《師師相承傳》藏文冊上，頁21；中文頁13。

❻ **祈以悲手今賜我善緣**　依如月格西解釋，此句所表達之義為：我本無福緣得受正法，祈請您今以悲手將我置於具足福緣受此正法之列。此為至極謙恭的一種祈請方式。

❼ **紹繼能仁**　彌勒菩薩的尊號。彌勒，梵語Maitreya（མེ་ཏྲི）音譯。在久遠劫前，作轉輪王名為照顯，以大悲心供養大勢如來齋食時，初發菩提心。又於此娑婆世界住劫時，寶藏如來授記海塵婆羅門的門徒一千人，於賢劫時成佛，各個門徒也都發願將來成佛時想要攝受的剎土，唯留人壽百歲和八萬歲兩個時段，未得攝受。海塵婆羅門即發願攝受百歲有情，而其一千門徒中的第五位名為無垢光，則發願攝受八萬歲有情，此即是彌勒菩薩前生。彌勒菩薩早於其他賢劫諸佛四十二劫發心，無量劫中累積福智二資糧，於釋迦世尊證空性後，則依釋尊為師，常觀導師不離頂上，所以藏系的彌勒像，頂上有菩提塔。因釋迦世尊在降生人間前，為彌勒菩薩加冕，授權紹繼佛位，故稱為紹繼能仁或紹聖慈尊。現居兜率內院，著有慈氏五論：《現觀莊嚴論》、《經莊嚴論》、《辨中邊論》、《辨法法性論》、《寶性論》流傳世間。漢譯本元魏慧覺等譯《賢愚經·波婆離品》記載，在釋尊弘化印度時，彌勒菩薩投生為波羅奈王輔相的兒子，此與藏文典籍中，當時彌勒菩薩在兜率內院的說法不一，然對十地菩薩示現千百億化身，實非難事，故此二說，並不相違。參見《師師相承傳》藏文冊上，頁105；中文頁72；《大正藏》冊4，頁432。

❽ **慈氏**　即至尊彌勒的義譯。至尊彌勒往昔在寶傘如來出世時出家，名慧堅比丘。凡是見到他的面貌、聽到他談話，甚至居住在他曾經走過的地方，都會生起慈心三摩地。因此寶傘如來及十方一切剎土的菩薩都稱他為「慈氏」，直至成佛之間，皆號此名。元魏慧覺等譯《賢愚經·波婆離品》中記載：弗沙佛（Puṣya）出世時，有大國王名曇摩留支（Dharma-ruci），見一比丘，入慈三昧，放金光時，心生仰慕，發願修習慈三摩地，從那一世起，常名彌勒。窺基大師著《成唯識論述記》云：「梵言梅呾利耶，此翻言慈氏，梅呾羅曳尼，此聲轉

之異,婆羅門十八姓中慈為一姓,氏謂氏族。曾、當皆生此種姓家,故以為號。」參見《大正藏》冊4,頁432、冊43,頁352;《師師相承傳》藏文冊上,頁110;中文頁75。

❾ **諸佛獨父慧藏** 指文殊菩薩。藏傳佛教中,有以父子比擬師徒的習慣,由於一切諸佛無不依止至尊文殊,所以稱為「諸佛獨父」。《佛說放鉢經》也記載:「今我得佛,有三十二相、八十種好,威神尊貴,度脫十方一切眾生者,皆文殊師利之恩,本是我師。前過去無央數諸佛,皆是文殊師利弟子,當來者亦是其威神恩力所致。譬如世間小兒有父母,文殊者佛道中父母也。」文殊菩薩又因為是一切諸佛智慧的總聚體,所以稱為「慧藏」。參見《大正藏》冊15,頁451。

❿ **被三地** 藏文原意為「為三地眾生」,由於頌文字數限制,故未譯出「眾生」,完整譯文請參見語譯。三地,指天上天界、地上人間、地下龍界。

⓫ **二車** 指龍猛菩薩(Nāgārjuna)及無著菩薩(Asaṅga)。因為他們示現的是聖位菩薩的行相,所以不須依其他人所寫的解釋而善巧解釋佛語密意,開啟了中觀、唯識兩大宗派,如同開拓兩條車行大道,故稱二位為開大車軌,簡稱二車。龍猛菩薩(約2世紀),佛世時為一童子,名一切世間喜見,又稱一切世間樂見離車童子,得佛親口授記於佛涅槃後四百年,當作比丘,大作佛事。出生於南印度毗達婆婆羅門族中,相師預言此兒最多活不過七年。7歲時遇見薩惹哈大師(Saraha),傳授有關無量壽佛的灌頂,滿7歲的晚上,通宵唸誦無量壽佛的修法,因此除去壽障。隨即依大師出家受戒,法名「具德比丘」。曾擔任那爛陀寺執事,運用點金術,供給僧眾飲食長達十二年,並驅擯具權卻不守淨戒者八千人,樹立戒幢。50歲前,指出當時不符佛制之處,廣宣戒律,是其第一次宣大法音。50歲到100歲之間,曾赴龍宮迎回《大般若經十萬頌》,並取龍泥而塑造一千萬佛塔。500歲前創中觀學派,著中觀理聚六論:《中論》、《六十正理論》、《七十空性論》、《迴諍論》、《細研磨論》、《寶鬘論》,開演中觀空性見,是其第二次宣大法音。後赴北俱盧洲廣作利生事業,再返南方吉祥山(Sri-sailam)中,宣說大乘顯密教法,是其第三次宣大法音。後因樂行賢王的小王子乞求菩薩布施頭顱,菩薩欲效學釋尊捨身布施,所以用吉祥草斷頭示寂,相傳住世600～700歲。在《妙吉祥根本續》、《楞伽經》中說其示現為初

地菩薩，而《大鼓經》說其為七地菩薩，在密法中判其即生證得佛位。著有《法界讚》、《五次第》、《大智度論》等顯密論典。主要弟子有聖天（Āryadevaḥ）、佛護（Buddhapalita）、清辨（Bhavaviveka）、月稱（Candrakirti）等。無著菩薩（約4、5世紀），唯識派的開派祖師。出生於北印度健馱邏國（Gandhāra），母親是乘願再來的大乘行者，與王族結婚而生無著菩薩。年少依母親期望出家，不久博達三藏，為求了悟般若隱義的現觀次第，因此前往雞足山專修，求見至尊彌勒。前後勤修十二年，曾經三次萌生退念，卻由於見到擦杵為針、滴水穿石、鳥翎磨岩的因緣而繼續專修。最後生起大悲心，割捨身肉以濟蛆犬，終於親見天顏。從至尊彌勒聽受《慈氏五論》，隨聽隨證無量三摩地，進登三地。秉性柔和溫順，但在消滅邪行邪念方面卻非常銳利，一切行為皆先請示本尊然後施行。大力弘揚時已衰微的大乘教法，曾令一村之人同時聞法獲得忍位。而且，隨無著菩薩修學的弟子也無不成為三藏法師。對於宗義並不偏執一方，能以一切法門演說，因此聲聞眾也敬重菩薩。眾人共許其為大乘教法的宗主，讚為南贍部洲二勝六莊嚴之一，對教法弘佈作出極大貢獻。曾住持那爛陀寺，建立清淨見地與律儀，相傳住世一百五十年。最富盛名的著作為《阿毗達磨集論》、《攝大乘論論》、《顯揚聖教論頌》，而在藏傳中認為《瑜伽師地論》亦為無著菩薩所造。得意弟子為世親菩薩（Vasubandhu）。有關龍猛菩薩事蹟，參見《師師相承傳》藏文冊上，頁195；中文頁144；《東噶辭典》，頁16；《甘珠爾》對勘本冊63，頁264、318；《大正藏》冊9，頁294、299。有關無著菩薩事蹟，參見《師師相承傳》藏文冊上，頁122；中文頁84；《印度佛教史》，頁121（多羅那他著，張建木譯，成都：四川人民出版社，1988）；《大正藏》冊50，頁188；《新譯大唐西域記》，頁239（陳飛、凡評註釋，台北：三民書局，2003）。

⓬ **覺窩聖父子**　指阿底峽（Atiśa）及種敦巴（འབྲོམ་སྟོན་པ）師徒。阿底峽（公元982～1054），出生於孟加拉國，為善勝王的二王子，名為月藏（Candragarbha）。依止當時諸大成就者，通達世出世間一切明處。後依大眾部出家，名「具德燃燈智」（Dīpaṃkara　Śrījñāna），成為佛教頂嚴。世人避其名諱，尊稱「覺窩貝登阿底峽」（ཇོ་བོ་དཔལ་ལྡན་ཨ་ཏི་ཤ），義為具德殊勝尊者。後應藏王迎請入藏，維護聖教，樹立業果、三寶等正見，所以藏人多稱其為業果喇嘛或三寶喇嘛。創噶當派，著有《菩提道炬論》等。主要弟子有種敦巴尊者等。種敦巴（公元

1004～1064），相傳為觀音菩薩化身。出生於堆隆普（སྟོད་ལུང་པ）。於金剛自在
（རྡོ་རྗེ་དབང་ཕྱུག）座前受優婆塞戒，取名勝者生源（嘉維迥內・རྒྱལ་བའི་འབྱུང་གནས）。
19歲承事色尊喇嘛（སེ་བཙུན），負責磨麵粉、放牛馬等一切雜務，同時也不鬆懈
聞思經典，對於色尊喇嘛，未曾生起一絲不敬不信。嫻熟許多顯密經論後，再
前往依止班智達彌帝（Miti），學習聲明及梵文。後從路人口中得知阿底峽尊
者來到藏地，即往依止尊者。初見尊者時，供養一盞明燈，直至尊者示寂從未
間斷。第二日聽完《菩提道炬論》，從此以後，將所聽到的一切法義，皆攝入
三士道而作修持。得阿底峽尊者如瓶注瓶般傳授顯密一切教授，成為尊者心
子。尊者示寂後，傳接噶當法脈，建立熱振寺（ར་སྒྲེང），教化徒眾，世壽61。主
要弟子有樸窮瓦（ཕུ་ཆུང་བ）、懂哦瓦（སྟོན་ཕ་བ）、博朵瓦（པོ་ཏོ་བ）三昆仲。有關阿
底峽尊者及種敦巴等祖師生卒年，郭和卿譯《師師相承傳》中公元生卒年，經
考查與諸多史書記載不符，故不採納。阿底峽尊者事蹟，參見《師師相承傳》
藏文冊上，頁238；中文頁184；《東噶辭典》，頁884。有關種敦巴尊者事蹟，參
見《師師相承傳》中文頁241；藏文冊上，頁300；《東噶辭典》，頁1593。

⓭衰巴　阿底峽尊者主要弟子之一，全稱衰巴瓦（公元1016～1082），藏語དགོན་
པ་བ音譯，本名自在幢（旺秋堅參・དབང་ཕྱུག་རྒྱལ་མཚན），又名阿蘭若師。出生於多
康（མདོ་ཁམས）上部，年少出家，曾在準備上山靜修的路上，聽到阿里來了一位
大班智達，於是取消上山的念頭而來到後藏，依止阿底峽尊者。隨學尊者期
間，同時兼任許多事務，但透過尊者的加持，心中生起圓滿道次覺受。此師具
有廣大神通，卻不以此為重，仍以圓滿道次為主要修持。阿底峽尊者示寂後，
依止種敦巴尊者。後任熱振寺住持，大弘阿底峽尊者圓滿教授，世壽67，示寂
後生往兜率內院。主要弟子有內鄔蘇巴（སྙེའུ་ཟུར་བ）、奔公甲（འབན་གུང་རྒྱལ）等。
參見《師師相承傳》藏文冊上，頁343；中文頁285。

⓮內蘇　衰巴瓦大師主要弟子之一，全稱內鄔蘇巴（公元1042～1118），藏語སྙེའུ་
ཟུར་བ音譯，本名智燃（耶謝跋・ཡེ་ཤེས་འབར），相傳為普賢菩薩的化身。出生於
哲區內鄔蘇村沙溝通區（སྙེའུ་ཟུར་གྱི་ས་སྒོར་ཐོང་ང），擁有與生俱來的堅固三摩地，
不待他人策勵，即能生起強烈的出離心。於札焦寺（ཟག་རྒྱུག）出家後，由於札焦
寺住持釋迦戒（ཤཱཀྱ་ཚུལ）的引薦，所以前往熱振寺衰巴瓦大師座前聽聞眾多顯
密教法。師徒之間不待言語，衰巴瓦大師即能滿其所願。衰巴瓦大師曾在他

頂上留下三個指跡，表示對他的守護，直至壽盡。袞巴瓦大師示寂後依止三昆仲，特別承事博朵瓦大師十四年，聽聞教法。由於念死無常，晝夜恆常精進，一心專修，真實獲得道次覺受。博朵瓦等大師示寂後，其徒眾都來依止內鄔蘇巴大師。此師在每年的冬夏二季，依循袞巴瓦大師的傳規，宣講菩提道次第引導，一時道次第的修法普弘於藏地。也常以各種方式治癒龍病、麻瘋等重病，消除許多修行人的道障。示寂時，從頂門放出一道白光，上升虛空，意指前往兜率內院，世壽77。其弟子有塔瑪巴（པག་མ་བ）等。參見《師師相承傳》藏文冊上，頁355；中文頁302；《東噶辭典》，頁1264。

⓯ 博朵瓦 噶當教典派開派祖師（公元1027～1105），藏語པོ་ཏོ་བ音譯，本名寶明（仁欽色·རིན་ཆེན་གསལ）。出生於坌宇地區哲區壩塘（འབན་ཡུལ་སྣས་ཀྱི་བའ་ཐང）的苯教徒家中。從小就有嚴持戒律、厭捨俗家的習氣，因此在峨·菩提生源（ངོག་བྱང་ཆུབ་འབྱུང་གནས）和蓮·戒菩提（གྱན་ཚུལ་བྱང）兩位大德座下出家。剛出家時，曾在阿底峽尊者座前聽聞一次道次第法類。後到熱振寺依止種敦巴尊者七年，聽受全部道次第的法類，並在熱振寺專修。之後在澎玉（འབན་ཡུལ）上部、嘉峨地區（རྒྱལ་རོས）、哲區的博朵寺（སྣས་ཀྱི་པོ་ཏོ་དགོན་པ）等處弘揚佛法。一生不貪世財，清修正道，其一千弟子都效學他專務修行，所以名聲遍及四方，印度當時也都傳頌西藏出現一位大菩薩，徒眾一千人皆能住持聖教。示寂前，應僧眾祈請，上座說完法後，合掌發願說：願作一切有情依怙。放下掌時，則示現圓寂，生往兜率內院，世壽79。主要弟子有朗日塘巴（གླང་རི་ཐང་པ）、霞惹瓦（ཤ་ར་བ）等。參見《師師相承傳》藏文冊上，頁373；中文頁321；《東噶辭典》，頁1285。

⓰ 懂哦 噶當教授派開派祖師，全稱懂哦瓦（公元1038～1109），藏語གུན་པུ་བ音譯，本名戒燃（促青跋·ཚུལ་ཁྲིམས་འབར）。出生於年區的朗惹崗（ཉན་གྱི་སྒང་ར་སྒང），童年時常親見本尊，18歲在堆隆的察脫寺（སྟོད་ལུང་ཚ་ཕོག་དགོན）出家。隨後在捏區的拿謨切（སྙེའི་ན་མོ་ཆེ）晉見阿底峽尊者，尊者授記此師將成為傳持尊者教法的大德。25歲因母親的指示，赴熱振寺依止種敦巴尊者八年，聽受無量顯密教法，同時也依止袞巴瓦等大德。常以暇滿難得和念死無常鞭策自心，勤修道次。在加行法上毫不懈怠，供養的香足以裝滿一間房間，自製泥質佛像有一小山丘之多。此師宣揚菩提道次第也不遺餘力，後人稱其所傳的道次第法脈為「噶當教授派」。於紐絨（སྣག་རུམ）示現圓寂，世壽66。主要弟子有嘉裕瓦（རྒ

ཡུལ་བ）、堆隆巴（སློད་ལུང་བ）等。參見《師師相承傳》藏文冊上，頁454；中文頁406；《東噶辭典》，頁1315。

❶ 仁欽崗巴　教授派傳承祖師（公元1090～1171），藏語རིན་ཆེན་སྒང་པ音譯，為懂哦瓦大師再傳弟子，生於倫村（སློན）上區，12歲出家，法名童稱（宣努札巴‧གཞོན་ནུ་གྲགས་པ），先後依止嘉裕瓦、內鄔蘇巴專修依止法與道次第。平日持戒精嚴，定力堅固，經由對上師祈禱，親見本尊現身傳法，心中生起真實的道證功德。29歲起弘揚道次第，修建仁欽崗寺。盡其一生無有病苦，凡是能利益有情的事，再小也會去做。世壽82，入室弟子為佛陀子大師。佛陀子大師（公元1136～1210），藏語སངས་རྒྱས་དབོན་སྟོན（桑傑溫敦）音譯，又稱佛陀仁欽崗巴（སངས་རྒྱས་རིན་ཆེན་སྒང་པ），相傳為嘉裕瓦的轉世。幼年即得傑貢巴大師親自照顧，17歲出家，法名童源（宣努迥內‧གཞོན་ནུ་འབྱུང་གནས）。其以承事上師作為累積圓滿資糧的無上法門，認真服侍傑貢巴大師，由此求得許多教授。又因長時修習上師為佛，所以得到本尊攝受，生起無量三摩地，圓滿修道位而進登十地，將成為賢劫千佛之一。受法弟子眾多，主要為虛空王大師（ནམ་མཁའ་རྒྱལ་པོ）。其後仁欽崗寺傳承祖師中，亦有稱為仁欽崗巴者。參見《師師相承傳》藏文冊上，頁476、486；中文頁430、440。

❶ 法尊　因由住持正法而成尊貴者。

菩妙於此雪域，光顯大寶聖教令如白晝之至尊宗喀巴大師，其所著此《道次第論》，起首開為：一、皈敬；二、立誓宣說；三、敦囑勵聽；四、由辨識所詮之門而明如何講聞此法，共四次第[1]。初者：如釋迦慧云❶：「高尚之士，大抵皆於造論之始，頂禮自所承許天尊❷」云云，禮讚尊師自之勝天諸尊者[2]❸：

在這雪域藏地之中，將大寶聖教弘揚光顯猶如白晝的至尊宗喀巴大師，在他所著作的這本《菩提道次第廣論》的開頭，開出：一、**皈敬**；二、**立誓宣說著作本論**；三、**勸發勵力聽聞**；四、**透過辨識所詮說的法，來闡明應當如何講說、聽聞本論**，共有四個次第。**第一科**：如同釋迦慧所說：「高尚的人士，大多都會在造論的開始，禮敬自己所信受承許的天尊」等等，而禮讚至尊宗喀巴大師自己的諸位殊勝天尊如下：

[1]「共四次第」哲霍本作「如其次第」。　[2]「於此雪域……勝天諸尊者」此文果芒本原置於〈箋註皈敬頌禮讚決疑暨箋註源流始末〉，拉寺本置於正文書名之後。又果芒本、哲霍本和雪本作語註，拉寺本連同上文作妙註。按，此文應為《四家合註》之正文，〈箋註皈敬頌禮讚決疑暨箋註源流始末〉為戒勝格西時方別出於《四家合註》正文書名之前，拉寺本成書早於戒勝格西時代，故今依拉寺本改置於正文書名之後。又此段內容所開科判於後多作妙註，故依拉寺本補標妙註。

❶ **釋迦慧云**　引文出自《釋量論疏》，釋迦慧大師（Śākyabuddhiḥ）著，尚無漢譯，作者為天王慧大師的弟子，其餘生平不詳。參見《多羅那他印度佛教史》，頁192（多羅那他著，印度：西藏文化出版社，2001）。引文見《中華大藏經丹珠爾》對勘本冊98，頁955（北京：中國藏學出版社，2001。以下簡稱《丹珠爾》對勘本），然與引文略有不同。

❷ **天尊**　指佛菩薩或本尊。廣義而言，亦可指傳承祖師。

❸ **禮讚尊師自之勝天諸尊者**　勝天，所依止的不共殊勝本尊。這段註解可逕接《廣論》原文的「南無姑如曼殊廓喀耶」。

⁴南無姑如曼殊西利耶

（敬禮尊重妙吉祥）

頂禮真實佛師足，以語口訣箋註鑰，

開啟菩提道次第，法藏詞義難解門。

此中分為：一`前行趣入講說之方便；二`正敘所說；三`宣講究竟之理。初中分四：一`皈敬殊勝天及根本傳承上師❶；二`由明希欲造論因相之門而立誓造論；三`敦囑具器所化聽聞；四`由明所詮法名義繫屬❷之門而明講說此義軌理，復明依據何者而說。今初[1]：

南無姑如曼殊西利耶
（敬禮尊重妙吉祥）
頂禮實為佛陀的上師足下，我今當以上師的口訣箋註的鑰匙，開啟菩提道次第正法庫藏詞義的難解扼要之門。

這裡分為三科：一`進入講說的前行方便；二`正講所說的內容；三`講說完結究竟的道理。第一科又分為四科：一`皈敬殊勝天以及根本和傳承上師；二`透過說明為何樂於著作本論的原因而立誓著作本論；三`勸勉具備學習條件的所化機應當聽聞；四`透過說明所說法的名義關聯，闡述講說這些法義的軌理，以及依據哪一派傳軌而講說。第一科：

❶ **根本傳承上師** 根本上師及傳承上師。關於根本上師的涵義,有很多不同說法。普遍的說法是這位弟子主要依止的對象,並且對這位弟子饒益最大的上師,就是這位弟子的根本上師。另有一說認為根本上師的根本,即指成就的根本,所以一切上師都是弟子的根本上師。有人認為凡是為弟子傳授灌頂、誦授、口訣的不共上師,即是這位弟子的根本上師。傳承上師指與弟子有間接法緣,但沒有直接法緣的上師。

❷ **由明所詮法名義繫屬** 指說明所詮法的名稱及內義彼此的關係。所詮指闡述的內容。繫屬有關係、關聯之義。透過說明本論內容的大綱,而解釋本論名稱,進一步說明本論名稱及內容彼此的關係。

南無^妙致敬或頂禮,**姑如**^妙上師、尊重、堅穩,**曼殊**^妙柔妙[1],**廓喀**^妙聲或語或音,**耶**❶^妙所為格❷。(梵語)

敬禮尊重妙音❸(漢譯)^巴此為**頂禮殊勝天**❹**或根本上師怙主妙音**,如至尊云❺:「由師恩德得見時[2]。」

梵語：**南無**，為致敬或頂禮的意思。**姑如**，指上師、尊重、堅固沉穩的意思。**曼殊**，即柔妙。**廓喀**，為聲音、語言、音韻的意思。**耶**，是虛字所為格。

漢譯為：敬禮尊重妙音。這句是**宗喀巴大師頂禮自己的殊勝本尊，或是根本上師怙主文殊妙音**。就像至尊宗喀巴大師自己所說的：「透過上師的恩德而見到真實義的時候。」

[1]「_妙柔妙」 果芒本原作「妙吉祥」，拉寺本作「柔妙」。按，曼殊但有柔妙義而無吉祥義，故依拉寺本改之。 [2]「由師恩德得見時」 此段箋文之後，拉寺本另有一段巴梭法王之箋註如下：དེས་ན་ཡོན་ཏན་གྱི་གོང་མར་གྱུར་པའི་བླ་མ་དང་འཇམ་དབྱངས་ལ་འདུད། ཅེས་པའོ། 按，其中དང字為刊刻之誤，本應作དུ字。全句譯作：「故向功德尊勝之上師及妙音致敬。」

❶ **南無姑如曼殊廓喀耶** 此句為梵語音譯，意思是「禮敬上師妙音」。造論者在造論伊始先禮敬自己的根本上師或本尊，是藏傳佛教中著述的一種傳規，具有恭敬、祈求、傳承的意思；《廣論》造者是宗喀巴大師，其最具深恩的上師是文殊師利菩薩，故造論伊始先作禮敬。這點，在三世貢唐丹貝準美（གུང་ཐང་བསྟན་པའི་སྒྲོན་མེ）大師所著的《辨了不了義釋難論》中有說到：「禮敬文殊，是如同君王教救所說的，對於三藏各有別別不同的翻譯禮敬。而這裡的禮敬，固然有本論是大乘勝義論藏的意思，但最主要的，實為大師對於其所親近依止而得通達如是妙道的不共上師殊勝本尊，憶念其恩德而作禮讚。就像《密宗道次第》中說：『紫金色身殊妙頂，靛青五髻為莊嚴，妙音於我一切生，歡喜攝受施大恩。』《五次第明燈論》說：『由尊事業一少分，入我心內令難得，極隱密

義皆彰顯，至尊慧藏祈垂護。』在諸多論典中，大抵都有這類的文句。特別如本論中所說的：『由師妙音恩善見』。」「姑如」或譯作「古魯」，即「上師」、「尊重」等師長的梵語稱呼。「曼殊廓喀」即妙音的梵語稱呼，即指大智文殊師利菩薩，或稱曼殊室利、文殊、妙德、妙首、妙吉祥等。在佛教中，文殊菩薩乃諸佛之智慧所化現。「耶」是虛字「所為格」，表方向、目的之語尾助詞。在此有「向」的意思，意即為了某種特定目的而向文殊禮敬。參見《貢唐大師文集》冊3，頁196（貢唐丹貝準美著，北京：人民出版社，2007）。

❷ **所為格**　藏語虛詞共分八格，古譯囀聲，所為格是其中一格，表示為了某種目的而作。

❸ **敬禮尊重妙音**　意義與梵語一樣，原典未分梵藏二次寫出，係將梵音以義譯方式譯出。

❹ **殊勝天**　所依止的殊勝本尊、佛菩薩。

❺ **如至尊云**　此處至尊指宗喀巴大師。引文出自《緣起讚善說藏論》。宗喀巴大師41歲駐錫在沃卡（ཆོལ་ཁ）時，晚上夢見佛護論師（སངས་རྒྱས་བསྐྱངས）手持中觀梵本加持大師，為大師講授中觀正見，並與之研討。隔天，當大師閱讀《中觀根本佛護釋》時，對於中觀應成派最究竟的見解，及真正空性見所破的界限等，不費多力就生起究竟定解，如實現證空性。因此，在對於導師釋迦世尊生起堅定的信心和極為虔誠的感動中寫下此讚。此段偈文全文為：「吉祥月稱妙善說，皎白光鬘令照顯，由師恩德得見時，我意於今獲安息。」意謂月稱菩薩的妙善之說，即如月輪，其皎白光鬘照顯龍樹論典的夜開睡蓮園。由於文殊上師的恩德，令我徹見其中的深義，故使我多年尋求空性義卻無法獲得的憂惱之心，得以安息。參見《至尊宗喀巴大師傳》，頁214；《洛色林常用課誦本》，頁298。引文見《宗喀巴大師文集》冊2，頁202（宗喀巴大師著，西藏：色珠出版社，2012）。

🔵**其次於諸傳承上師中，最初皈敬教主者**[1]：🔵以〔**俱胝**🔵者，

謂不可計數或數中絕頂，因梵語俱胝亦可釋為絕頂，如《俱胝耳本生》❶ 所說，俗語中不可

計數亦可得俱胝之名❷，此中亦即指此。〕〔圓滿^妙者，功德也，此指身等❸。〕妙善^妙之二資糧所生^妙所積聚故，或宣法音故，名之為^巴果位之身^[2]，^巴為相好所莊嚴，觀之不厭。^妙成滿現前究竟所欲求義，故為成滿^妙無際無邊〔^妙從前趣生於後，故名眾生❹。〕希願，^妙應上中下三機之語，^妙開示應機之法，故僅一語，亦為具足六十或六十四支韻音^[3]❺。如實^妙俱時觀見^妙一切〔無遺故為無餘。〕〔^妙心所了達故名所知。〕^{[4]妙}法意，^巴由詮身語意功德之門，^巴傑喇嘛❻至誠恭敬，於是^巴生於〔釋迦，^妙謂強力或勇猛種族。〕^{[5]巴}種姓中之二足❼尊主，^語以身分之尊勝處^[6]稽首禮敬，^巴謂以三門恭敬頂禮。

其次在諸位傳承上師之中，首先皈敬教主釋迦世尊：由於是以〔俱胝，是指不可計數的數量或數目的極致。梵語「俱胝」本身即可解作絕頂的意思，如同《俱胝耳本生》當中所說，在世俗的習慣用語中，不可計數也可以叫作俱胝，在這裡同樣也是指不可計數的意思。〕〔**圓滿**，這裡指功德，也就是身等圓滿。〕**妙善**美德的二種資糧**所**凝聚**出生**的緣故，或者因為能夠宣說法音，所以稱之為果位之**身**，被種種相好莊飾，經久觀視也不覺得厭煩。

由於能夠成滿階段性以及究竟的心願，所以是**成滿**無際**無邊**〔從前世投生到後世，所以稱為**眾生**。〕的**希願**；由於佛陀的**語**言普應上中下三種根機，開示應機的佛法，所以縱然只有一句法語，也是具足六十或六十四支語功德的韻音。

佛的心意能夠無遺**無漏**地在同時間**如實徹見**一切〔心所能夠知曉通達，所以稱為**所知**。〕的法。

透過稱頌身語意功德的方式，至尊宗喀巴大師至誠恭敬地向生於〔**釋迦**，是指強力或勇猛的種族。〕種姓中的二足**尊主**，以全身最為尊貴的**頭部而作禮敬**，意思是以身語意三門恭敬頂禮。

[1]「^巴其次於諸傳承上師中……教主者」拉寺本作語註。　[2]「妙善^妙之二資糧所生……^巴果位之身」果芒本原作「妙善^妙之二資糧所積聚故，或宣法音故，名之為身；所生^巴果位之身」，拉寺本作「妙善^妙之二資糧所生^妙所積聚故，或宣法音故，名之為^巴果位之身」。按，拉寺本無果芒本妙註「名之為身」之「身」字，其箋註方式較果芒本，於前後文連接性更強，故依拉寺本改之。　[3]「^妙開示應機之法……韻音」拉寺本作巴註。　[4]「〔無遺故為……所知。〕」此段箋註，拉寺本綴文如下：「〔無遺之智所了達，故名無餘所知。〕」按，二版所表意同，然前者分註，後者併為一註，或為傳抄致異，私謂前者更易解。　[5]「〔釋迦，^妙謂強力或勇猛種族。〕」拉寺本作語註。　[6]「^語以身分之尊勝處」拉寺本作妙註。

❶ **《俱胝耳本生》**　「俱胝耳」，古譯「億耳」。佛世的一位阿羅漢，由於與生俱來配戴無價耳飾，因此立名為「俱胝耳」。典故見《大正藏》冊23，頁1048；《甘珠爾》對勘本冊1，頁585。

❷ **俗語中不可計數亦可得俱胝之名**　唐義淨譯《根本說一切有部毘奈耶·皮革事》云：「告言：『此寶價直幾許？』答曰：『無能作價，常法無價之寶，皆作一俱胝金錢而准。』」見《大正藏》冊23，頁1049；《甘珠爾》對勘本冊1，頁589。

❸ **此指身等**　謂指身等圓滿。

❹ **眾生**　藏文中，眾生一詞，即行走者之義，故箋註作如是解。

❺ **六十或六十四支韻音**　藏文版《不可思議秘密經》開示六十四種語功德：1.流澤2.柔軟3.悅意4.可愛5.清淨6.離垢7.明晰8.甘美9.樂聞10.無損11.悅耳12.調柔13.不粗暴14.調順15.極調柔16.適耳17.適身18.適心19.心喜20.生喜樂

21.無熱惱22.遍知23.善了知24.分明25.令喜26.現前喜27.令遍知28.令善知29.如理30.相屬31.離重複過失32.聲如獅吼33.如象聲34.如雷聲35.如龍王聲36.如食香歌聲37.如迦陵頻伽鳥聲38.如梵音39.如共命鳥聲40.如帝釋聲41.如鼓聲42.不高43.不下44.隨順諸聲45.詳明46.無缺減47.無畏48.不劣49.極喜50.遍布51.善達52.持恆53.繫屬54.圓滿一切音55.適根56.無譏毀57.不變58.不慌59.眾會遍聞60.滅貪61.滅瞋62.滅癡63.降魔64.具最勝相。依賢劫海大師（བསྐལ་བཟང་རྒྱ་མཚོ）的註解，配合解釋如下：1.流澤　如同潤澤的水，能隨著清淨的河水流淌，流入森林草木中，令未生者生，已生者增長。佛語不會因為不適應某些根性而無法趣入有情心裡，而是適應一切所化根性，趣入所化心中，令所化機心中善根未生者出生，已生者增長，故名流澤。2.柔軟　如同身體碰觸到天衣等妙觸時感到非常舒適，聽聞佛語，在現前就會感到安樂，故名柔軟。3.悅意　佛語開示了應該用心受持的善妙內涵——四諦、緣起、菩提分法等，故名悅意。4.可愛　不使用殘缺不全的言詞，而是用天人、聖者的字詞說法，文詞賢善，故名可愛。5.清淨　由於從斷除二障及其習氣的證空無分別智的清淨後得智——證得盡所有性智的增上緣而出生，故名清淨。6.離垢　斷除根本煩惱、隨煩惱及其習氣而說法，故名離垢。7.明晰　不使用世間不共許的字詞，而用世間共許的字詞說法，故稱明晰。8.甘美　能摧伏我見等外道一切惡見，具足大力功德，故名甘美。在安慧論師（Sthiramatih）所著《經莊嚴論疏》中，此功德作「具力」，不作甘美，略有不同。9.樂聞　依教奉行，必能脫離輪迴，故名樂聞。10.無損　外道等諍論者無法壓伏與破斥，故名無損。11.悅耳　令聽聞者感到歡喜，故名悅耳。12.調柔　開示三毒的對治而調伏煩惱，故名調柔。13.不粗暴　外道所制定的依五種火、從山頂上跳下等學處，會損害現世及後世，故名粗暴；佛陀所制定斷除二邊的學處，現世不須過度勞苦，來世也容易產生利益，故名不粗暴。14.調順　如果違犯學處，並非沒有還淨墮罪或其他脫離的方法，佛陀開示了透過懺悔、防護而還淨墮罪的方便，以及隨喜善根等其他獲得解脫的方便，故名調順。15.極調柔　對三種種姓的所化，開示應機的三乘正法，故名極調柔。16.適耳　佛語非常柔軟悅耳，能令聽者心不散亂，屬耳而聽，故名適耳。17.適身　透過聽聞佛語，獲得心平等住，由此獲得奢摩他，由於奢摩他的力量，引發身輕安樂，令身體感到舒適，故名適

身。18.適心　修習善巧佛語所開示諸法自相、共相的智慧，由此引生毗缽舍那，遠離無知黑暗，引生極為善巧的歡喜，故名適心。19.心喜　如果有心持兩端的疑箭，會令心中感到不喜，而佛語能斷一切懷疑，消除一切懷疑的痛苦，故名心喜。20.生喜樂　佛語善妙開示諸法自相、共相，令有情了解，消除不了知自相、共相的無明，故名生喜；佛語如實開示世俗、勝義道理，令有情如實了解，消除顛倒執持常、樂、我、淨等的染慧，故名生樂，此是《經莊嚴論疏》的解法。聖解脫軍則解為：消除邪執故名生喜，消除不解故名生樂，略有不同。21.無熱惱　聽聞佛語後，如果能思惟、修習所聞法義，最終一定能現證空性，並獲得佛陀所說的果位。因此不會後悔說：「我聽聞佛語，沒有產生任何利益」而感到熱惱，故名無熱惱。22.遍知　依靠聽聞佛語，能夠生起並且安住於圓滿的聞所成慧，故名遍知。23.善了知　如果能用四種正理思惟所聞法義，便能斷除增益，對法義獲得定解智，能夠生起並且安住於圓滿的思所成慧，故名善了知。24.分明　不會只講某些法而不講另一些法，或只講文詞而不講義理，而是毫無隱藏，不悋法地開示正法，故稱分明。25.令喜　依靠佛語，預流等行者能夠現證斷除煩惱的涅槃，菩薩能現證佛果，而成辦圓滿的自他二利，此時看到能夠成辦自己所希求的果位而生歡喜，故名令喜。26.現前喜從未入道前直到安住於勝解行的異生凡夫，也會為了獲得自利果位，而想要趣入佛語，故名現前喜。此功德在《經莊嚴論疏》中作「現前欲求」。27.令遍知對於空性及現證空性的智慧，分別心無法如同現證上述二者的智慧般如實圓滿證得，必須各自現前了知，故稱空性及現證空性的智慧為不思議法。由於佛語正確開示不思議法，故名令遍知。或者由於開示四種不可思議，故名令遍知。四種不可思議分別為：業不可思議、瑜伽師三摩地行境不可思議、佛陀智慧行境不可思議、藥力咒力不可思議。28.令善知　蘊、處、界、地、波羅蜜多等，由於是心所思量的對境，或者是心所對境之法，故稱思議法。佛語無倒開示上述這些思議法，故名令善知。29.如理　對於佛語所開示的內涵，用現量、比量、自語前後及直接間接相違三者都無法違害，如是三種觀察清淨，故名如理。30.相屬　不會說法不應機，如為聲聞種姓開示大乘法，而是所化機凡需何法，即為開示何法，故名相屬。31.離重複過失　有時看似用眾多文詞表達同一個內涵，但沒有重複的過失。因為有時字雖相近，意義卻不盡相同；有

時是為了令散亂者也能聽到法義；有時為了令聽者能區分其中差別；有時為了令鈍根者再再證得法義，便能不忘；有時為了讓聽者能證得同一句話包含眾多內涵；有時為了令聽者了解經中所用這些文詞的內涵；有時為了隨順其他說法師的語言用法；有時為了表示自己具足無礙解；有時為了讓聽者也能種下獲得無礙解的種子，總之有種種不同利益聽者的目的，故名離重複過失。32.聲如獅吼　如同獅吼能讓其他野獸感到怖畏，同樣地，開示佛十力、無我等等的佛語，也能令宣揚惡說的外道感到怖畏，故名聲如獅吼。33.如象聲　如同帝釋天的大象，聲音洪亮，不會沙啞，同樣地，佛音洪亮，不會沙啞，故如象聲。34.如雷聲　譬如雷聲比其他聲音更為深沉，同樣地，佛語也極為深沉，難以測量，故如雷聲。《經莊嚴論疏》中說：雷聲靠近聽時不會變得特別大聲，在遠處聽時不會變得特別小聲，遠近聽起來都差不多，所以非常深沉，同樣地，佛語也不會因為聽聞時的距離遠近，而有聲量大小之差，故如雷聲。35.如龍王聲　譬如在龍宮中，龍王的話柔和又威嚴，所有的龍都會聽從，同樣地，佛語柔和又威嚴，一切有情都會聽從，故如龍王聲。36.如食香歌聲　在一般有情的聲音中，沒有比食香歌聲更婉轉動聽的，佛語婉轉動聽，故如食香歌聲。《經莊嚴論疏》中此功德作「如緊那羅歌聲」，略有不同。37.如迦陵頻伽鳥聲　迦陵頻伽，梵語Kalavinka（ཀ་ལ་བིང་ཀ）音譯，義為和雅，故迦陵頻伽鳥亦可譯為和雅鳥。此處有兩種解釋：第一，譬如幡被風吹拂時，不會斷裂，並且飄轉飛揚；迦陵頻伽鳥聲也不會中斷，並且婉轉變化；佛語妙音也不會中斷，並能不斷出現不同的悅耳聲音，故如迦陵頻伽鳥聲。第二，迦陵頻伽鳥的叫聲悅耳動聽，因此當牠的叫聲停頓後，聽者仍想再聽，佛語也能令聽者感到悅耳動聽，因此佛音示現停頓時，聽者也會想要再聽，故如迦陵頻伽鳥聲。38.如梵音　如同梵音不會時有時無，而是恆常傳揚，佛語也恆時清晰嘹亮地傳揚，故如梵音。39.如共命鳥聲　如果有人心懷所求，能聽到共命鳥的叫聲，就一定能事事如意，所以牠的叫聲非常吉祥，同樣地，聽聞佛語之後，能成辦世出世間一切利益，所以佛語是吉祥的前兆，故如共命鳥聲。40.如帝釋聲　如同帝釋天的話，其他天神都不敢違抗，如來法音，也沒有任何天、人世間敢違抗，故如帝釋聲。41.如鼓聲　如同戰勝敵方時，會首先擊鼓表示勝利，佛陀降伏魔軍外道後，最初先轉法輪，故如鼓聲。42.不高　如來說法，縱

使他人讚歎講說善妙，也不會因此生起認為自己超勝的煩惱，故名不高。
43.不下　如來說法，縱使他人毀謗講說不善，也不會因此認為自己下劣而退怯，故名不下。44.隨順諸聲　佛能授記三世諸法隱蔽之義，例如授記未來將有這樣的聲聞、菩薩、國王等出現；或者闡明自性、緣、轉變三種聲相，故名隨順諸聲。45.詳明　如來任何時候都不疲累，所以不會因為忘記某些法而無法宣說；也不會原本要說，卻因疲勞而不宣說，故稱詳明。46.無缺減　不會錯過調伏有情的任何剎那，一切時候都會利益一切有情，善根未生者令生，已生者令增長，增長者令解脫，故名無缺減。47.無畏　佛陀說法，不會怖畏外道等諍論者來辯難時，自己無法獲勝，故名無畏。48.不劣　不貪著法衣等利養及讚歎、禮拜等承事，故名不劣。《經莊嚴論疏》中此功德作「不貪著」。49.極喜　無論說多少法，都不會心感厭煩、身體疲憊，故名極喜。50.遍布　善巧一切五明，能夠宣說與五明相關的法，故名遍布。《經莊嚴論疏》中此功德作「廣布」。51.善達　還沒生起善根的剛強有情，令他生起善根；已經生起善根的調柔有情，令他增長善根，故名善達。《分別熾燃論》中此功德作「具利」。
52.持恆　佛不會想要有時說法，有時不說，恆常說法，故名持恆；或者佛說法時，不會中斷後又繼續演說，而是從不間斷，故名持恆。53.繫屬　佛說法時，並非只從一字一詞一句而說，是用眾多字詞句而說，故名繫屬。54.圓滿一切音　如來出一音聲，體性雖為一音，但天、龍、人、畜生、餓鬼等能理解為各自的音聲，故名圓滿一切音。55.適根　佛開示無常等任何一種法義時，有情便能證得各自所信的法義，由此滿足有情的信等諸根，故名適根。56.無譏毀　佛立宗後，永不改變，所以其他人不能譏毀佛陀失去自宗；或者佛陀立宗「修習此法能獲此果」，所化機如果依教奉行，必能獲得佛陀所說的果位，故無譏毀。
57.不變　在一切時處，如果到了成熟有情的時機，絕不錯過任何剎那而成熟有情，故名不變。58.不慌　佛說法時，不會慌忙急促，故名不慌。59.眾會遍聞　聖者目犍連想觀察釋迦牟尼佛的法音能傳多遠，因此承佛威力，並運用自己的神力，從此世界往西方去，經過九十九恆河沙數佛土，到了光明王佛的光明幢佛土，依然如同在釋迦牟尼佛座前聞法一般。無論遠近，所有會眾都像在座前一般聽聞佛語，故名眾會遍聞。60.滅貪　能滅貪煩惱，故名滅貪。61.滅瞋　能滅瞋煩惱，故名滅瞋。62.滅癡　能滅癡煩惱，故名滅癡。63.降魔　修習佛

語的內涵,能夠戰勝四魔;而且佛陀的法音,就能戰勝魔類,故名降魔。64.具最勝相　佛說法時,以世間共許種種諸法為喻,結合法義而說,故名具最勝相。在《經莊嚴論根本頌》、《經莊嚴論疏》及《兩萬頌光明疏》中,扣除消滅三毒及降魔,其餘六十種功德同上。《分別熾燃論》中最初增加如攪大海聲,其餘同上,按照《分別熾燃論》的算法,應該是將心喜及生喜樂合併為一。《經莊嚴論根本頌》、《經莊嚴論疏》、《兩萬頌光明疏》、《分別熾燃論》都只說到六十韻音,在《經莊嚴論疏》中說是依據《不可思議秘密經》而說六十韻音。但在此處加上消滅三毒及降魔四者,也是依據前面引述的《不可思議秘密經》而說,所以很有可能《不可思議秘密經》在梵語中即有不同版本。宋惟淨譯《如來不思議秘密大乘經》所說六十四種殊妙之相如下:1.流澤2.柔軟3.悅意4.可愛5.清淨6.離垢7.明亮8.甘美9.樂聞10.無劣11.圓具12.調順13.無澀14.無惡15.善柔16.悅耳17.適身18.心生勇銳19.心喜20.悅樂21.無熱惱22.如教令23.善了知24.分明25.善愛26.令生歡喜27.使他如教令28.令他善了知29.如理30.利益31.離重複過失32.如獅子音聲33.如龍音聲34.如雲雷吼聲35.如龍王聲36.如緊那羅妙歌聲37.如迦陵頻伽聲38.如梵王聲39.如共命鳥聲40.如帝釋美妙聲41.如振鼓聲42.不高43.不下44.隨入一切音聲45.無缺減46.無破壞47.無汙染48.無希取49.具足50.莊嚴51.顯示52.圓滿一切音聲53.諸根適悅54.無譏毀55.無輕轉56.無動搖57.隨入一切眾會58.諸相具足。59至64經中但有廣述,未列名目,略攝其義如下:59.普令眾生心意歡喜等60.說眾生心行61.從諸身分,或從虛空出諸語言,隨入眾生心意62.隨諸眾生種種信解、心意成熟、先業差別,住無分別捨,出諸法語悉令了知63.所有音聲無其分量64.住無分別捨,隨一切眾生類,宣說正法,聞者歡喜。參見《賢劫海文集》冊6,頁44(賢劫海大師著,拉薩:色珠出版社,2011);《大正藏》冊11,頁719。

❻傑喇嘛　藏語音譯,意為至尊上師,此處特指宗喀巴大師。

❼二足　指人。

初偈正顯之身，即能仁❶身。總體而言，成就能仁身之福德，不可度量，如是成就身分相好❷之福，亦復不可度量。然若略攝成就相好之理而言，則如《寶鬘論》所說❸，成就聲聞獨覺❹安樂之福，更翻十倍，方得成就能仁一毛孔；成就一切毛孔福德，更翻百倍，方得成就一隨好；成就一切隨好福德，更翻百倍，方得成就白毫、頂髻❺以外諸餘妙相；成就此諸相好之福，更翻千倍，方得成就白毫；成就此之福德，翻十萬倍，方得成就頂髻。說此即是「俱胝圓滿妙善所生」之義[1]。

第一偈中所直接講述的身，就是能仁的身。總體來說，要成就能仁身的福德是無法度量的。同樣地，要成就能仁身體各部分相好的福德，也是無法度量的。但如果要簡略說明成就相好所需的福德量，那就像《寶鬘論》當中所說的：成就聲聞、獨覺安樂的福德，再乘以十倍，才能成就能仁的一個毛孔；成就能仁一切毛孔的福德，再乘以一百倍，才能成就一個隨形好；成就一切隨形好的福德，再乘以一百倍，才能成就白毫相、頂髻相以外的其他妙相；成就這些相好的福德，再乘以一千倍，才能成就白毫相；成就這樣的福德，再乘以十萬倍，才能成就頂髻相。上師說，這就是「俱胝圓滿妙善所生」的義涵。

校 勘

[1]「初偈正顯之身……之義」 此文果芒本原置於〈箋註皈敬頌禮讚決疑暨箋註源流始末〉，拉寺本置於正文書名之後。又此文以下之〈禮讚決疑〉及〈新訂箋註標記源流始末〉拉寺本皆無。按，此篇〈禮讚決疑〉以其文體非箋註體例，拉寺本又無，至戒勝格西時，此篇方入《四家合註》之刻版，故疑為戒勝格西尋獲之附錄。然依語王大師行文風格及方便閱讀，故將〈禮讚決疑〉每偈之註分置於各偈之後。

❶ **能仁** 佛陀的名號之一。由於能夠守護三業，寂靜調伏，遠離違品，所以稱為能仁。廣義而言，能仁有時亦可泛指聲聞、獨覺及菩薩。

❷ **相好** 指佛的三十二相及八十隨好。三十二相，全名三十二大丈夫相，由於這三十二種功德能表徵佛陀為大丈夫，故名大丈夫相。八十隨好，全名八十隨形好，修飾三十二相，令有情了知佛陀色身的妙好莊嚴，故名隨好。

❸ **《寶鬘論》所說** 《寶鬘論》，中觀理聚六論之一，全名《王譚寶鬘》，共1卷，5品，龍樹菩薩造。漢譯本有陳天竺三藏真諦譯《寶行王正論》1卷。本論為龍樹菩薩寫給樂行賢王的書信，主要闡述深見派的見地與行持。相關段落見《寶行王正論》云：「諸佛大相好，從難思福生，我今為汝說，依大乘阿舍。一切緣覺福，有學無學福，及十方世福，福如世難量。此福更十倍，感佛一毛相，九萬九千毛，一一福皆爾。如此眾多福，生佛一切毛，復更百倍增，方感佛一好。如是如是多，一一好得成，乃至滿八十，隨飾一大相。如是福德聚，能感八十好，合更百倍增，感佛一大相。如是多福德，能感三十相，復更百倍增，感毫如滿月。能感白毫福，復更千倍增，此福感難見，頂上欝尼沙。」漢譯本中其餘諸相的福德再乘一百倍成就白毫相，白毫相的福德再乘千倍成就頂髻相；藏譯本中其餘諸相的福德再乘千倍成就白毫相，白毫相的福德再乘十萬倍成就頂髻相。下文「成就此諸相好之福，更翻千倍，方得成就白毫」，藏譯本《寶鬘論》原文僅提到三十妙相，未提及八十隨形好。參見《大正藏》冊32，頁497；《丹珠爾》對勘本冊96，頁306。

❹ **聲聞獨覺** 聲聞，小乘行者之一。從他人聽聞教授，如實修行，在最後有時，必須在師長座前聞法才能斷盡煩惱，獲得阿羅漢果位時，會出聲告訴他人自己已獲阿羅漢果位，所以稱為聲聞。獨覺，小乘行者之一。最後有時，不須在師長座前聞法，僅依看見白骨等因緣，便能思惟十二緣起流轉還滅的道理，獨自獲得阿羅漢的果位，所以稱為獨覺，又稱緣覺。聲聞獨覺雖然都是小乘行者，但根性的利鈍、集資的多寡、是否樂居眾中，以及獲得阿羅漢的方式，都有所不同。

❺ **白毫頂髻** 佛陀三十二相中的兩相。白毫生於佛陀眉間，極為柔軟，平時右旋

卷曲，毫尾朝上，長可達兩三肘長，亦有說長達一丈五尺。大小如菴摩羅果，狀似銀卵。佛說法時常從眉間白毫放光，遍照三千大千世界廣利有情。《金鬘論》中引《賢劫經》的說法，菩薩勤修施、戒、忍、進、定、慧六度，所以成佛時白毫相依次具有白色、右旋、莊嚴無比、修長、卷曲美妙、放光六種功德。此處頂髻特指佛陀三十二相中的頂髻相，又名無見頂相，指佛陀的頭髮柔軟莊嚴，在頭頂右旋而成的相好。《廣大遊戲經》說：菩薩長時頂禮父母、沙門、婆羅門、尊長等，以及說誠實語、布施花鬘等物給乞討者，所以成佛時具足無見頂相。之所以稱作無見頂相，是因為平時眾人看見佛的頂髻只有四指高，持力菩薩想要觀察佛的頂髻究竟多高，因此運用神變，飛過上方無邊世界後，仍然無法看見佛陀頂髻的頂端，所以稱為無見頂相。關於佛陀的頂髻，普遍認為是佛陀的髮髻，另有一說認為是佛陀頭頂的肉髻而非髮髻。

⊗其次，此論所示深廣二道中，前者由文殊傳與龍樹，後者由慈氏傳與無著，後者又由文殊傳與寂天❶。覺窩大師圓具此三[1]，順此等義，而以三偈依次讚歎，另以一頌頂禮此外餘諸上師。其中初科、讚歎慈氏妙音者[2]：是無⊗匹等⊗讚如白蓮，修正所化相續故為導師，⊗由其語教所出生最勝子，荷佛一切⊗隨應調化十二事業擔，現化⊗種種情器❷遊戲無量土，禮〔⊗戰勝四魔❸，故名阿逸多❹。〕紹勝尊及⊗至尊妙音❺。

語 譯

其次，在本論所開顯的甚深以及廣大二種道中，甚深道由至尊文殊

傳與龍樹菩薩，廣大道由至尊彌勒傳與無著菩薩；廣大道另有至
尊文殊傳與寂天菩薩一系。而覺窩大師阿底峽尊者，則完整擁有這
三種傳承。與這樣的師承相應，所以用三段偈頌依次讚歎。另外再
以一首偈頌頂禮其餘的諸位上師。其中第一偈，讚歎彌勒與文殊二
位菩薩：**無可匹等的世尊**，被諸佛讚歎如同白蓮花般希有，由於善於修正所化機的身
心相續，所以稱為**導師**。從他所宣說的佛法中出生的**最勝佛子**，荷擔了佛陀的十二
種事業等一切應化事業的責任，在無量剎土之中，遊戲化現種種有情與外在環
境。禮敬如此紹勝〔戰勝四魔，故為**不敗尊**。〕以及至尊文殊。

[1]「此三」雪本作「第三」。按，依皈敬頌第四偈文義，應解為具此三派傳承，雪本作
「第三」，誤。　[2]「⑳其次，此論所示……慈氏妙音者」拉寺本作巴註、語註。

❶**寂天**　偉大行派的祖師之一（約7世紀或8世紀），梵語Śāntideva及藏語ཞི་བ་ལྷ
（喜瓦拉）的義譯。生於印度金剛座西方柯謨桑（འཁོར་མོ་འབང་），名為寂鎧（喜
瓦果恰·ཞི་བ་གོ་ཆ）。父為國王，母為金剛瑜伽母化身。6歲從一成就者求得文殊
修法，勤修未久，即得親見文殊。後父王逝世，繼位前夕，經文殊指點，逃往那
爛陀寺出家，法名寂天，長時依止寺院堪布班智達勝天（རྒྱལ་བའི་ལྷ），精研三
藏，同時於文殊菩薩前，聽受顯密圓滿教法，一心專修，內證高地，但外表卻
示現只做食、睡、如廁三事。有人刻意安排其上座說法，欲令其知難離去，未
料其說法當天，騰空而說《入行論》，隨即飛往南方。後於其房椽得師親筆所
書《集經論》與《集學論》。復於印度各處，運用神變，和解紛諍、救貧解飢、
調伏暴君、摧破外道。主要弟子有唉拉達里。著有《入行論》、《集學論》、《集
經論》等著名論典。參見《師師相承傳》藏文冊上，頁226；中文頁174。

❷**情器**　佛教將世間分情世間及器世間，情世間指有情眾生，包含有學聖者、凡

夫等。器世間指有情眾生所居住的外在環境，如房子、土地等。

❸ **四魔**　指天子魔、蘊魔、死魔及煩惱魔。魔王波旬等及其所作干擾是天子魔；粗分及細分的近取蘊是蘊魔；由於煩惱或煩惱習氣而死亡是死魔；煩惱或煩惱習氣是煩惱魔。

❹ **阿逸多**　至尊彌勒的別名，梵語Ajita音譯，義譯為無能勝、不敗。唐窺基《阿彌陀經疏》云：「由彼多修慈心，多入慈定，故言慈氏。修慈最勝，名無能勝。」《四家合註》則解為戰勝四魔，名無能勝。參見《大正藏》冊37，頁318；《佛學大辭典》，頁1449。

❺ **至尊妙音**　即文殊菩薩。

㊣第二偈中，總體而言，佛陀菩薩成辦事業之理固不可思議，然共許者厥有三種：如吾導師於昔無量時前即已成佛❶，後復示現十二事業❷，此諸事業皆為佛陀依身所作❸；九地、十地二者未成佛前，所現十二事業，一切皆為菩薩依身所作❹；一補特伽羅❺發心積資❻，新成正覺❼之十二事業，則有菩薩依身所作及佛陀依身所作二者❽。此處二長子荷佛一切事業擔者，說為第二種成辦之理[1]。

第二偈當中，總體來說，諸佛菩薩成辦事業的方式固然是不可思議的，但一般共許的有三種：像我們的導師在過去無量時劫之前，就已經成佛了，後來又示現了十二事業，這一切事業其實都是由佛陀的所依身完成；九地、十地菩薩在還沒成佛之前，所示現的十二事業，全部都是由菩薩的所依身完成；一位補特伽羅透過發心並且集聚資糧，在首度成就佛陀正覺時所作的十二事業，則兼有由菩薩的所依身完成和由佛陀的所依身完成的兩種情況。在這裡所說的兩位佛陀長子荷擔起佛陀的一切事業，上師說是第二種成辦事業的方式。

[1]「⬚第二偈……成辦之理」 此文果芒本原置於〈箋註皈敬頌禮讚決疑暨箋註源流始末〉，拉寺本無，詳見前文75頁校勘1。

❶ **如吾導師於昔無量時前即已成佛** 後秦鳩摩羅什譯《妙法蓮華經‧如來壽量品》記載：「『善男子！我實成佛已來無量無邊百千萬億那由他劫。譬如五百千萬億那由他阿僧祇三千大千世界，假使有人抹為微塵，過於東方五百千萬億那由他阿僧祇國乃下一塵，如是東行，盡是微塵。諸善男子！於意云何？是諸世界，可得思惟校計知其數不？』彌勒菩薩等俱白佛言：『世尊！是諸世界，無量無邊，非算數所知，亦非心力所及；一切聲聞、辟支佛，以無漏智，不能思惟知其限數；我等住阿惟越致地，於是事中亦所不達。世尊！如是諸世界，無量無邊。』爾時佛告大菩薩眾：『諸善男子！今當分明宣語汝等。是諸世界，若著微塵及不著者盡以為塵，一塵一劫，我成佛已來，復過於此百千萬億那由他阿僧祇劫。自從是來，我常在此娑婆世界說法教化，亦於餘處百千萬億那由他阿僧祇國導利眾生。』」見《大正藏》冊9，頁42；《甘珠爾》對勘本冊51，頁280。

❷ **十二事業** 又名十二弘化、十二相成道。關於十二事業有許多不同算法，龍樹菩薩所著《寶鬘論》說十二事業分別為：兜率降世、入住母胎、降生、少年嬉戲、受用妃眷、從家出家、行苦難行、趣金剛座、降伏魔軍、成等正覺、轉妙法輪、入大涅槃。無著、世親、獅子賢論師等則承許十二事業之前三事業分別為：降生兜率、從兜率降世、住胎降生，餘同。無著菩薩所著《攝大乘論》說十二事業分別為：住兜率天、兜率降世、降生、比試技藝、受用欲樂、從家出家、隨學外道、行苦難行、降伏魔軍、成等正覺、轉妙法輪、入大涅槃。清辨論師所著《分別熾燃論》說十二事業分別為：住兜率天、兜率降世、降生、開示工巧、處妃眷中、從家出家、行苦難行、降伏魔軍、成等正覺、轉妙法論、入大涅

槃、正法住世。

❸ **此諸事業皆為佛陀依身所作** 依身指所依身，即所憑藉的身軀，例如投生為人則擁有人的所依身，投生為天人則擁有天人的所依身。佛陀依身所作，指身為佛陀時所完成的事業。釋迦牟尼佛在往昔無量劫前即已成佛，之後不斷示現從兜率降世、入住母胎等十二事業，雖然有時示現菩薩相，但實際上這些事業都是導師成佛後的示現，所以說是佛陀依身所作。

❹ **一切皆為菩薩依身所作** 九地、十地的菩薩雖然尚未成佛，但已經能夠運用神變示現十二事業，雖然示現成等正覺、轉妙法輪等佛的事業，但不是菩薩如此示現時就已成佛，所以說一切皆為菩薩依身所作。

❺ **補特伽羅** 梵語Pudgala（ཙུ་དྒ་ལ）音譯，又譯為數取趣。在施設處之五蘊或其中四蘊上所假立的士夫，包含佛、菩薩等所有聖者及凡夫。

❻ **發心積資** 指發菩提心並積聚成佛的資糧。一般而言，資糧必須具備能夠獲得佛的法身或色身的能力，所以雖然聲聞緣覺乃至普通的凡夫心中的福德智慧都可以稱為資糧，但並不是真正的資糧，真正的資糧只有大乘行者心中才會有。菩薩生起如金喻發心時，開始累積三大阿僧祇劫的資糧，一般而言，大部分的菩薩獲得中品資糧位時生起如金喻發心，只有少數利根菩薩是在初發菩提心，也就是最初獲得下品資糧位時，就已經生起如金喻發心。雖然所有菩薩都是從發菩提心時就開始集聚成佛的資糧，但只有利根菩薩同時開始集聚三大阿僧祇劫的資糧，其他菩薩則要到達中品資糧位時，才開始集聚三大阿僧祇劫的資糧。

❼ **新成正覺** 指首度成佛。一位菩薩圓滿三大阿僧祇劫的資糧，斷盡二障時就是新成正覺。釋迦牟尼佛久遠劫前早已成佛，因此在賢劫中示現成佛時就不是新成正覺。

❽ **則有菩薩依身所作及佛陀依身所作二者** 一位菩薩從初發心到十二事業中成等正覺前擁有菩薩依身，從成等正覺開始擁有佛陀依身，十二事業中，前九個事業在身為菩薩時完成，後三個事業則是在成佛後完成，所以說有菩薩依身所作及佛陀依身所作二者。

文殊彌勒為佛抑或菩薩

文殊、彌勒現在是佛還是菩薩？以共通角度，也就是普遍角度來說，現在文殊、彌勒
兩位仍是菩薩；從不共角度來說，如《央掘魔羅經》卷四提到：「佛名歡喜藏摩尼寶積
如來應供等正覺，王當隨喜合掌恭敬。彼如來者豈異人乎？文殊師利即是彼佛。」及
賈曹傑（རྒྱལ་ཚབ་རྗེ）《寶性論疏》說：「為能攝受一類共通化機，故作是說，然非了義，
以世尊慈氏已現正覺獲法身故。」說明他們兩位現在是佛，只是示現菩薩相利益眾生
而已。此處禮讚文殊、彌勒兩位荷佛一切事業擔，是就共通角度來說。就不共角度而
言，他們兩位雖早已成佛，但仍可禮讚他們示現為菩薩，荷擔一切佛陀事業的功德。
所以此偈可從共通及不共兩種角度理解。

一般來說，凡夫位菩薩也能以神通化現佛的行相及十二事業，但此處特別舉九地、十
地菩薩作為例子，是因為菩薩從八地開始斷除所知障，所以八、九、十地菩薩能示現
與佛陀相似的十二事業。

🈔又，🈭其後禮讚二大車者：如🈭云[1]❶：「任為誰說皆不解」，於極難量
🈔一切至言之主，🈭能生三種聖者❷及勝者🈭之母[2]❸，🈔各別🈭如實造釋，🈔皆
如勝者自之密意，🈔而成🈭贍部樹❹所表徵之贍🈔部洲❺🈭中光顯二義❻之莊嚴，
名稱遍揚於三地，我禮〔🈭等同龍與阿周那故為龍猛❼。〕🈑以及無著
足。🈔是為龍猛無著二大車。

又,**此後接著禮讚二大車**:如同《方廣大莊嚴經》中說:「無論對誰宣說,也無人能夠理解。」對於極難度量的,能生三種聖者以及勝者的一切至言之主——佛母《般若經》,都遵照著佛陀的本懷,而各自著作解釋,從而成為以贍部樹為象徵的贍部洲中,光顯深廣二義的莊嚴,名稱普遍稱揚於三地,我禮敬〔等同龍與阿周那,所以名為龍猛。〕以及**無著之尊足**。這是禮讚龍猛、無著二大車。

[1]「如⑨云」 拉寺本作「如⑨經云」。 [2]「⑨能生三種聖者及勝者⑨之母」 其中「能生」及「之」三字,哲霍本未另標妙註,依照原書凡例此文即連同前文讀作巴註。

❶**如云** 引文出自《聖廣大遊戲大乘經》,共2卷。漢譯本有唐地婆訶羅譯《方廣大莊嚴經》。引文唐地婆訶羅譯《方廣大莊嚴經・大梵天王勸請品第二十五》作:「一切眾生無能了。」見《大正藏》冊3,頁603;《甘珠爾》對勘本冊46,頁456。

❷**三種聖者** 指聲聞聖者、獨覺聖者及大乘聖者。

❸**如極難量勝者母** 法尊法師依其他底本而譯為:「如極難量勝者教」,但《四家合註》本作「如極難量勝者母」,為配合箋註,故改譯。

❹**贍部樹** 樹名,梵語Jambu（ जम्बु ）音譯,或作閻浮樹、剡浮樹。佛教認為此樹生長在南贍部洲的無熱惱龍池右岸,果實纍纍,味道甘美,成熟時落入池中,發出「贍部」之聲,所以名為贍部樹。南贍部洲因有此樹,而名為南贍部洲。參見《大正藏》冊30,頁287;冊41,頁863;《妙音笑大師俱舍辨析》,頁373（妙音笑大師著,印度:果芒圖書館,2002）。

❺**贍洲** 法尊法師原譯作「贍部」,為配合箋註,故改譯。

❻**二義** 哈爾瓦‧嘉木樣洛周仁波切認為，此處「二義」解為自他二利；如月格西則認為，此處指深見廣行兩種義理。

❼**等同龍與阿周那故為龍猛** 龍猛，梵語Nāgārjuna及藏語ནཱ་ག་རྫུ་ན（拿嘎周那）的義譯，拿嘎譯為龍，周那全名阿周那（Arjuna），譯為成政（མི་དག་སྐྱོབ）。阿周那，印度神話中的核心人物。其父為般度王，娶貢提國公主普利塔，或稱貢蒂。夫妻二人祈禱天神，恪遵教義，嚴修苦行，以求天神賜子，於是相繼召來正法神、風神、天帝釋而賜三子，阿周那列位第三，因為天帝釋所賜，故名帝釋之子。於當時武藝超群，箭術第一，打敗敵軍，擁立兄長堅戰即位，並鞏固王權，而成印度神話中的猛將。如同龍住海中，具足三種特性：擁有寶庫藏如意寶、口噴毒火焚燒乾薪，以及為他照明。龍猛心中亦有斷除二邊證悟空性的寶庫、焚燒一切惡見乾薪、盡除心中無明黑暗，故名龍。即如月稱菩薩所著《顯句論》云：「尊於二邊顯正道，得生大覺智慧海，實證法庫甚深處，以大悲心闡其意。尊以正見熾烈火，焚燒於今猶未除，異端教義諸乾薪，摧此世間意愚暗。」又，龍猛也具有擁護法政，破除輪迴敵軍的功德，此如帝釋之子，擁立王政，調伏敵方的特性，故名阿周那。如《顯句論》云：「人天所化世界中，尊著離二理聚論，善詮勝出三界法，無餘摧滅三有敵，於彼龍猛敬頂禮。」而法藏大師《十二門論宗致義記》也記載：「近問大原三藏云：西國俗盡說，前代有猛壯之人，名阿順那。翻為猛者，但指彼人，非正譯其名。」至於譯作龍樹的原因，鳩摩羅什大師所譯《龍樹菩薩傳》中說：「其母樹下生之，因字阿周陀那，阿周陀那樹名也。以龍成其道，故以龍配字，號曰龍樹也。」法藏大師《十二門論宗致義記》也說：「又西國有一色樹，亦名阿順那。此菩薩在樹下生，因名阿順那。是故翻為樹者，亦指彼樹，非正翻名。阿順那雖俱無正翻，就義指事，樹得人失。以於樹下而生，龍宮悟道。故云龍樹。」又龍樹菩薩藏文為「魯竹」（ཀླུ་སྒྲུབ），「魯」為龍、「竹」為成就，合稱「龍成就」，永津智幢大師認為：由於此師從龍宮取回龍泥塑造一千萬座佛塔及請回《大般若經十萬頌》，世人皆尊稱為龍成就。而布敦大師則將「周那」一詞，解為樹立政權（司竹‧མི་དག་སྐྱོབ），所以龍樹的藏文為「魯竹」，「魯」為龍，「竹」為樹立法政。參見《大正藏》冊50，頁185；冊42，頁219；《大宗義》，頁370（妙音笑大師著，印度：果芒圖書館，2000）；《摩訶婆羅多》（毗耶娑著，黃寶生譯，北京：中國社會科學出版

社，2005）；《貢德大辭典》冊4，頁399（圖滇桑竹著，台北：佛陀教育基金會，2013）；《師師相承傳》藏文冊上，頁204；中文頁150；《佛教史大寶藏論》，頁164（布敦大師著，郭和卿譯，台北：福智之聲出版社，2003）。

 第三偈中，或謂：如有《道次略義》❶ 作「如極難量勝者教❷」，此為應理，故賢善教即指總體佛語。「造釋密意」者，有謂二阿闍黎❸ 分辨了不了義，或謂應作別別開顯中觀唯識之理等，見有諸多承許[1]。

第三偈中，有人說應該要像一些《道次第略義》的版本寫成「如極難量勝者教」，才是合理的。因此，這一句中的賢善教典指的就是總體的佛語。而所謂的「造釋密意」，有人說是指龍樹、無著兩位阿闍黎分辨了不了義。也有說應該解釋為各別開顯中觀、唯識的道理等，顯然有很多不同的承許方式。

[1]「 第三偈……諸多承許」 此文果芒本原置於〈箋註皈敬頌禮讚決疑暨箋註源流始末〉，拉寺本無，詳見前文75頁校勘1。

註 釋

❶《道次略義》 宗喀巴大師所著菩提道次第廣、中、略三本之中的略本，全名《略攝菩提道次第修持備忘錄》，共45偈。漢譯本有法尊法師譯《菩提道次第攝頌》及今人多種譯本。作者宗喀巴大師晚年於甘丹寺，將一生實證顯密道

次的體悟，以偈頌的方式筆述出來，策勉後世弟子須如是修持。也有說是大師為解慈母思念，撰寫此頌以作勸慰。參見《師師相承傳》藏文冊上，頁626；中文頁546。

❷ **如極難量勝者教**　法尊法師翻譯《廣論》時，應是依照《道次略義》，譯成「如極難量勝者教」。勝者教指整體佛語。

❸ **二阿闍黎**　指龍樹、無著。阿闍黎，梵語Ācārya（སློབ་དཔོན）音譯，或譯為阿遮利耶、阿闍利耶，義為軌範師，此處是對祖師的尊稱。

ᠴ其次ᠱ禮讚造此道❶者獨一天尊❷：從二大車ᠴ依次善ᠴ為傳流，ᠱ圓具詞、義、加持等，非有間隙❸及含毒❹等[1]。ᠴ由深見ᠴ以及廣行ᠴ二門，往趣圓滿佛地之道ᠱ次第[2]、ᠱ體性及差別等悉皆無謬，ᠱ此復完具齊備，故為圓滿，ᠱ又攝ᠱ道之支分等至言密意[3]ᠱᠱ扼要[4]、ᠱ一切經續之教授ᠱ無盡ᠱ寶王[5]藏❺、ᠱ善妙生源，敬禮持彼ᠱᠱ吉祥[6]燃燈智❻ᠱ慧[7]。ᠴ此讚無等覺窩大師。

其次**禮讚**此道的**造者──獨一天尊**阿底峽：**從二大車**依序完善地**傳來**，圓滿具備詞、義及加持等，並非有間隙，以及含有毒性等，由**甚深見**以及**廣大行兩種門**徑，往趣圓滿佛地的**道**次第、體性及差別等都**沒有錯謬**，又因齊備完具所以為**圓滿**。又**總攝**了道之支分等至言密意的關鍵**扼要**、是一切經續**教授**之**無盡寶王藏**、一切善妙的本源，**敬禮執持**此道的吉祥**燃燈智慧**。這一偈是讚歎無等的覺窩阿底峽尊者。

[1]「^語圓具詞、義、加持等，非有間隙及含毒等」 拉寺本、哲霍本作妙註。果芒本「間隙」原作「蒙古包」，拉寺本作「間隙」。按，依前後文，蒙古包（ཧོར་ཁང་）應為間隙（ཆད་ཁོང་）之訛字，故依拉寺本改之。　[2]「^語次第」哲霍本作妙註。　[3]「^妙又攝^妙道之支分等至言密意」 拉寺本作語註。　[4]「^語^妙扼要」 拉寺本作妙註，哲霍本作巴註和妙註。　[5]「^語^妙寶王」哲霍本作巴註。　[6]「^語^妙吉祥」拉寺本、雪本作語註。　[7]「^妙慧」拉寺本作語註。

❶此道　指道次第的教授。

❷獨一天尊　通指對國王的尊稱，此則特指阿底峽尊者，以尊者為王族出身故。

❸間隙　哈爾瓦·嘉木樣洛周仁波切認為，此指房子與房子之間的間隔空隙，於此用以譬喻傳承中斷。

❹含毒　比喻傳承過程中有傳承者不清淨，如含有毒性。

❺寶王藏　依如月格西（དགེ་བཤེས་ཟླ་བའི་འོད་ཟེར）解釋，須彌山為四寶所成，故稱寶王藏。

❻從二大車善傳流深見廣行道無謬圓滿攝要教授藏敬禮持彼燃燈智　法尊法師原譯作「攝二大車善傳流，深見廣行無錯謬，圓滿道心教授藏，敬禮持彼燃燈智」，為配合箋註，故改譯。

^語其次讚歎尊師自身之親傳上師——虛空幢❶及法依吉祥賢❷等：^妙猶如遍視〔^妙無邊故為無央❸。〕〔^妙一切語中最勝，故為佛語❹。〕目^妙之道次第與善知識，^巴三士道次以及詮說彼諸至言，^妙易於趣入復賜大義，是故猶

如**賢種趣脫**之^妙度越輪迴大海**最勝**^妙階磴或**津梁**❺，^妙而於如此道次第，因由^巴**大悲**^巴愍**撼動**^妙其心，^語令心無自在[1]，^巴**善巧**^巴於^妙依所化心志三種次第❻，引導直至佛地之[2]方便，^巴一切時處^妙依道次第之門，由聞思修而**善開顯**❼^妙一切至言文義，**敬禮此諸善知識。**^語此為禮敬其餘此法諸上師。

語譯

其次讚歎至尊宗喀巴大師自己的親傳上師——虛空幢大師以及法依吉祥賢等：道次第與善知識，就像**能夠徹見**無邊**無際**、所有言語中最為殊勝的**佛語的眼睛**，而這樣的三士道次第以及解說三士道次第的佛語，不但非常容易掌握，又能帶給人們廣大的利益，所以它就像是**具足善緣的人們邁向解脫**、超離輪迴大海**最殊勝的台階或是渡口**。這樣的道次第，也因善知識的心懷，**由大悲**憫不由自主地**撼動**其意，又嫻熟**善巧**於依著所化機三種不同層次的心量，而引導至佛地的**方便**，在任何時間、地點都依循著道次第，透過聞思修**而完善地開顯**一切佛語的文義，**對於這些善知識們至誠禮敬。**這一偈是禮敬這個法脈中的其他諸位上師。

校勘

[1]「^語令心無自在」 拉寺本作「令無自在」。哲霍本作妙註。　[2]「^妙依所化心志三種次第……佛地之」 哲霍本作語註。

註釋

❶**虛空幢** 宗喀巴大師主要師長之一（公元1326～1402），藏語ནམ་མཁའ་རྒྱལ་མཚན（南喀堅贊）義譯。生於須普（གྲུ་ཤུལ）家族，一出生就能唸梵語的佛號。9歲剃度，19歲受比丘戒，31歲擔任卓瓦寺（གྲོ་བ་དགོན་པ）住持。此師主修金剛

手，常得金剛手現身教授。年約70在卓瓦寺與宗喀巴大師會面並互為師徒。77歲圓寂，一生度眾十萬餘人，為宗喀巴大師最主要的道次第傳授上師之一。參見《師師相承傳》藏文冊上，頁505；中文頁458。

❷ **法依吉祥賢** 宗喀巴大師道次第傳承師長之一（約14世紀），藏語ཆོས་སྐྱབས་བཟང་པོ（確嘉桑波）義譯。西藏南方念區（གཉལ）貴族，童年初見措那瓦（མཚོ་སྣ་བ）大師時，有風乍起，吹大師法衣披覆其身，大師遂收之為徒。7歲出家，一生勤修噶當教典派的教授，並且圓滿實證，相傳已得不退轉相。並將此傳承教授盡賜宗喀巴大師，因此教授所利益之有情遍及各處。參見《師師相承傳》藏文冊上，頁452；中文頁404。

❸ **無央** 央字意指中間、中央，引申有中道、不偏差之義。央字在古人用法上，又有窮盡義，如夜未央。此處譯作無央，取其無窮無盡之義。

❹ **一切語中最勝，故為佛語** 佛語，藏文直譯為「至言」，或通指經論，或專指佛語。此句意為佛語為一切語中最殊勝故，名為至言。

❺ **賢種趣脫最勝津** 法尊法師原譯作「賢種趣脫最勝階」，為配合箋註，故改譯。賢種，具善緣者、擁有良好因緣者。箋註中的「階磴」，指高起的台階，亦可解作下馬石、碼頭。津梁，即碼頭。

❻ **三種次第** 上中下三種層次。

❼ **悲動巧便善開顯** 法尊法師原譯作「悲動方便善開顯」，為配合箋註，故改譯。

第五偈中，或謂：遍視無央佛語之目──諸上師，悲動方便善為開顯賢種趣脫勝津梁，是故敬禮如是諸善知識。或謂：諸善知識由悲策動方便，善為開顯遍視無央佛語之目及賢種趣脫之勝津梁，於彼恭敬頂禮。此二說中，前說解「目」為上師，後說解「目」為引導士夫之道次第[1]。

第五偈中，有一種說法是：上師們就如同能全面看見無邊佛語的眼目，他們因由悲心的策動，用種種的方便，善於開顯出具賢善種姓者趣向解脫的最勝途徑，因此恭敬頂禮諸位善知識。另一種說法是：諸位善知識因由悲心的策動，用種種的方便，善於開顯出能全面看見無邊佛語的眼目，以及具賢善種姓者趣向解脫的最勝途徑，對於這樣的善知識恭敬頂禮。在這兩種說法當中，前面一種說法，是將「眼目」解釋為上師，後一種說法是將「眼目」解釋為引導眾生的道次第。

[1]「^語第五偈……道次第」 此文果芒本原置於〈箋註皈敬頌禮讚決疑暨箋註源流始末〉，拉寺本無，詳見前文75頁校勘1。

^巴^妙**其次第二、**^妙**著作之因者**[1]❶：今^巴欣樂且勤於〔瑜伽❷，^巴他派雖作餘解[2]，然此係指真實瑜伽止觀雙運❸，及彼隨順❹內三摩地。〕者率多寡聞，^巴而諸^廣^巴作聞^巴者亦不善於修持^巴之要，^巴當今行者，偏執自所信解講修，故觀視佛語多^巴成片眼，復乏理辨❺教義之^巴慧力。故^巴遠離智者歡喜道——^巴謂得全然圓滿^巴教證教法扼要之殊勝教授❻，見已^巴而悲愍彼等。^妙**由此因故，踴躍造論而立誓云**[3]：釋此大車道^巴次第，我^巴傑喇嘛心全然遍勇喜❼。

第三[4]、^妙**勸勵具器人應聽聞者**：^巴謂諸有偏執暗未覆，具辨善惡妙慧力，欲令暇身不唐捐，諸具善者專勵聽。

其次第二科、著作本論的原因：當今好樂並且勤修〔瑜伽，其他派別雖作另外的解釋，但這裡係指真實瑜伽──止觀雙運，及與止觀相近的內三摩地兩種。〕的人們，大多數很少聽聞正法，而許多廣學多聞的人卻又不善於修持的扼要，另外現今的行者大多偏執於自己所信從的局部講修內容，所以造成片面地觀察佛語，又缺乏能以正理辨別教義的慧力。所以遠離了獲得完全圓滿教證正法核心最勝教授的智者所歡喜之道。見到這樣的現象，我心中悲憫這些人。**由於這個原因，對於造論心生踴躍而立下誓言：**對於要解釋這大車道軌的次第，我至尊宗喀巴大師，心中充滿了勇悍歡喜。

第三科、勸勉具備學法條件的人應當聽聞：諸位尚未被偏執的黑暗所蒙蔽，並且具足辨別善惡的殊妙慧力，想要不虛度暇滿人身的有善根的人們，請你們專心勵力地聽聞。

[1]「^巴^妙其次第二、^妙著作之因者」 果芒本前段原作巴註，哲霍本後段作語註，此二段箋註拉寺本作妙註。按，為令科文連貫，今依拉寺本補標「^妙」。 [2]「^巴他派雖作餘解」 拉寺本作「^巴他派雖說四種」。按，四種瑜伽有密集、勝樂、能怖、噶舉派等多家四種瑜伽，然巴註之義似作「餘解」為勝，以遍攝各家解瑜伽者為他，此處獨標自宗。 [3]「^妙由此因故……誓云」 拉寺本少「由此因故」四字，並且連同前文作巴註。 [4]「^巴^妙第三」 果芒本原作巴註，拉寺本作妙註。按，為令科文連貫，今依拉寺本補標「^妙」。

❶其次第二著作之因者 「其次第二」指巴梭法王於〈箋註皈敬頌〉中所開「由明希欲造論因相之門而立誓造論」的科判（13頁），而妙音笑大師將此段落分作二科解釋，「著作之因者」為其中第一科。

❷瑜伽 梵語Yoga（ཨོ་ག་）音譯，直譯為正滿，亦有相應之義。止觀雙運即是瑜伽，因獲得奢摩他，遠離沉掉等過失，令心正住，故稱為正；獲得毗缽舍那，能了解種種事物，並且成就神通幻化等事，故稱為滿，合稱正滿。

❸止觀雙運 止是寂止定，觀是勝觀慧，寂止與勝觀二者力量均等時稱為止觀雙運。

❹隨順 在此指相似、接近。

❺理辨 法尊法師原譯作「理辯」，今依藏文改譯。

❻故離智者歡喜道圓滿教要勝教授 依照箋註的說法，此段原意為：「所以遠離了獲得圓滿教要勝教授的智者所歡喜之道」，但從《廣論》原文漢譯難以理解此意，故作如上說明。

❼我心全然遍勇喜 法尊法師原譯作「故我心意遍勇喜」，為配合箋註，故改譯。

⟨巴⟩⟨妙⟩**第四**[1]、⟨妙⟩**辨識名義及所說法者❶**：此中總攝一切佛語扼要，遍攝龍猛無著二大車之道軌，往趣一切種智地位❷勝士法範，三種士夫❸一切行持所有次第[2]無所缺少。依菩提道次第門中，導具善者趣佛地理，是謂此中所詮諸法。

第四科：辨識《廣論》的論名涵義以及所說的法：本論當中統攝了一切佛語的精髓扼要，並且完整地包含龍猛、無著二位大車軌師所宣說的道軌，前往一切種智地位的殊勝士夫的法則，三種士夫一切行持的次第，沒有任何遺漏缺少。透過菩提道次第，引導具足善根因緣者修行邁向佛地的道理，這就是本論所詮說的法要。

[1]「^{巴妙}第四」 果芒本原作巴註，拉寺本作妙註。按，為令科文連貫，故依拉寺本補「妙」。　[2]「三種士夫一切行持所有次第」 果芒、拉寺本作 སྐྱེས་བུ་གསུམ་གྱི，連同下文，意為三種士夫一切所行持次第；哲霍本作 སྐྱེས་བུ་གསུམ་གྱི，連同下文，意為三種士夫之一切行持次第。

❶ 第四辨識名義及所說法者　「第四」指巴梭法王於〈箋註皈敬頌〉中所開「由明所詮法之名義繫屬之門而明講說此義軌理，復明依據何者而說」的科判（13頁），而妙音笑大師將此段落分作三科解釋，「辨識名義及所說法者」為其中第一科。

❷ 一切種智地位　指佛地。一切種智，佛三智（指一切智、道智及一切種智）之一，又名一切遍智、一切智智。《大智度論》云：「所謂禪定、智慧等諸法，佛盡知諸法總相、別相故，名為一切種智。」又云：「一切智是聲聞、辟支佛事，道智是諸菩薩事，一切種智是佛事。」妙音笑大師《八事七十義》云：「於一剎那頃無餘現前證知如所有、盡所有相之究竟智，是一切種智的性相。」見《大正藏》冊25，頁259；《七十義、地道、宗義合刊》，頁2（妙音笑大師著，印度：哲蚌果芒圖書館，2005）。

❸三種士夫　指下、中、上三種士夫。《瑜伽師地論》、《俱舍論》等論中於三士有多種安立,此處主要依《道炬論》所說,希求輪迴安樂的士夫,為下士夫;厭惡輪迴、僅僅追求一己解脫的士夫,是中士夫;懷著大悲心,為利一切有情而希求佛果的士夫,是上士夫。士夫包含一切凡聖。

⁽ᵐᵃ⁾開示釋儀當中諸智者異門者:此中傳有二派釋儀:〔勝那蘭陀❶,⁽ᵗⁱᵇ⁾師云[1]:此為往昔阿育王❷於舍利弗誕生處,所建安置大乘經函之宏偉經院。五百大乘阿闍黎、陀尊兄弟❸及龍樹等,皆於其中,以講聞大乘教法之門廣為拓建,為印度諸僧團中最殊勝者。〕中諸智論師,許由三種清淨門中詮釋正法,謂軌範語淨❹、學者相續淨、所說法清淨。後時〔止迦摩囉室囉❺,⁽ᵗⁱᵇ⁾師云:此寺於摩羯陀❻北方,恆河畔小丘頂上[2],具一百零八佛殿,內殿❼中央供奉與金剛座大菩提像❽等量之世尊像[3],外有圍牆環繞。安住其中諸班智達,行種種聖教事業,亦為僧伽資生❾極妙善處,覺窩大師亦從此處迎赴藏地。建寺者為法王達摩波羅❿,彼即獅子賢論師⓫之施主[4]。〕聖教盛行,彼諸智者,則許三種而為初要:謂正法造者殊勝、正法殊勝、如何講聞彼法規理。⁽ᵐᵃ⁾明當隨於何規:今於此中,應如後釋。

說明關於「講說方式」,智者們有哪些不同的承許:對於講說的軌理,過去曾經出現過兩派不同的承許。一派是〔勝那爛陀寺,上師說:這是

以前阿育王在舍利弗尊者的誕生地，所修建的一座安置大乘經函的宏偉經院。五百位大乘阿闍黎、陀尊兄弟以及龍樹菩薩等等，都曾駐錫其中，以講聞大乘佛法之門加以擴建，並且是印度各部僧團中最極超勝的寺院。〕那裡的智者們，承許透過三種清淨的方式來解說佛法。這三種清淨即是師長的言語清淨、弟子的相續清淨、所詮述的法義清淨。另外一派，源自後來教法極為興盛的〔止迦摩囉室囉寺，上師說：該寺是在摩羯陀北方恆河畔小丘頂上的一座寺院，包含了一百零八座佛殿，內殿的中央，供奉著與金剛座大菩提像大小相等的釋迦世尊像，外圍有圍牆環繞。寺中的班智達們廣行種種不同的弘法事業，而且是僧眾生活條件非常優渥的一座道場，阿底峽尊者也從此處被迎請到藏地。這座寺院的修建者是法王達摩波羅，他就是獅子賢論師的施主。〕其中的智者們，則承許有三者在最初的時候極為重要。這三者是：正法造者殊勝、正法殊勝、如何講說聽聞正法的軌理。**說明此處依循哪一種軌理：**本論依照後者的方式來解說。

[1]「勝那蘭陀⊕師云」 拉寺本作「勝那蘭陀，⊕謂蘆葦塘。師云」。 [2]「小丘頂上」 拉寺本作「小丘腳下」。 [3]「內殿中央……世尊像」 拉寺本此句置於「獅子賢論師之施主」之後。 [4]「⊕師云……獅子賢論師之施主」 原果芒本此語註置於「聖教盛行」之後。拉寺本置於「止迦摩囉室囉」之後，「聖教盛行」之前。按，此註乃止迦摩囉室囉寺之專註，故依拉寺本改之。

❶那蘭陀 古印度佛教最高學府，梵語Nālandā（ནཱ་ལནྡ་）音譯，義為施無厭，又作那爛陀。相傳此寺南邊池潭中有龍名那爛陀，寺建池旁，故取其稱。若從實義，因昔如來修菩薩行，為大國王，建都此地，樂善布施，德號施無厭，故稱其名。其寺位於古印度摩羯陀國（Magádha）北方，即今拉查基爾（Rajgir·舊譯王舍城）北方約十一公里的巴臘貢（Baragaon）。建寺由來，眾說不一。《大唐西域記》中記載，笈多王朝之帝日王（Śakrāditya），為曷羅社盤社比丘

（Rājavajśa）而建，歷代國王屢加擴建，最後形成外觀宏偉、內學精湛的佛寺。而《東噶辭典》提到，此寺落成之地，是舍利弗尊者（Śāriputra）出生地，為紀念聖者的恩德，中印度及四方五位國王齊心合建出當時無有能與之媲美的佛學院。多羅那他（དུ་རཱ་ནཱ་ཐ）大師則說：此寺位於舍利弗尊者出生地，又是舍利弗的八萬阿羅漢弟子的涅槃處，阿育王曾對舍利弗塔廣興供養，並創建一座佛寺於此。之後大乘部最初的五百阿闍黎共同議論，若在聖舍利弗住處宣說大乘法，當令大乘教法普傳十方。於是有陀尊阿闍黎兄弟，啟建八間佛殿，收藏著當時的所有大乘經函。此寺在7世紀是印度最具代表性的佛教學府，其中藏書多達九百萬卷，歷代學者輩出，如龍樹、聖天、戒賢、獅子賢、月稱等論師，玄奘、義淨等高僧也曾遠從中國來此就學和翻譯。當時此寺僧眾高達萬人，每天都有一百多個講壇，之後也成為金剛乘的修學中心。公元1193年突厥人巴克赫提亞爾‧卡爾積（Bakhtiyar Khalji）帶兵破壞寺院、藏經閣，大批僧眾逃亡他處，從此衰微，漸成廢墟。1861年英國考古學家亞歷山大‧康寧漢（Alexander Cunningham）開始挖掘此寺遺物，逐步呈現此寺遺蹟。參見《新譯大唐西域記》，頁461；《多羅那他印度佛教史》，頁72；《東噶辭典》，頁1206。

❷阿育王　佛所授記的古印度護法國王（約公元前304～232），梵語Ashoka（阿恕伽‧ཨ་ཤོ་ཀ）音譯，義為無憂。前世為德勝童子，於戲土時，見佛乞食，心生歡喜，以土為食供養世尊，發願為王。佛即授記，於佛涅槃百年後，童子當作轉輪聖王，統領南贍部洲，名阿恕伽，分佛舍利作八萬四千佛塔，饒益有情。此王為阿闍世王後代，頻頭莎羅王子，母為婆羅門女。原先其母為後宮所嫉，專務苦役，因善解王意而成第一夫人，由於生下阿育王後不復為他人所擾，故取名無憂。然《印度佛教史》中記載，此王出生於北印度贍巴阿拿境，父為日種國王涅米大，母本為商主妻子，因出生時，國王消除之前的憂惱，故名無憂。年少時通達各種文學、武術，但因前世以土供佛，今生身形鄙惡，不為王所愛念。相師知其當為國王，暗告大臣。王常遣其攻打叛國，不與兵器，地神從地湧現，奉上兵器，至其叛國不攻自伏，於是國土逐漸擴大，天神共護。後因輔相與太子不合，遂將相師預言告五百大臣，助阿育王登基，謀殺太子。但阿育王受到許多大臣輕視，宮女不喜，所以殘殺五百大臣及五百宮女，百姓改稱為惡阿育王。又召殺父弒母的惡人耆梨，作酷刑房，名愛樂獄，其中刑法，比

照地獄。有一沙門誤入其房，將令燒殺，沙門哀求緩刑七日，於七日中，見屎尿內臟種種不淨，生厭離心，精勤修道而得羅漢。惡人以各種方式施刑，皆不能害，於是往報國王。王與百姓前來觀看，羅漢知是應化之時，現大神通，並告國王世尊授記。王心生希有，懺悔前愆，皈依佛門後，為除眾生怖畏，毀壞刑房。其後，王遵循佛記，召喚鬼神相助，於一日中建造八萬四千佛舍利塔，人民改稱正法阿育王。又迎請優婆毱多尊者（Upagupta），宣佛功德，教化十方。王自無悋供養佛僧，數以萬計，並廣勸百姓，布施修福。晚年欲效須達長者鋪金供佛，發願供養百億黃金。當供養至九十六億黃金時，王患重病，有王子、大臣怕王庫空虛，所以不再供養。但即使以金盤銀盤為王送食，王仍將金盤等物盡施眾僧，最後只給王送半顆菴摩羅果。王咐侍者，告寺上座，此是國王最後供養。於臨終時，問輔相羅提毱提（Rādhagupta）：「在此世中，誰得自在？」答言：「唯聖世尊，得大自在。」王即合掌發願：「唯除庫藏，四海一切盡供佛僧，此生所積一切功德，不求世間人天果位，只願速成聖位，得大自在。」說完以齒印封詔書，付與輔相，隨即命終。後輔相與大臣共議，以四億黃金供僧，贖回四海國土，圓滿阿育王最後心願。而《印度佛教史》則記載，阿育王命將盡時，因氣候炎熱，侍女昏睡，手上拂塵掉到國王身上，王起瞋心，死墮龍中。後由耶舍尊者（Yasa）教化，斷食命終，生往兜率天。關於阿育王傳，漢藏所傳略有出入，此處以漢傳說法為主，參照藏傳說法稍作補充。參見《大正藏》冊50，頁99；《多羅那他印度佛教史》，頁30。

❸五百大乘阿闍黎陀尊兄弟　陀尊兄弟指陀尊成就尊及陀尊安樂主兩位兄弟。約釋迦牟尼佛涅槃後兩百年出生，原本學習外道婆羅門的學說，後來發現外道學說似有矛盾，想直接請問大自在天。因此前往岡底斯山，遇見大自在天供養五百羅漢，大自在天告訴他們：「如果只想得到此生的利益，可以學習我的學說，但如果想獲得解脫，那一定要學習佛法。」他們因此棄捨外道，皈依佛門，並四處尋訪說法的阿闍黎，最終迎請五百位唯識派的阿闍黎前往駐錫那爛陀寺，廣弘佛法。此處提到五百阿闍黎即是陀尊兄弟所迎請的五百位唯識派阿闍黎。參見《甘珠爾》對勘本冊1，頁13。

❹軌範語淨　依據日常老和尚的解釋，軌範語淨包含尊長本身具足教理上圓滿的認識、驗證上確定不移的境界，以及說法應機兩方面；所說法清淨則指應

最圓滿的機宜說圓滿的法。夏日東活佛則認為軌範語淨指軌範師能夠無誤說法；所說法清淨需要具足四法：開示增上生及解脫、遠離能詮語言的過失、具足調伏三界煩惱的作用、開示息滅煩惱及痛苦的勝利。而如月格西解釋，此段所說軌範語淨，是指師長懷著清淨的意樂而說法，並不是指師長所說的內容清淨，所以與第三個條件所說法清淨沒有重複之過。參見《菩提道次第廣論舊版手抄稿》冊1，頁89（日常法師講述，台北：福智佛教基金會內部發行講義，2009）；《夏日東文集》冊1，頁31（夏日東善慧講修著，青海：青海人民出版社，2011）。

❺**止迦摩囉室囉**　古印度恆河畔一寺名，梵語Vikramasila（ཤྲཱི་ཀྲ་མ་ལ་ཤི་ལ）音譯，或譯「比札馬拉希拉」（ཝི་ཀྲ་མ་ལ་ཤི་ལ），義為戒香寺或超戒寺，於後文中譯作能映覆戒。位於摩羯陀北方恆河邊一座山丘的山頂。有說該寺是提婆波羅國王（Devapāla）所建，有說是其子達摩波羅國王所建。以佛陀殿堂為中心，周圍有五十四座顯教經院，五十三座密法院，共有一百零八間殿堂，最外邊有圍牆環繞，規模宏偉。阿底峽尊者等許多印度祖師都駐錫過該寺，之後遭伊斯蘭教軍隊破壞，遺址僅存殘垣斷壁。又哈爾瓦·嘉木樣洛周仁波切認為，「止迦摩囉室囉」的「止」字乃是一般藏語「ཤྲཱི」字的拼音，但將「ཤྲཱི」作梵文音譯字時，則應讀作「比ཧ」。參見《東噶辭典》，頁1407；《多羅那他印度佛教史》，頁222；《藏漢大辭典》，頁1826。

❻**摩羯陀**　中印度古國名，梵語Magádha（མ་ག་དྷ）音譯。位於恆河中下游地區，大體相當於今比哈爾邦（Bihar）的中南部。當時此地出產奇特稻米，米粒碩大，色香俱全，被當地人稱為「供大人米」。風俗純樸，百姓重視學業、篤信佛法。著名的金剛座、大菩提寺、那爛陀寺等佛教聖地，都在這個國家境內。阿育王和旃陀羅笈多二世（Candra-gupta·義為月護），是這國家佛教鼎盛時期的兩位統治者。參見《東噶辭典》，頁1604；《新譯大唐西域記》，頁359。

❼**內殿**　大殿中供奉佛像的內殿，背靠大殿的後方。

❽**大菩提像**　哈爾瓦·嘉木樣洛周仁波切認為此指菩提迦耶大菩提塔中所供奉的世尊像。

❾**資生**　生活條件。資，依靠、依憑。

❿**達摩波羅**　創建止迦摩囉室囉的國王（約公元770～810），梵語Dharmapāla

（རྫས་ད་ལ།）音譯，義為法護。傳說前世為三藏法師，發願廣弘般若，投生為王。其為波羅王朝（Pāla）第二任君主，疆土極為廣闊，令般若教授及密集法門，遍布國土一切方隅，並令通曉般若及密集班智達列坐眾前。初執政時，迎請獅子賢論師宣說般若。此王所建五十講壇，其中即有三十五個般若講壇。後啟建止迦摩囉室囉，長時供養一百零八位班智達及一百十四位阿闍黎等密教師，每月亦為聽法者施設餐宴。《般若經》中記載：般若法流初廣弘於中印度，再傳至南方，後回傳中印度，再向北傳。而回傳中印度的授記，正是此王執政時期。在位期間，出現善護（དགེ་སྲུང་）、獅子賢、嚴飾（མཛེས་བགོད）、海雲（རྒྱ་མཚོ་སྤྲིན）、光明生源（འོད་ཟེར་འབྱུང་གནས）、滿增論師（གང་སྤེལ），以及金剛大阿闍黎佛智父子、佛密（སངས་རྒྱས་གསང་བ）、佛寂（སངས་རྒྱས་ཞི་བ）等大師。參見《多羅那他印度佛教史》，頁221。

⓫獅子賢論師　瑜伽行中觀自續派祖師（約八世紀），梵語Haribhadra及藏語སེང་གེ་བཟང་པོ（僧格桑波）的義譯。受生於王族，其母遭獅噬難，腹兒獨存，故名獅子賢。長大之後，不樂俗事，入於佛門，披剃出家。攻習一切自他宗義，深究徹達，成大善巧者。特別對於《般若》教義，不計性命，勤苦尋覓，堪比常啼佛子。當時大堪布靜命（Śāntarakṣita）為教中共主，因此前往依止，如理親近。深研至尊彌勒所傳《般若》教授，及無著兄弟、聖解脫軍（Ārya-Vimuktisena）所著諸論，並研習怙主龍樹所釋中觀諸論。深見廣行，二派並聞，於諸菩提道次教授扼要，數數觀擇，勤修所緣，故於佛法心要三乘道次圓滿道體，生起殊妙的悟解。於是為數千具緣弟子，講說《般若》教授。其後為廣弘聖教事業，於大堪布靜命前，求受至尊彌勒修法。日夜精勤，便於夢中，得見至尊彌勒聖顏。論師即時禮拜供養，而啟問說：「對您所著作的論著，現見有諸多註疏，當以何種為依據？」至尊彌勒答道：「應當通曉一切釋論，將其中合理之處攝集成論，就由你來著作！」醒來之後，又對至尊彌勒作了供養。為了尋找造論的施主，於是從喀薩巴呢（ཁ་སརྤ་ཎི）西行。當時達摩波羅王得知論師精通《般若》，派遣使者迎請，於途中相遇，即迎論師至三莊嚴寺，為數千僧眾廣傳《般若》教授。由國王作施主，依至尊彌勒所授記，著《現觀莊嚴論顯明義疏》；匯合《現觀》、《般若》而著《八千頌廣釋》；依照聖解脫軍所著《般若二萬五千頌光明論》，將《般若二萬五千頌》的經文，配合《現觀》要義，而著《八品

論》；並著《攝功德寶易解論》、《般若修法》、《真札巴文法變格頌》等論典。
此阿闍黎悲智無比，又得至尊彌勒加持攝受，所以其所著作的《顯明義釋》，
成為了修習菩提道次者所宗奉的「般若法眼」。其所著述的《八千頌廣釋》，自
灑掃房舍，至止觀雙運之間，一切三士道次扼要，悉如《般若經》所說，於道
體、數量、次第決定，開顯無謬。修一法時，不捨餘法，故於所修一一法門之
中，也都具足了圓滿道體。這一切都依著至尊彌勒的教授，作了明晰的開闡。
因此對於瞻部洲的眾生，恩德無比，其論著也成為一切修學《現觀》者的準
繩。參見《師師相承傳》冊上，藏文頁165；中文頁121。

道前基礎

造者殊勝

🔵第二、🟣正敘所說[1]：由是菩提道次引導，分四：一`為顯其法根源淨故開示造者殊勝；二`令於教授起敬重故開示其法殊勝；三`如何講聞二種殊勝相應正法；四`如何正以教授引導學徒之次第❶。今初🟣分二：第一[2]、所言🟣根本及直接造者❷：

總此教授，即是至尊慈氏所造《現觀莊嚴》❸所有❹教授。別則此之〔教典，🔵令意正安住故，名為教典。如燈照明闇中黃金等物[3]，此亦照顯菩提道故，即是《菩提道炬》❺。〕故彼造者，亦即此之造者。🟣有謂是語顯示此二上師同一心續[4]。究竟而言，固為同一心續，然此文義是謂此《菩提道次第》所詮說之根本教典❻或如根本頌者，即為覺窩傑所造《道炬論》，故彼造者理應亦為此道次第之造者。下文所說法殊勝，亦即宣說《菩提道炬論》之殊勝，其旨實同。〔彼復🟣往昔勝者降世之時，於王舍城中示現長者相，名曰賢護❼菩薩。以卓隆巴❽云：「於勝者前名佛子賢護。」綽普譯師❾云：「昔於佛世尊汝名賢護」故。〕即是大阿闍黎〔迪邦🔵為燈，嘎惹🔵為作，師利🔵為吉祥，迦那❿🔵為智。〕，別諱共稱勝阿底峽。🟣此中有上師謂由具增上意樂，故名曰阿德雅峽[5]；眾聲明論師謂為至極寂靜之義；然如傑仁波切云：「傳稱最勝三百十⓫」，阿底峽應為超勝或殊勝之義。

第二科、正講所說的內容：因此，菩提道次第的引導分為四科：一`為

了顯示法源清淨，所以開示作者的殊勝成就；^二為了引發對教授的敬重，所以開示法的殊勝之處；^三如何講說及聽聞具足這兩種殊勝的正法；^四如何以正式的教授引導學人的次第。第一科分二：第一、本教授的原作及直接的作者：

這個教授，總體而言，就是至尊慈氏所造的《現觀莊嚴論》的教授。特別是本教授的〔教典，能夠令心善為安住，所以稱為教典。就像燈炬能照亮黑暗中的金銀等物，本論能照亮菩提道，所以就是《菩提道炬論》。〕所以《菩提道炬論》的作者，也就是菩提道次第的作者。有人認為這句話顯示了阿底峽尊者和宗喀巴大師兩位上師是同一心續。從究竟的角度來講，他們固然是同一心續，但是這裡的文義是指《菩提道次第廣論》所解說的根本教典，或者等同根本頌的教典，就是阿底峽尊者所造的《菩提道炬論》，所以《菩提道炬論》的作者，理當也成為菩提道次第的作者。下文當中所說的法殊勝，也就是在宣說《菩提道炬論》的殊勝，這兩者的核心內涵都是相同的。〔這位作者在過去釋迦世尊降世的時候，在王舍城中示現為長者相，名叫「賢護菩薩」。因為如卓隆巴所說：「於勝者前名佛子賢護。」還有綽普譯師說：「您過去在佛世的時候名叫賢護」。〕也就是大阿闍黎迪邦嘎惹師利迦那，意思是吉祥燃燈智。另外還有其他名諱，大家共同尊稱他為勝阿底峽。有些上師解釋說，因為尊者具足增上意樂，所以名為阿德雅峽。聲明學者們則說，這是極為寂靜的意思。但是就像宗喀巴大師說到：「傳稱從最勝尊阿底峽尊者至今已過了三百一十年」，所以「阿底峽」應該理解為超勝或殊勝的意思。

[1]「^巴第二、^妙正敘所說」「^巴第二」果芒本原作語註。此處拉寺本全作妙註。按，「^巴第二」應為巴註，方合前文64頁——「^二正敘所說」，故改為巴註。
[2]「^妙分二：第一」 拉寺本無。　[3]「如燈照明闇中黃金等物」 拉寺本無「物」字。　[4]「^語有謂是語顯示此二上師同一心續」 拉寺本無「有謂」二字。　[5]「阿德雅峽」 果芒本、拉寺本、雪本作ཨ་དྷི་ཤ，音「阿德雅峽」，哲霍本作ཨ་བྷི་ཤ，音「阿巴雅峽」。

菩提道次第廣論四家合註白話校註集

❶ 如何正以教授引導學徒之次第　依如月格西解釋，此句之義為如何以正式的教授引導學徒的次第。

❷ 所言造者　法尊法師原譯無此句，今據藏文補譯。

❸ 《現觀莊嚴》　般若部論典，全名《般若波羅蜜多教授現觀莊嚴論》，共八品。漢譯本有法尊法師譯《現觀莊嚴論》。《現觀莊嚴論》主要闡述《般若經》的隱義現觀八事七十義的內涵，為藏傳顯教波羅蜜多學之根本論典，許多印度大德為之註疏，現今為格魯三大寺必讀的典籍之一。

❹ 所有　藏文原文為「的」之義，法尊法師似欲維持雙音詞的譯法，故於多處譯文將「的」譯為「所有」，然非指一切，而是指「所具有」之義。如言「我所」，實即「我的」之義。

❺ 《菩提道炬》　噶當派及格魯派修學的藍本，又簡稱《道炬論》，共六十八偈。阿底峽尊者著，於西藏阿里完成，主要闡述三士道次第的內涵，漢譯本有法尊法師譯《菩提道炬論》。藏文本收於《丹珠爾》對勘本冊64。參見《藏漢大辭典》，頁1870。

❻ 根本教典　主要被詮釋的教典，係相對於解釋它的論著而言。如同《廣論》以《道炬論》為藍本，則《道炬論》即為《廣論》之根本教典，《廣論》則為《道炬論》的解釋。下文「根本頌」亦同此意。

❼ 賢護　佛世在家菩薩，梵語Bhadra-pāla及藏語བཟང་པོ་སྐྱོང་（桑波穹）的義譯，又名跋陀婆羅、颰陀和、善守。據隋闍那崛多譯《大方等大集經‧賢護分》記載：在佛世的王舍城中，有一位優婆塞，名為賢護，為大眾中的上首。受持五戒，具足威儀，長久以來行菩薩道，往昔已曾供養無量諸佛，種諸善根，於法敬重聽聞受持。常行頭陀行，教化諸菩薩，隨意得見一切諸佛，發廣大願行深妙行，發菩提心猶如金剛，廣大妙行不可稱量。又闍那崛多所譯《大寶積經》中記載：佛在王舍城時，有一巨富長者之子名為賢護，由於往昔的福德因緣，身形殊妙柔軟，受用的資財勝過帝釋天王。另外，後秦鳩摩羅什所譯《大智度論》中說：「善守菩薩是王舍城舊人，白衣菩薩中最大。」《般舟三昧經》、《大佛頂首楞嚴經》等中，皆有描述此菩薩的功德。參見《甘珠爾》對勘本冊56，

104

頁1；《大正藏》冊13，頁872；冊11，頁608；冊25，頁111。

❽ **卓隆巴** 噶當派祖師（約11世紀），藏語བྲོ་ལུང་པ音譯，本名智慧生源（洛追迥內‧བློ་གྲོས་འབྱུང་གནས）。年輕時依止阿底峽父子、博朵瓦、懂哦瓦等噶當派大德，而其所得傳承，多從善慧譯師及枯敦（ཁུ་སྟོན）二位大師座前聽受。後修建錦和寺（ཐེན་ཕུས）、創立僧團，世壽80。著有《聖教次第廣論》、《略論》、《般若八千頌釋》等。參見《師師相承傳》藏文冊上，頁298；中文頁239；《東噶辭典》，頁576。

❾ **綽普譯師** 綽普噶舉派祖師，藏語ཁྲོ་ཕུ་ལོ་ཙཱ་བ（公元1173～1219）音譯，本名戒慧（促青協饒‧ཚུལ་ཁྲིམས་ཤེས་རབ）。10歲出家，19歲受具足戒，25歲在大成就者米札鄒季（Mitrayogin）座前聽受密法，28歲迎請大班智達佛陀師利（Buddhaśrī），為其口譯顯密教法，並求受各種傳承。32歲從印度迎請大班智達釋迦師利（Śākyaśrībhadra）進藏，十年間擔任翻譯，並聽受教法。大班智達資具富饒，綽普譯師奉師教將此供物於綽普地區塑造一尊彌勒聖像。1214年隨班智達再次赴印，1219年返回綽普專修，後示寂於此。參見《東噶辭典》，頁415。

❿ **即是大阿闍黎迪邦嘎惹師利迦那** 藏文原作「即是大阿闍黎迪邦嘎惹師利迦那」，法尊法師義譯作「即是大阿闍黎勝燃燈智」，為配合箋註，故改譯。

⓫ **傳稱最勝三百十** 出自克主傑大師所著的《至尊上師宗喀巴大師密傳寶穗》。宗喀巴大師53歲於沃卡（འོལ་ཁ）的禪定院（བསམ་གཏན་གླིང），開始著作《五次第明燈論》的草稿時，出現希有的夢兆。大師為了謹記這難得的夢境，於是以隱晦的暗語，寫下一篇頌文。其中「傳稱最勝三百十，賜予談論水與水，相溶盈滿之寶瓶，同見論法二聖尊」，意指310年前阿底峽尊者在聶塘時，親見文殊、彌勒兩位菩薩討論法義，並將代表傳承的聖水賜予尊者。1409年12月3日，文殊菩薩再次將聖水賜予宗喀巴大師，意思是在這310年間還沒有能受持聖水的人，因此賜予大師聖水，也代表深見、廣行兩派傳承，匯集到宗喀巴大師心中。參見《宗喀巴大師文集》冊1，頁148。引文見《宗喀巴大師文集》冊1，頁149。

^妙第二^[1]、其殊勝，分三：^一圓滿種中受生事理；^二其身獲得功德事理；^三得已於教所作事業。今初：

如那措大譯師❶ 所造《八十讚》云❷：「^巴金剛座之東，^巴有廣大境域名邦伽羅❸，其境域之支分中，有諸印度人稱為薩賀，藏語中稱為撒賀❹^巴之勝境^[2]，其^巴境域間有^巴諸多大城，^巴其中最大者乃〔比^巴為儼然，札瑪尼^巴為次第，布惹❺^巴為城。〕^巴傳稱其與卡切次頓❻ 相當，其中有兩百四十或兩百七十萬戶，此讚下文即云❼：「廿七十萬戶^[3]。」其中有^巴稱為王都^巴之宮殿極廣博，^巴此宮殿名為有金幢❽。^巴傳說當今名金頂者即此。遊記中有謂❾：「印度東方撒賀境，有城名為邦伽羅」云云，故應觀擇。受用位饒盛，等支那東君❿。^巴此義或謂有象黃⓫之象名為君，千象之中方得其一。彼王有此象千頭，故為至極富饒之義。有謂於千輻金輪之一一輻上，各置一饌，來奉王前，轉動其輪，王但能噉其前之食，不堪更食，故名為君⓬。雖見眾說，然余勝上師云：「支那國王名曰東君者，實命名者隨意立號，更無餘因；如稱光王^[4]及燒熱性為火，亦別無他由也。」其國王善勝，妃名吉祥光。父母有三子，^巴太子名蓮藏⓭，^巴次子月藏，並其^巴幼子吉祥藏⓮。王^巴太子蓮華藏⓯，有五妃九子。長子福吉祥，現時大善巧，稱為陀那喜^巴米札^[5]，為近事班智達，通曉一切波羅蜜乘教授。三子中幼子吉祥藏，苾芻比惹贊札⓰^巴精進月，^語有說此師善巧密咒教授，能化出真實壇城。曾赴藏地，於堆隆⓱ 措昧⓲施降冰雹，後至雅隆⓳。終於昂雪之龍寺示寂^[6]。^巴善勝次子月藏者，即現至尊^巴覺窩^[7]師。」

第二科、他的卓越成就，分為三科：一、尊者受生於圓滿種姓中的事蹟；二、尊者自身獲得種種功德的事蹟；三、尊者獲得圓滿功德後對於教法所作的事業。第一科：

在那措大譯師所造的《八十讚》中說：「金剛座的東方，有個廣大的區域叫邦伽羅，這個區域的支分當中有個勝境，印度人稱之為薩賀，而藏語中則稱之為**撒賀**。這地區當中有許多大城，其中最大的城邑叫**比札瑪尼布惹**，意思是次第儼然城。傳稱規模與卡切次頓城相當，其中有兩百四十或兩百七十萬戶人家，在這段的讚文下面就有說到：「兩百七十萬戶。」其中有一座號稱王都的宮殿，極廣博雄偉，宮殿名叫有金幢，據說就是當今的金頂宮。不過有的遊記裡說：「印度東方的撒賀境中，有城邑名叫邦伽羅。」所以究竟是如何，仍然需要考查。該國王的資財受用、權位富饒，可與『**支那東君**』相匹敵。有人認為有象黃的大象叫作「君」，一千頭大象之中只會有一頭這樣的大象，而這位國王卻有千頭這樣的大象，所以叫作「東君」，也就是極其富饒的意思。有人則說「東君」的由來，是平日國王用餐時，宮人會準備一個千輻金輪，金輪的每一條輪輻上面各置一道佳餚，獻給國王時，就轉動這千輻金輪。由於國王都只能吃下他當前的食物，所以每每為不能吃到其他更多美食而哀嘆，因此稱為「東君」。雖然有種種說法，但我尊勝的上師則說：「中國帝王叫作東君，本來就是起初取名的人隨意命名的，沒什麼具體的理由。就像稱光王與烈焰為『火』，其實也沒什麼真正的理由，跟這道理是一樣的。」這個國度的國王名叫善勝，王妃名叫吉祥光。王與王妃共有三子，太子名叫蓮華藏，次子月藏，還有幼子吉祥藏。王太子蓮華藏有五位嬪妃和九位王子，太子的長子福吉祥，是當今的大智者，又名為陀那喜米札，是一位居士身的班智達，通曉一切顯教波羅蜜乘的教授。國王三子中的幼子吉祥藏，即比丘比惹贊札，意思是精進月。有人說這位大德非常善巧密咒的教授，能夠化現出實體的壇城。曾經前往藏地，在堆隆的措昧地區施降冰雹，後來又到了雅隆，後來在藏地昂雪的龍寺示寂。善勝王的**次子月藏，就是現在的至尊上師覺窩阿底峽。」

[1]「^妙第二」 拉寺本無。　[2]「撒賀^巴之勝境」 於「勝境」下拉寺本衍一箋註,但因標記模糊,未能確定為語註或妙註。內容如下:「此說(指巴註中邦伽羅為地名,撒賀為城名之說)與《種敦巴遊記》所云『印度東方撒賀境,有城名為邦伽羅』及『周有十萬戶』不同。然《洛札巴窩教法史》中亦作前說,《桑郭瑪遊記》等似與彼同。此復,種敦巴所造〈傳記祈請文〉有『富饒之地邦伽羅,貴冑撒賀王種姓』之說,亦與前同。此為箋註探疑。」總之,在記載上,種敦巴尊者時代,即有邦伽羅為城名或地名二說。　[3]「廿七十萬戶」 拉寺本作語註。　[4]「如稱光王」 果芒本及哲霍本原作「如稱藏王」,拉寺本作「如稱光王」。按,稱藏王為火,殊不可解,故依拉寺本改之。[5]「^巴米札」 拉寺本作「^巴吉祥米札」。　[6]「^語有說此師善巧密咒教⋯⋯示寂」 哲霍本作巴註。　[7]「^巴覺窩」 原果芒本未標作者,今依拉寺本補之。

❶ 那措大譯師　噶當派祖師(公元1011～1064),藏語ནག་ཚོ音譯,本名戒勝(促青嘉瓦‧ཚུལ་ཁྲིམས་རྒྱལ་བ)生於阿里地區(མངའ་རིས)的種迦拉東(རྫོང་དཀའ་བའི་ལྷ་གདོང་),那措為族姓。出家後成為藏地有名的律師,27歲到印度迎請阿底峽尊者,如理依止19年,並擔任阿底峽尊者的翻譯。所以藏地現有阿底峽尊者所傳大部分的傳承,都透過他而獲得,因此對藏人具有無比的恩德。那措,法尊法師原譯拏錯,今改譯作那措,下文同此。參見《師師相承傳》藏文冊上,頁283;中文頁220;《東噶辭典》,頁1208。

❷ 《八十讚》云　《八十讚》,讚歎阿底峽尊者的頌文,共80偈,尚無漢譯。那措譯師著。作者主要依循阿底峽尊者的生平,描述尊者戒、定、慧三學的成就,以及在印度西藏所作的廣大事業。在此師未造此讚前,地藏班智達(Kṣitigarbha)曾著作過文筆類似的讚頌。所以傳言此師是依據地藏班智達所著的讚頌,而作此讚。引文見《噶當派大師箴言集》,頁26(青海:青海民族出版社,1996。以下簡稱《噶當箴言集》)。

❸ 邦伽羅　地名,梵語Baṅgāla(བྃ་ག་ལ)音譯。約位於今孟加拉地區。2015年中

孟聯合考古隊於孟加拉國首都達卡地區，挖掘出兩組龐大的佛教建築遺跡及相關文物，足證當年該區佛法的盛況。

❹**撒賀** 古孟加拉地區的地名，今人大多認為是孟加拉首都達卡地區，也有人認為「撒賀」為城市的通稱。法尊法師原譯作「薩賀」（སུ་ཧོར），為配合箋註，故改譯。參見《東噶辭典》，頁1824；《藏漢大辭典》，頁2444。

❺**比札瑪尼布惹** 古孟加拉城市名。法尊法師原譯作「謂次第聚落」，為配合箋註，故改譯。

❻**卡切次頓** 喀什米爾（Kashmiri）的一個地區（ཁ་ཆེ་ཁྲི་བཤན）。卡切（ཁ་ཆེ），即喀什米爾，舊譯迦濕彌羅。

❼**此讚下文即云** 此句在「等支那東君」之後，與正文有異。引文見《噶當箴言集》，頁26。

❽**其中有王都宮殿極廣博名為有金幢** 法尊法師原譯作「其中有王都，名為有金幢，其宮極廣博。」為配合箋註，故改譯。

❾**遊記中有謂** 出自種敦巴尊者所著的《噶當父法》。其中詳細敘述阿底峽尊者一生的傳記，以及覺窩聖父子談論法義的內容。引文見《噶當父法》，頁1（種敦巴大師等著，青海：人民出版社，1993）。

❿**支那東君** 法尊法師原譯作「支那國王」，為配合箋註，故改譯。依第三世章嘉活佛若比多傑（ལྕང་སྐྱ་རོལ་པའི་རྡོ་རྗེ）解釋，藏文中སྟོང་ཁུན一詞即漢文「東君」之音譯，義為東土漢地君王。此師為精諳漢語之藏族學者，學識淵博，著作等身。藏文སྟོང字有「千」義，故下文多以千解之，此師認為是不諳漢文所致。又《更敦群培文集》記載，當時邦伽羅與柬埔寨關係密切，雙方國勢強盛，因此認為東君是指柬埔寨。參見《阿嘉雍曾文集》冊上，頁57；《更敦群培文集》冊上，頁283（更敦群培著，成都：四川民族出版社，2010）。

⓫**象黃** 象內臟的結石，有特殊治病的功能。一千頭象中只會有一頭有這種特殊結石。參見《阿嘉雍曾文集》冊上，頁57；《藏漢大辭典》，頁354。

⓬**君** 藏文ཁུན音譯，義為「呻吟悲嘆」。

⓭**蓮藏** 阿底峽尊者的兄長（約10世紀），梵語Padmagarbha及藏語པདྨའི་སྙིང་པོ（貝美寧波）的義譯，傳稱為大菩薩轉世。參見《阿嘉·丹貝堅參文集》冊下，頁179（阿嘉·丹貝堅參著，蘭州：甘肅出版社，2011）。

⓮吉祥藏　阿底峽尊者之幼弟（約10世紀），梵語Śrīgarbha及藏語དཔལ་གྱི་སྙིང་པོ
（貝吉寧波）的義譯，傳稱為生起次第非常堅固的瑜伽行者。參見《阿嘉·丹
貝堅參文集》冊下，頁179。

⓯王子蓮華藏　法尊法師原譯作「太子蓮華藏」，為配合箋註，故改譯。

⓰苾芻比惹贊札　苾芻，梵語Bhikṣu音譯，舊譯比丘，義譯為乞士，指承許並
且守護《戒經》所說兩百餘條比丘戒律的補特伽羅；由於斷除邪命，如法乞食
維生，尋求涅槃，故稱乞士。比惹贊札，梵語Viryācandra音譯，法尊法師原譯
作「苾芻精進月」，為配合箋註，故改譯。

⓱堆隆　西藏自治區拉薩市西北面達隆河流地區，藏語སྟོད་ལུང་音譯。參見《藏漢
大辭典》，頁1115。

⓲措昧　西藏自治區南部縣名（མཚོ་སྨད）。參見《藏漢大辭典》，頁2321。

⓳雅隆　藏文原作ཡར་ལུང་，疑即ཡར་ཀླུངས，山溝名，西藏自治區乃東縣雅拉香波
河流域總名。參見《藏漢大辭典》，頁2556。

꜀第二、其身[1]獲得功德事理，分二：˼ˀ知見廣博獲教功德
事理；˼ˀ如理修行獲證功德事理。今初꜀分四：學習共通
明處❶者[2]：

如《讚》云❷：「二十一歲中，善巧꜀共通[3]六十四，技術❸及一
切，工處善構言❹，及一切諸量❺。」謂於二十一歲以內，學習內
外四共明處：聲明、因明、工巧業明，及醫方明，善巧究竟。特
如大卓壟巴云，十五歲時，僅聞一次《正理滴論》❻，與一點慧
戲論❼外道興辯，令彼墮伏，美譽遍揚。

第二科、尊者自身獲得種種功德的事蹟，分兩方面：⁻`學識淵博獲得通達教理功德的事蹟；⁻`如理修行獲得證量功德的事蹟。第一科分四方面：第一科、學習與世間共通的學科：

如同《八十讚》中所說：「二十一歲時，就已精通共世間的六十四種技藝、一切工巧明、聲明學以及一切量學。」尊者在二十一歲之前，已學習完內外四種共通明處——聲明、因明、工巧明、醫方明，達到智者當中最頂尖的程度。特別像大卓隆巴所說的，尊者在十五歲時，只聽過一次《正理滴論》，便與一位以聰慧著稱的外道諍論師辯論，徹底擊敗對方而名聲遠揚。

[1]「^妙第二、其身」拉寺本無。　[2]「^妙分四：學習共通明處者」拉寺本無「分四」。按，依科判體例，各版此處疑脫「第一」。　[3]「^妙共通」拉寺本作巴註。

❶明處　學科、學問。

❷如《讚》云　引文見《噶當箴言集》，頁29。

❸六十四技術　古代印度的藝術技能。工巧明的技術三十種：文字、手藝、數目、計算、梳妝、步武、使鉤、舞劍、拋繩、射箭、前刺、後引、砍殺、撕裂、穿戳、遠射中的、中的出聲、射中要害、射成不治、射成重傷、跳躍、拳擊、賽跑、游泳、渡越、乘象、騎馬、造車、造弓箭、角力，共三十種。演唱、樂器的技藝十八種：演唱、樂器舞蹈、擊鼓、打腰鼓、擊小鼓、擊大鼓、敲鑼、彈單弦、打單面腰鼓、擊鐵鈸、擊銅鈸、彈三弦、擊木古達鼓、鐃鈸伴奏、擊小鈸、合奏、彈琵琶、吹管樂，共十八種。聲樂技藝七種：六合、仙曲、繞地、中令、五合、奮志、近

聞，共七種。舞蹈技藝九種：媚態、英姿、醜態三種為身技；猛厲、嬉笑、威脅三種為口技；悲憫、憤怒、和善三種為心技。四種技藝總合為六十四技術。

❹ **善構言** 即梵語、梵文，古印度四種語言之一。

❺ **量** 即下文中所說的因明，古印度的邏輯學，又稱量學。

❻ **《正理滴論》** 七部量論中如主體一般的三論（《釋量》、《定量》、《正理滴》）之一，法稱論師（Dharmakīrti）著。作者為二勝六莊嚴之一，生於7世紀的印度南方。許多密續中授記其為普賢菩薩化身，所著釋論，皆能無倒闡述佛語密意。父為外道婆羅門，此師自幼聰敏，嫻習工巧、醫方、聲明及吠陀等外道宗義。十八歲時，已通達一切外道宗義，深受諸外道婆羅門喜愛。後來有機緣聽到了少許佛經，即覺察外道論典有諸多非理之處，於是對聖教深生信解，前往依止法護論師（Dharmapāla）出家。精研三藏，意猶未足，又從善達《集量論》的自在軍論師（Iśvarasena），聽聞三次《集量論》。首次聽聞就完全通曉自在軍的密意，再次聽聞就通曉《集量論》作者陳那論師（Dignāga）的密意，第三次聽聞就能發現自在軍論師承許有誤。啟白論師後，論師大喜，就依照論師指示造了《釋量論》。之後，師欲破除外道宗義，聽說婆羅門鳩摩羅梨羅（Kumārila　Bhaṭṭa）善達外道典籍，然而他的隱密詞語非妻兒不傳，於是佯裝奴僕，勤作家務，深得婆羅門的妻子信任，得以請問宗義要處，因此徹底了解外道宗義。後來在王宮與鳩摩羅梨羅辯論，以正理廣破其宗，令其信奉內道。復有商羯羅婆羅門（Śavkarācārya）於鹿野苑與此師辯論。婆羅門負敗，投恆河自殺，隔年投生為其徒之子，十六年又與此師論戰，負敗後再度投河。又再轉世，十二年後與年邁的法稱論師再戰，師又勝出，終於令其皈信佛教。在這期間，師於華嚴王護持下，著作七部量論。窮盡畢生之力，唯求於聖教隱歿之處復興聖教，由於此師廣大勸發而皈依佛教的僧俗將近十萬之多。最後在伽陵伽羅建一寺院，廣宣正法，令諸眾生得入善道。在種種瑞相中示寂，荼毗時天降花雨，充滿妙香樂音，七日乃止。著名弟子有天王慧（Devendrabuddhi）、釋迦慧（Śākyabuddhi）及阿闍黎法勝（Dharmottaraḥ）等。此論省略了廣泛的破立，是主要闡述《集量論》內義中異門、定義、支分、譬喻的一部因明學論著，尚無漢譯。藏文本收於《丹珠爾》對勘本冊97。參見《善慧密意莊嚴叢書》冊50，頁37（善慧忍等著，印度：洛色林知識協會，

2000)；《釋量論廣註理海》冊上，頁5（克主傑大師著，台北：佛陀教育基金會，2002）。

❼戲論　藏文直譯為「推理師」、「諍論師」。對於不能如實現見的事物本性，依據因相而進行推理者。內外道皆有推理師，而此指外道推理師，故法尊法師譯為戲論。

^妙第二^[1]、學習密咒之理：於其❶黑山道場^[2]瑜伽自在❷、親見歡喜金剛❸尊身、獲得金剛空行佛母❹授記之尊重〔羅睺羅毱多❺，^巴羅睺羅隱或密。〕前，具足❻請受一切灌頂，立密諱為智密金剛❼。二十九歲以內，於多獲得成就師前，習金剛乘❽教典教授，善巧無餘。^語不唯於餘時處如是聽受，亦嘗於一夜中，夢從語王名稱班智達❾聽受十萬四百五十一部密續^[3]。「於諸密咒唯我善巧」，作是念已，諸空行母❿於其夢中，陳示眾多昔所未見密咒經函，摧其慢意。

第二科、學習密咒的情況：後來尊者向黑山道場的親見歡喜金剛尊身，並獲得金剛空行佛母授記、瑜伽自在的〔羅睺羅毱多，意為羅睺羅隱或羅睺羅密。〕上師，求受圓滿的灌頂，並取了密法的法號為智密金剛。在二十九歲之前，跟隨許多獲得成就的上師學習金剛乘，對於所有的密乘教典和教授，都完全通達無遺。不僅在其他時間、地點，如此廣泛地聽聞學習，也曾在某一夜中，夢見向語王名稱班智達聽受了十萬零四百五十一部密續。而後尊者自忖：「對於密法方面，只有我最為精通。」起了這個念頭之後，諸空行母就

113

在尊者的夢中，展示出眾多尊者從未見過的密咒經典，摧伏了尊者的慢心。

[1]「⁽妙⁾第二」拉寺本無。　[2]「於其黑山道場」拉寺本作「於其⁽巴⁾邦伽羅黑山道場」。　[3]「⁽語⁾不唯於餘時處如是聽受……十萬四百五十一部密續」哲霍本作巴註。

❶於其　其，指阿底峽尊者，應結合後文「之尊重」，意為「從他的師長」。

❷瑜伽自在　止觀雙運即是瑜伽，獲得止觀雙運並得善巧自在者為瑜伽自在。

❸歡喜金剛　無上瑜伽部的母續本尊之一，梵語Hevajra及藏語དགྱེས་པའི་རྡོ་རྗེ（格貝多傑）的義譯。參見《東噶辭典》，頁105；《藏漢大辭典》，頁36。

❹金剛空行佛母　依如月格西解釋，此指五部空行中東方毗盧遮那部的空行。

❺羅睺羅毱多　阿底峽尊者的上師，梵語Rāhulaguta（རཱ་ཧུ་ལ་གུཔྟ）音譯，生卒事蹟不詳。毱，音菊。

❻具足　據藏文，此為圓滿之義。

❼智密金剛　阿底峽尊者密法的法名，梵語Jnanaguhyavajra及藏語ཡེ་ཤེས་གསང་བའི་རྡོ་རྗེ（耶謝桑維多傑）的義譯。

❽金剛乘　又名密乘，方便、智慧緊密不分稱為金剛，由於修密時智慧、方便緊密不分，最後能證得身語意三金剛，所以名為金剛乘。

❾語王名稱班智達　印度那爛陀及超戒二寺的西門鎮守者（約10世紀），梵語Vagisvarakirti及藏語དབག་གི་དབང་ཕྱུག་གྲགས་པ（昂吉旺秋札巴）的義譯。出生於鹿野苑（Mrgadava）王族，依大眾部出家，法名希拉吉帝（sīlakīrti）。從哈薩班雜請求勝樂金剛成就法，於摩羯陀（Magadha）一心修持。後於夢中親見本尊，為了驗證是否真實獲得語自在成就，於是走到恆河邊，摘下會發出聲音並且放光的嘎惹維里樹紅花，拋散在恆河，花朵漂流數由旬後又逆流而上。從此

每日可以了達千偈的經論文義，故被稱為語王（語自在）。師通達顯密一切明處，圓滿講、論、著三種事業，又能時常親見聖度母為其解疑。後時受國王邀請，鎮守那爛陀及超戒二寺的西門。常以所獲財物供佛及僧，並創立顯密聞思學院。晚年居尼泊爾，以自修為主，偶爾宣講密法。《多羅那他印度佛教史》中記載了印度文獻及西藏文獻兩種說法，西藏文獻認為語王名稱鎮守南門，西門由慧源大師（Prajakaramati）鎮守，此處係依印度文獻的說法。參見《多羅那他印度佛教史》，頁239。

❿ **空行母** 由於神變、密咒、業力等因素，能在空中飛行的女性。一般而言，空行母包含獲得殊勝成就的瑜伽母、生於淨土中的女性，以及唸惡咒、吃人肉的暴惡女性三種。而此處特指第一種空行母。參見《貢德大辭典》冊1，頁236。

^妙**第三、出家學習內明❶ 法藏之理**[1]：此後尊重及諸本尊，若寤若夢，隨其所應，勸云若出家者，則於聖教及諸眾生起大饒益。依是勸已，如《讚》中云❷：「共稱汝親教❸，為加行道❹者。」隨請〔大眾部持律上座，^語以其受四根本部❺ 中大眾部軌近圓戒❻，故作是說，非是真大眾部，以言其獲加行道及證空性故❼。〕得加行道一分真實^巴名證所取無自性三摩地❽ 者，厥號〔希拉惹喀大❾ ^巴戒護或戒鎧。〕為親教師而正出家，其諱又名勝燃燈智。

第三科、剃度出家並且學習內明法藏的行誼：在這之後，諸位上師以及本尊，在尊者醒時或夢中，一再勸請尊者出家，並說如果能夠出家，將對於聖教及眾生產生廣大的饒益。於是尊者依循勸請，如讚文中所

說：「眾所周知，您的親教師是一位加行道行者。」隨後禮請已得加行道的一分真如名為證得所取無自性的三摩地，法號為〔希拉惹喀大，義為戒護或戒鎧。〕的〔大眾部持律上座，由於這位持律上座是受四根本部中大眾部軌的比丘戒，所以才這麼說，但實際上並非真正的大眾部派，因為他已經獲得加行道並且已證悟空性。〕為親教師，正式剃度出家，法號名為勝燃燈智。

[1]「⟨妙⟩第三、出家學習內明法藏之理」 拉寺本無。

❶ **內明** 又名內學，講述戒定慧三學，及生圓二次第等佛教調內相續不共修行方法的學問。

❷ **如《讚》中云** 引文見《噶當箴言集》，頁29。

❸ **親教** 經弟子三次祈請上師做為親教師，上師應允即成該弟子的親教師。由於能夠清淨地教授、攝護弟子，所以稱為親教師。在此處即指剃度和尚。

❹ **加行道** 超越該乘的資糧道，還未獲得該乘見道階段的道，即該乘的加行道。依靠在資糧道時所獲得的以義共相證得無我奢摩他，更進一步獲得以義共相證得無我的止觀雙運時，即進入加行道。經過煖、頂、忍、世第一法，修習證得無我止觀雙運，現證無我時，即從加行道進入見道。加行道的字義解釋為：由於是現證無我的加行，所以稱之為加行道。

❺ **四根本部** 指上座部、大眾部、正量部及說一切有部四部。上座部因其上座為聖者種姓，所以稱為上座部。由迦旃延尊者傳授，主張滅盡定時有心、無顛倒識、經過十無數劫乃至三十無數劫以內可以成佛。用畢舍遮語（顛鬼語）誦經，袈裟用五幅以上二十一幅以下，以海螺為標記，比丘的名字後面加上生處或鎧甲。大眾部係因前期僧團中，阿羅漢以外的大部分僧眾因故另組僧團，所以稱為大眾部。由大迦葉尊者傳授，用巴利語（土語）誦經。袈裟用七幅以上

二十三幅以下，以吉祥結及海螺為標記。正量部因受眾人恭敬，所以稱為正量部（藏文義譯為眾敬部）。由優波離尊者傳授，主張有不可說的我、一切所知攝為可說與不可說兩種。用阿婆商夏語（訛誤語）誦經，袈裟條幅與上座部相同，比丘的名字後面加上「民」或「部」。說一切有部的全名為根本說一切有部，有謂其他諸部都從此演變而來，所以稱為根本；宣說色、心、心所、心不相應行、無為法等所知五事為實有，所以稱為說一切有。由羅睺羅傳授，主張三世實有、諸有為法為剎那性，經過三無數劫可以成佛。用梵語（天語）誦經，袈裟用九幅以上二十五幅以下，以法輪及蓮花為標記，比丘的名字後面加上吉祥、賢善或心要。

❻ **近圓戒** 即指比丘戒，圓指涅槃，由於獲得涅槃能遠離一切損害，獲得一切圓滿，故稱為圓。受比丘戒，能靠近涅槃，故稱比丘戒為近圓戒。

❼ **非是真大眾部以言其獲加行道及證空性故** 大眾部屬於有部宗，故依循大眾部的見解，無法證悟空性進入加行道，既然已證悟空性進入加行道，就顯然不是真正的大眾部。

❽ **一分真實三摩地** 在加行道忍位時所獲得的三摩地。

❾ **希拉惹喀大** 阿底峽尊者的親教師（約10世紀），梵語Silaraksita（ཤི་ལ་རཀྵི་ཏ）音譯，義為戒鎧。原文係梵語，法尊法師原譯作「戒鎧」，為配合箋註，故改譯。

一分真實三摩地探義

關於此段提到的一分真實三摩地，祖師們有不同解釋。巴梭法王將「一分真實」解釋為「證得所取無自性」，而其他的祖師解釋為「不顯現所取境有諦實」，或「開始壓伏見道所斷能取分別」。

巴梭法王認為，真實指空性，分為所取境之上的無自性、能取者之上的無自性兩種，所取無自性及能取無自性各屬空性的一部分，所以都稱為一分真實。加行道忍位時證得所取無自性的三摩地，即是一分真實三摩地。

宗喀巴大師在《金鬘論》中提到：大乘加行道忍位時，斷除所取散亂，唯留能取散亂。由於加行道忍位安住於一分無所取，以及隨順無能取，所以是住一分真實三摩地。依據大善知識功德海的解釋，此段的真實即指不顯現能取所取有諦實。《金鬘論》中所說的「安住於一分無所取」應該承接上文，理解為斷除所取散亂，也就是證悟空性時不會顯現所取境有諦實，而不顯現所取境有諦實，即是不顯現能取所取有諦實的其中一分，所以稱之為一分真實。

賈曹傑大師在《心要莊嚴釋》中也提到：不能從明現能取所取無自性的程度來區分四種加行道，因為四種加行道等持同樣都證得一切法無諦實，也都明現諸法法性的義共相，所以要從斷除所斷的程度來安立四種加行道。

妙音笑大師在《現觀辨析》中也認為，四種加行道不僅都能證得所取無諦實，而且都能證得一切法無諦實。另外，在提到大乘忍位加行道時，妙音笑大師解釋為能取一分三摩地。

從宗喀巴大師、賈曹傑大師及妙音笑大師的承許，可以推知他們都不承許證得所取無自性的三摩地即是一分真實三摩地，因為如果這樣，在忍位以前就能證得一切法無諦實，那一分真實三摩地便不用等到加行道忍位時才獲得。

一般而言，大乘加行道四個階段時，會依次壓伏四種見道所斷的分別：執染汙所取分別、執清淨所取分別、執實有能取分別、執假有能取分別。大乘加行道忍位時，能夠斷除前兩種見道所斷所取分別的現行，宗喀巴大師應該是從這個角度安立大乘忍位加行道為一分真實三摩地，由於斷除見道所斷一分——所取分別的現行，所以證悟空性時便不會顯現所取有諦實。妙音笑大師認為大乘加行道忍位時，開始壓伏見道所斷能取分別，從這個角度也能安立為一分真實三摩地。

綜上所述，無論是從斷除見道所斷所取分別的現行，或是開始壓伏見道所斷能取分別來安立一分真實三摩地，都是從斷除或壓伏所斷來安立，而不是從證得所取無自性的角度來詮釋，巴梭法王的解釋與宗喀巴大師、賈曹傑大師及妙音笑大師的說法不同，因此特別提出，以供讀者參考。

^妙**第四、學習內明經咒之理**[1]：此後乃至三十一歲，習學相乘內明上下諸藏❶。特於〔能飛聚落❷，^語師云❸：「昔有內道居士，任一外道起屍修法❹ 侍者。既成，起屍之舌化作寶劍。居士倚劍飛登須彌山頂，須臾❺ 遍歷四洲八渚❻，還來將劍歸與外道，外道囑云：『此屍成金，割截取用，但勿傷骨，夜中即復，終無盡期。』言訖持劍飛登天境。居士即倚金屍，依己凌虛所見須彌四洲布列，建此大寺。寺中但憑其金，足供百位比丘及百居士資生多年。」傳稱藏地桑耶寺❼，亦為靜命❽ 堪布仿照此寺所建。〕達摩惹喀大❾ ^巴法鎧師前，十二年中聽受〔《大毘婆沙》❿，^巴傳為阿羅漢近護⓫，抑或法依，或法商主所造，凡八百卷。〕^語極善說一切有部、大眾部、上座部、正量部**根本四部教典**，雖諸異部⓬ 作受食⓭ 等，諸微細分，互捨取處，遍知無雜。

^妙**非徒習學，復如理通曉之理者**[2]：**由是度越**^巴中觀自宗[3]、實有他宗⓮ 自他諸部宗海彼岸，故是無倒解了一切教正法中樞要處者⓯。

第四科、學習內明顯密經咒的行誼：此後一直到三十一歲之間，學習法相乘內明的上下部法藏。特別在〔能飛聚落，上師說：「這是以前有一位內道居士，在某位外道修起屍法時擔任侍者。修成起屍法之後，起屍的舌頭變成了寶劍，居士便仗著寶劍飛上須彌山頂，又在頃刻間遊歷了四大洲及八小洲，返回後將寶劍歸還外道，外道於是囑咐道：『這具起屍如今已經變成金子，你可以割截取用，只要不傷到金屍的骨頭，割下來的缺口，當晚自然就會復原。這麼一來，金屍就永遠不會用完。』說完便倚劍飛升天界。居士只仰賴這具金屍，便依照自己飛上虛空時，親眼所見須彌四洲的布局，興建這座恢宏的大

寺院。寺院裡單靠這些金子，就足以供給百位比丘及百位居士維持多年的生活。」傳說藏地的桑耶寺，也是靜命堪布仿照這座寺宇而興建的。〕的達摩惹喀大──法鎧大師前聽受〔《大毗婆沙論》，傳說這部論是阿羅漢優波毱多尊者，或者是法依，或是法商主所造，合計共有八百卷。〕歷經十二年。精通根本四部──說一切有部、大眾部、上座部、正量部的教典，即使各部派間授受食物等微細的取捨處，也都完全了解，不相混雜。

不僅僅是學習，而且也如理通曉的行誼：**由此可知，尊者度越了中觀自宗、實有他宗的自他各部的宗義大海彼岸，所以正確無誤地證悟一切教正法的扼要處。**

[1]「^妙第四、學習內明經咒之理」 拉寺本作「^妙學習上下部內明經咒之理」。
[2]「^妙非徒習學，復如理通曉之理者」 拉寺本此句置於巴註「^巴中觀自宗、實有他宗」之後。綴文如下：「由是度越^巴中觀自宗、實有他宗，^妙非徒習學，復如理通曉之理者：自他諸部宗海彼岸」。 [3]「自宗」雪本作「自樂」（རང་བདེ）。按，此應為「自部」（རང་སྡེ）之訛字。

❶ **相乘內明上下諸藏** 相乘內明，即指顯教佛法。上部法藏指中觀唯識的法藏，下部法藏指有部經部的法藏。
❷ **能飛聚落** 寺名，梵語Odantapuri及藏語ཨོ་དན་ཏ་པུ་རི（鄔丹達布里）的義譯。位於那爛陀寺北邊，建於波羅王朝（Pala）初期。公元1193年被回教軍隊摧毀。參見《貢德大辭典》冊4，頁561。
❸ **師云** 這段歷史參見《多羅那他印度佛教史》，頁212。
❹ **起屍修法** 為內外道所共通的一種成就法，傳記、教法史、寺誌多有記載。內道修密者或者為了快速累積福德資糧而修，或者為了將屍體化成黃金、作為

坐騎而修。而此公案中的外道是為了獲得八種共通成就的寶劍成就，透過對
屍體施咒，經過若干時間之後，屍體即成起屍躍起，修法者與侍者必須由一人
壓制起屍，一人割起屍之舌，割下的舌頭即成為寶劍，持之能上天下地，無所
不至。

❺ 須臾　片刻之間。

❻ 四洲八渚　四大洲及八小洲，四大洲為東勝身洲、南贍部洲、西牛貨洲、北俱
盧洲；八小洲分別為提訶洲（身洲）、毗提訶洲（勝身洲）、遮末羅洲（貓牛
洲）、筏羅遮洲（勝貓牛洲）、舍搋洲（諂洲）、溫怛羅漫怛里拿洲（勝道行
洲）、矩拉婆洲（聲不美洲）、憍拉婆洲（聲不美對洲）。

❼ 桑耶寺　寧瑪派寺院之一，藏語བསམ་ཡས་གཏུག་ལག་ཁང，全名桑耶永固天成寺（བསམ་
ཡས་མི་འགྱུར་ལྷུན་གྱིས་གྲུབ་པའི་གཏུག་ལག་ཁང）。位於西藏山南札囊縣境內（ལྷོ་ཁ་ས་ཁྲལ་ག
ནང）。8世紀中，由藏王赤松德贊（ཁྲི་སྲོང་དེ་བཙན）、蓮花生大師（Padmasambhava）、
靜命論師（Shantarakshita）三人融合漢藏印三種建築風格而成。雖曾幾度被
焚毀，但均修復。11世紀中，原來流亡青康各地的僧眾重返西藏，聚集在此
寺，其後逐漸成為寧瑪派道場。參見《藏漢大辭典》，頁3044；《東噶辭典》，
頁2142。

❽ 靜命　瑜伽行中觀自續派開派祖師（約公元725～788年），梵語Shantarakshita
及藏語ཞི་བ་འཚོ（喜瓦措）的義譯，又名大親教師菩提薩埵。出生於孟加拉，年
少時於其親教師智藏（Jnanagarbha）座前出家，並依止該師研習律典，之後
依止調伏軍阿闍黎（Vinayasenā）聽受《現觀莊嚴論》。由於觀察到深見、廣
行不可偏廢，所以進一步精研龍樹所傳的空性教授，著作《中觀莊嚴論》。8世
紀中應藏王赤松德贊邀請至西藏，修建桑耶寺，度初試七人出家，開始建立
僧伽制度，宣說戒律、中觀。駐錫西藏直至示寂。主要弟子有獅子賢論師、蓮
花戒論師等。參見《師師相承傳》藏文冊上，頁151；中文頁109；《藏漢大辭
典》，頁2385。

❾ 達摩惹喀大　阿底峽尊者主要上師之一（約10世紀），梵語Dharmaraksita
（ཌྷརྨ་རཀྵི་ཏ）音譯，義為法鎧。此師具有殊勝布施的功德，曾幫一位病人向醫
生問診，醫生說需以活人的血肉作藥，於是布施自身血肉，然因過於疼痛而昏
厥。昏迷中見一位白衣人前來讚歎，並用手加持，傷口立即癒合，醒來後發現

身體完好如初。相傳白衣人即是觀世音菩薩的化身。此師初為一切有部的菩薩，後入中觀派，著有《修心利器之輪》。法尊法師原譯作「法鎧」，原文係梵音，為配合箋註，故改譯。參見《阿嘉・丹貝堅參文集》冊下，頁180。

❿ 《大毗婆沙》　一切有部的主要論典，全名《阿毗達磨大毗婆沙論》，共十萬頌。主要闡述一切有部所承許根道果的內涵。至於成書的時間及作者，漢藏流傳說法不同。漢傳說法主要依據《大唐西域記》記載：在佛滅度後四百年，部派林立、學說不一的狀況下，由迦膩色迦王（Kaniska）向脇尊者（Parsva）祈請後，世友菩薩（Vasumitra）及脇尊者等四百九十九位羅漢舉行第四次結集，著述了《鄔波第鑠論》、《毗奈耶毗婆沙論》及《阿毗達磨毗婆沙論》。但在《大毗婆沙論》記載：「昔健馱羅國迦膩色迦王」，一般稱在位國王不會用「昔」字，所以表示此論問世在迦膩色迦王之後。而《大智度論》多處引用此論，因此現今中、日學者多認為此論成書於迦膩色迦王後，龍樹菩薩出世以前，約公元150～200年之間。而藏傳說法主要分為三種：一、在阿育王時期，於印度賓陀山（Vindhya）名優寺，由優波毱多尊者帶領五百羅漢弟子，集體著作而成；二、地點也在名優寺，但作者為主持第二次集結的阿羅漢耶舍（Yasas）等五百羅漢；三、依據克主傑大師所著的《密續總綱》：一切有部承許《大毗婆沙論》是集凡聖二眾之力著作而成，經部宗則許為未登聖位的班智達所撰。現今流傳的藏文版，是由法尊法師從漢文譯成藏文。參見《新譯大唐西域記》，頁156；《中華佛教百科全書》冊2，頁701（藍吉富主編，台南：中華佛教百科文獻基金會，1994）；《東噶辭典》，頁1508；《多羅那他印度佛教史》，頁63；《二觀察續疏、密續總綱合刊》，頁494（克主傑大師著，印度：哲蚌果芒僧院，2013）。

⓫ 近護　第四代付法藏師（約公元前3世紀），梵語Upagupta及藏語ཉེར་སྦས（聶貝）的義譯，又名優波毱多、近隱。西晉三藏安法欽譯《阿育王傳》記載：尊者出生於摩突羅國（Mahura），為毱多長者第三個兒子。後受商那和修度化出家，不久便得阿羅漢位。曾調伏魔王，令其守護僧伽，並以神通教化弟子。凡有一人成阿羅漢，則擲一根四寸的木條於長三十六尺、寬二十四尺的洞穴中。當木條填滿洞穴時，將法脈付予第五代付法藏師提多迦尊者（Dhitika），隨即示現涅槃。一生度眾無量，故佛授記名為無相好佛，意指此師除了沒有佛的相

好，但度眾事業與佛無異。《阿育王傳》提到阿育王以優波毱多尊者為師，但在《多羅那他印度佛教史》中記載，優波毱多尊者約在阿育王未登基前就已示寂，當阿育王護持教法時，正值第七代付法藏師大善見（Sudarshana）於其他地方廣弘聖教。而阿育王遇到的阿羅漢為耶舍尊者。參見《藏漢大辭典》，頁966；《大正藏》冊50，頁117；《多羅那他印度佛教史》，頁54。

⓬ **雖諸異部** 福智之聲2003、2010年版《廣論》改作「於諸異部」，今據藏文改回原譯。

⓭ **受食** 比丘戒中關於比丘接受他人食物的戒律。

⓮ **中觀自宗實有他宗** 中觀自宗，指承許一切法無諦實大乘宗義師。由於阿底峽尊者以中觀為自宗，故稱為自宗。實有他宗，指唯識宗、經部宗、有部宗，承許有諦實之法，所以稱為實有宗。

⓯ **故是無倒解了一切教正法中樞要處者** 原文無「者」字，意為「是故無倒解了一切教正法中樞要處」。

⑨**第二、如理修行證悟功德攝入三學之理，分二：第一、正明一切證正法攝入三學之理者**[1]：獲得證德事理者：總佛一切教法聖教，⑩經律論[2]❶三藏寶攝，故證聖教亦須攝入三學寶中。⑪增上戒定慧三猶如珍寶，難得、希有、貴重、饒益、救護損害、引生喜樂，以此六法同於珍寶。⑨**第二、具足三學之理，分三：初中**❷**分三：第一、引敘戒律**[3]：其中戒學，至言及釋數數讚為定慧學等一切功德之所依處，故須先具戒學增上諸證功德[4]❸。⑨**第二、正明具足之理**[5]：其中⑨**戒律**[6]，**分三：**⑨**初**[7]**、成就最勝別解脫律儀**❹**事理者**：如《讚》中云❺：「**導入聲聞乘**❻⑪之宗規別別解脫

律儀門已，護戒如氂牛愛尾，^語如《菩提道炬論》云❼：『七眾別解脫❽，如來所宣說，最勝妙梵行，即比丘淨律。』具妙梵行勝苾芻，持律上座我敬禮。」謂其正受圓滿苾芻諸律儀已，如愛尾牛，若尾一縷掛著於樹，雖見獵士將離其命，寧捨其命護尾不斷。如是雖於一輕學處，尚寧捨命防護不犯，況其所受重大學處，是故成大持律上座❾。

第二科、所有如理修行的證悟功德，都歸納為三學的道理，分為兩科：第一科、正說所有的證正法都含攝於三學的道理：尊者獲得證悟功德的情況：凡是佛陀一切的教正法，都含攝於經律論三藏寶中，因此證正法也必須攝入三學寶中。增上戒定慧三學，猶如珍寶一般難得、希有、貴重、能產生利益、救護損害，並且引生喜樂。這六個特點跟珍寶相同。

第二科、具足三學的行誼，分為三科：其中的第一科，又分為三科：第一科、戒律的引言：無論在佛經或釋論裡，都多次讚歎三學當中的戒學，是定學及慧學等一切功德的所依處，所以首先必須具足戒學方面的證悟功德。

第二科、正說具足戒學的行誼，其中戒律分為三科：第一科、具足最殊勝的別解脫律儀的行誼：就如《讚》中所說的：「您進入聲聞乘的宗規別別解脫律儀門之後，守護戒律宛如氂牛愛尾一般。像《道炬論》中所說：『在如來所宣說的七眾別解脫戒中，最殊勝的妙梵行，當屬比丘的清淨律儀。』我向這樣具足妙梵行、最殊勝的比丘持律上座敬禮。」尊者正受圓滿的比丘律儀之後，就像愛尾的氂牛，只要尾巴上的一縷細毛纏在樹上，縱使見到獵人要來奪取牠的性命，寧可捨命也要保護住尾巴，不讓一絲毫毛被扯斷。

同樣地，尊者對於每一條細微的學處，尚且寧可捨命而防護不犯，更何況所受的其他重大學處。因此就如《讚》中所說，尊者成為持律大上座。

[1]「^妙第二、如理修行證悟功德攝入三學之理，分二：第一、正明一切證正法攝入三學之理者」 拉寺本此註作「證悟功德攝入三學之理」。 [2]「^巴經律論」 拉寺本作語註。 [3]「^妙第二、具足三學之理，分三，初中分三：第一、引敘戒律」 拉寺本此註僅作「引敘戒律」。 [4]「證功德」 雪本作「分別功德」。按，「分別功德」(རྟོག་པའི་ཡོན་ཏན) 應為「證功德」(རྟོགས་པའི་ཡོན་ཏན) 之訛字。 [5]「^妙第二、正明具足之理」 拉寺本無。 [6]「^妙戒律」 拉寺本作語註。 [7]「^妙初」 拉寺本無。

❶ 論　三藏之一。藏文直譯為「對觀」，為對法的簡稱。對法有四種含義：一、開示趣向涅槃諸聖諦義。二、詳明辨析、反覆宣說每一法是否有色等。三、制伏敵方。四、依此能通一切經義。由於論具足上述四種內涵，所以稱為對法。三藏之中的論，也包含佛所說的對法，因此與通常說的佛語為經，祖師造釋為論的「論」，概念不同。

❷ 初中　指成就戒學。

❸ 戒學增上諸證功德　指戒學方面的證悟功德。

❹ 別解脫律儀　別解脫，為別別解脫的略稱。宗喀巴大師所著《律海心要》中說：「出離心為因，遮損他及依。此復有承許，有色身語業，許相續斷心，及斷心種子。」以出離心為因，承許遮止以身語損害他有情，以及損害有情的所依，如飲酒、非時食等的欲界所攝戒體，即是別別解脫戒。有部及應成派承許別解脫戒為有色的身語業，經部宗、唯識宗及自續派承許別解脫戒為相續的能斷心或能斷心的種子。別別解脫有三種解釋：第一，「別別」在梵語有最初之義，由於最初得別解脫戒才從非戒解脫，所以名為最初解脫。第二，持別解

脫戒者才能獲得解脫,因此名為別別解脫。第三,「別別」在梵語中有方便之義,由於別解脫戒是解脫的方便,因此稱為解脫方便。

❺ **如《讚》中云** 引文見《噶當箴言集》,頁27。

❻ **聲聞乘** 原指聲聞道,此處特指小乘宗義。此段是說尊者求受小乘傳規的別解脫戒,非指尊入聲聞道成為小乘行者。

❼ **《菩提道炬論》云** 引文出自此論第二十一偈。見《甘珠爾》對勘本冊64,頁1643,然與正文略有不同。

❽ **七眾別解脫** 即指比丘、比丘尼、學法尼、沙彌、沙彌尼、優婆塞、優婆夷七眾的別解脫律儀。

❾ **是故成大持律上座** 依藏文本意為「故如《讚》云成大持律上座」。

^妙**第二^[1]、成就菩薩律儀者**:如《讚》中云❶:「尊入度彼岸門❷已,增上意樂善清淨,覺心不捨諸眾生,具慧大悲我敬禮。」^巴依慈氏瑜伽士❸等上師^[2]長修眾多慈悲為本菩提心之修習教授❹,特^巴於十二年間依金洲大師❺,多時修習至尊慈氏及妙音尊傳授無著及寂靜天❻最勝教授。如《讚》中云❼:「能捨自利以利他,為勝是即我師尊❽。」謂心發起愛他勝自菩提之心,以此願心所引行心,受學菩薩廣大妙行,學受隨行所有學處,行賢妙故,能不違越諸勝者子❾所有制限❿。

第二科、具足菩薩律儀:就如《讚》中所說:「您進入度彼岸乘門之後,

增上意樂非常清淨，心懷菩提心不棄捨任何眾生，具足妙慧及大悲心，我向這樣的尊者敬禮。」尊者依止慈氏瑜伽士等上師，長時間修習眾多以慈悲為根本的菩提心的修習教授，特別在十二年間依止金洲大師，長久修習從至尊彌勒及文殊分別傳與無著和寂天菩薩的最勝教授。如《讚》中說：「能夠棄捨自利而精勤不懈地荷擔他利，他就是我的上師。」尊者的內心中發起了愛他勝己的菩提心，並且以此願心引發行心，決心受學菩薩的宏偉妙行，並學習受完菩薩律儀後應當行持的所有學處，行誼賢善，因此諸佛子所應遵循的佛制的界限，都絲毫不逾越。

❶ 如《讚》中云　引文見《噶當箴言集》，頁27。

❷ 度彼岸門　度彼岸，梵語Pāramitā（པ་རོལ་ཏུ་ཕྱིན）的義譯，略譯為度。由於大乘道能度粗細二分輪迴大海的彼岸，所以稱大乘道為度彼岸。度彼岸門，指菩提心。

❸ 慈氏瑜伽士　金洲大師的上師（約10世紀），梵語Maitriyogi及藏語བྱམས་པའི་རྣལ་འབྱོར་བ（絳貝內玖巴）的義譯，又名古薩利。童貞出家，法名寶軍（仁欽德·རིན་ཆེན་སྡེ）。在大古薩利大師座前聽受修持顯密教法，特別將龍樹、無著分別傳下的深見、廣行二派道次第合一而作修持，由此心中生起圓滿道次第的功德。又依止廣行派大德勇金剛，聽受自他相換的教授，生起真實的菩提心。此師將慈悲心奉為修行心要，故尊稱為慈氏瑜伽士。據《噶當父法》記載，阿底峽尊者擁有的發心傳承中，教依《虛空藏經》、理依《集學論》、《入行論》、見依經部宗的發心傳承即向此師求得。著有《證道歌》描述其對慈悲心、菩提心的體悟。主要弟子有金洲大師及阿底峽尊者。參見《師師相承傳》藏文冊上，頁171；中文頁126；《噶當父法》，頁77。

菩提道次第廣論四家合註白話校註集

❹ **長修眾多慈悲為本菩提心之修習教授**　法尊法師原譯作「總具修習慈悲為本，菩提之心眾多教授」。按，原文無「總」字，應為法尊法師因應下文的「特依」而加上的譯文。原文亦無「具」字。又「慈悲為本」為描述菩提心的特色，不應連讀作「眾多教授」的特色。「修習」亦非指修「慈悲」，而是修「菩提心」。為配合箋註及避免誤解，故改譯。

❺ **金洲大師**　阿底峽尊者的主要上師（約10世紀），藏語 གསེར་གླིང་པ（色林巴）的義譯，本名法稱（Dharmakirti）。出生於蘇門答臘（Sumatera）的王室，從小信奉佛教，並遠赴印度求法，在慈氏瑜伽士座前出家受具足戒，學習顯密教法七年，特別是聽受深見廣行二大道次第及自他相換的教授，後又依止小明了杜鵑（Vidyakokila）等大師。回國後大弘佛法，一生將菩提心奉為修行心要。著有《菩薩修心次第》等，主要弟子有阿底峽尊者。參見《師師相承傳》藏文冊上，頁177；中文頁130。

❻ **寂靜天**　即寂天菩薩，見前頁78註1。

❼ **如《讚》中云**　引文見《噶當箴言集》，頁27。

❽ **能捨自利以利他為勝是即我師尊**　依藏文本，此二句意為「能捨自利而精勤，擔荷他利即我師。」法尊法師將「精勤擔荷」譯作「為勝」，可能是「將此作為最切要、最殊勝之事」之意。

❾ **勝者子**　即指菩薩。由於佛陀戰勝粗細四魔，故名勝者；菩薩是佛子，故名勝者子。

❿ **制限**　指佛制的界限，佛制即佛所制定的關於遮止、應作、開緣的學處。

妙**第三[1]、成就金剛乘律儀者**：如《讚》中云❶：「尊入金剛乘門已，自見天具金剛心，瑜伽自在獲中者❷，修密護禁我敬禮。」成就觀見自身即天生起次第❸，及金剛心圓滿次第❹三摩地故，總讚為其瑜伽中尊，特讚如理護三昧耶❺，不越制限。亦如

128

《讚》云❻：「由具念正知，不作意非戒，慎念無諂誑[2]，犯罪不染尊。」^妙第三[3]、理應如是守護三律儀：如是於諸三種律儀淨戒學處，非僅勇受，如其所受隨行防護，不越制限。設少違犯，亦以各各還出儀軌，疾疾令淨。如是淨傳，應知是諸通達聖語扼要智者所喜愛傳，隨諸正士應當修學。

語 譯

第三科、具足金剛乘律儀：就如《讚》中所說：「您進入金剛乘門之後，能觀見自身為本尊，並且是具足金剛心的瑜伽自在、阿哇都帝巴，修持隱密禁行的尊者，我對您敬禮。」尊者具足觀見自身為本尊的生起次第，以及金剛心圓滿次第三摩地。所以不僅總體讚歎尊者為瑜伽師之首，更特別讚歎尊者如理守護三昧耶戒，不逾越制限的行誼。如《讚》中也提到：「由於具足正念正知，因此不作意不符合戒律的事，持念不放逸、無有諂誑，您絲毫不沾染任何墮罪。」

第三科、理當如此守護三種律儀：如此不僅僅是勇於受取三種律儀淨戒學處而已，更是依循著所受的律儀而防護，不違越佛制的界限。假使有少許的違犯，也以各自的還淨儀軌迅速還淨。應當曉得，像這樣的行誼，是能讓通達佛語扼要的智者們心生喜愛的傳記，應該緊隨聖賢們的腳步而效學啊！

校 勘

[1]「^妙第三」拉寺本無。　[2]「諂誑」果芒本原作「諂因」，拉寺本、哲霍本作諂誑。按，「諂因」(ག་ལོ་རྒྱུ)為「諂誑」(ག་ལོ་རྒྱུ)之訛字，故依拉寺等本改之。
[3]「^妙第三」拉寺本無。

❶ 如《讚》中云　引文見《噶當箴言集》，頁27。

❷ 獲中者　藏文原文為「阿哇都帝巴」（ཨ་ཝ་དྷཱུ་ཏི་པ），常人易誤解為阿底峽尊者的上師阿哇都帝巴，然據如月格西解釋，阿哇都帝巴指住於中道者，一般而言，住於中道者有諸多解釋，此處讚歎尊者修持密法能夠不墮二邊，住於中道。哈爾瓦·嘉木樣洛周仁波切認為，此處中指中脈，修習圓滿次第而淨化中脈者稱為獲中者。

❸ 觀見自身即天生起次第　修學無上密續分為生起次第及圓滿次第兩個階段，修習生起次第時，主要修習觀想自己即是本尊，此處所說的「天」即指本尊。

❹ 金剛心圓滿次第　金剛有緊密不分之義，修習圓滿次第時，融合智慧、方便二者直到緊密不分，是名金剛心。

❺ 三昧耶　三昧耶，梵語Samaya（སམ་ཡ）音譯，義為誓言。

❻ 亦如《讚》云　引文見《噶當箴言集》，頁29。

第二[1]、成就定學，分共與不共❶二：共者，謂由奢摩他❷門，得堪能心❸。不共定學者，謂具極穩生起次第❹。此復三年或六年中，修明禁行❺。爾時遙聞飛行國❻中諸空行母謳歌之聲，心中亦有所憶持者。

第三[2]、成就慧學，分共不共二者：其中，共者，謂得止觀雙運毘缽舍那三摩地❼。不共者，謂得圓滿次第❽殊勝三摩地。獲得圓滿次第幻化身❾故，不由業惑增上受生，於心續中生起即身成佛之道。如《讚》中云❿：「如密咒乘教，顯是加行道⓫。」

第二科、成就定學，分為共通與不共通二科：共通的禪定功德，是透過奢摩他，讓心可以自主運作；不共的定學，是具足非常堅穩的生起次第。尊者曾經在三年或六年當中修持明禁行，當時遙聞飛行國中諸空行母的歌聲，並且憶持於心。

第三科、成就慧學，分共通與不共通二科：其中共通的慧學，是得到止觀雙運毗缽舍那的三摩地。不共的慧學，是得到圓滿次第的殊勝三摩地。由於獲得圓滿次第幻化身，所以不會受業及煩惱牽引而受生，並且在心續中生起即身成佛之道。如《讚》中說：「以密咒乘的教典來看，尊者顯然相當於加行道行者。」

[1]「^妙第二」 拉寺本無。　　[2]「^妙第三」 拉寺本無。

❶ 共與不共　此處「共」指顯密二者所共，「不共」指密法不共。

❷ 奢摩他　梵語Shamatha（ཞི་གནས་）音譯，義為寂止；專一安住在所緣境，並由殊勝輕安所攝持的禪定為奢摩他，參見本論〈奢摩他〉章。

❸ 堪能心　堪能有能夠自主、運用自如的意思，分成身堪能及心堪能。身堪能指身體運用自如，沒有滯礙；心堪能指內心運用自如，沒有障礙。

❹ 生起次第　無上瑜伽密法的第一次第。能成熟心續出生圓滿次第，尚未以修力令風息進入、安住並融入中脈，隨順生有、死有或中有的行相而觀察修習的瑜伽即是生起次第。

❺ 明禁行　為了獲得細分心風智慧的一種密乘修法。

❻飛行國　古印度國名，梵語Orgyen（ཨོ་རྒྱན）義譯，又名鄔金、鄔僅、鄔仗那（Udyana）。即現今巴基斯坦西北邊斯瓦特河（Swat）流域，又有說於阿富汗境內。曾經是佛教國家，鼎盛時期國內有僧眾一萬八千位，盛行大乘佛法，特別學習密咒，境內的佛教遺蹟不可勝數。參見《新譯大唐西域記》，頁123；《藏漢大辭典》，頁3138。

❼止觀雙運毘缽舍那三摩地　寂止及勝觀二者力量相等運行即稱止觀雙運。一般而言，先獲得奢摩他，之後獲得毘缽舍那，當獲得毘缽舍那時，即同時獲得止觀雙運。三摩地是梵語Samādhi（ཏིང་ངེ་འཛིན）音譯，義為等持、定，指專注在所緣上的一種心所。

❽圓滿次第　無上瑜伽密法的第二次第。以修力令風息進入、安住並融入中脈，由此產生的瑜伽即是圓滿次第。

❾圓滿次第幻化身　圓滿次第五個階段中，第三階段時所獲得的功德。密乘行者修習心遠離到達究竟時，依靠喻光明獲得不淨幻身時，即獲得此處所說的幻化身，修行者一旦獲得此身，便決定能即身成佛。

❿如《讚》中云　《噶當箴言集》中「如密咒乘教」後有「生次必堅固，如顯教論中」二句。引文見《噶當箴言集》，頁30。

⓫如密咒乘教顯是加行道　圓滿次第中有五個階段，分別為：語遠離、心遠離、幻身、義光明、雙運。前三階段相當於顯教的加行道；第四階段前段屬見道，後段屬修道；第五階段相當於菩薩十地中第二地無垢地以上。密乘教典中並未宣說顯教所說的五道，因此僅能將密法五次第與顯教五道相對照，但並不能說依照密乘教典來看，尊者是加行道的行者，只能理解為以密咒乘的教典來看，尊者相當於顯教中的加行道行者。

⓫第三、獲功德已[1]於聖教所作事中分二：ᅟ於印度所作事理；ᅟ藏中所作事理。今初：

於勝金剛座❶大菩提寺❷，曾經三次以法戰敗外道惡論，住持佛教。即於自部^巴上部之中觀、唯識；下部之一切有部、經部^[2]上下聖教，所有未達、邪解、疑惑諸惡垢穢，亦善除遣，而弘聖教。故一切部，不分黨類奉為頂嚴。如《讚》中云❸：「於大菩提寺，一切集會中，自部^巴內道及他部^巴外道，諸惡宗敵者，以獅吼聲語，一切腦漿崩。」又云❹：「能飛聚落中，出家二百半，能映覆戒❺中，出家不滿百，四本部全住，尊部無慠舉。摩羯陀境內，一切寺無餘，成大師^巴比丘、比丘尼、優婆塞、優婆夷❻ 四眾，一切頂上珠。^語覺窩尊乃天佛智足❼ 所傳大眾部支派之說出世間部❽，然不偏黨自部，能不紊雜分辨各部，故^[3]尊居十八部❾，一切頂中時，一切皆受教。」

第三科、獲得功德之後對於聖教所作的事業，分為二科：^一在印度弘法的情形；^二在藏地弘法的情形。第一科：

在印度勝金剛座大菩提寺，尊者曾三度在辯論中，以正法擊敗外道邪說而住持佛教。對於內道——上部的中觀、唯識，下部的一切有部、經部——上下諸部的教法，所有未通達、邪解、疑惑的垢穢，尊者也一併善為淨除，而使聖教昌隆，因此各部都不分派系地將尊者奉為頂上的莊嚴。如《讚》中說：「在大菩提寺一切大眾的集會中，尊者宛如雄獅震吼，令內外道自他部中所有持邪宗惡論者腦漿崩裂。」《讚》中又說：「在能飛聚落中，有出家眾二百五十名，而在止迦摩囉室囉寺中，出家眾不到百位，卻有四根本部的僧眾共住一處。您身居其中，而不對自部心生高傲，於是您

成為摩羯陀境內所有寺院的比丘、比丘尼、優婆塞、優婆夷一切四眾共同的頂上寶珠。覺窩阿底峽尊者屬於天佛智足所傳大眾部中支派的說出世間部，但他不偏黨於自部，能夠不錯雜地分辨各部，所以**您成為十八部派一切的共主，一切部派也都受教於您。」**

[1]「^妙第三、獲功德已」 拉寺本無。　[2]「^巴上部之中觀……經部」 拉寺本作「^巴內道佛乘上部之中觀、唯識；下部之一切有部、經部」，並置於「自部」之前。
[3]「^語覺窩……分辨各部，故」 哲霍本作妙註。

❶金剛座　佛教聖地之一，梵語Vajrāsana及藏語རྡོ་རྗེ་གདན།（多傑丹）義譯。位於中印度菩提伽耶，相傳與大地同生同滅，是三千大千世界的中心點，方圓一百多步，下至金輪，上達地面，都是金剛構成的。賢劫千佛都在此入金剛喻定，成就佛果，所以稱為金剛座。參見《東噶辭典》，頁1169；《新譯大唐西域記》，頁398。

❷大菩提寺　佛初成道的菩提樹北方一寺院名，梵語Mahābodhi-samghārāma（བྱང་ཆུབ་ཆེན་པོ），又名摩訶菩提寺。此寺由來，有一說法認為是僧伽羅國王尸迷佉佉拔摩（Srimeghavarna）所建。另有一說為：優波毱多尊者弘化印度期間，在摩羯陀境內，由曾親見佛陀聖顏之瞻薩婆羅門女及其子妙善婆羅門所建。寺院主體竣工後，天人化現為工匠，應徵前來塑造佛像。經其母檢視，發現該像刻畫入微、維妙維肖，與真佛幾乎相同，尤其佛像眼珠及眉間白毫所鑲寶珠，夜間每放寶光，靈異特著。寺院建築工藝超絕，彩繪精妙，寺中供奉如來肉舍利與骨舍利。曾有千餘名僧眾，學習大乘及小乘上座部教法，寺規嚴明，戒行端肅。參見《阿嘉雍曾文集》冊上，頁62；《藏漢大辭典》，頁1869；《新譯大唐西域記》，頁419；《多羅那他印度佛教史》，頁24。

❸如《讚》中云　引文見《噶當箴言集》，頁32。

❹又云　引文見《噶當箴言集》，頁27。

❺能映覆戒　即止迦摩囉室囉，見前頁98註5。

❻優婆塞優婆夷　梵語Upāsaka（ཨུ་བྷ་ས་ཀ）及Upāsikā（ཨུ་བྷ་སི་ཀ）音譯，義為近善男、近善女，又名鄔波索迦及鄔波斯迦。指承許守護居士戒的男女居士，由於親近承事善法，故名近善。

❼天佛智足　佛智足，阿底峽尊者的上師之一（約10世紀），梵語Buddha-jñāna-pāda及藏語སངས་རྒྱས་ཡེ་ཤེས་ཞབས（桑結耶謝霞）義譯。出生於古中印度卡比境內的斗久城中。依那爛陀寺大眾部出家，於獅子賢論師座下學習一切顯密佛法。又在印度各地依止諸阿闍黎及瑜伽母勤學密法，獲得法流三摩地等。曾示現同時為不同地方的四座寺院進行開光，世壽80。其弟子現證涅槃者四位，一生補處或中陰成就者十八位，班智達及瑜伽士不可勝數。眾弟子中最為殊勝者有阿底峽尊者、善寂友、悲瑪嘎拉、羅睺羅賢四位。天，為佛智足之敬稱。參見《多羅那他印度佛教史》，頁224。

❽說出世間部　大眾部五部之一。

❾十八部　關於十八部派的形成有六種說法。第一種為調伏天的說法：聲聞根本四部中，細分為十八部派。說一切有部分為：根本說一切有部、迦葉部、護地部、護法部、多聞部、紅衣部及分別說部七部。大眾部分為：東山住部、西山住部、雪山住部、說出世間部及說假部五部。上座部分為：祇陀林住部、無畏山住部、大寺住部三部。正量部分為：雞胤部、守護部、犢子部三部。合計十八部。此種說法在藏傳佛教中最為普遍。第二種為蓮花論師的說法：聲聞根本四部中，細分為十八部派。說一切有部分為：迦葉部、護地部、護法部、根本說一切有部四部。大眾部分為：東山住部、西山住部、雪山住部、分別說部、說假部、說出世間部六部。正量部分為：紅衣部、守護部、雞胤部、多聞部、犢子部五部。上座部分為：祇陀林住部、無畏山住部、大寺住部三部。合計十八部。第三種為說一切有部的說法：十八部派全部都是從說一切有部分出來的。第四種為上座部的說法：大眾僧伽部及上座部中，細分為十八部派。大眾僧伽部分為：大眾部、一名言部、說出世間部、多聞部、說假部、塔部、東山部、西山部八部。上座部分為：雪山部、說一切有部、犢子部、法勝部、善道部、正量部、廣示

部、隱法部、迦葉部、尊重部十部。合計十八部。第五種為正量部的說法：大眾部及上座部中，細分為十八部派。大眾部分為：一名言部、牛住部。牛住部又分為：多聞部、說假部、塔部三部。大眾部共有六部。上座部分為：雪山部、說一切有部、犢子部三部。說一切有部又分為：分別說部、尊重部。分別說部分為：廣示部、隱法部、紅衣部、迦葉部。犢子部分為：大山部、正量部。大山部又分為：法勝部、善道部。上座部共有十二部。合計十八部。第六種為大眾部的說法：上座部、大眾部、分別說部中，細分為十八部派。上座部分為：說一切有部及犢子部。說一切有部又分為：有部及經部。犢子部分為：正量部、法勝部、善道部、六城部。上座部共有六部。大眾部分為：大眾僧伽部、東山部、西山部、祇陀林部、雪山部、塔部、義成部、牛住部八部。分別說部分為：護地部、迦葉部、隱法部、紅衣部四部。合計十八部。參見《大宗義》，頁173。

●ᵃ第二[1]、藏中所作事理，ᵇ分五：第一、破除於法邪解[2]，開闢新軌者：天尊師長ᶜ智光❶、菩提光❷叔姪，如其次第起大殷勤，數數遣使羅㮹瓦賈精進獅子❸及那措戒勝往印迎請。菩提光時，請至阿里上部❹，啟請治理佛陀聖教。依是因緣，總集一切經咒要義，束為修行次第，遂造《菩提道炬論》等，而興教法。此復住於阿里三載，聶塘❺九歲，衛藏❻餘處五年之中，為諸善士開示經咒教典教授，罄盡無餘。ᵃ《甘丹法源史》❼謂覺窩尊生於壬午年❽，五十九歲時自印度啟程，六十歲時抵尼泊爾，六十一歲至阿里，六十三歲至前藏，七十三歲時圓寂於聶塘，駐錫藏地十一載，此為一說。又那措所傳善本方志謂覺窩尊生於庚午年❾，五十七歲時自印度啟程，當年歲末入藏，甲午年❿七十三歲圓寂，於藏地駐十七載。二說之中，雖以前說為主，然此《道次第》中所說者，順應後說。ᵈ尊

者駐藏十七載[3]，聖教規模諸已沒者，重新建樹，諸略存軌，倍令增廣，諸被邪解垢穢染者，皆善治除，令聖教寶悉離垢染。

第二科、在藏地弘法的情形，分為五科：第一科、破除對於教法的誤解而開創新的宗規：天尊師長智光王和菩提光王叔姪二人，先後派遣賈精進獅子譯師，及那措戒勝譯師前往印度，一再致力迎請阿底峽尊者入藏。菩提光王在位期間，迎請尊者到藏地的阿里上部，並祈請尊者整頓教法，由此因緣，尊者透過寫出總集一切顯密經咒的精要，統合為完整修行次第的《菩提道炬論》等事業，使教法再度興盛。又駐錫在阿里三年、聶塘九年、衛藏其他地區五年期間，為許多有緣的弟子傾囊相授所有顯密經論教授。《甘丹法源史》記載，覺窩阿底峽尊者生於壬午年，五十九歲時從印度啟程，六十歲抵達尼泊爾，六十一歲到達阿里，六十三歲到達前藏，七十三歲圓寂於聶塘，在藏地總共駐錫十一年，此為一說。另外，那措譯師流傳下來的正確的遊記則說，覺窩阿底峽尊者生於庚午年，五十七歲時從印度啟程，當年的歲末到達藏地，甲午年七十三歲圓寂，在藏地總共駐錫十七年。在這兩種說法之中，大多數人雖然以第一種說法為主，但在這《道次第》中所說的內容，則是順應第二種說法。尊者駐錫藏地十七年，將已經沒落的教軌重新建樹，僅存少許軌理的部分則加以弘揚，被錯誤認知的垢穢所染雜的部分則善加淨除，令大寶聖教遠離垢染。

[1]「語第二」 拉寺本無。　[2]「破除於法邪解」 拉寺本作「以法破除邪解」。
[3]「巴尊者駐藏十七載」 拉寺本、哲霍本皆未另標作者，依照凡例此文即連同前文讀作語註。雪本有刻版汙點似ㄣ。按，語註當中已先說明「於藏地駐十七載」，不應於下文立即重述，故應作巴註。又藏文讀法，應從ㄱ字以下作巴註。

註 釋

❶ 智光　主要籌畫阿底峽尊者入藏的藏王（公元965～1034），藏語ཡེ་ཤེས་འོད་（耶喜沃）義譯。為阿里古格王朝（མངའ་རིས་གུ་གེ）國王吉祥怙主（ཨི་བཀྲ་ཤིས་མགོན）的小王子。王在位時因看到祖傳文件而感傷，於是離世出家，法名天尊師長智光（ལྷ་བླ་མ་ཡེ་ཤེས་འོད），在阿里興建托林金殿（མཐོ་ལྡིང་གསེར་གྱི་ལྷ་ཁང）。曾派遣寶賢譯師（རིན་ཆེན་བཟང་པོ）等二十一位青年赴印學習佛法，但十九位客死他鄉，僅寶賢譯師和善慧譯師（ལེགས་པའི་ཤེས་རབ）學成返藏。智光又迎請班智達入藏校勘譯本、新譯經典、論議經義等，大力復興藏地佛法。後半生傾全國財力，派遣精進獅子赴印迎請阿底峽尊者，但未成功。智光為了全心全意再次籌備迎請尊者的供養金，因此交付王位，到處求金，卻遭突厥軍官囚禁入獄，並要求等身重的贖金，方可放人。而智光卻囑咐其姪菩提光，將贖金全數作為迎請尊者的供養金，最終於獄中逝世，世壽70。參見《東噶辭典》，頁2184；《師師相承傳》藏文冊上，頁252；中文頁193。

❷ 菩提光　迎請阿底峽尊者入藏的藏王（約11世紀），藏語བྱང་ཆུབ་འོད（絳秋沃）義譯。為智光的姪子，繼承叔父智光的遺願，一心致力迎請阿底峽尊者入藏。在尊者赴後藏期間，恭敬承事。因其勸請，尊者撰寫了著名的《菩提道炬論》，並授予許多傳承，成為尊者得意弟子之一。參見《東噶辭典》，頁2183；《師師相承傳》藏文冊上，頁284；中文頁222。

❸ 羅楪瓦賈精進獅子　協助那措譯師迎請阿底峽尊者入藏的譯師（約11世紀），藏語ལོ་ཙྪ་བ་རྒྱ་བརྩོན་འགྲུས་སེང་གེ（羅楪瓦賈尊珠森格）。有說松贊干布時迎請等身像之傑彌拉嘎（གྱད་མི་ལྷ་དགའ）、赤松德贊時的賈尚希（རྒྱ་སང་ཤེ）和跋色囊（སྦ་གསལ་སྣང）等西藏名士，皆是其遠祖。他在印度期間，曾幫助那措譯師拜見阿底峽尊者。公元1039或1040年間，迎請阿底峽尊者至尼泊爾時示寂。一生翻譯經典，不可勝數。羅楪瓦義為譯師，法尊法師原譯作「洛拶嚩」，今改譯作羅楪瓦。參見《東噶辭典》，頁649。，

❹ 阿里上部　西藏阿里西部地區名，藏語མངའ་རིས་སྟོད。大約相當於現今札達縣，阿底峽尊者入藏時期為古格王朝所統御的地區。法尊法師原譯作「哦日鐸」，依今通用譯法改譯。參見《藏漢大辭典》，頁683。

❺聶塘 西藏地名，藏語སྙེ་ཐང་音譯。位於拉薩西郊曲水縣，為阿底峽尊者示寂之地，種敦巴在此建有度母寺。參見《藏漢大辭典》，頁1011。

❻衛藏 西藏地區名，藏語དབུས་གཙང་音譯。「衛」為中央之意，指前藏，大約相當於現今拉薩市、山南地區和林芝地區西部；「藏」為江河流域之意，指後藏，大約相當於現今日喀則地區。參見《東噶辭典》，頁1553；《藏漢大辭典》，頁1947。

❼《甘丹法源史》 描述噶當、格魯祖師的史傳，全名《噶當新舊法源史》，福稱大師 (བསོད་ནམས་གྲགས་པ) 著，尚無漢譯。作者生於澤塘 (ཆེ་ཐང་)，幼時從福德吉祥大師 (བསོད་ནམས་བཀྲ་ཤིས) 受居士戒，賜名為福稱。在佛賢法王 (ཆོས་རྗེ་སངས་རྒྱས་བཟང་པོ) 及珍寶法賢大師 (རིན་ཆེན་ཆོས་བཟང) 座前出家受具足戒。隨後至色拉大乘洲 (སེ་ར་ཐེག་ཆེན་གླིང) 依止妙音義成具德大師 (འཇམ་དབྱངས་དོན་ཡོད་དཔལ་ལྡན་པ)，二十七年間廣大聞思顯密教法。31歲進入上密院 (རྒྱུད་སྟོད)，在大金剛持具法慧大師 (རྡོ་རྗེ་འཆང་ཆེན་པོ་ཆོས་ལྡན་བློ་གྲོས) 座下深入學習密法。後大金剛持具法慧大師病重時，囑咐大師住持此寺，於是此師34歲至47歲之間，大宏密法、守護善規，使上下密院的講修事業不分軒輊。47歲任哲蚌寺洛色林住持，其著作成為洛色林學派主要的教材。48歲任甘丹寺夏孜僧院 (དགའ་ལྡན་ཤར་རྩེ་གྲྭ་ཚང) 住持。52歲陞座為第十五任甘丹赤巴。58歲改任哲蚌寺住持，之後還擔任色拉寺、覺摩隆 (ཇོ་མོ་ལུང) 等諸多寺院住持。曾為三世嘉瓦仁波切受戒、傳法。公元1554年示寂，世壽77。大師著述甚多，其中《噶當新舊法源史》即是略述從阿底峽尊者至宗喀巴大師師徒之間噶當、格魯諸位大師的傳記。參見《福稱大師傳記》，頁1（天王海大師著，印度：夏孜圖書館，1999）。

❽壬午年 此處指公元982年。藏文直譯為「水馬年」，為藏曆一迴繞中的第十六年。

❾庚午年 此處指公元970年。藏文直譯為「金馬年」，為藏曆一迴繞中的第四年。

❿甲午年 此處指公元1054年。藏文直譯為「木馬年」，為藏曆一迴繞中的第二十八年。

阿底峽尊者生卒年異說

按照此處語王大師註所記載的那措譯師的說法,阿底峽尊者於庚午年出生,甲午年圓寂,享年七十三歲。但依藏曆的算法,以五行配上十二生肖,形成每六十年為一週期的迴繞年,每一迴繞年的第四年相當於庚午年,第二十八年相當於甲午年,除此之外在同一迴繞年中沒有第二個庚午年或甲午年。從這一個迴繞年的庚午年到同一迴繞年的甲午年,只經過二十四年,若是推算到下一個迴繞年的甲午年,則須經過八十四年,如此一來,則與阿底峽尊者住世七十三歲的說法相違。查《甘丹法源史》中記載那措譯師的說法,則是庚午年出生,壬午年圓寂,世壽七十三歲。壬午年相當於一迴繞年的第十六年。從這一迴繞年的庚午年,到同一迴繞年的壬午年,只過十二年;若是推算到下一個迴繞的壬午年,則須經過七十二年。由於藏曆中常以虛歲計算,今年十二月三十一日出生的嬰兒,到明年一月一日時,已經算兩歲,此說則非常合理。所以此處語王大師註中所載那措譯師說法之甲午年圓寂,有可能是壬午年圓寂的筆誤。

《四家合註》所列阿底峽尊者出生年的兩種說法,第一種是壬午年出生,第二種是那措譯師所言庚午年出生之說。第一種說法比較普遍,但是宗喀巴大師在《廣論》中顯然採納那措譯師的說法。那措譯師與尊者同時,並且長時擔任尊者的翻譯,他記錄的生卒年可能比較貼近事實。《廣論》於阿底峽尊者傳記最後寫到:「廣則應知出《廣傳》文」,大師所說的《廣傳》,即是從那措譯師傳下來的《阿底峽尊者廣傳》。

因此,根據那措譯師的說法,尊者出生的庚午年相當於公元幾年?關於這點有 970 年及 1030 年兩種說法。《四家合註》前文中引宗喀巴大師的話:「從阿底峽尊者至今已過三百一十年」,根據《宗喀巴大師廣傳》,這句話是宗喀巴大師 53 歲,也就是 1409 年的 12 月 3 日晚上,親見文殊菩薩後所說。依據克主傑尊者的解釋,那段話意指,三百一十年前阿底峽尊者在聶塘時,親見文殊、彌勒兩位菩薩討論法義,並將聖水賜予尊者。1409 年 12 月 3 日,文殊菩薩再次將聖水賜予宗喀巴大師,意思是在這三百一十年間還沒有能受持聖水的人,因此賜予大師聖水,也代表深見、廣行兩派傳承,匯集到宗喀巴大師心中。從 1409 年往前推算三百一十年,也就是 1099 年阿底峽

尊者在聶塘得到聖水。而尊者究竟是幾歲得到聖水，依據那措譯師的說法，是滿70歲時得到的。如果尊者在公元970年出生，從970年到1099年，已經過了一百多年，怎麼可能在70歲時得到聖水？但如果尊者是1030年出生，用虛歲算，尊者70歲也就是公元1099年時獲得聖水，再過三百一十年即1409年時宗喀巴大師獲得聖水。如此一來，那措譯師與《廣論》的說法及大師後來所寫的年數較吻合。

接下來討論《甘丹法源史》。根據《幻化寶籍》、《密輪遊記》、嚮夏哇 (གང་ཤར་བ་) 的《道次第備忘》等所說的壬午年，相當於公元幾年？關於這點有982年及1042年兩種說法，其中982年的說法比較普遍。《甘丹法源史》認為阿底峽尊者是66歲那年，也就是1047年獲得聖水，而前述宗喀巴大師所說：「從阿底峽尊者至今已過三百一十年」，則解釋為是指從阿底峽尊者得聖水，至宗喀巴大師出生，經歷三百一十年。從1047年往後推算三百一十年剛好是1357年，即宗喀巴大師的出生年。

總攝而言，宗喀巴大師所說「從阿底峽尊者至今已過三百一十年」，在《甘丹法源史》解釋為從尊者獲得聖水到宗喀巴大師出生，經過三百一十年。按照那措譯師所說的尊者生卒年，則理解為從尊者獲得聖水到宗喀巴大師獲得聖水，經過三百一十年。兩種說法都能解釋。

關於阿底峽駐錫藏地的年數，除了十一年及十七年兩種說法之外，五世班禪大師所著的《速疾道論》中說：「或有遊記中謂尊者駐藏地十三年。」此說與十一年的說法應是同一個依據，只是計算方式從尊者駐錫阿里開始計算。參見《五世班禪文集》，函3，頁133、134。

第二、滅除損害梵行及三學者：總之雪山聚❶中前弘聖教❷，謂吉祥靜命❸ 巴親教師菩提薩埵及悲瑪桑巴哇❹ 巴蓮花生，建聖教軌。然由支那和尚堪布❺，解了空性未達扼要，以是因緣，謗方便分❻，遮止一切作意思惟，損減[1]教法，為嘎瑪拉希拉❼

蓮花戒^[2]大阿闍黎善破滅已，決擇勝者所有密意，為恩極重。於後弘聖教❽，則有一類妄自矜為善巧智者及瑜伽師，由其倒執相續部義❾，於教根本清淨梵行作大損害，為此善士善為破除。復能殄滅諸邪執著，弘盛增廣無倒聖教，故其深恩普遍雪山一切眾生。

第二科、滅除對梵行以及戒定慧三學的損害：總體而言，在雪域西藏的聖教前弘期，親教師吉祥靜命菩薩，以及悲瑪桑巴哇——蓮花生大師共同建立了聖教的軌理。但由於支那堪布對空性並未透徹地理解，所以毀謗方便分，反對任何作意思惟，以致聖教衰敗。所幸嘎瑪拉希拉——蓮花戒大阿闍黎詳盡地駁斥這種惡見，並且抉擇佛陀的本懷，恩德至為深重。而在聖教後弘期，則有一些人，妄自認為是通曉五明的大學者以及瑜伽師，由於他們錯誤理解密續的內涵，因而對於聖教的根本——清淨梵行，造成極大損害，幸得這位善士阿底峽尊者善為破除。另外，又消滅了其他種種顛倒的執著，振興無誤的教法，所以尊者的深恩遍澤雪域一切眾生。

校勘

[1]「損減」 果芒本原作「翳障」(འགྲིབས)，哲霍本作「損減」(འགྲིབ)。按，འགྲིབས字藏文中無動詞義，故依哲霍本改之。 [2]「^巴蓮花戒」哲霍本作妙註。

註釋

❶ **雪山聚** 指西藏，因地勢高寒，山上長年覆雪，故名雪山聚，或稱雪域。

❷ **前弘聖教** 又稱前弘期佛教。從吐蕃王朝涅赤贊普 (གནའ་ཁྲི་བཙན་པོ) 肇端，經過松贊干布時開創，赤松德贊 (ཁྲི་སྲོང་སྡེ་བཙན) 時弘揚盛行，赤熱巴堅 (ཁྲི་རལ་པ་ཅན) 時改革文字，直至朗達瑪 (གླང་དར་མ) 滅法以前的藏傳佛教，稱為前弘期佛教。

❸ **吉祥靜命** 法尊法師原譯作「聖靜命」，今依藏文改譯。

❹ **悲瑪桑巴哇** 寧瑪派的開派祖師（約8世紀），梵語Padmasambhava (པདྨ་སོ་ འབ་ཝ) 音譯，義為蓮花生。有說是從蓮花中自然出生，有說是鄔仗那王種，而其傳記也有各派說法。此師幼年即精通大小明處及占相等，依止達布支大等八位上師學法，獲得八種共通成就。後至法苗寺佛智阿闍黎 (Buddhajñāna) 座前剃度受戒、聽聞四部瑜伽等甚深教授，並前往邦伽羅的巴拿札巴城北方，名叫邦系的森林中專修密行，獲得殊勝成就，現證無死金剛身。此後雲遊印度、尼泊爾各地，以神通降伏外道，以密咒調伏惡鬼，大弘佛法。後應藏王赤松德贊迎請，赴藏地降魔建寺，最具代表性的就是興建桑耶寺。在藏地廣弘佛教的恩澤，流傳至今，利益無數有情。法尊法師原譯作「蓮花生」，藏文依梵音作「悲瑪桑巴哇」，為配合箋註，故改譯。參見《東噶辭典》，頁2112。

❺ **支那和尚堪布** 倡導頓門學說的漢僧（約8世紀），又名和尚摩訶衍那，義為大乘和尚。此師起先追隨禪宗祖師學禪，公元786年應邀至西藏，宣揚一切分別皆是顛倒執取，無善、無惡、無想、無行，一切皆無的見解，成為當時西藏佛教的主流思想。藏王赤松德贊依循靜命論師的遺旨，派人前往印度迎請蓮花戒論師 (Kamalasila) 與其辯論。公元792年起，為期三年的論辯，最終此師論敗，於是藏王禁止流傳其學說，並於公元796年被遣返大唐。參見《東噶辭典》，頁2174；《藏漢大辭典》，頁3074。

❻ **謗方便分** 成佛的方法分為智慧、方便兩部分，證悟空性等是智慧分，布施持戒等屬於方便分。支那堪布主張：布施、持戒等方便分是佛陀為尚未證得空性的人宣說；證悟空性以後，就無需再修習布施、持戒，只要修習空性，全不作意，就能成佛。此種說法即毀謗方便分。

❼ **嘎瑪拉希拉** 西藏前弘期重整藏地佛教的大班智達（約公元740～795），梵

語Kamalasila（ཀ་མ་ལ་ཤི་ལ་）音譯，義為蓮花戒。於靜命論師座下聽受教義，成為瑜伽行中觀自續派的大班智達。應藏王赤松德贊之邀入藏，破斥支那堪布所宣傳的見解，並針對赤松德贊所提出關於見地、修持、果位三大類的問題，著《修習次第》初、中、後三篇，世稱《修次三篇》。又有《中觀光明論》等著作。法尊法師原譯作「蓮花戒」，藏文原文係梵語，為配合箋註，故改譯。參見《東噶辭典》，頁10；《藏漢大辭典》，頁5。

❽ **後弘聖教** 又稱後弘期佛教。朗達瑪滅法後再次恢復的藏傳佛教稱為後弘期佛教。此期佛教的開始年代有種種說法，布敦大師認為應從公元973年善顯密意大師（བླ་ཆེན་དགོངས་པ་རབ་གསལ་）受比丘戒之年起算；種敦巴尊者則認為從公元978年魯昧戒慧（ཀླུ་མེས་ཚུལ་ཁྲིམས་ཤེས་རབ་）等十人依善顯密意大師受比丘戒之年起算；另外還分別有從寶賢譯師新譯密法，及菩提光王自印度迎請慧護、德護、善護三位大德來藏弘律之時起算等說。

❾ **相續部義** 指密續的內涵。相續，此處特指密法的教典。密法中將所淨化基、能淨化道、淨化之果依次命名為基續、道續、果續，基道果三個階段相續不斷，故名為續。由於密法的教典詮釋基續、道續及果續，所以也稱為相續或密續。

支那和尚與禪宗

本段所提到的支那和尚，在漢文某些記載中稱為摩訶衍那。關於支那和尚與蓮花戒論師的辯論，西藏史稱作「頓漸之爭」。這段歷史，無論是漢地典籍還是藏地典籍中都有記載。支那和尚主張頓悟，強調證悟空性後，不需要修習布施、持戒等方便分，只要全不作意，就是觀修空性，依此就能成佛。蓮花戒論師則主張，想要成佛，不可偏廢智慧、方便任何一分，更不能認為全不作意就是觀修空性。關於其中見解差異，可參閱本論卷10〈上士道學菩薩行〉部分，宗喀巴大師對於雙方的見解，有非常仔細的抉擇。

關於「頓漸之爭」究竟誰勝誰負，有兩種不同的說法。藏地所有相關典籍，都記載蓮

花戒論師在辯論中最後獲得勝利，支那和尚敗負，藏王令其離開藏地，並禁止他的見解在西藏傳播。還通令全藏，從此以後要以龍猛菩薩的見解為宗規，若依循支那和尚的見解，一定依法治罪。但1900年敦煌藏經洞出土的漢文寫卷《大乘頓悟正理決》的記載剛好相反，提到支那和尚在辯論中將漸悟派辯得啞口無言。這兩種說法，前者非常普遍。如果支那和尚當時真的大獲全勝，藏王怎麼會下令要他離開西藏，並禁止他的見解在西藏流傳？所以後一說法，或容再考。

許多藏地論典破斥摩訶衍那的見解時，都稱他為支那堪布、支那和尚，翻成白話即指中國和尚。很多人便認為所有中國僧人都支持這種見解，實際上這種想法是錯誤的。《土觀宗派源流》說：「和尚摩訶衍那雖是宗門，但他的主張與宗門的見解不盡相同。宗門認為不被出離心、菩提心所攝的善及不善業，雖會分別感生快樂及苦果，但都不能成為解脫及一切遍智的因；和尚摩訶衍那並未作此區別，認為好壞兩種分別都是繫縛。修習宗門見解的口訣中，雖然也有不作、不思的話語，但這是特指現證空性者的境界；摩訶衍那卻認為，初業行者只要不作意就能解脫。所以不能因為一個和尚的說法有誤，就認為所有和尚的見解都錯了。」

這段文所說的宗門，即指禪宗。支那和尚雖是禪宗的和尚，但他的見解並不能代表正統禪宗的見解。不過，此雖非禪宗正統的見解，然確為宗門中常見的錯誤，如《六祖壇經》中說：「有僧舉臥輪禪師偈曰：『臥輪有伎倆，能斷百思想，對境心不起，菩提日日長。』師聞之，曰：『此偈未明心地，若依而行之，是加繫縛。』因示一偈曰：『惠能沒伎倆，不斷百思想，對境心數起，菩提作麼長。』」永明延壽禪師所著《萬善同歸集》中亦以問答的方式破斥這種說法。《章嘉國師若比多傑傳》中也記載到：「各地有不少學法的和尚歷經艱辛前來章嘉身前頂禮，章嘉活佛按照和尚們的意願，開始一次傳授中觀見地，使不少人得到證悟。我曾問章嘉活佛：『和尚們的見地如何？』他回答說：『從前，跟隨龍樹師徒的幾名班智達從印度來到漢地，而漢地的幾個和尚也去過印度禮足中觀派的學者大德，正是他們使中觀見地在漢地略有弘傳，但繼承和發揚者不多。有一漢語稱為達摩祖師的阿闍黎來到漢地，講說見地的安立廣為弘傳，有些人說這個大師即是帕丹巴桑傑。總而言之，這種觀點的本質同西藏希解派的觀點是一脈相承。現在漢地普遍盛行的見地和唯識派的觀點極其相似。曾經在西藏出現過的和尚摩訶衍那的信奉者，而今在漢地連一個也沒有了。西藏人不明真相，將所有和尚的觀

點（內地佛教）同摩訶衍那的觀點混為一談，以致於一見就憎恨起來。』」參見《土觀宗派源流》，頁439（土觀・羅桑却季尼瑪造，劉立千譯，台北：福智之聲出版社，1994）；《大正藏》冊48，頁358、958；《章嘉國師若比多傑傳》，頁50（陳慶英、馬連龍譯，北京：中國藏學出版社，2007）。

^妙**第三、辨識造論圓滿三因**：如是造論光顯能仁所有密意，復有三種圓滿勝因，謂^一善所知五種明處❶及^二具教授，謂從正遍知輾轉傳來，於其中間善士未斷，修持彼義扼要教授；^三並得謁見本尊天顏，獲言開許。此等隨一雖能造論，然三齊具極為圓滿，此大阿闍黎三皆備具。

^妙**第四、開示由具此三因故，堪能抉擇勝者密意，分三：第一、為本尊所攝受者**[1]：其為本尊所攝受者，如《讚》云❷：「勝歡喜金剛❸、〔^巴立三三昧耶王❹，^語屬事部❺之能仁，結說法印，即今《修法大海》等論所載者是。三三昧耶者，謂身語意；或指不臥於床、不飲酒、不食似手印三者。〕彼能仁及[2]雄猛世自在❻^巴觀世音[3]、主尊度母❼等^巴即勝樂輪❽、不動尊❾共六尊，謁顏得許故，或夢或現前，常聞最甚深，及廣大正法。」

第三科、認識著作論典的三種圓滿條件：而要著作開顯佛陀意旨的論著，又有三種圓滿條件：第一是精通五種明處；第二是具足教授，也就是得到從正遍知的佛陀，經過歷代大德依序傳來，傳承不曾間斷的修持內涵扼要教授；第三是親見本尊現身，獲得本尊的親口開許。只要具備這幾種條件當中任何一項，就能夠著作論典；如果三種都具備的話，是最為圓滿的，而這位大阿闍黎完全齊備這三種條件。

第四科、說明尊者由於具足這三個條件，所以能夠抉擇佛陀的真實意旨，分為三科：第一科、得到本尊的攝受：得到本尊攝受的情形，如《讚》中說：「尊者親見具德歡喜金剛、〔立三三昧耶王佛，這是屬於密續事部的能仁，手結說法印，即現今《修法大海》等中所記載的那位本尊。三種三昧耶，是指身、語、意；或者是指不臥於床、不飲酒、不食用像手印的食物三者。〕那位能仁及**雄猛世自在**觀世音、主尊度母等——即勝樂輪、不動尊，共六位本尊，得到他們的開許。所以無論是在夢裡，或是在真實情境中，尊者都能持續聽聞甚深及廣大的正法。」

[1]「🔹第四、開示由具此三因故，……本尊所攝受者」拉寺本作「🔹第四分三：第一、本尊所攝受者」。 [2]「彼能仁及」拉寺本無。 [3]「🔹觀世音」哲霍本無「🔹」。

❶**五種明處** 工巧明、醫方明、聲明、因明及內明。
❷**如《讚》云** 引文見《噶當箴言集》，頁30。
❸**歡喜金剛** 無上瑜伽部的母續本尊之一。見《東噶辭典》，頁105；《藏漢大辭

典》，頁36。

❹立三三昧耶王　密續四部中事部本尊之一，梵語Trisamayavyuharaja及藏
語དམ་ཚིག་གསུམ་བཀོད་པའི་རྒྱལ་པོ（當次松貴貝給波）的義譯。參見《東噶辭典》，頁
1084；《藏漢大辭典》，頁1248。

❺事部　密續四部之第一部。主要透過沐浴、清潔等外在行為修持密法，所以稱
為事部。

❻雄猛世自在　即觀世音，梵語Lokesvara及藏語དབང་པོ་འཇིག་རྟེན་དབང་ཕྱུག（巴窩
吉登旺秋）的義譯，又名普陀主、世間主、世間自在、大悲尊、蓮花手等。為導
師世尊的八大近侍佛子之一，是三世諸佛大悲的代表。參見《東噶辭典》，頁
1316；《藏漢大辭典》，頁1674。

❼度母　佛教的本尊之一，梵語Tārā及藏語སྒྲོལ་མ（卓瑪）的義譯。有一說是諸
佛的佛母，主要以白度母和綠度母二尊為代表。參見《東噶辭典》，頁743；
《藏漢大辭典》，頁625。

❽勝樂輪　無上瑜伽部的母續本尊之一，梵語Heruka及藏語བདེར་ལོ་བའི་མཆོག
（闊羅得秋）的義譯，又名勝樂、黑茹迦。參見《東噶辭典》，頁1135；《藏漢大
辭典》，頁319。

❾不動尊　此處特指阿底峽尊者的不共護法之一，梵語AcalaNatha及藏語མི་
གཡོ་བ（彌佑瓦）的義譯。依據如月格西解釋，此是密續下三部一面二臂的護
法，非指無上密十忿怒明王中的不動明王。尊者前往拜見金洲大師途中，遇到
災障都是由於祂護持而順利度過。

𝄞第二、傳承無間斷之理者：師傳承中，有所共乘❶及其大乘
二種傳承。後中分二，謂度彼岸及秘密咒。度彼岸中復有二種
傳承：謂見傳承及行傳承；其行傳承復有從慈尊傳及妙音傳，
凡三傳承❷。於密咒中亦復具足𝄢一切密咒傳承❸、密集❹傳承、母續❺傳

承、事部及瑜伽傳承❻、閻摩敵❼傳承[1]五派傳承❽，復具宗派傳承❾、加持傳承，及其種種教授傳承等諸多傳承❿。親從聞學諸尊長者，如《讚》云⓫：「恆親近尊重，響底巴⓬ ㊣寂靜、金洲㊣法稱、跋陀羅菩提⓭ ㊣覺賢，及迦那師利⓮ ㊣智吉祥，多得成就者。尊又特具足，從龍猛輾轉，傳來最甚深，及廣大教授。」說有十二得成就師⓯，然餘尚多。㊙第三、善巧五種明處前已說訖者：善巧五種明處者，前已說訖。是故此阿闍黎能善決擇勝者密意。

第二科、傳承沒有間斷的情形：尊者的師承中，有共通乘小乘以及大乘兩種傳承。大乘的傳承又分顯教度彼岸乘及密咒乘兩種傳承。度彼岸乘中又有兩種傳承，即見傳承和行傳承。尊者的行傳承又有從彌勒所傳來，以及從文殊所傳來的傳承，共有三種傳承。在密咒乘中，又具足一切密咒的傳承、密集的傳承、母續的傳承、事部及瑜伽部的傳承、閻摩敵的傳承，共五派傳承。另外尊者還具足宗派的傳承、加持的傳承，以及種種教授的傳承等許多傳承。尊者親炙聞法的上師，如《讚》中說：「尊者長時依止的師長，有響底巴──寂靜、金洲法稱、跋陀羅菩提──覺賢，及迦那師利──智吉祥等許多得到成就的大德。特別是您還具足從龍猛輾轉傳來的甚深和廣大的教授。」相傳尊者有十二位得到成就的師長，此外還有許多其他師長。**第三科、尊者善巧五種明處，前文即已說明**：尊者善巧五種明處的情形，前文已經說明過了。所以這位阿闍黎能夠周密抉擇佛陀的意旨。

[1]「巴一切密咒傳承……閻摩敵傳承」 拉寺本無，哲霍本無「巴」。

❶ **所共乘** 大小乘的共通乘。一般指相續中生起大乘道或小乘道都必須先修習的意樂，譬如皈依、出離心等。而善慧摩尼大師認為，此處所共乘的傳承指聲聞四部等小乘傳承。

❷ **凡三傳承** 法尊法師原譯無此句，今據藏文補譯。

❸ **一切密咒傳承** 此處特指咒語的傳承，包含顯教、密教、內外道種種咒語的傳承。

❹ **密集** 無上瑜伽部一本尊名，梵語Guhyasamaja及藏語གསང་འདུས（桑度）的義譯。

❺ **母續** 無上瑜伽部中分為父續、母續兩類：父續主要闡釋密法中的方便分；母續主要闡釋密法中的智慧分。

❻ **瑜伽傳承** 四部密續的傳承之一。瑜伽部是四部密續中第三部，此部修習密法時，以內在瑜伽為主，尚非最殊勝的密法，所以稱為瑜伽部，此部的傳承即是瑜伽傳承。

❼ **閻摩敵** 無上瑜伽部一本尊名，梵語Yamantaka及藏語གཤིན་རྗེ་གཤེད（辛傑謝）的義譯。至尊文殊化現的忿怒相本尊。參見《東噶辭典》，頁2034；《藏漢大辭典》，頁2874。

❽ **於密咒中亦復具足五派傳承** 法尊法師原譯作「於密咒中亦復具足傳承非一，謂五派傳承」，今依藏文改譯。

❾ **宗派傳承** 泛指各種內外道宗義的傳承。

❿ **及其種種教授傳承等諸多傳承** 法尊法師原譯作「及其種種教授傳承等」，無「諸多傳承」一詞，今據藏文補譯。

⓫ **如《讚》云** 引文見《噶當箴言集》，頁29。

⓬ **響底巴** 阿底峽尊者的上師之一（生卒年不詳），梵語Santipa（ཤནྟི་པ）音譯，義為寂靜，又名寶作寂、寶源寂靜（Ratnākaraśānti · རིན་ཆེན་འབྱུང་གནས་ཞི་བ）。為婆羅門種姓，在摩羯陀國提婆波羅國王（Devapavla）執政時，入佛門出家，博通五明，德名遍揚。曾應斯里蘭卡（Srilanka）王迎請至該國。當時的大臣、百姓聽到此師乘船將至，便在海邊等待七天，並將海邊到國內的路途徹底清掃，沿路旗幟飄揚，國王也做了廣大供養。此師百歲時，其弟子多希巴大師（Kotalipa）十二年間勤修無分別法，獲得大手印的成就，安住在原始法性中。帝釋天等想迎請他到三十三天，多希巴大師說：「我要去禮拜上師響底巴大師，就算如今我已成佛，上師的恩德依然浩瀚無盡。」即以神通剎那間來到需六個月路程的衛帳系拉晉見響底巴大師，並將所得一切無分別教授等，供養響底巴大師，響底巴大師修習十二年後也獲得了大手印的成就。「響底巴」，法尊法師原譯作「寂靜」，藏文原文係梵語，為配合箋註，故改譯。參見《貢德大辭典》冊4，頁288。

⓭ **跋陀羅菩提** 阿底峽尊者的上師之一，梵語Bhadrabodhi（བྷ་ད་བོ་དྷི）音譯，義為覺賢。生卒事蹟不詳。慧海大師說：阿底峽尊者於此師座下，聽聞一切宗義各派的說法。法尊法師原譯作「覺賢」，藏文原文係梵語，為配合箋註，故改譯。參見《夏日東文集》冊1，頁58。

⓮ **迦那師利** 阿底峽尊者的上師之一（約9世紀），梵語Jnanasri（ཛྙཱན་ཤྲཱི）音譯，義為智吉祥。生卒事蹟不詳。法尊法師原譯作「吉祥智」，藏文原文係梵語，為配合箋註，故改譯。

⓯ **十二得成就師** 上師阿哇都帝、闍摩敵瑜伽師、種比跋，這三位稱為三瑜伽師。勸請尊者出家的瑜伽母、度母所授記的瑜伽母及迦那師利所授記的瑜伽母，這三位稱為三瑜伽母。加上獲得神通的菩提賢、哲達里（Jetari）、法鎧三位上師、傳授金剛瑜伽母加持的瑜伽母、指示往金剛座道路的瑜伽母及開示遺教的瑜伽母，總共十二位。參見《噶當父法》，頁80。

^妙第五、殊勝弟子，分二：第一、印度、阿里、西藏三地弟子者^[1]：此阿闍黎於五印度、迦溼彌羅❶、〔^巴鄔智_{依雅那音變為}鄔僅，^巴飛行國。〕、尼泊爾、藏中諸地，所有弟子不可思數。然主要者印度有四，謂與依怙智慧平等大〔班智達❷，^巴通五明者。〕，號毘柁跋^[2]❸，及達摩阿嘎惹瑪帝❹_{法生慧、中獅、地藏}❺，或復加入友密為五。阿里則有寶賢〔譯師❻，^巴羅嘎紮克有，意為世間眼，略作羅紮瓦。〕、那措譯師、天尊重菩提光；後藏則有迦格瓦❼及廓枯巴天生❽；羅札❾則有卡巴勝位❿及善護；康⓫地則有大瑜伽師⓬、阿蘭若師、智慧金剛⓭、卡達敦巴⓮；中藏則有枯、俄、種三⓯。

^妙第二、最勝弟子：是等之中，能廣師尊所有法業大持承者，厥為度母親授記莂⓰，種敦巴勝生是也。造者殊勝略說如是，廣則應知出廣傳文。

第五科、介紹傑出的弟子，分為二科：第一科、印度、阿里、西藏三地的弟子：這位阿闍黎在五印度、迦溼彌羅、〔鄔智_{依雅那音變為}鄔僅，即飛行國。〕、尼泊爾、藏中各地的弟子不可勝數。但最主要的，在印度有四位，是與依怙尊阿底峽智慧平等的大〔班智達，通達五明者。〕毘柁跋、達摩阿嘎惹瑪帝——法生慧、中獅、地藏，或者加上友密，共為五大善巧師。阿里地區則有寶賢〔譯師，梵語為羅嘎紮克有，意為世間眼，省略後為羅紮瓦。〕、那措譯師、天尊重菩提光；後藏地區則有迦格瓦及廓枯巴天生；羅札地區則

有卡巴勝位及善護；康地則有大瑜伽師、阿蘭若師、智慧金剛、卡達敦巴；中藏地區則有枯敦、俄善慧譯師、種敦巴大師三位。**第二科、最殊勝的弟子**：在這些弟子之中，能夠廣弘尊者的法業，最主要承接傳承的弟子，即是度母親自授記的種敦巴勝生。造者殊勝的部分就略述到此，若想進一步了解詳情，則應參閱廣傳。

[1]「第一、印度、阿里、西藏三地弟子者」 拉寺本中無「第一」。　[2]「大〔班智達，^巴通五明者。〕，號毘柁跋」 拉寺本作「大〔班智達^巴 義譯為通五明者。〕，號毘柁跋」。

❶ **迦溼彌羅**　北印度古國名，梵語Kashmir音譯，昔多作迦濕彌羅，即今喀什米爾。古時毘婆沙宗大興此地，後因回教徒入侵，佛教逐漸衰微，現今盛行伊斯蘭教。

❷ **大班智達**　法尊法師原譯作「大善巧師」，為配合箋註，故改譯。

❸ **毘柁跋**　阿底峽尊者在印度的大弟子之一（約11世紀），梵語Bitopa (པི་ཏོ་པ)音譯，又名毘柁瓦。依慧海大師解釋，此梵語義為五明者，因此師通曉五明而得名。又有說為梵語Pindapata (པི་ཎྜ་པ) 的變音，義為乞食。參見《夏日東文集》冊1，頁58。

❹ **達摩阿嘎惹瑪帝**　阿底峽尊者在印度的大弟子之一（約11世紀），梵語Dharmakaramati (དྷརྨ་ཨཱ་ཀ་ར་མ་ཏི) 音譯，義為法生慧。法尊法師原譯作「法生慧」，藏文原文係梵語，為配合箋註，故改譯。

❺ **地藏**　阿底峽尊者門徒中大班智達（約11世紀），藏語ས་ཡི་སྙིང་པོ (薩依寧波) 的義譯。未遇尊者之前通學內外道教義，認為內外道一樣，所以有時入外道，有時又自稱自己為內道徒；直到尊者為他善巧分辨內外道的差別，遂對尊者生起

信心，並拜尊者為師，成為印度能辨別內外道四大師之一。之後曾隨尊者赴金洲拜見金洲大師學法。參見《阿底峽尊者傳》，頁24。（法尊法師譯，台北：福智之聲出版社，2009）。

❻**寶賢譯師** 西藏大譯師之一（公元958～1055），藏語ལོ་ཙཱ་བ་རིན་ཆེན་བཟང་པོ（羅檠瓦仁欽桑波）義譯。13歲出家，奉藏王之命到喀什米爾依止七十五位班智達學習翻譯，譯出許多經論。回國後藏王供出補讓協地區（པུ་རངས་ཞེར），為其建寺，請師宣說顯密教法。85歲值遇阿底峽尊者，將所譯的經論請尊者校正，並譯出尊者所著的《誓言攝要》。又供養尊者黃金七兩等，求受勝樂灌頂及生圓二次第教授，依此教授專修後獲得成就。主要弟子有精進幢（བརྩོན་འགྲུས་རྒྱལ་མཚན）等。參見《師師相承傳》藏文冊上，頁281；中文頁218。

❼**迦格瓦** 阿底峽尊者的居士弟子（約11世紀），藏語འགར་དགེ་བ音譯。曾到芒域（མང་ཡུལ）迎請尊者，經尊者的教導而通達密法。因其向尊者求受歡喜金剛、勝樂金剛等法門，現今才有阿底峽尊者在歡喜金剛、勝樂金剛方面的著述。參見《師師相承傳》藏文冊上，頁287；中文頁227。

❽**廓枯巴天生** 阿底峽尊者的後藏弟子（約11世紀），藏語འགོས་ཁུག་པ་ལྷས་བཙས（廓枯巴黑澤）。出生於達那普庫巴（ཏ་ནག་ཕུའི་ཁུག་པ）的廓族，曾赴印度依止阿底峽尊者等七十二位上師。此師主要聽受密集金剛的法門，翻譯許多經論，並且校對《密集根本續》及其釋論，回藏後大弘密集法門。後世布敦大師、宗喀巴大師一系都遵從此師宗規，廣為弘傳，至今不衰。參見《師師相承傳》藏文冊上，頁285；中文頁223。

❾**羅札** 西藏縣名，藏語ལྷོ་བྲག音譯，又名洛札。位於西藏自治區羊卓雍湖（ཡར་འབྲོག་གཡུ་མཚོ）之南。參見《藏漢大辭典》，頁3110。

❿**卡巴勝位** 阿底峽尊者座下四大瑜伽師之一（約11世紀），藏語ཁུག་པ་ལྷ་ཆོས（卡巴赤秋）。出生於洛札，依止阿底峽尊者五年，聆聽許多教授，特別熟練對法。尊者示寂後依止種敦巴尊者。一生遵循阿底峽尊者的教誡，棄捨現世離世專修，親見許多本尊，獲得禪定。示寂於熱振寺，世壽42。參見《師師相承傳》藏文冊上，頁288；中文頁228。

⓫**康** 西藏衛、藏、康三區中的康區，藏語ཁམས音譯。位於西藏東方。其中分為上、下二部，靠近青海地域為康區上部，桑昂確縣（གསང་སྔགས་ཆོས་རྫོང）東行至

滇西一帶名康區下部。參見《東噶辭典》，頁301；《藏漢大辭典》，頁223、225、226。

❷ **大瑜伽師**　阿底峽尊者座下四大瑜伽師之一（公元1015～1078），藏語ནག་འཚོར་པ་ཆེན་པོ་（內玖巴欽波）義譯，本名菩提寶（絳秋仁欽·བྱང་ཆུབ་རིན་ཆེན）。出生於安多，年幼出家，在阿底峽尊者座下聽法，長時隨侍尊者。尊者示寂後奉師教依止種敦巴大師，常駐熱振寺。種敦巴大師示寂後由此師住持熱振寺十三年之久，期間擴建寺院，培育僧才。主要弟子有堆隆巴（སྟོད་ལུང་པ）等。參見《師師相承傳》藏文冊上，頁291；中文頁231。

❸ **智慧金剛**　阿底峽尊者座下四大瑜伽師之一（約11世紀），藏語ཤེས་རབ་རྡོ་རྗེ（協饒多傑）義譯。依止阿底峽尊者三年，聽受許多教誨，精通各派宗義，親見觀世音菩薩，心中懷有真實的菩提心。阿底峽尊者示寂後，常駐桑樸（གསང་ཕུ）一心專修，後示寂於此。弟子有懂哦瓦。參見《師師相承傳》藏文冊上，頁293；中文頁233。

❹ **卡達敦巴**　阿底峽尊者的弟子（約11世紀），藏語ཁུག་དར་སྟོན་པ音譯。此師通達尊者所傳的許多教授，特別熟練波羅蜜多教義。阿底峽尊者示寂後，赴熱振寺依止種敦巴，而博朵瓦、懂哦瓦、樸窮瓦三昆仲也以他為師。後於康區大弘佛法。參見《師師相承傳》藏文冊上，頁293；中文頁234。

❺ **枯俄種三**　指枯敦、俄善慧譯師、種敦巴三人，皆阿底峽尊者在前藏的主要弟子。枯敦（ཁུ་སྟོན，公元1011～1075），本名精進堅固（尊珠雍仲·བརྩོན་འགྲུས་གཡུང་དྲུང）。曾向覺窩色尊（ཇོ་བོ་སེ་བཙུན）聽受許多教法，也在迦彌功德堅固（གར་མི་ཡོན་ཏན་གཡུང་དྲུང）座前學習對法。後長時依止阿底峽尊者，聽受許多教授，特別精通波羅蜜多及閻摩敵的法門，世壽65。俄善慧譯師（俄勒貝協饒·རྔོག་ལེགས་པའི་ཤེས་རབ，約11世紀），又名桑樸瓦（གསང་ཕུ་བ）。於智慧功德（ཡེ་ཤེས་ཡོན་ཏན）座前出家，之後到康區，在覺窩色尊座前聽受經論教義。後至芒域（མང་ཡུལ）迎請阿底峽尊者，並依止阿底峽尊者十年之久，通達許多法門，尤為精通中觀正見。後依阿底峽尊者授記，在桑樸建寺弘法利生，此師為《噶當寶籍》的傳人。參見《師師相承傳》藏文冊上，頁294；中文頁235。

❻ **度母親授記莂**　度母曾授記阿底峽尊者：「覺窩，你到西藏的話，會有一位優婆塞依止你，將對聖教、有情有極大的利益。」參見《大善巧成就自在察雅至

尊洛桑諾布吉祥賢文集》冊2，頁74（洛桑諾布著，台北：佛陀教育基金
會，2007。以下簡稱《洛桑諾布文集》）。

道前基礎
法殊勝

^妙**第二、顯示法殊勝中，**^妙**分三：第一、辨識法者**^[1]：法者，此教授基論，謂《菩提道炬》。^妙**第二、宣說具有圓滿、易於受持、派軌殊勝三法：**依怙所造雖有多論，然如根本極圓滿者，厥為《道炬》。具攝經咒所有樞要而開示故，所詮圓滿；調心次第為最勝故❶，易於受持；又以善巧二大車軌二師教授而莊嚴故，勝出餘軌。^語二師者，謂善巧無著派之金洲，及善巧龍樹派之小明了杜鵑❷，如《道次第傳承上師祈請文》❸ 中所說，為覺窩阿底峽之親傳上師。雖有說是阿哇都帝巴及金洲二師，然師云：德哇尖巴❹ 及喇嘛一切遍智❺ 二師，俱許前說。

語 譯

第二科、說明法的殊勝之處，分為三科：第一科、認識此處的法為何：此處所說的「法」，是指這個教授的根本論典，即《菩提道炬論》。**第二科、說明本論具有圓滿、容易受持、宗規超勝三種特色：**依怙阿底峽尊者雖然著作了許多論典，但這當中，如同根本且最為圓滿的論著，就是《道炬論》。因為這本論典總攝顯、密教法的扼要而作開示，所以詮說的內容圓滿；以調心次第為主，因此容易受持；又以精通二大車軌的兩位上師的教授作為莊嚴，所以超勝於其他的傳承法脈。上師說：兩位上師指的是通達無著廣行派的金洲大師，以及通達龍樹深見派的小明了杜鵑，就如《道次第傳承上師祈請文》中所說，這兩位都是阿底峽尊者的親傳上師。雖然也有人說這兩位上師分別是指阿哇都帝巴及金洲大師，但是上師說，德哇尖巴及一切遍智上師，都承許前一種說法。

[1]「妙分三：第一、辨識法者」 拉寺本無「第一」。

❶ **調心次第為最勝故** 藏文原意為「以調心次第為主」。

❷ **小明了杜鵑** 阿底峽尊者深見派傳承的上師之一（約10世紀），梵語 Vidyakokila及藏語རིག་པའི་ཁུག་རྟ་བ（日貝庫毽穹瓦）的義譯。依止大明了杜鵑，聽受龍樹菩薩所傳的顯密全圓教授，後於寂靜處一心專修，獲得廣大神通並證得高量果位。對尋求解脫的具緣弟子皆慈悲攝受，特別是將龍樹菩薩所傳的一切教授，完全傳授給阿底峽尊者。參見《師師相承傳》藏文冊上，頁223；中文頁171。

❸ **《道次第傳承上師祈請文》** 格魯派重要的祈請文之一，全名《道次第傳承上師祈請文·開勝道門》，共19偈，宗喀巴大師造。文中以優美的言詞，禮讚道次第傳承祖師最主要的功德事蹟並祈請加持。現今通行的格魯派《道次第傳承上師祈請文》，都是以這篇為基礎，依著各自的師承而加以補充。

❹ **德哇尖巴** 義為極樂世界者（བདེ་བ་ཅན་པ）。德哇尖為一寺名，其寺著名的上師皆有可能稱為德哇尖巴。又，二十一任甘丹赤巴沃卡夏孜妙善吉祥賢（ཨོལ་ཁ་གཤ་རྗེ་དགེ་ལེགས་དཔལ་བཟང）別名德哇尖巴。而在大悲觀音法流的傳承祖師中，亦有名德哇尖巴者：此師出生於安多，7歲出家，15歲廣學《現觀》和戒律，以藥師佛及度母作為主要依止的本尊，並遵從度母的授記，依止吉堆瓦大師，請受十一面觀音的法門，立誓修五千次觀音齋戒法，至第三百次時得到觀音菩薩的感應加持。從此大師白天說法，晚上到大悲觀音面前聽受法要，因此現證觀一切法平等三摩地。後依著一心嚮往極樂世界的願力，以希有的徵兆遷化至普陀山。參見《永津班智達智幢文集》冊9，頁108（永津智幢著，尼泊爾：Mahayana Buddhist Society Dhanchl Thall G.P.O.）。

❺ **喇嘛一切遍智** 尚不清楚確指何人。

小明了杜鵑與阿哇都帝是否同一人

小明了杜鵑與阿哇都帝是否同一人？從《四家合註》來看似乎是不同人。在《噶當父法》中提及深見的傳承中有大小阿哇都帝二位。而《師師相承傳》引用《噶當父法》另一偈，證明大阿哇都帝即是小明了杜鵑。因此《四家合註》所提及的阿哇都帝，是否就是小阿哇都帝，還是另一位？尚需進一步探索。參見《噶當父法》，頁71；《師師相承傳》藏文冊上，頁221；中文頁171。

^妙**第三、宣說具足四種殊勝：此論教授殊勝，分四：^一通達一切聖教無違殊勝；^二一切聖言現為教授殊勝；^三^巴少勞即易於獲得勝者密意殊勝；^四極大罪行^巴謗法之業自趣消滅殊勝。今初^妙分八：第一、辨識聖教者：**

^巴此法若具通達一切聖教無違殊勝，則夫聖教為何？通達無違之理又為何耶？**聖教者，如^巴觀音禁行^❶論師所造清辨^❷論師《中論》^❸註──《般若燈》^❹之《廣釋》中云^❺：「言聖教者，謂無倒顯示，諸欲證得**〔**甘露，^巴梵音阿彌達，意謂無死。**〕**無死無住涅槃勝位^巴或得解脫，〔堪為修法之所依身，故云若人若天。〕，所應遍知^巴苦、所應斷除^巴集、所應現證^巴滅、所應修行^巴道之理，即薄伽梵所說至言。」謂盡^巴以此所表勝者所有善說^❻。**

第三科、宣說這部論具足四種殊勝：此論教授的殊勝，分為四科：
一、能夠通達一切聖教互不相違的殊勝；二、能將所有聖言現為修行教授的殊勝；三、少許辛勞就能輕易地獲得佛陀意旨的殊勝；四、極大的惡行將會自行息滅——謗法的惡業——的殊勝。第一科分為八科：第一科、認識什麼是聖教：

如果這部論具有能夠通達一切聖教互不相違的殊勝，那麼所謂「聖教」是指什麼？通達聖教互不相違的道理又是什麼呢？所謂聖教，如觀音禁行論師撰寫了清辨論師所作《中論》註——《般若燈論》的《廣釋》，其中提到：「所謂聖教，是指無誤地開示想要證得無死無住涅槃的〔甘露，梵音為阿彌達，意謂無死。〕勝位，或者是想要獲得解脫的〔堪為修行佛法的所依身，所以名為人及天人。〕們，要完整了知苦諦、斷除集諦、現證滅諦、修行道諦的方法，也就是薄伽梵所說的至言。」是指以此為代表的佛陀所有善說。

❶ 觀音禁行　清辨論師的弟子（生卒年不詳），梵語Avalokitavrata及藏語སྤྱན་རས་གཟིགས་བརྟུལ་ཞུགས（尖瑞息杜秀）的義譯。據說是聖觀世音的化身，早年示現為外道師，與清辨論師辯論，論敗後對清辨論師生起信心，在其座下出家。此師出家後仍蓄髮不剃，有人勸說時，則答道：觀世音也有蓄髮！因此被稱為「觀音禁行者」。參見《夏日東文集》冊1，頁65。

❷ 清辨　中觀自續派及經部行中觀自續派的開派祖師（約公元6世紀），梵語Bhāvaviveka及藏語ལེགས་ལྡན་འབྱེད（雷登傑）的義譯，又名分別明菩薩，相傳為長老須菩提的化身。出生於南印度摩梨耶羅（Malyara）的王族，出家修道，親見金剛手菩薩，成就殊勝三摩地，依止龍樹菩薩學習中觀。由於龍樹菩薩所傳的中觀正見涵義幽微，為了引導眾生漸次領悟，因而著述《般若燈論》、《中觀心論》、《分別熾燃論》等論著。開創中觀經部行自續派學說，當時追

隨其說者甚多。參見《師師相承傳》藏文冊上,頁212;中文頁161;《多羅那他印度佛教史》,頁143。

❸《中論》　中觀類論典,又名《中觀論頌》、《根本慧論》,共27品,449頌,龍樹菩薩造。漢譯本有姚秦鳩摩羅什譯《中論》4卷。此論為龍樹菩薩第二次宣大法音期間,為消除所化機心中對於了不了義的無明,故以《般若經》中一切法無自性的意涵,作為主要所詮而著。此論為漢傳三論宗主要教典之一,後代中觀論師亦以此論為主要依據。參見《藏漢大辭典》,頁2210;《佛學大辭典》,頁353(丁福保編,台北:佛陀教育基金會,2012);《中觀大疏正理海》,頁20(宗喀巴大師著,印度:Saitanam Printing Press, Pandeypur, Varanasil,2006)。

❹《般若燈》　中觀經部行自續派的論典,即《般若燈論》,共20卷,27品,清辨論師造。漢譯本有唐三藏波羅頗蜜多羅譯《般若燈論釋》,共15卷,收於《大正藏》冊30。從一切法自性成立但無有諦實的角度,闡述龍樹菩薩的中觀正見。

❺《廣釋》中云　《廣釋》,經部行中觀自續派論典,全名《中論註般若燈論廣釋》,共27品,觀音禁行論師造,尚無漢譯。此論為清辨論師所造《般若燈論》的釋論。引文見《丹珠爾》對勘本冊59,頁1495。

❻謂盡以此所表勝者所有善說　指以宣說苦集滅道的佛語為代表的所有勝者至言。

🅜**第二、通達一切聖教無違之理者**:達彼一切悉無違者,謂於此中解了是一補特伽羅成佛之道。此復隨其所應,有是道之正體,有是道之支分。🅜**第三、以教理顯示不如是許是相違者**[1]:此中諸菩薩所欲求事者,謂是成辦世間義利,亦須遍攝三種種性所化之機,故須學習彼等諸道。如《釋菩提心論》

云❶：「如自❷所定❷解，欲令他❷所化機發決定故，諸智者❷菩薩恆應❷於所詮義無謬誤，善趣❷❷教誡所化機。」《釋量》亦云❸：「❷自了知所說義者，是為方便；將其為所化機宣說者，是為方便所生。其中彼方便所生❷──為所化機宣說──之因❷──方便，❷自若〔不現，❷此謂自未如實了知。〕則於彼❷義難❷為所化機如理宣說。」自若未能如實決定，不能宣說開示他故。

了知三乘道者，即是成辦菩薩求事所有方便❹。❷勝者阿逸多云❺：「諸❷菩薩依身欲❷成辦現前、究竟饒益眾生❷者，由❷了知聲聞、獨覺、菩薩三道之道種智❷為方便，成辦❷其果世間❷三種種姓利。」《勝者母》中亦云❻：「以諸菩薩應當❷於資糧、加行位時，於自相續發起一切❷三種道，應當❷於見道位時，以離分別無錯亂識現前了知一切❷三種道，謂所有聲聞道語謂證達補特伽羅無我智[2]、所有獨覺道❷謂證達能取所取異質空❼、所有佛陀道❷謂證達一切法無諦實。非唯發起、了知，如是❷三種諸道亦應❷於修道位時由斷證種類之門而令圓滿，❷非唯生起、了知、圓滿，亦應成辦❷三種諸道所作，❷謂將有情未攝受者攝為眷屬、已攝受者令成熟、成熟者令解脫、解脫者令究竟。」故有說云：「是大乘人故，不應學習劣乘法藏」者，是相違因。

第二科、通達一切聖教互不相違的方法：通達一切聖教互不相違，在

此是指了知所有的教法都是一位補特伽羅成佛之道。而這些教法又隨宜地成為道的主體，或者成為道的支分。

第三科、以教典與正理說明，若不這麼承許，則會產生矛盾：菩薩們所追求的目標，就是成辦世間眾生的利樂，而且也要攝受三種種姓的所化機，為此必須學習這些所化機的修行之道。如同《釋菩提心論》中說：「想要讓他所化機如同自己所確認的那般而生起確定的認知，為此，菩薩智者們應當恆常不斷、無誤地理解所詮說的義理，從而善妙地趣行教導所化機。」《釋量論》也說到：「自己知曉所要宣說的義理，這是方便；將所了解的內涵為所化機宣說，這是方便所產生的結果。在這之中，如果對於方便所產生的結果——為所化機宣說——的因——方便，自己闇昧不明，沒有如實了解的話，那就很難為所化機如理宣說此義理。」這是因為自己如果不能如實地確切理解，便不能為他人宣說開示的緣故。

了解三乘道，就是成辦菩薩所求心願的方便。關於這點，勝者不敗尊彌勒曾說：「所依身為菩薩，想要階段性及究竟地成辦利益眾生的諸位大士，應當透過方便——了知聲聞、獨覺、菩薩三種道的道種智，成辦所求的結果——世間三種種姓的利益。」《般若經》中也說：「菩薩們應當在資糧道及加行道時，在自己的心續中生起一切三種道，應當在見道位時，以遠離分別的無錯亂識現前了知一切三種道。也就是聲聞道——證達補特伽羅無我的智慧、獨覺道——證達能取、所取異質空、佛陀道——證達一切法無諦實。不僅生起、了知二者而已，也應當在修道位時，圓滿三種諸道的斷證品類。而且不只是生起、了知、圓滿三者而已，還要成辦這三種諸道的作用，將尚未攝受為眷屬的有情，攝受為眷屬；已攝受為眷屬的有情，令其根性成熟；根性已成熟的有情，令其解脫；已解脫的有情，令其究竟圓滿。」所以如果有人說：「因為是大乘行者，所以不應該學習小乘的法藏」，是相違因。

[1] 「^妙第三、以教理顯示不如是許是相違者」 拉寺本作「^妙第三、顯示不如是許，教理相違者」。　[2] 「^若謂證達補特伽羅無我智」 拉寺本作巴註。

❶《釋菩提心論》云　《釋菩提心論》，無上瑜伽部的釋續類論典，又名《菩提心釋論》，龍樹菩薩造。漢譯本有今人見悲青增格西譯《釋菩提心論》。龍樹菩薩依據密集金剛所說「一切實質悉遠離」等頌，開演勝義、世俗二菩提心的內涵而撰此論。引文見《丹珠爾》對勘本冊18，頁112。

❷無謬誤善趣　法尊法師原譯作「善趣無謬誤」，為配合箋註，故改譯。

❸《釋量》亦云　《釋量》，七部量論之一，全名《釋量論》，共4品，法稱菩薩造。漢譯本有法尊法師譯《釋量論》。此論為《集量論》的釋論，主要闡述因明、人法無我見及菩薩廣大行的內涵，為因明學的代表著作。後世印度智者為其註釋甚多，現今為格魯三大寺必讀的典籍之一，也被許多哲學學者廣為研究。引文法尊法師譯《釋量論》作：「方便生彼因，不現彼難說。」引文見《釋量論略解》，頁135（僧成大師著，法尊法師譯，台北：佛教出版社，1984）；《丹珠爾》對勘本冊97，頁512。

❹所有方便　法尊法師譯文中多處提到的「所有」，其實是「的」的意思，故「所有方便」應理解為「的方便」，而不能視為「一切方便」。

❺阿逸多云　出自《現觀莊嚴論》。《現觀莊嚴論》，般若部論典，全名《般若波羅蜜多教授現觀莊嚴論》，共8品，至尊彌勒著。漢譯本有法尊法師譯《現觀莊嚴論》。此論主要闡述《般若經》的隱義現觀八事七十義的內涵，為藏傳顯教波羅蜜多學之根本論典，許多印度大德為之註疏，現今為格魯三大寺必讀的典籍之一。引文法尊法師譯《現觀莊嚴論》作：「諸欲饒益眾生者，道智令成世間利。」引文見《現觀莊嚴論略釋》，頁5（法尊法師著，台北：大千出版社，2004）；《丹珠爾》對勘本冊49，頁3。

❻《勝者母》中亦云　《勝者母》，指《般若經》。此處引自《大般若經第二會》，藏傳普稱《般若二萬頌》，屬於廣、中、略《般若經》之中本。《般若二萬頌》，般若部經典，全名《般若波羅蜜多二萬五千頌》共78卷，76品。漢譯本有西晉無羅叉三藏譯《放光般若經》、西晉竺法護譯《光讚經》、後秦鳩摩羅什譯《摩訶般若波羅蜜經》、唐玄奘大師譯《大般若波羅蜜多經第二會》。此經為完整闡述空性奧義及現觀八事七十義內涵的《般若經》之一。引文唐玄奘

大師譯《大般若波羅蜜多經第二會‧巧便品第六十八》作：「佛告善現：『諸
　　菩薩摩訶薩應學遍知一切道相，謂聲聞道相、獨覺道相、菩薩道相、如來道
　　相；諸菩薩摩訶薩於此諸道應常修學令速圓滿。』」引文見《大正藏》冊7，
　　頁337；《甘珠爾》對勘本冊28，頁294。

❼ **能取所取異質空**　　指能取的心與所取的境並非不同的本質。如瓶子與執瓶
　　的眼識非不同的本質，此是唯識與瑜伽行中觀師的見解。

菩薩發起三乘道之抉擇

此段說菩薩應當發起聲聞道、獨覺道及佛陀道，並非指菩薩要在心中生起真正的聲聞
道及獨覺道，因為只有聲聞乘行者及獨覺乘行者心中才有聲聞道及獨覺道，大乘行者
心中不會具有聲聞、獨覺道。所以此段註解將聲聞道、獨覺道及佛陀道，依次解釋為：
證得補特伽羅無我慧、證得能取所取異質空的智慧，以及證得一切法無諦實的智慧，
這三種智慧在菩薩心中都可以存在。

那麼此處的聲聞道、獨覺道及佛陀道，為何可以依次解為上述三種智慧？首先，此處
所說聲聞道是指聲聞證類的道，並非聲聞行者心中的道；而證得補特伽羅無我的智
慧，即是聲聞證類中最主要的部分，所以才會將此處的聲聞道解為證得補特伽羅無
我的智慧。獨覺道依此類推。一般來說，聲聞道是指聲聞行者心中的道，並非泛指聲
聞證類的道，此處的理解方式有別於一般情況。

此段所提到的斷、證種類，即指斷德種類及證德種類，簡稱斷類及證類。斷、證種類
各分三乘斷、證種類。以聲聞乘而言，聲聞行者主修補特伽羅無我，主要斷除煩惱障，
所以菩薩心中證得補特伽羅無我的智慧是聲聞證類，因為菩薩心中證得補特伽羅無
我的智慧，雖然不是聲聞心中的證德，但與聲聞心中的主要證德相似，屬於同類的緣
故。而大乘行者心中斷除煩惱的功德，雖然不是聲聞心中的斷德，但與聲聞心中的主
要斷德相似，屬於同類，所以稱為聲聞斷類。因此聲聞證類在聲聞以外的行者心中可
以存在，而聲聞道只能存在於聲聞心中。依此類推，獨覺主修能取、所取異質空，主要

斷除粗分所知障，所以大乘行者心中證得能取、所取異質空的智慧，以及斷除粗分所知障的功德，即是獨覺證類及斷類。佛陀主要證得一切法無諦實，主要斷除細分所知障，所以大乘行者心中證得一切法無諦實的智慧及斷除細分所知障的功德，即是大乘證類及斷類。

菩薩在資糧道、加行道時，首先在心中生起證得補特伽羅無我、能取所取異質空及一切法無諦實的智慧，此時這三種智慧仍是分別心，意即資糧位、加行位的菩薩只能透過義共相證得上述三法，還無法現證。經過不斷修習，獲得見道而登地時，就能以離開分別的無錯亂識證得上述三法，意即現證上述三法。所以此段所說「了知三乘道」，並非泛指了解三乘道，而是特指現證三種道，所以必須先生起三種道，之後經過長時串習，才能現證三種道。而所謂的發起三種道，只要以分別心證得三種無我，即可稱為發起三種道。在見道階段現證後，進入修道時，菩薩會繼續修持三種道，隨著證德不斷增長，也會斷除越來越多的煩惱障及粗細分的所知障，同時三乘的斷、證種類也會日趨圓滿，而在成就佛位的時候即得圓滿三種道。

值得注意的是，巴梭法幢大師註解此段《般若經》時，是根據瑜伽行中觀自續派的主張而進行註解，並非所有宗派都如是解釋。

第四、成立聖教無違之因[1]：趣入大乘道者，有共不共二種應修之道。共者即亦是劣乘藏中所說皈依、業果、思惟輪迴總別諸苦而欲解脫之出離心、四諦、緣起等三學之修持。總之，諸凡共下中士法類**諸道，此等何因而成應捨？故除少分希求獨自寂靜樂等不共者外，所餘一切**共通法類，雖大乘人亦應修持。故諸菩薩方廣藏❶中廣說三乘，其因相者亦即此也。

復次正遍覺者，非盡少過，圓少分德，是遍斷盡一切種過，周

遍圓滿一切種德。能成辦此所有大乘，亦滅眾過備起眾德，故
大乘道遍攝一切餘乘所有一切斷證德類。是故一切至言，悉皆
攝入成佛大乘道支分中。以能仁言，無其弗能盡一過失，或令
發生一功德故；又彼一切，大乘人❷亦無不成辦故。

第四科、成立聖教互不相違的正因：趣入大乘道時，有共通與不共通
兩種應當修持之道。共通道就是小乘法藏中也說到的皈依、業果、思惟輪迴總體
及個別的痛苦，而希求從中解脫的出離心、四諦、十二緣起等三學的修持。總之，即是共下中
士法類的眾多道，因此這些道怎麼會是應當捨棄的法類？所以除了希求
獨自寂靜安樂等少許的特殊內容以外，其他所有的共通法類，即使是大
乘行者也都必須修持。所以在菩薩的方廣藏經中廣說三乘法類，原因
亦即在此。

另外，正遍知的佛陀，不是僅滅盡少分的過失，圓滿少分的功德；而是
完全斷除了所有種類的過失，圓滿了所有種類的功德。能夠成辦如此
果位的大乘道，也是必須能滅除所有過失，發起所有功德，所以大乘道
完整統攝了其他一切法乘所有的斷、證功德品類。因此所有的佛語，全
都統攝在成佛大乘道的各部支分之中。因為絕無不能去除一點過失、不
能發起一點功德的佛語；而這一切沒有任何一項是大乘行者所不能成
辦的！

[1]「❤第四、成立聖教無違之因」 果芒本原作巴註，拉寺本、雪本及哲霍本皆作妙
註。按，參前文160頁，妙註將「通達一切聖教無違殊勝」分為八科，此科為其中第四

科；162頁「^妙第三、以教理顯示不如是許是相違者」為第三科，下文169頁「^妙第五、斷諍，分二」為第五科，三至五科中間別無它科可作第四科，巴梭法王亦無僅出第四科之理，故依拉寺等本改之。

❶ **方廣藏**　十二分教之一，指開示無上菩提、十力等佛功德，以及菩薩道的法藏。《瑜伽師地論》云：「云何方廣？謂於是中廣說一切諸菩薩道，為令修證阿耨多羅三藐三菩提十力無畏無障智等一切功德，是名方廣。」參見《大正藏》冊30，頁418。

❷ **大乘人**　法尊法師原譯作「大乘」，無「人」字。大乘為補特伽羅相續中的道，而大乘人為補特伽羅，二者相違，今據藏文補譯。

^妙**第五、斷諍，分二：第一、諍難**[1]：設作是云：「若入波羅蜜多大乘，雖須劣乘法藏所說諸道，然於趣入金剛乘者，度彼岸乘所有諸道非為共同，^巴將不將貪欲轉為道用等[2]道不順故。」^妙**第二、答難**[3]：此極非理！以度彼岸道之體性，悉皆攝入：意樂——謂於菩提發心；行——謂修學六到彼岸，是則^巴趣入金剛乘者亦一切定應習近。如《勝金剛頂》云❶：「縱為活命故，不應捨覺心。」又云❷：「六度彼岸行，畢竟不應捨。」又餘咒教，宣說非一❸。

眾多趣入無上瑜伽曼陀羅❹時，亦多說須受共不共二種律儀，

共者即是菩薩律儀。受律儀者，即是受學^巴律儀戒、攝善法戒、饒益有情戒三聚戒等菩薩學處。除發心已如其誓受學所學處而修學外，雖於波羅蜜多乘中亦無餘道故。又《金剛空行》❺及《三補止》❻、《金剛頂》中，受阿彌陀三昧耶❼時，悉作是云❽：「無餘受外^巴事部、行部；密^巴瑜伽及無上瑜伽二部；波羅蜜多，三乘^巴之正妙法❾。」受咒律儀須誓受故。由見此等少有開遮不同之分，即執一切猶如寒熱遍相違者，是顯自智極粗淺耳。

第五科、斷除詰難，分為二科：第一科、詰難：假使有人提出：「如果是進入顯教波羅蜜多大乘的話，的確需要小乘法藏所說的眾多道；但是對於進入密宗金剛乘的行者而言，顯教波羅蜜多乘的眾多道則不是共通的道，因為對於是否將妙欲轉為道用等，道並不相順的緣故。」

第二科、回答：這種說法非常不合理！因為波羅蜜多道的體性，全都可以歸納為意樂——發菩提心，以及行持——修學六波羅蜜多兩方面，而這一切都是趣入金剛乘的行者也一定要學習修持的法門。如同《勝金剛頂》中說：「縱使為了活命的緣故，也不應該捨棄菩提心。」又說：「六度的行持，始終都不應棄捨。」在其他許多密咒教典當中，也都宣說這個內涵。

在趣入無上瑜伽部壇城的許多時候，也都說到必須要受取共通與不共通兩種律儀，而共通的律儀就是菩薩律儀。所謂受持律儀，就是受學律儀戒、攝善法戒、饒益有情戒，這三聚淨戒等菩薩學處。所以除了在發心之後依著發誓受學的學處而進行修學以外，在顯教波羅蜜多乘中，也沒有其

他的道。另外，《金剛空行》及《三補止》、《金剛頂》等密續中，在受阿
彌陀部的三昧耶戒時，都這麼提到：「要一無遺漏地受持外乘事部、行部；
密乘瑜伽及無上瑜伽二部；波羅蜜多乘，這三乘的正妙法。」上述內涵在受密宗
戒的時候，都必須要發誓受持。如果因為看到顯密之中有少許開遮不
同的差別，便固執地認定一切顯密教法就像冷熱一般相違，這顯然是
自己的智力極為粗淺！

[1]「^妙第五、斷諍，分二：第一、諍難」拉寺本作「^妙第五、斷諍：諍難」。
[2]「^巴將不將貪欲轉為道用等」哲霍本作語註。　　[3]「^妙第二、答難」拉寺本無。

❶《勝金剛頂》云　《勝金剛頂》，瑜伽部的釋續類經典，全名《秘密大瑜伽
　續金剛頂》，尚無漢譯。引文見《甘珠爾》對勘本冊84，頁572。

❷又云　引文見《甘珠爾》對勘本冊84，頁598。

❸又餘咒教宣說非一　《密集根本續》、《時輪根本續》、《金剛手灌頂續》、
　《金剛帳》、《妙臂請問經》、《攝行炬論》、《無垢光》，皆有此說。參見《才
　旦夏茸文集》冊9，頁76（才旦夏茸著，北京：民族出版社，2007）。

❹曼陀羅　梵語Maṇḍala（ མཎྜལ）音譯，或譯為曼遮。義譯為壇場、壇城。指佛陀
　為主尊，有菩薩等眷屬圍繞的道場。依據宗喀巴大師所造《勝樂略續廣釋·普
　顯隱義》，曼陀羅一詞在梵語中為「曼陀羅帝」，簡稱曼陀羅，有執取心要之
　義；「曼陀」含有心要的意思，「羅帝」含有執取的意思。透過供養情器世間而
　獲得廣大福德資糧及殊勝證德的心要，故曼陀羅可直譯為執取心要。參見
　《宗喀巴大師文集》冊6，頁61。

❺《金剛空行》　密續瑜伽部經典，此有二部，一為《密續之王吉祥金剛空行
　續》，另一部為《金剛空行後續》，皆無漢譯。

❻《三補止》　勝樂與喜金剛共通的釋續，全名《正相合大怛特羅》，又名《相合明點》，加其《後續》共11品，尚無漢譯。參見《宗喀巴大師文集》冊6，頁14。

❼阿彌陀三昧耶　在受瑜伽部及無上瑜伽部灌頂時，所須承許的五方佛中阿彌陀部的誓言。

❽悉作是云　《金剛空行》、《三補止》、《金剛頂》引文，分別見《甘珠爾》對勘本冊78，頁81、394；冊79，頁269；冊84，頁532。

❾無餘受外密三乘正妙法　三乘一般指聲聞乘、獨覺乘、大乘，而此處依據箋註，則應解為事行二部的外乘、瑜伽與無上瑜伽二部的密乘、顯教波羅蜜乘。又藏文中，亦可另解為「受外密乘三，無餘正妙法」。此則將「外」解為事行二部，「密」解為瑜伽與無上瑜伽二部，「乘」解為顯教波羅蜜乘。

❀**第六、開示彼為應理，分二**[1]：**第一、經續相共應理者：**如是唯除少分別緣開遮之外，諸正至言極隨順故，若趣上上三乘五道❶，必須完具下下乘道功德種類。❀故前所說**波羅蜜多道者，如《佛母》中云**❷：「所有去來現在佛，共❀行之唯一道是此度非餘。」是趣佛陀道之棟梁，故不應捨。金剛乘中亦多說此，故是經續二所共道。若於其上更加密咒諸不共道──灌頂、三昧耶、律儀、二種次第及其眷屬❸，故能速疾趣至佛陀。若棄共道，是大錯謬。❀**第二、若不爾者，便致謗法之理者**[2]：若未獲得如是知解，於一種法獲得一分相似決定，便謗諸餘。特於上乘若得發起一似勝解，如其次第遂謗棄捨下乘法藏、諸度彼岸，即於咒中亦當謗捨下三部等，則當集成極相係屬、甚易

生起、尤重異熟毀謗正法深厚業障，其中根據，至下當說。

第六科、說明這是合理的原因，分為二科：第一科、顯密相共合理的原因：如上所述，除了少數特殊的開遮之外，佛陀的言教都是非常相順的。所以像三乘或者五道，要進入其中更高的位階，就必須具備下下的乘與道的功德種類。所以前面所說的波羅蜜多道，就如同《般若經》中所說：「所有過去、未來、現在的諸佛共同行進的唯一道路，是此波羅蜜多道，而不是其他道」，好比是往趣成佛之道的主幹，所以不應該棄捨。金剛乘中也多次講到這點，所以波羅蜜多道是顯密二者共通之道。在這基礎上，如果再加上密咒的不共道——灌頂、三昧耶、律儀、生起和圓滿二種次第及其相關的法類，才能快速到達佛位；如果棄捨共道，是極大的錯誤。

第二科、若不這麼理解，將導致謗法的道理：假如沒有獲得這樣的領悟，對於每一種法各別產生一種似是而非的理解，就會毀謗其他的法。特別是對於上乘如果發起一種似是而非的信解，就會依序棄捨小乘法藏、顯教波羅蜜多乘；就算在密乘中，也會棄捨下三部等。那麼，就會造下與這樣的惡行緊密相關、容易生起，並且異熟極其沉重的深厚謗法業障，相關的依據將在下文說明。

[1]「 第六、開示彼為應理，分二」 拉寺本無「開示彼為應理」。 　[2]「 第二、若不爾者，便致謗法之理者」 拉寺本將此科置於上文「故是經續二所共道」之後。按，義可兩通，然綜觀上下文，果芒本較為通暢，故依果芒本。

註 釋

❶ **三乘五道** 三乘即運載眾生渡越生死，到涅槃彼岸之三種道。《大寶積經》中對三乘有不同說法，這裡指聲聞乘、獨覺乘、菩薩乘或大乘。三乘各有五道，包含資糧道、加行道、見道、修道、無學道。資糧道，發起欲求聲聞菩提、獨覺菩提或無上菩提的心，到獲得該乘加行道前，是該乘資糧道階段。由於是為獲菩提而累積資糧的最初階段，故稱資糧道。加行道，指四加行（煖、頂、忍、世第一法）道，超越該乘資糧道後，到獲得該乘見道之前，是加行道階段。在資糧道所積集資糧的基礎之上，更進一步為得見道而修行，故稱加行道，又稱為順決擇分。見道，超越該乘加行道後，到獲得該乘修道之前，是見道階段。由於最初現證真如，獲無漏智，故稱見道。修道，又作修習位，生起一分俱生煩惱的正對治後，到獲得該乘菩提之前，是修道階段。得見道已，為斷除煩惱障或所知障，數數修習根本智，故稱修道。無學道，證此果位，於其乘中，所學已竟，更無有上，故稱無學道，又稱究竟道。參見《大正藏》冊11，頁535；《七十義、地道、宗義合刊》，頁75。

❷ **如《佛母》中云** 此處《佛母》指《般若經攝頌》，般若部經典，全名《攝聖般若波羅蜜多攝頌》，又作《攝功德寶》，法尊法師於後文中多略稱為《攝頌》，約300偈。漢譯有宋法賢譯《佛母寶德藏般若波羅蜜多經》3卷；今人索達吉堪布譯《聖般若攝頌》，共二種。相傳佛於般若會上，由於聽者的根器差別，出現廣中略版的《般若經》。藏系相傳，後世的譯師惟恐此經因過於小部，容易失散，故將此經收錄於《般若一萬八千頌》的第八十四品。賈曹傑大師在《現觀攝義》中，將《般若經》廣中略三部各再分廣中略，統稱為般若九部；其中的略中略即本頌。宋法賢譯《佛母寶德藏般若波羅蜜經·善友品第二十二》作：「過去未來十方佛，行此正道無異路」。引文見《大正藏》冊8，頁682；《甘珠爾》對勘本冊34，頁30。

❸ **及其眷屬** 此處指與灌頂、三昧耶等相關的法類。

^妙**第七、通達一切聖教無違方便者**：是故應當依善依怙，於其一切正言皆是一數取趣❶成佛支緣所有道理，令起堅固定解❷。諸現能修者，即當修習。諸現未能實進止者，亦不應以自未能趣而為因相，即便棄捨。應作是思：願於何時於如是等，由趣遮門現修學耶？遂於其因集積資糧、淨治罪障、廣發正願❸。以是不久，漸漸增長智慧能力，於彼一切悉能修學。善知識敦巴仁波卿亦^巴讚無等覺窩尊者云：「^語分別了知因由依身、時節、應遮、所需增上力故，將不將貪欲轉為道用等不同之開遮，而**能知以**^巴互不相違，一一互為助伴之四方道攝持一切^語顯密聖教者，謂我師長。」此語即是極大可觀察處。^妙**第八、此論開示一切聖教無違[1]，故具此種殊勝者**：由是因緣，以此教授能攝經咒一切扼要，於一補特伽羅成佛道中而正引導，故此具足通達一切聖教無違殊勝。

第七科、通曉一切聖教彼此都不相違背的方法：因此應當依止勝妙的依怙，從而堅固地確定認知「一切佛語都是幫助一位有情成佛的因緣條件」的內涵。對於現在就能修持的內容，便進行修持；其他未能在當下就進行取捨修持的內容，也不可因為自己還不能實踐就棄之不顧，反而應該思惟：「什麼時候才能對這些法義直接取捨修持呢？」而去成辦其因——累積資糧、淨除罪障、廣發正願。在這般努力下，不用經過很久的時間，智慧的能力便會漸漸增進，所有法義都將能夠修學。

善知識敦巴仁波切也曾讚歎無與倫比的阿底峽尊者，而提到：「各別知道由於所依身、時節階段，以及禁止或是需要等不同的因緣條件下，以致於是否將妙欲轉化為佛道的修持等等不同的開遮，而**能通曉如何以互不相違、相輔相成的四方道，收攝一切**顯密**教法，這樣的人，即是我的師長。」**這番話非常值得探究。

第八科、本論正是闡述一切聖教彼此毫無矛盾之處，因此具備上述的殊勝特點：由此可見，本教授能夠將所有顯密奧義，都歸結成一位補特伽羅的成佛之道，從而引導後進學人。因此本教授確實具備能令學人通達一切聖教互不相違的殊勝特點。

[1]「^妙第八、此論開示一切聖教無違」　拉寺本無「一切」。

❶ **數取趣**　補特伽羅的新譯名詞，舊譯曰人，或眾生。意指在施設處五蘊或四蘊上假立的士夫，包含一切凡聖。數取趣的詞義，按賈曹傑大師《集論釋》，在諸趣中數數高下，故名數取趣。唐窺基大師《成唯識論述記》云：「補特伽羅，數取趣也。」南宋法雲《翻譯名義集》云：「補特伽羅，或福伽羅，或富特伽羅，此云數取趣，謂諸有情起惑造業。即為能取當來五趣，名之為趣，古譯為趣向。中陰有情趣往前生故。」唐玄應《一切經音義》：「案梵本，補，此云數。特伽，此云取。羅，此云趣。云數取趣，謂數數往來諸趣也。舊亦作弗伽羅，翻名為人。言捨天陰入人陰、捨人陰入畜生陰是也。」唐慧苑《新譯大方廣佛華嚴經音義》云：「補伽羅，正云補特伽羅，此云數取趣。謂造集不息，數數取苦果也。」參見《集論釋》，頁162（賈曹傑大師著，印度：洛色林圖書館，2003）；《大正藏》冊43，頁277；冊54，頁442、624、1082。

❷ **堅固定解**　法尊法師原譯無「堅固」二字，今據藏文補譯。

❸ **遂於其因集積資糧淨治罪障廣發正願**　依據法尊法師的譯法，此句之義為

「對於正因去集積資糧、淨治罪障、廣發正願」。但藏文中，則為「成辦它的正因——累積資糧、淨除罪障、廣發正願」。故正因即指累積資糧等。

第二[1]、一切聖言現為教授，分七：第一、開示廣大經續即是最勝教授者：總之能辦諸欲解脫，現時久遠一切利樂之方便者，是即唯有勝者至言，以能開示一切取捨要義盡離謬誤者，獨唯佛故。如是亦如(一)《相續本母》云❶：「(三)此世間中更無毫許善巧於勝者薄伽梵自身者故，〔遍智，即謂自身。〕如實正知無餘盡所有法❷及如所有勝真實性❸，定非其餘補特伽羅所能了知，是故擾亂契經當招何等罪耶？擾亂契經者[2]，(二)〔無有諂誑端行正道故名大仙❹。〕佛薄伽梵[3]自立為自宗之契經皆勿以分判佛語之意樂，將不了義說為了義，說了義為不了義，及謂大乘非佛說等倒說義理而擾亂之。不應擾亂之因相者，以(五)其壞牟尼❺正法宗軌故，(四)彼亦損於正法，謂成謗法障。」故諸契經及續部寶勝者聖言，是勝教授。第二、若離口訣，則慧劣者不得此等密意：雖其如是，然因末代諸所化機，若不具足定量釋論及善教授❻，於佛至言自力趣者，密意莫獲。故諸大車，造諸釋論及諸教授。

177

第二科、能將所有聖言現為修行教授，分為七科：第一科、說明廣大的經續本身即是最超勝的教授：總體而言，追求解脫的人們，要想實現階段性以及究竟的所有利益安樂，只有如來的教言是唯一的辦法。因為能夠遠離任何錯謬地闡明所有應行應止的分際，只有佛陀才能辦到。這一點就如同《寶性論》中所說：「對於〔心中不懷狡詐，端行正道，因此名為大仙。〕世尊自身闡述自宗的任何一部經典，都不應懷著妄自判別佛語的心態，將不了義說成是了義，了義卻說成是不了義，甚而宣稱大乘非佛說等等，邪謬地解釋義理而扭曲契經。不應擾亂的原因在於，這個世間沒有任何人會比勝者世尊本人更加善巧，並且〔遍智，即指佛陀自己。〕如其原貌地通曉一切盡所有性，與最勝真實義的如所有性，而絕非其他人補特伽羅所能了知。因此，假若一旦曲解佛經，將會導致什麼樣的罪過？曲解佛經，這麼扭曲就會形成損害佛法——毀謗正法的業障，因為這樣的行為會破壞如來的正法宗軌的緣故。」由此可見，珍貴的經典及密續等佛陀的教言，都是殊勝的教授。

第二科、如果沒有口訣，智慧低劣的人將無法獲知經論的意旨：雖然如此，但是對末世的所化機來說，假若未曾獲得合量的解釋，以及善知識的口訣，憑恃己力探索佛陀的教言，將無法獲知如來的意旨。所以眾多大車軌師紛紛著述了解釋佛意的釋論和口訣傳世。

[1]「^妙第二」 拉寺本無。 [2]「^巴擾亂契經當招何等罪耶？擾亂契經者」此註拉寺本置於「倒說義理而擾亂^巴之」之後，而下文「^語無有諂誑端行正道故名」拉寺本作巴註。「^巴以分判佛語」拉寺本作「^巴以輕毀佛語」。依拉寺本，此文如下：「是故^巴〔無有諂誑端行正道故名大仙。〕^巴佛薄伽梵自立^巴為自宗之契經，皆勿^巴以輕毀佛語之意樂，將不了義說為了義，說了義為不了義，及謂大乘非佛說等倒說義理而擾亂^巴之。^巴擾亂契經當招何等罪耶？擾亂契經者，不應擾亂之因相者，以其壞牟尼^巴正法宗軌故，彼亦損於正法，^巴謂成謗法障。」按，綜觀上下文，果芒本較為通暢，故依

果芒本。　　[3]「🅟佛薄伽梵」 原果芒本未標作者，今依拉寺本、雪本、哲霍本補之。

❶《相續本母》云　　《相續本母》，《慈氏五論》之一，又名《寶性論》、《上續論》、《後續論》，共5品，至尊彌勒著。漢譯本有後魏勒那摩提譯《究竟一乘寶性論》11品，但作者署名為堅慧。主要依據《如來藏經》闡述中觀應成見的論著。按賈曹傑大師《寶性論大疏》的解釋，《上續論》的「續」為相續，指宣說淨治有垢心之教典。「上」為「後」之義，「上續」即指後期解釋心諦實空的經典——《如來藏經》等，此相對於前期解釋心諦實空的經典——《般若經》而言。由於本論解釋《如來藏經》等所說的心諦實空的內涵，故名《上續論》。引文後魏勒那摩提譯《究竟一乘寶性論》作：「以離於諸佛，一切世間中，更無勝智慧，如實知法者。如來說了義，彼不可思議，思者是謗法，不識佛意故。」參見《漢藏對照寶性論大疏》冊上，頁115；冊下，頁575、577（賈曹傑大師著，江波譯，台北：藏傳佛教協會，2012）；《藏漢大辭典》，頁575。引文見《丹珠爾》對勘本冊70，頁977；《大正藏》冊31，頁847。

❷盡所有法　　空性以外的一切法稱為盡所有法。

❸如所有勝真實性　　勝真實性即指空性，義為最殊勝的真實本性。在諸法當中，凡是空性即是如所有性。如所有性及盡所有性兩者含攝一切所知。

❹大仙　　「大」字原為箋注，法尊法師將其譯入正文。前箋文「無有諸諂誑端行正道故名」是解「仙」字，非解大仙。

❺牟尼　　梵語Muni（ཐུབ）音譯，義為能仁，能戰勝四魔，故名能仁。亦有譯作文、寂靜、寂默，義為防護三門不善及煩惱。

❻善教授　　後文又作善士教授。此處的「善」，在藏文中有「純正」及「善士」二義，可解作「善士的教授」，也可以理解為「純正的教授」之義。後文以此類推。

^妙**第三、清淨教授與相似教授之差別者**：是故若是清淨教授，於諸廣大經論，須能授與決定信解❶。若於教授雖多練習，然於佛語、廣大釋論❷所有義理不能授與決定信解，或反顯示彼不順道，唯應棄捨。^妙**第四、知解清淨不清淨之差別者**：若起是解：「諸大經論是講說法，其中無有可修要旨，別有開示修行心要正義教授」，遂於正法執有別別講修二法，應知是於無垢經續、無垢釋論起大敬重而作障礙；說彼等中不顯內義，唯是開闢廣大外解，執為可應輕毀之處，是集誹謗正法業障。是故^巴縱須尋求合己心量之簡要口訣，亦應須作如是思而尋教授：「^巴總體而言，諸大經論對於諸欲求解脫者，實是無欺最勝教授。然^巴而[1]由自慧微劣等因，唯依是諸教典，不能定知是勝教授，故應依止善士教授，於是等中尋求定解。」莫作是念起如是執，謂：「諸經論唯是開闢廣博外解，故無心要；諸教授者，開示內義，故是第一。」

第三科、純正的教授與似是而非的教授之間的差別：因此若是純淨的口訣，必須能夠給予學人對於諸大教典的確定認知；如果再怎麼研習口訣，卻不能帶給學人對於大經大論內涵的確定認知，或者顯示與經論內涵大異其趣的道路，那麼就只能將它徹底拋棄。

第四科、理解方式清淨與否的差別：如果認為：諸大教典只是作為講說之法，其中沒有修行的關鍵處；而在這之外，另有口訣開示修行關鍵的核心意涵，從而判定正法本身有用來講說與實修的兩種法，互不相關。應當認識到這會阻礙學人對於無垢的經續與無垢的釋論生起深切的恭敬，並且會認為：「這些經論都沒有言及內在修行的法要，只不過剖析許多外在知識。」從而輕率以對，由此累積了謗法業障。因此，即便應該尋求符合自己的心智程度的簡要口訣，也必須以如下的心態來尋求口訣：「一般而言，對於志求解脫的人們來說，真實而最殊勝的教授就是諸大教典。但是由於自己心智低劣等原因，單憑這些教典，並不能確定這些教言是最殊勝的教授。因此，必須透過善知識的口訣，去尋求這樣的確切認知。」而絕對不能認為：「眾多教典只是剖析了許多外在知識，因此不含法義的精髓；眾多口訣中開顯出內在修行的法要，所以最為超勝。」

[1]「㊉而」拉寺本無「㊉」。

❶ **決定信解** 藏文原文中即定解、確定的認知之義。

❷ **然於佛語廣大釋論** 法尊法師原譯作「然於廣大佛語釋論」，今據藏文改譯。

㊉第五、一切聖言現為教授之理者[1]：大瑜伽師菩提寶云：「㊉言❶悟入教授者，非說僅於量如掌許一小函卷而得定解，是說了解一切至言皆是教授。」又如大依怙之弟子修寶喇嘛

云：「阿底峽之教授，於一座上，❷以聞思修三，發起令**身語意三碎為微塵❷**❷之精進，❷其效則是：今乃了解一切❷經論**教典❸**皆是教授。」須如是知。❷座上座間，皆以十法行❹等而度時日，是故熱振諸瑜伽士咸謂今晝晝短，今夜夜短❺，其義即此。**如敦巴仁波卿云**：「若曾學得眾多法已，更須別求修法軌者，是為錯謬。」雖經長時學眾多法，然於修軌全未能知，若欲修法，諸更須從餘求者，亦是未解如前說義而成過失。❷如傑仁波切所著《三寶譚》云❻：「多聞猶仍匱正法，至言不現教授過。」此中❷佛陀聖教，如《俱舍》云❼：「佛正法❷或教法[2]有二❷種，❷其二為何？以教❷正法、證❷正法為體。」除其教證二聖教外，別無聖教。教正法者，謂是決擇受持道理修行正軌；證正法者，謂是如其前決擇時，所決擇已而起修行。故彼二種，成為因果。如跑馬時，先示其馬所應跑地，既示定已，應向彼跑。若所示地是此跑處而向餘跑者，定成笑事，豈可聞思決擇此事，若修行時修行所餘。如是亦如《修次第後編》云❽：「復次聞及思慧之所通達，即是修慧之所應修，非應修餘；如示跑地，而應隨跑。❷此復初由聞思所決擇義，即當由修而行持之，如示馬跑處應向彼跑。」

第五科、體現一切佛語為教授之理：大瑜伽師菩提寶曾說：「所謂的悟入教授，並不是僅僅對於手掌大小般的卷軸得到確定的認知，而是指

能夠了解一切如來言教都是教授。」大依怙阿底峽尊者的弟子修寶喇嘛也提到：「對於阿底峽尊者的教授，透過在每一座上，依著聞思修，發起足以將身語意粉碎成微塵粉末一般的精進，其成效就是，現在終於理解，原來一切經論教典，其實都是修行的教授。」必須要有這樣的認知。由於在座上以及座間，都遵循著十法行等而度過每一寸光陰，所以往昔熱振寺的眾多瑜伽士們每每感嘆：今天的白晝太短，今天的夜間也太短促了！其中涵義便是如此。如同敦巴仁波切說過：「當廣泛學習眾多教法之後，假設還要另外尋求實修法門，這就錯了！」雖然經過長時間研習眾多教法，卻對實修法門一無所知，當想要實修佛法時，還要另外覓求法門，這些人也就是不了解上述的義理，才導致這樣的缺失。如宗喀巴大師所著的《三寶譚》中說道：「雖然聽聞眾多法理，對於正法依然感到一無所獲，這是未能體現佛語為教授而導致的過失。」《俱舍論》說：「佛陀的正法或教法有二大類。哪兩類呢？即教正法與證正法兩種性質的教法。」如上所述，此處所提及的佛陀聖教，除了教正法與證正法二者之外，別無其他。其中，教正法抉擇了實踐修持正法的軌理；而證正法則是經過抉擇之後，一如所抉擇的內容而進行實修，因此二者便形成因果關係。如同賽馬時，先為馬匹指示跑道，指定之後即應遵循既定路線開始比賽。如果指定了某個路線，卻跑向其他地方，便會成為笑話。同理可知，怎麼可以聞思抉擇的是這件事，正式修行時卻修持另一件事？上述內容在《修次後篇》提到：「另外，透過聞所成慧及思所成慧通曉的法義，即是修所成慧應當修持的內容，而不是另外修持其他法門，就如同說明了賽馬場地後，馬匹就應遵循既定路線起跑。也就是說，起初經由聞思抉擇的義理，就應該由修習而去實踐，如同指示馬匹應該跑向何處，之後馬匹就應奔向其處。」

[1]「⁽妙⁾第五、一切聖言現為教授之理者」哲霍本作巴註。按，此科為前文177頁「一切聖言現為教授，⁽妙⁾分七」所開之第五科。故應以果芒本及拉寺本為是。

[2]「⁽巴⁾或教法」雪本、哲霍本作語註。

註　釋

❶ **言**　藏文《廣論》原文原無此字，是巴梭法王所註，法尊法師將之譯入正文中，為配合箋註，故改譯。

❷ **身語意三碎為微塵**　比喻修行正法時，身語意都非常精進，身體進行禮拜，口中讀誦經咒，內心觀想所緣行相等等。

❸ **教典**　法尊法師原譯作「經論」，而藏文原文為「教典」，為配合箋註，故改譯。

❹ **十法行**　關於十法行，諸論有不同說法，《辨中邊論》以寫經、供養、布施、聽聞、讀誦、受持、講說、諷誦、思惟、修習十事為十法行。《現觀莊嚴論》中所說十法行，據獅子賢論師所著《般若經八千頌廣釋》，及賈曹傑大師所著《心要莊嚴釋》，則解釋為表徵遍智的十法：發心、教授、順決擇分、正行所依、正行所緣、正行所為、鎧甲正行、趣入正行、資糧正行、出離正行。而獅子賢論師所著《顯明義釋》及宗喀巴大師所著《金鬘論》，則解釋為布施、持戒、忍辱、精進、禪定、般若、方便、願、力、智慧十波羅蜜。

❺ **今晝晝短今夜夜短**　夏日東活佛認為此二句有一天比一天短、一夜比一夜短之義，善慧摩尼大師及哈爾瓦・嘉木樣洛周仁波切則認為這兩句應理解為：今天的白天很短、今天的夜晚很短。

❻ **《三寶譚》云**　《三寶譚》，宗喀巴大師警勸後人的頌文，全名《無上三寶譚》，宗喀巴大師口述，賈曹傑大師筆錄，尚無漢譯。此中所說的三寶是指嚴密的思路、將教典現為教授的修持、善巧文詞修飾。當今能具備此三者之人極為希有，又此三者能成滿希願，增長妙樂，故諸智者皆稱為寶。引文見《宗喀巴大師文集》冊2，頁282。

❼ **《俱舍》云**　《俱舍論》，七部對法論要義的攝頌，又名《阿毗達磨俱舍論本頌》，共8品，世親菩薩造。漢譯本有陳真諦三藏譯《阿毗達磨俱舍釋論》22卷；唐玄奘大師譯《阿毗達磨俱舍論本頌》1卷，共二種。世親菩薩為無著菩薩的主要弟子與胞弟，又名婆藪槃豆、伐蘇畔度。此師出生於5世紀，為婆羅門種，年少依母命出家，不久即博通三藏，為窮究一切學說，往迦濕彌羅依止眾賢阿闍黎（Samghabhadra），成為著名的小乘學者，然其不許大乘為佛說。曾

見兄長所造的大乘論，不相信是從慈氏所學，於是毀謗大乘。無著菩薩為除其邪執，派遣比丘晨昏依次誦唸《無盡慧經》、《十地經》，世親菩薩一聽即悟，故往依止無著菩薩，為除謗法重罪，註釋五十種大乘經疏，令許多小乘行者迴小向大。此師因修持祕密主獲得成就，能憶持世上所有的佛經。後住持那爛陀寺，每日講說大乘不同教法二十座，攝集諸法心要予以破立。曾以明咒迅速止息火災、瘟疫，五百次破斥外道，導入佛教；說法造論時恆有天人散花、非人貢獻寶藏，成為二勝六莊嚴之一，壽近百年。著名的著作有《俱舍論》、《唯識二十頌》、《唯識三十頌》等。著名弟子有：般若教授勝於己者為聖解脫軍菩薩，對法勝於己者為安慧論師，因明量論勝於己者為陳那菩薩，律藏勝於己者為功德光論師四人。此論是專門解釋小乘部對法的論著，為世親菩薩聽聞《大毘婆沙論》等對法論後，攝其要義所撰寫。其文精鍊，內容包羅萬象，第一、二品廣泛剖析五蘊、十二處、十八界。第三品抉擇苦諦，說明情器世間等形成方式，此說被今科學家廣為研究。第四、五品抉擇集諦，廣釋業及煩惱所有體性支分等。第六品抉擇滅道二諦，闡述道之所緣、入道之法、得道行者果位次第。第七、八品，描述透過修行所獲的功德。此論為五部大論主要教材之一。引文唐玄奘大師譯作：「佛正法有二，謂教證為體。」參見《師師相承傳》藏文冊上，頁130；中文頁91；《印度佛教史》，頁128；《大正藏》冊50，頁188；《新譯大唐西域記》，頁239；《東噶辭典》，頁1763。引文見《大正藏》冊29，頁324；《丹珠爾》對勘本冊79，頁58。

❽ 《修次第後編》云　《修次第後編》，中觀類論典，又名《修次後篇》，蓮花戒論師著，尚無漢譯。此師因赤松德贊請示關於見解、行持、果位的問題而著《修習次第》，其中分《修次初篇》、《修次中篇》、《修次後篇》。《修次初篇》有宋施護譯《廣釋菩提心論》收於《大正藏》冊32，後二篇無古漢譯本。參見《東噶辭典》，頁11。引文見《丹珠爾》對勘本冊64，頁178。

第六、開示一切聖言現為教授之方便即觀察修者：如是由此教授，能攝一切經論道之樞要，於從親近善知識法乃至止觀，此一切中諸應捨修❶者，即作捨修；諸應舉修❷者，即以擇慧而正思擇，編為行持次第引導，故一切聖言皆現為教授。

第七、宣說若捨觀察修，不能現一切聖言為教授，故應珍重清淨觀察之理者：若不爾者，於非圓滿道體一分，離觀察慧雖盡壽修，諸大經論非但不現為真教授，且於彼等見唯開闢博大外解，而謗捨之。現見諸大經論之中所詮諸義，多分皆須以觀察慧而正觀擇。此復修時若棄捨者，則於彼等何能發生定解，見為最勝教授？此等若非最勝教授，誰能獲得較造此等尤為殊勝教授論師？如是若能將其深廣契經及釋現為教授，則其甚深續部及論諸大教典，亦無少勞現為教授，則能發起執持彼等為勝教授所有定解。能盡遮遣妄執彼等非實教授但資談柄❸，諸邪分別罄無所餘。《密宗道次第廣論》云❹：「如云：如從諸方眾流匯海，一切三乘法水，亦皆匯入佛法海中。一切正量佛語，唯是觀待當機所化而為導至佛地之方便。然因所化勝劣增上力故，彼方便中自亦應有圓不圓滿、疾緩之別。是故導至佛地支分之方便與大乘道，二者非一。《真實名經》云❺：『三種乘出離，同住一乘果[1]。』」

第六科、說明體現一切佛語為教授的方法即是觀察修：如前所述，本教授詳盡地含攝了所有經論中從親近善知識法直至止觀之間，一切佛道的樞要。在這之中，所有應該止住修的法類，便進行止住修；凡是應該觀察修的法類，便以分別抉擇慧進行探究，從而編排成行持的次第來引導學人，因此能體現出一切佛語都是教授。

第七科、說明如果捨棄觀察修，則不能體現一切佛語為教授，因此應當珍重清淨的觀察法則：如果不遵循這樣的原則，對於不完整的片面道體，遠離觀察抉擇的智慧，縱然畢生修持，不但不能體現諸大教典為真正的教授，還會將這些教典看成只是剖析許多外在的知識而拋棄。但是現實可見，諸大教典中所闡釋的內涵，絕大多數都必須憑藉觀察慧進行探究。假若實修的時候便拋開思惟抉擇，那如何能生起體現這些教典是最勝教授的確切認知？如果這些還不能算是最殊勝的教授，還有誰能找到比這些教典的作者更加超勝的教授著述者？若能將博大精深的經典及其釋論體現為教授，那麼，對於深奧的密續及其釋論等諸大教典，也就能輕而易舉地體現為教授，從而生起執持這些教典實為最勝教授的確切認知，並將認為這些教典不是真實教授，只是增添談話的題材，這些邪妄分別都能一無遺漏地剷除。《密宗道次第廣論》有言：「如同來自四面八方的江河溪流，都將匯入汪洋大海；同樣地，三乘的一切法水，也都流入佛陀法海。如上所述，所有堪為準則的佛語，對於當機的所化眾而言，都純粹是引導他們步向佛地的方便。但因為所化機有根性優劣的差別，理所當然地，這些方便中，便會有圓滿與否及快慢等等的差別。所以引導學人邁向佛地的支分方便，與大乘道本身，二者是不同的。《文殊真實名經》中說到：『循著三乘不同的修道出離，最終同登一佛乘的果位。』」

[1] 「⑫《密宗道次第廣論》……同住一乘果」 拉寺本作語註。

❶ 捨修 藏文中即止住修之義。

❷ 舉修 藏文中即觀察修之義。

❸ 但資談柄 法尊法師原譯作「背棄正法」，今據善慧摩尼大師及貢德拉朗巴格西的註釋改譯。參見《洛桑諾布文集》冊2，頁97；《貢德大辭典》冊1，頁635。

❹《密宗道次第廣論》云 《密宗道次第廣論》，詳述四部密續一切修持之道次第，共14品，宗喀巴大師著。漢譯本有法尊法師譯《密宗道次第廣論》。大師48歲，受勝依吉祥賢（ སྒྲུབས་མཆོག་དཔལ་བཟང་ ）等正士虔誠祈請而撰此論。法尊法師譯《密宗道次第廣論》作：「如《諦者品》云：譬如大海由諸異門眾水流注，如是三乘一切法水，亦皆流注如來大海。故當了知佛所說法，一切皆是正對時機引入佛地所有方便。然因所化勝劣增上，方便亦有圓不圓滿，道遲速等差別應理。是故引入佛地支分之道，與大乘道二者不同。由見此義，故《真實名經》云：『三乘起出離，安住一乘果。』」參見《藏漢大辭典》，頁709；《至尊宗喀巴大師傳》藏文頁188（法王周加巷造，西藏：色珠出版社，2011）；中文頁246（法王周加巷造，郭和卿譯，台北：福智之聲出版社，2007）。引文見《密宗道次第廣論》藏文頁14（宗喀巴大師著，台北：佛陀教育基金會，2005）；中文頁11（宗喀巴大師著，法尊法師譯，台北：大千出版社，2001）。

❺《真實名經》云 《真實名經》，密續經典，全名《誦聖妙吉祥勇智真實名經》，又名《文殊真實名經》。漢譯本有元沙囉巴譯《佛說文殊菩薩最勝真實名義經》；元釋智譯《誦聖妙吉祥真實名經》，共二種。最初由金剛手菩薩發問，釋尊隨問而闡述四部密續所有涵義，因此又稱此經為密續之王。主要宣說五種圓滿、如來五智、此經功德勝利、由隨喜門究竟自他二利等內涵。引文元沙囉巴譯作：「雖說三乘法，住果唯一乘。」釋智譯本則作：「決定出於三乘者，住在於彼一乘果。」參見《丹珠爾》對勘本冊24，頁1392。引文見《大正藏》冊20，頁829；《甘珠爾》對勘本冊77，頁16。

^妙第三[1]、**易於獲得勝者密意**，^妙分三：第一、若無教授，不易獲得勝者密意者：至言及論諸大教典，雖是第一最勝教授，然初發業未曾慣修補特伽羅，若不依止善士教授，直趣彼等難獲密意❶。設能獲得，亦必觀待長久時期、極大勤勞。

^妙第二、**由師口訣而獲得者**：若能依止尊長教授，則易通達。

^妙第三、**顯示由此教授，少勞即獲勝者至言密意或扼要之理**[2]，**及後當說辨識密意者**：以此教授，能速授與❷決定解了經論扼要，其中道理於各時中茲當廣說。

第三科、**輕易地獲得佛陀意旨**，分為三科：第一科、**假若沒有獲得教授，則無法輕易獲知佛陀的意旨**：雖然佛語與釋論等諸大教典，的確是最為殊勝的教授，然而對於不諳修道的初修者而言，若不遵循善知識的口訣，縱然直接探索這些教典，也無法獲知如來意旨。即使真的能夠獲知，也要經歷極其漫長的歲月，並且飽嚐艱難勞苦。第二科、**透過師長的口訣便能獲得**：而如果依止師長的口訣，則能夠輕易地通曉如來意旨。第三科、**說明依此教授，少許辛勞便能獲得佛語意旨或關鍵的道理，並將在下文敘說認識如來意旨**：此教授能輕易地帶給學人對經論要義的確切認知，其中內涵將在各個法類中廣泛說明。

[1]「^妙第三」拉寺本無。　[2]「少勞即獲勝者至言密意或扼要之理」拉寺本作「少勞即獲勝者至言密意之扼要道理」。

❶難獲密意　藏文原意為「不獲密意」。
❷能速授與　藏文原意為「能易授與」。

第四^[1]、極大惡行自行消滅，分三：第一、明謗法乃最大惡行者：如《白蓮華》❶及《諦者品》❷宣說，一切佛語或實或權❸，皆是開示成佛方便。有未解是義者，妄執一類為成佛方便，及執他類為成佛障礙，遂判方便好、惡，應理、非理及大、小乘，謂：「其菩薩須於是學，此不須學」，執為應捨，遂成謗法。《遍攝一切研磨經》云❹：「佛喚曼殊室利，毀謗正法，業障細微，甚深難知。此事云何？佛喚曼殊室利，若補特伽羅於如來所說聖語，於其一類起善妙想而受持之，於其一類起惡劣想而摒棄之^[2]，是為謗法。若謗法者，由謗法故，謗所說法，是故亦成毀謗說者，是謗如來，謗所修法故，是謗修者僧伽，以如來為修法所證者^[3]，僧伽為修法者故。復有其餘謗法之門，若作是云：『此則應理，此非應理』，是為謗法。若作是言：『此是為諸菩薩宣說，此是為諸聲聞宣說』，是為謗法。若作是言：『此是為諸獨覺宣說』，是為謗法。若將前文所說，於法分別善惡，至『此是為獨覺宣說』等為因相，遂分判之而作是言：『此是諸菩薩所應學，此者非諸菩薩所學^[4]』，是為謗法。」若

190

毀謗法，其罪極重。《三摩地王》云❺：「若^{ᵇᵃ}有補特伽羅毀此贍部洲中一切塔，若^{ᵇᵃ}有補特伽羅毀謗契經，此罪極〔尤勝❻，^{ᵇᵃ}意即重也[5]。〕。若弒盡殑伽❼沙數阿羅漢，若毀謗契經，此罪極尤勝。」雖起謗法總有多門，前說此門極為重大，故應勵力而斷除之。^妙第二、若解前說二種殊勝，此罪惡行即自消滅者[6]：此亦若能獲得如前定解，即能遮除，故其惡行自趣息滅。^妙第三、如是定解當從《白蓮華經》等而得了知者：此定解者，應由多閱《諦者品》及《妙法白蓮華經》而尋求之，諸餘謗法之門，如《攝研經》中應當了知❽。

第四科、極大的惡行將會自行息滅，分為三科：第一科、說明一切惡行當中，謗法最為嚴重：如《妙法蓮華經》及《諦者品》所說，一切佛語都直接或間接地闡釋了成佛的方法。如果不了解這樣的內涵，而認定某些法類是成佛之道，某些法類則是成佛的阻礙，進而分判法門有好壞、合理與否，以及大小乘等差別，宣稱：「菩薩應該修學某種法，不應修學某種法」，而認為應當捨棄，就會成為謗法。在《遍攝一切研磨經》中說：「佛陀喚曼殊師利，毀謗正法的業障，非常隱微深細、難以覺察。謗法業障為何？佛陀又喚曼殊師利，如果有補特伽羅，對於如來所宣說的經典，某一部分生起善妙想而受持奉行，某一部分則生起惡劣想而棄之不顧，這就是謗法。這樣的謗法者，由於毀謗佛陀所宣說的法，也就毀謗了宣說佛法的人——佛陀本身；由於毀謗所修的法，因此也是毀謗修法的人——僧伽大眾，因為如來是透過修持而成就，而僧伽則是正在修行佛法的人。另外，還有其他謗法的途徑，如果

宣稱：『這種法類是合理的，那種法類是不合理的』，即是謗法；如果宣稱：『這種法類是專門為菩薩們宣說的，那種法類是專門為聲聞們宣說的』，這也成為謗法；如果宣稱：『這種法類是專門為了獨覺們宣說的』，也是謗法。如果以上述從判定法有好壞，到『這是專門為了獨覺宣說』一段，用這樣的認定為由，進而分判說：『這種法類是菩薩們應該修學的，那種法類不是菩薩們應該修學的』，便是謗法。」若毀謗正法，所造下的罪業極為深重。《三摩地王經》中說：「如果有補特伽羅毀壞贍部洲內所有的佛塔，另外有補特伽羅毀謗佛說的經典，後者的惡業〔遠勝，這裡指的是深重。〕於前者。如果有人殺害像恆河沙那麼多的阿羅漢，另外有人毀謗佛說的經典，後者的惡業遠勝於前者。」一般而言，有很多狀況會造成謗法，但是上述的情形是最嚴重的，所以應該竭力杜絕這種行為。

第二科、如果能夠理解前兩項殊勝所說的內涵，這樣的惡行就會自行息滅：而只要獲得如前文所說的確切認知，就能夠避免這種狀況發生，因此這種惡行就會自行趨於息滅。

第三科、這樣的確切認知必須依靠《法華》等經而了知：應當透過多多閱讀《諦者品》及《妙法蓮華經》去尋求這樣的確切認知，而其他會發生謗法的狀況，則應該從《遍攝一切研磨經》中了知。

[1]「^妙第四」拉寺本無。　[2]「^巴而擯棄之」拉寺本無「^巴」。　[3]「^巴以如來為修法所證者」哲霍本作「^巴以如來為修法所聞者」。按，哲霍本此句不通，誤。
[4]「所學」拉寺本此處多一箋註，作者標示不明，作「所應學」。按，此句語法類同前文巴註，故疑作巴註。　[5]「^巴意即重也」拉寺本無「^巴」。　[6]「此罪惡行即自消滅者」拉寺本無「此罪惡行」。果芒本原作「此近行即自消滅者」，哲霍本作「此罪惡行即自消滅者」。按，其中「近行」（ཉེར་སྤྱོད）為「罪惡行」（ཉེས་སྤྱོད）之訛字，故依哲霍本改之。

❶《白蓮華》 經集部經典，又名《妙法白蓮華經》、《妙法蓮華經》，共28品。漢譯本有西晉竺法護譯《正法華經》10卷；姚秦鳩摩羅什譯《妙法蓮華經》7卷；隋闍那崛多與達磨笈多譯《添品妙法蓮華經》7卷，共三種。智者大師《妙法蓮華經玄義》提到，此經主要說明如來雖在眾多經中提到三乘道，但佛的本懷只有一佛乘，所以稱為「妙法」；並以蓮花譬喻這道理的清淨無染，所以稱作「蓮華」。鳩摩羅什譯《妙法蓮華經·方便品》作：「諸佛如來但教化菩薩，諸有所作，常為一事，唯以佛之知見示悟眾生。舍利弗，如來但以一佛乘故，為眾生說法，無有餘乘，若二、若三。舍利弗，一切十方諸佛，法亦如是。舍利弗，過去諸佛以無量無數方便，種種因緣、譬喻言辭，而為眾生演說諸法，是法皆為一佛乘故。是諸眾生從諸佛聞法，究竟皆得一切種智。舍利弗，未來諸佛當出於世，亦以無量無數方便，種種因緣、譬喻言辭，而為眾生演說諸法，是法皆為一佛乘故。是諸眾生從佛聞法，究竟皆得一切種智。舍利弗，現在十方無量百千萬億佛土中，諸佛世尊多所饒益安樂眾生，是諸佛亦以無量無數方便，種種因緣、譬喻言辭，而為眾生演說諸法，是法皆為一佛乘故。是諸眾生從佛聞法，究竟皆得一切種智。舍利弗，是諸佛但教化菩薩，欲以佛之知見示眾生故，欲以佛之知見悟眾生故，欲令眾生入佛之知見故。舍利弗，我今亦復如是，知諸眾生有種種欲，深心所著，隨其本性，以種種因緣、譬喻言辭，方便力而為說法。舍利弗，如此皆為得一佛乘、一切種智故。舍利弗，十方世界中，尚無二乘，何況有三。」又云：「我有方便力，開示三乘法。一切諸世尊，皆說一乘道，今此諸大眾，皆應除疑惑，諸佛語無異，唯一無二乘。」參見《大正藏》冊33，頁682；冊9，頁7、8；《甘珠爾》對勘本冊51，頁47。

❷《諦者品》 經集部經典，全名《聖菩薩行境變現方便境大乘經》。漢譯本有劉宋求那跋陀羅譯《佛說菩薩行方便境界神通變化經》3卷；元魏菩提留支譯《大薩遮尼乾子所說經》10卷，共二種。佛在鬱舍延城時，放大光明映蔽諸天。文殊菩薩見佛現此瑞光，即從座起為四眾弟子祈請佛宣說菩薩行方便境界奮迅法門，佛即開示究竟一乘道的內涵。當時有位示現外道形相的大菩薩，名大薩遮尼乾子，接受國王的請益，透過問答，讚歎佛的無量功德，令王

生信，領王親見佛陀，佛陀即為此菩薩授菩提記。劉宋求那跋陀羅譯《佛說菩薩行方便境界神通變化經》作：「文殊師利，若其如來，或有欲於眾生大乘，或有欲於眾生小乘，則是如來有不淨心、有不等心、有執著過、有小分大悲、有異想咎，我便有於悋惜法咎。文殊師利，我若為眾生有所說法，皆趣菩提，皆趣大乘，入一切智得到一切智。以是義故，無有異乘所止住處。」又云：「文殊師利，乘止住處，如來為作安止地耳，非乘止處，非法相作安止住處。如來為人作安止處，若少莊嚴無量莊嚴彼安止處，是乘無差法界無別故。文殊師利，如來演說無障礙門，次第到於所住止處。文殊師利，猶工初學，從善巧師到巧智岸；種種方便，隨於弟子所欲學事，令其巧智，示現種種精勤之事，是巧智一也。文殊師利，如來世尊亦復如是，善法巧師，是一切智，作三種說。」元魏菩提留支譯《大薩遮尼乾子所說經》作：「文殊師利，如來若為一種眾生說於大乘，一種眾生說緣覺乘，一種眾生說聲聞乘；如是說者，是如來成不清淨心，是如來成不平等心，是如來成鬥諍過心，是如來成無有平等慈悲之心，是如來成諸相過心，是如來成於諸法中生慳悋心。文殊師利，我為眾生說於何等何等之法，彼一切法隨順菩提、隨順大乘，取一切智，畢竟究竟能到一處，謂能到於一切智處。」又云：「諸佛如來說三乘者，示地差別，非乘差別。諸佛如來說三乘者，說法相差別，非乘差別。諸佛如來說三乘者，說人差別，非乘差別。諸佛如來說三乘者，示少功德，知多功德，而佛法中無乘差別。何以故？以法界性無差別故。文殊師利，諸佛如來說三乘者，令諸眾生悉入如來諸佛法門，令諸眾生漸入如來大乘法門，如學諸伎，次第修習。文殊師利，譬如射師於射智中，究竟到射第一彼岸，能以種種無量方便教諸弟子，如己知見一切究竟。文殊師利，如來射師亦復如是，於諸法中，皆悉究竟到於彼岸，即以如來一切智智分別而說，示諸眾生三乘差別，如世射師教諸弟子。」又云：「如來勝功德，無量劫所修，薄福怯眾生，聞生驚怖心；為此眾生故，分別差別說，究竟皆成佛，更無有餘乘。」參見《大正藏》冊9，頁304、325、326；《甘珠爾》對勘本冊57，頁249、250。

❸ **或實或權** 藏文義為直接或間接。

❹ **《遍攝一切研磨經》云** 《遍攝一切研磨經》，經集部經典，又名《攝研經》。漢譯本有隋毘尼多流支譯《大乘方廣總持經》1卷。佛將涅槃時，彌勒菩

薩及諸天眾勸請佛陀說法，佛應眾請，開示不應分別佛所說法有是非優劣等差別，更以往昔達摩比丘謗法因緣，教誡弟子應當珍愛敬重一切佛法。隋毘尼多流支譯《大乘方廣總持經》作：「文殊師利，若有愚人謗微妙法，即是謗佛，亦名謗僧。又作是說：『此法是，彼法非。』如是說者，亦名謗法。『此法為菩薩說，此法為聲聞說。』作是說者，亦名謗法。」引文見《甘珠爾》對勘本冊63，頁506；《大正藏》冊9，頁382。

❺ **《三摩地王》云**　《三摩地王》，經集部經典，全名《聖開演萬法自性真如三摩地王經》，共15卷，39品。漢譯本有高齊那連提耶舍譯《月燈三昧經》10卷。佛在王舍城耆闍崛山，月光童子菩薩啟問佛為何能為世間作大光明，遠離三業雜染，戒行清淨，得勝智慧。佛說：於眾生起平等心、救護心、無礙心、無毒心，依此證得諸法體性平等無戲論三昧，即能獲得如是功德。並開示如何獲得此三昧法，及獲得此三昧的各種利益。引文高齊那連提耶舍譯《月燈三昧經》作：「所有一切閻浮處，毀壞一切佛塔廟，若有毀謗佛菩提，其罪廣大多於彼。若有殺害阿羅漢，其罪無量無邊際，若有誹謗修多羅，其罪獲報多於彼。」引文見《甘珠爾》對勘本冊55，頁159；《大正藏》冊15，頁573。

❻ **尤勝**　法尊法師原譯作「尤重」，而藏文原文為「尤勝」，為配合箋註，故改譯。下文亦同。

❼ **殑伽**　梵語Ganga（གངྒཱ）音譯，即恆河。

❽ **諸餘謗法之門如《攝研經》中應當了知**　參見隋毘尼多流支譯《大乘方廣總持經》云：「復作是言：『過去佛已滅、未來佛未至、現在佛無住，唯我獲得陀羅尼法。』作此說者，亦名謗法。以謗法故，言得陀羅尼者是不淨法。於真法師毀謗所修，復謗法師雖有解慧不如說行、復謗法師行違於道、復謗法師身不持戒、復謗法師心無智慧、復謗法師意無明解、復謗法師言無辯了、復於如來所說文字心無信受、復作是言：『此修多羅是，此修多羅非；此偈經是，此偈經非；此法可信，此法不可信；見正說者妄作異論，於聽正法者為作留礙；此是行，此非行；此成就，此非成就；此是時，此非時。』諸如此說，皆名謗法。」見《大正藏》冊9，頁382；《甘珠爾》對勘本冊63，頁506。

道前基礎

講聞軌理

🅔講聞正法等起❶不清淨等，為意樂之過；未如實宣說詞義及為非器說法等，為加行之過。

🅢第三[1]、如何講聽🅢造者及法殊勝[2]二種殊勝相應法中，分三：⼀`聽聞軌理；⼆`講說軌理；⼆`於完結時共作軌理。初中分三：⼀`思惟聞法所有勝利；⼆`於法法師發起承事❷；⼆`正聽軌理。今初：

🅛無知為引生墮罪❸之門，而由聽聞，則知苦樂皆是自業之果、三有性苦、唯佛為救彼依怙等[3]。《聽聞集》云❹：🅛昔有天人白世尊曰❺：「由何知諸法？由何遮諸惡？由何斷無義？由何得涅槃？」🅛❻彼所問，世尊答曰[4]：「**由聞知諸法**，🅔此為僅聽聞之勝利。**由聞遮諸惡**，🅔此二句是明戒學。**由聞斷無義**🅔散亂，🅔此二句是明如理作意思惟所聞義理之勝利[5]；此句是明定學。**由聞**🅔依二學已，次以慧學斷煩惱縛而**得涅槃**；🅔此結合修習所聞思義之勝利。」又云❼：「🅔譬如入🅔於周匝悉皆善**覆蔽**，🅔而致**黑暗障室內**，🅔其中所見之物**縱然有眾色**，🅔自復具🅔能見之眼亦莫見，🅔此是黑暗障蔽所致，當以燈炬照破。**如是於此**[6]🅔身所依──圓滿**人種**❽得生為人，**雖具**🅔足俱生思惟所依──能解善惡之慧，**然於**🅔**何者為善**、🅔**何者為惡法**，**未聞**🅔之間則不知❾🅔取捨之處。**如**🅔於前文所說房室之中，**具眼有燈**🅔之人，**則能**🅔**得見諸色**；🅔**即如是**🅔喻，具慧之人亦**由聽聞**🅔**何者為善、惡法**，**方知**❿🅔取捨之處。」《本生論‧🅔三十一章》亦云⓫：

🅛世尊生為月王子時，從一梵志得聞四偈正法，於一一偈，獻以千金所值財物為作酬謝。父

198

王責之曰：「所酬過當矣！[7]」王子曰：「所酬非重也！正法善說，若可計價，一偈之值，足奉王位。所以然者，以聞正法，有如是功德也。」於是月王子為父宣說聞法勝利[8]。⑪月王子告蘇達薩子云⑫：「若⑬有士夫由聞三寶功德、業果決定之理、四諦之過患勝利等法，發⑬澄淨、信解、欲求信意⑬，⑬於三寶依次供養、依止、安置，及於取捨善惡、遮趣四諦等成妙歡喜獲堅住，啟發智慧無愚癡，用自肉⑬為酬而買⑬聽聞亦應理。⑬餘文易解。聞為破除愚癡⑬之黑暗⑬之燈⑭；⑬是盜等⑬所難攜⑬之最勝財；是摧愚怨器，⑬此立愚癡為怨敵相，而說聽聞為摧彼之利器，非以愚癡為體，而說摧其怨敵，此類尚多；開示⑬成辦利益、去除損害之方便教授，故為最勝友；是⑬財食受用等諸貧匱亦復不變⑬之親⑮；⑬非如一類醫藥，雖利熱症，而損寒症；此則普療一切煩惱疾病，故無所損害，⑬為一切愁⑬苦病之藥；⑬是摧大罪⑬謂輪迴禍害之因──業惑等俱之軍⑬之最勝軍；亦是⑬美譽、⑬今生後世盛德、⑬有所需時即可受用之最勝藏；遇諸⑬勝善士⑬夫為⑬勝於財物受用等之勝禮；於⑬眾多僧伽大眾中⑬得多聞善說之智者所愛。」又⑬王子白父[9]云⑯：「聽聞隨轉修心要，⑬微少⑬艱辛力即脫生死城⑰。」⑬此謂依生而起餘諸輪迴痛苦，若從此脫，一切餘苦，並皆解脫，故如疆界之城池。於其所說諸聞勝利，應當決心⑱發起勝解。

聽法及講說的動機不純淨等等，屬於意樂方面的過失；未能如實講解詞句、義理，以及為不具備學法條件的人說法等等，則屬於加行方面的過失。

如何講說及聽聞具足作者殊勝與所著內容殊勝這兩種殊勝的正法，分為三科：一、聽聞軌理；二、講說軌理；三、聽聞及講說完結時共通應該進行的軌理。第一科中又分為三科：一、思惟聽聞正法的利益；二、敬重承事正法及說法師；三、正說聽聞軌理。

第一科：無知是滋生墮罪之源，而透過聽聞則能知道任何苦樂都是自己造業的結果、三有的本質就是痛苦，與唯有佛陀是能從中救拔的皈依處等內涵。《聽聞集》中記載，曾經有天人請問世尊道：「透過什麼能夠了知諸法？透過什麼能夠遮止罪業？透過什麼能夠斷除無義？透過什麼能夠獲得涅槃？」對此啟問，世尊答道：「**透過聽聞能夠了知諸法**，這是聽聞就能獲得的利益；**透過聽聞能夠遮止罪業**，以上兩句說明戒學的意涵。**透過聽聞能夠斷除無義**的散亂放逸，這一句說明定學的內涵；而這兩句也提到如理作意思惟所聞義理的利益。透過聽聞，依靠戒定二學之後，由慧學斬斷煩惱的繫縛而**獲致涅槃**；這句結合修習聞思的義理之利益。」另外又提到：「比如像進入一間四面上下都嚴密覆蓋，以致一片漆黑籠罩的暗室內，其中縱然充滿種種可見的物品，自身也擁有能看見事物的雙眼，但仍是一無所見。這是由於漆黑蒙蔽所致，必須以明燈照破黑暗。同樣地，如今投生為人類，獲得圓滿的人身，雖然擁有與生俱來的思惟能力——理解善惡的智慧，但是對於何者為善法、何者為惡法，在尚未聽聞學習之前，依然不知取捨的標準。就如在上述的漆黑房間裡，雙眼健全、擁有燈火的人，能夠看得到各種物體；如同上述譬喻一般，具足智慧的人，也是透過聽聞何者為善法、何者為惡法，才能知曉取捨的標準。」《本生論·第三十一章》也記載，往昔世尊投生為月王子時，在一位婆羅門跟前聽聞了四偈正法，王子便以每偈各價值千兩黃金的財物，獻給那位婆羅門作為答謝。國王指責王子說：「這樣的報酬太過高昂了！」王子解釋道：「這份報酬並不過分。假如正法的嘉言真的可以估算其價值，即使為了一偈，都足以奉上整個政權去換取。因為，聽聞正法有如此的功德。」於是，月王子便為他的父王宣說聞法的利益。月王子對蘇達薩子說：「如果有人透過聽聞三寶的功德、業果決定的法則、

四諦的過患及功德等等正法，心生澄淨、信解、欲求信心，就會依次供養佛陀、依止正法、安置僧伽，並對取善捨惡、對四諦分別要遮除與證悟等方面，心生堅定不移的善妙歡喜，啟發智慧並消除愚癡，所以縱使用自己的肉作為代價，去買得聽聞的機會，也完全合理。」其他內容易於理解。「聽聞好比是明燈，能照破愚癡的黑暗；又是盜賊等無法奪取、最超勝的財富；是〔消滅愚癡仇敵的利刃。此處是將愚癡形象化，比擬為仇敵，而說明聽聞是毀滅這種仇敵的武器；並非將愚癡作為主體，消滅它的仇敵之意。這類的形容方式，下文還有很多。〕它宣說成辦利益、消除損害的方法訣竅，所以是最殊勝的友伴；縱然匱乏財食受用等，它是依然不離不棄的愛親；某些藥物雖然對熱症頗具療效，卻會加重寒症的病情；聽聞則不然，能治癒一切煩惱疾病，所以是沒有副作用、一切哀愁及苦惱疾病的良藥；摧毀極惡輪迴災難的根源──業和煩惱大軍，是最勝的軍隊；同時也是美好聲譽、今生後世的圓滿富樂，以及凡有所需能隨時供應的最珍貴的寶藏。會晤高尚正士夫時，它是超越任何財物受用等最好的贈禮；在眾多僧伽大眾中，凡是飽學嘉言的智者都會恭敬禮遇。」王子又向父王說道：「將聽聞以後隨即依之修行的態度奉為修行核心，那麼只需少許辛勞，便能超脫受生的城池。」此句意指，由於一開始的受生，其他一切輪迴苦難都隨之而起；如果從此超脫、不再受生，自然就脫離了受生後的其他一切痛苦，所以受生就宛如一座劃分界限的城池。對於上述聽聞的眾多利益，應該由衷產生信解。

[1]「^妙第三」拉寺本無。 [2]「^妙造者及法殊勝」果芒本作「^妙造者及法之法」，拉寺本無，而哲霍本作「^妙造者及法殊勝」。按，果芒本文字易致疑誤，故依哲霍本改之。 [3]「^語無知為引生墮罪之門……救彼依怙等」拉寺本作巴註。
[4]「^語昔有天人白世尊曰……世尊答曰」原果芒本未標者，今依拉寺本補之。
[5]「^巴此二句是明如理作意思惟所聞義理之勝利」果芒本原作「^巴此句明如理作意思惟所聞義理之勝利」，拉寺本作「^巴此二句是明如理作意思惟所聞義理之勝利」。按，參下文209頁「總體而言，僅唯聽聞，容有廣大勝利，然不能生《集》中所言由聞遮諸惡」，故知無思修之聽聞，非能遮諸惡之聽聞，而能遮諸惡之聽聞，最下必為具足思惟之聽聞。故將「由聞遮諸惡」及「由聞斷無義」二句，作如理作意思惟所聞義理之

勝利,於義為善。依果芒本,則未能明指「由聞遮諸惡」一句為聞思修中何者之勝利,故依拉寺本補之。　[6]「如是於此」拉寺本作「^巴即如是^巴喻於此」。
[7]「父王責之曰:『所酬過當矣!』」哲霍本作「又王責之曰:『所酬過當矣!』」。按,藏文中「父」(ཡབ)和「又」(ཡང)字,型易混淆。就前後文通讀,「父王」較「又王」通暢。疑哲霍本之「又」為「父」之訛字。　[8]「^語世尊生為月王子時……為父宣說聞法勝利」哲霍本作巴註。按,此註中「為父宣說聞法勝利」與下文「^巴月王子告蘇達薩子云」之註所言大異,若同作巴註難符情理。究此二註並無連貫,註者實難一人,且前註有語王大師之風,私謂哲霍本誤。　[9]「又^巴王子白父」拉寺本作「又^巴白父王」。

❶ **等起**　想要做某件事的意樂。

❷ **承事**　承命奉行,服侍無違。

❸ **墮罪**　受取佛所制戒之後,違犯所受戒律之罪。

❹ **《聽聞集》云**　《聽聞集》,出自《集法句》。《集法句》,阿毗達磨部論典,共4卷,33品,阿羅漢法救(dharmatrātaḥ)所集。漢譯本有吳維祇難譯《法句經》2卷;晉法炬共法立譯《法句譬喻經》4卷;姚秦竺佛念譯《出曜經》30卷;宋天息災譯《法集要頌經》4卷,共四種。法救尊者將零散的佛語編輯成書,內容涵蓋無常、持戒、忍辱、聽聞等諸多內涵。《聽聞集》即《集法句》其中一品。引文《法句經》、《法句譬喻經》、《法集要頌經》皆作:「聞為知法律,解疑亦見正,從聞捨非法,行到不死處。」引文見《大正藏》冊4,頁560、578、788;《丹珠爾》對勘本冊83,頁49。

❺ **昔有天人白世尊曰**　此因緣見阿闍黎札戛哇日瑪所著的《優陀那品註解》。參見《丹珠爾》對勘本冊83,頁712。

❻ **酬**　酬答,應答,應對方所問而答。

❼ **又云**　引文姚秦竺佛念譯《出曜經》作:「猶如蓋屋密,闇冥無所覩,雖有眾妙色,有目不見明。」「彼如有一人,智達廣博學,不聞則不知,善法及惡法。」「猶如人執燭,悉見諸色相,聞已盡能知,善惡之所趣。」宋天息災譯《法集要頌經·多聞品》作:「猶如蓋屋密,闇冥無所見,雖有眾妙色,有目不見明。

猶如有一人，智達廣博學，不聞則不知，善法及惡法。譬如執明燭，悉見諸色相，聞已盡能知，善惡之所趣。」見《大正藏》冊4，頁720、788；《丹珠爾》對勘本冊83，頁49。

❽ 種　法尊法師原譯作「中」，今依藏文改譯。

❾ 然於善惡法未聞則不知　法尊法師原譯作「然未聽聞時，不知善惡法」。為配合箋註，故改譯。

❿ 如是由聽聞善惡法方知　法尊法師原譯作「如是由聽聞，能知善惡法」。為配合箋註，故改譯。

⓫ 《本生論》亦云　《本生論》，本生部經典，全名《三十四本生論》，共34品，馬鳴菩薩著。漢譯本有北宋紹德、慧詢等譯《菩薩本生鬘論》，署名聖勇菩薩等著，收於《大正藏》冊3，然與藏譯本內容相差甚大，尚待考證。作者出生於迦濕彌羅境內夏給達嘎的婆羅門族，出生時有種種瑞相，故名聖勇（Āryaśūraḥ）。幼時聰慧明利，僅一過目，便能無礙通曉一切明處，故稱摩帝支札，義為慧光。其讀誦吠陀的聲音，極為悅耳，又名馬鳴（Aśvaghoṣaḥ）；因為恭敬承事父母，又名敬父、敬母。此師起初由於種姓的關係，皈信大自在天，承許常見學說，並往大自在天神湖，精勤誦咒修法七天，獲得大自在天親自祝願，並囑咐大梵天、遍入天、鄔摩天女在他辯論時，分別化現鸚鵡、滑石、羅剎女相助。大自在天最後又說：「如果這樣還無法降伏他宗，我會親自到你心中加持，令你制伏一切。」因此，馬鳴外道掃蕩其境內所有內外道學說，唯留常見學派。後轉至其他地方，擊敗內外諸大論師之宗，所以獲得制伏一切方隅的美譽，號稱「黑莫敵」。此時，其母早已對佛法深生淨信，見此景象不免憂愁，於是祈求度母，盼望其子早日皈入佛門，所以勸說其往那爛陀寺論辯。寺裡的僧眾皆知其摧敗許多內外教徒的事蹟，自忖不能與之論戰，於是向龍樹菩薩請求協助，龍樹菩薩遂派遣聖天菩薩前往論辯。大眾耳聞聖天菩薩將與馬鳴外道論辯，一時在寺內外聚集了十萬人，國王也親自到現場作證。論戰時聖天菩薩以種種方便使鸚鵡等盡失效用，再以無垢真理，破斥常見所有邪說。馬鳴外道無法反駁，因此國王判馬鳴外道論敗，將其監禁於那爛陀寺的藏經閣。馬鳴外道由於閱讀佛經，巧見往昔佛陀授記自己的種種事蹟，才打從內心深信釋尊，於是在龍樹菩薩座下剃度，成為近侍三子之一。在佛授記

中，馬鳴菩薩為不退轉位的菩薩，亦有說是地上菩薩。馬鳴菩薩本欲以詩體撰寫釋尊的五百篇清淨本生及五百篇非清淨本生，闡述釋迦牟尼佛往昔在菩薩位時行六度萬行的事蹟。後因效學釋尊捨身飼虎，故只寫下三十四篇本生。參見《永津班智達智幢文集》冊1，頁6。月王子與蘇達薩子的故事，參見《丹珠爾》對勘本冊94，頁283。引文見《丹珠爾》對勘本冊94，頁291。

⓬ **月王子告蘇達薩子云** 二師註解下文的由來不同，查閱藏經應是月王子對父王說的一段話。引文見《丹珠爾》對勘本冊94，頁291。

⓭ **澄淨信解欲求信意** 依哈爾瓦·嘉木樣洛周仁波切解釋，對於所希求事的體性生起的無有垢染的確信為澄淨信；對於成辦所希求事的方法生起的確信為信解信；確定所希求事的本質正確，並且可以獲得，而生起的欲求為欲求信。另有一說，謂了知所信對境的功德而生起的勝解為澄淨信；對於業果及三寶的信解為信解信；希求自己心中能生起所信對境的功德的欲求，是為欲求信。

⓮ **聞為破除癡暗燈** 法尊法師原譯作「聞除癡暗為明燈」，為配合箋註，故改譯。

⓯ **是貧亦復不變親** 法尊法師原譯作「雖貧不變是愛親」，為配合箋註，故改譯。

⓰ **又云** 引文見《丹珠爾》對勘本冊94，頁292。

⓱ **生死城** 藏文中原無「死」字，唯作「出生城」，故有下文的解釋。

⓲ **決心** 在藏文中即至心之義。

復次應如《菩薩地》說❶，須以五想聽聞正法：謂佛出世極罕難遇，其法亦然，由稀貴故，作珍寶想；時時增長俱生慧故，作眼目想；由其所授智慧眼目，能見如所有性及盡所有性故，作光明想；於究竟時能與⓬解脫涅槃、⓭一切遍智大菩提果❷故，作

大勝利想；現在亦能得彼二之因——止觀樂故，作無罪想。作
是思惟，即是思惟聽聞勝利。

第二者❸、㊙於法法師發起承事[1]：如《地藏經》云❹：「㊐於
說法師一味專信恭敬聽聞法，不應於彼起毀謗。於說法師供養
者，謂於師起如佛想。」應視如佛，以獅座等恭敬利養而為供
事❺，斷不尊敬。應如《菩薩地》中所說而正聽聞❻，謂應無雜
染，不應作意法師五處。㊐遠離雜染有二，其中**離高舉者，應**㊐於心舒泰，
雍容不迫等**時聽聞、發起**㊐禮拜、先起身等[2]**恭敬、發起**㊐按摩濯足等**承事、**
㊐**成辦師事不應忿恚、**㊐**依教隨順正行、不**㊐應藉故等以**求過失**❼，由
此六事而聽聞之。離輕蔑雜染者，謂極敬重法及法師，及於彼二
不生輕蔑。㊐此二為無雜染聽聞。**不應作意五處所者，謂戒穿缺**❽、
**種性下劣、形貌醜陋、文辭鄙惡、所發語句粗不悅耳，便作是
念：「不從此聞」，應捨是念**❾。**如《本生》中亦**㊐載，月王子為蘇達薩
子說云❿：「㊐月王子見蘇達薩子欲聞正法復成法器，遂告之曰[3]：爾欲聞法，應住如是
威儀而聽聞之[4]。聞法之時，自身**處極低劣座，發起調伏**㊐諸根德，以具笑
目視㊐說法者，如飲甘露㊐說法之[5]**語**⓫。㊐由不放逸**起敬專至誠，**㊐心
意踴躍**善淨，**㊐以無㊐惡等起[6]**垢**㊐**染之**[7]**意，如病聽醫言，**㊐懷修持心於說
法師**起承事聞法。」

另外，如同《菩薩地》提到，必須懷著五種心態聽聞正法：一、佛陀降世極其希有，佛法也是如此，由於其希有珍貴的價值，生起如珍寶之想；二、能時時增長俱生慧，所以生起如眼目之想；三、藉由所獲得的慧眼，能夠照見如所有性及盡所有性，所以生起如光明之想；四、最終能夠帶來涅槃的解脫境界，以及一切遍智的大菩提果位，因而生起具有極大利益之想；五、從現在起，也能獲得這兩者的因——止觀妙樂，因此生起無罪之想。如此思惟，即是思惟聽聞的利益。

第二科、敬重承事正法及說法師：如同《地藏經》所說：「應對說法師心懷徹底的虔誠信心，恭敬地聽法，不應對說法師心生輕蔑並毀謗。供養說法師，要對他生起如佛陀之想。」應該將說法師視如佛陀，用獅子座等恭敬與資財作為供養，斷除不尊敬的態度。應該像《菩薩地》中提到的：心無雜染，也不應在意說法師可能有的五個方面，以這樣的態度來聽聞。其中遠離雜染，分成兩方面：一、遠離傲慢，是指一、應當在師長心境平和、從容不迫等合宜時機下聽聞；二、要有禮拜、事先起立等敬重的行為；三、進行承侍按摩洗足等；四、對完成師長的事情不懷忿怒；五、隨順師長的言教而行；六、不應找理由而違逆師命。以這六點來聽聞。二、遠離輕蔑的雜染，是指敬重正法及說法師，對這二者不能心懷藐視。這兩點便是遠離雜染而聽聞。不應在意五個方面，是指由於破戒、出身種姓卑下、形貌醜陋、用詞鄙俗、音調語氣粗鄙不悅耳，因此心想：「不要在他面前聽法」，應當捨棄這種想法。如同《本生論》中也記載，當月王子看到蘇達薩子開始渴望聽聞正法，並且成為具備學法條件的人，便說：你果真想要聽法的話，就應該具足如此的威儀而聽聞。於是月王子告訴蘇達薩子說：「在聽法時，自身應該處在最卑下的座位，發起調伏身心的德行，以洋溢著笑意的雙眼注視說法師，如同汲飲宣示正法的詞句甘露。並且由不放逸而發起恭敬、專致虔誠，內心純淨而踴躍歡喜，以不染惡劣動機的垢穢之心，如同病患聽從醫生的指示一般，懷著修持的心情，去侍奉說法師而聽聞正法。」

[1]「^妙於法法師發起承事」拉寺本無。　[2]「先起身等」果芒本原作「先瞋等」，拉寺本、哲霍本作「先起身等」。按，其中「瞋」（ཤེས）乃「起身」（ཤེས）之訛字，故依拉寺等本改之。　[3]「遂告之曰」拉寺本作「王子遂告蘇達薩子曰」。按，拉寺本此句「王子遂告蘇達薩子曰」與上句「月王子見蘇達薩子欲聞正法復成法器」有重複之嫌，疑衍。　[4]「^巴月王子……而聽聞之」拉寺本作語註。　[5]「^巴說法之」哲霍本作語註。　[6]「^巴惡等起」拉寺本無「^巴」。　[7]「^巴染之」藏文中「染」、「之」二字，分作二註。拉寺本「染」字無「^巴」。

❶《菩薩地》說　《菩薩地》，《瑜伽師地論·本地分》的內容之一，全名《瑜伽師地論·菩薩地》，共22卷，全論共100卷，藏傳佛教認為《瑜伽師地論》是無著菩薩造，漢傳則認為是彌勒菩薩所說。全論漢譯本有唐玄奘大師譯《瑜伽師地論》，北涼曇無讖譯《菩薩地持經》10卷、《菩薩戒本》9卷；宋求那跋摩譯《菩薩地戒經》9卷、《優婆塞五戒威儀經》1卷；梁真諦譯《十七地論》5卷、《決定藏論》3卷，共六種，為其部分漢譯本。其中《十七地論》今已失傳。此論顯示三乘行者所觀之境，所修之行，所證之果的內涵，唯識派亦以此論作為主要依據的論典之一；《菩薩地》主要詮釋大乘根道果的內涵。唐玄奘大師譯《瑜伽師地論》云：「若諸菩薩欲聽法時作五種想，應從善友聽聞正法。一作寶想，難得義故；二作眼想，能得廣大俱生妙慧，因性義故；三作明想，已得廣大俱生慧眼，於一切種如實所知，等照義故；四作大果勝功德想，能得涅槃及三菩提無上妙迹，因性義故；五作無罪大適悅想，於現法中未得涅槃及三菩提，於法如實簡擇止觀無罪大樂，因性義故。」參見《大正藏》冊30，頁535；《丹珠爾》對勘本冊73，頁838；《中華佛教百科全書》冊8，頁4765。

❷大菩提果　法尊法師原譯作「菩提果」，今據藏文補譯。

❸第二者　法尊法師原譯作「於法法師發起承事者」，為配合箋註，故改譯。

❹《地藏經》云　《地藏經》，經集部經典，全名《大集地藏十輪大乘經》，共

10卷，8品。漢譯本即唐玄奘大師譯《大乘大集地藏十輪經》。佛說此經之本懷，是為令三寶能昌盛久住於世，為摧伏一切眾生如金剛堅固的煩惱。此經的藏文版，是從玄奘大師的漢譯本迻譯為藏文。引文唐玄奘大師譯《大乘大集地藏十輪經》作：「常恭敬聽法，深信不毀謗，供養說法師，如佛世尊想。」引文見《大正藏》冊13，頁770；《甘珠爾》對勘本冊65，頁541，然與正文略有不同。

❺ **供事** 即供養。

❻ **如《菩薩地》中所說而正聽聞** 「應無雜染」一段，唐玄奘大師譯《瑜伽師地論》云：「云何菩薩無雜染心聽聞正法？謂聽法時其心遠離貢高雜染，其心遠離輕慢雜染，其心遠離怯弱雜染。由六種相，其心遠離貢高雜染；由四種相，其心遠離輕慢雜染；由一種相，其心遠離怯弱雜染。謂聽法時，應時而聽、慇重而聽、恭敬而聽、不為損害、不為隨順、不求過失。由此六相，其心遠離貢高雜染。又聽法時，恭敬正法、恭敬說法補特伽羅、不輕正法、不輕說法補特伽羅。由此四相，其心遠離輕慢雜染。又聽法時，不自輕蔑。由此一相，其心遠離怯弱雜染。菩薩如是無雜染心聽聞正法。」「不應作意法師五處」一段，《瑜伽師地論》云：「若諸菩薩欲從善友聽聞法時，於說法師由五種處不作異意，以純淨心屬耳聽法。一於壞戒不作異意，謂不作心此是破戒不住律儀，我今不應從彼聽法；二於壞族不作異意，謂不作心此是卑姓，我今不應從彼聽法；三於壞色不作異意，謂不作心此是醜陋，我今不應從彼聽法；四於壞文不作異意，謂不作心此於言詞不善藻飾，我今不應從彼聽法，但依於義不應依文；五於壞美不作異意，謂不作心此語麤惡多懷忿恚，不以美言宣說諸法，我今不應從彼聽法。如是菩薩欲聽法時，於是五處不應作意，但應恭敬攝受正法，於說法師未嘗見過。若有菩薩其慧微劣，於說法師心生嫌鄙，不欲從其聽聞正法，當知此行不求自利退失勝慧。」此中所說六相與藏文譯本不同，漢譯為「不為隨順」，藏譯本則為「隨順正行」。參見《大正藏》冊30，頁502、535；《丹珠爾》對勘本冊75，頁661、839。

❼ **不應藉故等以求過失** 哈爾瓦‧嘉木樣洛周仁波切認為，此句指不應該找各種理由成立自己是對的，因而不聽從、否定師長的話。比如對師長說我沒有學習的條件、男女不一樣、今天忙沒時間、我生病了等等。「求過失」，此指對

師長回嘴解釋。

❽ 戒穿缺　藏文中即指破戒。

❾ 便作是念不從此聞應捨是念　法尊法師原譯作「便作是念，不從此聞而棄捨之」。藏文中「棄捨」是指棄捨不從此聞的念頭，依原譯易誤解為棄捨說法師而不從聽聞，故改譯。

❿ 《本生》中亦云　引文見《丹珠爾》對勘本冊94，頁299。

⓫ 甘露語　法尊法師原譯作「甘露雨」，今依藏文改譯。

^妙第三^[1]、正聞軌理，^妙分三：˘總示聽聞軌理；˘特須結合相續而聞；˘彼等結成之義。初中^[2]分二^[3]：˘斷器三過；˘依六種想。今初：

若器倒覆❶，及縱向上然不淨潔，並雖淨潔若底穿漏❷。天雖於彼降以雨澤^[4]，然不入內；及雖入內或為不淨之所染污，不能成辦餘須用事❸；或雖不為不淨染污，然不住內，當瀉漏之。〔如是雖住說法之場，^妙堪欽❹引《三地頌》「嫺巧論辯」等文^[5]❺，而說：「總體而言，僅唯聽聞，容有廣大勝利，然不能生《集》中所言由聞遮諸惡^[6]，故說此文❻。」茲說甚善。〕然不屬耳❼，^妙此為第一過失，猶若覆器。大班智達戒護所著《雜事註》云❽：「說法之時，或有意不趣轉，不能執持故也^[7]。」或雖屬耳然有邪執，或等起心有過失等，^妙此為第二過失，猶不淨器。即彼論云❾：「或雖趣轉而住，然由非理作意顛倒執故。」雖無上說彼等眾過，然聽聞時，所受文

209

義不能^⑫唸誦及數思惟以**堅持**，由忘念^⑳此為第三過失，猶器穿漏。即彼論云^❿：「或已趣轉而不安住，忘失故也。」等之所失壞，則其聞法全無大益，故須離彼等^[8]。此三對治，經說三語，謂善^⑫滅除器藏毒、諦聽聞^⑫滅除器倒覆、意思念之^⑫滅除器穿漏。^⑳《雜事註》云^⓫：「經說：『善、諦聽聞、意思念之。』為專注故當善聽聞、為不忘故當諦聽聞、為如理作意故當作意。」此亦猶如《菩薩地》說^⓬：^⑫散亂有四，謂依義、詞、念、作意所起散亂。初中有二，謂執取^⓭、退怯。初者對治，謂**希於遍知**，^⑫第二退怯對治，謂**專注**，^⑫第二於文詞散亂之對治，謂**屬耳**，^⑫無掉舉、退怯、散亂而^⑫**內修者**^[9]，謂**意善敬住，以一切心思惟**，^⑫不從一切根門外散，內攝而**聽聞**。

第三科、正說聽聞軌理，分為三科：一概括性地說明聽聞的方法；二特別申明必須結合心續而聽聞；三上述內容的結論。第一科分為二科：一斷除三種器過；二依止六種想。第一科：

如果將器皿倒置，或者開口朝上但其中汙穢不堪，乃至器皿內已經乾淨，但是底部卻有漏洞，即使天神降雨，雨水也無法進入器皿內部；縱然注入其中，也會被原有的髒垢汙染，不能達到飲用等目的；或者即使沒有被髒垢汙染，但也會全數瀉漏，無法貯存。〔同樣地，雖然安坐在說法的會場，大堪布提到：一般而言，僅僅聽法雖然也有很大的利益，但是卻不能達到《聽聞集》中所說的透過聽聞遮止諸惡，因此宣說上述內容。並且引述《三地頌》當中「嫻巧論辯」等內容來說明，著實是非常精闢的闡釋。〕但是雙耳卻沒有專注地傾聽，這就是第一種過失，一如倒蓋的器皿。大班智達戒護論師所著《雜事註》中提到：「在說法時，某些人心無法契入，因為他不能受持法義。」縱然專注聆聽，卻顛倒執著所說的意

涵，或者動機有所偏失等，這是第二種過失，就像是汙穢不淨的器皿。《雜事註》中說：「某些人雖能趣入並安住於法義，但卻非理作意而錯誤理解。」或者雖然沒有那些過失，但聽聞時，卻因不能將受持的語句一再覆誦，及反覆思惟義理而堅固地記在心中，以致遺忘。這是第三種過失，宛如底部穿孔的器皿。《雜事註》中說道：「有些人雖然能趣入卻無法安住其上，因為忘失的緣故。」由於忘失不憶等原因，以致在心中淡化無蹤。如此聽法，不能成就廣大的義利，因此必須遠離這些過失。這三種過失的解決辦法，經中說了三句短語：「善」說明要滅除器皿含毒般的過失，「諦聽聞」提到要滅除器皿倒蓋般的過失，「受持在心中」則表示要滅除器皿穿孔般的過失。《雜事註》中則說：「經中說：『應當善巧地、專注地聽聞，受持在心中。』為了一心專注，所以善巧地聽聞；為了憶持不忘，所以專注地聽聞；為了如理作意，所以作意。」這也如《菩薩地》中所提到：散亂有四類，分別對於義涵、詞句、正念、作意產生散亂，第一類中又細分兩種：執取及退縮。第一者的制止方法是**希求通曉一切**，第二退縮的制止方法則是**一心專注**；第二類對於詞句散亂的制止方法為**專注聆聽**；無掉舉、退縮而不散亂地向內在修持，就是**心意虔敬**；用**一切心來思惟**，所有根門向內收攝，完全不對外界分散注意力，在這種狀態下**聽聞**。

[1]「^妙第三」拉寺本無。　[2]「^妙分三……初中」拉寺本無。　[3]「分二」哲霍本作妙註。按，凡《廣論》科判，母科之後則逕出子科之數。若哲霍本作妙註，則失《廣論》科文之體例。應為哲霍本誤將正文作箋。　[4]「降以雨澤」果芒本原作「降水」，青海本《廣論》、拉寺本、法尊法師原譯作「降以雨澤」。按，藏文「降水」（ཆར་པབ），語法不順，疑誤。　[5]「^妙『嫻巧論辯』等文」拉寺本無「文」。
[6]「然不能生《集》中所言由聞遮諸惡」果芒本原作「然僅以《集》中所言聽聞不能遮罪」，拉寺本作「然不能生《集》中所言由聞遮諸惡」。按，《集》中所言聽聞實有多種，亦含能遮罪之聽聞，依果芒本易生歧義，故依拉寺本改之。　[7]「猶若覆器……不能執持故也」拉寺本作語註。按，此同下文妙註「猶不淨器」、「猶器穿漏」，應為同一人引《雜事註》之作。下二註各本皆作妙註，僅此處突作語註實不應理，當為誤標。　[8]「故須離彼等」果芒本原作「故須離彼」，拉寺本、法尊法師原譯作「故須離彼等」。　[9]「^巴內修者」拉寺本作「^巴內攝者」。

❶ **器倒覆** 指杯器上下顛倒放置。

❷ **底穿漏** 指杯器有穿孔漏洞。

❸ **不能成辦餘須用事** 按藏文應作「不能成辦飲等用事」。

❹ **堪欽** 堪即「堪布」簡稱，義為親教師，欽為「大」義。大親教師，通常是對具足深恩的上師或住持教法大德的尊稱。據妙音笑大師箋註跋文，或指娘日堪欽善慧法稱（ཉ་རི་མཁན་ཆེན་བློ་བཟང་ཆོས་གྲགས，公元1626～？），生平事蹟不詳。

❺ **《三地頌》嫻巧論辯等文** 《三地頌》，讚歎宗喀巴大師的頌文，全名《吉祥三地頌》，共34偈，克主傑大師造，尚無漢譯。此師由於許多持律比丘及具信弟子，特別是善知識日藏（ཉི་མ་སྟེང་པོ）的祈請，於是依宗喀巴大師事蹟，著作此篇淺顯易懂的祈請文。「嫻巧論辯」等文，全頌為「嫻巧論辯一切諍論師，縱經百返觀擇尊怙語，亦復不能動搖絲毫許，具清淨意於汝誠祈請。」堪欽引用此文，意為僅僅聽聞雖然也有利益，但應該要達到《三地頌》中所說，宗喀巴大師聞思的高度。引文見《克主傑大師文集》冊9，頁380（克主傑大師著，西藏：色珠出版社，2014）。

❻ **故說此文** 如月格西認為，總體而言，只要是聽聞正法，就有利益，但未必能產生《聽聞集》所說的聽聞即能遮諸惡的功效。所以大師在《廣論》中才又寫下「此文」——即指前文「若器倒覆」等。

❼ **屬耳** 指用耳朵注意地聽聞。屬，音同「主」，通「囑」，專注之意。

❽ **《雜事註》云** 《雜事註》，律典釋論，共8品，戒護論師著，尚無漢譯。主要解釋《根本說一切有部毘奈耶·雜事》。引文見《丹珠爾》對勘本冊88，頁114，然與正文略有不同。

❾ **即彼論云** 引文見《丹珠爾》對勘本冊88，頁114，然與正文略有不同。

❿ **即彼論云** 引文見《丹珠爾》對勘本冊88，頁114，然與正文略有不同。

⓫ **《雜事註》云** 引文見《丹珠爾》對勘本冊88，頁114，然與正文略有不同。

⓬ **《菩薩地》說** 相關段落見唐玄奘大師譯《瑜伽師地論》云：「云何菩薩無散亂心聽聞正法？謂由五相：一者求悟解心聽聞正法、二者專一趣心聽聞正法、三者聆音屬耳聽聞正法、四者掃滌其心聽聞正法、五者攝一切心聽聞正法，

菩薩如是求聞正法。」參見《大正藏》冊30，頁502；《丹珠爾》對勘本冊73，頁662。

❸ 執取　依哈爾瓦・嘉木樣洛周仁波切及如月格西解釋，從下文的對治法推斷，此執取指得少為足從而散亂。

❀❀第二[1]、依六想中，❀❀分六：第一[2]、於自安住如病想❶者：如《入行》云❷：「若遭常病逼，尚須依醫言，況長遭貪等，百過❸病所逼。」延長難療，發猛利苦，貪等惑病，於長時中，而痛惱故，於彼應須了知是病。迦摩巴❹云：「若非實事，作實事修[3]，雖成顛倒。然遭三毒極大乾病❺之所逼迫，病勢極重，我等竟無能知自是病者。」

❀❀第二[4]、於說法師住如醫想者：如遭極重風膽等病❻，便求善醫，若得會遇發大歡喜，隨教聽受恭敬承事。如是於宣說法善知識所，亦應如是尋求，既會遇已，莫覺如負擔，應持為莊嚴，依教奉行，恭敬承事。《攝德寶》中作是說故❼：「故心❽❀力勇❀猛求〔勝菩提，❀即無上菩提。〕之菩薩智者定應摧❀自之我慢，如病求瘥❀自疾而親醫師❾，親善知識應無懈。」

❀❀第三[5]、於所教誡起藥品想者：如諸病者，於其醫師所配藥品起大珍愛。於說法師所說教授❿及其教誡⓫，見重要已，應多勵力⓬珍愛執持，莫令由其忘念等門，而致損壞⓭。

第二科、依止六種想當中，分為六科：第一科、視自身如同病患之想：《入行論》中說：「如果被普通的疾病所困，尚且應該遵從醫囑治病，何況是遭到罪惡萬端的貪等煩惱痼疾長時間地侵襲！」如上所述，貪等煩惱病纏綿已久、難以治療，又會引起劇烈的痛苦，一刻不停地發作，所以必須認識貪等煩惱就是重病。迦摩巴曾說：「事實上不存在的內涵，如果依之而修，固然是顛倒的修行；但明明罹患了三毒沉痾，病情極為嚴重，我們竟然絲毫不知自己是病患！」

第二科、視說法師如同良醫之想：如同得了嚴重的風病、膽病等等，必然會尋訪高明的醫生，如果會遇這樣的醫生，必定欣喜萬分，對醫生言聽計從、恭敬侍奉。同樣地，也應該如此訪求宣說正法的善知識，值遇之後，不要視為負擔，應該奉為莊嚴，任何教誨都應遵行，並且恭敬地承事。《攝德寶》中說：「因此，以強而有力的勇猛心志追求〔最勝菩提，即無上菩提。〕的菩薩智者，必定要摧毀自己心中的我慢。如同病患們為了療癒自身的疾病而就醫診治，應當精勤不懈地親近善知識。」

第三科、對說法師賜予的教誡生起良藥之想：譬如病人會極其愛惜醫師調配的藥物，同樣地，對說法師所開示的教授、教誡，應當看到其重要性，而一再地努力愛惜、受持，千萬不能因為忘失等原因，導致枉費了這樣的教授、教誡。

[1]「^妙第二」拉寺本無。　[2]「依六想中，^{巴妙}分六：第一」拉寺本於「依六想中」之後，多箋註如下：「^語一、正說；二、結合相續而聞；三、思惟結義」。按，果芒本、雪本、哲霍三本亦有大意相同之妙註，參前文209頁：「一、總示聽聞軌理；二、特須結合相續而聞；三、彼等結成之義」。此二除初科所指不同，後二科之內容段落咸同，然拉寺本此三科前後之作者標示有出入，語註之初科「一、正說」於後「初中分六：第一」時作妙

註；第二科「二、結合相續而聞」於後標示不明；第三科「三、思惟結義」於後亦標妙註（見下表一）。依果芒等本更能攝盡正聽軌理之全貌，且無科文前後不符之過。另「巴妙分六：第一」拉寺本作「妙初中分六：第一」。按，六想之前後科判之標示除拉寺本前後相符外，他版皆前後不符，各版差異如下：果芒本初、五想作巴註，二、三、四想作語及妙註，六想作妙註；雪本、哲霍本初想作巴註，二、三、四想作語及妙註，五、六想作妙註；拉寺本一至六想全作妙註（見下表二）。綜觀六想科文作者，似以拉寺本較合理，然不能排除巴註及語註為各想作註之可能，茲以果芒本為主，於各想科文後未加妙註者皆補妙註。

〔表一〕

拉寺本	正說	結合相續而聞	思惟結義
前	語	語	語
後	妙	標識不明	妙

〔表二〕

	第一想	第二想	第三想	第四想	第五想	第六想
果芒本	巴	語、妙	語、妙	語、妙	巴	妙
雪、哲霍	巴	語、妙	語、妙	語、妙	妙	妙
拉寺本	妙	妙	妙	妙	妙	妙

[3]「若非實事，作實事修」 拉寺本、哲霍本作「若非實病，作實病修」。 [4]「語妙第二」 拉寺本無「語」。 [5]「語妙第三」 拉寺本無「語」。

❶ 於自安住如病想　指將自己看作病人。

❷ 《入行》云　《入行》，即《入菩薩行論》，中觀部論典，共10品，寂天菩薩造。漢譯本有宋天息災譯《菩提行經》4卷；隆蓮比丘尼譯《入菩薩行論》10品；今人如石法師譯《入菩薩行》10品，共三種。主要闡述中觀應成派大乘道果的內涵，並詳盡說明發菩提心的勝利，以及發心以後學習菩薩行的道理。引

文如石法師譯《入菩薩行·懺悔品》作：「若懼尋常疾，尚須遵醫囑；何況貪等惑，宿疾恆纏身。」引文見《入菩薩行》，頁16（寂天菩薩造，如石法師譯，台北：福智之聲出版社，2010。以下簡稱《入行論》）；《丹珠爾》對勘本冊61，頁960。

❸**百過** 一切過失，「百」是多數詞，泛指一切。

❹**迦摩巴** 袞巴瓦的親傳弟子（約11世紀），藏語ཀ་མ་པ音譯，本名智慧光（協饒沃·ཤེས་རབ་འོད）。此師未出世前，即得阿底峽尊者授記，謂其母將生一位深具善根的兒子。此師出生於隆學汝巴（ཀླུངས་ཤོད་རྣག་པ）。後出家依止袞巴瓦，得到袞巴瓦財法兩施的撫育，亦曾在博朵瓦座下聽聞法要。此師具足不為諸惡外境所動的三摩地及現觀般若的功德。後建迦摩寺（ཀ་མ་དགོན་པ），僧眾約七百人，廣弘佛法，世壽75。參見《師師相承傳》藏文冊上，頁349；中文頁293。

❺**乾病** 藏文原文中為沉痾痼疾或癆病，意指極難治療的疾病。

❻**風膽等病** 風病，指體內氣息錯亂引起的血管和神經系統所屬的疾病。膽病，指體內火氣偏盛所生熱病，和肝區膽囊所患之病，均為膽病。參見《藏漢大辭典》，頁309、2737。

❼**《攝德寶》中作是說故** 引文宋法賢譯《佛母寶德藏般若波羅蜜多經·善友品》作：「有大智者依師學，速疾得證無上覺，亦如良醫除眾患，學從善友心無疑。」見《大正藏》冊8，頁681；《甘珠爾》對勘本冊34，頁30，然與正文略有不同。

❽**故心** 法尊法師原譯作「故諸」，為配合箋註，故改譯。

❾**如病求癒親醫師** 法尊法師原譯作「如諸病人親醫治」，為配合箋註，故改譯。

❿**教授** 令所化機心中已經生起的功德繼續增長的言教。

⓫**教誡** 令所化機心中還未生起的功德能夠生起的言教。同一本經論乃至同一句話，對於不同的學者，有可能同時既是教授又是教誡。

⓬**勵力** 勤奮努力。

⓭**損壞** 藏文原意為浪費，虛耗。

^{語妙}第四^[1]、**於殷重修起療病想**，^妙分三：第一、訶斥不實行持但求文詞者：猶如病者，見若不服醫所配藥病則不瘥❶，即便飲服。於說法師所垂教授，若不修習，亦見不能摧伏貪等，則應殷重而起修習。不應無修，唯愛多積異類文辭而為究竟❷。是亦猶如害重癩疾❸，手足脫落，若僅習近❹ 一二次藥，全無所濟。我等自從無始而遭煩惱重病之所逼害，若依教授義，僅一二次，非為完足❺。故於圓具一切道分❻，應勤勵力，如瀑流水❼，以觀察慧而正思惟。如大德月大阿闍黎❽《讚悔》中云❾：「^巴諸輪迴者於^巴輪迴之中，^巴自無始來直至現今^[2]，於取捨處心亦恆^巴時愚昧，^巴由是增上力故，煩惱重疾病勢猛烈，於極長時習近重病痾❿，^巴既已習近，故略作修持無有所益，須經長時精進修持無錯圓滿之道，譬如具癩^巴疾者斷手足，依少服藥⓫ 有何益。」

第四科、**對認真勤修生起治病之想**，分為三科：第一科、斥責不進行實修，只知鑽研字詞的行徑：當意識到不服用醫生所調配的藥品，疾病便不會痊癒，病人就會去服藥。同樣地，如果不實修說法師所開示的教授，則不能摧毀貪等煩惱。見此，應該認真地實修，而不是毫不修持，只汲汲於累積各種文字。這也有如痲瘋病患，手腳都已經潰爛脫落，僅服用一兩帖藥，病情不會有絲毫起色。我們從無始以來，同樣也被嚴重的煩惱頑疾所苦，對於教授的內涵，絕不能僅修習一二次便以為足。所以應該以觀察慧，如同江河的長流般，勤奮地思惟研修圓滿的道

分。如同月官大阿闍黎所著《讚悔》提到：「在這輪迴之中流轉生死的芸芸蒼生，從無窮的過去直到現今，由於**內心對於取捨的標準始終愚昧無知**，導致煩惱惡疾的病勢相當猛烈，並且於極**長久的歲月裡病勢纏綿**。疾病既已纏身，所以略作少許修持，根本無濟於事，必須長時間精進修持毫無錯謬的圓滿道；**譬如手足已經脫落的痲瘋病**患者，只是區區服幾次藥，疾病能有什麼起色？」

[1]「^語妙第四」拉寺本無「語」。　[2]「^巴自無始來直至現今」雪本作語註。

❶瘥　音ㄔㄞˋ，指病苦遠離或痊癒。

❷而為究竟　按藏文原無此四字。此處是指聽聞佛法，僅以累積眾多辭藻為樂，不知結合心續修行。

❸癩疾　一種惡性傳染病，俗稱痲瘋病。

❹習近　依藏文原與「親近」同字。

❺完足　足夠、可以。

❻故於圓具一切道分　藏文中「於」字有「為了」與「對於」兩種意思，如月格西認為，此處連讀下文應理解為「為了圓具一切道分，以觀察慧而正思擇」。夏日東活佛及哈爾瓦・嘉木樣洛周仁波切則認為，連讀下文理解為「對於圓滿的道分，以觀察慧而正思擇」。

❼如瀑流水　喻精進如流水晝夜不斷。

❽大德月大阿闍黎　中觀自續派祖師（約7世紀），梵語Candragomin及藏語 བཙུན་པ་ཟླ་བ（尊巴達瓦）的義譯，又名月官。生於剎帝利種，班智達衛世迦（Viśeṣaka）之子。7歲時，成功駁斥當時文法權威的外道，後依阿殊迦阿闍黎（Aśoka）學法。傳說曾在那爛陀寺，與月稱菩薩辯論中觀應成與自續的見解，長達七年之久。此師精通五明，並親得觀音的攝受指導。相傳有著述、讚

頌、內明、工巧等一百零八部，其他散論四百三十三部等傳世，然皆未漢譯。參見《如意寶樹史》，頁162（益西班覺著，蒲文成才讓譯，甘肅：甘肅民族出版社，1991）。

❾ **《讚悔》中云**　《讚悔》，禮讚部論典，又名《懺悔讚》，共51偈，月官論師著，尚無漢譯。作者希望以禮讚世尊功德，懺悔罪障，故作此讚。引文見《丹珠爾》對勘本冊1，頁617，然與正文略有不同。

❿ **痾**　音さ，本義是疼痛聲，此指重病。

⓫ **依少服藥**　藏文中為「偶爾服藥」之義。

第二、**此中於自作病者想至為切要者**：由是於自作病者想，極為切要，如有此想，餘想皆起；此若僅是空言，則亦不為除煩惱故修教授義，唯樂多聞❶。猶如病者[1]，求醫師已而不服藥，若唯愛著配製藥品❷，病終無脫。《三摩地王經》云❸：「諸人病已身遭苦，無數年中未暫離，彼因重病久惱故，為療病故亦求醫。彼若數數勤訪求，獲遇點慧明了醫，醫亦安住其悲愍，教令服用如是藥。受其珍貴眾良藥，若不服用療病藥，非醫致使非藥過，唯是病者自過失。如是於此教出家，由聽聞而[2]遍了知信等力❹、信等五根❺、四靜慮❻發起方便及其果利等[3]已，若於修行發起此等方便[4]不精進，又不精勤以領納相現前證知❼，彼豈涅槃？謂不能涅槃也。」又云❽：「我雖宣說極善法，汝若聞已不實行，如諸病者負藥囊，終不能醫自體病。」《入行

論》亦云❾：「此等應身行，唯言說何益，若唯誦藥方❿，豈益諸病者？」

第二科、視自身如同病人之想對殷重修而言極端重要：由此可知，視自身如同病人之想極端重要，如果心懷此想，其他五想也都會隨之而起；如果此想只是流於空言，就不會為了消滅煩惱而修習教授的內涵，只是單純地聽聞。就像病患尋訪到醫師後，只熱衷於配製藥品而不服用，終究不能擺脫病苦。《三摩地王經》中說：「眾人患病而舉身痛苦，多年來一刻都不曾擺脫。由於長時間被病所折磨，為了療病也訪求明醫。當他經過一再地訪求，果真尋得高明的良醫，醫生也對病患深感悲憫，授予良藥並吩咐道：『要服用這些藥物！』病人獲得眾多珍貴妙藥之後，卻不肯進服這些治病的藥，這不是醫師造成的，也不是藥品的問題，純屬患者本身的過失。相同地，在如來聖教當中出家，透過聽聞而理解了生起一切信等五力、信等五根、四禪定的方法，以及這些的果報利益等等，其後卻不精進地修行能生起這一切的方法，並且不精勤於以體驗的方式現前明晰地認知，他怎麼能夠獲致涅槃呢？是得不到的。」又說：「我雖然宣說了極其善妙的正法，假如你聽了之後，不能確切地實踐，那就如同病人只把藥袋帶在身上，終究不能治癒自身的疾病。」《入行論》也說：「應該親身去實踐這些內涵，僅僅讀誦文句，於事何補？只知唸誦醫療方法，難道就能對病患們產生幫助？」

[1]「猶如病者」哲霍本無「病者」。哲霍本連下文讀作「猶如求醫師已而不服藥，若唯愛著配製藥品，病終無脫」。 [2]「❷由聽聞而」拉寺本無。 [3]「❷發起方便及其果利等」拉寺本無「等」。 [4]「❷發起此等方便」拉寺本作巴註。

❶ **唯樂多聞** 藏文原意為「只是單純地聽聞」，無「樂」字。

❷ **若唯愛著配製藥品** 法尊法師原譯「若唯愛著所配藥品」，依據藏文，其意為「如果只是喜愛調配藥品」，故改譯。

❸ **《三摩地王經》云** 引文高齊那連提耶舍譯《月燈三昧經》作：「如人患身痛，多年苦逼惱，是病經時久，求醫欲治療，是人數推訪，便遇得良師。醫愍授好藥，汝服則令差，是人得妙藥，不服病不愈，非是醫藥咎，當知病者過。於此法出家，讀誦道品教，行修不相應，何能得解脫。」見《大正藏》冊15，頁558；《甘珠爾》對勘本冊55，頁66。

❹ **信等力** 信、進、念、定、慧五力，是加行道中忍位以上的道。由於能摧伏現行的不順品，所以稱此五為力。

❺ **信等五根** 信、進、念、定、慧五根，是加行道煖位以上的道。梵文及藏文中自在與根可用同一個字表示；由於深信四諦等能令自在，故稱此五為根。

❻ **四靜慮** 靜慮或譯為禪定，梵語馱耶演那（Dhyāna）。四靜慮分別為初靜慮、第二靜慮、第三靜慮及第四靜慮。

❼ **證知** 法尊法師原譯作「現證」，為配合箋註，故改譯。現前證知的「現前」，是明晰之意。

❽ **又云** 引文高齊那連提耶舍譯《月燈三昧經》作：「我今為汝無量說，汝於此法若不行，如人雖持良妙藥，於自身病不能治。」見《大正藏》冊15，頁553；《甘珠爾》對勘本冊55，頁33。

❾ **《入行論》亦云** 引文如石法師譯《入行論·護正知品》作：「法應躬謹行，徒說豈獲益？唯閱療病方，疾患云何癒？」見《入行論》，頁44；《丹珠爾》對勘本冊61，頁980。

❿ **藥方** 藏文原指醫療方法、醫術，而非指藥方子。

第三、辨識殷重而教誡當行持者：故於殷重修，應當發起療病之想。言殷重者，謂於善知識教授諸取捨處，如實行持。此復行持須先了知，知則須聞，聞已了知所有須要，即是行持。故於聞義，應隨力能，而起行持，是極扼要。

是故總體而言，聽聞固為最勝功德，然仍須其助伴，謂聞幾許，即當行持之慚愧尸羅❶。全無所行，唯愛積聚多聞虛名者，不應讚歎。如是亦如《聽聞集》云❷：「設雖有多聞，不善護尸羅，由ⓟ不護戒ⓟ之故，ⓟ或由此因相而呵彼，ⓟ依此，其ⓟ補特伽羅聞ⓟ亦非ⓟ為圓滿。設ⓟ自雖聞ⓟ不多而寡少，能善ⓟ守護ⓟ聞幾許義尋即行持之尸羅，ⓟ是補特伽羅由戒ⓟ清淨之故，ⓟ或由此因相，應當讚彼，ⓟ依此，其聞ⓟ幾許，皆能成為圓滿。ⓟ又若彼❸ⓟ人既少聞，ⓟ亦不善護尸羅，由ⓟ彼俱故，ⓟ或由此因相而呵彼，ⓟ全無可讚歎因，故其ⓟ補特伽羅修法之禁行❹，ⓟ於一切分悉非ⓟ為圓ⓟ滿[1]。ⓟ又若有❺ⓟ殊勝補特伽羅聞廣博，及ⓟ如理行持所聞之義，特別善ⓟ為守護ⓟ所受尸羅，由ⓟ彼俱故，ⓟ或由此因相，應當讚彼，ⓟ依此，其ⓟ補特伽羅修法之禁行，ⓟ於一切分悉為圓滿。」ⓟ說為四句❻。其因緣為天人請問❼，遂為宣說，即前所述。

第三科、辨別什麼是「殷重」而教誨應當實踐：因此，「應該要對殷重修生起治病之想」，其中「殷重」一詞，指的是奉行善知識所開導的取捨標準。而實踐就必須先了知；要了知則必須聽聞；聞而了知的目

的，也就是為了行持。因此最重要的關鍵，就是每一次對聽到的法義，隨己所能地實踐。

所以總體而言，聽聞固然是最為殊勝的功德，然而仍須有其輔助——凡有所聞便付諸實踐的慚愧尸羅。如果毫不奉行，只熱衷於累積各種博聞的虛名，這種行徑不值得稱許。**上述內容**，在《聽聞集》中提到：「假如有人**聽聞廣博**，卻不能**完善地守護戒律**，那將由於不能守護戒律的緣故，**為此**而遭到**訶責**，那人的**聽聞**也因此而**不能臻於圓滿**。如果有人**縱使聽聞微少**有限，卻能善為**守護**凡有所聞便付諸實修的**戒律**，此人由於戒律清淨的緣故，**為此**而**應當受到讚揚**，因此無論他的聽聞有多少，**也都能成為圓滿**。而**如果有人聽聞寡少**，又**不能完善地守持戒律**，那他**將由於雙重不足的緣故**，**為此而受到訶責**，由於毫無可稱讚的原因，其人修法的**禁行**，**從任何層面來說都不是圓滿的**。另外**如果有一類最優秀的人**，**聽聞廣博**並且如理修持所聞的內涵，特別是**完善守護**所受持的**戒律**，**由於兩者並具的緣故**，**為此他應該受到讚歎**，因而**此人修法的禁行**，**從任何層面看來都完滿無缺**。」以上描述了四種情形。這段因緣即是前述天人請問世尊後，世尊答覆的那一個場合。

[1]「圓^巴滿」 原果芒本未標作者，今依拉寺本、雪本、哲霍本補之。

❶ **慚愧尸羅** 據如月格西解釋，此指有慚有愧的戒律，相對外道有些無慚無愧的戒律而言。必須有慚有愧才稱得上真正的戒律，因為慚愧是持戒最基本的條件。此處應指聽聞了多少法，即應對照現行而懷著慚愧心去行持的戒律。

❷ **《聽聞集》云** 引文吳維祇難及晉法炬皆譯作：「學而多聞，持戒不失，兩世見譽，所願者得；學而寡聞，持戒不完，兩世受痛，喪其本願。夫學有二，常親多聞，安諦解義，雖困不耶。多聞能持故，奉法為垣牆，精進難踰毀，從是戒慧成。多聞令志明，已明智慧增，智則博解義，見義行法安。」姚秦竺佛念譯

《出曜經》作：「雖稱為多聞，禁戒不具足，為法律所彈，所聞便有闕。」「行人雖少聞，禁戒盡具足，為法律所稱，於聞便有闕。」「雖少多有聞，持戒不完具，二俱被訶責，所願者便失。」「智博為多聞，持戒悉完具，二俱得稱譽，所願者盡獲。」「多聞能奉法，智慧常定意，如彼閻浮金，孰能說有瑕？」宋天息災譯《法集要頌經‧多聞品》則作：「雖稱為多聞，禁戒不具足，為法律所彈，所聞便有闕。行人雖少聞，禁戒悉具足，於法律所稱，於聞便有闕。雖少多有聞，持戒不完具，二俱被呵責，所願而皆失。多聞能持固，奉法為垣墙，精進難毀譽，從是三學成。多聞能奉法，智慧常定意，如彼閻浮金，孰能說有瑕。智博為多聞，持戒悉完具，二俱得稱譽，所聞而盡獲。」見《大正藏》冊4，頁559、578、721、788；《丹珠爾》對勘本冊83，頁49。

❸ **若彼** 法尊法師原譯作「若人」，為配合箋註，故改譯。

❹ **禁行** 指有關儀態、服飾、言行舉止的規範，此為內外道所共。

❺ **若有** 法尊法師原譯作「若人」，為配合箋註，故改譯。

❻ **說為四句** 指多聽聞與善護尸羅二者皆是、二者皆非、是此非彼、是彼非此四句。

❼ **其因緣為天人請問** 參見《丹珠爾》對勘本冊83，頁712。

又云❶：「㊣復次了知：聞㊣世尊所善說㊣法為㊣義利之心藏❷，㊣非唯如此，亦了知㊣修諸三昧為堅實❸，㊣如是之人若㊣不守護所誓受戒律，由行放逸㊣增上力故，令㊣意粗暴㊣難調，彼如瘋象，由煩惱增上力故，縱其㊣如理修持所聞㊣義及知㊣其義，於利自他亦無大義。㊣又若㊣有人，反乎前者，喜㊣聞正士聖者所說法，㊣以意思惟聞義，身語如之起㊣如理取捨正行。是等㊣補特伽羅由其忍㊣及定解[1]，故令其餘友伴㊣歡喜，㊣自亦緊護根❹㊣門，故不染罪，得度㊣聽聞㊣正法及知㊣所聞義而修持之彼岸。」

又說：「此外，縱然知曉聽聞世尊善巧宣說的正法是核心的利益，不僅如此，還曉得修習三摩地也是核心，然而這樣的人如果不能守護所受持的戒律，由於放逸導致內心粗暴不調柔，那他就有如發狂的瘋象一般被煩惱所左右，就算他了知而且如理修持所聽聞的內涵，對自己及他人也沒有太大的意義。另外，與前者恰好相反，如果有人喜於聽受正士聖者宣說的法義，用心思惟聽到的內涵，並且言行舉止如他所思惟那般如理奉行取捨的標準，這些補特伽羅由於具備安忍及確定的認知，所以能令其他同參道友心生歡喜。自身也極嚴謹地防護諸根門，因此不為罪過所染汙，得以抵達聽聞正法及了知所聞法義而修持的彼岸。」

[1]「具忍^巴及定解」 拉寺本作「具^巴勝妙忍」。

❶ 又云　引文姚秦竺佛念、宋天息災皆譯作：「智牢善說快，聞知定意快，彼不用智定，速行放逸者。賢聖樂於法，所行應於口，以忍思惟空，聞意則牢固。」見《大正藏》冊4，頁722、788；《丹珠爾》對勘本冊83，頁50。

❷ 知聞善說為心藏　法尊法師原譯作「雖聞善說知心藏」，但按藏文，其意為「雖然知道聽聞善說是心要」，故改譯。

❸ 知諸三昧為堅實　法尊法師原譯作「修諸三昧知堅實」，為配合箋註，故改譯。三昧，梵語Samādhi音譯，又作三摩地，或稱定、等持。專一安住在所緣境的善心所法，即是三昧。上文的「心藏」與此處的「堅實」，在原文中實為同一字；有核心、實在、心要之義。

❹ 護根　法尊法師原譯作「根護」，為配合箋註，故改譯。

《勸發增上意樂》亦云❶：「🅟愛樂言說等散亂事，不修所聞義之補特伽羅[1]，謂我失修今何作？歿🅟之時凡愚🅟異生[2]❷起憂悔，🅟未修持故，不得無畏自信，未獲🅟正法根底🅟故極苦惱，此是愛著言說失，🅟衰損修法所致痛苦。」又云❸：「🅟復次，譬如有🅟人[3]，處居觀戲🅟者戲舞之場，🅟擬戲者態，旁人問曰：『爾解戲耶？知則請為一試。』其人曰：『我實不解，但擬其態耳。』復有一人，談說勇士有制他力等爾許雄才，旁人心念：『觀其氣態，彼有爾許才德耶？』遂問之曰：『爾許才德，尊悉具耶？』其人答曰：『我但談說其餘勇士德，🅟非己具足如是才德也。』如是自言法功德時，餘人問曰：『尊具如是法功德耶？』答云：『我實未修，唯稱餘諸正士功德耳。』茲為自己失壞，🅟或已失壞殷重修🅟之過，此是🅟唯愛著言說🅟文詞之失。」

《勸發增上意樂》也提到：「喜好漫談等散亂行為，不去修持所聞法義的補特伽羅道：『我荒廢了修行，而今如何是好？』在臨終時，這樣的異生凡夫飽嚐憂悔，由於不修持，以致沒有獲得無畏的自信，無法擁有正法的根底，所以極端地苦惱，這是貪好言談的過失，即由於怠慢了修行而引發痛苦。」又說：「另外，又譬如有人身處觀賞演藝者表演的場所中，模仿著藝人的種種戲姿。別人問道：『你懂得戲舞嗎？懂的話，請一展身手吧！』那人回答：『其實我一竅不通，只不過裝模作樣罷了。』另外，有人描述某個英雄如何制伏其他人的力量等，有如此強大的能力，旁人心想：『看他說話的神態，難道他也擁有這些本領嗎？』因而問他：『難道閣下也具備這些本領嗎？』那人答道：『其實我沒有這些本領，只是談論其他豪傑的壯舉罷了。』相同地，吾人在宣講正法的功德時，別人問道：『這樣的法功德，您都齊備嗎？』自己答說：『我並未做任何修持，不過是宣

揚其他聖賢的功德而已。』這些都是**自身怠慢**，或是已荒廢了**勤奮修道**所導致的過失，這是只**熱衷於言談**文詞的過失。」

❶ 《勸發增上意樂》亦云 《勸發增上意樂》，寶積部經典，全名《聖勸發增上意樂大乘經》，共2卷。漢譯本有唐菩提流支譯《大寶積經‧發勝志樂會》2卷。佛在鹿野苑時，彌勒菩薩勸發許多菩薩精進修道，並引領其中六十位菩薩，向佛陀請益。引文唐菩提流支譯作：「諸行皆缺減，遠離大菩提，命終生憂苦，是名世話過。」引文見《大正藏》冊11，頁525；《甘珠爾》對勘本冊43，頁402。

❷ 異生 即凡夫，指未獲得聖位的補特伽羅，由於種種業惑而在六道中各別受生，故名異生。另有一說，謂由煩惱繫縛，異於聖者，故名異生。

❸ 又云 引文唐菩提流支譯作：「譬如倡妓人，讚說他勇健，彼人亦復然，是名世話過。」見《大正藏》冊11，頁525；《甘珠爾》對勘本冊43，頁402。

又云❶：「^巴復如僅唯**甘蔗之皮**，全無^巴甘甜之**實**，^巴眾人所喜之味^巴或其實心，**處於**^巴皮內，^巴由是若人^巴僅嚼^巴甘蔗之**皮故**，非能獲得甘蔗^巴之實或真**精美味**。^巴譬如^巴甘蔗，其外皮^巴之味，亦可嚐得異於餘木甘甜之味，徒言^巴正法之詞**亦爾，思此**^巴聽法中^巴此道之義^巴而作修習者[1]，即**如**^巴嚐其^巴甘蔗

之實或味。^巴由此因相，故應遠離^巴不修法義^[2]，唯於言說^巴文詞^[3]愛著，常^巴時由念知之門而不放逸，思惟^巴所聞法義^巴或修習行持。」^巴由此度之，前文所說「此是愛著言說失」等，顯非唯指散心雜話等過，要在不修所聞法義，唯愛為他言說之過^[4]。

另外提到：「又如同甘蔗，僅是外皮，並不含任何甘美的精華，人們所喜愛的甜味，甘蔗真正的精華，全在外皮的裡面，因此如果有人僅僅嚼食甘蔗的外皮，就不可能嚐到甘蔗的精華、真正的美味。就如甘蔗的外皮所含的味道中，也能嚐到與其他草木不同的微甜一般，僅止於言說正法的文字，正與此類似；而聽聞了正法，便思惟並修習此中道的義理，就有如品嚐到那甘蔗的精華或美味。因此，應當摒棄不修習法義，只樂於空談文字的行徑，恆時具足正知正念而不放逸，並思惟或是修習行持所聞的法義。」由此推斷，上文提到的「此是愛著言說失」等，顯然不是單指散亂雜語的弊病，主要是指不肯修持所聽聞的法義，只樂於與他人空談文字的過失。

[1]「^巴而作修習者」哲霍本無「^巴」。　[2]「^巴不修法義」哲霍本無「^巴」。
[3]「^巴文詞」哲霍本無「^巴」。　[4]「^巴由此度之……言說之過」拉寺本作語註。

❶又云　引文唐菩提流支譯《大寶積經·發勝志樂會》作：「譬如甘蔗味，雖不離皮節，亦不從皮節，而得於勝味。皮節如世話，義理猶勝味，是故捨虛言，思惟於實義。」見《大正藏》冊11，頁525；《甘珠爾》對勘本冊43，頁403。

^巴^妙第五^[1]、**於如來所住善士想者**：隨念世尊是說法師，發起恭敬。

^妙第六、**於正法理起久住想者**：作是思惟：何能由其聞如是法，令勝者教，久住於世。

^妙第二、**須結合相續聽聞之理者**^[2]❶：復次於法若講若聽，將自相續若置餘處，另說餘法，是則任其講何法事，不關至要，故須正為決擇自身而聽聞之。譬如欲知面上有無黑污等垢，照鏡知已即除其垢。若自行為有諸過失，由聞正法現於法鏡，爾時意中便生熱惱，謂我相續何乃至此！次乃除過、修習功德，是故須應隨法修學，《本生論》云❷：「^語昔有蘇達薩子，殺眾人，噉其肉。將食月王子時，王子為說無有諂誑^[3]具正法語，次告之曰：『今我此身，悉聽尊便。』言訖，從容安坐於前。彼於王子高操起信解信❸，由斯入心之言，明了己過，意起憂悔，欲聞正法。於是蘇達薩子白月王子言：『**我鄙惡行影**^巴**像，明見**^巴**現於尊所開顯法鏡**^巴**中時**❹，^巴悔昔造作罪業之**意極起痛惱**，^巴今後我^巴心當^巴現前❺**趣正法。』」**^語《本生論》中原作「明見法鏡已」及「我已趣正法」，此作「見時」及「當趣」者，蓋有用意而更之也。**是如蘇達薩子，請月王子宣說法時，菩薩了知彼之意樂成聞法器，而為說法。**

^妙第三、**作意結成義之理者**❻：總之應作是念發心：謂我為利

一切有情，願當成佛。為成佛故，現見應須修學其因，因須先知，知須聽法，是故應當聽聞正法。思念❼聞法勝利，發勇悍心❽，斷器過等而正聽聞。

第五科、對如來生起勝妙士夫之想：要憶念導師世尊是說法師，引生虔誠恭敬。

第六科、對於正法的內涵生起久住之想：應當想道：「要是透過聽聞如此正法，能令如來聖教綿延久住，該有多好！」

第二科、必須結合心續而聽聞的道理：另外，無論說法或者聽法，如果將自心置於他處，另外宣說一番法理，那麼無論宣講任何法門，終究不得要領，所以必須為了抉擇自心而聽聞。譬如有人想要檢視臉上有無汙點等髒垢時，攬鏡自照便能知曉並去除汙垢。相同地，自己許多有缺失的行為，也會在聽法時顯現於法鏡之中，那時會心生熱惱：「我的相續竟然淪落到這種程度！」接著就著眼於改過並修習功德，因此必須依法修學。《本生論》中記載，過去有一位蘇達薩子，殺害許多人並吃下他們的肉。當他打算吃掉月王子時，王子對他宣講了一段沒有諂誑的法語，接著說：「現在我這副身軀隨你怎麼處置都行。」言罷從容安詳地端坐在他面前。那時他對王子高尚的情操，由衷生起信解信，王子那番直擊心坎的話語，讓他意識到自己的罪過，心生懊悔，並渴望能聽法。於是蘇達薩子對月王子說道：「我這一身鄙惡罪行的影像，在您宣示的明亮法鏡中悉數映現。見到這罪惡的景象時，對往昔造下的惡業，內心感到極端悔恨懊惱，今後我心清楚地將趣向正法。」《本生論》中的原文是「明見法鏡已」以及「我已趣正法」，而在此引用成「明見法鏡時」和「我當趣正法」，是大師有意而做的改動。是說如同蘇達薩子為了請法而向月王子做上述的懇求時，菩薩知曉他的內心已經成為堪聞正法的法器，於是便為他說法。

第三科、思惟上述的結論的方法：總之，應該這樣思惟而發心：「為了一切有情的利益，我要獲得佛果。看到要成佛，必須要修學成佛之因；要修學，必須了知其因；要了知，則必須聞法，所以我應該聽聞正法。」並且憶念聽聞的利益，令心踴躍歡喜，斷除器過等而聽聞正法。

[1]「第五」 原果芒本只作巴註。今依拉寺本、雪本、哲霍本補妙註，參前文214頁「依六想中」之校勘。 [2]「第二、須結合相續聽聞之理者」 拉寺本標記模糊，參前文214頁「依六想中」之校勘。 [3]「諂誑」 拉寺本作「諂因」。按，「因」（ꠥ）為「諂」（ꠥ）之訛字。

❶須結合相續聽聞之理者 即前文頁209「特須結合相續而聞」一科。
❷《本生論》云 引文見《丹珠爾》對勘本冊94，頁298。
❸信解信 三種信心之一，參前頁204註13。
❹明見法鏡時 法尊法師原譯作「明見於法鏡」，為配合箋註，故改譯。
❺現前 意指明晰、清楚。
❻作意結成義之理者 即前文頁209「彼等結成之義」一科。
❼思念 藏文此處指憶念。
❽勇悍心 藏文此處指歡喜踴躍。

第二、說法軌理，分四：⼀`思惟說法所有勝利；⼆`發起承事大師及法；⼆`以何意樂加行而說；⼆`於何等境應說不說所有❶差別。今初：

若不顧慮利養恭敬名等染事而說法者，勝利極大。《勸發增上意樂》中云❷：「🅟佛喚慈氏，無染法施，謂不希欲利養恭敬而施法施，此二十種是其勝利。何等二十？🅛此派先覺諸師語教，謂二十種說法勝利之中，有六等流果❸、四離繫果❹、九增上果❺、一異熟果❻。最初六種說法福德等流果者，謂一、成就❼🅟不忘詞義聞所成慧❽之念；二、成就🅟勝義等引❾──修所成慧❿所定解之勝慧；三、成就🅟世俗後得⓫──思所成慧⓬所定解之覺慧；四、成就🅟智慧輾轉增上⓭所解決定義，不為見所動轉之堅固⓮；五、成就🅟資糧加行二道所攝世間智慧；六、隨順證達、🅟獲得見修二道所攝出世間慧，🅟是為六種。🅟四種離繫果者，七、貪欲微劣；八、瞋恚微劣；九、愚癡微劣；十、🅟三毒輕故，魔羅於彼不能得便，🅟是為四種。🅟九種增上果者，十一、諸佛世尊🅟於之猶如獨一愛子而為護念；十二、🅟十護方神⓯等喜樂白法諸🅟人非人等於彼守護🅟防不順品；十三、🅟梵天帝釋等諸天於彼助發威德🅟威光勢力；十四、🅟不顧財利，故諸非愛⓰怨敵等不能得便🅟損害譏毀等事；十五、🅟為其諸妙善知識及[1]親愛🅟所信，復由信故親愛終不破離；十六、🅟無有私欲，不求利敬，故其言教威重，🅟堪能信受而得受持；十七、🅟智慧增長，不求利敬，其人🅟於智者前當得無所怖畏；十八、🅟不念有無所得等，由是因故得多喜悅；十九、🅟諸佛菩薩及諸尊重智者稱讚🅟功德[2]，是為九種。🅟一種異熟果者，謂二十、其行法施🅟功德及恩是所堪念。」於眾經中所說勝利，皆應至心發起勝解。其中成就堅固者，新譯《集學論》⓱中譯為成就勝解，諸故譯中譯為成就勇進；🅟若爾，則謂勇猛精進。

第二科、說法軌理，分為四科：一、思惟說法的利益；二、恭敬侍奉導師世尊及正法；三、以什麼樣的動機及行為進行宣說；四、對什麼樣的對象應該宣說與不應宣說的差別。第一科：

毫不在意美名、厚利及恭敬等而宣說正法，利益極大。《勸發增上意樂》中說：「佛陀喚道：慈氏！無染的法施，亦即不追求財利、恭敬，而施捨法施於人，這二十種是其利益。哪二十種呢？在本派先輩大德們的言教中提過，二十種說法利益中，有六個等流果、四個離繫果、九個增上果、一個異熟果。其中第一類──六個說法福德的等流果為：一、具足不忘文詞義理的聞慧正念；二、具足勝義根本定──由修所成慧所了達的殊勝慧；三、具足世俗後得智──由思所成慧所了達的覺慧；四、具足因智慧層層深入地了達，所了達的意涵不被其他見解牽動的堅固；五、具足由資糧道及加行道所含攝的世間智慧；六、能隨順證達、獲得見道和修道所含攝的出世間智慧。以上為六種等流果。四種離繫果為：七、貪欲漸趨輕微；八、瞋恚漸趨輕微；九、愚癡漸趨輕微；十、由於三毒煩惱輕微，所以惡魔無機可乘。以上為四種離繫果。九種增上果為：十一、諸佛世尊像對獨一愛子一樣地護念他；十二、十大護方神等眾多喜好白法的人與非人等，都會前來守護，防止障礙發生；十三、梵天王及帝釋等眾多天神都會助長其威德力量，神采煥發；十四、毫不在意財利，所以仇敵等不友好的人們要損害譏諷等，都無機可乘；十五、此人將獲得師長親友們的信賴，並且靠著這份信任，親睦不遭破離；十六、不懷私欲、無心於財利恭敬，因此發言深具威信，堪為納受；十七、智慧增長、不慕榮利，所以此人在智者面前能坦然無畏；十八、心不計較是否獲利等等，因此心中越發喜悅；十九、諸佛菩薩以及前輩、智者會稱讚其功德。以上為九種增上果。一個異熟果為：二十、其人所作法施的功德與恩惠，都足以被人憶念。」對眾多經典中所描述的利益，應當從內心深處生起信解。文中「具足堅固」一詞，在《集學論》的新譯本中翻成「具足勝解」，某些舊譯本則翻成「具足勇進」；如果這樣，就是意指強猛的精進。

❶ **所有** 藏文原文為「的」之義,非指一切。

❷ **《勸發增上意樂》中云** 引文唐菩提流支譯《大寶積經‧發勝志樂會》作:「復次彌勒,若菩薩以無希望心行法施時,不著名聞利養果報,以饒益事而為上首,常為眾生廣宣正法,當得成就二十種利。云何名為二十種利?所謂正念成就、智慧具足、有堅持力、住清淨行、生覺悟心、得出世智、不為眾魔之所得便、少於貪欲、無有瞋恚、亦不愚癡、諸佛世尊之所憶念、非人守護、無量諸天加其威德、眷屬親友無能沮壞、有所言說人必信受、不為冤家伺求其便、得無所畏、多諸快樂、為諸智人之所稱歎、善能說法眾人敬仰。彌勒,是為菩薩當得成就二十種利,不著名聞利養果報,行饒益事而為上首,常為眾生以無希望心清淨說法。」見《大正藏》冊11,頁521;《甘珠爾》對勘本冊43,頁379。

❸ **等流果** 與因同類的果稱為等流果,分領受等流果及造作等流果兩種。

❹ **離繫果** 由慧力斷除自己所斷的滅諦,稱為離繫果。如斷除見道所斷的滅諦等。

❺ **增上果** 或譯主上果,由因自主而生的果,稱為增上果或主上果。

❻ **異熟果** 有情相續中,從有漏善或不善的因所出生的無覆無記的果,稱為異熟果。異熟果需要具足三個條件:第一、體性無覆無記;第二、有情相續所攝;第三、從有漏善或不善出生。異熟果、等流果、離繫果、士用果及增上果稱為五果。

❼ **成就** 藏文原意為「具足」。下文「成就」,義同。

❽ **聞所成慧** 尚未依靠自力獲得思所成慧,但依靠善知識或經論所出生的智慧,即是聞所成慧的體性,非指聽聞當下的聞慧。

❾ **等引** 指根本定。

⑩ 修所成慧　對於思所成慧所決定的義理，用止住修或觀察修專一修持所出生的智慧，稱為修所成慧。

⑪ 後得　相對等引而言，聖者出定後起現行的智慧，稱為後得。

⑫ 思所成慧　依靠自力運用理智抉擇所聽聞的義理而獲得決定的智慧，稱為思所成慧。

⑬ 輾轉增上　輾轉，本作「展轉」，順次連續之義。藏文此處連下文義為「向上增長」。

⑭ 成就堅固　此處指依智慧逐步增上的勝解益加堅固，不被邪知邪見所轉動劫奪，故稱「成就堅固」。

⑮ 十護方神　指十種護持佛教的諸方天神地祇，即帝釋天、閻摩、水神、藥叉、火神、羅剎、風神、部多、梵天、地母為十。

⑯ 非愛　法尊法師原譯作「怨敵」，為配合箋註，故改譯。

⑰ 《集學論》　中觀部論典，共14卷，18品，寂天菩薩著。漢譯本有宋法護譯《大乘集菩薩學論》25卷，然署名為法稱所著。本論是將菩薩藏中闡述大乘根道果方面的經文編集成書。收錄於《大正藏》冊32；《丹珠爾》對勘本冊64。

其行法施是所堪念何以為異熟果

此段提到說法第二十種勝利是異熟果，依如月格西解釋，《俱舍論》中說異熟果須具足三個條件：體性無覆無記、補特伽羅心續所攝、從有漏善業或不善出生。「說法師法施功德足以憶念」體性屬無覆無記，因為足以憶念的對境中包含說法師，而補特伽羅屬無覆無記，因此雖然所憶念的對境中包含善的功德，但總體來說，仍屬無覆無記。其次，這個功德是說法師心續所攝；同時由於這個功德是因無染法施而得，所以是從善業出生，具足異熟果的三個條件，因此說它是異熟果。無覆指體性非染汙，無記指佛陀沒有記別其異熟，例如補特伽羅、外在器世間等。

^眉第二[1]、發起承事大師及法者：如薄伽梵說佛母時，自設座等。法者尚是諸佛所應恭敬之田❶，故應於法起大尊敬，及應隨念大師功德，及^巴念其修諸難行而得成就，故我亦當修持，於其深恩起大敬重。

^眉第三[2]、以何意樂加行而說中：其意樂者，謂應安住《海慧問經》所說五想❷，謂於自所應起醫想，於法起藥想，於聞法者起病人想，於如來所起善士想，於正法理起久住想；及於徒眾修習慈心。應斷恐他高勝嫉妒❸、推延懈怠、數數宣說所生疲厭、讚自功德舉他過失、於法慳吝、顧著財物謂衣食等。應作是念：「為令自他得成佛故，說法功德❹即是我之安樂資具。」其加行者，謂先沐浴具足潔淨，著鮮淨❺服，於其清潔悅意處所，坐於座已❻，若能誦持〈伏魔真言〉，《海慧經》說❼則其周匝百踰繕那❽，魔羅及其魔眾諸天所不能至，縱使其來亦不能障，故應誦咒。^語咒曰❾：「大欸雅他」，如是；「夏美」，平等母；「夏瑪瓦帝[3]」，具平等母；「夏米大夏主」，息怨母；「盎沽瑞」，苗母；「芒沽瑞」，自苗母；「瑪日^阿孜帝欸」，勝魔母；「嘎日^阿札欸」，具力母；「嘎欸玉日欸」，臂嚴母；「歐果瓦帝」，具水母；「歐厚嘎瑪帝」，離諂母；「毗夏他」，超勝母；「尼日瑪雷」，無垢母；「瑪拉巴拿耶」，除垢母[4]；「歐卡日欸」，持眾母[5]；「歐卡日^阿札美卡雅」，空行母；「札梭札薩尼」，食母；「嘿穆卡依」，喜容母；「巴日^阿穆卡依」，朝外母；「夏米大尼」，寂靜眾；「薩日瓦札哈北^恩達拿尼」，

鬼所繫縛一切眾;「尼旨依哈依大[6]」,殲滅;「薩日瓦巴日阿吒瓦迪拿[7]」,殲滅敵眾;「毗穆大瑪日阿巴夏他毗大[8]」,解脫一切魔繩母;「布達米札[9]」,佛手印;「薩穆雨噶帝大」,不越;「薩日瓦瑪日阿阿匝里大[10]」,正遍摧伏一切魔羅不動母[11];「巴達巴日依須達雅地[12]給擦恩度[13]瑪日阿嘎日瑪尼」,願由清淨詞句特能解脫一切魔業。此《海慧經》中所說〈伏魔咒〉並其註釋,抄自金剛持僧吉祥手書本,故極精確。有說代以《心經》而修除魔,現行儀軌如是行者亦為應理[14]。

第二科、恭敬侍奉導師世尊及正法:如同釋迦世尊往昔宣說《般若經》時,親自鋪設法座等,正法是連諸佛都應恭敬的功德田,因此應該非常敬重佛法,並且憶念導師世尊的功德,以及憶念如來深恩,想道:「世尊歷盡諸多苦行而得成就,所以我也要這樣修持!」而生起敬重之心。

第三科、以什麼樣的動機及行為進行宣說:其中動機的部分,應該心懷《海慧請問經》中所說的五種想,亦即對自身生起醫師之想、對正法生起良藥之想、對聞法者生起病患之想、對如來生起勝妙士夫之想、對於正法的內涵生起久住之想;並且對弟子們修習慈心。摒除擔心他人勝過自己的忌妒、推遲拖延的懈怠、由於一再地宣說所引起的疲倦厭煩、自我表揚並舉發他人的過失、心慳吝法秘不示人,以及顧戀衣食等財物的過失,從而想道:「為了使自他都獲得佛果而說法,所得的福德本身,就是我的安樂資財!」行為的部分,要事先沐浴、維持清潔、穿著乾淨的衣服,在潔淨悅意的處所中,端坐於法座及墊褥上以後,如果能誦唸〈伏魔真言〉,《海慧請問經》記載道:在方圓一百踰繕那的範圍內,魔及魔族的天眾將無法進入;縱使進入,也不能造成障礙,所以應當誦咒。咒文為:「大欵雅他」,為如是;「夏美」,為平等母;「夏瑪瓦帝」,為具平等母;

「夏米大夏主」，為息滅怨敵母；「盎沽瑞」，為苗芽母；「芒沽瑞」，為自己的苗芽母；「瑪日阿孜帝欸」，為勝魔母；「嘎日阿札欸」，為具力母；「嘎欸玉日欸」，為臂嚴母；「歐果瓦帝」，為具水母；「歐厚嘎瑪帝」，為離諂母；「毗夏他」，為超勝母；「尼日瑪雷」，為無垢母；「瑪拉巴拿耶」，為除垢母；「歐卡日欸」，為持眾母；「歐卡日阿札美卡雅」，為空行母；「札梭札薩尼」，為食母；「嘿穆卡依」，為喜容母；「巴日阿穆卡依」，為朝外母；「夏米大尼」，為寂靜眾；「薩日瓦札哈北恩達拿尼」，為一切被鬼魅所繫縛者；「尼旨依哈依大」，為殲滅；「薩日瓦巴日阿吒瓦迪拿」，為殲滅敵眾；「毗穆大瑪日阿巴夏他毗大」，為解開眾多邪魔繩索的女神；「布達米札」，為佛手印；「薩穆雨噶帝大」，為不超越；「薩日瓦瑪日阿阿匝里大」，為確實完全摧伏一切惡魔而不動搖的女神；「巴達巴日依須達雅地給擦恩度瑪日阿嘎日瑪尼」，為願由詞句完全清淨，超脫所有魔業。上述〈伏魔真言〉出自《海慧請問經》，咒文及其註釋抄自金剛持僧吉祥的手稿，因此絕對精確。也有人說以《心經》代替此咒而驅魔，現今奉行這樣的儀軌，也是正確的。

[1]「⓪第二」拉寺本無。 [2]「⓪第三」拉寺本無。 [3]「夏瑪瓦帝」拉寺本作「夏瑪巴帝」。 [4]「除垢母」哲霍本無「垢」字。 [5]「持眾母」拉寺本作「持顏母」。 [6]「尼旨依哈依大」拉寺本作「尼旨依是依大」。 [7]「薩日瓦巴日阿吒瓦迪拿」拉寺本作「薩日瓦巴日阿吒拔迪拿」。 [8]「他毗大」拉寺本無。 [9]「布達米札」拉寺本作「他斯依大布達米札」。 [10]「阿匝里大」哲霍本作「阿匝移大」。 [11]「正遍摧伏一切魔羅不動母」拉寺本作「以佛陀之套索印正遍摧伏一切魔羅不動母」。 [12]「巴達巴日依須達雅地」拉寺本作「巴大巴日依須達雅地」。 [13]「給擦恩度」哲霍本作「給擦大奴」。 [14]「⓪咒曰……亦為應理」原果芒本未標作者，今依拉寺本補之。

❶恭敬之田 有些中文版本《廣論》及解釋作「恭敬之因」，然考究原文實為「田」字，可能是「田」、「因」二字字形相似而導致歧誤。

❷《海慧問經》所說五想　《海慧問經》，經集部經典，全名《聖海慧請問大乘經》，共7卷，12品。漢譯本有宋法護、惟淨譯《佛說海意菩薩所問淨印法門經》18卷；北涼天竺三藏曇無讖《大方等大集經・海慧菩薩品》4卷，共兩種。北涼曇無讖譯《大方等大集經・海慧菩薩品》云：「自於己身生醫師想，於所說法生良藥想，於聽法者生疾苦想，於如來所生善友想，於正法中生常恆想。」宋法護、惟淨譯《佛說海意菩薩所問淨印法門經》云：「當於己身起醫王想，法如藥想，於聽法眾起病人想，於佛如來起正士想，法眼不失起久住想。」參見《大正藏》冊13，頁73、520；《甘珠爾》對勘本冊58，頁260。

❸ 嫉妒　忌妒別人勝過自己的心。妒，音「構」；嫉妒，即嫉妒，即今忌妒也。

❹ 功德　藏文此處指福德。

❺ 鮮淨　乾淨。

❻ 坐於座已　藏文原文為「坐於法座及墊褥上」。

❼《海慧經》說　北涼曇無讖譯《大方等大集經・海慧菩薩品》云：「如是呪者，力能繫縛一切論師、一切魔眾，是名佛印，不可破壞魔眷屬怨。善男子！若有法師受持讀誦如是等呪昇師子座，專念諸佛慈及眾生……若能如是說正法時，其處四邊各一由旬魔不能到。」宋法護、惟淨譯《佛說海意菩薩所問淨印法門經》云：「以此祕密章句加持力故，現前施作，廣為一切如應說法。是時周匝百由旬內諸魔天眾，悉不能來作破壞事；設復諸魔至法會者，亦復不能作諸障難。」參見《大正藏》冊13，頁73、520；《甘珠爾》對勘本冊58，頁260。

❽ 踰繕那　踰繕那，梵語Yojana（ཡོ་ཛ་ན）音譯，舊譯「由旬」，古印度長度單位名。古印度以人壽百歲時24指寬為1肘，以1指寬約2公分而計，1肘約為50公分。4肘為1弓。1弓約2公尺。依《俱舍論》的說法，500弓為1俱盧舍，8俱盧舍為1踰繕那，大約現今之8公里左右。依時輪派的說法，2000弓為1俱盧舍，4俱盧舍為1踰繕那，故大約為16公里左右。據《大唐西域記》卷二記載：舊傳之1踰繕那可換算為40里，印度之國俗為30里，佛教為16里。以1里為0.5公里計算，則舊傳1踰繕那為20公里，印度國俗為15公里，佛教為8公里，與前二說相近。

❾ 呪曰　漢譯本所收呪語與藏譯本有異。參見《大正藏》冊13，頁73、520；《甘珠爾》對勘本冊58，頁259。

次以舒顏❶，具足審定義理方便——喻、因、至教❷而為宣說。

《妙法白蓮經》云❸：「⓫具相說法師之智者常應無⓫與他比較、恐他高勝之嫉妬，說⓹詞約而[1]具眾⓫多義、⓫易解而善入人心之和美言，復應遠離諸⓫推延懈怠，不應起發⓫數數宣說疲苦厭患想。智者應離一切⓫自讚毀他等慼❹，應於⓫聽聞徒眾⓫等[2]修⓫因等起❺及當時心❻慈力，晝⓫與夜⓫於座上善修⓫自之最勝法——⓫真實義❼及菩提心等[3]。⓫復於起座未修中間，為他說法義利極大，故智者⓫說法師以俱胝阿庾❽喻，令⓫聞法[4]眾愛樂生歡喜。於彼⓫說法等起清淨者，說法之時，終⓫亦無少希欲⓫現世利敬，⓫無何欲求？謂亦不思欲諸飲食，噉嚼衣服及臥具，法衣病緣醫藥等，於諸徒眾悉無求⓫財食。⓫或念：若爾，何故而說耶？除上所言，餘則⓫彼智者恆願自⓫說法者，及諸⓫聞法會眾所表一切有情⓫願當成佛，⓫為此而說。復為利⓫他，為世⓫所化機故而說法⓫之福德，為利一切有情，將之迴向為成佛因故，思彼即我安樂具⓫無有所缺。」⓫此易了知。

語譯

應當神采奕奕地運用能領悟義理的方式——包含譬喻、正因以及經教，而進行講說。《妙法蓮華經》云：「智者——合格的說法師，應該恆時不懷與他人較量高低的忌妒，宣說辭簡卻具種種眾多義涵，易解入心的優美法語。也應該完全摒除推延的怠惰，當一再地宣說時，不應生起勞倦厭煩之想。智者應該遠離自我表揚、舉發他人過失等一切令人不喜的行徑；應該對聽法大眾等修習事前動機，以及當下心態的慈力。晝夜都精勤地在正座修法中修持究竟真實義與菩

提心等自身最超勝的正法。在起座以後的座間時段為他人說法，有極大的利益，因此智者說法師應該以千億種譬喻，使聽法大眾愛樂正法，心生歡喜。對此說法的動機清淨，是在說法時，永遠也不起絲毫貪求今生的利養恭敬之心。多麼無欲無求？對於佳餚美饌等飲食、眾多衣飾、臥具、法衣，以及諸多能治病的醫藥等等都毫不計較，完全不向徒眾索取任何財食。若想：『那麼，出於什麼目的而說法呢？』除了上面所說的之外，這位智者總會希願：『身為說法師的自己和聽法大眾所代表的一切有情，都能成就佛果。』為了這個目的而說。也應該想道：『這份為了利益他人而對世間所化眾說法的福德，由於為利一切有情而迴向為成就佛果之因的緣故，就是我所有的安樂資具，一無所缺。』」以上內涵明白易懂。

[1]「^語詞約而」拉寺本、哲霍本作巴註。 [2]「^巴等」哲霍本無「^巴」。
[3]「^巴於座上……真實義及菩提心等」原果芒本未標作者，今依拉寺本補之。
[4]「^巴聞法」拉寺本無。

❶**舒顏** 藏文意為「顯現面容的光輝」，猶言神采奕奕。

❷**具足審定義理方便喻因至教** 法尊法師原譯作「具足審定義理所有喻因至教」，今據藏文改譯。

❸**《妙法白蓮經》云** 引文姚秦鳩摩羅什譯《妙法蓮華經・安樂行品》作：「除嬾惰意，及懈怠想，離諸憂惱，慈心說法。晝夜常說，無上道教，以諸因緣、無量譬喻，開示眾生，咸令歡喜。衣服臥具，飲食醫藥，而於其中，無所悕望。但一心念，說法因緣，願成佛道，令眾亦爾。是則大利，安樂供養。」見《大正藏》冊9，頁38；《甘珠爾》對勘本冊51，頁250。

❹**慽** 音「七」，又作「慼」，不歡喜，此指作出一些自讚或毀他等令人不喜的行為。

❺**因等起** 或稱因位等起、因位意樂，指造業正行前的意樂。

❻當時心　或稱時位等起、時位意樂，指造業正行時的意樂。

❼真實義　指諸法的本質內涵。

❽俱胝阿庾　「俱胝」與「阿庾」，都是古印度數詞。「俱胝」為千萬，「阿庾」為兆。

ᴾ**第四**[1]**、於何等境應說不說所有差別者**：如《毘奈耶經》云❶：「未請不應說。」謂未啟請不應為說，雖其請白亦應觀器；若知是器，縱未勸請，亦可為說。如《三摩地王經》云❷：「若ᴾ須為法施故，ᴾ有聽聞者請白ᴾ此經論於汝ᴾ月光童子者，ᴾ汝於最初為自謙及降我慢故，於彼應先說是語：『我學ᴾ佛法詞義未廣博。』ᴾ為觀其勝解故，現退避者：『汝是知ᴾ法詞義善巧ᴾ者，我於ᴾ具悲智大士前，如何能宣說ᴾ法？』汝應說彼語，不應ᴾ輕率不察忽爾ᴾ許諾宣說。觀器而後行ᴾ許諾。ᴾ此復若已ᴾ了知是ᴾ具器，未ᴾ祈請亦應說。」ᴾ即以此偈闡明應為有益者說，勿為無益者說[2]。復次《毘奈耶經》云❸：「立為坐者不應說法。坐為臥者不應說法。坐於底座為坐高座不應說法。妙惡亦爾。在後行者為前行者不應說法。在道側者為道行者不應說法。為諸ᴾ以衣等覆頭、抄撩衣ᴾ邊、ᴾ衣雙抄ᴾ於肩、ᴾ雙手在前抱肩及ᴾ雙手從後抱項❹者不應說法。為頭結髻ᴾ束髮、以鬘飾頭等、著帽、著冠ᴾ莊嚴瓔珞飾頭者、著鬘[3]、ᴾ布巾纏首不應說法。為乘象、馬、坐輦❺、餘乘，及著鞋履不應說法。為手執杖、傘、

器、劍、鉞及被甲者，不應說法。」返是應說，依無病也^[4]。^⑪為
利病者，故其中有開緣處。

第四科、對什麼樣的對象應該宣說與不應宣說的差別：如《毗奈耶
經》中說：「還沒有祈請之前不應宣說。」在還未祈請之前不應說法，縱
使祈請了，也應該觀察其學法條件；如果知道對方具備學法條件，即使
沒有祈請，也可以為他宣說。《三摩地王經》中說：「月光童子，為了要行法
施的緣故，假若有某些聽眾前來向你祈請道：『請您宣說某某經論。』為了
自謙並摧伏我慢，你最初應該要先表述：『我尚未廣泛地學過法理詞義。』為
了觀察對方的信解程度，刻意表示退讓的態度而說：『您才是了解並擅長法
理詞義的人。我在心懷悲憫與智慧的大士面前，怎麼能夠宣說法呢？』你應
該要先這麼說，而不是輕率不察地驟然答應說法；觀察對方是否具足學法
條件，之後再行允諾。另外，假如已經曉得對方具備條件，縱然未經祈請，也
應當為他宣說。」上述偈頌是闡述應該為能受益的人宣說，不要為不能受
益的人說法。此外，《毗奈耶經》提到：「不應該對坐著的人站立說法。不應該對躺著的人端坐說法。坐在低
矮的座位上，不應該為坐高座者說法。同樣地，也不應該坐在低劣的座
位上，為坐在華美座位的人說法。不應該走在後面，為走在前面的人說
法。不應該走在路邊，為走在路中央的人說法。對於用衣物等蓋住頭部、
將衣服下襬撩折過膝、衣服垂掛於兩肩、雙手在胸前叉抱及雙手向後交握後頸
的人，都不應說法。對頭上結髻，亦即將頭髮盤束、在頭上佩戴鬘飾等，以及戴
帽子、佩戴寶冠、以瓔珞飾品裝飾頭部、戴著花鬘、以頭巾裹頭的人，不應該為
他們說法。乘象、騎馬、坐轎或其他交通工具，以及穿著鞋履的人，不應
為他們說法。手持杖、傘、武器、劍、鉞斧，以及身被鎧甲的人，不應為
他們說法。」當與上述狀況相反時，便可以為他宣說，這是在聽眾沒有
生病的前提下的原則。而為了利益病患，在上述狀況中，可以有部分開許。

[1]「🅑第四」 拉寺本無。按，巴梭法王於說法軌理第二、三科之首皆未作註，妙音笑大師於兩科之首皆有註解，故此疑作妙註。 [2]「🅑即以……無益者說。」 拉寺本作語註，且「此偈」作「此相」。雪本、哲霍本於此分作二註如下：「🅑即以此偈闡明🅼應為有益者說，勿為無益者說」。 [3]「著冠🅑莊嚴瓔珞飾頭者、著鬘」 果芒本正文原無「著鬘」，青海本《廣論》、雪本《廣論》、拉寺本、法尊法師原譯皆有。按，此文出自《毗奈耶經》，查校此經及其註釋皆有「著鬘」，《善慧摩尼文集》釋此文時，提及有二十六過不應為其說法，果芒本僅提及二十五過，不符《毗奈耶經》，今依拉寺本及法尊法師原譯補之。 [4]「依無病也」 果芒本原作「依非上而言」，拉寺本、雪本、法尊法師原譯作「依無病也」。按，依果芒本，「依非上而言」句，於藏文中僅無一音節點之異。於義不能明律中有開緣處，未能有力說明上句之意，巴註亦顯突兀。他版於義為勝，故依而改之。

❶《毗奈耶經》云 《毗奈耶經》，又名《律經》，共9卷，功德光阿闍黎著，尚無漢譯。說一切有部的律文分為《分辨教》、《本事》、《雜事》、《請問》四個部分，此論盡攝這四部的精要，主要解釋一切有部律比丘、比丘尼戒、十七事等開遮持犯。為藏傳律學最權威的著作之一。引文見《丹珠爾》對勘本冊88，頁961；《律經》，頁204（功德光著，印度：哲蚌果芒圖書館，2005）。

❷《三摩地王經》云 引文高齊那連提耶舍譯《月燈三昧經》作：「若長宿請問，為求法施故，應先作是言：『我學習不廣。』又復作是言：『汝等甚黠慧，於汝大人前，豈敢輒宣說。』說時勿倉卒，當簡器非器，觀其機器已，不請亦為說。」見《大正藏》冊15，頁582；《甘珠爾》對勘本冊55，頁205。

❸復次《毗奈耶經》云 引文見《丹珠爾》對勘本冊88，頁985；《律經》，頁171。

❹抱肩及抱項 這兩個詞配合箋註有不同解釋：義淨三藏所譯一切有部律中與此相對應的段落作拊肩、叉腰。如月格西認為，抱肩一詞，藏文原意為搓揉頸部，配合箋註則理解為雙手從前向後搓揉頸部；抱項一詞，藏文原意為搓

揉背部，配合箋註則理解為雙手從後搓揉背部。依如月格西的解釋，應改譯
為揉頸及揉背。哈爾瓦‧嘉木樣洛周仁波切認為，抱項一詞藏文原意為背手。
善慧摩尼則認為，抱肩指雙手在胸前交叉，右手放在左肩，左手放在右肩。抱
項指雙臂平伸向後，手指交叉，抱住頸部。此種解法與法尊法師譯本相順。參
見《洛桑諾布文集》冊2，頁129；《大正藏》冊23，頁902。

❺ 輦　音「拈」，古代多指皇帝所乘坐之車輛，此按藏文應指一般人抬的轎子。

❀第三[1]、於完結時共作軌理，❀分四：第一、正說如何行
者：由講聞法所獲眾善，應以猛利欲心迴向現時究竟諸希願
處。**❀第二、其勝利者**：若以是軌講聞正法者，雖僅一座亦定
能生如經所說所有勝利。若講聞法至扼要❶故[2]，依是因緣，
則昔所集於法法師不恭敬等一切業障，悉能清淨，諸新集積
亦截其流。**❀第三、勝士共通行則者**：又講聞軌至於要故，所
講教授，於相續上亦成饒益。總之先賢由見此故，遂皆於此而
起慎重，特則今此教授，昔諸尊重殷重尤極。

❀第四、違此當致重罪，故教誡應珍重者[3]：現見此即極大
教授，謂見極多由於此事未獲定解，心未轉故，任說幾許深廣
正法，如天成魔❷，即彼正法而反成其煩惱助伴。是故如云：
「初一若錯乃至十五❸[4]」，故此講聞入道之理，諸具慧者應
當勵力。凡講聞時，❀最下❀乃至[5]應令具足一分❀性相❹，講教授

前第一加行，即是此故。恐其此等文詞浩繁，總略攝其諸珍要者，廣於餘處應當了知。教授先導已宣說訖。

第三科、聽聞及講說完結時共通應該進行的軌理，分為四科：第一科、正說應該如何行持：透過講說與聽聞所生的善業，應該以強猛的渴求心，迴向到眾多階段性與究竟的希願處。第二科、這麼做的利益：如果遵循這樣的準則來宣說與聽聞佛法，即使只有一場開示，也必定能出生如經典所說的眾多利益。由於把握了講、聽正法的扼要，能夠淨化往昔不恭敬法及說法師所累積的一切業障，新積累的業障也能阻斷其延續。第三科、是勝妙士夫們共通的軌理：因為把握了講、聽正法的扼要，所以宣說的教授能裨益身心。往昔所有勝妙士夫們由於見到這一點，普遍都非常看重講、聽二法，特別是本教授的先輩上師們，對此更是尊崇備至！

第四科、有違此理將導致重大的罪過，因此教誡必須珍重此法：可見這門法類是相當重大的教授，因為見到太多人對此未能獲得確定的認知，沒有轉變內心，結果無論宣說再多的深廣大法，就像天神變成魔鬼一般，佛法反而成為生起煩惱的助伴。所以就像說「如果從初一就弄錯了，將一直錯到十五」一般，具足智慧的人們，應當努力於此──令講說與聽聞成為修道的內涵，使每一次講說與聽聞，至少都能具備最起碼的一分條件，因為開講教授前的最佳前行準備，就是講聞軌理。由於擔心文詞過繁，在此只總攝出最精華寶貴的部分，廣泛的內容應當從其他典籍去了解。教授的前行已宣說完畢。

[1]「^妙第三」 拉寺本無。 [2]「若講聞法至扼要故」 原果芒本校記中提及拉薩雪本《廣論》作「由講聞正法未至扼要」。按，依有「未」字作解，《廣論》前後文應譯如下：「若以是軌講聞正法者，雖僅一座亦定能生如經所說所有勝利。則昔由講聞法未至扼要，於法法師所集不恭敬等一切業障，悉能清淨，諸新集積亦截其流。」故「講聞法未至扼要」是「於法、法師所集不恭敬等一切業障」之因，「以是軌講聞正法」則是「不恭敬等一切業障」之對治。若按果芒本無「未」字作解，「講聞法至扼要」則是「昔所集於法、法師不恭敬等一切業障」之對治。藏文中無論有無「未」字，義可兩通。 [3]「^妙第四……珍重者」 原果芒本此註置於「現見此即極大教授」之後，拉寺本作「^妙第四、若違當致重罪」，並置於「現見此即極大教授」之前。按，前段「殷重尤極」一句，藏文有一表示段落結束之虛字（ཏེ），故「現見此即極大教授」應為下文之起始，故依拉寺本改置。 [4]「初一若錯乃至十五」 《夏日東文集》認為應作「初一若不錯，乃至十五」。按，夏日東活佛之解釋，此科中「現見……煩惱助伴」，為科判中「違此當致重罪」之內容；「初一若不錯」至「宣說訖」，為科判中「教誡應珍重者」之內容。然按《掌中解脫》，「初一若錯乃至十五」為「違此當致重罪」之喻；「故此講聞入道之理」至「已宣說訖」，為「教誡應珍重者」之內容，古德於此文即有二說。 [5]「^巴最下^巴乃至」 拉寺本中無此二註。

❶ **至扼要** 哈爾瓦‧嘉木樣洛周仁波切認為，至扼要指對心續產生極大饒益。日常老和尚則將至扼要解為掌握住重點。參見《菩提道次第廣論舊版手抄稿》冊2，頁169。

❷ **如天成魔** 如世人依止世間天神，供奉時出了紕漏，反而害了自己。用以譬喻沒有將法入心轉成真正的佛法，反倒成為增長煩惱的助伴。參見《貢德大辭典》冊4，頁496。

❸ **初一若錯乃至十五** 古印度人的習俗，將一個月分為白月及黑月，上半月是白月，下半月是黑月，各十五天。如果第一天看錯了，之後就會一直錯下去，到了第十五天才會發現錯誤。另有一版作「初一若不錯，乃至十五。」夏日東活佛引

據六世班禪解釋，謂從最初依師軌理就沒有錯誤的話，即能迅速獲得如同十五日月圓般的佛陀果位。參見《廣論舊版手抄稿》冊2，頁176；《夏日東文集》冊1，頁152。

❹性相　此指標準，合格的條件。

道前基礎
親近善士

第四、如何正以教授引導學徒次第，分二：˜道之根本親近知識軌理；˜既親近已如何修心次第。初中分二：˜令發定解故稍開宣說；˜總略宣說修持軌理。今初●分二：˜一切功德仰賴於師，故須依止；˜正說依師軌理。今初：

《攝決定心藏》云●：「住●大乘種性數取趣，●師云：『此時所說種姓，非指中觀師所許心之法性——自性住種姓●，亦非僅是有情相續之堪斷二障●、堪證二種無我●之因，是謂修持種姓或隨增種姓●。依大乘而言，則為菩提心、六度種子；依共小乘而言，則為求解脫意樂、三學、三十七菩提分法●種子等。』[1]應親善知識。」又如鐸巴所集《博朵瓦語錄》中云●：「總攝一切教授首[2]，是不捨離善知識。」能令學者相續之中，下至發起●從恭敬善知識乃至通達二種無我之一德、損減●從不敬善知識乃至執取二種我相●之[3]一過，一切善樂之本源者，厥為善知識。故於最初，依師軌理極為緊要。菩薩藏經作如是說●：「總之獲得●菩薩一切諸行，如是●昔未獲者令獲得，●已獲令圓滿一切波羅蜜多●、地●、忍●、等持●、神通●、總持●、辯才●、迴向●、願●及佛●因、果、事業之法，皆賴尊重為本●、從尊重出、尊重為生及為其處、以尊重生、以尊重長、依於尊重、尊重為因。」博朵瓦亦云●：「修解脫者，更無緊要過於尊重。即觀現世可看他而作者，若無教者亦且無成；況是無間從惡趣來，欲往從所未經之地，豈能無師？」

第四科、如何以正式的教授引導學人的次第，分為二科：˜道之根本——依止善知識的軌理；˜依止之後如何修心的次第。第一科分為二科：˜為了樹立確切的見解而稍微廣泛地宣說；˜概略地說明修持的軌理。第一科分為二科：˜一切功德都仰賴上師才能獲得，所以必須依止；˜正說依師軌理。第一科：

《攝決定心藏》中說：「具有大乘種姓的數取趣，上師說：『此時所說的種姓，並不是中觀師所主張的心之法性——自性住種姓；也不只是有情心續中，能斷二種障礙、能證二種無我的因而已，是指修持種姓，或稱隨增種姓。就大乘而言，是指菩提心與六度的種子；從與小乘相共的角度而言，則是希求解脫的意樂與三學，以及三十七菩提分的種子等。』應當依止善知識。」在鐸巴所編的《博朵瓦語錄》中也提到：「統攝一切教授的起首，乃是不捨離善知識。」如上所述，在學人的心續之中，下至生起從恭敬善知識直到證得二種無我之間任何一分功德、減少從不恭敬善知識直到執著二種我相之間任何一分過失起，一切安樂美好的根源，就是善知識。因此在最初，依止師長的軌理至關重要。菩薩藏經中說：「總之，要想獲得並圓滿一切菩薩行；同樣地，一切波羅蜜多、諸地、忍辱、三摩地、神通、總持、辯才、迴向、願，以及佛因、佛果、佛陀事業的法，未曾得的能夠獲得，已獲得的使之圓滿，都依賴於善知識、以善知識為根本、藉由善知識而出生、以善知識為出生處及生長門、因善知識生起這一切、因善知識而增長、依憑著善知識、以善知識作為生因。」博朵瓦大師也曾說：「要成就解脫，沒有比上師更加重要的因素。即使是今生那些透過觀摩便能操作的事情，如果無人指點尚且不能成辦；何況是才剛從惡道中出來，要前往從未去過之處，沒有上師怎麼能做到？」

[1]「˜師云：『此時所說……種子等。』」果芒本原作巴註，拉寺本作語註。按，此箋

同前箋「^㊃大乘_種性」同為解「住性」之註。若巴梭法王前已明言此處乃指大乘種姓，後引師說，又作二解，釋為大小二乘之種性，實難作同一祖師之說，若為語註，則無前後不符之失，且此箋文字有語王大師之風，故依拉寺本改之。　　[2]「一切教授首」果芒本、雪本、哲霍本之「首」字(འགོ)是初始起首義，拉寺本作(མགོ)是頭部義。

[3]「^㊃從不敬⋯⋯我相之」原果芒本未標作者，今依拉寺本補之。

❶ **《攝決定心藏》云**　《攝決定心藏》，中觀類論典，共24偈半，阿底峽尊者著。漢譯本有今人釋如法譯《決定攝心要論》。此論主要是以頌體的方式，總攝暇滿人身所應獲取之心要。引文見《丹珠爾》對勘本冊64，頁1789。

❷ **自性住種姓**　將來能成為自性法身的法性，即是自性住種姓；由於是最究竟的本性，不須觀待因緣，所以稱為自性住種姓。一切有情自心之上的空性即是自性住種姓。自性法身包含佛陀心中的涅槃及空性，與智慧法身、報身、化身合稱為佛陀的四身。

❸ **二障**　煩惱障及所知障。煩惱及其種子是煩惱障，煩惱的習氣則是所知障。小乘阿羅漢能斷除煩惱障，所知障則唯有佛陀能斷除。

❹ **二種無我**　補特伽羅無我及法無我。

❺ **修持種姓或隨增種姓**　修持種姓，謂透過修持而增長的種姓。經由聞思等潤澤後，將來能成為佛果的實事，即是隨增種姓。實事與無常、有為等同義。由於此類種姓會隨著聞思修而增長，所以稱為隨增種姓。修持種姓與隨增種姓實為同義。

❻ **三十七菩提分法**　指四念住、四正斷、四神足、五根、五力、七等覺支、八聖道支，合稱三十七菩提分法。由於與獲得菩提的道相順，所以稱為菩提分法。四念住為：身念住、受念住、心念住及法念住。四正斷為：已生惡令斷、未生惡令不生、已生善令增長、未生善令生。四神足為：欲神足、勤神足、心神足、觀神足。五根為：信、進、念、定、慧五根。五力為：信、進、念、定、慧五力。七等覺支為：念覺支、擇法覺支、精進覺支、喜覺支、輕安覺支、捨覺支及定覺支。八聖道支為：正見、正思惟、正語、正業、正命、正勤、正念、正定。

❼《博朵瓦語錄》中云　《博朵瓦語錄》，道次第論著，又名《藍色手冊》，鐸巴大師編，尚無漢譯。為噶當祖師博朵瓦口述關於道次第方面的口訣教授，經其弟子善知識雅給巴（ཡ་གད་པ），又名鐸巴協饒嘉措（རྡོལ་བ་ཤེས་རབ་རྒྱ་མཚོ），收集成冊。鐸巴大師自謙說：「由於仍未得不忘陀羅尼，為了憶持上師的教誡，而作筆錄，並不是為了著作。」因此將記在書上零散的上師教誡，依著三士夫法類次第編纂成手冊，由於這些文稿以藍布包裹，所以稱為《藍色手冊》。此書與《喻法》又分別名為《內義道次第》和《譬喻道次第》；其中除了博朵瓦大師的語錄之外，還有噶當先輩祖師的對話，蘊含著許多修行的扼要和激勵人心的警語，為道次第法類重要的著作，後至尊拉止崗巴（བླ་འབྲི་སྒང་པ）以散文方式解釋其頌。引文見《噶當教授藍色手冊根本頌與解釋》，頁1（鐸巴協饒堅參著頌，拉止崗巴著釋，北京：人民出版社，1991。以下簡稱《藍色手冊頌釋》）。

❽二種我相　補特伽羅我及法我。

❾菩薩藏經作如是說　此處菩薩藏經指方廣部，而非單行本的《菩薩藏經》，此文出自《華嚴經》。藏傳佛教中，方廣部又可稱作菩薩藏經。引文唐實叉難陀譯《大方廣佛華嚴經》作：「我復略說一切菩薩行、一切菩薩波羅蜜、一切菩薩地、一切菩薩忍、一切菩薩總持門、一切菩薩三昧門、一切菩薩神通智、一切菩薩迴向、一切菩薩願。一切菩薩成就佛法，皆由善知識力，以善知識而為根本，依善知識生，依善知識出，依善知識長，依善知識住，善知識為因緣，善知識能發起。」引文見《大正藏》冊10，頁422；《甘珠爾》對勘本冊38，頁639，然與正文略有不同。

❿獲得　按藏文此後有「圓滿」一詞，義為獲得並圓滿菩薩的所有行持。

⓫波羅蜜多　梵語Pāramitā（པ་ར་མི་ཏ）音譯，義譯度彼岸、到彼岸，略譯為度。具足十種殊勝的道即是波羅蜜多，包含所有佛陀道及菩薩道。由於修持大乘道能到達輪迴大海彼岸，故稱菩薩心中的道為度彼岸；由於已經透過修大乘道，到達輪迴彼岸，故稱佛陀心中的道為度彼岸。可分為六波羅蜜多，或十波羅蜜多。

⓬地　此處特指地道中的地，能為眾多功德所依的道，如同大地能承載萬物，故名為地。舉凡資糧道乃至無學道之間的一切道，皆為此處所指之地。

❸ **忍** 指不煩亂的善根。包含忍耐其他有情對自己的傷害、忍受自身所產生痛苦，以及善安住法思勝解。

❹ **等持** 或譯為定，梵音譯作三摩地，略作三昧，一心專注執持所緣境的心所即為等持。

❺ **神通** 指依靠禪定等持，而能現證普通六根所不能證得的對境之意識。包含神足通、天眼通、天耳通、他心通、宿命通、及漏盡通六種。

❻ **總持** 梵音譯作陀羅尼（dhāraṇī），由於異熟或聽聞、修持的力量，所獲得的殊勝念力、不忘智慧等即是總持。獲得總持即能長時憶持諸法文義，或者深深忍可文詞上的空性，故名總持。

❼ **辯才** 指與他人論辯時，能破他宗，不為所破的無礙辯才。在藏文中，此字亦有無畏、智慧、心力之義。

❽ **迴向** 將所積善業轉成所求之因的欲求即是迴向。迴向能令即將窮盡的善變成無盡，少量變成無量。

❾ **願** 祈願、心願。指希望達到某個目標的欲求。關於迴向及發願二者的差別，《辨中邊論》說：「無盡常起定。」義為從作業區分兩者的差別：迴向能讓已造的善變成無盡；發願能讓人們恆時趣入善。世親論師所著《辨中邊論釋》說：善巧波羅蜜能將善根迴向於大菩提，所以能令布施等沒有窮盡；願波羅蜜能透過受生善趣，而在一切生中令佛歡喜，所以能夠恆時趣入善。賈曹傑大師所著《入行論正文釋》中說：單純希求達到所欲結果是發願；希望因位的善能成為所欲結果之因的欲求是迴向。參見《大正藏》冊31，頁474；《丹珠爾》對勘本冊70，頁911；冊71，頁49；《入行論正文釋》，頁580（賈曹傑大師著，台北：佛陀教育基金會，2004）。

❿ **皆賴尊重為本** 按藏文應分二句，即「皆賴尊重，尊重為本」。

⓫ **博朵瓦亦云** 引文見《藍色手冊頌釋》，頁56。

^妙第二、由是親近知識之理，分六：^一所依善知識之相^❶；^二能依學者之相；^三彼應如何依師之理；^四依止勝利；^五未依過患；^六攝彼等義。今初^妙分二：^一辨識上師；^二其相。今初：

總諸至言及解釋中，由各各乘增上力故，雖說多種，然於此中所說知識，是於三士所有道中，能漸引導，次能導入大乘佛道。

^妙第二、性相，分三：^一最勝；^二中等；^三最下之相。初中分二：^一自所需之功德；^二利他所需功德。今初：如《經莊嚴論》云^❷：「^巴大乘具相之善知識^巴以戒學調伏、^巴以定學靜、^巴具慧學故極靜^❸、^巴較於弟子德^巴更增^巴上、具^巴足踴躍利他之精勤、^巴多聞之教富饒、^巴殊勝慧學——以現量、比量、教、理隨一善達^巴真實性^巴之義[1]、具^巴隨順引導所化機次第而講解之巧說、悲^巴愍所化而說法之體性、^巴斷離^巴數數宣說勞苦疲厭，應^巴當依止。」是說學人須依成就十法知識。此復說為自未調伏而調伏他，無有是處，故其尊重能調他者，須先調伏自類相續。若爾，須一何等調伏？謂若隨宜略事修行，於相續中有假證德名，全無所益，故須一種順總佛教調相續法，此即定為三種寶學，是故論說調伏等三。

第二科、因此，依止善知識的軌理，分為六科：¹`所依止的善知識的條件；²`要依師的弟子的條件；³`弟子如何依止善知識的軌理；⁴`依止的利益；⁵`不依止的過患；⁶`總攝上述的義理。第一科分為二科：¹`辨別上師；²`上師的條件。第一科：

一般而言，在佛經及釋論中，從各各乘的角度宣說了多種善知識的內涵；然而本教授所指的，則是能依次引導學人趣入三士道，進而導向大乘佛道的善知識。

第二科、條件，分為三科：¹`最上；²`中等；³`最起碼的條件。第一科分為二科：¹`自身需要具備的功德；²`為了利他所需要的功德。第一科：《經莊嚴論》中提到：「合格的大乘善知識藉由戒學調伏、藉由定學而寂靜、由於具足慧學而最極寂靜、功德遠超勝弟子、具備踴躍利他的精勤、多聞飽學經論、殊勝慧學——以現量或比量、經教或正理任何一者透徹地通達真實性義、具備能符合引導所化機之次第而詮釋的善巧演說、由於悲憫所化機而說法的本性、斷除了因一再地宣說所引起的倦怠厭煩，應當依止這樣的師長。」是說弟子必須依止具備以上十種條件的善知識。這也是說，尚未調伏自我，絕無可能調伏他人，因此能調伏他人的師長，首先必須調伏自己的心續。那麼，需要什麼樣的調伏呢？如果隨意亂修，心中有些假冒的內證功德，沒有任何益處。因此，必須是一種符順整體佛教的調心方法，這必然是珍貴的三學，因此提到調伏等三種條件。

❶ 相 　直譯為「性相」，有義涵、體性、條件等義。

❷《經莊嚴論》云 　《經莊嚴論》，唯識部論典，全名《大乘莊嚴經論》，共21品，至尊慈氏著。漢譯本有唐波羅頗蜜多羅所譯《大乘莊嚴經論》24品；今人寶僧譯《大乘經莊嚴論寶鬘疏》所載的頌文。此論以偈頌體方式闡述唯識宗的見解。引文唐波羅頗蜜多羅譯《大乘莊嚴經論・親近品》作：「調靜除德增，有勇阿含富，覺真善說法，悲深離退減。」引文見《大正藏》冊31，頁635；《丹珠爾》對勘本冊70，頁860。

❸ 極靜 　法尊法師原譯作「近靜」，意為與寂靜相近，然相近一詞，按藏文文法應置於寂靜後，才有此義。藏文原文中若將相近一詞置於寂靜前，應理解為至極或善妙，故改譯。此處極靜特指慧學，唐波羅頗蜜多羅譯《大乘莊嚴經論》云：「調靜除德增，有勇阿含富，覺真善說法，悲深離退減。釋曰：此偈顯示第一依親近。若善知識具足十種功德者，應堪親近。何謂為十？一者調伏，二者寂靜，三者惑除，四者德增，五者有勇，六者經富，七者覺真，八者善說，九者悲深，十者離退。調伏者與戒相應，由根調故。寂靜者，與定相應，由內攝故。惑除者，信念與慧相應，煩惱斷故。德增者，戒定慧具不缺減故。有勇者，利益他時不疲惓故。經富者，得多聞故。覺真者，了實義故。善說者，不顛倒故。悲深者，絕希望故。離退者，於一切時恭敬說故。」取慧學能斷除煩惱之義，而將第三德相譯為惑除。參見《大正藏》冊31，頁635。

其中調伏者，謂尸羅學。《別解脫》云❶：「心馬常馳奔，恆勵終難制，百利針順銜，即此別解脫。」又如《分辨教》云❷：「此是未調所化銜。」如調馬師，以上利銜調懭悷馬，根如悷馬隨邪境轉，若其逐趣非應行時，應制伏之。學習尸羅調伏心馬，

以多勵力，制令趣向所應作品。寂靜者，如是於其妙行惡行，所有進止，由其依止念正知故，令心發起內寂靜住，所有定學。極寂靜❸者，依心堪能奢摩他故，觀擇真義發起慧學。如是唯具調伏相續三學證德，猶非完足，尚須成就聖教功德❹。言教富者，謂於三藏等，成就多聞。善知識敦巴云：「言大乘尊重者，謂是須一❷了知若講說❸一義[1]時，能令發生無量❸佛語[2]知解。若行持時，於後❷佛聖教，❷修證正法或三學[3]能成何益，當時能有何種❷應機饒益所化內心，及調伏義利，而❷復知[4]宣說❷彼[5]者❺。」

達實性者，是殊勝慧學，是謂通達法無我性，或以現前[6]❷或現證真實為主❼。此若無者，說由教理通達❷二種無我亦成。

如是雖能具足教證，若較學者或劣或等，猶非圓足，故須一種德增上者。《親友集》中作如是說❽：「諸人依劣❷於己者當退失，依❷與己相平等者平然❷或依然住，依❷較己尤為尊勝者獲❷得尊勝❷或超勝，❷由此因故應親近勝自者。所有具最勝❷清淨戒、❷沉掉極靜❾❷三摩地、慧❷皆較弟子為尊者，若親近是師，較❷彼尊勝尤❷為尊勝。」如樸窮瓦[6]❿云：「聞諸善士史傳之時，我是向上仰望於彼。」又如塔乙⓫云：「我於惹珍⓬諸耆宿所[7]，而作目標。」是須一種目向上望增上德者。如是六法，是自所應獲得之德。

其中的調伏，是指戒學。《別解脫經》提到：「對於即使常常勤加驅策也難以駕馭的心馬，令牠就範的百根鋒利鐵釘的口銜，便是此別解脫戒。」又如《分辨教》說：「這是調伏桀驁不馴的所化機的口銜。」就像馴馬師必須以精良的口銜調伏烈馬；同樣地，當諸根如同烈馬，隨著顛倒境界牽引，趣向不應做的行為時，必須予以制伏，並努力學習導向應行方向的戒律而降伏心馬。寂靜，是指依止正念正知，趣向妙行，阻斷惡行，令心生起內在寧靜安住的定學。最極寂靜，是指依靠著心已堪能的奢摩他，觀擇真實義以生起慧學。僅具備如此以三學調伏自心的內證功德，仍有所不足，還要具足教正法的功德。所以，所謂飽學經論，是指在三藏典籍等方面具足多聞。善知識種敦巴尊者曾說：「作為大乘師長，必須知曉：在宣說一個義理時，能啟發聽眾對無量佛語的理解；當付諸行持時，在佛聖教的最後階段，對於修持證正法或三學能有什麼利益；當前能產生應機利益並調伏所化機內心的何種效果，而又曉得開示此義者。」

通達真實性，是特殊的慧學，以證得法無我，或現前、現證真實義為主。即使沒有上述證德，有說依教理通達二種無我也可以。

雖能如此具足教證功德，但是功德劣於弟子，或與弟子相等，仍然不足，因此必須功德更為超勝才行。《親友集》中說：「人們依止比自己低劣的人將退失功德；依止與自己不分上下的人，則會停滯不前；若依止遠超勝於自身的人，則能獲得最優越勝妙的功德，因為這個原因，所以應當依止比自己更超勝的師長。如果所依止的師長具足戒律清淨、最極寂靜昏沉掉舉的三摩地，並在智慧各方面都遠遠超勝於弟子，依止這樣的師長，將比上述尊勝的師長更為尊貴超勝。」樸窮瓦說過：「當聽到諸位勝妙士夫們的事蹟時，我一心仰望他們。」塔乙也曾說：「我以熱振寺的諸位先哲作為欽仰的目標。」如上所述，功德超勝者，必須是令人景仰的對象。以上六種條件，是自身應該獲得的功德。

[1]「^妙一義」拉寺本無。 [2]「^妙佛語」拉寺本無。 [3]「^妙修證正法或三學」拉寺本無。 [4]「^巴復知」拉寺本無。 [5]「^巴彼」拉寺本無。 [6]「樸窮瓦」雪本作「布窮瓦」,誤。 [7]「我於惹珍諸耆宿所」拉寺本作「現於惹珍諸耆宿所」。

❶ 《別解脫》云 《別解脫》,律部經典,又名《戒經》、《別解脫經》,共2卷,700頌。漢譯本有唐義淨譯《根本說一切有部戒經》1卷。主要開示比丘戒的內涵。引文《根本說一切有部戒經》作:「心馬難制止,勇決恆相續,別解脫如銜,有百針極利。」引文見《大正藏》冊24,頁500;《甘珠爾》對勘本冊5,頁5;《丹珠爾》對勘本冊85,頁5。

❷ 《分辨教》云 《分辨教》,律部經典,又名《廣戒經》、《分辨阿笈摩》、《律分別》,共83卷,24900頌。漢譯本有唐義淨譯《根本說一切有部毘奈耶》50卷,及《根本說一切有部苾芻尼毘奈耶》20卷。此經相傳為佛陀十大弟子中持律第一的優波離尊者所集結,主要闡述比丘、比丘尼戒每一條戒的制戒因緣、開遮持犯。引文於漢譯本未見相應段落。引文見《甘珠爾》對勘本冊5,頁63。

❸ 極寂靜 法尊法師原譯作「近寂靜」,今依藏文改譯。見前頁257註3。

❹ 聖教功德 此處指教典方面的功德。

❺ 而宣說者 法尊法師原譯無此句,今據藏文補譯。

❻ 現前 法尊法師原譯作現證,為配合箋註,故改譯。

❼ 真實為主 有些漢文《廣論》版本譯為真實為「正」,然考藏文應作「主」為宜。

❽ 《親友集》中作如是說 《親友集》,為《鄔陀南》的其中一品。即漢譯本《法句經·善友品》、《法句譬喻經·善友品》、《出曜經·親品》、《法集要頌經·善友品》,然未見對應引文。引文見《丹珠爾》對勘本冊83,頁56。

❾ **極靜**　法尊法師原譯作「近靜」，今依藏文改譯。極靜一詞或指定學，或指慧學，前文《經莊嚴論》中所說極靜指慧學，此處極靜配合箋註解為止息沉掉，故指定學。

❿ **樸窮瓦**　噶當十六明點的傳承祖師之一（公元1031～？），藏語ཕུ་ཆུང་བ音譯，本名童幢（玄努堅贊・གཞོན་ནུ་རྒྱལ་མཚན），出生於澎玉（འཕན་ཡུལ）地區的吉惹正喀村（སྐྱི་ར་རྫིང་ཁང）。由於多生薰修佛法，幼時心中自然生起無常的覺受，不慕世間榮華，志求披剃出家，於是離家前往香大師（ཞང་ཆེན་པོ）和蓮・戒覺（བྲན་ཚུལ་བྱུང）二師座前落髮，賜法名為童幢。自出家後，嚴持戒律，遊歷參學，曾於阿底峽尊者座下學法。後赴熱振寺依止種敦巴十一年，獲得一切教授。種敦巴示寂後，志求獨處山林，靜修顯密全圓道體，於是赴澎玉地區的樸窮寂靜處清修。後從慧幢（ཤེས་རབ་རྒྱལ་མཚན）獲得十六明點教授，數數精修，證得雙運身位。其後將此法與《幻化寶笈》傳授給寶幢（རིན་ཆེན་རྒྱལ་མཚན），隨即化為虹光身示寂。參見《師師相承傳》藏文冊上，頁767；中文頁1236。

⓫ **塔乙**　三昆仲的弟子之一（約12世紀），藏語མཐའ་བཞི音譯。曾於熱振寺講修衰微時，與迦摩巴大師一起復興教法。參見《噶當箴言集》，頁270。

⓬ **惹珍**　噶當派主寺名，又作熱振寺。

於後聖教能成何益異解

此段所引善知識敦巴的開示中，提到「於後聖教能成何益」。聖教一詞，藏文為「丹巴」（བསྟན་པ），有聖教及開示兩種含義。巴梭法王與妙音笑大師從「聖教」的角度解釋；六世班禪吉祥智與帕繃卡大師是從「開示」的角度解釋，即指說法師開示之後，對學者能產生什麼利益。

第一種角度的解釋，詳見本段原文及語譯。如果依第二種角度理解，整段意思則為：「大乘的善知識在講說時，能夠令學者了解無量佛語的內涵；在行持時，要了解說法結束後對學者能產生什麼利益，以及說法當時能對學者產生什麼利益。」

^妙第二、利他所需功德者：諸所餘者是攝他德。此亦如云❶：
「諸佛^{世尊}非^邑^如以水^邑洗垢而洗^邑眾生相續之罪，非^邑^如以手^邑拔刺而除眾生苦[1]，^邑亦非^邑^如從右手移物至左手而移自^邑心續證^邑德於餘者，^邑若爾為當云何耶？或正或間接顯示法性[2]^邑勝義諦^邑義，令^邑眾生修習而解脫^邑輪迴。」若除為他說無謬道攝受而外，無有以水洗罪等事。其中四法，善巧說者，謂於如何引導次第而得善巧，能將法義巧便送入所化心中。

悲愍者，謂宣說法等起清淨，不顧利養及恭敬等，是由慈悲等起而說，是須猶如博朵瓦告懂哦瓦云：「^邑暱喚黎摩子❷，^邑吾任說幾許法，我未曾^邑為自利故受讚一善哉，以^邑念無眾生非苦惱故。」^邑此即無貪而說正法。

具精勤者，謂於利他勇悍剛決❸，^邑此即無瞋而說正法。遠離厭患者，數數宣說而無疲倦，謂能堪忍宣說苦勞。

第二科、為了利他所需要的功德：其他條件則是攝受接引他人的功德。如同典籍中所言：「諸佛世尊並非以水滌淨汙垢般地洗除眾生相續中的罪惡；不是如同挑出芒刺一般，靠雙手拔除眾生的苦難；也不是像把物品從右手移至左手一般，將自己心中的內證功德轉移給他人。那麼究竟是如何做的呢？透過直接或間接闡述法性勝義諦的奧義，令眾生們修持而從輪迴中解脫。」除了開示毫

無錯謬的正道而攝受他人之外，沒有用水洗淨罪惡等辦法。其中分為四個條件：善巧演說，是指善巧於引導的次第，並且能將法義巧妙地傳遞到所化機心中。

悲憫，是指宣說正法的動機清淨，並非顧惜財利恭敬等，是以慈悲心為動機而說法。必須像是博朵瓦對懂哦瓦親密地稱喚道：「黎摩子！」而說：「我無論宣講多少法義，也從來不曾為了自利接受乃至一個善哉的稱讚，因為想到眾生無不是深受苦惱。」這就是無貪著地說法。

具足精進，是指堅決踴躍地利他，這是指不懷瞋怒地說法。斷絕厭煩，是指一再地宣說也不覺疲倦，能夠忍耐說法的辛勞。

[1]「非以手除眾生苦」 果芒本原作「手之不除眾生苦」，拉寺本、雪本、哲霍本作「非以手除眾生苦」。按，果芒本誤，故依拉寺等本改之。 [2]「間接顯示法性」 果芒本原作「相續顯示法性」，哲霍本作「間接顯示法性」。按，依前後文義，應作「間接顯示法性」，故依哲霍本改之。

❶ **如云** 引文出自《集法句釋·無常集釋》。《集法句釋》，又名《優陀那品註釋》，共33品，據梵文記載有12500頌，慧鎧論師著，尚無漢譯。作者是說一切有部的論師，生於邦嘎拉，受業於博學多聞的覺鎧論師。本論以逐字詳解的方式解釋《集法句》的三十三集，也補充當時世尊應機說法的各個因緣。引文見《丹珠爾》對勘本冊83，頁188。

❷ **黎摩子** 懂哦瓦的母親叫黎摩慧燈，所以博朵瓦稱他為黎摩子。參見《阿嘉雍曾文集》冊上，頁67；《廣論講授筆記》，頁17。

❸ **勇悍剛決** 義為踴躍堅固。

諸佛能否以水洗罪

古今大德常引「諸佛非以水洗罪」一頌，說明佛法勝於外道的見解。今此頌還可以結合四諦來闡述：根據慧海大師《廣論講授筆記》記載，就字面意思，指佛陀無法以水洗罪，無法用手消除痛苦，也不能將自心的一切相智施捨予他有情，所以要透過說法使學人如法修持；然而貢唐文殊曾以初句配集諦、次句配苦諦、第三句配滅諦、第四句配道諦來解釋。夏日東活佛則引格爾德・善慧事業的解釋，說諸佛無法以水洗淨罪惡──集諦，無法以手去除眾生的苦諦，也不能將自己內證的道諦移至他人心中，是透過開示法性真實，使眾生解脫生死，獲得滅諦。滅道二諦配合的句子正與上述相反，但因理解上並無大異，故並錄之以供參考。

此外，關於第一句，有人詰難說：「佛法中說無法以水洗罪，是不正確的，因為經典裡就曾提到：阿耨達池的池水能洗淨罪障；還有灌頂時，也說用瓶水洗淨罪障。」針對此二例，夏日東活佛的解釋是：一、阿耨達龍王是登地菩薩，所以用其池水能洗罪是靠他的願力；二、瓶水洗罪是結合說法的加持力所致，所以不違背此句所說的內涵。

⑨第二、中等之相，分三：⸋ˉ⸌正說；⸋ˉˉ⸌捨棄不堪者；⸋ˉˉˉ⸌具相之方便。今初：博朵瓦云：「三學及通達實性，並悲愍心，五是主要。我阿闍黎⁽ᵇ⁾頁巴❶ 嚮尊滾❷ 既無多聞復不耐勞，雖酬謝語亦不善說[1]，具前五德故，誰居其前悉能獲益。寧敦❸ 全無善說，雖說施願，大眾唯作是念：『今仍不解所云』，餘無所知❹。然有前五，故誰近能益。」⑨第二、捨棄不堪者：如是若於諸所學處❺ 不樂修行，唯讚學處所有美譽或其功德，以謀自活者，

則不堪任為善知識。宛如有人讚美栴檀[6]，謀自活命，有諸欲求妙栴檀者，而問彼曰：「汝有檀耶？」答曰：「實無。」此全無義唯虛言故。《三摩地王經》云[7]：「末世諸比丘，多是無律儀，希欲求᠍名為多聞，᠍以是因唯᠍為他讚美尸羅，然不求᠍或修持自之尸羅[2]。」於定、慧、解脫三種，亦如是說。᠍其次云[8]：「᠍譬如一類士夫，稱揚栴檀德，謂栴檀如此，香相極可愛。次有諸餘人，問如所稱讚，栴檀᠍汝少有耶？᠍謂有無否？諸士夫此問，答彼士夫云，我求᠍方便以自活命，以᠍其方便即是稱讚香[9]，᠍然非我有其香。如是末世出，諸᠍自不᠍精勤瑜伽᠍修持，以᠍為他讚᠍歎戒活命᠍之比丘，彼等᠍自無᠍為他所說之尸羅。」所餘᠍定、慧、解脫三種亦如是說故[10]。᠍**第三、具相之方便者**：如是修行解脫之尊重，乃是究竟欲樂之根本，故諸欲求依尊重者，應當了知彼諸德相，勵力尋求具其相者。諸欲為作學人依者，亦應知此，勵力具足如是德相。

第二科、中等的條件，分為三科：一、正說條件；二、捨棄不合格者；三、具足條件的方法。第一科：博朵瓦大師說：「戒定慧三學、通達真實性及悲憫心，這五點是主要條件。我的阿闍黎頁巴嚮尊滾，既無多聞，也無法忍受一再說法的疲厭，就連一句答謝辭都不會說。但是他具備

前面五種功德，所以任何人在他跟前都能獲益。嚀敦完全不擅長講說，即使是進行迴向祝福，大家心裡也只會想：『這回還是都聽不懂啊！』此外什麼都不知道。但由於具備這五種功德，因此誰親近他都能獲益。」

第二科、捨棄不合格者：因此，不勤奮地修行諸多學處，只會讚歎學處的美譽功德以謀求生計，是不堪任為善知識的。就像有人依靠稱讚栴檀謀生，當有人需求栴檀而問他：「你有栴檀嗎？」那人只能答道：「我並沒有。」所說一切成了毫無意義的空話。《三摩地王經》中說：「末代有許多不具律儀的比丘，貪求博聞之名，因此向他人讚歎戒律，卻不希求或不實踐自己的戒律。」在定、慧、解脫三方面，也有同樣的敘述。之後接著又說：「比如有些人誇讚栴檀的好處，說栴檀是如此地香氣怡人。接著有些人便問：『你如此稱道的栴檀，你是否擁有一點呢？』他們問完後，此人答道：『我稱讚檀香是賴以維生的辦法，然而我並沒有檀香。』相同地，末世時出現許多自己不精勤於瑜伽修持，而是依靠向他人讚歎戒律以謀生計的比丘，他們自己並不具備向別人宣揚的戒律。」在其餘的定、慧、解脫三方面，也有同樣的敘述。**第三科、具足條件的方法：**能成辦解脫的尊長就是終極所求的根本。所以有心依止上師的人們，應當了知上述條件，並且努力尋求具備條件的師長；而想要成為學人依止對象的人們，也應該知曉這些條件，勤奮不懈地齊備這些條件。

[1]「雖酬謝語亦不善說」 哲霍本作「雖酬雇工亦不善為」。按，「雖酬謝語亦不善說」本為古藏語，《阿嘉雍曾文集》釋此古語時，其中「語」字（ᠩᡳᡤ）解作「語言」，哲霍本之「雇工」（ᠩᡳᡤ）應為形近之訛字。 [2]「然不求ᠪᠠ或修持自之尸羅」 拉寺本作「然ᠪᠠ自不求ᠪᠠ或修持尸羅」。

❶ 頁巴 西藏地名，藏語ཡེར་པ音譯，又名札頁巴（བྲག་ཡེར་པ），位於現今拉薩市東北面。蓮花生大師、哈隆吉祥金剛都曾在此閉關修行。阿底峽尊者也曾在此地閉關，並講述《噶當父法》、《噶當子法》、《十六明點教授》、《噶當寶籍》等希有教授。由於此地具有許多先賢大德的加持，所以普傳為修行者修持聖地。參見《東噶辭典》，頁1515。

❷ 嚮尊滾 阿底峽尊者的弟子之一，藏語ནག་བཙུན་ཀུན音譯。據夏日東活佛的解釋，藏文「滾」（ཀུན）有「一切」之義，「滾」與下文連讀是「既沒有廣聞一切法」的意思，與嚮尊連讀則是指「嚮尊們」的意思；並且指出《噶當父法》、《子法》、《藍色手冊頌釋》都有後者用法的詞句。哈爾瓦·嘉木樣洛周仁波切則認為，如果此處「滾」字解為一切，連讀上文為「所有頁巴地區的嚮尊都沒有多聞」，博朵瓦大師不可能口出此語；連讀下文為「對於一切法沒有多聞」也不合理，因為善知識十德中的多聞並非對於一切法成就多聞。藏文「滾」字，應理解為人名的一部分，古代確實有在人名之末加上滾字的用法，所以嚮尊滾作人名為佳。嚮尊滾，生卒年不詳。相傳此師曾於閱讀律藏時，看見佛制不能鋪設皮革，即丟去皮革，後見佛為寒地及病者開緣，才將皮革鋪上。參見《阿嘉·丹貝堅參文集》冊下，頁198；《夏日東文集》冊1，頁118。

❸ 嚀敦 藏語གཉན་སྟོན音譯，生卒事蹟不詳。

❹ 大眾唯作是念今仍不解所云餘無所知 法尊法師原譯作「唯作是念：今此大眾皆未解此，餘無所知。」此句晦澀難解。依藏文原文，此句之義或為大眾聽了嚀敦的祝願語，心裡卻只會想：還是不知道這次在說什麼！除此之外不曉得他在講什麼。《菩提道次第略論釋》作：「縱為施主咒願一次，人莫解其所謂。」《掌中解脫》作：「即便是為別人解釋供養功德，也沒人能夠聽懂，大家心裡都想：不知道他現在說些什麼。」故改譯。參見《菩提道次第略論釋》，頁94（宗喀巴大師造論，昂旺朗吉堪布造釋，郭和卿譯，台北：福智之聲出版社，1996。以下簡稱《略論釋》）；《掌中解脫》，頁317（第三世墀江仁波切著，江波譯，台北：白法螺出版社，2004）。

❺ 學處 指應學的內容，此處則特指戒律。

❻ **栴檀** 或作「旃檀」。

❼ **《三摩地王經》云** 引文連同後文「於定、慧、解脫三種，亦如是說」，高齊那連提耶舍譯《月燈三昧經》作：「若能於彼末世時，世間導師滅度後，有諸毀法惡比丘，於彼多聞不悕樂，雖說戒法而得活，自於戒法不樂行；雖說禪定而得活，自於禪定不樂行；雖說智慧而得活，自於智慧不樂行；雖說解脫而得活，自於解脫不樂行；雖說知見而得活，自於知見不樂行。」《廣論》所引「希欲求多聞」一句，《甘珠爾》中作：「不希求多聞」，漢譯則為：「於彼多聞不悕樂」，二者都與《廣論》所引的文義相反。又對照漢藏譯本，漢譯本「於彼多聞不悕樂」之後述戒、定、慧、解脫、知見五者，《甘珠爾》中僅述及前四者，或由梵本不同所致。引文見《大正藏》冊15，頁552；《甘珠爾》對勘本冊55，頁27。

❽ **次云** 引文高齊那連提耶舍譯《月燈三昧經》作：「如人口說栴檀香，於諸香中最為上，有人問彼說香者，汝所說香自有不？答云我實不聞香，但由說香而得活。於佛滅後末惡世，有不應戒諸比丘，雖說戒法而得活，不能自行於戒法。」見《大正藏》冊15，頁552；《甘珠爾》對勘本冊55，頁27。

❾ **我求自活命以是稱讚香** 法尊法師原譯作「我是稱讚香，以求自活命」，為配合箋註，故改譯。

❿ **所餘三種亦如是說故** 高齊那連提耶舍譯《月燈三昧經》云：「於佛滅後末惡世，有不應戒諸比丘，雖說定法而得活，不能自行於定法；於佛滅後末惡世，有不應戒諸比丘，雖說慧法而得活，不能自行於慧法；於佛滅後末惡世，有不應戒諸比丘；雖說解脫而得活，不能自行解脫法。」參見《大正藏》冊15，頁552；《甘珠爾》對勘本冊55，頁27。

㊟**第三、最下之相者**：由時運故，具全德者實屬難得，若未獲得如是師時，將如何耶？《妙臂請問經》云❶：「㊟譬如其㊟左右二輪不全，僅有一輪車，具㊟駕車之馬於道亦不行，㊟即如是㊟喻，若無修行伴❷，有情不能獲成就。㊟或念：若爾，其伴云何？若有具㊟足智

慧、🈁內外[1]形貌正❸、潔淨、姓尊❹、🈁以後世為主故趣注法、大辯、🈁志力廣大故勇悍、根調伏、🈁善巧勝義及名言之[2]和言、能施、有悲愍、堪忍餓渴及苦惱🈁或生痛苦、不供🈁外道等婆羅門餘天、🈁善巧勇喜於善，故為精悍🈁或專精、又復知報🈁答恩❺🈁德[3]、敬信三寶，🈁如是🈁者，是具相良伴。🈁然諸能完具如是德，於諍世❻中極稀故，半德四分或八分，應依如是咒師伴[4]。」此中所說❼圓滿伴相，八分之一為下邊際[5]❽。鐸巴所集《博朵瓦語錄》中，述大依怙說尊重相，亦復同此❾。故於所說完具圓滿諸德相中，隨其所應配其難易，具八分者，為下邊際。

第三科、最起碼的條件：由於時代的緣故，以致難以訪得完全齊備這些功德的人，如果未能尋獲這樣的師長，應該怎麼做？《妙臂請問經》提到：「譬如馬車左右兩邊的車輪不全，只有一個輪子，縱使配妥拉車的馬匹也無法上路。如同上述的譬喻，如果沒有修行的助伴，有情不能獲得成就。若想：『那麼助伴應該有什麼樣的條件？』若有具足智慧、內外的形貌端正、非常潔淨、種姓尊貴、由於以來世為主要考量而趣向正法、極大辯才、因為心力強大所以勇悍、諸根調柔、熟諳勝義與名言的美妙言說、樂於施捨、心懷悲憫、能忍饑渴煩惱或痛苦、不供奉外道等婆羅門和其他天神、由於善巧並踴躍行善所以熟練專精、懂得報答恩德、信仰三寶，這樣的人便是具足條件的助伴。然而在充滿鬥諍的時代，那些能夠完全齊備如此功德的人極端稀少。因此應該依止具備上述功德的一半或四分之一，或者八分之一的人作為密咒助伴。」其中指出友伴至少要有圓滿條件的八分之一。在鐸巴所編纂的

《博朵瓦語錄》中記載，大依怙阿底峽尊者所說上師的條件也與此相同。因此在具備上述圓滿條件之中，因應其難易度而配對，具足八分之一是最起碼的條件。

[1]「^巴內外」拉寺本作「^巴勝義內及名言外」。　[2]「^巴善巧勝義及名言之」拉寺本無。　[3]「又復知報^巴答恩^巴德」果芒本原作「又復知工^巴答恩^巴德」，《甘珠爾》對勘本《妙臂請問經》、青海本《廣論》皆作「又復知報恩」，拉寺本作「又復知工^巴答恩^巴或適工」。按，現有《四家合註》版本，此句皆有文義不通處，故依《甘珠爾》對勘本《妙臂請問經》、青海本《廣論》改之。　[4]「應依如是咒師伴」拉寺本作「應依如是所讚伴」。　[5]「下邊際」雪本作「道邊際」。按，依下文「具八分者，為下邊際」，及妙註中「最下之相者」之義，此處作「下邊際」方符其義，故作「道邊際」者誤。

❶《妙臂請問經》云　《妙臂請問經》，事部密續經典，共12品。漢譯本有唐輸波迦羅譯《蘇婆呼童子請問經》3卷；唐善無畏譯《蘇磨呼童子請問經》2卷；宋法天譯《妙臂菩薩所問經》4卷，共三種。漢譯本是散文體，藏譯本為偈頌體，內容上也有出入，但大致可以對照段落。此經是因妙臂菩薩請問真言成就法而得名。引文唐輸波迦羅譯《蘇婆呼童子請問經·律分品》作：「譬如車乘闕其一輪，假令能善御者，亦不能進。念誦無伴亦復如是，縱使勤苦作業終亦不成。然彼伴侶須具智慧、淨潔端嚴族姓生者、勇健無怖能調諸根、樂捨力者、能忍飢渴寒暑苦惱、不生退者、樂供養和上闍梨、常懷恩義、於三寶處深心恭敬，如是等行人甚難值遇。若具如是等伴，或一二三四五，唯多更甚。持真言者畢獲成福，當須覓如是等伴。」唐善無畏譯《蘇磨呼童子請問經·伴侶分》則作：「譬如車乘，若闕輪輻，假令善御，終不能進。戒無勝法亦復如是，縱使懃行，終不增長。求成就者，又須勝伴，然彼伴侶須具惠、淨潔端嚴族姓家生、依法勇健調伏諸根、愛語樂捨、具大慈悲、能忍飢渴及諸苦惱、不歸餘

天，并及供養、聰明善巧、常懷恩義、於三寶處深心恭敬。如是德行具莊嚴者，於此之時甚難值遇，若具善根有德行者，應求如是伴。」引文見《大正藏》冊18，頁735、720；《甘珠爾》對勘本冊96，頁438。

❷ **修行伴** 指同行善友。

❸ **內外形貌正** 藏文原文直譯為內外色賢善。依據哈爾瓦‧嘉木樣洛周仁波切解釋，此即健康之意。如月格西解釋，此處內色指內在五根，外色指外表相貌，義為內在五根正常、外表相貌端正。

❹ **姓尊** 種姓尊貴。

❺ **精悍又復知報恩** 法尊法師原譯作「精悍工巧知報恩」，依此譯法，則多一德相，而成十七德相，與經義不合，或由法尊法師所見版本不同所致。今依青海本《廣論》改譯。

❻ **諍世** 四時之一。在劫初人世中沒有十惡、戰爭、飢荒、疾病等，由於人們奉行圓滿的善法，沒有十惡等等，所以稱為圓時。第二階段時，人們開始做婬、盜兩種惡行，由於只做十惡中的兩種惡行，所以稱為二時。第三階段時，人們開始做婬、盜、妄三種惡行，由於人們只做十惡中的三種惡行，故稱三時。此後第四階段時，人們製造了殺人武器，開始戰爭，故稱諍時。諍時又稱諍世、濁世、五濁惡世，其義相同。

❼ **此中所說** 有些《廣論》中文版本譯作「此說所說」，意指：在這裡說到，具足經中所說的圓滿友伴德相的八分之一，是最低的條件。二者並無大異。

❽ **八分之一為下邊際** 八分之一的條件，根據慧海大師的《廣論講授筆記》所作的解釋，是指將十六項條件中一個困難的及一個簡單的條件配在一起，做為修行助伴的最低條件，並且以此類推上師最低的條件。所以《廣論》在本段最後說：「故於所說完具圓滿諸德相中，隨其所應配其難易，具八分者，為下邊際。」然而論中列舉上師的德相只有十項，無法配成八分之一，因此八分之一做為最低的條件要如何理解？依《廣論講授筆記》記載，二世妙音笑寶無畏王大師曾就此請教章嘉活佛，章嘉活佛解釋：如同將友伴的十六項條件擇其一難一易做八分之一，這裡是指將上師的十種德相中一難一易配成最低條件的意思，所以冠上「八分之一」之名稱。夏日東活佛在《廣論講記》中補充說明：這是將德相配其一難一易成五分之一而冠「八分之一」之名，並非真的八分之一。至於十德之中何者為難，何者為易，未見祖師詳釋。

❾**亦復同此** 此處《博朵瓦語錄》即《藍色手冊》,其中說道:引阿底峽所說為證,《妙臂續》中〈友伴品〉時,所說為證亦配餘處,傳發心等所有上師,亦應具足八分德等,於諍世中可如是行。拉止崗巴《藍色手冊頌釋》解為:師引尊者所說為證而解釋,並言尊者唯一最大開緣即此。參見《藍色手冊頌釋》,頁4、94。

第二、^妙**宣說能依學者**^妙**之相**[1],**分五**:^一**圓不圓具五相之功過**;^二**須圓具之因相**;^三**別別宣說諸相差別**;^四**成就四相中捨逆修順之差別**;^五**宣說須當勤修此等諸相之因**[2]。**今初、圓不圓具五相之功過者**:《四百論》曰❶:「說^巴不墮黨類心正住、具^巴辨善說惡說之智慧、希求^巴善說[3]之精進,具足如是三法者,為^巴具相之聞器。^巴若具此相,則不變說^巴法者^巴之德^巴而見為餘相;^巴非唯如是,亦不轉聽^巴法者^巴友伴之德而見為餘相,以具分辨功過之慧,無墮黨類見德為失故。」《釋論》解云❷:說具三法堪為聞器。若具其三,則於法師所有眾德,見為功德不見過失。猶非止此,即於聽眾所有功德,亦即於彼補特伽羅,見為功德非見過失。若不完具如是器相,說法知識雖極遍淨,然由聞者過增上故,執為有過;於說者過,反執為德。^妙**第二、須當具相之因相者**:是故縱得完具一切德相知識,然於其師亦難了知。若知彼已,能親近者[4],必須自具是諸德相。

^妙**第三、別別宣說諸相差別者**：其中正住者，謂不墮黨類；若墮黨執，由彼蔽覆不見功德，故不能得善說妙義。如《中觀心論》云^❸：「由墮黨惱心，終不證^巴達二種寂靜^巴涅槃道^❹也。」墮黨類者，謂貪著自宗，瞋他法派^❺。^語初修業者，大多由昔串習力故，而墮貪瞋黨類，故應觀自心，捨如是執。《菩薩別解脫經》云^❻：「應捨自欲，敬重安住親教軌範所有論宗。」

若念唯此即完足耶？雖能正住，若無簡擇善說正道、惡說似道二事慧力，猶非其器。故須具慧解彼二說，則能棄捨無堅實品取諸堅實^❼。若念：僅具二德足耶？縱有此二，若如畫中聽聞法者全無發趣，仍非其器，故須具有廣大希求。《釋》中更加敬法法師、屬意二相，開說為五^❽，^語但為開合之分耳[5]。^妙**第四、成就四相中修順緣與捨違緣之差別者**[6]^❾：若如是者可攝為四：謂於其法具大希求、聽聞之時善住其意、於法法師起大敬重、棄捨惡說受取善說。此四順緣謂具慧解，棄捨違緣謂正直住。

^妙**第五、宣說此等諸相之因者**^❿：是諸堪為尊重引導所有之法，應當觀察為^巴現今自具不具。若完具者應修歡慰，若不具者須於將來能完因緣^⓫勵力修作。故應了知能依諸法，若不了知如是德相，則不覺察^⓬，由此退失廣大義利。

第二科、說明要依師的弟子的條件，分為五科：一、完備五種條件的功德與不完備的過失；二、必須完備的理由；三、說明各項條件的特徵；四、遮除具備四種條件的違緣與成就此四的順緣的差別；五、說明必須勤奮修集這些條件的因緣。**第一科、完備五種條件的功德與不完備的過失：**《四百論》中說：「心地正住而不偏執、具足分辨嘉言、惡論的智慧，以及希求善說的精進，具足這三個條件的聽聞者，稱為具備法器的條件。如果具備這些條件，就不會錯看說法者的功德而看成其他相狀；不僅如是，也不會錯看聽法者友伴的功德而看成其他相狀。這是因為具備了分辨功德與過失的智慧，並且不懷將功德看成過失的偏執。」在《釋論》中提到：具備三種條件的人，就堪為聽聞的法器。如果具備這三種條件，就會將說法師的眾多功德觀為功德，而不會看成過失；不僅如此，此人也會將聽眾的諸多功德觀為功德，而不會看成過失。如果不具備這些法器的條件，即使說法的善知識徹底清淨，然而由於聽者本身的過失所致，也會認為他是有過失的人；反而會將說法師的過失錯認為功德。**第二科、必須完備條件的理由：**因此，縱然訪得了齊備一切條件的善知識，也難以認出他具足圓滿條件。要能認出這樣的師長而依止，就必須自己備齊這些條件。

第三科、說明各項條件的特徵：其中的正住，是指沒有偏執。若有偏執，就會被它蒙蔽而不能看見功德，所以無法獲得善說的義理。就像《中觀心論》所說：「內心被偏執所苦，終究不可能證得二種寂靜涅槃之道。」所謂偏執，是指貪執自己的宗規，而仇視其他法派。初學者大多數由於過去的習慣而傾向於貪瞋的偏執，所以必須省察自心相續，拋棄這樣的偏執。《菩薩別解脫經》中說：「應當捨棄自己的主張，敬重並安住於親教師與軌範師的旨意。」

若想：「這樣就足夠了嗎？」雖然正住，如果缺乏分辨善說清淨道與惡說相似道二者的慧力，仍然不堪為法器。所以必須具足能理解上述二者的智慧，以此捨棄沒有意義的方向，獲取真正的利益。若想：「只須

具備這兩者便足夠嗎?」即使具備這二者,但如果就像畫中的聽者毫無行動,仍不足為法器,因此必須心懷熾烈的希求。《釋論》中又再加上恭敬法與說法師,以及傾心專注,說為五項,這僅是開合不同所致。**第四科、成就具備四種條件的順緣與棄捨此四的違緣的差別**:如此則可歸納為四點:熾烈地希求佛法、聽法時全神貫注、深切地敬重法與說法師、棄捨惡說而受持嘉言。這四點的順緣為具足智慧,棄捨違緣則是正住。

第五科、說明這些條件的因緣:應當省察自身,現在是否齊備這些足以被上師引導的條件。如果完備的話,應當修習歡喜;如果有所不足,則須勤奮修集未來能完備的因緣。所以應該了知弟子的這些條件,如果不知道這些條件,則不會探尋省察,從而喪失廣大的利益。

[1]「⬥宣說能依學者⬥之相」 拉寺本無此二註。 [2]「⁵˙宣說須當勤修此等諸相之因」 拉寺本無「須當勤修」。 [3]「⬥善說」 原果芒本未標作者,今依拉寺本、雪本、哲霍本補之。 [4]「若知彼已,能親近者」 果芒本原作「若知是彼,能親近者」,拉寺本、雪本、哲霍本、法尊法師原譯作「若知彼已,能親近者」。 [5]「⬥但為開合之分耳」 拉寺本作巴註。 [6]「⬥第四、成就四相中修順緣與捨違緣之差別者」 果芒本原作巴註,拉寺本作妙註並無「修」字。按,此科應為妙註方符前文272頁「能依學者⬥之相,分五」之妙註,故依拉寺本作妙註。

❶《四百論》曰 《四百論》,中觀宗根本論典之一,全名《四百論頌》,又名《百論》,共16品,400頌,聖天菩薩著。漢譯本有唐玄奘譯《廣百論本》;法尊法師譯《四百論》,共兩種。玄奘大師譯本只有此論後八品的內容,而法尊法師所譯《四百論》,後八品大致是依玄奘大師譯本譯出,僅少許不同處依藏文本改動。《提婆菩薩傳》記載,作者又名提婆,出生於南印度婆羅門族,才

辯絕倫，名揚四方。後依龍樹菩薩剃髮出家，學道有成，周遊揚化，以神通力調伏南印度王，並於三個月內度一百多萬人。有一邪道弟子，因其師為聖天所敗，心懷恥恨，於是暗殺聖天菩薩。而藏傳的說法中，依賈曹傑大師所著《中觀四百論釋·善解心要論》，作者為獅子島（今錫蘭）的王子，後捨王位出家，遊歷至南印度時，成為龍樹菩薩近住弟子。有說作者現生已得佛位，也有說為八地聖位。因全論有四百頌，故名為《四百論》。依月稱論師的解釋，論名原無「四」字，以能破除各種邪執，故名「百」；能斷除實執，故名「論」。本論的中心思想，是依龍樹菩薩的密意闡述道次第，特申諸法無自性，以及解脫生死一定要現證細分無我。引文唐玄奘譯《廣百論本·破見品》作：「稟和希勝慧，是法器應知，異此有師資，無因獲勝利。」法尊法師譯《四百論》作：「質直慧求義，說為聞法器，不變說者德，亦非於聞者。」參見《大正藏》冊50，頁186；《菩薩瑜伽行四百論釋·善解心要論》，頁1（聖天菩薩造頌·甲操傑大師造釋，唐玄奘大師·法尊法師譯頌，觀空法師講授並校正，任杰聽受譯釋，台北：福智之聲出版社，2005。以下簡稱《四百論釋》）。引文見《大正藏》冊30，頁184；《四百論釋》，頁243；《丹珠爾》對勘本冊57，頁809，然與正文略有不同。

❷《釋論》解云　《釋論》，全名《菩薩瑜伽行四百論廣釋》（以下簡稱《四百論廣釋》），共16品，月稱菩薩著，尚無漢譯。作者為中觀應成派極具代表性的傳承祖師，約七世紀時出生於印度南方。幼年通曉五明，後出家跟隨龍樹、聖天菩薩、清辨論師的弟子受學顯密教義。尤其盡學中觀論疏及密續，傳說曾任那爛陀住持多年，晚年回家鄉廣建寺院，住世三百多年，利生事業無數。一生著述有《顯句論》、《入中論》、《四百論廣釋》等權威的中觀論疏和密教論典。對於作者是否是龍樹菩薩親傳弟子，歷來雖有各種說法，然在作者所著的《密集根本續釋明燈論》中，自述為龍樹菩薩親傳弟子；阿底峽尊者所著的《入二諦論》中，也說此師是龍樹菩薩親傳弟子。參見《東噶辭典》，頁1838；《師師相承傳》藏文冊上，頁214；中文頁162；《丹珠爾》對勘本冊60，頁1366。

❸《中觀心論》云　《中觀心論》，中觀自續派開派論典，共11品，清辨論師著，尚無漢譯。引文見《丹珠爾》對勘本冊58，頁9。

❹二種寂靜涅槃道　寂靜即涅槃，究竟止息煩惱，故稱涅槃為寂靜。二種寂靜指有餘涅槃與無餘涅槃。雖已斷除煩惱，但仍具有業惑所感的痛苦餘蘊的涅槃為有餘涅槃；不僅斷煩惱障，也不具有業惑所感痛苦餘蘊的涅槃為無餘涅槃。能獲得涅槃的道稱為涅槃道。

❺貪著自宗瞋他法派　善慧摩尼大師有另一種解釋，認為此處自宗指自己的行為，他法派指他人的行為。參見《洛桑諾布文集》冊2，頁155。

❻《菩薩別解脫經》云　《菩薩別解脫經》，經集部經典，全名《菩薩別別解脫四法成就大乘經》，共1卷，尚無漢譯。此經是佛因舍利弗請問菩薩的真實行相為何而開示菩薩所應修道。引文見《甘珠爾》對勘本冊66，頁152。

❼棄捨無堅實品取諸堅實　去其糟粕，取其精華。堅實，即心要、精要處。

❽開說為五　前文所說的《釋》指月稱菩薩所著《四百論廣釋》。《釋》中提到：聞者亦應於法法師恭敬、屬意、正住、具慧、希求。參見《丹珠爾》對勘本冊60，頁1366。

❾第四成就四相中修順緣與捨違緣之差別者　前科判作「成就四相中捨逆修順之差別」。

❿第五宣說此等諸相之因者　前科判作「宣說須當勤修此等諸相之因」，語詞有繁略之異，內容無別。

⓫能完因緣　能夠完備圓滿條件的因緣。

⓬覺察　藏文直譯為「尋伺」，指粗分的尋求與細分的伺察。總體而言，即觀察之意。

第三、彼應如何依師軌理，^妙分二：第一、宣說須依止一具相者：如是若自具足器相，應善觀察尊重具否如前說相。應於具相，受取法益。是復有二傳記不同❶，謂善知識敦巴與桑樸瓦。桑樸瓦者，尊重繁多，凡有講說，即從聽聞。自康來時，途

中有一鄔波索迦❷說法而住，亦從聽聞，徒眾白曰：「從彼聽聞，退自威儀❸。」答云：「汝莫作是言，我得二益❹。」善知識敦巴者，尊重尠少，^語印度二師，謂覺窩傑阿底峽、班智達哲蔡瑪尖^[1]❺。藏地三師，謂喇嘛色尊❻、嘉之祥那南金剛自在^[2]❼、汝倉之雍敦❽，數未過五。博朵瓦與公巴仁勤❾喇嘛共相議論彼二誰善，皆謂於未修心❿，易見師過，起不信時，善知識敦巴軌理善美，應如是行。現見此說，極為諦實^巴確切，應如是學。

語 譯

第三科、弟子如何依止善知識的軌理，分為二科：第一科、說明必須依止一位合格的師長：如此具備學法條件的人，應該如上所述，善為觀察上師是否合格，並在合格的上師跟前領受法恩。關於這一點，善知識種敦巴尊者與桑樸瓦二人的行誼有所不同。桑樸瓦有許多上師，凡有開講法筵他都會前去聆聽。當他從康地來到藏地的途中，有一位居士正在說法，他也前往恭聽，周圍弟子們勸阻道：「您這樣做會有失威儀。」他答道：「你們不該這麼說，我獲得了兩種利益。」善知識種敦巴的上師很少，只有兩位印度師長：覺窩傑阿底峽尊者、班智達哲蔡瑪尖；以及三位西藏師長：色尊上師、嘉的祥那南金剛自在、汝倉的雍敦，共五位。博朵瓦大師與公巴仁勤二位上師，討論這兩種作法哪個比較好時，一致認為在還未淨化自心，以致容易觀過、生起不信的階段中，以善知識種敦巴尊者的作法為佳，因此說應該這麼做。看得出這種說法非常正確諦實，所以應該如此效學。

[1]「班智達哲蔡瑪尖」 拉寺本無「尖」。 [2]「嘉之祥那南金剛自在」 拉寺本作「嘉之星那南金剛自在」。按,「祥」(ᡐᡐᢃ)為氏族姓,「星」(ᡐᢃᢃ)非氏族姓,故拉寺本誤。

❶ 是復有二傳記不同 此文至「善知識敦巴軌理善美,應如是行」,係宗喀巴大師摘錄拉止崗巴所著《藍色手冊釋》原文。參見《藍色手冊頌釋》,頁60。

❷ 鄔波索迦 梵語Upāsaka (ᢃᢃᢃᢃᢃ) 音譯,或譯為優婆塞,指受持不殺、不盜、不邪婬、不妄語、不飲酒五戒的在家男子。

❸ 退自威儀 阿嘉永津解作聽法方式欠妥;慧海大師解為「您會有失儀態」或「您會顯得不莊重」的意思;善慧摩尼則解作「不應去請法」。今語譯採慧海大師之說。參見《阿嘉雍曾文集》冊上,頁67;《廣論講授筆記》,頁17;《洛桑諾布文集》冊2,頁156。

❹ 我得二益 依日常老和尚解釋,二益為聽聞及隨喜二益。參見《廣論舊版手抄稿》冊2,頁47。

❺ 哲蔡瑪尖 種敦巴印度的師長之一 (生卒年不詳),藏語ᢃᢃᢃᢃᢃᢃᢃᢃᢃ音譯,哲蔡瑪尖應是此師在藏地的別稱,本名彌帝加那吉帝 (Smṛtijnanaklrti),義為念智稱。此師為那洛巴 (Naropa) 和智藏 (Jnanagardha) 大師的弟子。智光法王時期,尼泊爾的譯師白瑪汝哲,迎請師及班智達查拉仁瓦至西藏,途中譯師不幸因胃病逝世,兩位班智達因語言不通而長時流落西藏。後此師在後藏達那地區 (ᢃᢃᢃᢃᢃᢃ) 為人牧羊時,在這戶人家的門楣上寫了「不見繁星所環繞,白月常年行夜空,指清湖中為玉兔,認影為月極錯謬」一偈。適有曾在印度依止此師的譯師福幢 (ᢃᢃᢃᢃᢃᢃᢃᢃᢃ) 認出這是他的上師的筆法,於是迎請師到曼隆 (ᢃᢃᢃᢃ) 弘法利生。後來阿底峽尊者聽到此師曾為牧羊人,非常感慨地說:「阿乍瑪 (驚嘆詞)!你們西藏人福薄,當年印度全境班智達無一人能勝過至尊彌帝加那。」說完隨即合掌流淚。約公元1024年,此師於流水金殿

（ཡིག་ཚ་གསར་ཁང་）著作有關聲明的重要論著——《正字學・語門利器》。時年20歲的種敦巴到其座下，學習聲明以及梵語。《青史》中記載，種敦巴曾問此師當時在印度誰最超勝，師回答道：「當我在印度時，那洛巴大師最殊勝。現在有位王族出家的比丘，名迪邦嘎惹師利迦那（阿底峽尊者的梵名），如果他現在還在印度，就是他最超勝。」種敦巴只是聽到這名字，心中就生起了強大的信心。此師後期也將自己所著有關文殊、密咒法類的著作翻成藏文。參見《貢德大辭典》冊2，頁619；冊3，頁424；《西藏王臣記》，頁53（五世達賴喇嘛著，劉立千譯注，北京：民族出版社，2001）。

❻ **喇嘛色尊** 康區的上師（約11世紀），藏語 བླ་མ་སེ་བཙུན་ 音譯，本名為自在童子（旺秋玄努・དབང་ཕྱུག་གཞོན་ནུ）。種敦巴未遇見阿底峽尊者前，曾依止過的上師之一。舊譯德童為誤。參見《噶當新舊教法史》，頁8（福稱大師著，印度：洛色林圖書館，2008）。

❼ **嘉之祥那南金剛自在** 阿底峽尊者的弟子之一（公元976～1060），藏語 རྒྱལ་གྱི་ཞང་སྣ་ནམ་རྡོ་རྗེ་དབང་ཕྱུག。「祥」為母姓，「那南」為父姓，「嘉」或因其建嘉拉康（རྒྱལ་ལྷ་ཁང）義為尊勝神殿，為後人所冠名，「金剛自在」為其法號。18歲在藏傳佛教後弘期在衛藏重興戒律的十大律師之一——魯昧戒慧大師（ཀླུ་མེས་ཚུལ་ཁྲིམས་ཤེས་རབ）座前出家，37歲在澎波（འབའ་ན་པོ）建嘉拉康。之後赴印學律，曾為種敦巴授優婆塞戒。並參與迎請阿底峽尊者至衛藏等，成為尊者的弟子之一。參見《東噶辭典》，頁1783。

❽ **汝倉之雍敦** 雍敦，藏語 གཡུང་སྟོན་ 音譯，生平事蹟不詳。汝倉（རུག་མཚམས），西藏地名，哈爾瓦・嘉木樣洛周仁波切認為是現今的澎波。

❾ **公巴仁勤** 藏語 སྒོམ་པ་རིན་ཆེན་ 音譯，生平事蹟不詳。或作公巴仁勒，今依藏文改譯。

❿ **皆謂於未修心** 法尊法師原譯無「皆」字，今依藏文補譯。

❀**第二、正說依止具相師之理者**[1]**：如是應知，曾受法恩，特於圓滿教授導心知識，如何依止。其理分二：¯ 意樂親**

近軌理；二加行親近軌理。初中分三：一總示親近意樂；二特申修習德本信心❶；三隨念深恩應起敬重。今初❀分二：一總示；二廣說。今初：

《華嚴經》說，以九種心❷，親近承事諸善知識，能攝一切親近意樂所有扼要。❀第二：**即彼九心攝之為**❀**捨自自在、斷除親睦無常、荷師一切擔、如何荷擔共四：**❀**第一、棄自自在，捨於尊重令自在者：**如孝子心，謂如孝子自於所作不自在轉，觀父容顏，隨父自在，依教而行，如是亦應觀善知識容顏而行。《現在佛陀現證㊉法流三摩地經》中亦云❸：「彼於一切應捨自意、㊉自在，隨善知識意樂而轉，㊏順善知識所行，不違善知識意，如其所作隨轉，故為數數值遇之因。」此亦於具德前乃可施行，是說任於誰前不能隨便授其鼻肉❹。

❀**第二、斷除親睦無常者**[2]：誰亦不能離其親愛能堅固者，如金剛心，謂諸魔羅及惡友等不能破離。即前經云❺：「應當遠離親睦無常、情面無常。」

❀**第三、荷負尊重一切事擔者：**如大地心，謂負一切擔，悉無懈怠❻。如博朵瓦教示懂哦瓦[3]諸徒眾云：「汝能值遇如此菩薩、我之知識，如教奉行，實屬大福，今後莫覺如擔，當為莊

嚴。」^讗此復如於婦女嚴飾、士兵鎧甲等，因起嚴飾及鎧甲想而生喜愛，然使聚而擔之，則現不堪負荷之態。如是若念：「又須如是依止上師」，則成負擔，而現不堪之態；若念：「得依如是善識，實屬福緣」，便成莊嚴。

第二科、正說依止合格師長的軌理：總體而言，對於曾領受過法恩，特別是以圓滿教授完善地引導內心的善知識，應該如何依止的軌理，分為二科：˘以意樂依止的軌理；˜以加行依止的軌理。第一科分為三科：˘總括說明依止的意樂；˜特別說明修習根本——信心；™應當憶念深恩而生起敬重心。第一科分為二科：˘約略說明；˜詳細說明。第一科：

《華嚴經》提到以九種心侍奉善知識，能含攝一切依止意樂的關鍵。**第二科：這九種心又可以歸納為捨棄自主、斷除親睦無常的態度、荷擔起上師所有的責任，以及如何承擔責任等四項。其中第一科、棄捨自主，順從上師**：如孝子之心，如同孝子行事不會自作主張，而是看父親的臉色、順從父親的心意、遵循吩咐行事。同樣地，應該視善知識的容顏而行事。《現在佛陀現證法流三摩地經》也提到：「他應該完全拋棄自己的想法或自主，一如善知識的心意而行。由於符順善知識的舉止，因此不會違逆善知識的心意，完全遵循善知識所作而行，所以能成為與善知識一再相逢的因緣。」而這也是在合格師長的座前才能這樣做，祖師曾說：不能對任何人都輕易交付鼻繩。

第二科、斷除親睦無常的態度：親睦的情誼堅固到誰都無法破離，宛如金剛之心，是指不被魔羅與惡友等拆散。在上述的經典中提到：「斷除親睦無常、情面無常。」

第三科、荷擔起上師所有事業的責任：猶如大地之心，是指承擔所有

親近善士

責任而毫不厭煩。博朵瓦大師曾告誡慬哦瓦大師的出家弟子們說：「你能遇到這樣的一位菩薩、我的善知識，還能依教奉行，福德實在雄厚啊！今後切莫視為負擔，要當作莊嚴！」這又如對女性的首飾，以及軍人的鎧甲等，若想這些是裝飾品或盔甲時，就會心生喜愛；當把這些打包而背負運送時，就顯得不堪負荷。同樣地，如果心想：「又要這樣地去依止上師」，就會成為負擔而顯得無法承受；如果想到：「有幸依止這樣的善知識，真是善妙的因緣啊！」就會成為莊嚴。

[1]「^妙第二、正說依止具相師之理者」 拉寺本作「^妙第二、於具相師」。按，拉寺本此科名文義殘缺，疑脫。 [2]「斷除親睦無常者」 拉寺本無。 [3]「慬哦瓦」 果芒本原作「慬哦」，法尊法師原譯作「慬哦瓦」。

❶ 修習德本信心 法尊法師原譯作「修信以為根本」，今據哈爾瓦・嘉木樣洛周仁波切及如月格西解釋，藏文原意為「修習根本的信心」，而非「以修習信心為根本」，故改譯。

❷ 《華嚴經》說以九種心 《華嚴經》，華嚴部經典，藏地普傳此經有百品十萬偈，但現今藏經只有四十五品三萬九千三百偈。漢譯本有東晉佛馱跋陀羅譯《六十華嚴》；唐實叉難陀譯《八十華嚴》；唐般若譯《四十華嚴》，共三種。漢傳此經是由文殊菩薩與阿難結集後收入龍宮，之後龍樹菩薩入龍宮看見此經有廣中略三本，因廣中兩本數量極多，故僅受持略本十萬偈四十八品，流傳世間。但後人根器不一，隨力受持，所以才有《六十華嚴》三萬六千偈、《八十華嚴》四萬餘偈三十九品，或分品、會別成一部等傳世。「九心」於《八十華嚴》卷七十七，及《四十華嚴》卷三十三有相對應的段落，前簡後繁，然皆不只九心。唐實叉難陀譯《八十華嚴》云：「復次，善男子！汝承事一切善知識，應發如大地心，荷負重任無疲倦故；應發如金剛心，志願堅固不可壞故；應發如鐵圍山心，一切諸苦無能動故；應發如給侍心，所有教令皆隨順故；應

283

發如弟子心，所有訓誨無違逆故；應發如僮僕心，不厭一切諸作務故；應發如養母心，受諸勤苦不告勞故；應發如傭作心，隨所受教無違逆故；應發如除糞人心，離憍慢故；應發如已熟稼心，能低下故；應發如良馬心，離惡性故；應發如大車心，能運重故；應發如調順象心，恆伏從故；應發如須彌山心，不傾動故；應發如良犬心，不害主故；應發如舫茶羅心，離憍慢故；應發如牸牛心，無威怒故；應發如舟船心，往來不倦故；應發如橋梁心，濟渡忘疲故；應發如孝子心，承順顏色故；應發如王子心，遵行教命故。」針對九心說法的出處，才旦夏茸大師認為：如《集學論》將《華嚴經》所說大地心至王子心攝為九心，大師在《廣論》中也如此說。故華嚴九心實源於《集學論》。《大乘集菩薩學論》云：「故《華嚴經》云：『善男子，菩薩由善知識任持不墮惡趣，由善知識具足超越菩薩學處，由善知識教導而得出離世間，由善知識而得親近菩薩無忘失行，由善知識而得攝受菩薩一切希有行故，由善知識依正覺道除業惑障出生死城至清淨處。善男子，是故親近承事善知識者，應如是作意：謂心如地，荷負一切無疲倦故；心如金剛，志願不可壞故；心如輪圍山，設遇諸苦無傾動故；心如僕使，隨諸作務不厭賤故；心如傭人，洗滌塵穢離憍慢故；心如大車，運重致遠不傾壞故；心如良馬，不暴惡故；心如舡筏，往來不倦故；心如孝子，於諸親友承順顏色故。」參見《才旦夏茸文集》冊9，頁110；《大正藏》冊10，頁421、813；冊32，頁82；《甘珠爾》對勘本冊38，頁635；《丹珠爾》對勘本冊64，頁1062。

❸ **《現在佛陀現證法流三摩地經》中亦云**　《現在佛陀現證法流三摩地經》，經集部經典，全名《現在佛陀現證三摩地大乘經》，共7卷，25品。漢譯本有後漢支婁迦讖譯《般舟三昧經》1卷及3卷本，3卷本又名《十方現在佛悉在前立定經》；隋闍那崛多譯《大乘大集經賢護分》5卷，共三種。引文隋闍那崛多譯《大乘大集經賢護分》作：「如是，菩薩隨法師時，當捨自心諸所為事，常當隨順彼阿闍黎法師意行，謹心承事不得違教」。引文見《大正藏》冊13，頁895；《甘珠爾》對勘本冊56，頁153。

❹ **此亦於具德前乃可施行是說任於誰前不能隨便授其鼻肉**　法尊法師原譯作「此亦是說，於具德前乃可施行，任於誰前不能隨便授其鼻肉」，今據如月格西解釋，「於具德前乃可施行」是宗喀巴大師的解釋；「任於誰前不能隨便授

其鼻肉」則是噶當派祖師所說。並且藏文中前後兩句的行文方式殊異，故改
譯。「不能隨便授其鼻肉」，阿嘉永津認為，此指不能任意施予鼻肉或鼻繩，如
控制牛的鼻繩落入他手，則隨他人牽引而去，意即不可盲從。參見《阿嘉雍曾
文集》冊上，頁67。

❺ **即前經云** 引文於漢譯本中難見可對應處，隋闍那崛多譯《大乘大集經賢護
分》似作：「除捨一切無愛敬事」。見《大正藏》冊13，頁895；《甘珠爾》對勘本
冊56，頁153，然與正文略有不同。

❻ **懈怠** 藏文原意為厭煩、厭恨、煩悶、懊惱。

^妙**第四、荷負擔已應如何行，其中分六^妙心：第一、如輪圍
山❶心者**：任起如何一切苦惱，悉不能動。懂哦[1]住於汝巴❷
時，公巴德熾❸因太寒故，身體衰退，向依怙童稱❹議其行住。
如彼告云：「臥具安樂，雖曾多次住尊勝宮❺，然能親近大乘
知識，聽聞正法者，唯今始獲，應堅穩住。」^妙**第二、如世間僕
使心者**：謂雖受行一切穢業，^巴不覺受侮[2]，意無慚疑❻，而正行
辦。如昔諸譯師智者，赴後藏時，歇止之處，有一泥灘❼，敦巴
盡脫衣服[3]掃除泥穢，不知從何取來❽乾潔白土覆之，於依怙
前作一供壇。依怙笑曰：「奇哉❾！印度亦有類似汝者❿。」
^妙**第三、如除穢人心者**：盡斷一切慢及過慢⓫，較於尊重應自
低劣。如善知識敦巴云：「我慢高垢，不出德水。」^善有格西拉穹瓦⓬
者，又名卡汝瓦，領其徒眾三十人許至敦巴前，傲言曰：「當今無人威名過我⓭！」善知識敦巴

告曰：「慧堅！我慢高坵，不出德水，稍謙遜之！」懂哦亦云：「應當觀視春初之時，為山峰頂諸高起處青色遍生，抑於溝坑諸低下處而先發起。」⁹第四、如乘心者：謂於尊重事，雖諸重擔極難行者[4]，亦勇❶受持。⁹第五、如犬心者：謂尊重毀罵，於師無忿。如朵壟巴❶對於善知識畫師❶，每來謁見便降呵責[5]❶訓斥，畫師弟子娘摩瓦[6]❶云：「此阿闍黎於我師徒特為瞋恚。」畫師告云：「汝尚聽為是呵責耶？我每受師如此賜教一次❶，如得黑茹迦❶一次加持。」《八千頌》云❶：「若說法師於求法者❶顯現似毀呰而不思念，然汝於師不應❶敵對違逆[7]❶，復應增上希求正法，敬重不厭，❶應隨逐師行。」⁹第六、如船心者：謂於尊重事任載幾許，若往若來悉無厭患。

第四科、荷擔責任時應當如何行持，分為六種心：第一科、猶如鐵圍山之心：無論產生任何苦惱，完全不被動搖。懂哦瓦大師駐錫於汝巴時，公巴德熾因為氣候嚴寒導致健康狀況下滑，而向依怙童稱商議去留事宜，童稱大師勸道：「雖然已多少次居住過臥具極為舒適的妙尊勝宮，但是能夠親近大乘善知識而聽法，除了這次之外還未有過，應該昂然抖擻地待下去！」第二科、猶如世間僕從之心：是指雖然承擔所有穢惡的事務，也不懷疑自己被輕視欺侮，無所顧慮地成辦。就像往昔眾多譯師與智者前往後藏地區，中途休憩之處有一灘爛泥，種敦巴尊者將身上的衣著全部脫下以清除汙泥，不知從何處找來乾燥的白土蓋上，並且

還在阿底峽尊者面前設置一座曼陀羅。阿底峽尊者對他說：「妙極了！印度也有像你這樣的人。」**第三科、宛如除穢人之心**：斷除所有我慢及過慢，認為自己比上師低下。如同善知識種敦巴尊者曾說：「我慢的山崗上是流淌不出功德之水的。」有一位格西拉穹瓦，又名卡汝瓦，率領三十位徒眾到善知識種敦巴尊者面前，傲然宣稱：當今沒有人比我名氣更大！善知識種敦巴尊者答道：「慧堅！我慢的山崗上是流淌不出功德之水的，稍稍低頭謙遜些吧！」懂哦瓦大師也曾說：「春初之時，看看是從高聳的山巔上蔓延出遍地青綠，還是從低下的窪地開始冒起？」**第四科、猶如車乘之心**：是指對上師的事業中極端艱難沉重的責任，也都歡喜踴躍地承擔。**第五科、如犬之心**：即使遭到上師輕視、訓斥也不懷忿恨。如同善知識畫師每一次前去謁見朵壟巴，都會遭到訶責訓斥，畫師有位弟子說：「這位阿闍黎特別瞋恨我們師徒啊！」畫師告誡他道：「你還聽作是訶責嗎？每一次恩師這樣對我，都像是得到一次黑茹迦的加持。」《般若八千頌》也提到：「假如說法師對求法的人們表現出輕蔑無視，你也不應敵對違逆他，反而應該更加希求正法、敬重不厭，應該追隨師長而行。」**第六科、如船之心**：是指無論承載多少上師的事業，都往返無厭。

[1]「懂哦」 果芒本、青海本《廣論》作「懂哦瓦」，拉寺本、雪本、哲霍本、法尊法師原譯作「懂哦」。 [2]「㊣不覺受侮」 原果芒本未標作者，今依拉寺本、雪本、哲霍本補之。 [3]「敦巴盡脫衣服」 拉寺本作「敦巴盡洗衣服」。按，拉寺本上下文意不通，誤。 [4]「雖諸重擔極難行者」 哲霍本作「雖諸重擔極難者」。 [5]「每來謁見便降呵責」 拉寺本作「每來謁見所降呵責」。 [6]「娘摩瓦」 《夏日東文集》校註提及札什倫布寺本、哲霍本及新雪本三種《廣論》作「娘迦摩」。 [7]「違逆」雪本作「迴向」。按，不符文義，誤。

❶ **輪圍山** 又名鐵圍山。《俱舍論》中說,繞四大洲及須彌山的鐵山為輪圍山,周長三十六萬兩千六百二十五由旬。輪圍山在四大洲及八小洲之後形成,直到劫火燒毀四大洲等之前都堅固不動。

❷ **汝巴** 西藏地名,藏語རུག་པ音譯。如月格西認為,即今澎波地區 (འཕན་པོ),位於拉薩市北面。參見《藏漢大辭典》,頁1779。

❸ **公巴德熾** 藏語སྐོམ་པ་ཡོན་ཏན་འབར,生卒事蹟不詳。

❹ **依怙童稱** 藏語རྗེ་པོ་གཞོན་ནུ་གྲགས義譯,生卒事蹟不詳。

❺ **臥具安樂雖曾多次住尊勝宮** 依藏文直譯為「雖曾多次住安樂臥具尊勝宮」。又「臥具」一詞,藏文為「內昧」(གནས་མལ),依哈爾瓦·嘉木樣洛周仁波切解釋,有臥具及舍宅兩種含義。「昧」即睡覺之義;而結合後文尊勝宮而言,「內」也有房子的意思,包括家具、床具等都是「內昧」所指,所以「內昧」可以理解為設備充足的上等住房。尊勝宮,此指天宮。

❻ **意無慚疑** 沒有顧慮。參見《阿嘉雍曾文集》冊上,頁67。

❼ **如昔諸譯師智者赴後藏時歇止之處有一泥灘** 法尊法師原譯作「昔後藏中,一切譯師智者集會之處,有一泥灘」,今據慧海大師及夏日東活佛解釋,此段典故為,阿底峽尊者與種敦巴師徒等前往後藏途中,遇到一盡是泥灘之處,找不到其他可以休息的地方;哈爾瓦·嘉木樣洛周仁波切則更解釋,諸譯師智者即是指阿底峽尊者的隨行徒眾,並非另指其他譯師智者;又藏文中並無「集會」一詞,故改譯。參見《廣論講授筆記》,頁17;《夏日東文集》冊1,頁125。

❽ **不知從何取來** 據夏日東活佛引述六世班禪的話,此語意指這些乾潔白土是種敦巴變現出來的。此事也顯示種敦巴尊者精於承事師長。阿嘉·丹貝堅參也提到:種敦巴變現神通,取來白土作為供壇,這樣的解釋非常合理,因在《噶當寶籍》中記載了迎請阿底峽尊者時,許多種敦巴化身的事蹟。參見《夏日東文集》冊1,頁126;《阿嘉·丹貝堅參文集》冊下,頁199。

❾ **依怙笑曰奇哉** 藏文中無「笑」字,蓋以意取。阿嘉永津認為,「奇哉」為尊者歡喜讚歎之詞。參見《阿嘉雍曾文集》冊上,頁67。

❿ **印度亦有類似汝者** 阿嘉・丹貝堅參提到：前文所說的供壇，是指四方形的土地。阿底峽尊者雖說印度也有像你的人，但實際上沒有。參見《阿嘉・丹貝堅參文集》冊上，頁77。

⓫ **過慢** 七種我慢之一。覺得自己與對方差不多相等，但某些方面仍然比對方超勝的我慢，稱為過慢。

⓬ **格西拉穹瓦** 藏語དགེ་བཤེས་ལྷ་ཅུང་བ音譯，生卒事蹟不詳。

⓭ **當今無人威名過我** 「威名」一詞，藏文直譯為「身體大」或「大人物」。哈爾瓦・嘉木樣洛周仁波切解釋，此字可理解為偉大、名聲大、徒眾多。夏日東活佛認為此句意指「當今無人比我聲名更大」；依據《藏漢大辭典》，此句亦可解為「當今沒有比我更大的人物」。參見《夏日東文集》冊1，頁126；《藏漢大辭典》，頁120。

⓮ **勇** 此指歡喜。

⓯ **朵壟巴** 懂哦瓦的大弟子之一，藏語སྟོད་ལུང་བ（約11世紀）音譯，又名堆隆巴，本名寶藏（རིན་ཆེན་སྙིང་པོ）。出生於色普區（གསེར་ཕུག）江瑪尖村（ལྗང་མ་ཅན），於穹波・覺索（ཁྱུང་པོ་རྟོ་བསོད）座前出家。年少時即赴後藏等地，依止獅子羅睺羅（སེང་གེ་སྒྲ་གཅན་འཛིན）、卡汝瓦（ཁབན་རུ་བ）、菩提寶、袞巴瓦等大師，修學許多顯密經教。最後依止懂哦瓦大師七年，常以身、財、受用、修行令大師歡喜攝受。曾助修堆隆贊卓寺（བཙན་གྲོ）的佛殿和佛像等，其所鑄的佛像，經此師開光，即出現許多瑞相。後於朗寺（ལམ་དགོན）示寂，世壽85。參見《師師相承傳》藏文冊上，頁461；中文頁414。

⓰ **善知識畫師** 藏語དགེ་བཤེས་ལྷ་བྲིས義譯，生卒事蹟不詳。

⓱ **娘摩瓦** 善知識畫師的弟子之一，藏語ཉག་མོ་བ音譯，生卒事蹟不詳。

⓲ **我每受師如此賜教一次** 藏文原意為「此師每次如此對我」。

⓳ **黑茹迦** 梵語Heruka（ཧེ་རུ་ཀ）音譯，音譯又作呬嚕迦，此特指勝樂金剛，有時泛指忿怒本尊。

⓴ **《八千頌》云** 《八千頌》，般若部經典，全名《聖般若八千頌》，共24卷，32品。漢譯本有唐玄奘大師譯《大般若波羅蜜多經・第四會》，收於《大正藏》冊6，然無此引文。引文另見於唐玄奘大師所譯《大般若波羅蜜多經・第一會》：「又，善男子！於餘魔事汝應覺知，謂說法師見汝求請甚深般若波羅蜜

多，都不眷念反加凌辱，汝於此中不應瞋恨，轉增愛重恭敬法心，常逐法師勿生厭倦。」參見《大正藏》冊6，頁1060。引文見《甘珠爾》對勘本冊33，頁629，然與正文略有不同。

㉑ 不應違逆　法尊法師原譯作「不應退捨」。「退捨」一詞，藏文為「企朵瓦」（ཕྱིར་བརྫོབ）。「企」有「後退」及「反過來」兩種意思；「朵瓦」則為敵對、比較、對抗與捨棄之義。阿嘉永津及夏日東活佛解釋為不應敵對、對立之意；善慧摩尼則解為不應報復。「朵瓦」配合巴註成「垛朵瓦」（དོ་བརྫོབ），則只有對抗之義，故改譯。參見《阿嘉雍曾文集》冊上，頁67；《夏日東文集》冊1，頁127；《洛桑諾布文集》冊2，頁157。

第二、修習德本信心❶，^妙分六：第一、說信為一切功德之本者：《寶炬陀羅尼》云❷：^語傳聞此為譯師將返藏時，請問經名於班智達，班智達適值禁語，欲言「寶炬陀羅尼」，以法語故，開緣口說「寶」字，更指前方燒燃燈炬，燈火方熾，「大拉拉」聲響，譯師遂念此經名為「寶大拉拉」而誌之[1]❸。「信^巴者，最初為^巴功德之前行，如母^巴能生，^語如於世間，第一剎那母生第一剎那子身，而後於二續流之上，中間養護其身，後令增長圓滿。此中亦顯於修一切德時，初中後三皆極切要。^巴中間守護、^巴最後增長^巴及圓滿一切德。^巴又除^巴持二端疑❹^巴或怖畏，度脫諸^巴無明、欲、有、見[2]四種因果痛苦暴流❺，信^巴又能表喻^巴或令獲得妙樂三身❻之城❼。信無^巴不信濁穢令心^巴清淨^巴對所信境，^巴又能令離^巴增上慢，^巴敬餘勝士，故結合為是^巴恭敬之本。信是最^巴殊勝^巴聖財、^巴最勝藏、^巴趣往解脫最勝之足，^巴亦是攝集善^巴法之本猶如手。」《十法》亦云❽：「由何^巴方便出^巴生或往趣導師^巴佛地？^巴此信為最勝乘^巴或坐騎，^巴由

是^巴因相，故具慧人^巴依信發起希欲，應^巴當隨依於信^巴所引導。諸不信心^巴或無信心之人，^巴於相續中不生^巴任何世出世間眾白^巴善法，^巴譬如種為火焦，豈生青苗芽❾？^巴不能生故。」由進退門，而說信為一切德本。

第二科、修習根本——信心，分為六科：第一科、說明信心是一切功德的基礎：《寶炬陀羅尼》，傳聞這是翻譯本經的譯師將要返回西藏時，向班智達請問此經的名稱，適值班智達正在修行禁語，尤其要表達此經名為《寶炬陀羅尼》時，由於禁語所致，所以只開口說了「寶」字，而用手指著前方正在燃燒的油燈。油燈燃燒著，發出「大拉拉」的聲音，譯師便以為這本經名叫「寶大拉拉」而抄錄下來。當中提到：「信心在最初是功德的前導，如同母親能夠生育，就像俗世中，第一剎那的母親生下第一剎那小孩的身軀，其後在母子二者相續不斷的過程中，母親養護子身，最後讓孩子長大成熟。同樣地，在此也說明了信心在成就一切功德的初、中、後三個階段都極為重要。中間守護一切功德，最後令其增長並且圓滿。另外，又消除游移兩端的疑心或怖畏，並且能度脫無明、欲、有、見四種因果痛苦激流；信心又能夠象徵或者能獲得安樂的三身之城。信心不含不信的垢穢，並且能對信仰的對象心懷清淨；又能使自身遠離增上慢，並且恭敬其他勝妙士夫，由此而結合為敬意的根本。信心是最超勝的聖財、最超勝的寶藏、邁向解脫的最超勝的雙足；也如同手一般，是攝集善法的根本。」《十法經》中也說：「靠什麼方法必定可以出生或是邁向導師佛地？這個信心便是最超勝的車乘、坐騎。由此原因，具足智慧的人依靠信心生起有所追求的希願，所以應該依止、追隨信心的指引。那些不信、缺乏信心的人們，心中生不出任何世出世間的白淨善法，譬如被火烤焦的種子，怎能生出青綠的苗芽？是生不出來的。」從正反兩方面說明信心是一切功德的基礎。

校 勘

[1]「^語傳聞此為……誌之」「欲言……誌之」果芒本原作妙註，餘文作語註；「班智達適值禁語……誌之」哲霍本作妙註，餘文作語註；拉寺本全作語註。按，此註上下文應出自同一作者之手，且風格近似語王大師，若分讀為二註，則文義不通，故依拉寺本改之。　[2]「^巴無明、欲、有、見」果芒本原作「^巴無明、欲、愛、見」，拉寺本作「^巴無明、欲、有、見」。按，《俱舍論·第五品》所示之四種瀑流亦為無明、欲、有、見。拉寺本符《俱舍論》義，故依而改之。

 註 釋

❶ **修習德本信心**　法尊法師原譯作「修信為根本」，今依藏文改譯。見前頁283註1。

❷ **《寶炬陀羅尼》云**　《寶炬陀羅尼》，經集部經典，全名《聖寶大拉拉陀羅尼大乘經》，共4卷。漢譯本有宋法天譯《大方廣總持寶光明經》5卷。「大拉拉」是油燈燃燒時發出聲音的狀聲詞。此經是佛在王舍城鷲峰山時，應普賢菩薩、妙吉祥童子等請問而說。唐實叉難陀譯《八十華嚴》中〈賢首品〉亦有本段引文。引文宋法天譯《大方廣總持寶光明經》作：「發心能免胞胎苦，養育劬勞一切行，隨樂快樂悉從心，是故見於安樂處。發起無邊恭敬心，我人憍慢皆棄捨，發心即妙珍伏藏，如手攝持獲安樂。」與藏文本殊有差異。唐實叉難陀譯《大方廣佛華嚴經·賢首品》則作：「信為道元功德母，長養一切諸善法，斷除疑網出愛流，開示涅槃無上道。信無垢濁心清淨，滅除憍慢恭敬本，亦為法藏第一財，為清淨手受眾行。」參見《大正藏》冊10，頁72。引文見《大正藏》冊10，頁896；《甘珠爾》對勘本冊57，頁164。

❸ **譯師遂念此經名為寶大拉拉而誌之**　阿嘉·丹貝堅參認為：在班智達手指燈火時，有人翻譯為「大拉拉」，而有人翻譯成「炬」。依此看來，當時現場就有不同的譯法。參見《阿嘉·丹貝堅參文集》冊下，頁199。

❹ **持二端疑**　持二端是懷疑的行相。譬如懷疑瓶子存在還是不存在時，並未確定是存在還是不存在，兩方都有可能性，所以稱為持二端。

❺四種因果痛苦暴流　無明暴流指染汙無明；欲暴流指欲界中見煩惱及無明以外的欲界煩惱；有暴流指色、無色界中見煩惱及無明以外的色、無色界煩惱；見暴流指三界中所有見煩惱。由於染汙無明是其餘煩惱的根本，而見煩惱行相清晰的緣故，所以將染汙無明及見煩惱單列出來。此四種煩惱是苦性，並感生輪迴種種痛苦，因此稱為因果痛苦。上述四種煩惱會讓有情在三界、四生、六道中流轉，所以稱為暴流。

❻三身　指佛的法身、報身、化身。

❼信能表喻妙樂城　有良善的信心，是表示必能到達涅槃城的徵兆。參見《廣論講授筆記》，頁17。

❽《十法》亦云　《十法》，寶積部經典，全名《聖十法大乘經》。漢譯本有梁扶南僧伽婆羅譯《大乘十法經》1卷；元魏佛陀扇多譯《大寶積經‧大乘十法會》，共兩種。此經是佛在王舍城鷲峰山中，由淨無垢寶月王光菩薩請問何謂行大乘、住大乘，佛以十法開演菩薩行道。所謂十法：一、信成就；二、行成就；三、性成就；四、樂菩提心；五、樂法；六、觀正法行；七、行法慎法；八、捨慢大慢；九、善解如來密意；十、不求聲聞獨覺。引文元魏佛陀扇多譯《大寶積經‧大乘十法會》作：「信為增上乘，信者是佛子，是故有智者，應常親近信。」「若不信之人，不生諸白法，猶如燒種子，不生根芽等。」梁扶南僧伽婆羅譯《佛說大乘十法經》則作：「信為最上乘，以是成正覺，是故信等事，智者敬親近。」「不信善男子，不生諸白法，猶如焦種子，不生於根芽。」正文中此二偈看似相連，但在漢藏二譯本中，此二偈間尚有一偈，故分開抄錄。引文見《大正藏》冊11，頁151、764；《甘珠爾》對勘本冊40，頁464。

❾如種為火焦豈生青苗芽　此段連同箋註，直譯為「譬如被火烤焦的種子，不能生出青綠的苗芽」。是以肯定句的方式描述譬喻，而非反問式。然法尊法師譯文於理無違，故不改譯。

敦巴請問大依怙云：「藏地多有修行者，然無獲得殊勝德者，何耶？」依怙答云：「大乘功德生多生少，皆依尊重乃能生起。

汝藏地人，於尊重所，僅凡庸想，由何能生？」有於依怙發大聲白：「阿底峽，請教授！」如其答云：「哈哈！我卻具有好好耳根，言教授者，謂是信心信信❶。」^巴此為不悅之語。信為極要。

^妙**第二、辨識信心者**：其信總之亦有多種，謂信三寶、業果、四諦；然此中者，謂信尊重。^妙**第三、於師須起佛想者**：此復弟子於尊重所，應如何觀？如《金剛手灌頂續》云❷：「^巴佛喚祕密主！弟子於阿闍黎❸所應如何觀？如於佛薄伽梵即應如是。^巴弟子其心若如是，其善常生長。^巴生長何等善耶？彼當速成佛❹，利一切世間。」諸大乘經亦說應起大師之想❺，《毘奈耶》中亦有是說❻。此諸義者，謂若知是佛，則於佛不起尋求過心，起思德心；於尊重所，特應棄捨一切尋察過心❼，修觀德心。^妙**第四、觀過過患者**：此復應如彼續所說❽，依之而行：「^巴弟子應^巴特思惟而執取軌範❾德，^巴雖見少許過失，亦思為己不淨顯現，心終不應^巴故執^巴取過。^巴因若心取^巴師德，^巴則弟子得成就，^巴而執眾過不^巴得任何成^巴就故。」謂其尊重雖德增上，若僅就其少有過處而觀察者，則必障礙自己成就；雖過增上，若不觀過，由功德處而修信心，於自當為得成就因。是故凡是自之尊重，任其過失若大若小，應當思惟尋求師過所有過患，多起斷心而滅除之。^妙**第五、防護過失之理者**：設由放逸煩惱盛等之勢力故，發起尋

覓過失之時，亦應勵力悔除防護。若如是行，力漸微劣。復應於其具諸淨戒，或具多聞，或信等德，令心執取，思惟功德。如是修習^❿，設見若有少許過失，由心執取功德品故，亦不能為信心障難。譬如自於所不樂品，雖見具有眾多功德，然由見過心勢猛故，而能映蔽^⓫見德之心。又如於自雖見眾過，若見自身一種功德，心勢猛利，此亦能蔽見過之心。

復次如大依怙持中觀見^⓬，金洲大師持唯識宗實相分見^⓭，由見門中雖有勝劣，然[㊟]不因見分而觀過失[1]，以**大乘道總體次第及**[㊟]**特別菩提心**，是由依彼始得發起，故執金洲為諸尊重中無能匹者。[㊟]金洲大師有四高足與己相匹，謂覺窩大師阿底峽、嘎_雅拿希日_依米札^⓮、日_阿拿各日帝^⓯、響底巴共四。其餘三師皆從響底巴聞法，而響底巴所有功德，覺窩阿底峽悉皆具足。

種敦巴尊者曾請問大依怙阿底峽尊者：「藏地有眾多修行人，卻沒有人獲得殊勝的功德，為什麼呢？」阿底峽尊者回答：「大乘的功德無論生多生少，全都依憑著上師才能生起。你們西藏人對上師僅懷著庸俗之想，怎麼可能生起功德？」曾有人向依怙阿底峽尊者大喊：「阿底峽，請傳教授！」尊者答道：「呵呵，我倒是有一副很好的耳朵啊！提到教授，就是信心啊！信心，信心……」這是心生不悅之語。如上所述，信心絕端重要。第二科、辨別信心：一般而言，信心有許多種，如信三寶、業果、四諦等；但此處則是指信上師。第三科、必須對上師生起佛陀之想：而弟子應當如何看待上師？《金剛手灌頂續》中說，佛陀喚道：「秘密主！弟

子應當如何看待阿闍黎？應該像對佛世尊那樣看待上師。弟子的內心如果是這樣，就能恆常不斷地生長善法。出生怎樣的善法？他將成就佛果，利益一切世間。」眾多大乘經典中也提到必須生起導師之想，《毗奈耶經》裡也這麼說。上述的內涵是指，當了知上師是佛，如同不會對佛生起觀過之心，而會生起思惟功德之心一般，對上師也會刻意地徹底斷除觀過，並修習觀察功德之心。**第四科、觀察過失的過患**：前面那部續中有提到：「弟子應該刻意思惟並執取阿闍黎的功德，即使看見少許過失，也應該想是自心的顯現不清淨，內心在任何時候都不能刻意執取過失。因為如果能在內心執取上師的功德，則弟子將獲得成就；而如果執取眾多過失，則不會有任何成就。」應當如此而行。即使上師的功德廣大，如果僅就少許的過失方面觀察，則會成為自身成就的障礙；縱使過失佔大多數，如果不就過失的角度觀察，而是從功德的方面修習信心，則會成為自己獲得成就之因。因此凡是自己的上師，無論其過失再大再小，都應該思惟從過失方面觀察的過患，從而多多發起斷除之心以消滅觀過。**第五科、防止過失的軌理**：假若由於放逸或是煩惱熾盛等勢力，導致發生觀過之時，也應該奮力懺悔防護。如果這麼做，觀過的勢力就會逐漸減弱。另外，內心應該朝上師所具備的淨戒，或是多聞，或者信心等眾多功德的方向思惟功德。當這麼串習時，由於內心執取功德方面，即使看到少許過失，也不足以成為信心的障礙。譬如對於自己不喜歡的對象，縱使見到他具有眾多功德，但由於見過之心勢力強猛，便會遮蔽看見功德之心；又如同雖然看到自己有許多過失，但是如果見到自身少許功德的心勢力很強猛，也會蓋過看見過失之心。

又如大依怙阿底峽尊者受持中觀見，金洲大師所持的則是唯識宗的實相見；就見地的角度雖有高下之分，但尊者不就見地部分觀察過失，而大乘道總體的次第，特別是菩提心的法門，是依靠著金洲大師才獲得，所以尊者把金洲大師奉為眾多上師中最無與倫比的一位。金洲大師有四位與自己相等的高足：大依怙阿底峽尊者、嘎雅拿希日依米札、日阿拿各日帝、響底巴。其他三位也在響底巴座前聞法，而響底巴所有的功德，阿底峽尊者全數具足。

[1]「㊫不因見分而觀過失」「觀」字，果芒本原作「證得」（ཐོབ་ས），拉寺本、雪本、哲霍本作「分別、觀察」（རྟོག）。按，依上下文此處「觀過失」於藏文語法中無作「證得過失」之理，故依拉寺本、雪本、哲霍本改之。

❶ 信信　為阿底峽尊者反覆誦說「信心」之語。

❷ 《金剛手灌頂續》云　《金剛手灌頂續》，密續經典，共12卷，尚無漢譯。此續是佛在樂變化天宮中宣講的經典。引文見《甘珠爾》對勘本冊87，頁335。

❸ 阿闍黎　梵語Ācārya音譯，或譯為阿遮利耶、阿闍利耶，義為軌範師。從財、法兩方面利益弟子的善知識稱為阿闍黎，律典將阿闍黎分成五種或六種。

❹ 速成佛　按藏文原文無「速」字。

❺ 諸大乘經亦說應起大師之想　善慧摩尼大師在此舉《大般若經·常啼菩薩品》為例。才旦夏茸大師舉出《密集續》、《金剛心要莊嚴論》、《上師五十頌》等密續教典，及《般若十萬頌》、《寶雲經》、《勸發增上意樂》、《法行經》、《那羅延子請問經》、《地藏十輪經》等顯教經典為例，都有提到應視師如佛。參見《洛桑諾布文集》冊2，頁157；《才旦夏茸文集》冊9，頁117。

❻ 《毘奈耶》中亦有是說　善慧摩尼大師引用律藏的《請問品》提到：應於親教師及軌範師起大師想。才旦夏茸大師則引《律正教》：於親教師及軌範師，應當發起大師之想。漢地律典亦有此說，蕅益大師《沙彌十戒威儀錄要》中云：「視二師當如視佛。」參見《大正藏》冊60，頁435；《洛桑諾布文集》冊2，頁157；《才旦夏茸文集》冊9，頁31、117；《沙彌學處》，頁117。（法藏法師編，台北：佛陀教育基金會，2010）。

❼ 尋察過心　指刻意觀過的心，與上下文中的「尋覓過失」同義。

❽ 如彼續所說　引文見《甘珠爾》對勘本冊87，頁92，然與正文略有不同。

❾ 軌範　見本頁註3「阿闍黎」。

❿ **修習** 藏文直譯為「串習」。

⓫ **映蔽** 遮蓋而不見光明或真相。映，本字有反射、照射之光明義，此作遮掩，反訓。

⓬ **中觀見** 承許一切諸法都無諦實的見解，是中觀宗最主要的見解。

⓭ **唯識宗實相分見** 承許萬法唯心，遍計所執性無諦實，而依他起性及圓成實性有諦實的見解，是唯識宗最主要的見解。唯識宗分實相派及假相派，實相派承許看見青色的眼識顯現青色的行相，所顯現的青色行相沒有被無明所染雜；假相派雖然也承許看見青色的眼識顯現青色的行相，但所顯現的青色行相已被無明染雜。此中「實相分見」指實相派的見解。

⓮ **嘎ᵃ拿希ᵇ依米札** 阿底峽尊者的具恩上師之一（約10世紀），梵語Jnanasrimitra（ཇྙཱ་ན་ཤྲི་མི་ཏྲ）音譯，義為智吉祥友，《斷二邊論》的作者。出生於印度果札，起初是聲聞部中通曉三藏的大師，後對大乘法生起信心，廣大聞思顯密二法，善學龍樹、無著的一切論著，也通達許多密續。長時修習菩提心，數數親見釋迦導師、慈氏、觀音，具足無礙的神通。此師在止迦摩羅寺時，有一次召喚一位沙彌弟子，說：「你現在趕快去嘎雅城，後天中午會遇見應婆羅門邀請而來的金剛座的僧眾和香燈師，因為大菩提寺的神殿會有火災，你帶他們回去救火。」沙彌依師指示前往嘎雅，將阿闍黎的授記告知金剛座的僧眾，其中有一半的人不信，另一半的僧眾跟隨沙彌回去，大菩提寺的神殿果然發生火災。裡外正冒著大火時，此師祈禱本尊，隨即火滅，才未造成太大的毀壞，畫像損毀或木頭被燒掉的部分，此師都令其恢復。也在摩羯陀和孟加拉兩地區，重修舊寺，興建法壇。在當時，守護那爛陀寺東門的響底巴，南門的慧生源（Ratnakarasanti），西門的語王名稱，北門的那洛巴，以及中央二柱的寶金剛婆羅門和此阿闍黎，共稱為雜拿嘎政期的六賢門。參見《多羅那他印度佛教史》，頁225。

⓯ **日ᵃ拿各ᵇ帝** 金洲大師的大弟子之一（約公元940~1000），梵語Ratnakirti音譯，義為寶稱，事蹟不詳。

⑩第六、上師何如皆不可觀過者：下至唯從聞一偈頌，雖犯戒等，亦應就其功德思惟，莫觀過失，悉無差別。《寶雲經》云**❶**：「若知由其依止尊重，諸善增長，不善損減，則親教師或聞廣博，或復寡少，或有智解，或無智解，或具尸羅，或犯尸羅，皆應發起大師之想。**⑫**發起之理者，如於大師信敬愛樂，於親教師亦應信樂。於軌範師悉當發起恭敬承事，由此因緣，菩提資糧未圓滿者悉能圓滿，煩惱未斷悉能斷除。如是思已，便能獲得歡喜踴躍，**⑫**若念：於聞寡少及犯戒等亦須如是恭敬，則自亦當一味順應而行耶？非也。於諸善法應隨順行，於不善法應不順行。」《猛利問經》亦云**❷**：「**⑩**佛喚長者！若諸菩薩求受**⑫**所修教授之聖教，及求**⑫**讀念諷誦**❸**。若從誰**⑫**補特伽羅所受持聖教，**⑫**求聞求學聽聞施、戒、忍、進、定、慧相應**❹**，或是集積菩薩正道資糧相應**⑫**所詮，縱僅一四句偈，**⑫**菩薩不論此師何如，即應因法**❺⑫**以法為因，恭敬尊重此阿闍黎。隨以幾許名、句、文身**❻**開示其偈，假使即於爾所劫中，以無諂心，以一切種利養、恭敬及諸供具，承事供養此阿闍黎，**⑩**佛喚長者！**⑫**彼於阿闍黎作應敬重阿闍黎事，猶未圓滿，況非以**⑫**與爾許法**⑫**偈等等量劫中而作供養，而**⑫**於短於爾許時中，以利養等作**為敬事❼**，**⑫**如是於阿闍黎作應敬重阿闍黎事猶非圓滿。」**⑩**敬事非圓滿義者，師云：從誰聽聞詮說六度一四句偈，縱經與法字[1]數相等劫中，以財等物一切安樂資具而為承事，猶不足報。以受用者，有盡之物；而正法者，令獲無盡涅槃果位故也。

第六科、無論上師怎麼樣，都不容許對他觀過：即使是犯戒等等，只要從他聽聞僅一個偈頌以上，都必須毫無差別地從功德方面思惟，而不可就過失方面觀察。《寶雲經》中說：「由於通曉依止上師能夠增長善法、減少不善法，因此無論親教師聽聞廣博或者聽聞寡少、有智解或者無智解、具足淨戒或者戒行虧損，都應該對他生起導師佛陀之想。生起的方式為：就如同怎樣地歡喜與信仰導師，也應該同樣地歡喜與信仰親教師。應當恭敬承事軌範師們，藉此，未圓滿的菩提資糧都將圓滿，未斷除的煩惱將能斷除。如此思惟，便會獲得歡喜踴躍。若想：即使是聽聞寡少與戒律虧損等，也都必須對他這麼恭敬，那麼自己也應該一味的順從上師而行嗎？其實不然，對於善法應當順從而行，對於不善法則應該不順從。」《猛利問經》中也說，佛陀喚道：「長者！假如菩薩希求納受所修教授的教言以及讀誦經文，因而從何人受持教言，或以想聽想學之心，聽聞了詮釋布施、淨戒、忍辱、精進、禪定、智慧，或是累積菩薩道資糧的內涵，縱使只有一四句偈，不論這位阿闍黎是怎樣的人，菩薩都應當因為正法，以正法為由而恭敬他。他以多少的名詞、句子、字母[1]宣講這些偈頌，假如在與其數量相等的劫數中，即使不懷諂誑地以一切財利、恭敬及供品來承事供養這位阿闍黎；佛陀喚道：長者！他尚且還不能圓滿所有將阿闍黎敬奉為阿闍黎的行為，遑論不以與法偈等相等數量的劫數進行供養，只在較此短促的時間裡，以財利等恭敬承事，怎麼可能圓滿所有將阿闍黎敬奉為阿闍黎的行為？」未能圓滿恭敬行為的意思，上師說：是指從誰聽聞闡述六度的一四句偈，即使在與所說法的字數等量的劫數中，以所有財利等物、安樂資具供養奉侍，依然不足以報答恩德。因為受用終有窮盡，法卻能使人獲得涅槃的無盡果位。

[1]「字」雪本作「一」，誤。

❶ 《寶雲經》云 　《寶雲經》，經集部經典，全名《聖寶雲大乘經》，共7卷。漢
譯本有梁扶南曼陀羅仙譯《寶雲經》7卷；曼陀羅仙與僧伽婆羅共譯《大乘寶
雲經》7卷；達磨流支譯《寶雨經》10卷；宋法護譯《佛說除蓋障菩薩所問
經》20卷，共4種。此經緣於佛在象頭山時，從佛頂上放出光明，普照十方。而
東方佛剎大蓮花世界中的除蓋障菩薩，因佛光來到此娑婆世界，向釋迦世尊
請問法義。引文宋法護譯《佛說除蓋障菩薩所問經》作：「我若依止於師尊
已，即能增長一切善法，壞滅一切不善之法。由此因緣，於其親教師所，不以
尠聞多聞有智無智持戒毀戒，應當悉起佛大師想。於彼師尊之所，愛樂信重恭
敬承事，亦於軌範師所，同彼親教之師尊重恭敬。六者菩薩如是觀察，我若依
止軌範師已，當於菩提分法，未圓滿者而能圓滿，諸有未斷一切煩惱而悉能
斷。是故於彼軌範師所，恭敬承事如親教師想心大歡喜。而彼師尊，能以正道
一切善法攝受於我，不以邪道不善之法而為攝受。」引文見《大正藏》冊14，頁
745；《甘珠爾》對勘本冊64，頁244。

❷ 《猛利問經》亦云 　《猛利問經》，寶積部經典，全名《大乘聖猛利長者請問
經》。漢譯本有曹魏僧鎧譯《大寶積經·郁伽長者會第十九》。引文曹魏僧鎧
譯《大寶積經·郁伽長者會第十九》作：「長者，若是菩薩於他人所受持讀誦
一四句偈，施戒忍進定慧相應集菩提道，於是師所為法恭敬，如上諸師受持文
字章句偈頌，於無量劫應為彼使，不生諂偽一切供養。長者當知，不報其恩，
況不敬法。」引文見《大正藏》冊11，頁479；《甘珠爾》對勘本冊42，頁841。

❸ 讀念諷誦 　讀念，藏文為「洛巴」（ཀློག་པ）；諷誦，藏文為「卡敦」（ཁ་ཏོན）。措
那瓦大師解釋讀念為執持以前尚未執持的內容，諷誦為串習已經執持的內
容。《藏漢大辭典》則謂讀念包含心中默念及口誦，諷誦則指口誦。由於法尊
法師原譯中「諷誦」譯作「讀誦」，無法區別讀念與諷誦的差別，為避免誤
解，故改譯。參見《毗奈耶經本頌疏釋──日光善說經教海論》，頁126（措那
瓦大師著，台北：佛陀教育基金會，2007）；《藏漢大辭典》，頁47、194。

❹ 若從誰所受持聖教聽聞施戒忍進定慧相應 　法尊法師原譯作「若從誰所聽
聞受持施戒忍進定慧相應」，今據藏文補譯「聖教」二字。又據箋註「受持聖

教」是為求得所修教授，而聽聞施等相應一四句偈，是為諷誦，故受持聖教與聽聞施等相應偈頌，應別作二事，故改譯。

❺ **因法** 法尊法師原譯作「如法」，箋註之義為「由於法的緣故」，為配合箋註，故改譯。

❻ **名句文身** 指名身、句身、文身。文即文字，指單一字母；名指名詞，係二個字母以上所組合之詞類；句即句子，由字詞串成，能表達一完整概念者；身者，兩個名、句或字母以上之量詞。但依藏文原文無「身」字。

❼ **況非以法而為敬事** 此經舉出以法為敬事及非以法而為敬事。別於《四家合註》的解釋，才旦夏茸大師另舉一種區分，前者是符順法發起的恭敬，後者是心口不一的恭敬。參見《才旦夏茸文集》冊9，頁123。

於師起大師想是否為成就的殊勝因

由於此段提到即使上師犯戒，如果自己曾經追隨他學過一四句偈以上的法，也必須對他生起大師之想。有人對此提出質疑，認為對上師起大師想並非特別殊勝的成就方便，因為本來經中就提到要對一切菩薩、對一切有情安住大師之想。如《寶積經》說：「應於一切發心補特伽羅生大師想。」《健行經》也說：「應於一切有情發大師想。」針對此疑，才旦夏茸大師的解釋是：這是指不可用非理作意對菩薩及有情觀察過失，然而用如理作意思惟時，仍要刻意思考一切輪迴有過失，這些有情會遭受煩惱役使等情形。但是對上師，不論何時，除了作佛之想，都不可思惟有過。

第三、隨念恩者：《十法經》云❶：「⑭此善知識[1]於長夜❷中馳騁生死，尋覓我者。於長夜中為愚癡覆而重睡眠，醒覺我者。沈溺有海，拔濟我者。我入惡道，示善道者。繫縛有獄，解釋❸我

者。我於長夜病所逼惱，為作醫王。我被貪等猛火燒燃，為作雲雨❹而為息滅❺。應如是想。」《華嚴經》說❻：「善財童子❼，ㄅ應加『隨念師恩，奪心堅穩，痛哭流涕。』隨念何事而涕泣耶？諸善知識，是於一切惡趣之中，救護於我。ㄅ如是諸善知識令ㄅ我善通達法平等性ㄅ有寂無諦實❽，開示ㄅ增上生❾及解脫之安穩ㄅ道，輪迴及惡趣等不安穩道，以妙因果等一切時中❿受持[2]普賢行而為教授，指示能往一切智城所有之道，護送往赴一切智處，正令趣入法界大海，開示三世所知法海，顯示ㄅ令見如極樂世界佛及會眾一切聖眾妙曼陀羅⓫。善知識者，長我ㄅ相續一切ㄅ深廣之白淨善法。如是隨念痛哭流涕⓬。」應如此文而正隨念，一切句首，悉加「諸善知識是我」之語；於前作意善知識相，口中讀誦此諸語句，意應專一念其義理。於前經中，亦可如是而加諸語。

第三科、憶念恩德：《十法經》中說：「這位善知識，當我長久漂泊流浪於生死輪迴中，尋覓著我；我長期被愚癡覆蔽而昏睡，將我喚醒；我沉溺在三有苦海中，將我拔濟；當我步入險途時，為我指示妙道；我被囚禁在三有監牢裡，將我釋放；我長期被病苦逼惱，他是良醫；我被貪欲等火熾烈焚燒，他是熄滅貪火的雲雨。應作如上之想。」《華嚴經》也說：「善財童子，其後應接『由於憶念善知識的恩德，撼動了內心的平穩，因而痛哭流涕。』至於憶念了什麼而涕泣呢？善知識們將我從一切惡趣中救出；同樣地，善知識們令我通達輪迴與涅槃無諦實的法平等性；開示增上生及解脫的安樂道，與輪迴、惡趣

等不安樂道；教授於因位及果位等一切時中受持普賢行；指示通向一切智城之道；護送前往一切智處；令我趣入法界大海；開闢三世的所知大海；顯示出聖眾的壇城，令我得見如極樂世界的一切佛陀及其會眾。善知識增長我相續中一切深廣的白淨善法。如此憶念而痛哭流涕。」應如上所述而憶念，在每一句的開頭都加上「善知識們是我……」等語，並且作意善知識的形象就在面前，口中唸誦這些語句，內心則專注地憶念以上的義理。上一部經典也可以加上這樣的詞句。

[1]「 ㊣此善知識」 原果芒本未標作者，今依拉寺本補之。　　[2]「 ㊢因果等一切時中受持」 拉寺本作巴註。

❶《十法經》云　引文元魏佛陀扇多譯《大寶積經‧大乘十法會》作：「我從昔來久失導師，今忽遇之生導師想。又作是念：我常縛在世間牢獄，無解無救無推訪者，今忽遇之生推覓想。又作是念：我久遠來睡於世間，愚癡盲目，忽於今者令我目開，即起覺想起開示想。又作是念：我久遠來沒深泥中無拔濟者，今忽遇之生拔濟想。又作是念：我久遠來失於導師引導眾生，今忽遇之起導師想。又作是念：我久遠來閉在世間，貧苦難處無救接者，今忽遇之是故即生救接者想。又作是念：我久遠來遇難愈病，無有良醫能療治者，今忽遇之起良醫想。又作是念：我久遠來為貪欲火之所燒然，未蒙雲雨，今忽遇之，是故即起大雲雨想。」梁扶南僧伽婆羅譯《佛說大乘十法經》則作：「久失導時世間曠野生難中，能訪覓起訪覓想；久遠愚者闇閉目開故，令起覺悟想；墜沒世間煩惱泥中，而起濟拔之想；久遠失正路為作導師故，而起導師之想；久伏在世間牢獄能解故，而起解者想；久遠著患療治故，而起良醫之想；以煩惱火焦滅身，令住滅故，而起大雲雨想。」見《大正藏》冊11，頁153、766；《甘珠爾》對勘本冊40，頁475。

❷**長夜** 按藏文有長時義，然無「夜」字。法尊法師依循鳩摩羅什大師等，將長時譯作長夜，蓋以眾生長時處於幽暗的輪迴，即如住於長夜之中，故以義取譯為長夜。下文亦同。

❸**解釋** 解與釋二字，都有解脫義。

❹**雲雨** 夏日東活佛及哈爾瓦‧嘉木樣洛周仁波切認為，雲雨一詞藏文直譯為「含有雨水的雲」。此處雨水比喻修行正法，如同雨水能滅火，修行正法能息滅貪等煩惱；善知識具有修行正法的內涵，所以用含雨的雲比喻善知識，而非以雲、雨二者比喻善知識。然《華嚴經》古譯本皆作雲雨，故不改譯。參見《夏日東文集》冊1，頁136。

❺**息滅** 澆熄滅除，或作熄滅；熄是後起字，息為本字。

❻**《華嚴經》說** 此段落為善財童子朝拜完大光王，正前往參拜不動優婆夷的路上，憶念起善知識浩瀚深恩的一段經文。引文唐實叉難陀譯《大方廣佛華嚴經‧入法界品》作：「『善知識者，能普救護一切惡道，能普演說諸平等法，能普顯示諸夷險道，能普開闡大乘奧義，能普勸發普賢諸行，能普引到一切智城，能普令入法界大海，能普令見三世法海，能普授與眾聖道場，能普增長一切白法。』善財童子如是悲哀思念之時。」引文見《大正藏》冊10，頁358；《甘珠爾》對勘本冊38，頁84。

❼**善財童子** 《華嚴經》中所記載的菩薩之一，梵語Sudhana及藏語གནོད་བུ་བོར་བཟང་（宣努諾桑）的義譯。此童子初入胎時，宅中自然出現七寶樓，寶樓之下各有伏藏。誕生之後，伏藏從地涌出，宅中自然出現五百寶器，種種衣服、飲食、香及眾寶自然盈滿，又有諸財寶如雨而落，充滿庫藏，所以父母、相師皆稱此兒名善財。按《華嚴經》記載，文殊菩薩南行至福城東面，攝受教化善財童子，令其發菩提心。善財發心已，為求菩薩行，一一恭敬親近五十五位大善知識，歷百城而不知饜足，虛心求法並隨聞隨思隨證，故從十信滿心之加行位階，現生依次證得普賢菩薩諸行願海，與普賢等、與諸佛等。其求善知識無有疲懈、見善知識無有饜足、隨順善士所有教誨、恭敬善士不求過失的偉大行誼，也是吾等學佛之士仰望的目標，應當效學。參見《大正藏》冊35，頁453。

❽**法平等性有寂無諦實** 「有」指輪迴、三有，「寂」指涅槃，輪迴及涅槃都無諦實，由此類推一切法都無諦實，從無諦實的角度來說諸法平等，所以稱諸法之上的無諦實為法平等性。

❾ **增上生** 指善業所感的人天福德、受用等，在普通人天乃至佛陀相續中都有增上生。

❿ **因果等一切時中** 依如月格西解釋，此處的「因果」指成佛前的因位，及成佛後的果位。

⓫ **曼陀羅** 見前頁171註4。

⓬ **如是隨念痛哭流涕** 法尊法師譯文中，此句原接前文「善財童子」之後，為配合箋註，依藏文置於此段引文最後。

又如《華嚴經》云❶：「我此善᠍知識說正法❷，普示一切᠍總體清淨法᠍之功德，᠍特別遍示菩薩威儀道❸，專心᠍一意思惟而來此❹。᠍又此諸᠍善知識是能᠍於相續中，新生᠍昔所未有前說諸佛子行，猶如我母；與功德᠍之乳故，᠍猶如᠍增長昔所已有之乳母；周遍長養菩提᠍之分᠍二資糧故，猶如父；如是此諸善᠍知識遮᠍我之無利❺，᠍猶如友伴。解脫老死᠍之病，故如醫王；᠍猶如天王帝釋降᠍正法之甘露雨；᠍普遍增廣白法如滿月᠍圓；猶日光明，᠍以其清晰顯示᠍往趣寂靜᠍般涅槃城方向❻᠍之道。᠍又此善知識，救我對於怨親[1]᠍愛憎擾心，故如山王；᠍救護之理者，即如木棉[2]，隨風飄拂，全無自主，若得山嶽崖穴為依，則有所止。如是由善知識恩，能救貪瞋。心無᠍隨於外緣而有少許擾亂，猶大海᠍微風等不能擾動；等同船師，᠍以其遍救護᠍不令墮於苦浪翻騰輪迴瀑流之中，得渡彼岸，善財᠍童子以是思᠍惟前說諸義之心為等起，而來᠍我此᠍善知識跟前。」᠍又云：「又此菩薩᠍大乘善知識，啟發我᠍欲學佛子行之覺慧[3]；᠍非唯如此，此佛子᠍善知識亦能᠍於我相續

中，生^巴起果位無上大菩提；^巴故我諸^巴善知識^巴為諸佛所讚，由是^巴思惟之善心^巴為等起，而來此^巴善知識跟前。」又云：「救護^巴所化〔世間，^巴謂有情也。〕怖畏如勇士；^巴即如弱勢之人，求請強力者為作首領。又如入海取寶，須有精練商主，是^巴求取三身❼珍寶大商主，及^巴為無怙者怙，無依^巴者依；此^巴善知識數數給我^巴安樂^巴資具，猶如眼目，以^巴思惟如此^巴因相之心[4]^巴為等起，而事善知識。」應咏其頌而憶念之，^巴如云：「我以是思而來此」，以此易善財名而誦為我❽。

另外《華嚴經》中也說：「專注一心地思惟：『我這位善知識——說法師，總體而言普示一切清淨法的功德，特別是全面闡述菩薩行儀』，而來到這裡。善知識他們能令我心續中，新生出前所未有的上述眾多佛子行，好似我的生母；能夠餵哺功德之乳，使已有的功德增長，所以又似乳母；全面培養菩提的支分——福智二資糧，如同父親；同樣地，這些善知識們宛如友伴，完全遮止各種對我的損害。令我脫離老死頑疾，如同醫王；降下正法的甘露雨，有如帝釋天王；普遍增廣白法，如同滿月圓滿；清晰地顯示步向寂靜涅槃城方向的大道，宛如朗日。而當我面對親友與仇敵，隨貪瞋而攪擾內心，善知識從中挽救，好似山王；挽救的方式，則如木棉被風吹拂，不由自主地四處飄蕩，一旦附著在高山上的崖穴中，就不再飄搖。同樣地，藉由善知識的恩德，能從貪瞋中救出自心。如同汪洋大海，微風等不能攪擾一般，內心絲毫不被外緣擾動；如同船師善加保護，不令墜落苦浪濤天的輪迴瀑流，並且得以渡越到彼岸。以思惟上述義理之心作為動機，善財童子我來到此地——善知識的跟前。」又提到：「另外，這位菩薩大乘善知識啟發了我想效學佛子行的心；不僅如此，這位佛子善知識，也能令我的相續中生起無上大菩提果；因此我的善知識們，為諸佛陀共同讚歎。以如此思惟的善心為動機而來到這裡——善

知識的跟前。」又說：「另外，從怖畏危難中救拔所化世間──有情眾生，有如勇士；就像勢力弱小之人請求力量強大者擔任首領一般。又好比入海採寶，必須有精諳此道的商主一般，善知識是求取三身珍寶的大商主；以及是無恃怙者的依怙、是無依靠者的皈依；這些善知識們一再供給我安樂的資財，宛如眼目，以一再思惟上述這樣的原因之心作為動機，供養承事善知識。」也應該吟詠這些偈頌而憶念，將「善財」改為我，唸成「我以這樣的心而來到此處」。

[1]「對於怨親」 果芒本原作「對於怨及名稱」，拉寺本、哲霍本、雪本、法尊法師原譯皆作「對於怨親」。按，慧海大師《廣論講授筆記》亦作怨親解，疑果芒本訛誤，故仍依法尊法師原譯。 [2]「即如木棉」 哲霍本作「即如樹木」。按，連同下文以樹木隨風飄拂為喻似嫌不通，疑誤。 [3]「🉐欲學佛子行之覺慧」 拉寺本此註多「因位」二字，故此註有二譯：一為「欲學因位──佛子行之覺慧」，以佛子行作因位；二為「因位──欲學佛子行之覺慧」，以欲學佛子行作因位。按，拉寺本二譯及果芒本，義皆可通。 [4]「🉐因相之心」「之」字，青海本《廣論》、拉寺本、雪本、哲霍本皆作正文。

❶《華嚴經》云 引文唐實叉難陀譯《大方廣佛華嚴經‧入法界品》作：「汝於善知識，欲求微妙法，欲受菩薩行，而來至我所。汝念善知識，諸佛所稱歎，令汝成菩提，而來至我所。汝念善知識，生我如父母，養我如乳母，增我菩提分，如醫療眾疾，如天灑甘露，如日示正道，如月轉淨輪，如山不動搖，如海無增減，如船師濟渡，而來至我所。汝觀善知識，猶如大猛將，亦如大商主，又如大導師。」《廣論》引文與漢藏二譯本順序不同，而二譯本的順序一致。見《大正藏》冊10，頁425；《甘珠爾》對勘本冊38，頁663。

❷我此善識說正法 法尊法師原譯作「我此知識說正法」，為配合箋註，故改譯。據如月格西解釋，藏文中「說正法」一詞指說法師，而非說法的動作。

❸威儀道 即行為、舉止、行儀。

❹專心思惟而來此 謂善財童子專心一意思惟上述內容而來至此。

❺無利 藏文原文直譯為「損害」。

❻靜向 法尊法師原譯作「靜品」，為配合箋註，故改譯。

❼三身 見前頁293註6。

❽易善財名而誦為我 法尊法師原譯作「易其善財而誦自名」。今據箋註之義，應是將頌文中的「善財」改成「我」字，而非改成自己的名字，故改譯。

第二、加行親近軌理，^妙分五：第一、須以加行依止者：如《尊重五十頌》云❶：「於此^巴依止知識之時何須繁說？^巴不須之因相者，總攝而言，應作師^巴心所喜^巴諸方便，^巴心所不喜^巴之事應盡遮，^巴其軌理者，謂須細心勵觀彼及彼❷^巴為何，而取捨故。^巴此亦是就常理而言，苟若現似心喜不如理事，亦不可為。如彼論云❸：「若於理不能，啟白不能理。」須如上說而行之因者，以金剛持自說：^巴世出世間一切成就皆隨[1]^巴如理依止金剛軌範❹。知^巴金剛持如是說已，一切^巴身、受用、善事，^巴由一切門，悉敬奉^巴事，竭盡所能勵行令師^巴心喜❺^巴方便。」總之應勵力行，修師所喜，斷除不喜。^妙**第二、略說令師歡喜三門者**[2]：作所喜者，謂有三門：供獻財物、身語承事、如教修行。如是亦如《莊嚴經論》云❻：「由諸^巴供養珍寶飲食等財，^巴敷座及起身之敬❼及^巴按摩擦拭等承事，^巴如理修行^巴供養親近善知識。」又云❽：「〔堅固❾，^巴謂菩薩也。〕由依^巴如上師所教奉行，能令其^巴師心正歡喜。」

第二科、以加行依止的軌理，分為五科：第一科、必須以行為依止：
如同《事師五十頌》提到：「在依止善知識的這個章節裡，何必多說？不須多說的原因在於：總括而言，凡是能令上師內心歡喜的方法都應該去做；所有會令上師內心不喜的行為應完全斷絕，方法是必須對任何一件事，細心勤奮地觀察師長所喜及不喜而作取捨。雖然這是常態下的原則，但假設上師似乎因為不如理之事而表現出心喜，也不可以照做。就如同此論提到：「如果無法依循正理成辦，應陳述不能照做之情。」須如上述而行持的理由，是因為金剛持佛曾親口宣說：一切世出世間的成就都隨著如理依止金剛阿闍黎而來。知曉佛這麼宣說之後，應該以一切自身、受用、善法，盡力、勤奮地全面奉行能令上師內心極為歡喜的方法。」總之，應當勤奮地作師所喜，斷除不喜。**第二科、概略說明令師歡喜的三種門徑：**作上師所喜，有三種門徑：供養財物、身語承事、如師教敕而修行。這也如同《經莊嚴論》所說：「透過設置床座、起身等恭敬的態度、供養珍寶飲食等眾多財利、按摩擦拭等承事行為，以及如理修行的供養來依止善知識。」又說：「〔堅固，即指菩薩。〕透過遵循上師教導而如實奉行，能令上師他的內心真正地歡喜。」

[1]「成就皆隨」 拉寺本作「成就精進」。按，查《丹珠爾》對勘本《尊重五十頌》無「成就精進」之版本，文義亦不通，誤。　[2]「❷第二、略說令師歡喜三門者」 拉寺本無「略說」。

❶《尊重五十頌》云 《尊重五十頌》，密續類論典，又名《上師五十頌》，共50頌，馬鳴菩薩著。漢譯本有宋日稱等譯《事師法五十頌》；能海法師譯《事師五十頌》；丹吉佛爺譯《上師法五十頌》；丹增卓津譯《上師五十頌》等多種

譯本。引文宋日稱等譯《事師法五十頌》作：「常令師歡喜，離諸煩惱事，當勤而行之，恐繁故不述。彼金剛如來，親如是宣說，及餘教所明，依師獲成就。」能海法師譯作：「總根本需要，一切令師喜，斷諸不喜悅，如是務殷勤。悉地成由師，是持金剛說，一切悉了知，全依師悅樂。」引文見《大正藏》冊31，頁777；《事師五十頌注疏》，頁5（宗喀巴大師著，能海大師譯，台北：福智之聲出版社，2002）；《丹珠爾》對勘本冊41，頁597。

❷勵觀彼及彼　此句法尊法師原譯在「此何須繁說」之後，為配合箋註，移至此處。

❸如彼論云　引文宋日稱等譯《事師法五十頌》作：「自己或不能，則善言啟白。」能海法師則譯作：「若不能事類，彼意善啟呈。」見《大正藏》冊32，頁776；《事師五十頌注疏》，頁3；《丹珠爾》對勘本冊41，頁595。

❹軌範　此處就密教用語而言，指金剛上師，對傳授密法的上師，尊稱為上師金剛持；授密宗戒的上師則尊稱為金剛阿闍黎。若弟子僅從上師受得本尊的經文誦授傳承，也應視為金剛持及金剛阿闍黎。參見《夏日東文集》冊1，頁140。

❺悉敬奉師喜　法尊法師原譯作「悉敬奉尊長」，今依藏文改譯。

❻《莊嚴經論》云　引文唐波羅頗蜜多羅譯《大乘莊嚴經論·親近品》作：「敬養及給侍，身心亦相應。」見《大正藏》冊31，頁635；《丹珠爾》對勘本冊70，頁860。

❼財敬　法尊法師原譯為「供事」，為配合箋註，故改譯。

❽又云　引文唐波羅頗蜜多羅譯《大乘莊嚴經論·親近品》作：「隨順如所教，以此令彼喜。」見《大正藏》冊31，頁635；《丹珠爾》對勘本冊70，頁860。

❾堅固　此指菩薩，由於菩薩心力堅穩故。堅固，藏文版《經莊嚴論》有作「堅固」（བརྟན་པ）有作「親近」（བསྟེན་པ）。藏文版世親菩薩《經莊嚴論疏》中，有作「教法」（བསྟན་པ）有作「親近」（བསྟེན་པ）。作「教法」則此頌解為：「教法之因，謂如教修持，以由如是令其心歡喜故。」作「親近」則解為：「親近之因，謂如教修持，以由如是令其心歡喜故。」波羅頗蜜多羅譯《大乘莊嚴經論》釋此頌曰：「菩薩如所教授隨順修行，為親近善知識因。何以故？菩薩以此隨順令彼善知識心生歡喜故。」參見《大正藏》冊31，頁635；《丹珠爾》對勘本冊70，頁1335。

第三、廣說此三，分三[1]：其中初、供養財物者[2]：如《五十頌》云❶：「弟子恆時以世所共許非應施❷物之妻子，非唯如是，乃至自身之命根，亦須奉事依止自三昧師❸，如具足傳授灌頂、解說密續、授予口訣三法者。而況以諸其餘速當壞滅捨棄之動珍寶、資財[3]而作奉事。」又云❹：「須當如是之因相者，以供施或奉獻彼❺師，即成恆供十方一切佛。謂上師縱為庸常異生，然若弟子觀之為佛而作供養，則一切諸佛皆入其師毛孔之中而受供養。由此因故，《五次第》亦云：『供養上師一毛孔，勝供三世一切佛。』此復通體而言，諸凡供養佛陀，於自方面，皆可獲得供養福德，然而諸佛未必受用；而供上師，不唯有供養福德，更獲諸佛受為己有之福，故更超勝。若念由供上師[4]，當致何果？由供彼故，當致是福資糧❻所表徵之二種資糧圓滿，從此二資糧得殊勝成就謂獲最勝成就佛位。」復如拉梭瓦❼云：「如有上妙供下惡者，犯三昧耶。若是尊長喜樂於彼，或是唯有下劣供物，則無違犯。」此與《五十頌》所說符順，如云❽：「欲求獲得無盡性佛陀果位，如如有少許自之可意物，即應以彼彼之中，最為超勝殊妙者供尊長，不供不悅意及低劣者。」此復若就學者方面，以是最勝集資糧境故，實應如是。就師方面，則必須一不顧利養。霞惹瓦❾云：「愛樂修行，於財供養，全無顧著，說為尊重。與此相違，非是修行解脫之師。」

第二、^妙承事者^[5]：謂為洗浴、按摩、擦拭及侍病等，當如實^⑩讚師功德等。

第三科、詳盡說明這三者，分為三科：其中第一科、供養財物：如《事師五十頌》所說：「弟子必須恆時以世人皆認為最不應捨的妻兒，不僅如此，並且甚至是以自己的生命，依止、侍奉諸如為自己傳授灌頂、解說密續、賜予口訣的具足三恩誓言阿闍黎，何況是用這以外的其他種種疾速衰壞、浮動不定、終須捨棄的珍寶、財富受用作侍奉？」又提到：「必須這麼做的原因，是因為供施上師就能成為恆時供奉十方一切佛陀。因為縱然上師只是一介平庸凡夫，但是如果弟子將他視為佛陀而供養，則一切佛陀都會進入他的毛孔中接受供養。因此，《五次第論》中也說：『即使只供養上師的一個毛孔，都勝過供養三世一切諸佛。』另外，就一般而言，凡是供養佛陀，從自身方面都能獲得供養的福德，然而諸佛未必會受用供品；而供養上師，不但能獲得供養的福德，還會獲得諸佛納為己有的福德，因此更加超勝。若心想：『供養上師能獲致什麼成果？』由於供養上師，是能夠圓滿福德資糧所表徵的二種資糧，依靠二種資糧，便能獲致最勝成就——佛果。」而拉梭瓦也曾說：「明明有殊妙的財物，卻供養低劣的物品，會虧損誓言。但如果上師偏好此物，或者僅有下劣的供品，則沒有過失。」這個說法與《事師五十頌》所說的內涵相符，在《事師五十頌》也提到：「欲求獲得無盡性——佛果位的人，自己凡有任何少許可意的物資，都應該以其中最極超勝殊妙的供養上師，凡是不悅意及低劣的則不應供養。」就弟子而言，因為這是最超勝的集聚資糧的對象，所以必須如此；若從上師方面而論，則必須要毫不在意這些供養。霞惹瓦曾說：「以修行為樂，毫不眷戀財利，才稱得上是上師；反之，則非修行解脫的上師。」

第二科、承事：是指洗浴、塗抹按摩、擦拭與看護疾病等，以及讚歎上師的功德等等。

菩提道次第廣論四家合註白話校註集

[1]「⊛第三、廣說此三，分三」 拉寺本作「⊛第三、說此，分三」，哲霍本作「⊛第三、廣說說此，分三」。按，拉寺本與果芒本義可兩通，哲霍本語法有誤。 [2]「⊛供養財物者」 拉寺本作巴註，且無「供養」二字。 [3]「速當壞滅捨棄之動⊕珍寶、資財」 哲霍本作「速當壞滅欲求之動⊕珍寶、資財」。按，此註意指資財具無常速捨之體性，不應貪求而作奉事，故哲霍本「欲求」(འདོད)為果芒本原文「捨棄」(འདོར)之訛字。 [4]「若念由供上師」 哲霍本作「若念由供上師供物」。 [5]「第二、⊛承事者」 拉寺本作語註。

❶《五十頌》云 即《尊重五十頌》。引文宋日稱等譯作：「不希於己身，何況於財物，於無量億劫，勇猛勤修習。」能海法師則譯作：「自誓阿闍黎，不悋妻子等，自身命常依，財物趣向審。」見《大正藏》冊32，頁776；《事師五十頌注疏》，頁3；《丹珠爾》對勘本冊41，頁595。

❷非應施 法尊法師原譯作「諸難施」，今依藏文改譯。

❸依自三昧師 法尊法師原譯作「事自三昧師」，今依藏文改譯。自三昧師，即自己的三昧耶阿闍黎，又稱誓言阿闍黎、誓言軌範師。觀修本尊身語意與自己的身語意無異，即是自己的誓言；觀其與自己所依本尊身語意無異的阿闍黎，即自己的三昧耶阿闍黎。參見《洛桑諾布文集》冊2，頁158。

❹又云 出自《尊重五十頌》，引文宋日稱等譯作：「施佛阿闍黎，念念常增長，是最勝福田，速得菩提果。」能海法師則譯作：「如諸佛納受，即此恆納受，所成福資糧，轉殊勝悉地。」見《大正藏》冊32，頁776；《事師五十頌注疏》，頁3；《丹珠爾》對勘本冊41，頁595。

❺供施彼 法尊法師原譯作「此供施」，為配合箋註，故改譯。

❻供彼是福糧 法尊法師原譯作「此是福資糧」，無「供」字。今依藏文改譯。

❼拉梭瓦 那措譯師的主要弟子之一（11世紀），藏語ལག་སོར་བ音譯。此師通達五明，跟隨許多噶當派師長學法。為求阿底峽尊者傳承教授，認為那措譯師長

期擔任阿底峽尊者的翻譯，因此前往依止那措譯師。那措譯師為其傳授許多顯密教法，並宣說阿底峽尊者一生的行誼，其後再由拉梭瓦的弟子記錄成書。曾在旁多地區（ཕོན་མདོ་）創建拉梭寺作為長期修行的地方。主要弟子有賈律師（བྱ་འདུལ་བ་）、若慶普瓦（རོག་མཆེད་བུ་བ་）、南巴瓦（གནམ་པར་བ་）、秀勒瓦（ཤུ་ལེན་བ་）。參見《噶當箴言集》，頁105。

❽ **如云**　出自《尊重五十頌》。引文宋日稱等譯作：「若於己所有，最上諸珍玩，求無盡菩提，誠心而奉獻。」能海法師則譯作：「以此無盡欲，略微悅意等，或最上諸珍，奉獻無上師。」見《大正藏》冊32，頁776；《事師五十頌注疏》，頁3；《丹珠爾》對勘本冊41，頁595。

❾ **霞惹瓦**　噶當教典派的祖師（公元1070～1141），藏語གར་ར་བ་音譯，本名德稱（雲丹札·ཡོན་ཏན་གྲགས）。為弘揚阿底峽尊者父子的教授，乘願再來的大菩薩。出生於熱振（ར་སྒྲེང་）往亞澤（ཡ་ཚད）的小村莊絨波（རོམ་པོ）。他的母親坐在一個大石板上生下這位祖師，據說石板上仍留著他的足印。此師天資聰穎，為人慈悲，常有家室如牢獄的感覺，一心期盼出家修行。18歲時，家人為他籌辦婚事，於是逃家來到隆學寺（གླུངས་ལོག་）剃髮，法號德稱。曾跟隨懂哦瓦大師、卓彌譯師（འབྲོག་མི་）、廓譯師（འགོས）學習顯密教法。之後來到博朵瓦大師跟前，聽受菩提道次第的圓滿道體時，生起決定信解。直至博朵瓦大師示寂，十八年間不離師座。在這期間，他將三藏及二大車軌的論著，憶持心中，並無礙地將所有的經論要義，總攝在菩提道次第中來教授弟子。此師始終以三士道次為主修的法門，教人棄捨現世，嚴持戒律。巴擦譯師（པ་ཚབ）翻譯《入中論》後，請此師幫忙校訂，此師雖然不諳梵文，然而透過其不共的理智抉擇中觀正見，對巴擦譯師的譯文提出了修改意見，於是巴擦譯師核對梵文原典，竟然發現與此師所言不謀而合。時人批評巴擦譯師所弘揚的中觀見為斷滅見，此師力排眾議，派遣數十名沙彌隨巴擦譯師學習中觀應成見，因此宗喀巴大師以「智慧無比」來讚美這位祖師。他從三十六歲起，就一直精勤於弘法事業，直至公元1141年示寂，世壽72歲。參見《師師相承傳》藏文冊上，頁410；中文頁361。

❿ **如實**　藏文原文中無如實之義。

第三、^妙依教奉行，分二：第一、通常^[1]者：謂於教授^巴如善知識博朵瓦云：「令我之業，皆有果利**❶**。」上者獲得證達抑或對治，中者執持宗義**❷**，下者謹防非理，是即**遵行無違，此是主要。**《本生論》云**❸**：「^巴導師生為帝釋之時，見有國王名『一切親』，與諸臣民飲酒無度，為利彼等，化作梵天，手持酒瓶而至其前。王與眷屬恣談酒事，梵天問云：『汝等欲沽瓶否？』王問之曰：『瓶中何有？』答曰：『此中所貯者，能喪今後二世之酒也。』遂說酒之眾過。彼等俱明酒患，即厭飲酒。為報其德，獻國土等眾多供具，時天帝釋不肯受之，但告之曰：『汝等如欲報恩，應如是行。』遂云^[2]：『於我回**報恩**^巴德之最勝**供養者，謂依**^巴**其教**^巴無所違越，如實奉行。』」**^妙第二、特殊者：**設若須隨師教行者，若所依師引入非理**❹**及令作違三律儀**❺**事，如何行耶**❻**？《毘奈耶經》於此說云**❼**：「^巴親教師若說非法，應當遮止。」《寶雲》亦云**❽**：「於其善法隨順而行，於不善法應不順行。」故於所教，應不依行**❾**。不行非理者，《本生論．第十二品》亦有明證**❿**。^巴此謂導師生為婆羅門子時，其阿闍黎為試諸生而告之曰：「梵志窮時竊是法」等，餘人應許，彼獨不然，遂說偈云：「設為天主捨羞慚，令心背棄正法行，毋寧**⓫**爛衫持瓦器，屈就仇家乞杯羹」云云。婆羅門阿闍黎聞而大悅，典故即此^[3]。然亦不應以此諸理，遂於^巴知識**師所，不敬輕訾⓬而毀謗等。如**《尊重五十頌》云**⓭**：「若以理^巴謂由如法方便不能^巴成辦上師所說，^巴應當柔和**啟白⓮**不能^巴成辦^[4]之情理。」**應善辭謝而不隨轉。**

第三科、依教奉行，分為二科：第一科、通常狀態：對於教授，就像善知識博朵瓦大師曾說：「讓我所造的業都有成果！」最上等為有所證悟，或者獲得對治；中等為執持宗義；最下能謹防非理之事，就是遵行不違，這是主要的。因為《本生論》中記載：導師世尊受生為帝釋天王時，曾見一位名叫「一切親」的國王，與臣民縱情飲酒。為了利益他們，於是帝釋化身成大梵天王，手提酒瓶來到他們面前。國王與眷屬正在談論關於酒的各種話題。梵天問道：「你們想要購買這個瓶子嗎？」國王反問：「這個瓶子裡面有什麼？」梵天答道：「裡面裝有能讓今生後世全部淪喪的美酒！」於是宣說酒的眾多害處。眾人明白了酒的過失，都由衷地厭惡飲酒，為了報答他的恩德，於是獻上國土等眾多供養。然而帝釋天王並不接受，只告訴他們：「你們果真想要報恩，就該這麼做。」於是說道：「回報我利益你們的恩德，最超勝的供養，便是遵從而不逾越教示，如實奉行。」**第二科、特殊情形：**如果必須遵行上師的教誡，但是依止那位上師時，卻被導向非理的歧途，並且要求做出違反三種律儀的行為的話，還應該遵從嗎？針對這點，《毗奈耶經》說：「親教師如果宣說非法，應當阻止。」《寶雲經》中也說：「對於善法，應當順從上師而行；對於不善法，則應該不順從。」所以應不聽從他的吩咐。不從事非理之事，在《本生論·第十二品》中也有明證。導師世尊過去受生為婆羅門童子時，他的阿闍黎為了考驗弟子們而說：「當婆羅門遭遇窮困時，偷竊是合法的……」等語。當其他人都信以為真時，只有他不以為然地說：「就比起為了天主而不顧羞恥，令心違背正法而行，還不如衣衫襤褸地提著瓦罐，到仇家門前討錢要飯……」，婆羅門阿闍黎聽了大喜。此處所指的就是這個典故。但也不可以此為理由，就對那位善知識師長不敬、輕視、誹謗等等。如《事師五十頌》所說：「如果無法依循正理，以合法的方式成辦上師的教示，當以和婉的言辭說明不能照做之情理。」應當善為推辭而不照做。

[1]「第三、⁽妙⁾依教奉行，分二：第一、通常」拉寺本無「依教奉行」。　[2]「⁽巴⁾導師生為……遂云」拉寺本作語註。　[3]「⁽巴⁾此謂導師……典故即此」拉寺本作語註。　[4]「⁽巴⁾成辦」哲霍本無「⁽巴⁾」。

317

❶ 令我之業皆有果利 猶言：「我花這些工夫來教導你們，應該要有成果」，此為博朵瓦教誡弟子應當如教授而行持之語。承此，下文即說明何為遵行教授的內涵。

❷ 宗義 指依據經教或理路所成立出確定不疑的結論，包含內道宗義及外道宗義。宗義的藏文音譯為主踏（གྲུབ་མཐའ），「主」有成立之義，「踏」有邊際、界限之義。總攝而言，依據經教或理路成立出一個結論，並且確定不疑、不會超越所得出的結論，即宗義的內涵。

❸《本生論》云 出自《本生論》第17品，典故見《丹珠爾》對勘本冊94，頁137。引文見《丹珠爾》對勘本冊94，頁143。

❹ 引入非理 按藏文原文「非理」後有「之道」二字。

❺ 三律儀 指別解脫戒、菩薩戒及密乘戒。

❻ 如何行耶 藏文直譯為「如是行耶」。

❼《毘奈耶經》於此說云 引文見《丹珠爾》對勘本冊88，頁859；《律經》，頁30。

❽《寶雲》亦云 引文宋法護等譯《佛說除蓋障菩薩所問經》作：「而彼師尊，能以正道一切善法攝受於我，不以邪道不善之法而為攝受。」見《大正藏》冊14，頁745；《甘珠爾》對勘本冊64，頁245，然與正文略有不同。

❾ 應不依行 「依行」藏文原文作「聽受」。

❿《本生論‧第十二品》亦有明證 參見《丹珠爾》對勘本冊94，頁109。

⓫ 毋寧 不如、寧可。毋是語助詞，無義。

⓬ 輕訾 輕視狂放。訾，音子，或作訿、呰；有狂放詆毀之意。

⓭《尊重五十頌》云 引文宋日稱等譯作：「自己或不能，則善言啟白」。能海法師則譯作：「若不能事類，彼意善啟呈。」見《大正藏》冊32，頁776；《事師五十頌注疏》，頁3；《丹珠爾》對勘本冊41，頁595。

⓮ 啟白 藏文原意為辭謝，亦有解釋、說明之意。

^妙第四、依止知識之所求者：如是親近^巴知識之時，亦如《莊嚴經論》云❶：「^巴是為受^巴用上師之法分，^巴令自具^巴足功德^巴故，而親近^巴彼善知識；非為^巴受用財^巴分[1]，以具財故而親近知識。」是須受行正法之分。博朵瓦云❷：「差阿難陀為大師侍者時，謂若不持大師不著之衣[2]，不^巴取食大師之餘食，許不^巴定時❸^巴隨意[3]至大師前，則當侍奉承事大師。如此慎重❹，其意是在教誨未來補特伽羅。我等於法全不計較，雖少許茶❺，悉計高低，謂師心中愛不愛念，此是心內腐爛之相❻。」^妙第五、**親近幾時**❼者：如博朵瓦云❽^語師為噶當教典派❾宗師，故有弟子無數，有來告假者，即告之曰[4]：「有一^巴弟子來^巴此者，是加我擔，若去^巴別處一二，是擔減少，然^巴汝住餘處，亦不能成❿，是須於一遠近適中經久修習。」

第四科、依止善知識的目的：如此依止善知識之時，也如《經莊嚴論》中說：「是為了受用應得的上師之正法，使自身具備功德，所以依止善知識；絕非為了受用應得的財物之分，使自己擁有財物而依止善知識。」必須受用應得的正法。博朵瓦大師曾說：「當初任命阿難擔任佛陀的侍者時，他承諾道：只要同意他不持有佛陀不再穿著的衣物，不取食佛陀用剩的食物，並且可以不定時、隨意到佛陀跟前，他就願意侍奉承事佛陀。這樣慎重，其用意是要教誨後代的人。我們完全不顧慮法，卻連一杯茶都要計較茶水高低，以此計算師長心中是否愛念自己，這是心內徹底腐爛的相狀。」第五科、**依止多長的時間**：如同博朵瓦，他是噶當教典派的大師，所以徒眾無數。

有弟子前來請假，大師便說：「每有一位弟子來到此處，就會增加我的負擔；每有一位弟子離開至別處，負擔就減輕。但你另居別處的話，沒有好處，所以必須在遠近適中之處長期修持。」

[1]「^巴分」 拉寺本作「^巴命令分」。按，「命令分」(བཀོད་སྐལ།) 為「分」(བགོ་སྐལ།) 之訛字。　[2]「不持大師不著之衣」《夏日東文集》夾註謂新雪本、塔爾寺本兩種《廣論》無「不持」之「不」字。按，《藍色手冊頌釋》作「不持舊衣」，應以「不持」為是。[3]「^巴隨意」哲霍本作「^巴不欲」。按，前後文義不通，誤。　[4]「^語師為噶當教典派……即告之曰」拉寺本、哲霍本作巴註。

❶ 《莊嚴經論》云　引文唐波羅頗蜜多羅譯《大乘莊嚴經論‧親近品》作：「善解於三乘，自乘令成就，成生及淨土，為法不為財。」見《大正藏》冊31，頁635；《丹珠爾》對勘本冊70，頁860，然與正文略有不同。

❷ 博朵瓦云　故事因緣為佛在王舍城時，問大眾僧：「誰能作我侍者？」當時有五百羅漢自願作佛侍者，佛說：「你們年紀都大了，怎麼作我侍者？」目犍連尊者想知道佛陀心中所望為誰，所以入定觀察，知道是阿難，因此前往勸說阿難，阿難於是提出這些條件。參見《藍色手冊頌釋》，頁66。引文見《藍色手冊頌釋》，頁66。

❸ 不時　法尊法師原譯作「一切時」，為配合箋註，故改譯。

❹ 慎重　藏文此字有珍愛及承諾二義，然善慧摩尼、夏日東活佛及哈爾瓦‧嘉木樣洛周仁波切於此皆取承諾之義。參見《善慧摩尼文集》冊2，頁159；《夏日東文集》冊1，頁147。

❺ 少許茶　藏文原文係方言，為一杯茶之意。參見《阿嘉雍曾文集》冊上，頁68。

❻ 心內腐爛之相　亦可理解為「徹底腐爛之相」。

❼ **親近幾時** 哈爾瓦・嘉木樣洛周仁波切將此解為應親近多長的時間。從後面的引文來看，博朵瓦大師說：「經久修習」，亦可推知，此段為探討應當親近善知識多久的問題。福智之聲出版社2003、2010年版《廣論》改作「幾時親近」，今改回原譯。

❽ **如博朵瓦云** 引文見《藍色手冊頌釋》，頁67。

❾ **噶當教典派** 噶當三派之一。依噶當六典解釋道次第，故稱教典派。噶當六典分別為：《本生論》、《法句經》、《集學論》、《入行論》、《菩薩地》、《經莊嚴論》。阿底峽尊者將道次第的傳承傳給種敦巴尊者，其後復傳出教典派、教授派及道次第派，合稱噶當三大派。教典派由種敦巴尊者傳給博朵瓦，再由博朵瓦傳給霞惹瓦等祖師。教授派由種敦巴尊者傳給懂哦瓦，懂哦瓦再傳給嘉裕瓦等祖師。道次第派則由阿底峽尊者師徒傳給袞巴瓦，袞巴瓦再傳給內鄔蘇巴等祖師。

❿ **亦不能成** 善慧摩尼解作沒有好處，參見《洛桑諾布文集》冊2，頁159。

第四、親近勝利，^抄**分三：第一、近於佛位等勝利者：近諸佛位；諸佛歡喜**^語如世間中至為孝敬父母之子，其境內自國王以下，悉皆欣悅；^巴**其等流果❶**，謂任生何處，**終不缺離大善知識；**^巴**不造後世決定受之惡業，死後不墮惡趣；**^巴此生定受之現法受❷、順生受❸之惡業及^巴瞋等^[1]**強猛煩惱**^巴**亦**^[2]**悉不能勝。**^巴所謂「除業異熟❹」者，義為如由前世之業，引生母胎，果已成就，不能遮退；隨行所受學處故，**終不違越菩薩所行；於菩薩行具正念**^巴**不衰故，功德資糧漸漸增長；悉能成辦現前究竟一切利義。承事❺師**^長^巴**善知識故，意樂加行悉獲善業❻**，作自他利資糧圓滿。如是亦如《華嚴經》云❼：「善男子❽，若諸菩薩，為善知識正所攝

受，不墮惡趣；若諸菩薩，為善知識所思念❿悲念❾者，則不違越菩薩學處；若諸菩薩，為善知識所守護者，勝出世間；若諸菩薩，承事供養❿善知識者，於一切行不忘而行；若諸菩薩，為善知識所攝持者，諸業煩惱難以取勝。」又云⓫：「善男子，若諸菩薩，隨善知識所有教誡，諸佛世尊心正歡喜；若諸菩薩，於善知識所有言教安住無違，近一切智；於善知識言教無疑，則能近於諸善知識；作意不捨善知識者⓬，一切利義，悉能成辦。」語前文即取此等文義而作宣說⓭。諸先輩云：「如理依止善知識故，現生得善知識悲心攝受，復傳所需之法；由此善果，現生後世終不缺離善知識。此復若能聚合知識悲念攝受及自之信心，則能速趣加持；若無信心，縱然悲念攝受，加持不生；雖有信心，然若不為悲念攝受，則加持小，然仍有之。」

第四科、依止的利益，分為三科：第一科、趨近佛果位等利益：趨近佛果位；令諸佛歡喜，如同俗世中竭誠孝敬父母的兒子，其國境當中，自國君以下，所有人都喜歡他；**其等流果**則是無論生在何處，**永不缺離善知識**；不造來生必定要承受的惡業，**死後不會墮入惡趣**；今生必須承受的現法受、順生受的惡業，以及瞋怒等強烈的煩惱也難以取勝。所謂「除了業異熟以外」，是指諸如由前世業引生入母胎等，已感生的結果不能再挽回之義；依循所受的學處而行，所以**終不違犯菩薩行**；並且對菩薩行具足正念不忘，所以**功德資糧逐漸增長**；**一切**階段性與究竟的**利益都能實現**。由於承事善知識的緣故，能獲得良善的意樂與加行，進而成辦自他二利、圓滿資糧。上述內涵在《華嚴經》中也提到：「善男子！得到善知

識攝受的菩薩們，不會墮入惡趣；被善知識思念、悲心憶念的菩薩們，不會違越菩薩的學處；被善知識守護的菩薩們，超勝世間；承事供養善知識的菩薩們，無所遺忘地行持一切行持；得到善知識周密攝持的菩薩們，眾多的業與煩惱都難以取勝。」又說：「善男子，遵從善知識教誡的菩薩，諸佛世尊都為之心喜；安住善知識的言教而不違背的菩薩，趣近一切遍智；不懷疑善知識言教的菩薩，就能夠親近眾多善知識；不放捨對善知識的作意，一切利益都能實現。」前文即取自此段文義而宣說。先輩祖師曾說：由於如理依止善知識，所以今生能得到善知識慈悲攝受，並傳授所需的法義。藉由這樣的善果，今生後世永遠不會缺離善知識。另外，如果能聚合善知識的悲心攝受與自身的信心，則加持將迅速降臨；如果缺乏信心，縱然善知識悲心攝受也不生加持；如果懷有信心，但是未得善知識悲心攝受，那麼加持雖小，但還是有加持。

[1]「⓫瞋等」原果芒本未標作者，今依拉寺本補之。　　[2]「⓫亦」原果芒本未標作者，今依拉寺本、雪本、哲霍本補之。

❶ **等流果**　見前頁234註3。

❷ **現法受**　「現法」指此生，「受」是領受，此生造業，此生感果的業稱為現法受，有現法受的善業及現法受的惡業兩種。

❸ **順生受**　此生造業，下輩子開始感果的業稱為順生受。現法受、順生受、順後受三者稱為三種領受的業。

❹ **異熟**　見前頁234註6。異熟與異熟果同義。

❺ **承事**　藏文有「靠近恭敬」之義，據善慧摩尼解釋，此處意指與師心契近故而恭敬頂戴。參見《洛桑諾布文集》冊2，頁159。

❻ **意樂加行悉獲善業**　指獲得想修行的善法欲及對佛法的實踐。參見《洛桑諾布文集》冊2，頁159。

❼《華嚴經》云 引文唐實叉難陀譯《大方廣佛華嚴經·入法界品》作：「善男子，菩薩由善知識任持，不墮惡趣；由善知識攝受，不退大乘；由善知識護念，不毀犯菩薩戒；由善知識守護，不隨逐惡知識；由善知識養育，不缺減菩薩法；由善知識攝取，超越凡夫地；由善知識教誨，超越二乘地；由善知識示導，得出離世間；由善知識長養，能不染世法；由承事善知識，修一切菩薩行；由供養善知識，具一切助道法；由親近善知識，不為業惑之所摧伏。」《華嚴經》所說顯然較引文更廣，但引文與藏譯本《集學論》所引經文無異。宋法護譯《大乘集菩薩學論》則作：「故《華嚴經》云：『善男子，菩薩由善知識任持不墮惡趣，由善知識具足超越菩薩學處，由善知識教導而得出離世間，由善知識而得親近菩薩無忘失行，由善知識而得攝受菩薩一切希有行故，由善知識依正覺道除業惑障，出生死城至清淨處。』」故大師應是據《集學論》所摘錄經文而引用。見《大正藏》冊10，頁421；冊32，頁82；《甘珠爾》對勘本冊38，頁632；《丹珠爾》對勘本冊64，頁1062。

❽善男子 藏文直譯為「種姓男」或「族姓男」。具有聲聞種姓、獨覺種姓或大乘種姓的男子稱為善男子。善女人依此類推。

❾悲念 被善知識之大悲心所護念。

❿供養 藏文原文無此字。

⓫又云 出自《大方廣佛華嚴經·入法界品》。引文文唐實叉難陀譯作：「善男子，其有修行善知識教，諸佛世尊悉皆歡喜；其有隨順善知識語，則得近於一切智地；其有能於善知識語無疑惑者，則常值遇一切善友；其有發心願常不離善知識者，則得具足一切義利。」但與藏譯本《集學論》引文無異。宋法護譯《大乘集菩薩學論》則作：「善男子，菩薩於善知識隨所教令，應思供養諸佛世尊。菩薩於善知識言無違逆，得近一切智故於善知識言無疑惑，得近諸善知識不離作意，得諸現在利益。」見《大正藏》冊10，頁358；冊32，頁82；《甘珠爾》對勘本冊38，頁85；《丹珠爾》對勘本冊64，頁1062。

⓬作意不捨善知識者 藏文直譯為「不捨作意善知識者」，依如月格西解釋，此處的作意有隨念、憶念之義。

⓭前文即取此等文義而作宣說 指此段的前文「近諸佛位」至「作自他利資糧圓滿」，即是取《華嚴經》這兩段經文的內涵而結攝出來的。

《不可思議秘密經》中亦云❶：「若善男子，或善女人，應極恭敬^㊀如理依止、親近^㊀跟前、財物身語承事[1]尊重。若如是^㊀行者，^㊀由從上師聞善法故，^㊀初時成^㊀就善意樂[2]，及由^㊀依彼故，成^㊀就聞思修及取捨善惡之善加行。由是^㊀善意樂加行因緣，^㊀恆時造作善業，^㊀三門轉趣善行，^㊀由此行儀，亦能令^㊀諸善友^㊀心意愛樂歡喜。由是^㊀依止善知識，自不作惡業，作純善❷故，能令自^㊀意不憂惱；不行輕蔑及損害故，令他^㊀意亦不起憂惱。^㊀如是由^㊀自不染罪惡，亦復不作他人惡緣，故能隨順護自他^㊀二者，如是守護故，能^㊀遍圓滿^㊀自之無上菩提之道。^㊀如是行故，^㊀亦能利益^㊀其餘趣向惡道❸諸有情類。^㊀由是^㊀因故，菩薩應依尊重，圓滿一切功德資糧。」

　　《不可思議秘密經》也提到：「善男子、善女人們，應當極為虔敬地如理依止、緊密地親近跟前、以財物及身語承事上師。如果能這樣做，藉由從上師聽聞善法，就會先生起善意樂，進而由此產生聞思修及捨惡取善的善行。因為這樣的善心善行持續造作善業，並且三門趣向善法，這樣的行儀也會使善友們內心歡喜。由於依止善知識，自身不造罪業並且行善，使自己內心不生憂惱；及由於不輕蔑與損害他人，也使他人不會心生憂惱。如此一來，由於自己不沾染罪惡，也不成為他人的罪惡因緣，所以能夠守護自他二者。藉由如此守護，能完全圓滿自己的無上菩提道；透過這麼做，也能利益其他誤入險途的眾多有情。由是因故，菩薩應當依止上師，圓滿一切功德資糧。」

[1]「財物身語承事」拉寺本作「以財物及身語承事」，義可兩通。 [2]「成^語就善意樂」拉寺本作巴註。

❶《不可思議秘密經》中亦云 《不可思議秘密經》，經集部經典，全名《聖光明不可思議童子所說法異門》，共1卷，非一般通指的寶積部經典《不可思議秘密經》。漢譯本有鳩摩羅什譯《不思議光菩薩所說經》1卷。此經因緣為佛入舍衛城乞食的途中，遇到一個棄嬰，容貌莊嚴，雖有許多狐狼野狗出沒，卻沒有加害嬰兒。因為他的福德感召大眾都前來瞻仰，佛陀將嬰兒置於大路，嬰兒騰空放大光明，照三千大千世界，因此佛將嬰兒取名為「不思議光」。釋尊也為波斯匿王宣說不思議光的前世因緣，又為嬰兒說法，嬰兒聽完法，隨即獲得無生法忍。引文鳩摩羅什譯《不思議光菩薩所說經》作：「爾時波斯匿王白言：『世尊，若善男子、善女人，常應當親於善知識、近善知識。何以故？世尊，近善知識，恭敬圍繞聽聞善法，聞善法已得於善心，已有善心則修善行，造作善業趣向善處，得善知識；得善友故，不作諸惡，修習諸善；習諸善已，自無逼熱不逼熱他。若有菩薩自護護他，能得菩提；若已住道，有大勢力能有所利。』佛言：『善哉大王，快說此言。大王，菩薩親近於善知識，具滿一切功德善法。』」引文見《大正藏》冊14，頁672；《甘珠爾》對勘本冊48，頁727，然與正文略有不同。

❷純善 藏文中無「純」字。

❸惡道 此處專指邪惡、罪惡之道，非指三惡趣。

^妙第二、盡諸惡業、勝於供養諸多佛者[1]：復次由其承事知識，^巴自應於惡趣所受^巴大苦諸業，於現法中^巴成熟[2]，於身心之上

^巴不唯猛利病惱，即或少起病惱；^巴又不唯正受❶，即或於夢中而領受者，亦能引彼^巴異熟至此，令^巴惡業速盡無餘。又能映蔽❷ 供事無量諸佛善根，有如是等最大勝利。《地藏經》云❸：「彼^巴善知識攝受者，應經無量俱胝劫中，流轉惡趣所有諸業，然於現法因疾疫等，或飢饉等，損惱身心而能消除。下至呵責❹，或唯夢中亦能清淨[3]。^語呵責者，古語也。謂為他所輕侮、譏誚。前輩則謂如受脅迫而許諾也。^妙呵責者[4]，責罵別相❺ 也。梵字❻ 責罵有多種，須各別領解其義[5]。「跋日^依跋咖[6]」者，即責罵，義為「說」也。「尼日跋挪大[7]」者，亦可解為責罵、第八、殲滅。《詞藻珍珠鬘論》云：「『祖咕跋[8]』為呵，『烏巴旨^欸咖』為責罵。」雖於俱胝佛所種諸善根，謂行布施，或行供養，或受學處所起眾善，然彼僅以上半日^巴承事知識善，即能映蔽。承事尊重，成就❼ 功德不可思議。」又云：「諸佛無量^巴力等功德神變❽，應觀一切悉從此^巴如理依止善知識出，是故應^巴即猶如承事諸佛，^巴如是依止、親近、供事❾ ^巴於尊重。」

第二科、消盡諸惡業，以及勝過供養眾多佛陀：另外，由於承事善知識，自己應當遭受惡趣大苦的諸多罪業，今生就成熟，不僅在身心上很猛烈地損惱，即使只是微小地損惱；或者不僅是實際承受，甚至在夢境中領受，便能牽引那些罪業的異熟果至今生，使其惡業快速窮盡。又有超越供養無量諸佛的眾多善根等等極大的利益。《地藏經》中說：「得彼善知識攝受的人，原本要經歷無量億劫在惡趣中漂泊的眾多惡業，由於今生遭遇疾疫或飢饉

等，在身心上產生損惱，便能淨除。乃至於藉由被訶責，或者僅僅在夢中也能夠被淨除。訶責一詞是古代語言，義指自己遭受他人侮辱或譏誚。而前輩們說，其義如同遭受威逼而不得不許諾。訶責是責罵的一種，「責罵」在梵文中有多種，必須分別領會其義。「跋日依跋咖」即責罵，這是「說」的意思。「尼日跋挪大」也可理解為責罵、第八、殲滅。《詞藻珍珠鬘論》指出：「『祖咕跋』為訶斥，『烏巴旨欽咖』為責罵。」僅僅以一個上午承事善知識的善業，就能超越在無量億佛前布施，或者供養，或者受持學處，所產生的眾多善根。承事上師，具有不可思議的功德。」又提到：「應當觀見佛陀無量無邊的力等功德、神變，這一切也都源於此──如理依止善知識，所以應該如同承事佛陀那般地依止、親近、承事上師。」

[1]「⟨妙⟩第二、盡諸惡業、勝於供養諸多佛者」 拉寺本無「盡諸惡業」。　[2]「⟨巴⟩成熟」 雪本無「⟨巴⟩」。　[3]「或唯夢中亦能清淨」《夏日東文集》之夾註謂札什倫布寺本、新雪本兩種《廣論》無「唯」。　[4]「⟨妙⟩呵責者」 拉寺本作「⟨妙⟩復次此者」。 [5]「須各別領解其義」 拉寺本無「領解」，義為「義須各別」。　[6]「跋日依跋咖」第一個「跋」（ㄅ）拉寺本作「巴」（ㄅ）。　[7]「尼日跋挪大」「挪」（ㄋ）拉寺本作「拿」（ㄋ）。　[8]「祖咕跋」「跋」（ㄅ）拉寺本作「巴」（ㄅ）。

❶正受　於當下之報身直接領受。

❷映蔽　藏文直接理解為以更強大的能力壓倒制伏，故此引申為超越。

❸《地藏經》云　在《地藏經》各種版本中未見此經文，而在宇井伯壽的《德格版‧西藏大藏經總目錄》中漢譯《大方廣入如來智德不思議經》的藏文版中，出現與此極為相似的經文。但在《大正藏》所錄的《大方廣入如來智德不思議經》中，不僅沒有此文，在全經的篇幅上，也有很大的差距。參見《甘珠爾》對勘本冊61，頁341、350、361。

❹呵責　藏文直譯為「八遮」，極難理解，故語王及妙音笑二師才在後文詳加解

釋，然就中文而言，「呵責」並無古語今詞難解的差別。慧海大師疑「八遮」指遮止世間八法。參見《廣論講授筆記》，頁19。

❺**責罵別相**　責罵的另一種相狀。

❻**梵字**　藏文直譯為「對字」，指同樣內涵在不同語文中相對應的文字。

❼**成就**　藏文中為「具足」之義。

❽**神變**　意指能夠轉變他人心意的種種功德。參見《阿嘉雍曾文集》冊上，頁89。

❾**依止親近供事**　善慧摩尼認為此處依止義為以意樂及加行依止；親近指與善知識的心意相契；供事則是供養飲食等物。參見《洛桑諾布文集》冊2，頁189。

^妙**第三、依止善士自然出生功德，故須依止者**[1]：《本生論》亦云❶：「^巴具智慧者悉不應遠^巴離諸善士^巴夫善知識，以^巴恭敬或調伏相親近〔善❷，^巴謂善士也。〕，^巴其因相者，由近彼^巴善士故，其^巴善士[2]功德^巴之塵❸，^巴自雖不故染亦自然^巴而然得薰染^巴故。」^語此為月王子為蘇達薩子所說四偈法中之第二偈，亦為王子於婆羅門所聽聞四偈法中之第二偈❹。^巴若長時隨伴，而依止軌理有過，當致何等者：博朵瓦云：「我等^巴大多有成破裘之虞❺，^巴何以言之？[3]如拖破衣，唯著草穢，不沾金塊❻。^巴隨伴上師或善友之時，若不知隨伴之理，則於其善知識所有功德，不能薰染，^巴如云：「由諍時故上師雜德過，未有全然盡無過失者。」容或略有少過，即便染著。故於一切^巴時中略略行持❼^巴親近之理，悉無所成。」^語義謂應當別別解了功德過失，不染其過，亦不由是起邪見毀謗等；從功德面修信及淨相，自亦應當[4]如是隨學[5]。

329

第三科、依止善士自然會生起功德，所以必須依止：《本生論》中也說：「任何具足智慧的人都不應遠離眾多勝妙士夫善知識，當以恭敬或調伏的態度依止善——善知識。因為若能親近勝妙士夫，善士他的功德之塵，即便自己不刻意去沾染，也會自然而然地受到薰陶的緣故。」這是月王子為蘇達薩子宣說的四偈法中的第二偈，也是月王子從婆羅門聽得的四個偈頌中的第二偈。雖然長期伴隨師側，但是如果依止法有過失，將導致什麼狀況？博朵瓦曾說：「我們大多數有成為爛皮襖的危險，何以見得？如同拖曳著爛皮襖，只會沾附草屑，無法黏著金塊一般，如果伴隨著上師或善友時，仍不懂得伴隨的軌理，就無法薰習到善知識的功德。如同有言：『時當鬥諍之世的緣故，上師夾雜功德與過失，沒有全無罪過之完人。』容或有些許過失，就沾染上身。所以任何時候，草率地作伴隨的方式是不行的。」這段話意指應當分別了知善知識的功德與過失，自己不要染上過失，也不要因此而生邪見毀謗等等；要就功德方面修習信心與清淨相，自己也必須如是效學。

❶《本生論》亦云　引文見《甘珠爾》對勘本冊94，頁299。

❷以調伏相親近善　法尊法師原譯作「以調伏理修善行」，今據箋註解釋，此句句義為「以調伏相親近善知識」，「善」是指善知識，原譯的「修」其實是指親近、依止、習近的意思，故改譯。

330

❸ 德塵　指最細微的善德。塵，極小的量單位名。

❹ 於婆羅門所聽聞四偈法中之第二偈　《本生論》中並無明顯地提到婆羅門
　　所說的是哪四偈，僅說婆羅門對月王子說了四偈，但明確說到此偈是月王子
　　對蘇達薩子講的第二偈。參見《丹珠爾》對勘本冊94，頁291、299。

❺ 我等多有成破裘之虞　法尊法師原譯作「我等多有破衣之過」。藏文中「破
　　衣」義為「爛皮襖」，「之過」義為「的危險」。今據哈爾瓦·嘉木樣洛周仁波切
　　解釋，此句意為「我們大多有成為爛皮襖的可能性」，非指我們大多已有破衣
　　般的過失，故改譯。裘，皮衣也。

❻ 金塊　法尊法師原譯作「金沙」。藏文原意是金塊、金幣，故改譯。

❼ 故於一切略略行持　法尊法師原譯作「故於一切略略親近」。「親近」本為
　　箋註之文，法尊法師蓋取其意而譯入原文之中。「略略」，藏文為「短暫」之
　　義，今據哈爾瓦·嘉木樣洛周仁波切解釋，連同前後文則可解作不慎重之義；
　　阿嘉永津及善慧摩尼則解為晃悠之義；慧海大師則解為漫不經心。又藏文於
　　略略後有「行持」、「作」一詞，故改譯。參見《阿嘉雍曾文集》冊上，頁69；《洛
　　桑諾布文集》冊2，頁160；《廣論講授筆記》，頁19。

第五、不依過患，❽分三：第一、毀壞今生後世之理者：請
為知識若不善依❶，於現世中，遭諸疾疫非人損惱，於未來世，
當墮惡趣，經無量時受無量苦。《金剛手灌頂續》云❷：「ⓔ金剛
手請問云：『薄伽梵！若有毀謗阿闍黎者，彼等當感何等異熟？』
世尊ⓔ回告之曰：『金剛手！』ⓔ喚已後言：『莫作是語！ⓔ謂令我說。若盡
說其異熟，天人世間悉皆恐怖！』ⓔ謂不盡說，然為不違問者啟白，故復喚：『秘
密主！ⓔ雖不盡說，然當略ⓔ微說之，ⓔ大勇士ⓔ金剛手汝應諦聽❸。』

^巴如是勸發而告之曰：『此復云何？^我佛陀薄伽梵^說受苦無間^{巴之}無間^等諸極苦^{巴之}地獄，即是彼^諸毀謗阿闍黎有情生處，^巴若謂當住彼處經何許時？須當住彼^巴歷時無邊劫。^巴由是^{因故}^巴任何有情，於一切種❹，恆❺^巴時不應毀^{謗阿闍黎}師。』」《五十頌》亦云❻：「^巴從心毀謗阿闍黎，是大愚應遭，^巴疫疾外之其餘染疾、癘❼及^巴瘟疫[1]以外心、血[2]等諸病，^巴天龍等魔及^巴一日疫❽等不治之疫與諸^巴合毒^巴為作死緣，而令彼毀謗阿闍黎者，此生命喪而非時死^巴歿。又非僅此，王火及毒蛇，水羅叉❾盜賊，非人礙神❿等，殺^巴彼壞誓言者，死後復墮有情獄。^巴由此因故，具智慧者恆⓫^巴時不應惱亂，諸阿闍黎心，設由^巴心愚^巴取捨故^巴如是為，^巴其果報者，生於地獄，定^巴為火與灰水等[3]所燒煮。^巴總之佛所說^巴彼諸無間等^巴等極^巴為[4]可畏地獄^巴情狀[5]，諸謗師範者，佛說住其^巴處中。」善巧成就寂靜論師，所造《札那釋難論》中，亦引經云⓬：「^巴非唯由求聞求學之門而聞多詞句，下至[6]設唯聞一頌⓭，^巴是補特伽羅若不執為尊⓮，^巴彼即百世^巴無間生犬中，^巴隨後生賤族姓⓯，^巴如屠夫之惡種姓。」^語有謂此義云：「毀謗師等具力之業，於其等起⓰無明之上，俱時成就其百支分。從此等無明各自所屬引果⓱之第一犬受生，至賤族姓之間，能引之業⓲諸行⓳依次生起，愛⓴取㉑潤發彼最初業，成就第一犬之生有，乃至出生其老死。如是至賤族姓間，依次而成一一生中，無明支分雖一一滅，然總體無明仍屬同重緣起㉒，故至賤族姓間，猶未圓滿。」然吾師云：「前前業作不共策發，而於此等生中不為餘所間隔，定當受取者，是即此業猛利之義，而非諸多無明

行俱時生成等。如是《集學論》中引經言❷❸：比丘以清淨心禮拜如來舍利塔，由是業故[7]，其身所覆下至黃金地基❷❹之間所有微塵，當感爾許千倍生中為轉輪王。此等亦為最初之業引生第一轉輪王身，於此依身，由前業力為作不共策發，造積第二身能引之業。如是此等諸身不為餘道所隔，定當受取者，是即此業之力。」又或曰：「此賤族姓不應解為下劣種姓，是善趣依身故，不堪為能引諸犬受生業之所引果。是故應作子食其母之賤蟲蝎子❷❺也。」雖說如是，然而造積能引此等諸生之業，其理即如前說，故無過失。餘處所說賤族姓者，如《集學論》引《楞伽經》❷❻言食肉過患，謂當數數生為屠夫、不依教典下劣族姓、賤族種姓及染衣工。故賤族姓不應解之為蝎。

第五科、不依止的過患，分為三科：第一科、貽害今生後世的情形：如果已經請為善知識，卻顛倒依止，今生將遭到眾多疾病鬼魅侵擾，來世將在無量時中承受無量惡趣的劇苦。《金剛手灌頂續》中說：「金剛手菩薩請問道：『世尊！如果有人毀謗阿闍黎，他將感得什麼樣的異熟果？』『金剛手！』佛陀喚道，並回答說：『別說出這樣的話來請我說明這件事！如果完整說明那人的異熟果，天等世間都會恐懼！』於是沒有完全宣說，但是為了不回絕問者的啟問，所以又說：『秘密主！雖然不全數宣說，但是我將約略宣說，大勇士金剛手！你要專注聽聞。』這麼勸發之後，佛陀便說：『究竟是怎樣？佛世尊我說遭受劇苦無間的無間地獄等酷烈的地獄，就是毀謗阿闍黎的有情他們的生處。若想：要在那裡待多長的時間？必須要住在其中，經過無邊劫的時期。由於這個原因，所以任何有情在任何狀況下，永遠都不應該毀謗阿闍黎。』」《事師五十頌》中也說：「從心底毀謗阿闍黎者，是大愚之人，他會因瘟疫以外的傳染病、瘋癲病，以及瘟疫傳染病以外的心、血等諸多疾病、天龍等鬼魅、一日疫等不治之瘟疫、

合成毒藥等作為死緣，令此毀謗阿闍黎的人喪失今生的性命而非時橫死。不僅如此，這位虧損誓言的人，還會遭到王法、烈焰、毒蛇、洪水、飛行羅剎、盜賊，以及妖厲與邪導天等殺害，死後又將墮入有情地獄。因此，具足智慧的人，一切時處中都不應當攪擾阿闍黎們的內心，如果由於內心蒙昧於取捨而這麼做，其果報必定會投生入地獄，遭受烈火與灰水等焚燒烹煮。總之，佛所宣說的無間地獄等等那些極其可畏的地獄情狀，毀謗阿闍黎的人們，佛說會處在這種境地之中。」大善巧成就者響底巴所著的《黑敵釋難論》中也引述佛經說：「不只是因為想聽想學而聽受眾多文句，即使下至只聽了一首偈頌，如果此人不將之奉為尊長，他將連續一百世投生為狗，在那之後將投生於下賤種族，如同屠夫的卑劣族群。」有人認為此義是指：「毀罵上師等力量強猛的業，其等起的無明之上，會有一百個支分，與此無明同時形成。這些無明各各的引果——從第一世的犬生直到下賤種姓，在這之間，能引的行業會依次生起，最初的行業經愛取潤發後，形成第一世犬的生有，一直到生起其老死。如此依次感生，直到下賤種姓，每一生中，雖然無明的支分會依次一一壞滅，但仍屬於總體無明的同一重緣起，所以直到生為下賤種族之前，都還未圓滿。」但是我的上師說：「每一個前面的業，各別作為不共的催發因緣，而無間斷地必然受取這每一生，這才是此業勢力強猛的意思；並非指最初造業時就同時生起許多無明及行業等。同樣在《集學論》中引述經典提到：比丘以清淨心禮拜如來的舍利塔，這個業力將使他獲得，等同他身體所覆蓋的地面向下直到黃金地基之間，其中所有微塵的總數，再乘以千倍的轉輪王位等等。這也是指由最初所造業引生第一世的轉輪王身，在那一世，再由先前的業力作為不共的催發因緣，而積累能引生第二世轉輪王身的業。同樣地，在轉輪王諸身中，不被其他道間隔，而必定受取這些身，這就是此業的勢力。」又有人說：「此文中的『賤族姓』不應解釋為下賤種姓，因為下賤種姓也是善趣身，所以不能成為引生多生為犬的業的所引果。因此應該解釋為蠍子一類，那些會子食母肉的低賤生物。」雖然這麼說，但是積累能夠引生這些身的業，其內涵就如前文所述，所以沒有過失。在其他章節中提及的「賤族姓」，如同《集學論》引述《楞伽經》提到食肉的過患時說，會數數投生為屠宰戶、不依循教典的惡劣族群、下賤種姓及染衣工。所以「賤族姓」一詞，不應解釋為蠍子。

[1]「巴瘟疫」哲霍本作「巴過敏、疾癘」。　[2]「心、血」拉寺本作「肺、血」。
[3]「世為火與灰水等」哲霍本作「無沸水等」，誤。　[4]「世為」哲霍本無「巴」。
[5]「巴情狀」拉寺本、哲霍本無「巴」。　[6]「巴非唯……下至」原果芒本未標作
者，今依拉寺本、雪本、哲霍本補之。　[7]「比丘以清淨心禮拜如來舍利塔，由是業
故」果芒本原作「由比丘之以清淨心禮拜如來舍利塔之業故」，拉寺本作「比丘以清
淨心禮拜如來舍利塔，由是業故」。按，查《丹珠爾》對勘本《集學論》、青海本《廣
論》400頁所引《集學論》，其義皆與拉寺本相近，故依拉寺本改之。

❶不善依　藏文直譯為「顛倒依止」。

❷《金剛手灌頂續》云　引文見《甘珠爾》對勘本冊87，頁335，然與正文略有
　不同。

❸諦聽　專心聽聞。

❹一切種　任何情況，任何時處，任何方式。

❺恆　法尊法師原譯作「終」，為配合箋註，故改譯。

❻《五十頌》亦云　引文宋日稱等譯作：「若彼求法者，於師生輕毀，則謗諸如
　來，常得諸苦惱。由增上愚癡，而獲於現報，為惡曜執持，重病相纏縛。王法所
　逼切，及毒蛇傷螫，冤賊水火難，非人得其便。彼頻那夜迦，常作諸障礙，從此
　而命終，即墮於惡趣。勿令阿闍黎，少分生煩惱，無智相違背，定入阿鼻獄。受
　種種極苦，說之深可怖，由謗阿闍黎，於中常止住。」能海法師則譯作：「由謗
　阿闍黎，熱病諸傳染，災星瘟毒等，命終大黑暗。死王火毒蛇，水飛行盜等，夜
　叉倒引類，於地獄受生。以此任何如，勿使師生惱，愚昧行相違，報生大地獄。
　無間苦相應，何故住獄中，由作謗師等，師宏宣正法。」見《大正藏》冊32，頁
　776；《事師五十頌注疏》，頁2；《丹珠爾》對勘本冊41，頁594。

❼癩　指痲瘋病。

❽一日疫　又名一日瘟。一種瘟疫，熱邪中於肌肉，症狀為汗多、高熱、身心沉

335

重、發熱疼痛，每日發作一次，故名一日疫。參見《藏漢大辭典》，頁953。

❾ **羅叉** 藏文直譯為「空行」，梵音譯為荼吉尼（Dākinī）。藏文「空行」一詞，包含天神及空行母兩種含義。此處宗喀巴大師解為食肉空行。藏文「空行生」一詞，則指羅剎、羅叉，由於能在空中飛行，故亦名空行。法尊法師或取此義而譯作羅叉。參見《宗喀巴大師文集》冊1，頁256。

❿ **礙神** 天神名，梵語Vinyaka，又名毗奈耶迦，因其頭為象頭，鼻為象鼻，故又名象鼻天。按梵語毗奈耶迦義譯為導師，但經論中已有多處將佛譯為導師，譯師為區別佛與象鼻天，故將象鼻天譯為邪導天。參見《貢德大辭典》冊3，頁106。

⓫ **恆** 法尊法師原譯作「終」，為配合箋註，故改譯。

⓬ **善巧成就寂靜論師所造《札那釋難論》中亦引經云** 善巧成就，藏文原作「大善巧成就」，法尊法師譯文略去「大」字。寂靜論師又名響底巴，其略傳見前頁151註12。《札那釋難論》，密續經典，全名《具德黑閻摩敵密續之王釋難寶炬論》，共17品，尚無漢譯。引文見《丹珠爾》對勘本冊23，頁1126。

⓭ **聞一頌** 指欲結法緣而聽聞一四句偈。參見《洛桑諾布文集》冊2，頁161。

⓮ **執為尊** 認定為上師。善慧摩尼則解為認定比自己超勝。參見《洛桑諾布文集》冊2，頁161。

⓯ **賤族姓** 藏文音為「美夏尖」（མེ་ཤ་ཅན）。此字於藏文中有「有痣者」、「蝎子」、「下賤種族」三種意思，所以對於此處所說的「賤族姓」究竟何指，有不同的看法。語王及巴梭二位大師都認為是「下賤種姓」的意思，並作了辨證。下文語王大師的箋註辨證譯文中，為了顯示上述區分，凡是用到「賤」字的詞，如「賤族姓」、「賤蟲」、「賤族種姓」，其藏文原字都是用「美夏尖」。

⓰ **等起** 指想做某件事的想法。

⓱ **引果** 指引業所引生的果。決定下輩子投生在善趣或惡趣的業是引業，由於引業引生來世投生在善趣或惡趣時的果報是引果。

⓲ **能引之業** 即引業，見前註17。

⓳ **行** 此處指業，十二緣起中的第二支。

⓴ **愛** 緣著苦受想要遠離、緣著樂受不想遠離或緣著捨受不想退失的貪欲是愛。

㉑ **取** 從愛出生，為了離苦、得樂或具足捨受，對於五欲等境更加貪求的貪欲是取。

㉒ **同重緣起** 指同一輪十二緣起所攝，例如引生天人的無明與引生天人的行是同重緣起，引生天人的無明與引生人的行則是不同重緣起。

㉓ **《集學論》中引經言** 語王大師是取經文大意，非錄原文。宋法護譯《大乘集菩薩學論‧護受用福品》云：「又說一切有部云：『如是髮毛爪塔及諸身分，見已淨信發恭敬心。是大德比丘比丘尼等，從此地面下過八萬四千踰繕那至金輪際，是比丘所有若干沙數千倍轉輪聖王受用福報。』」參見《大正藏》冊32，頁104；《丹珠爾》對勘本冊64，頁1203。

㉔ **黃金地基** 又名金輪。《俱舍論》說外在世界形成時先有風輪，之後在風輪上出現水輪，水輪上再形成金輪，金輪上再漸漸形成須彌山、七重金山、四大洲等等。金輪厚約三十二萬由旬，寬三百六十一萬又三百五十由旬。

㉕ **蝎子** 即蠍子，一種毒蟲。蝎，音些。

㉖ **如《集學論》引《楞伽經》** 宋法護譯《大乘集菩薩學論‧護身品》作：「常生倒懸中，及生旃陀羅，或獵師屠膾，生羅剎女中。食肉諸種類，貓狸夜叉等，是人生於彼。」參見《大正藏》冊32，頁100；《丹珠爾》對勘本冊64，頁1183。

百世生犬之業感果理辨析

此段中第一種說法，認為毀罵上師的等起無明與其支分無明同時生起，每個支分無明會引生一生狗身，直至賤族姓。雖然每引一生，就會有一個支分無明壞滅，但總體的無明，會從第一生持續到最後一生，所以從第一生到最後一生，仍然屬於同一重緣起。

第二種說法，則認為並非眾多無明與行業同時生起，而是先由第一業引第一生，在第一生時，由第一行業作為催發因緣，積累能感第二生的第二行業；在第二生時，由第二行業作為催發因緣，積累能感第三生的第三行業，依次直到最後一生為止。依照此種說法，每一生應該都屬於不同重的緣起。

第三種說法，認為此處「美夏尖」不應指下劣種姓者，因為下劣種姓者是人，具善趣身，善趣身的引業一定是善業；而狗是畜生，具惡趣身，惡趣身的引業一定是惡業。惡業不能引生善趣身，善業不能引生惡趣身。所以美夏尖應指蠍子，蠍子和狗同樣都是畜生，可以成為同一個引業的引果。而下劣種姓者及狗，一個是人，一個是畜生，不可以成為同一個引業的引果。

語王堅穩大師認為，就算依據第二種說法，也可解釋為每一生都屬不同重的緣起，所以是不同引業所引生的果。既然引業不同，則「美夏尖」指下劣種姓者，也不會有「一個引業引生善趣身及惡趣身，所以此引業既是善業又是惡業」的過失。

在《廣論》下士道 137 頁，引述《集論》成立善趣的引業是善業，惡趣的引業是惡業。如果依照第一種說法，有引生犬及賤族姓者的總體無明，就一定會有引生犬及賤族姓者的總體行業，此業的引果就有善趣也有惡趣，則此業會既是善業又是惡業。所以從第一生犬到最後一生賤族姓，不能全部是同一重緣起。

在《廣論》下士道 137 頁，也引述《集論釋》成立有一個引業引多生，及眾多引業同引一生的情況。從上部宗的觀點而言，是依照《集論》承許的。因為一業只能引一生是下部宗《俱舍論》的觀點。因此第一生犬到最後一生賤族姓，也不會各別都是不同重緣起。

總結上述所說，第一生犬生到第一百生犬生可以是同一重緣起，是同一個引業所引的果，但之後的賤族姓，則必須是不同重緣起。投生為人是善引業的果報，但將引生高貴種姓的業轉為引生下賤種姓的業，則是毀罵上師的果報，而非善引業的果報。參見《廣論》，頁 137；《大正藏》冊 29，頁 92；賽·語王吉祥大師《緣起辨析·善說大海》，頁 327；貢唐大師《緣起辨析·教理庫》，頁 178。

^抄第二、不獲功德，且退失昔德者：又諸功德，^巴昔時未生者不^巴新生，^巴昔曾已生者退失，如《現在諸佛現證三摩地經》云❶：

「⓪設為自之聞法上師，若彼⓪弟子於師住⓪欲損害所起嫌恨心，或⓪強忍②之堅惡心③，或⓪無害心，但獨恚惱心⓪而住，⓪其相續中[1]能得功德，無有是處。⓪縱無前說此等，於彼[2]若不能作大師想者亦復如是。⓪此外，又⓪《幻化網續》云④：『毀罵軌範者，夢中亦勿見。』又說心中毀罵軌範師，同時雖以財物令其歡喜⑤，亦不能得成就；若作其餘毀罵者伴，亦於成就起大障礙[3]。⓪縱若於⓪己未結法緣，然於三乘補特伽羅⑥，及⓪為餘人[4]說法比丘，不起恭敬，及尊長想，或大師想者，此等能得⓪昔時未得之法，或⓪昔曾已得者，令不退失，無有是處。⓪其因相者，由⓪於說法師不恭敬，當沈沒法故。」⓪是故說不敬持教者，亦是教法隱沒因緣。

第二科、不獲功德，並且退失過去已有的功德：另外，往昔未曾生起的功德不會新生，先前已生起的那些也將退失。如同《現在諸佛現證三摩地經》中說：「如果是自己的聞法上師，弟子對上師懷有想要傷害的嫌恨心，或者粗暴殘忍的堅惡心，或是無損害心，獨自恚惱而住，絕無可能在心續中獲得功德。縱然沒有上述過失，但若不能對上師心生佛陀之想，也是如此。此外，《幻化網續》中提到：『那些毀罵阿闍黎的人，即使在夢中也不要見到他們！』又有說如果在心中毀罵阿闍黎，即使同時以財物令阿闍黎歡喜，也不能獲得成就；如果與其他毀罵者為伴，也會成為成就的重大障礙。如果有人對於三乘補特伽羅及為其他人說法的比丘不生恭敬，沒有生起上師或佛陀之想，縱然沒有締結法緣，這些人要獲得以前未獲得的法，或者要使先前已獲得的不致退失，絕無此理。原因是，由於不恭敬說法師，將使正法隱沒。」因此說，不恭敬持教者也是教法隱沒的因緣。

[1]「⑪其相續中」哲霍本作「⑪其諸因」,誤。　[2]「⑱縱無前說此等,然彼」拉寺本、雪本、哲霍本作巴註。　[3]「⑱《幻化網續》……起大障礙」哲霍本作巴註。　[4]「⑱為餘人」拉寺本、哲霍本作巴註。

❶ **《現在諸佛現證三摩地經》云**　引文隋闍那崛多譯《大方等大集經賢護分》作:「賢護!若人於彼說法法師或比丘所起不善心、苟違異心、諍競之心、故陵辱心、諸不淨心,乃至不生如諸佛想,如是菩薩假令修行,終不能證如是妙定,若得證者無有是處。」「復次,賢護!若彼菩薩或復至於聲聞人所聞說如是增上妙法,不生愛敬心、不生尊重心,及至不生諸佛想、不能盡心親近供養者,若能讀誦、若能受持、若能解說、令是經典不速滅者,無有是處。何以故?以不尊重是經典故,是故斯法不久必滅。」見《大正藏》冊13,頁878、883;《甘珠爾》對勘本冊56,頁39。

❷ **強忍**　藏文直譯為「忍耐」。配合堅惡心的意涵,即指粗暴殘忍,能強忍行惡之義。而哈爾瓦‧嘉木樣洛周仁波切則反訓之為不能忍耐之義。

❸ **堅惡心**　阿嘉永津作粗暴、固執解。「粗暴」指以不好的態度面對師長,「固執」則指堅持惡行之心。參見《阿嘉雍曾文集》冊上,頁69。

❹ **《幻化網續》云**　《幻化網續》,密續經典,全名《密續之王大幻網》,共10品。漢譯本有宋法賢譯《佛說瑜伽大教王經》5卷。大遍照金剛如來在淨光天大樓閣中放大光明,金剛手菩薩請問如來放光因緣,如來於是開演大智變化瑜伽大教王三摩地的修法。引文宋法賢譯《佛說瑜伽大教王經》作:「勿令毀謗阿闍黎,乃至夢中亦不得。」引文見《大正藏》冊18,頁560;《甘珠爾》對勘本冊83,頁311。

❺ **心中毀罵軌範師同時雖以財物令其歡喜**　如月格西謂,於藏文中此句亦可解為「樂與至心毀罵軌範師者,共享財物」。

❻ **三乘補特伽羅**　指聲聞乘補特伽羅、獨覺乘補特伽羅及大乘補特伽羅。

第三、親近惡知識及惡友過患者：設若親近不善知識，^巴非唯僅此[1]，並及罪惡友，亦令諸^巴昔時曾有功德漸次損減，^巴昔所未有者亦不新生，昔時或有或無一切罪惡漸次增長❶，能生^巴此生後世一切非所愛樂，故一切種悉當遠^巴遠避離^巴惡知識及惡友。《念住經》云❷：「為^巴煩惱貪瞋癡一切根本者，謂罪惡友，此如^巴生長有毒^巴枝葉之樹。」《涅槃經》云❸：如諸菩薩^巴補特伽羅依身怖畏惡友，非^巴畏醉象等❹，此^巴醉象唯壞^巴此生之身，^巴不壞後世安樂及其善因等，前^巴罪惡友者^巴則併俱壞^巴後世安樂善^巴因及^巴其等起淨心。又^巴復說彼二^巴者差別，謂前一唯^巴能壞^巴滅肉身，^巴後一^巴能兼壞法身❺。^巴非唯如是，前一者不能擲諸惡趣，^巴後一^巴無疑定能擲^巴入惡趣。《諦者品》亦云❻：「^巴有情若為罪惡友^巴之蛇執心，棄^巴而不服善知識^巴醫所配能除彼之正法療毒之藥，此等^巴人者不能得聽聞[2]，縱雖^巴得聞正法寶，嗚呼^巴此可悲境亦不得自主，重重墮陷放逸^巴之深崖❼。」《親友集》云❽：「^語於舍衛城時，世尊一側提婆達多並其惡眷圍繞而住，復於一側舍利子並諸離欲之士圍繞而住。見二眾已，具信諸婆羅門及長者等訶斥提婆達多，於舍利子生起信心，依於此故，說此三偈。^巴惡友無信而^巴極貪慳吝，妄^巴說不諦實語及^巴挑撥離間，^巴具慧智者不應^巴與此輩親近^巴為伍，^巴亦勿共^巴此外其餘罪惡^巴之人住。^巴其因相者，以若自不作惡，親近^巴並與諸作惡^巴人者^巴共住，^巴縱然其人不作惡，亦不沾染其友過失，餘人由其與此過愆之人共住，當念何乃如此？亦疑^巴之為作惡，^巴依此惡名

^巴蜚語^❾亦增長。^巴是故若人近非應^巴當親^巴近之罪惡者，^巴其人先前雖無過失，後由彼^巴罪惡者之過失^巴增上力故，亦使另一方無過者成過，^巴譬如毒箭置^巴箭囊，^巴後時其毒亦染[3]^巴先前其餘箭中無毒者^巴故。」^巴設念：若爾，罪惡友及惡知識者^巴為如何耶？謂若近誰能令性罪^❿遮罪^⓫惡行，諸先有者不能損減，諸先非有令新增長。善知識敦巴云：「^巴補特伽羅下者雖與上伴共住，僅成中等。^巴補特伽羅上者若與下者^巴友伴共住，不待^巴辛苦劬勞，而成下趣。」^巴是故知識以及友伴，於此初修行者之時，至為切要。

第三科、依止惡知識及惡友的過患：假如依止惡知識、甚至是惡友，也會使先前已有的眾多功德逐漸退減，往昔沒有的不會新生；過去曾有、未有的一切罪惡都會增長，生起今生後世一切不如意事，所以任何狀況下都應該遠遠地避開惡知識與惡友。《正法念處經》說：「所有貪瞋癡煩惱的根基就是惡友，他就像生長出含毒枝葉的樹一樣。」《涅槃經》也說：所依身為菩薩的補特伽羅，不會像畏懼惡友那般地對醉象等那麼害怕，因為那醉象只能摧毀此生的軀體，不會摧毀來生的安樂及其因——善業等等，而前者惡友則會一併摧毀來生安樂之因——善業，及其等起的清淨心。另外，又提到這二者的差異，前一個只能毀壞肉身，後一個則會毀壞法身；不僅如此，前一個不能將人擲入惡趣，後一個必然無疑能擲入惡趣。《諦者品》也說道：「有情如果被惡友之蛇盤踞內心，捨棄善知識醫王所調配能驅除牠、療治毒害的正法藥，不肯服用。這些人將不能聽法，縱然聽聞正法寶，唉！這些可悲憫的人，卻還是將不得自主地墮入放逸的深崖，越墜越深。」《親友集》也記載：「在舍衛城中，世尊的一側是提婆達多與其

惡眷屬圍繞而居，另一側則是舍利弗尊者和離欲之士環繞而住。虔誠的婆羅門及長者們見到這兩群人，都譴責提婆達多，並對舍利弗尊者生起信心，於是說了以下三偈。**惡友沒有信心並且極為貪婪慳吝，講說虛假不實之言及挑撥離間，具慧智者不應與之親近交往，也不應和這類人以外的其他罪惡之徒為伍。原因是如果不作惡的人與作惡之徒親近共住，縱然那人並不作惡，也未染上其同伴的過失，但由於此人和那惡人共住，旁人仍會心想：「這是怎麼回事？」將被懷疑作惡，依此導致汙名惡聲也隨之蔓延。所以如果有人親近了不應親近的對象──罪惡之徒，縱使他先前沒有過失，但其後由於那罪惡人的過失，也將使另一位無過者也成為有過。譬如將毒箭插入箭袋中，原本沒有塗毒的其他箭枝，之後也會沾染毒性。」**若想：「那麼，究竟惡友和惡知識是怎樣的人？」是指凡是接近他們，就會使先前已有的性罪、遮罪的惡行不能減退，以前沒有的都會新增的那種人。善知識種敦巴曾說：「下等補特伽羅若與高尚的友伴共處，只能成為中等；上等補特伽羅若與下等友伴同處，將不費辛苦艱難地趨向下流。」因此在初業行者的階段，師長與友伴極為重要。

[1]「㊁非唯僅此」哲霍本無「㊁」。　[2]「不能得聽聞」哲霍本無「不」。按，前後文義不通，誤。　[3]「染」拉寺本作「穿戴」(བགོས)。按，བགོས字有穿戴、瓜分、完盡、衣服等義，然無一義順於前後文。經查《丹珠爾》原典，亦無用བགོས字者，應以果芒本為是。

❶ **漸次增長**　藏文原文無「漸次」。
❷ **《念住經》云**　《念住經》，經集部經典，全名《聖正法念住經》。漢譯本有元魏瞿曇般若流支譯《正法念處經》70卷。佛在王舍城時，有一比丘入城乞食，遇一外道問難：「我外道法中，也說哪些身語意的行為不能做、不能隨喜，跟佛制的法律有何不同？為何佛自己獨稱為一切遍智？」比丘出家未久，

無法分辨，所以沒有回答，於是請問舍利弗尊者。尊者帶比丘去請示佛陀，佛即宣說善惡業的相狀及果報差別。引文元魏瞿曇般若流支譯作：「惡知識者，是貪瞋癡之所住處，有智之人，應當捨之，猶如毒樹。」引文見《大正藏》冊17，頁176；《甘珠爾》對勘本冊69，頁468。

❸《涅槃經》云　《涅槃經》，經集部經典，全名《聖大般涅槃經》。漢譯本有東晉法顯譯《大般泥洹經》6卷；後北涼曇無讖譯《大般涅槃經》40卷，世稱《北本涅槃經》；劉宋沙門慧嚴等，依《泥洹經》加之而成36卷25品，即《南本涅槃經》，共三種。此段是取經文大意，非錄原文，故刪去中文版中原有的上下引號。漢譯所譯的「惡知識」一詞，在藏文《大涅槃經》譯為「惡友」。宋慧嚴等重修之《大般涅槃經·高貴德王菩薩品》云：「菩薩摩訶薩於惡象等心無怖懼，於惡知識生畏懼心。何以故？是惡象等唯能壞身不能壞心，惡知識者二俱壞故；是惡象等唯壞一身，惡知識者壞無量善身無量善心；是惡象等唯能破壞不淨臭身，惡知識者能壞淨身及以淨心；是惡象等能壞肉身，惡知識者壞於法身；為惡象殺不至三趣，為惡友殺必至三趣；是惡象等但為身怨，惡知識者為善法怨，是故菩薩常當遠離諸惡知識。」參見《大正藏》冊12，頁741；《甘珠爾》對勘本冊53，頁36。

❹如諸菩薩怖畏惡友非醉象等　藏文直譯為「菩薩對醉象等不會像怖畏惡友那樣」。

❺兼壞法身　藏文原文無「兼」字。

❻《諦者品》亦云　引文魏菩提留支譯《大薩遮尼乾子所說經》作：「若為惡知識，毒蛇之所螫，離於善知識，不聞甘露法。於諸勝法中，起於放逸心，墮大邪見坑，聞說不生信。」見《大正藏》冊9，頁319；《甘珠爾》對勘本冊57，頁230。

❼嗚呼墮陷放逸崖　法尊法師原譯作「嗚呼放逸墮險處」，為配合箋註，故改譯。

❽《親友集》云　語註所註因緣可參見《法集要頌經釋》。此三偈並非連貫，引文宋天息災譯《法集要頌經·親友品》作：「無信懷憎嫉，鬥亂彼此人，智者所棄嫌，愚習以為樂。」「已自不習惡，親近習惡者，為人所輕笑，惡名日夜熾。觀習而習之，知近而親近，毒箭在其束，淨者被其污。」見《大正藏》冊4，頁

789、790；《丹珠爾》對勘本冊83，頁56、57；《丹珠爾》對勘本冊83，頁749。

❾ **蜚語** 於此作惡名聲解。蜚，音飛。

❿ **性罪** 佛陀雖未制戒規定此事不能做，由於此事本性即是罪惡，做了就會造罪，故稱性罪。譬如無論佛陀制不制不殺生戒，殺生就會有罪。

⓫ **遮罪** 佛陀尚未制戒規定此事應不應做之前，無論做與不做都不會造罪；佛陀制戒以後，受戒者違反的話就會造罪。這件事做或不做是否有罪，觀待於佛陀是否遮止，所以稱為遮罪。譬如具戒比丘無病等因緣非時而食即是遮罪。

第六、攝彼等義，^妙分三：第一、究竟欲樂❶根本——依止上師之勝利^[1]者：世遍讚說尊長瑜伽教授者，應知即是如前所說^妙求一具相知識，次以意樂加行二門如理依止。若一二次修所緣境，全無所至。若是至心欲行法者，須恆親近無錯引導^妙道途最勝知識。爾時亦如伽喀巴❷云：「依尊重時，即恐捨離❸。」謂若不知依止軌理而依止者，不生利益反致虧損，故此依止知識法類，較餘一切極為重要。見是究竟欲樂根本，故特引諸無垢經論，並以易解、能動心意、符合經義諸善士語而為莊嚴，將粗次第略為建設，廣如餘處，應當了知❹。^妙第二、宣說若不如理依止知識有過患者^[2]：我等煩惱極其粗重，既不了知依師道理，知亦不行，復從多處聞法，此等當起無量依師之罪❺；即於此罪，亦難發生悔^妙前防^妙後等心，故應了知如前所說勝利

過患，數數思惟。於昔多生，未能如法依止諸罪，應由至心而悔，多發防護之心。^⑭**第三、教誡應當勤修一切生中得善知識攝受方便者**^[3]：自應勵備法器諸法，數思圓滿德相知識❻，積集資糧，廣發大願❼，為如是師乃至未證菩提以來攝受之因。若如是者，不久當如志力希有常啼佛子❽，及求知識不知厭足善財童子。^⑫傑喇嘛為吾等後學垂賜悲語教授，當置心中，竭力行持^[4]。

第六科、總結上述的義理，分為三科：第一科、終極希願的根本——依止善知識的利益：如上所述，普遍傳頌的「上師瑜伽」的教授，也必須如前所述那般，理解為訪求一位合格的善知識，並從意樂與行為兩方面如理依止。僅僅一二次修習所緣境，達不到任何成效。如果發自內心要修習正法的話，就必須長久依止無錯謬地引導修行之道的勝妙善知識。那時也應如伽喀巴大師說的：「依止上師的當下，就擔心會有捨離之虞。」如果不明白依止法而依止，無法生出利益，反而導致虧損。正因為見到這些依止善知識的法類，比其他任何法類都更加重要，是終極希願的根本，因此援引無垢的佛經及釋論，並用易於理解、能動轉心意，而且符合經義的眾多勝士嘉言作為莊嚴，建立起粗略的次第，至於詳細內容則應從其他典籍中閱知。**第二科、宣說如果未能如理依止善知識的過患**：我們煩惱極其粗重、不了解依止上師的軌理、知道了也不照做，卻又四處聽法，如此將會生起無量依師的罪過，對此也難以生起懺悔過去所做及防止將來再犯等心。所以應如上述，了解利益與過患，並且一再思惟。發自內心懺悔往昔多生以來眾多未能遵循依止法的罪業，多番策發防護之心。**第三科、教誡必須致力於一切生中都得到善知識攝受的方便**：

自身應該勤奮修習各種堪為法器的條件，再三思惟善知識的圓滿德相，造集直至未獲菩提以前都得到如此善知識攝受的因──積集資糧，並多番發願。如果能這麼做，不久將如志力希有的常啼佛子，以及訪求善知識不知滿足的善財童子一般。這是至尊宗喀巴大師垂賜我們後學的悲語教授，務請銘記於心，竭力行持。

[1]「^妙分三：第一……勝利」 拉寺本作「^妙分二：第一、勝利」。　 [2]「^妙第二、宣說若不如理依止知識有過患者」 拉寺本作「^妙第二、若不能如是，懺悔過失者」。
[3]「^妙第三、教誡……方便者」 拉寺本無。　 [4]「^巴傑喇嘛……竭力行持」 拉寺本、雪本、哲霍本作語註。

❶ **究竟欲樂**　《藏漢大辭典》對此詞有兩種譯法：一為長久之計，一為究竟意樂，長遠理想之意。哈爾瓦・嘉木樣洛周仁波切認同法尊法師譯法，解釋為「究竟的欲求」；而如月格西則解釋為「安穩的前途」。下文究竟欲樂義同。參見《藏漢大辭典》，頁1034、1380、1403。

❷ **伽喀巴**　噶當派的格西（生卒年不詳），藏語 ᠠ音譯。「伽」字義為墳地，由於此師常於墳地修習死無常，所以稱為伽喀巴。參見《夏日東文集》冊1，頁161。

❸ **依尊重時即恐捨離**　法尊法師原譯作「依尊重時，恐有所失」。今據阿嘉永津解為將依止上師時，惶恐捨離；善慧摩尼則進一步解為顧慮雖在上師跟前，但由於意樂及加行依止的方式有過失，而完全捨棄上師；如月格西解釋作擔心在親近善知識的當下，就捨離了善知識，今據之改譯。參見《阿嘉雍曾文集》冊上，頁69；《洛桑諾布文集》冊2，頁162。

❹ **廣如餘處應當了知**　哈爾瓦・嘉木樣洛周仁波切認為此處以《三摩地王

經》、《華嚴經》、《般若八千頌‧常啼菩薩品》、《寶炬陀羅尼》、《十法經》、《寶雲經》、《不可思議秘密經》、《地藏經》、《正法念住經》、《涅槃經》、《妙臂請問經》、《金剛手灌頂續》、《幻化網續》、《中觀四百論》、《三十四本生論》、《事師五十頌》為主，可參考《宗喀巴大師傳》、《噶當父法》、《噶當子法》、《密勒日巴尊者傳》、噶當派祖師傳記。

❺ **我等煩惱極其粗重既不了知依師道理知亦不行復從多處聞法此等當起無量依師之罪**　法尊法師原譯作「我等煩惱極其粗重，多不了知依師道理，知亦不行。諸聞法者，反起無量依師之罪。」據哈爾瓦‧嘉木樣洛周仁波切及如月格西解釋，此中「多」字是指從許多處聞法，非指我們大多不了知依師道理，所以此段之意應為「我們不僅煩惱極其粗重，又不了知依師道理，知道了也不行持，還四處聞法，如此將會產生無量依師的罪過。」故改譯。

❻ **數思圓滿德相知識**　藏文直譯為「數思知識圓滿德相」。

❼ **廣發大願**　藏文直譯為「多番發願」。

❽ **常啼佛子**　即常啼菩薩，梵語Sada-prarudita及藏語ཀུན་དུ་ངུ（達度努）的義譯，又名薩陀波崙。《大智度論》記載了多種名為常啼的原因，有人說其小時候時常哭泣，所以取名為常啼。另一說是因見眾生受諸痛苦而悲泣，所以稱為常啼。或說為求佛道而不得故，啼哭七天七夜，故諸天神稱他為常啼。據《般若經》記載，此菩薩為了向法湧菩薩求學甚深般若波羅蜜多，不顧飲食睡眠，不惜身命，自賣心血骨髓而求供具供養法及法師，七年不坐不臥，一心等候菩薩說法，乃至刺身出血灑地以供菩薩，如是求法修行，所以在一生中，成就不可思議的功德。其愛法重法，敬重師長的精神與行誼，是後代學人的圓滿典範。參見《大正藏》冊8，頁668；冊25，頁732。

道前基礎

修習軌理

^妙第二^[1]、略說修習軌理，分二：^一、正明修法；^二、破除此中邪妄分別。初中分^妙為：^一、正修時應如何行；^二、未修中間應如何行二，其中^妙第一、正修時應如何中，^妙分二：^一、正說；^二、開示修習之時等。初中分三：^一、加行；^二、正行；^三、完結^[2]。

初者^❶加行法：有六，^語其六計法，謂灑掃處所、安布^❷身語意像^❸及設無諂供具^❹、於安樂座結跏趺坐^❺、明現資糧田^❻、積資、淨障二者^[3]。^妙^一、灑掃處所而善安布身語意像、^二、陳設殊妙無諂供具、^三、以不放逸威儀處安樂座^[4]，皈依發心決定結合相續、^四、明現資糧田^[5]、^五、積資淨障之理、^六、供曼陀羅^[6]及作祈禱六者，如法源父子^❼及堪欽上師^❽所說為應理。今初：乃是金洲大師傳記^❾。謂善灑掃所住處所，莊嚴安布身語意像。^妙第二者：由無諂誑^❿求諸供具端正陳設。^妙第三者：次如《聲聞地》中所說^⓫：從昏睡蓋^⓬淨治心時，須為經行；除此從餘貪欲等蓋^⓭淨治心時，應於床座，或小座等，結跏趺坐。故於安樂臥具，端正其身，^語諸先輩云^[7]：「此有五德：諸佛所許、能長穩住、非人不得侵害、身得安泰、心意清明^[8]。」結跏趺坐，或半跏趺^⓮，隨宜威儀，既安住已，皈依發心，決定令與相續和合。^妙第四、資糧田者：於前虛空明現觀想，廣大行派及深見派傳承諸師，復有無量諸佛菩薩^⓯，聲聞獨覺及護法眾為資

糧田。^妙第五分三：^一須積資淨障之因相；^二別別解說積資淨障；^三總攝別別支分之理。今初：又自相續中，若無能生道之順緣積集資糧，及除逆緣淨治業障二助緣者❶，唯勵力修所緣行相之正因❶，亦難生起❶。是故次應修習七支以治身心❶，攝盡集淨諸扼要處。

第二科、概略地說明修持的軌理，分為二科：^一正說修持的軌理；^二破除對此的顛倒思惟。第一科分為：^一座上正修時應如何行；^二座間未修時應如何行二科。第一科、座上正修時應如何行中，分為二科：^一正說；^二說明修持的時段等。第一科又分為三科：^一加行；^二正行；^三完結。

第一科：加行法有六項，六項的算法為：^一清掃住處；^二布置身語意像、陳設無諂的供品；^三在舒適的座墊上盤腿結跏趺坐；^四明晰顯現資糧田；^五積聚資糧；^六淨除罪障。

^一清掃住處並莊嚴布置身語意像；^二陳設無諂且端嚴的供品；^三以不放逸的儀態端坐於舒適的座墊上；必須使皈依發心與自心相續結合；^四明晰顯現資糧田；^五積資淨障之法；^六供曼陀羅並祈禱。如法源父子及堪欽上師所說，應為此六者。其中第一項：這是金洲大師的行誼典範。應善加清掃住處，莊嚴布置身語意像。第二項：無諂尋求供品並莊嚴陳設。第三項：其次由於《聲聞地》中提到：要淨除心中的昏睡蓋時，必須來回走動；此外，在淨除心中的貪欲等蓋時，應於床座或小座凳等上結跏趺坐。所以在舒適的座位上，應當挺直上身，前輩祖師說：「這有五種利益：佛陀所開許、能夠久坐、非人不能侵害、身體安泰、心意清明。」結跏趺坐，或半跏趺坐亦可。以如此儀態端坐之後，必須使皈依發心與自心相續結合。第四項、資糧田：明晰顯現資糧田——觀想在前方的虛空中有廣行派及

深見派的傳承上師們，另外還有無量諸佛、聖位菩薩、聲聞、獨覺及護法眾。**第五項分為三科：⌐一⌐必須積資淨障的原因；⌐二⌐分別解說積資與淨障；⌐三⌐總攝各個支分之法。第一科：**其後，如果缺乏能使心續生起道證的順緣——積集資糧，以及消除違緣障礙這兩種俱有緣，而只致力於近取因——修習所緣行相，也極難生起道證。所以必須以攝集眾多積資、淨障要竅的七支來淨治相續。

[1]「^妙第二」拉寺本無。　[2]「^妙第一、正修時應如何中^妙分二：⌐一⌐正說……完結」拉寺本無「^妙第一」；哲霍本在「分二：⌐一⌐正說……完結」未標作者。
[3]「^語其六計法……淨障二者」拉寺本無。　[4]「處安樂座」哲霍本作「置於安樂座」。按，「處」字（འཇོག）有就座、入座義，「置」字（འཇོག）無就座義，然此二字皆有安置義，此處應作入座義解。哲霍本疑誤。　[5]「⌐四⌐明現資糧田」哲霍本脫「四」。
[6]「⌐六⌐供曼陀羅」哲霍本脫「六」。　[7]「^語諸先輩云」拉寺本作「^語昔云」。
[8]「心意清明」拉寺本作「初心」。按，前後文義不通，誤。

❶**初中分二其中正修時應如何中初者**　法尊法師原譯作「初中分二：一、正修時應如何，二、未修中間應如何。初中分三：一、加行，二、正行，三、完結。今初」，今依藏文改譯。

❷**安布**　安設布置。

❸**身語意像**　佛像、佛經、佛塔依次代表佛的身語意，所以稱佛像為身像、佛經為語像、佛塔為意像，此處「像」在藏文中有「所依」之義。

❹**無諂供具**　指不懷諂曲心所得到的供品。諂是二十隨煩惱之一，貪瞋癡三者所攝，愛戀利養恭敬，因此隱瞞己過，包藏罪惡，邪曲不定。《俱舍論釋》說：「諂謂心曲，由此不能如實自顯，或矯非撥，或設方便令解不明。」《集論》則說：「何等為諂？謂耽著利養貪癡一分，矯設方便隱實過惡為體，障正教授為

業。」參見《大正藏》冊29，頁109；冊31，頁665。

❺ **跏趺坐** 一種修行時的坐姿，兩腿向內彎曲，交互重疊，平坐在地上或座上，有全跏趺及半跏趺兩種。

❻ **資糧田** 指進行禮拜、供養等事而累積資糧的對境，此處「田」有「對境」的意思。

❼ **法源父子** 指一切遍智法生源和達隆札巴二位大師。法生源（約16世紀），藏語ཆོས་ཀྱི་འབྱུང་གནས，出生於貢汝地區（གུང་རུ），年少時於賈普弘揚顯密院（བྱ་བུད་མདོ་སྔགས་དར་རྒྱས་གླིང）出家。後赴衛藏哲蚌寺果芒僧院，依止貢汝寶菩提（གུང་རུ་རིན་ཆེན་བྱང་ཆུབ）盡學顯密教法、各種明處，因而獲得一切遍智的美譽。後任果芒僧院的住持，廣作講聞事業，並由其主要弟子達隆札巴慧海大師筆錄成書，成為當時果芒僧院的主要教材，令利生的事業廣大增長，因而得名「遍智法源」（ཀུན་མཁྱེན་ཆོས་འབྱུང）。由於政局的關係，此師卸任住持，回到賈普建立五大論的學習，世壽79。達隆札巴的生平事蹟，見前頁42註3。參見確吉迥內的文集：闡明《現觀莊嚴論》之義：〈教理寶庫第一品辨析·作者簡介〉，頁1（台北：佛陀教育基金會，2004）。

❽ **堪欽上師** 見前頁212註4。

❾ **金洲大師傳記** 慧海大師提到：早期金洲（即今蘇門答臘）佛教曾經興盛一時，而後逐漸衰微，直到金洲大師獲得一尊佛像，聖教開始復興。由於一般人常以外相莊嚴與否來分判好壞，所以如果使身語意像光彩奪目，能引生有情對三寶的敬信。當時西藏佛法還未興盛，阿底峽尊者為了讓人們容易對身語意像生起敬信，在心續中種下學法習氣，因此依循金洲大師的行誼，在修法前，要先灑掃住處、莊嚴安置身語意像。參見《廣論講授筆記》，頁19。

❿ **無諂誑** 原文無「誑」字。

⓫ **《聲聞地》中所說** 唐玄奘大師譯《瑜伽師地論·聲聞地》云：「言宴坐者，謂如有一或於大床或小繩床，或草葉座結跏趺坐，端身正願安住背念。所言障者，謂五種蓋。順障法者，謂能引蓋隨順蓋法。云何五蓋？謂貪欲蓋瞋恚蓋，惛沈睡眠蓋掉舉惡作蓋，及以疑蓋。云何順障法？謂淨妙相瞋恚相黑闇相親屬國土不死，尋思追憶昔時笑戲喜樂承事隨念及以三世，或於三世非理法思。問：於經行時從幾障法淨修其心，云何從彼淨修其心？答：從惛沈睡眠蓋

及能引惛沈睡眠障法,淨修其心,為除彼故,於光明想善巧精懇,善取善思善了善達,以有明俱心及有光俱心,或於屏處或於露處往返經行,於經行時隨緣一種淨妙境界,極善示現勸導讚勵慶慰其心,謂或念佛或法或僧,或戒或捨或復念天,或於宣說惛沈睡眠過患相應所有正法,於此法中為除彼故,以無量門訶責毀呰惛沈睡眠所有過失,以無量門稱揚讚歎惛沈睡眠永斷功德。」「問:於宴坐時從幾障法淨修其心?云何從彼淨修其心?答:從四障法淨修其心。謂貪欲、瞋恚、掉舉惡作、疑蓋及能引彼法,淨修其心。為令已生貪欲纏蓋速除遣故,為令未生極遠離故,結跏趺坐端身正願安住背念。」參見《大正藏》冊30,頁411;《丹珠爾》對勘本冊73,頁93。

❶❷ **昏睡蓋**　五蓋之一,包含欲界的昏沉及睡眠兩種心所,由於昏、睡障蔽獲得禪定,故稱為蓋。

❶❸ **貪欲等蓋**　貪欲蓋,五蓋之一,指欲界貪欲,由於欲界貪欲障蔽獲得禪定,故稱為蓋。等字包含掉悔蓋、瞋恚蓋及疑蓋。此三蓋與昏睡蓋、貪欲蓋合稱五蓋。

❶❹ **半跏趺**　或稱薩埵跏趺。右腿蹺曲,左腿略伸的盤腿坐姿。另有一說為左腿蹺曲,右腿略伸的盤腿坐姿。

❶❺ **諸佛菩薩**　按藏文原作「諸佛聖位菩薩」,即資糧田中的菩薩必須是登地以上菩薩。

❶❻ **二助緣者**　按藏文此處「助緣」乃俱有緣,俱有緣指與所生果非同一續流的主要生因,然是生果的主要助力。

❶❼ **正因**　按藏文此指「近取因」,近取因者,指與所生果同一續流的主要生因,故又譯為「正因」。此處正因是指「修習所緣行相」,不是指「能生出所緣行相的主因」,故譯作「唯勵力於正因——修所緣行相」則較容易理解。

❶❽ **亦難生起**　按藏文此句完整應譯作「道亦極難生起」。

❶❾ **身心**　藏文為相續。

^妙第二分二：^一別別解說；^二作意此等軌理之教授。初中分為七支，其中初者：^語有云：懺罪由斷違緣之門增長善，餘六由修順緣之門增長善。**其禮敬支中**，^妙**分二：第一**^[1]**、三門總禮者：**謂「所有」等一頌❶。非緣一方世界及一時之佛，應緣十方過去當來及現在所有一切諸佛，以至誠心，三業敬禮，非隨他轉。智軍阿闍黎《釋》中云❷：「此復若僅頂禮一佛，所得福德且無限量，何況緣禮爾許❸諸佛。」

^妙**第二、三門別禮中**，^妙**分三：第一**^[2]**、身禮敬者：**「普賢行願」等一頌❹。謂以方時所攝^[3]一切諸佛❺，以意攀緣，如現前境。變化自身等諸佛剎極微塵數，而申敬禮。此復是於諸境❻所有普賢妙行，發淨信力，由此信力，發起禮敬。「一身頂禮其福尚大，況以爾許身業禮敬，其福尤大。」智軍阿闍黎所釋也❼。

^妙**第二**^[4]**、意敬禮者：**「於一塵中」等一頌❽。謂於一一微塵之上，皆有一切塵數諸佛安住菩薩圍繞會中，應發勝解，隨念諸佛所有功德。

^妙**第三**^[5]**、語敬禮者：**「各以一切」等一頌❾。謂於諸佛❿功德勝譽，不可窮盡，化一一身，有無量首，化一一首，有無量舌，

以微妙音而稱讚之⓫。此中音者，即是讚辭。其支分者謂因，即是舌根⓬。（此與漢文稍有出入⓭）海者，是繁多辭。

第二科分為二科：一、分別解說；二、作意這些內容之軌則的教授。第一科分為七支，其中第一支：有人說：七支中懺罪是從斷除違緣的方面增長善法，其他六支是從成就順緣的方面增長善法。禮敬支中，分為二科：第一科、總集身語意三門而禮敬：即「所有……」一頌。不是單單緣想某一方世界和某一時間的佛，而是普緣安住於十方已經降世、未來將要降世，及現在正出世的一切諸佛，以至誠心三門恭敬頂禮，而不是隨著他人作態。智軍阿闍黎在《釋論》中提到：「僅僅頂禮一尊佛，尚且有無量福德，何況是緣著這麼多尊佛而頂禮。」

第二科、身語意三門各別禮敬中，分為三科：第一科、身禮敬：即「普賢行願……」一頌。心中緣想十方三世所含攝的一切諸佛，如同親眼目睹一般，變化自身等同眾多剎土所有微塵的數量而作禮。這也是對於一切諸佛的普賢妙行生起極虔誠的淨信力，由此而發起禮敬。智軍阿闍黎解釋說：「如果以一身行禮的福德尚且廣大，何況是以這麼多身作禮，福德更是極其宏大。」

第二科、意禮敬：即「於一塵中……」一頌。每一粒微塵上，都有與一切微塵數等量的佛陀，各各安住在菩薩眷屬圍繞集會的中央，發起隨念諸佛功德的勝解。

第三科、語禮敬：即「各以一切……」一頌。對於佛陀功德無窮盡的讚歎，應如經中所說，每一個身體各變化出無量的頭，每一個頭各變化出無量的舌，以悅耳曼妙的音聲讚詠這些頌辭。這裡的「音聲」即是讚辭；「支分」是因的意思，在此指舌頭；「海」則是表示繁多之辭。

❶ **所有等一頌**　以下七支供養的頌文，皆出自《華嚴經‧入不思議解脫境界普賢行願品》。此頌唐般若譯《大方廣佛華嚴經》云：「所有十方世界中，三世一切人師子，我以清淨身語意，一切遍禮盡無餘。」參見《大正藏》冊10，頁846；《甘珠爾》對勘本冊38，頁790、791。

❷ **智軍阿闍黎《釋》中云**　智軍阿闍黎《釋》，指《普賢行願四家註集義》，尚無漢譯。智軍阿闍黎又稱為祥‧智軍（གནང་ཡེ་ཤེས་སྡེ），為赤松德贊時期，嘎、究、祥（སྐ་ཅོག་ཞང་）三大譯師之一。此論總集陳那菩薩、釋迦友阿闍黎（Shakyamitra）、佛稱論師（Buddhakirti）、善莊嚴阿闍黎四位大師釋論的要義，與經文配合，以淺顯易懂的描述而作出的筆記。參見《東噶辭典》，頁1786；《丹珠爾》對勘本冊116，頁553。引文見《丹珠爾》對勘本冊116，頁481。

❸ **爾許**　估量之詞，指如前所說那般的數量，又作幾許。

❹ **普賢行願等一頌**　此頌唐般若譯《大方廣佛華嚴經》云：「普賢行願威神力，普現一切如來前，一身復現剎塵身，一一遍禮剎塵佛。」參見《大正藏》冊10，頁846；《甘珠爾》對勘本冊38，頁790。

❺ **方時所攝一切諸佛**　指十方三世一切諸佛。方謂十方，時為三世。

❻ **諸境**　指一切諸佛。

❼ **智軍阿闍黎所釋也**　引文見《丹珠爾》對勘本冊116，頁483。

❽ **於一塵中等一頌**　此頌唐般若譯《大方廣佛華嚴經》云：「於一塵中塵數佛，各處菩薩眾會中，無盡法界塵亦然，深信諸佛皆充滿。」參見《大正藏》冊10，頁846；《甘珠爾》對勘本冊38，頁790。

❾ **各以一切等一頌** 此頌唐般若譯《大方廣佛華嚴經》云：「各以一切音聲海，普出無盡妙言辭，盡於未來一切劫，讚佛甚深功德海。」參見《大正藏》冊10，頁846；《甘珠爾》對勘本冊38，頁791。

❿ **於諸佛** 藏文於此文前有「應如經說」一詞。

⓫ **以微妙音而稱讚之** 以上語禮敬的頌文解釋，智軍阿闍黎也有類似的註解。參見《丹珠爾》對勘本冊116，頁485。

⓬ **其支分者謂因即是舌根** 藏文經文作「以諸音聲支分海」，支分在藏文中有「前行」或「因」之義，如言「趣入正行之支分」，即趣入正行的前行。又如加行道稱為「決擇分」，即為決擇（見道）的因。而此處「音聲支分海」，即音聲的生因，故指舌頭。

⓭ **此與漢文稍有出入** 漢文作「各以一切音聲海」，無支分一詞；藏文作「以諸音聲支分海」，所以宗喀巴大師在此處才會一一解釋音、支分、海三詞的涵義；如果依漢文本，則只須解釋音及海兩詞的意義即可。

⁰第二、供養支中，⁰分二：第一、有上供者[1]：「以諸最勝」等兩頌❶。最勝華者，謂人天等處，所有眾多希有散華，鬘謂配貫種種妙華。此二種中，皆有一切或實或假。伎樂者，謂諸樂具，若弦若吹，若打若擊。塗香者，謂妙香泥❷。勝傘蓋者，謂諸傘中諸勝妙者。燈燭者，謂香油等氣香光明，及摩尼寶有光明者。燒香者，謂配眾香，或唯一種所燒燃香。勝衣服者，謂一切衣中最勝妙者。最勝香者，謂妙香水供為飲水，以氛馥香遍三千界所熏水等。末香❸者，謂妙香末可撒可燒，或積為堆❹，或畫壇場支配顏色，形量高廣等妙高峰❺。聚者加於前

文一切之後，有眾多義及莊飾義並種種義。

第二分二：一`正說；二`禮敬供養之等起。今初：**無上供者**：
「我以廣大」等一頌❻。言有上者，謂世間供。此中乃是諸菩薩
等神力所變微妙供具。第二、等起者：頌後二句，於前一切
不具足此二句義者悉應加之，是說敬禮及諸供養所有等起及
其境界（此與漢文稍有出入❼）。

語譯

第二科、供養支中，分為二科：第一科、有上供養：即「以諸最勝……」
等兩頌。「最勝妙華」是指天上人間等處的眾多希有散花，「鬘」是指
將各種花朵層疊串起，這兩種當中包含所有真花及製作的花。「伎樂」
是指弦樂、管樂、打擊樂等。「塗香」是指芬芳的香泥。「勝傘蓋」是指
眾多傘中最勝妙者。「燈燭」是指香油等氣味芬馥而光線明亮者，以及
會放光的稀貴珍寶。「燒香」是指調和香及單一的薰香。「最勝衣服」
是指所有衣物中最勝妙者。「最勝香」是指供水用的香水──以馥郁遍
傳三千世界的香氣所薰成的香水等。「末香」是指香粉，可以拋撒、焚
燒、積成香堆，或是用作繪製壇城的彩粉，層層疊積，高廣等同須彌山。
「聚」字可加在上述每一項供品之後，有「眾多」意，及「裝飾」意，還有
「各種各樣」的意思。
第二科又分為二科：一`正說；二`禮敬供養的動機。第一科、無上供
養：即「我以廣大……」一頌。有上供養是世俗的供養，此處乃是諸菩
薩等眾多具大神力者所變化的上妙供物。第二科、動機：偈頌末二句，
應該加在前述所有不具足此二句意涵者之後。這是說明禮敬以及諸多
供養的動機及其對境。

[1]「^妙第二、供養支中，^妙分二：第一、有上供者」 拉寺本作「^妙第二、有上供養及無上供養分二：第一、供養支中有上供者」。

❶ **以諸最勝等兩頌** 唐般若譯《大方廣佛華嚴經》云：「以諸最勝妙華鬘，伎樂塗香及傘蓋，如是最勝莊嚴具，我以供養諸如來。最勝衣服最勝香，末香燒香與燈燭，一一皆如妙高聚，我悉供養諸如來。」參見《大正藏》冊10，頁846；《甘珠爾》對勘本冊38，頁791。

❷ **妙香泥** 藏文此詞有妙香泥及妙香水兩種含義，慧海大師及法尊法師解作前者；夏日東活佛則取後者。參見《廣論講授筆記》，頁20；《夏日東文集》冊1，頁185。

❸ **末香** 此詞藏文為「切瑪普瑪」（ཐྲེ་མ་ཕུར་མ），慧海大師將此詞分作二詞，「切瑪」解為研磨的細末，「普瑪」解為粗細混合者。夏日東活佛及《藏漢大辭典》認為「普瑪」一詞有香包、香囊之義。參見《廣論講授筆記》，頁20；《夏日東文集》冊1，頁185；《藏漢大辭典》，頁1720。

❹ **或積為堆** 藏文此詞有或積為堆及或作香包兩種含義，夏日東活佛解為後者；《掌中解脫》則兩者並存。參見《夏日東文集》冊1，頁185；《掌中解脫》，頁147。

❺ **妙高峰** 即須彌山，在四大洲及八小洲中間，高度為十六萬由旬，在海面下深八萬由旬，海面上高八萬由旬。

❻ **我以廣大等一頌** 此頌唐般若譯《大方廣佛華嚴經》云：「我以廣大勝解心，深信一切三世佛，悉以普賢行願力，普遍供養諸如來。」參見《大正藏》冊10，頁846；《甘珠爾》對勘本冊38，頁791。

❼ **此與漢文稍有出入** 此偈藏文作「無上廣大諸供物，於一切佛亦勝解，以信普賢行願力，禮敬供養諸如來。」宗喀巴大師將此偈前兩句結合供養支中無上

供，後兩句則結合上述禮敬支及供養支的等起與對境而解釋。藏文最後一句「禮敬供養諸如來」，可以結合禮敬及供養二支解釋；而漢文作「普遍供養諸如來」，似單純指供養支，故稍有出入。

第三、悔罪支者：「我昔所作」等一頌❶。依三毒❷因，身等三事❸，其罪❹自性謂我所作[1]，此復具有親自所作，及教他作，或於他作而發隨喜。總攝一切說「諸惡業」。應念此等所有過患，悔先防後，至心懺除，則昔已作，斷其增長，諸未來者，堵其相續❺。

第四、隨喜支者：「十方一切」等一頌❻。隨念此五補特伽羅❼所有善利修習歡喜，猶如貧者獲得寶藏。

第五、勸請轉法輪支者：「十方所有」等一頌❽。謂於十方剎土之中，現證菩提，獲得無著無障礙智❾，未經久時，變爾許身，勸請說法。智軍阿闍黎作「現證菩提」而為解釋❿。

第六、請住世支者：「諸佛若欲」等一頌⓫。謂於十方剎土之中，諸欲示現般涅槃者，為令發起一切眾生究竟利益、現前安樂，故變無量身，勸住佛剎微塵數劫，不般涅槃。

第七、迴向支者：「所有禮讚」等一頌⓬。以上六支善，表舉

361

所有一切善根，悉與一切有情共同，以猛利欲樂迴向令成大菩
提因，永無罄盡[2]。

第三科、懺悔罪業支：即「我昔所作……」一頌。依三毒為因，由身等
三處所作，這樣的本質就是所謂的「我所作」，其中包含自己親自所作、
指使他人去作，以及隨喜他人所作。統攝這一切而說為「諸惡業」。如
果能憶念這些惡業的過患，以懊悔往昔、慎防將來之心而至誠懺悔的
話，則能使先前已作的中斷其增長，未來將作的截斷其餘流。

第四科、隨喜支：即「十方一切……」一頌。憶念這五種補特伽羅所作
善業的利益，修習宛如貧人獲得寶藏的歡喜。

第五科、勸請轉法輪支：即「十方所有……」等一頌。對於十方佛土中
獲得無著無障礙智、現證菩提不久的諸佛，自己也變化出相等數量的
身軀勸請宣示正法。智軍阿闍黎唸作「現證菩提」而作解釋。

第六科、祈請住世支：即「諸佛若欲……」一頌。對十方佛土中示現將
要般涅槃的諸佛，為了眾生究竟的利益以及階段性的安樂，自身變化
出無量身軀，祈請能在等同佛土的極微塵數的劫中，久住世間，不般涅
槃。

第七科、迴向支：即「所有禮讚……」一頌。以上述六支的善行所表徵
的一切善根，與一切有情共有，以強猛的欲求心迴向為圓滿菩提之因，
令其永無窮盡。

[1]「身等三事,其罪自性謂我所作」哲霍本作「身等三事之自性謂我所作」。按,義可兩通。　[2]「永無罄盡」果芒本原作「永無作」,拉寺本、哲霍本、法尊法師原譯作「永無罄盡」。按,果芒本文義不通,故仍依法尊法師原譯。

❶ **我昔所作等一頌**　此頌唐般若譯《大方廣佛華嚴經》云:「我昔所作諸惡業,皆由無始貪瞋癡,從身語意之所生,一切我今皆懺悔。」參見《大正藏》冊10,頁846;《甘珠爾》對勘本冊38,頁791。

❷ **三毒**　指貪瞋癡。

❸ **身等三事**　指身口意。

❹ **其罪**　藏文中無此二字。

❺ **相續**　於藏文中有餘流、殘餘之意。

❻ **十方一切等一頌**　此頌唐般若譯《大方廣佛華嚴經》云:「十方一切諸眾生,二乘有學及無學,一切如來與菩薩,所有功德皆隨喜。」參見《大正藏》冊10,頁846;《甘珠爾》對勘本冊38,頁791。

❼ **此五補特伽羅**　即十方諸佛、菩薩、獨覺、二乘有學位行者及二乘無學位阿羅漢、一切眾生。二乘加行位、見道位、修道位的行者是二乘有學位。二乘阿羅漢是二乘無學位,由於修習聲聞道或獨覺道已至圓滿,斷盡煩惱,無需再為斷除煩惱而修學,故名二乘無學位。

❽ **十方所有等一頌**　此頌唐般若譯《大方廣佛華嚴經》云:「十方所有世界燈,最初成就菩提者,我今一切皆勸請,轉於無上妙法輪。」參見《大正藏》冊10,頁846;《甘珠爾》對勘本冊38,頁790。

❾ **無著無障礙智**　指佛陀心中斷除著障與礙障的智慧。著障指煩惱障,礙障指所知障。有煩惱障即會貪著輪迴,故稱為著障;所知障會阻礙一剎那中現證一切法,故稱為礙障。

⑩**智軍阿闍黎作現證菩提而為解釋** 智軍阿闍黎將「依次成就菩提」唸作「現證菩提」而解釋，其所引用的原文仍如原藏文版作「依次成就菩提」，但在解釋時，則解為從初發心依次經歷十地而現證菩提成佛。參見《丹珠爾》對勘本冊116，頁494。

⑪**諸佛若欲等一頌** 此頌唐般若譯《大方廣佛華嚴經》云：「諸佛若欲示涅槃，我悉至誠而勸請，唯願久住剎塵劫，利樂一切諸眾生。」參見《大正藏》冊10，頁846；《甘珠爾》對勘本冊38，頁791。

⑫**所有禮讚等一頌** 此頌唐般若譯《大方廣佛華嚴經》云：「所有禮讚供養福，請佛住世轉法輪，隨喜懺悔諸善根，迴向眾生及佛道。」參見《大正藏》冊10，頁846；《甘珠爾》對勘本冊38，頁791。

[妙]**第二、作意此等軌理之口訣**❶ **者**：如是了解此諸文義，意不餘散，具如文中所說徐徐而行❷，則能攝持無量德聚。[妙]**第三、總攝別別支分**❸ **者**[1]：此中禮敬、供養、勸請、請住、隨喜五者，是為順緣積集資糧；悔者，是除違緣淨治罪障。隨喜支中一分，於自造善修歡喜者，亦是增長自所作善。其迴向者，是使積集、淨治、長養諸善，雖極微少令增廣多，又使現前諸已感果將罄盡者，終無窮盡。總之攝於積集、淨治、增長無盡三事之中。[語]昔諸先輩上師語教中云：「此復所為義者，謂是造惡、不造福德、造作匱正法業或障他正法、善根罄盡四者對治。初者謂禮敬及懺悔；第二者謂供養及隨喜；第三者謂勸請及請住；第四者謂迴向，等如密咒作業添補❹。彼密咒業者，未受其究竟利益，反有當前患害之虞[2]。此則盡為大利、無患之業，故為除障、圓滿資糧最勝方便。由是昔諸耆宿，多以之為修持核心，吾輩亦當唯以此作主要善行[3]。」

第二科、作意這些內容的軌則之口訣：若能如此理解這些詞句的意涵，心不散逸於其他地方，如文所述緩緩修習的話，就能攝持無量福聚。第三科、總攝各個支分：如上所述，禮敬、供養、勸請、請住與隨喜，五項是積集順緣資糧；懺悔是淨除違緣罪障。隨喜當中，對自己行善修習歡喜的部分，也會增長自身的善業。迴向是使積聚、淨除、增長的諸多善法，縱然微少也能增長成極為繁多，並使短期內已經感果將要罄盡的善業，也能永無窮盡。歸結起來，總攝為積集、淨除、增長無盡三者。眾多先輩上師的語教中提到：「這七支的目的，是作為造惡、不積福、造作匱乏正法之業或者障礙他人的正法、善根耗盡等四件事的對治法。初者的對治為禮敬及懺悔，次者為供養與隨喜，第三者為勸請說法及祈請住世，第四者為迴向，就等同密咒作業的添補。密咒作業會有未領受到最長遠的利益，反而有眼前災禍之虞；這七支則完全是大利而無害之業，是消除障礙、圓滿資糧最超勝的方法。因此過去諸多尊長也奉之為修行的精髓，我們也應當唯以此作為主要的善行。」

[1]「^妙第三、總攝別別支分者」果芒本原作「^妙第三、若攝別別支分，則」，拉寺本、雪本、哲霍本作「^妙第三、總攝別別支分者」。按，私謂此處以拉寺本、哲霍本作科判文體更勝果芒本，今依拉寺等本改之。　[2]「虞」雪本作「聽」，誤。
[3]「^語昔諸先輩……主要善行」哲霍本作妙註。

❶作意此等軌理之口訣　即前頁355「作意此等軌理之教授」一科。
❷徐徐而行　中文版無「徐徐」一詞，今依藏文版補之。
❸總攝別別支分　即前頁351「總攝別別支分之理」一科。

❹等如密咒作業添補　依如月格西解釋，「密咒作業添補」，是指密法中息增懷
誅事業的添補內容，由此添補內容能令事業圓滿無缺，譬如在有些密法儀軌
中最後的酬謝部分。迴向就如同密法中的添補內容，能令所作圓滿。

第六、供曼陀羅及祈禱者：次令所緣明了顯現，供曼陀羅，
應以猛利欲樂，多返祈禱，謂「維願加持，從不恭敬善知識起，
乃至執著二種我相❶，所有一切顛倒分別，速當滅除。從敬知
識，乃至通達無我真實，所有一切無顛倒心，速當發起❷。及其
內外一切障緣，悉當寂滅。」

第六項、供曼陀羅及祈禱：其次明晰顯現所緣而供曼陀羅，應以強猛
的欲求心，多番祈禱：「祈願加持，從不恭敬善知識起，直至執著二種
我相之間，一切顛倒之心速疾滅除。從恭敬善知識起，直至通達無我真
實性之間，所有無顛倒心都順易生起。以及內外一切障礙悉數息滅。」

❶二種我相　指補特伽羅我及法我。
❷速當發起　藏文直譯為「易於發起」。

^妙第二、正行❶，分二^[1]：^一、總共修法；^二、此處修法。今初

^妙分三：^一、辨識修及其所為義；^二、不善修之過患；^三、善修之

理。今初：

^巴今所言修者，謂^巴即其數數於善所緣，令心安住，將護修習所

緣行相❷。^巴所為義者，蓋從無始，自為^巴彼心所自在，心則不為^巴此

自所自在。^巴此主宰自身之心，復^巴無自主，隨向煩惱等障❸^巴所自在，而

為發起一切罪惡。此修即是為令其心^巴從今隨自自在，堪如所

欲，住善所緣❹。^妙第二、不善修之過患：^巴雖則如此^[2]，復若

^巴初趣修時，隨任遇所緣，即便修者，則於所欲如是次第，修習爾

許善所緣境，定不隨^巴所欲而轉，反於如欲善所緣境堪任安住，

成大障礙。若從最初令成惡習，則終生善行，悉成過失❺。

^妙第三、善修之理：故於所修諸所緣境，數量次第，先須決

定。次應發起猛利誓願❻，謂如所定，不令修餘。^巴以念緊持彼義而

一心專注，其後時時正知觀察有無增損，有則當善還復。於前已作定解之義，即應^巴遠離

沉掉^[3]，具足憶念正知而正修習，如所決定^巴當時所修之義，令無增

減。^語師云：「此復若於修之所緣，數量不定，則致增損；次第不定，則如醫者立方，顛倒次

第，於病無益，或成倒行逆施。故一切時中，數量次第決定皆極切要。」^[4]

第二科、正行時如何修持，分為二科：⌐一⌐**總體的修法軌理；**⌐二⌐**此處的修法軌理。第一科，分為三科：**⌐一⌐**辨識「修」及其目的；**⌐二⌐**不善修的過患；**⌐三⌐**善加修習的軌理。第一科：**

當今所通稱的「修」，是指守護所緣行相，使心一再地專注在善所緣上。這樣的目的是由於無始以來，自己被那心所操控，心則不受我自己的主宰。而操控自己的那顆心，卻又不由自主地依隨煩惱等障的支配，從而引生一切罪過。修便是為了使此心今後能被自己主宰，隨己所欲趣向善所緣。**第二科、不善修的過患：**雖然如此，若最初起修時，隨意選取所緣便作修持，縱然想要如自己所想地依循某種次第，修持某些數量的善所緣，也無法如願做到，於是成為能夠隨己所欲趣向善所緣的重大障礙。由於從最初養成惡習，因此一生的善行都將帶有過失。**第三科、善加修習的軌理：**所以最初應當先確立所要修習的眾所緣境的數量與次第，接著數次策發強猛的誓願：「只依所確立的去做，絕對不修其他。」用正念緊緊執持如前決定當前修持的內容，將心專注於此。其後時時以正知觀察是否有增減等等，有則善為導正。應遠離昏沉與掉舉，具備正念正知，無所增減地修習先前所確立的內容。上師提到：「如果沒有確立要修的所緣的數量，會導致太多或缺損；沒有確立次第，則如醫師用藥次序顛倒，無益於治病，或者成為倒行逆施。因此任何情況下，確立數量與次第都非常重要。」

[1]「⓷第二、正行，分二」拉寺本作「⓷第二、如何守護座上之體性分二：一、修之正行；二、修時及量等。今初，正行，分二」。按，依拉寺本科判，後文372頁「修習之時等」此科，既作前文350頁「正行」之子科「修時及量等」，又作前文350頁「開示修習之時等」之對應科文，有重複紊亂之過。　[2]「此」哲霍本作巴註。　[3]「⓫遠離沉掉」哲霍本作語註。　[4]「⓹師云：『此復⋯⋯皆極切要。』」哲霍本作妙註。

註　釋

❶ **正行**　藏文原作「正行時應如何行」。

❷ **所緣行相**　指心的所緣及行相二者，例如執持聲音是無常法的心，即是以聲音為所緣，無常為行相。其他心識依此類推。

❸ **煩惱等障**　指煩惱障及所知障。煩惱障主要障礙眾生獲得解脫的果位，包含貪瞋癡等眾多煩惱及其種子；所知障主要障礙眾生獲得成佛的果位，包含煩惱的習氣及非染汙的無明等。

❹ **住善所緣**　藏文中此「住」字為驅使令趣之義，下文「堪任安住」的「安住」同此義。上文「令心安住」的「安住」意指專注，與此略有不同。

❺ **終身善行悉成過失**　一生所有的善行都會帶有過失。藏文中「悉成過失」義為成為有過失，非指成為過失本身。

❻ **次應發起猛利誓願**　藏文此句有「數次」一詞，謂應數次發起猛利的誓願。又「誓願」一詞為「牽引」之義，指牽引之後行持之心念。

妙**第二、此處修法者，**妙**分三：先**妙**修勝利過患之理：**應思惟依止勝利速成佛等，及不親近所有過患，謂能引發現法後世諸大苦等。巴此中有依止善識勝利、不依過患、由思身語意德而修信心、由隨念恩而修恭敬、後時應如何行五者。此時切要者，固為中間二種所緣❶，然從此至止觀之間，皆於最初宣說修習勝利、不修過患者[1]，則初二者即是此事，故至尊所著《白淨增上意樂請問篇》中所說❷：「一切修習之首[2]，猶如梵語者何❸？」說法雖繁❹，然吾師言實即此二。妙**第二、修習念德之信心軌理：**次應多起防護之心。謂不容蓄❺分別尊長過失之心。隨自所知，應當思惟戒、定、智慧、聞等諸

德，乃至自心未起清淨行相信時，應恆修習。第三、修習念恩之恭敬軌理：次應思惟如前經說，於自已作當作諸恩，乃至未發誠敬而修。

語譯

第二科、**此處的修法軌理**，分為三科：**首先修習利益與過患的方式**：應思惟依止的利益——能夠迅速成佛等等，以及不依止的過患——會引起今生後世的痛苦等等。此處有五項所緣：依止善知識的利益、不依止的過患、藉由思惟身語意的功德而修習信心、由憶念恩德而修習恭敬、最後應當如何做。雖然此時重點為中間兩項所緣，然而從此至止觀之間，每一法類最初都先提及修持的利益與不修的過患，即是這裡最初兩項所緣。因此至尊宗喀巴大師所著的《白淨增上意樂請問篇》中間到：「一切修持的最初，猶如篇首說：『在梵語為……』，指的是什麼？」雖然眾說紛紜，但是我的上師說其實就是這兩項。**第二科、憶念功德而修信的方式**：接著應當多番策發防護之心：「絕不容許冒出觀察師過之心。」盡己所知地思惟其戒、定、慧及多聞等功德，直到自心未生起清淨行相的信心之間，都應該修習。**第三科、憶念恩德而修恭敬的方式**：其後應如前面引述的經文，思惟對自己已經作及將要作的諸多恩德，直到未生起至誠恭敬之間都應該修習。

校勘

[1]「修習勝利、不修過患者」哲霍本作「修習勝利及修習過患者」。按，此處之修習無致過患之理，應以不修過患者為是。　[2]「修習之首」果芒本、雪本、哲霍本之「首」字（ཨགོ）是初始起首義，拉寺本作（མགོ）是頭部義。按，此處應以起首義為是。

❶中間二種所緣 指「由思身語意德而修信心」、「由隨念恩而修恭敬」二者。

❷《白淨增上意樂請問篇》中所說 《白淨增上意樂請問篇》,有關修行問答的著述,尚無漢譯。此書作者頗具諍議,據如月格西講述,宗喀巴大師受止貢法王 (འབྲི་གུང་) 邀請,至該師關房為其專修弟子講述經論,以提問的方式,總述一切修行要義;土觀善慧法日 (ཐུའུ་བཀྭན་བློ་བཟང་ཆོས་ཀྱི་ཉི་མ) 因四世班禪善慧法幢大師 (བློ་བཟང་ཆོས་ཀྱི་རྒྱལ་མཚན) 和語王名稱大師 (ངག་དབང་གྲགས་པ) 皆以回答大師的方式而做註釋,所以認為是大師所說;另外,竹巴噶舉派白蓮活佛 (འབྲུག་པ་པད་དཀར) 等,也認為是宗喀巴大師問難噶舉派行者,所以造論回答;薩迦派釋迦勝 (ཤཱཀྱ་མཆོག) 也以薩迦派的思想而作答覆。慈洲大師 (བྱམས་པ་སྦྲིང་བ) 等則認為此書非宗喀巴大師所述,因其行文異於大師一般文風,且最後的署名亦非大師一般常用的名諱;又大師弟子所撰的《大師全集目錄》中也未編入此書。故其作者猶待考證。參見《宣說一切宗義的源頭與主張善說晶鏡》藏文頁158(土觀‧洛桑確吉尼瑪,台北:佛陀教育基金會,2007。以下簡稱《土觀宗派源流》);中文頁112(土觀‧羅桑却季尼瑪造,劉立千譯,台北:福智之聲出版社,1994)。

❸猶如梵語者何 藏地譯師將印度經論譯成藏文時,一般會在最初添寫:「在梵語為……」,意即說明根源清淨,所譯經論是從印度傳來,所以這句話就成為一切藏譯經論的首句。因此宗喀巴大師才會在《白淨增上意樂請問篇》中問到:「一切所譯經論的第一句話是『在梵語為……』,那一切修行之首是什麼?」

❹說法雖繁 按語王名稱大師所著的《答白淨增上意樂請問篇‧成就寶鬘智者頂嚴》提到:與梵語相似的修,須是觀察修和止住修二者之中的觀察修,一切白淨善法的根本唯有修信。又說:此處的修信專指道的根本──對善知識修信。此師將一切修習之首,解為對善知識修信。而善慧法幢大師所著的《答白淨增上意樂請問篇‧善慧笑音》則說:一切修中最初首,猶如梵語者為何?無比殊勝上師許,即是善為觀自心。顯而易見,此師承許善觀自心為此處所說的修習之首。參見《善慧意飾叢書》冊39,頁71、103(印度:洛色林文化協

會，1999）。

❺蓄　藏文此字有逃逸、氾濫、漏溢、不經意地放出等多種意思，此處為冒出之義。

❿第三、於座[1]後時如何行者：應將所集眾多福善，以猛利欲由《普賢行願》❶及《七十願》❷等，迴向現時畢竟諸可願處❸。

❿第二、修習之時等❹，分四：一、修習之時；二、最初修習之理；三、稍略堅固修習之理；四、不令疲倦之口訣。今初：如是應於晨起、午前、午後、初夜❺，四次修習。❿第二、最初修習之理者：此復初修若時長久，易隨掉沈❻自在而轉；此若串習，極難醫改，故應時短，次數增多。如云：「欲修習心餘少分時，即便截止❼，則於後次心欲趣入。若不爾者，見座位時，即覺發嘔❽。」❿第三、稍略堅固修習之理者：若待稍固，時漸延長，❿第四：不令疲倦之口訣者：於一切中，應離太急太緩加行過失而修❾。無緩加行者，謂於乞食、事師、侍病、禮拜等時，亦依正念速疾為之。若時有諸親眷來訪，莫與長時雜話，適量敘談[2]，勿啟長篇之論。速當完結一切事務，唯應速趣向內正住等應時善行[3]，常依寂靜處所，當速獲取所獲果位，以死緣極多，死復無有定期故也。此為傳持此規諸師語教所出[4]。由此能令障礙減少，疲倦❿昏沈等亦當消滅。

第三科、座上正修的**最後應當如何作**：應將所積聚的眾多善業，藉
由《普賢行願》及《七十願》等，以強猛的欲求心迴向至階段性與究竟
的眾多希願處。第二科、**修持的時段等**，分為四科：一、修習的時段；
二、最初修習的法則；三、稍微堅固而修習的法則；四、不致倦怠的要
訣。第一科：行者應當在黎明、上午、下午、初夜等四座中如此修持。第
二科、**最初修習的法則**：如果一開始修就時間太長，則容易陷入昏沉
掉舉；一旦養成習慣，極難改正，所以應當時間短而次數多。如同有言：
「每當想修習的心剩下少許時，便停止下來，那麼之後每次都會想要投
入修持。否則，一看到座墊就會感到發嘔。」第三科、**稍微堅固而修習
的法則**：等到稍微堅固後，再逐漸延長時限。第四科、**不致倦怠的要
訣**：所有狀況下都應該遠離太緊與太鬆的過失而修。不鬆懈的加行，是指當
乞食、侍奉上師，或者看護病患、禮拜等時，也應依憑正念而迅速去做。如果當時有親眷等人
來訪，也不與之長時漫談雜語，只宜適量地交談，不提起長篇大論的話題。所有事務都應迅
速結束，接著馬上投入諸如向內正住等當前的善行。應常棲身於寂靜處，迅速獲取所要獲得
的果位，因為死緣極多，又無法確定何時死亡的緣故。這是從傳持此派的上師們的言教中摘
錄出來的。**由此能使障礙減少，也能消除過度疲倦及昏沉等。**

[1]「於座」青海本《廣論》、雪本、哲霍本皆作正文。 [2]「適量敘談」哲霍本作
「惡量敘談」。按，「惡」(ངན)為「適」(རན)形近之訛字。 [3]「唯應速趣向內正
住等應時善行」哲霍本作「唯應向內速趣清淨等應時善行」。 [4]「🈂️無緩加行
者⋯⋯語教所出」哲霍本作巴註。

❶ 《普賢行願》　此處指《四十華嚴》最後一卷。全經漢譯本有唐般若譯《大方廣佛華嚴經入不思議解脫境界普賢行願品》；頌文的部分漢譯本有東晉佛陀跋陀羅譯《文殊師利發願經》、敦煌所出《普賢菩薩行願王經》、敦煌所出《大方廣佛華嚴經普賢菩薩行願王品》、唐不空譯《普賢菩薩行願讚》，共五種。善財童子歷參五十三位善知識，最後普賢菩薩為其宣說成就佛位應當修習十種廣大行願。參見《中華佛教百科全書》，頁4241；《大正藏》冊10，頁844；《甘珠爾》對勘本冊38。

❷ 《七十願》　雜部論典，全名《七十願頌》，共70頌，尚無漢譯。針對此願文的作者及其原由有不同的說法。多羅那他大師認為，馬鳴菩薩拜讀佛在因地的本生故事時，看到菩薩施捨母虎血肉的偉大行誼，覺得不是很難做到。有一天，他遇到如故事描述的一群挨餓的老虎母子，他也發心布施血肉，但在布施的當下，發現自己有所不能，所以對於佛陀生起無比的信心。繼而以血為墨，虔誠地寫下這篇願文，並效仿釋尊先餵血給老虎，讓牠們恢復體力，再將自己的骨肉布施，完成這偉大的菩薩行。永津事業多朗巴 (ཡོངས་འཛིན་འཕྲིན་ལས་རྡོ་ལམ་པ) 說：這是馬鳴菩薩將遷化至淨土時，在蒲葵樹葉上寫的願文。但多羅那他大師又說：也有一說是在馬鳴菩薩後出現的阿闍黎利他音阿蘭若師，以同上述的行誼而撰寫。在《丹珠爾》對勘本裡，這願文的最後也說是阿闍黎利他音阿蘭若師所著。僧海大師及阿嘉·丹貝堅參認為，利他音阿蘭若師和馬鳴菩薩其實是同一個人，只是名字不同而已。參見《多羅那他印度佛教史》，頁100；《至尊一切遍智零散文集·七十願註釋》，頁16（僧海大師造，印度：library of tibetan works & archives，2006）；《阿嘉·丹貝堅參文集》冊上，頁72；冊下，頁224；願文見《丹珠爾》對勘本冊116，頁1696。

❸ 迴向現時畢竟諸可願處　才旦夏茸大師說：一般迴向文有《般若經》的十二殊勝迴向、《集學論》的十種迴向、《十地經》的十萬阿僧祇種迴向、《經莊嚴論》的勝解行位三種各式發願，這些收攝起來，可以含攝為世出世間二種迴向。而在傳規中，有依《華嚴經·金剛幢迴向品》和〈十地品〉，以及甘丹五種發願等迴向文。唐實叉難陀漢譯《八十華嚴》，將〈金剛幢迴向品〉譯為第二

十五〈十迴向品〉，〈十地品〉譯為第二十六〈十地品〉。參見《才旦夏茸文集》冊9，頁157。

❹ **修習之時等** 即前頁350「開示修習之時等」一科。

❺ **晨起午前午後初夜** 佛教中對一天有不同分法，普遍的分法是六段，白晝分為午前、正午、午後三段；夜晚分為初夜、中夜、後夜三段。每一階段約四小時，依次大約相當於早上六點到十點、早上十點到午後兩點、午後兩點到六點、傍晚六點到十點、晚上十點到凌晨兩點、凌晨兩點到六點。晨起，或譯為後夜，即六段中的最後一段。

❻ **掉沈** 掉，二十隨煩惱之一，緣著可愛境界，外散而不寂靜，障礙奢摩他，為貪分所攝的隨煩惱。沉者，修善法時，心執持境界力量減弱的心所，有善及無記兩種。參見《廣論·奢摩他》，頁365、366。

❼ **欲修習心餘少分時即便截止** 法尊法師原譯作「有欲修心即便截止」。據哈爾瓦·嘉木樣洛周仁波切及如月格西解釋，藏文原意為「當想修習的心剩下少分時，即便停止」，非指一有修習之心即應停止，故改譯。

❽ **發嘔** 產生反胃嘔吐，比喻對現前所修法類起反感。

❾ **而修** 法尊法師原譯無此二字，今據藏文補譯。

❿ **疲倦** 藏文直譯為「極倦」。

＠**第二**[1]、**未修中間**❶ **如何行者**，＠**分二**：⼀`**善盡總體所緣效用**；⼆`**成止觀因之行持**。今初：總之雖有禮拜、旋繞及讀誦等多可行事，然今此中正主要者，謂於正修時勵力修已，未修之間，若於所修行相所緣，不依念知❷，任其逸散，則所生德，極其微尟❸。故於中間應閱顯說此法經論，數數憶持；應由多門修集資糧生德順緣，亦由多門淨治所有違緣罪障；一切

之根本，應如所知，勵力守護所受律儀。故亦有於所緣行相淨修其心，及律儀戒、積集資糧三法之上，名為三合而引導者。

^語先輩諸師語教中云：「不修心者如畫燈，無律則如無主藏，不積資如種無水❹。」

^妙**第二、止觀之因者❺**：復應學習四種資糧，是易引發奢摩他道、毘缽舍那道之正因，**所謂密護根門、正知❻而行、飲食知量、精勤修習悎寤瑜伽❼，於眠息時應如何行**^妙**四者**^[2]。**初中有五：**^妙**一、以何防護；二、何所防護；三、從何境防護；四、如何防護；五、何為防護。今初、以何防護者**：謂遍護正念及於正念起常委❽行。其中初者，謂於防護根門諸法，數數修習令不忘失。二者謂於正念，^巴以常恆^巴相續長久加行、委重^巴敬重加行^[3]而修習之。^妙**第二、何所防護者**：謂六種根❾。^妙**第三、從何防護者**：謂從可愛及非可愛六種境界❿。^妙**第四、如何防護，其中有**^巴**守護諸根及以六根防護**^[4]**二者，**^妙**第一**^[5]**、守護根者**：謂根境合，^巴既起^巴從眼至意六識後，意識便於^巴色乃至法六可愛境六非愛境，發生貪^巴前六者，及瞋^巴後六，^巴見已應當勵力^巴習近對治，從彼諸境護^巴心，令不生^巴貪瞋。^巴**第二、即以六根而防護者**：若於何境，由瞻視等，能起煩惱，即於此^巴六可愛境，^巴最初即便不縱^巴不散諸根而正止息。^語總之，此二差別者^[6]，六根既已於境散動，發起貪瞋，於此無間習近對治而遮止者為初；六根於境，初即不令放散而遮止者為次。說初業行

者對治勢力羸弱之輩，後者為要。●此二者中，其中初者修習**守護根**●之理者，是於●悅意六境，**不**●以非理作意**取行相、隨好**[7]❶。**若**●雖不如是執取[8]，然**由忘念、煩惱熾盛，起**●貪等罪惡心，●即彼無間，**亦由防護而能止息**⓬。●若念：取行相與取隨好差別云何耶？**取行相者，謂於**〔非應，●不宜也。〕**觀視**●悅意色等，**正為**●故往觀視**境界，或**●如無意現前[9]之境界現見在**前**⓭，**而於**●觀見**彼等**●境界俱時**生起**，●謂見彼境當下，即念是等姝麗如此，執取彼境行相而**現前作意**，●由往觀⓮●之門而生貪等[10]。**取隨好者，謂**●見彼境時，雖未執取彼境姝妙等相，然**於六識**●見境[11]而起後，●於前所見**能引貪瞋癡三之境，意識**●念彼為姝妙等，更復**執持，或**●自於其境界[12]，**雖未現前**●正為觀見，**由從他聞**●敘其妙好，隨後思惟**分別彼等**●而貪著之。

第五、防護●體性為何者：**謂**●根趣境時從雜染守護其意，●既防護已，若念心應何住[13]？謂**令住善性，或無記性**⓯。●二種安住之理，於**此**●時中所住**無覆無記**⓰●之時者，**謂**●餘時中威儀等時，**非是持心住善緣時**。

第二科、座間未修時如何行，分為二科：`一`發揮總體所緣的功效；`二`成就止觀之因的行持。**第一科**：一般而言，有禮拜、旋繞及讀誦等許多可行之事，然而當前主要是指於座上努力勤修後，起座未修的階段中，如果不依憑正念正知，而放任所修的所緣行相在心中散失，則收效

甚微。因此在座間也應當研閱說明該法門的經論，並且一再憶念；從多方面積聚生起功德的順緣資糧，並從多方面淨除違緣障礙。而這一切的根本，則是盡己所知勤奮守護所誓受的律儀。所以也有把對於所緣行相淨修自心、律儀戒、積聚資糧三者稱為三合而作引導。先輩祖師們的言教中說：「沒有修心，就如同畫中的燈火；沒有律儀，則如無主的寶藏；沒有積聚資糧，就如缺水的種子。」

第二科、止觀之因：另外，也應該學習四種資糧，這是容易生起奢摩他道與毗缽舍那道的因，**即密護根門、正知而行、飲食知量、不眠息而勤修瑜伽，以及睡眠時應當如何做四者。第一科分五項**：⼀、用什麼防護；⼆、防護什麼；⼳、從什麼對境防護；⼴、如何防護；⼵、何為防護。

第一項、用什麼防護：是指全面守護正念，以及持久、精進於正念。其中前者是指不忘失防護根門的眾多法要，再再修習。第二者是指以恆常相續的長久加行，以及認真的敬重加行修習正念。

第二項、防護什麼：即是六根。

第三項、從何防護：是指從六種悅意與不悅意的境界。

第四項、如何防護，分為守護諸根，也以六根防護二者。第一科、守護根：是指透過諸根及外境而生起眼識至意識等六識之後，意識便會對於色乃至法等六種悅意境與六種不悅意境，貪著前六者、瞋恨後六者。見到這個現象，應當非常努力地從中依靠對治法守護自心，令不生起貪瞋。**第二科、也以六根防護**：是指對於如果觀看等等就會引生煩惱的那些境界，從一開始便應制止諸根而不放縱、不散入這六種悅意境界。總而言之，這兩者的差別在於：前者是在六根散入外境後，生起貪瞋等時，即刻依靠對治法而遮止；後者則是一開始就完全不讓六根散入外境。對於對治力微弱的初修行者而言，後者較為重要。這二者之中，前者修行守護諸根之法，是對六種悅意境，不以非理作意執取行相與隨好。假若雖不如此執取，然而由於忘念與煩惱強盛而生起貪等罪惡心，也應即刻防護修持。若想：「那麼，取行相與取隨好有何差異？」取行相，是指將〔不應，指不可。〕觀看的悅意美色等作為刻意注視的境界，或者好比是順帶發現一般地看到的境界，對

於看到彼等境界，同時生起——見到境界的當下，心想這是如此地美好等，執取境界的行相而現前作意，藉由前往觀看而生貪等。取隨好，是指見到境界當下，雖然沒有執取境界美好等行相，但在六識看見境界之後，意識再次取著先前看過能引生貪瞋癡三毒的境界，心想這是美好等等。或者自己雖然沒有直接親眼看見那些境界，但是透過聽他人述說境界的美妙，心裡隨之思惟後，生起分別而貪戀耽著。

第五項、防護的體性為何：是指諸根對境時，守護自心遠離染汙，守護之後，若想：「心安置於何處呢？」令心處於善或無記的狀態。這兩種狀態中，此處住於無覆無記的時段，並非指內心執持善所緣時，而是在行動舉止等其他時候。

❶ 未修中間　指座上修以外的階段，又稱座間。據慧海大師所說，座間連喝茶的時間也不夠，是用功太過；為了舒緩身心，座間可以略作談論，但不宜多。參見《廣論講授筆記》，頁21。

❷**念知** 指正念正知。

❸**極其微尠** 譬如辯經法會期間努力學習，會後卻不加串習；或休會時背誦經典，到辯經法會時卻不複習，都難以收效。初修者未座上修時大部分屬於座間狀態，如果不致力於此科內容，死時悔之已晚。所以就初修者而言，座間修持比座上修更重要。參見《廣論講授筆記》，頁21；《洛桑諾布文集》冊2，頁271。

❹**不積資如種無水** 此段偈文的意涵，慧海大師記錄了三世貢唐大師相關的開示：不管是做聞思等任何善行，都必須觀照自心，讓它成為調伏心續的方便。如果這樣，就能修改自心的煩惱，也能消除其他有情心中的煩惱，成為具足修改、救護兩種功德的如法行為。如果不這樣，就算日以繼夜地聞思修，由於無法調伏相續，變得日益散亂，就如畫中的燈一般，沒有消除黑暗的作用。不管是任何善根，如果具有戒基，將功德種在戒律的田裡，就能在善趣身感果，並且讓善業不斷增長，果報將會受用無盡，所以凡夫、聲聞、獨覺、菩薩一切增上生及決定勝的因，沒有比戒律更為殊勝的，因此佛陀講完布施後便說戒律。雖然布施，但如果失壞戒律的雙足，布施的果報會在龍等惡趣身成熟，以前布施的果就會窮盡，不再增長，如同沒有主人的寶藏。努力聞思修時，積聚資糧非常重要，就像種植青稞，不能只有種子，還要有泥土、水、肥料。參見《廣論講授筆記》，頁163。

❺**止觀之因者** 即前頁375「成止觀因之行持」一科。

❻**正知** 依靠正念，觀察內心是否專注在所緣上的心所。

❼**精勤修習悎寤瑜伽** 古版玄奘大師所譯《瑜伽師地論》作「常勤修習悎寤瑜伽」，今版則改為「常勤修習覺寤瑜伽」。依玄奘大師與法尊法師二譯，此句應解為精勤修習某種瑜伽，而此瑜伽為「悎寤瑜伽」或「覺寤瑜伽」。「悎寤」一詞在藏文中為不眠之義，若作「悎寤瑜伽」或「覺寤瑜伽」，則為「不眠瑜伽」之義，然下文並未說明不眠瑜伽。另外，藏文此句直譯為「不睡眠地勤修瑜伽」。依此譯解，則此科中分為兩部分：一為在不應睡眠時要精勤修習瑜伽，二為睡眠時應如何修，與下面正文的內容相符順，譯法上也符合藏文語序。於此特為申明而存疑之。下文的精勤修習悎寤瑜伽，在藏文中也是「不睡眠地勤修瑜伽」。

❽**常委** 即下文所說常恆及委重。貢唐大師認為：常恆加行指持續精進，委重加行指強猛的欲求。慧海大師配合箋註解釋：強猛的行持為常恆加行；當下雖未直接發起精進，但精進的力量不退則是委重加行。夏日東活佛的解釋與慧海大師相反。善慧摩尼大師則說：持續精進行善為常恆加行，歡喜地精進行善為委重加行。參見《貢唐大師文集》冊2，頁165；《廣論講授筆記》，頁22；《夏日東文集》冊1，頁208；《洛桑諾布文集》冊2，頁272。

❾**六種根** 指眼根、耳根、鼻根、舌根、身根及意根六者。此六者依次能作為眼、耳、鼻、舌、身、意六識的不共增上緣，所以稱為根。

❿**六種境界** 指色處、聲處、香處、味處、觸處及法處六者，眼識所執是色處，耳識所聞是聲處，鼻識所嗅是香處，舌識所嚐是味處，身識所觸是觸處，唯由意識顯現的法是法處。

⓫**不取行相隨好** 法尊法師原譯作「不取行相、不取隨好」，為配合箋註，故改譯。

⓬**亦由防護而能止息** 藏文直譯為「亦由防護而修持之」。

⓭**或境界現見在前** 法尊法師原譯作「或現在前」，為配合箋註，故改譯。

⓮**而於彼等生起現前作意往觀** 法尊法師原譯作「即便作意彼等行相現前往觀」，為配合箋註，故改譯。

⓯**無記性** 經論中沒有被歸類為善或不善的法，即是無記，包含有覆無記及無覆無記兩種。

⓰**無覆無記** 指不與煩惱相應，沒有被煩惱覆蔽的無記；反之，被煩惱覆蔽的無記即是有覆無記。

^妙**第二**[1]**、正知而行**❶ **者有二：何為所行事，於彼行正知。初中有**^妙**行動業及受用業二**者：**謂五行動業及五受用業。**

^語師云：「言此十者，為以正知所行之事，或正知安住之處。此與前防護根門章所說諸軌，皆

為聖無著於《瑜伽師地論》引經所說❷，大師據此而作宣說，故應如是尋求密意。非唯此耳，即如本論前文所說，諸凡廣行法類，則依無著兄弟論著；深見法類，則依龍樹怙主父子論著而解，不作無據[2]臆造之說。」**其中**最初**五行動業中**[3]之^妙**第一、身事業者**：謂若往赴所餘聚落餘寺院等，若從彼還。^妙**第二、眼事業者**：一若略睹，謂無意為先，見種種境。二若詳瞻，謂動意為先，而有所見。^妙**第三、一切支節業者**：謂諸支節若屈若伸。^妙**第四、衣缽業者**：謂若受用及其受持三衣及缽。^妙**第五、乞食業者**：謂飲食等。^妙**第二、寺內五種受用業中**，^妙**第一**[4]、**身事業者**：若行，謂往經行處❸，或往同法者所，或為法故行經於道；若住，謂住行處、同法、親教、軌範、尊重、似尊等前；若坐，謂於床等上結跏趺坐。^妙**第二、語事業者**：謂若請受曾所未受十二分教❹，分別了解；諸已受者，或自誦讀，或為他說，或為引發正精進故，與他議論所有言說。^妙**第三、意事業者**：謂諸默然——若於中夜❺而正眠臥，若赴靜處思所聞義，若以九心❻修三摩地，若正勤修毘缽舍那；或於熱季極疲倦時，於非時中起睡眠欲，略為消遣❼。^妙**第四、晝**；^妙**第五、夜二業者**：謂由永日及初後夜不應睡眠之所顯示❽，此亦顯示身語二業。言睡眠者，顯示唯是夜間之業及是意業。

語譯

第二科、正知而行，分為二項：何為正知所行之事，及在其中行持的正知。前者有行動業與受用業二種，即五種行動業與五種受用業。上師提到：「這十種業是正知所行之事，或正知安住之處。這部分與前述密護根門章節的宣說方式，宗喀巴大師皆是依據聖者無著在《瑜伽師地論》中引述佛經所闡釋的內容而宣說，因此必須用這種方式探尋密意。不僅如此，如上所述，在本論中凡是廣大行方面的法類，皆依循無著兄弟的論典；甚深見方面的法類，則依循龍樹怙主父子的論述而宣說，不作沒有根據、獨自臆造之說。」**其中，前者五種行動業中的**第一、**身業：**是指往返於其他城鎮與寺院等。第二、**眼業：**有事先未存心想看，不經意地見到種種外境的稍稍瞥見，與事先作意而觀看的詳細瞻視二種。第三、**一切肢節之業：**指各肢節的伸展與踡屈。第四、**衣缽業：**指使用與持有三法衣及缽。第五、**乞食業：**指飲食等。

第二、五種在寺院裡受用之業中：第一、**身業：**是指在經行處所經行，或者前往同法者的住處，或是為了正法行走於路途中；安住於經行處、同法者、親教師、軌範師、上師和等同於上師者的面前；在床等座位上結跏趺坐。第二、**語業：**指請受未曾學習過的十二分教並徹底精通，或讀誦已經受學的經論，或為他人開示，或者為了引發精進而同他人討論時的言語。第三、**意業：**是在中夜入眠，或者前往幽靜之處思惟所聽聞的法義，或者以九住心修習三摩地，或是勤修毗缽舍那，在以上狀況靜默不語。或是在熱季疲倦時，消除非正常時段的睏倦睡意。第四、**白晝；**第五、**夜晚二業：**是以白晝與初夜、後夜不眠來說明，這也說明了身語二種業。而提到「睡眠」，則只說明夜間之業以及意業。

校勘

[1]「妙第二」 拉寺本無。按，此為四種資糧之第二項，拉寺本四種資糧獨此項無妙註，疑其脫一妙註。 [2]「無據」 果芒本原作「無孔」，拉寺本、哲霍本作「無據」。

按，「孔」（ཁུང）為「依據」（ཁུངས）之訛字，故依拉寺本、哲霍本改之。　[3]「行動業中」拉寺本無此註，果芒本、哲霍本皆未標作者。按，依體例應為妙註。　[4]「^妙第一」拉寺本無，雪本作語註，哲霍本作巴註。

❶ **正知而行**　唐玄奘大師譯《瑜伽師地論》作「正知而住」。參見《大正藏》冊30，頁413。

❷ **聖無著於《瑜伽師地論》引經所說**　出自《瑜伽師地論・本地分》，此經文係釋尊為長老羅怙羅所說偈頌，頌曰：「汝今羅怙羅，於身語意業，應數正觀察，念諸佛聖教。羅怙羅汝應，學是沙門業，若能於此學，唯勝善無惡。」參見《大正藏》冊30，頁405；《丹珠爾》對勘本冊73，頁56。

❸ **若行謂往經行處**　藏文直譯為「行往經行處」。後文的「若住，謂住行處」，直譯亦為「住於行處」；「若坐，謂於床等上結跏趺坐」，直譯為「於床等上結跏趺坐」。皆無「若」、「謂」。

❹ **十二分教**　又名十二部經，含攝一切佛經的一種分類。分別為：契經、應頌（又名重頌）、授記（又名記別）、諷頌、自說、因緣、本事、本生、譬喻、方廣、希法、論議。唐玄奘大師譯《瑜伽師地論》云：「十二分教是名正法。云何契經？謂薄伽梵於彼彼方所，為彼彼所化有情，依彼彼所化諸行差別，宣說無量蘊相應語、處相應語、緣起相應語、食相應語、諦相應語、界相應語、聲聞乘相應語、獨覺乘相應語、如來乘相應語、念住正斷神足根力覺支道支等相應語、不淨息念諸學證淨等相應語。結集如來正法藏者，攝聚如是種種聖語，為令聖教久住世故，以諸美妙名句文身，如其所應次第安布次第結集。謂能貫穿縫綴種種能引義利，能引梵行真善妙義，是名契經。云何應頌？謂於中間或於最後宣說伽他（偈頌），或復宣說未了義經，是名應頌。云何記別？謂於是中記別弟子命過已後當生等事，或復宣說已了義經，是名記別。云何諷頌？謂非直說（散文）是結句說（偈頌），或作二句，或作三句，或作四句，或作五句，或作六句等，是名諷頌。云何自說？謂於是中不顯能請補特伽羅名字種姓，為令當來正法久住聖教久住，不請而說，是名自說。云何因緣？謂於是中顯示能請補特

伽羅名字種姓，因請而說，及諸所有毘奈耶相應有因有緣別解脫經，是名因緣。云何譬喻？謂於是中有譬喻說。由譬喻故本義明淨，是名譬喻。云何本事？謂諸所有宿世相應事義言教，是名本事。云何本生？謂於是中宣說世尊在過去世彼彼方分，若死若生，行菩薩行，行難行行，是名本生。云何方廣？謂於是中廣說一切諸菩薩道，為令修證阿耨多羅三藐三菩提十力無畏無障智等一切功德，是名方廣。云何希法？謂於是中宣說諸佛諸佛弟子比丘、比丘尼、式叉摩那、勞策男、勞策女、近事男、近事女等，若共不共勝於其餘勝諸世間，同意所許甚奇希有最勝功德，是名希法。云何論議？所謂一切摩怛履迦（論藏）阿毘達磨（對法），研究甚深素怛纜（經）義，宣暢一切契經宗要，是名論議。如是所說十二分教，三藏所攝。謂或有素怛纜藏攝，或有毘奈耶（律）藏攝，或有阿毘達磨藏攝。當知此中若說契經、應頌、記別、諷頌、自說、譬喻、本事、本生、方廣、希法，是名素怛纜藏。若說因緣，是名毘奈耶藏。若說論議，是名阿毘達磨藏。是故如是十二分教，三藏所攝。」參見《大正藏》冊30，頁418。

❺ **中夜**　佛教將夜晚分作初夜、中夜及後夜三個階段，中夜即第二階段，大約相當於晚上十點到凌晨兩點。

❻ **九心**　全名九住心。初修業者獲得奢摩他前必修的九種心。分別為：內住、續住、安住、近住、調伏、寂靜、最極寂靜、專注一境、平等住。參見《廣論·奢摩他》，頁376。

❼ **略為消遣**　指遣除睡意。

❽ **謂由永日及初後夜不應睡眠之所顯示**　法尊法師原譯作「謂於永日及初後夜不應睡眠」，無「之所顯示」一詞。據藏文文義，應解為「白晝與夜晚兩種業，是由白晝與初夜後夜不睡眠這段來說明」，故補譯。唐玄奘大師譯《瑜伽師地論》云：「復如有一於晝日分經行宴坐，從順障法淨修其心；於初夜分於後夜分經行宴坐，從順障法淨修其心，說名覺寤。」「若復說言：若臥、若默、若解勞睡，此言顯示住時意業。若復說言：若習覺寤，此言顯示住時晝業、夜業、身業、語業。又若臥者，此言顯示住時夜業。」宗喀巴大師應是結合《瑜伽師地論》前後二段文義而作此闡發。後夜，夜晚三個階段中的第三階段，大約是現今凌晨兩點到早上六點。參見《大正藏》冊24，頁413、417。

^妙第二、**於此十種^妙事正知行**[1]❶，^妙**分二**：^一`略示；<sup>二</sup>`廣說。**今初、於彼等所行諸境，如何正知而行之理者**：^語於彼等所行諸境，如何正知而行之理，**謂隨發起若行動業，或受用業，即於此業先應住念，不放逸行。由彼二種所攝持故，應以何相而正觀察，如何方便而正觀察，即以是相，如是方便觀察正知。**

^妙第二、**廣說，分三**：^一`別說；<sup>二</sup>`攝義；^三`勝利。**今初**[2]：**此中復有^巴^妙事、方、時❷、業**[3]**四種行相，初謂於其身事業等十種依處，應以何相如何觀察，即於是處以是行相，如是觀察。譬如於其往返事業，如律所說往返行儀，正了知已，即於其時，正知現前行如是事。二謂於其何種方所，應以何相如何觀察，即於是方，以是行相如是觀察。譬如行時，應先了知沽酒等處，五非應行，**^巴謂^一沽酒❸女、^二青樓女、^三旃陀羅❹、^四王宮、^五屠夫[4]五處[5]。**除此所餘是可行處❺，於彼彼時安住正知。三謂於其何等時分，應以何相如何觀察，即於是時，以如是相如是觀察。譬如午前可赴聚落，午後不可，既了知已，即如是行，爾時亦應安住正知。四於所有此諸事業，應以何相如何觀察，即應於其爾所事業**[6]，**以如是相如是觀察。譬如宣說「行時應當極善防護而入他家」，所有此等行走學處，悉當憶念。**^妙第二攝義者：**總之所有若晝若夜一切現行悉應憶念，了知其中應不應行**[7]**，於進止時，一**

切❷所為皆應❷於正知而行軌理中安住正知[8]，謂「我現前正行如是若進若止。」❸第三、勝利，分二：一`正說；二`教誡珍愛受持。

今初[9]：❷《瑜伽師地論》等說❻若如是行，則現法中不為罪染，沒後❼亦不墮諸惡趣，諸道證德未獲得者，即住能得正因資糧。

❸第二[10]、教誡珍愛此與密護根門二者❽：此與密護根門二者，如聖無著引經解釋❾而正錄取。若能勵力修此二事，則能增長一切善行，非餘能等。特能清淨尸羅，及能速引❿止觀所攝無分別心勝三摩地，故應勤學。

第二科、對這十件事正知而行，分為二科：一`略說；二`廣說。第一科、在這些所行境界中，如何以正知行持的軌理：在這些所行境界中，如何以正知行持的軌理，就是當發起行動業或受用業時，從一開始就在那件事當中安住正念，不放逸而行。由安住正念及不放逸而行這二者攝持，應該以什麼行相觀察、用什麼方式觀察，就以這樣的行相、這種方式觀察而了知。

第二科、廣說，分為三科：一`分別解說；二`歸結義理；三`利益。第一科：其中又有事項、處所、時段、行為四種行相。第一是指對身業等十件事中任何一者，應該以什麼行相、如何觀察，便對那件事，以那種行相，那樣地觀察。譬如對於往返之業，如律典所說地了知往返的威儀之後，屆時就應觀察：「現在應該做這些和那些……」。第二種是指對於什麼處所，應該以什麼行相、如何觀察，便對於那個處所，以那種行相，那樣

地觀察。譬如行走時，應先了知不應去酒家等五種場所，即酒女、青樓女、賤民（旃陀羅）、王宮、屠戶等五處。以及前往此外其他處所的情形，然後便在那時候安住正知。第三種是在什麼時候，應該以什麼行相、如何觀察，便在那個時候，以那種行相，那樣地觀察。譬如了知上午可以前往聚落，午後則不可，其後便應如此照做，當時也應安住正知。第四種是對於所有的行為，應該以什麼行相、如何觀察，便對這些行為，以那種行相，那樣地觀察。譬如宣說：「行走時應當極嚴謹地防護而進入其他俗家」等，應當憶念這所有行走的學處。

第二科、歸結義理：總之，應當憶念晝夜所有的威儀，了知其中應作與不應作；在進止之際，都想到：「現在正應進行此事或遮止此事。」一切所作所為，都應該在正知而行的軌理中安住正知。

第三科、利益，分為二科：⹅正說；⹅教誡要珍重受持。**第一科**：《瑜伽師地論》等有提到，如果這麼做，則今生不被罪墮染汙，死後也不會墮入惡趣，能夠安住於獲得昔所未獲之道證的正因資糧。

第二科、教誡要珍重此法與密護根門二者：此法與密護根門二者，是如聖者無著引述經文解釋其義而錄於此。如果能致力於這二者，一切善行都將產生與眾不同的功效，特別提到能嚴淨戒律，並能順利成辦止觀所攝心無分別的三摩地，所以應當努力。

[1]「第二、於此十種事正知行」拉寺本作「於此十種正知行」。雪本、哲霍本作「第二、於此十四正知行」，青海本《廣論》正文無「事」字。按，依此處文義，「四」（བཞི）為「事」（གཞི）之訛字。　[2]「第二、廣說⋯⋯今初」哲霍本作語註。
[3]「事、方、時、業」拉寺本、哲霍本皆未標出巴註。　[4]「五屠夫」雪本脫「五」。　[5]「謂一沽酒女⋯⋯五處」原果芒本未標作者，今依拉寺本補之。
[6]「爾所事業」哲霍本作「所有事業」。按，依藏文語法，前作「所有」（ཅི་སྙེད）後應作「爾所」（དེ་སྙེད），哲霍本語法不順。　[7]「應不應行」哲霍本作「不應行者」。

按，依前後文義，果芒本為是。 [8]「一切^巴所為皆應^巴於正知而行軌理中安住正知」 拉寺本作「一切皆應^巴於境正知而行安住正知」。 [9]「今初」原果芒本於此後有「於彼境正知而行之理者」一句，拉寺本無。按，此句內容與《廣論》正文、箋註之科判文義不相連貫，疑為衍文，故依拉寺本刪去。 [10]「^鈔第二」拉寺本無。按，依科判文體，疑拉寺本脫「第二」。

❶ 於此十種正知行　法尊法師原譯作「於此十事正知行」，按「事」為箋註，為配合箋註，故改譯。

❷ 事方時　事指事項，下文「十種依處」所言依處亦同此義。方時，指處所與時間。

❸ 沽酒　賣酒，又作酤酒。沽有買及賣二義，此當賣解。

❹ 旃陀羅　梵語Candala (ཙ༹ཎྜ་ལ) 音譯，又名旃荼羅，意指下賤種姓者。男性稱為旃陀羅，女性名為旃陀利。古印度四種種姓以外的族群，包含漁戶、獵戶、鐵匠等，與一般人民別居，在舊社會中被視為不可接觸的下賤階層。

❺ 除此所餘是可行處　藏文直譯為「以及前往他處的情形」。

❻《瑜伽師地論》等說　法尊法師未譯出「說」字，為配合箋註，今據藏文補譯。論中所說勝利，唐玄奘大師譯《瑜伽師地論‧本地分‧聲聞地》云：「若於是事是處是時，如量如理如其品類所應作者，即於此事此處此時，如量如理如其品類正知而作。彼由如是正知作故，於現法中無罪無犯、無有惡作、無變無悔，於當來世亦無有罪、身壞死後不墮惡趣、不生一切那落迦中、為得未得積習資糧。」參見《大正藏》冊30，頁417；《丹珠爾》對勘本冊73，頁125。

❼ 沒後　通「歿後」，死後。

❽ 教誡珍愛此與密護根門二者　即前頁387「教誡珍愛受持」一科。

❾ 此與密護根門二者如聖無著引經解釋　聖無著的解釋，出自《瑜伽師地論‧本地分‧聲聞地》。參見《大正藏》冊30，頁406、414；《丹珠爾》對勘本冊73，頁61、106。

❿ 速引　藏文直譯為「順易成辦」。

第三、飲食知量，分三：第一、正說[1]飲食知量者：謂具四法，第一特法：非太減少，若太減少飢虛羸劣❶，無勢修善，故所食量，應令未到次日食時無飢損惱。第二特法：非太多食，若食太多，令身沈重，如負重擔，息難出入，增長昏睡，無所堪任❷，故於斷惑全無勢力。第三特法：相宜而食消化而食者，依飲食起諸舊苦受，悉當斷除，諸新苦受皆不生長。第四特法：非染污心中量食者[2]，謂不起眾罪安樂而住。

以染汙心者，謂取之時，以非法乞食，非以法取；受用之時，以貪、著、耽樂受用[3]。

第三科、飲食知量，分為三科：第一科、正說飲食知量：具備四項特質，第一項特質：飲食量不能太少，如果太少，會導致飢餓乏力，無力修善，所以進食的量，應令未到隔日進食前不致為飢餓所苦。第二項特質：不能過量進食，如果進食太多，則身體將像背負重擔一般沉重，並且呼吸困難、增加睏倦、無法勝任諸事，以致喪失斷除煩惱的能力。第三項特質：由於食物合宜，能夠消化，因而去除之前由食物所引起的苦受，並且不會產生新的苦受。第四項特質：以無染汙心食用適量的食物，因而不生罪過、心懷安樂而住。以染汙心，是指受取食物時，以非法乞食，而非以正法；進食時，以貪著耽樂之心而食。

[1]「飲食知量……正說」 拉寺本無，哲霍本「正說」作正文，青海本《廣論》無

「正說」。　[2]「非染污心中量食者」 雪本、哲霍本作「以非染污心中量食者」。
[3]「以貪、著、耽樂受用」 拉寺本、雪本、哲霍本作「以貪、著、耽樂三者受用」。

❶ **飢虛羸劣**　指因缺乏飲食所造成之身體狀況，如飢餓、體質下劣等，皆有礙修行。

❷ **堪任**　或譯堪能。指身心能夠隨心所欲完成自己所願的能力。

^妙**第二、飲食愛著對治──思惟過患者**[1]：又於飲食愛著對治者，謂依修習飲食過患。**過患有三：**^妙**第一**[2]、**由受用因所生過患者**：謂應思惟任何精妙色香味食，為齒所嚼，為涎❶所濕，猶如嘔吐。^妙**第二**[3]、**由食消化所生過患者**：謂思所食至中夜分❷或後夜分❸，消化之後，生血肉等，諸餘一類變成大小便穢不淨，住身下分❹。此復日日應須除遣，及由依食生多疾病。^語四食者，謂段食❺；觸食❻者，火及日等；思食❼者，傳言昔災荒時，有父母以袋盛灰慰其子曰：「此為麵袋。」父母既去，諸子揭而視之，見為灶灰，即飢而死；並禪定食[4]❽。

^妙**第三**[5]、**由求飲食所起過患，此有五種：**^妙**第一**[6]、**由為成辦所生過患者**：謂為成辦食及食因，遭寒熱苦[7]，多施劬勞❾。若不成辦，憂慽而苦；設若成辦，亦恐劫奪及損失故，發起猛利精勤守護而受諸苦。^妙**第二、親友失壞者**：謂由此故，

雖父子等互相鬥諍。^妙**第三、不知滿足者**：由於飲食愛增長故，諸國王等互相陣戰，領受非一眾多大苦。^妙**第四、無自在過失者**：諸食他食者，為其主故，與他鬥競，受眾多苦。^妙**第五、從惡行生者**：謂為飲食、飲食因故，三門❿造罪，臨命終時，憶念其罪追悔而死，沒後復當墮諸惡趣。^妙**第三、善為受用之勝利及意樂差別者**[8]：雖乃如是，然亦略有少許勝利，謂由飲食安住其身。若唯為此故，依止飲食不應道理，故應善思而後受用，謂由身住，我當善修清淨梵行。〔施者，^巴謂行施者。〕〔施主，^巴謂資財之主。〕亦為希求殊勝果故，搾皮血肉⓫而行惠施，應當令其所作亦得大果⓬。又應憶念《集學論》說⓭，應當思念饒益施主，及身中蟲現以財攝，於當來世，當以法攝。又應思惟當辦一切有情義利，而受飲食。^語說受用信施之食，須有「具」、「脫」二者，謂具戒律，及以禪定解脫相續。又說於此之上，若不以唸誦等淨治信施，則成懈怠者負債也。

《親友書》亦云⓮：「應知飲食如醫藥，無貪瞋癡而近習⓯，非為〔憍，^巴傲故，非〔慢，^巴謂高舉或姣好。〕故，非〔壯⓰，^巴謂身光澤，結實緊緻。〕若爾，是為何故？唯為^巴安住身^巴之[9]故⓱。」^巴「唯」字是除為憍故食等事，非除為利他等，以住身亦為此故也。

第二科、貪愛飲食的對治法——思惟過患：另外，貪愛飲食的對治法，觀待於修習飲食的過患。**飲食有三種過患：第一科、以享用為因產生的過患：**應當思惟色香味再怎麼精妙的食物，經過牙齒咀嚼、唾液潤濕之後都猶如嘔吐物。**第二科、消化飲食所產生的過患：**思惟食物在中夜或後夜消化而滋長血肉等，一部分則轉化成大小便，積在身軀下部，必須日日排泄；以及由於飲食引生各類疾病。四種食為段食；觸食——指火與太陽等等；思食，傳說往昔饑荒年間，有父母裝了一袋的灰哄騙子女道：「這袋是麵粉（糌粑）。」等到父母不在時，子女們打開袋子，看到其中盛的是灰，隨即餓死；最後是禪定食。

第三科、求覓飲食導致的過患，分為五種：第一科、成辦飲食引生的過患：為了飲食以及飲食之因，要冒著寒凍酷熱費力營求，如果營辦不成，就會為憂愁等所苦；縱然成辦，也會擔心遭到掠奪及損失，由此為戮力守護所苦。**第二科、喪失親睦的情誼：**為了飲食，縱使父子等也會互相鬥諍。**第三科、不知滿足：**由於對飲食的愛著逐漸增強，國王等相互交戰，飽嚐眾苦。**第四科、無法自主的過患：**寄食於他人者，為了其主人的利益與他人鬥爭，備受眾苦。**第五科、惡行引起的過患：**為了飲食以及飲食之因而造集身語意三門的罪惡，臨終時回憶這一切，懷著懊悔而死，死後還要墮入惡趣。

第三科、善加受用的利益與心念上的差異：雖然如此，還是有少許的利益，就是藉由飲食維繫自身。但是不應僅為此而依靠飲食，所以應如下思惟而後受用：「藉由維繫此身，我當修持清淨的梵行。〔施者，指行施之人。〕和〔施主，指財物的主人。〕為了追求超勝的妙果，壓榨皮肉鮮血而行布施，要讓他們所做這一切也能獲得廣大的果報。」又應該憶念《集學論》中所說，要心想利益施主，以及現在以物資攝受身中蟲，未來要以正法攝受。又應懷著成辦一切有情利益之心而進食。有說食用信施的食物，必須具備「具足」與「解脫」二種條件，意指具足戒律，及以禪定令心解脫。又有說在此之上，若不以唸誦等淨化信施，對懈怠者而言就會成為債務。《親友書》中也提到：「應當

393

了知飲食如同醫藥，不懷貪瞋而服用；不是為了憍傲自滿，不是為了〔驕慢，這裡指高傲、身形端美。〕不是為了〔壯碩，此處指膚色光澤豐滿壯實。〕那麼究竟是為了什麼目的？只是為了維繫此身。」所謂「只是」，是排除為了憍傲而進食等等，並不排除為了利他等，因為維持此身也是為了這個目的。

[1]「^妙第二、飲食愛著對治——思惟過患者」 拉寺本作語註，內容亦和果芒本有出入，其文如下：「於此飲食愛著對治——過患及善為受用之勝利。今初」。　[2]「^妙第一」 拉寺本無此註。　[3]「^妙第二」 哲霍本作語註。　[4]「^語四食者……並禪定食」 哲霍本作妙註。　[5]「^妙第三」 果芒本原作語註，拉寺本作妙註。按，依前後科判，以妙註為宜，故依拉寺本改之。　[6]「^妙第一」 果芒本原作語註，拉寺本作妙註。按，依前後科判，以妙註為宜，故依拉寺本改之。　[7]「遭寒熱苦」 哲霍本作「日遭寒熱」。　[8]「^妙第三、善為受用之勝利及意樂差別者」 拉寺本作「^妙第二、善為受用之勝利」。按，此科於果芒本為前390頁「飲食知量」之第三科，然拉寺本將此註作「於此飲食愛著對治」之第二科。拉寺本此處雖作妙註，然母科「於此飲食愛著對治——過患及善為受用之勝利」全作語註，疑拉寺本「於此飲食……勝利」一文作妙註為宜。　[9]「^巴之」 哲霍本無。

❶涎 音賢，口液、唾液。

❷中夜分 見前頁385註5。

❸後夜分 見前頁385註8。

❹下分 身體內部下方，指腸子。

❺段食 四食之一。舊譯摶食、團食。欲界人、天所吃的食物，包含香、味、觸，由於受用時必須分段才能進食，故名段食。欲界才有段食，色、無色界無。

❻觸食 四食之一。接觸悅意的境，由此長養身心的觸心所，是為觸食。三界中都有觸食。透由接觸到火與陽光，感受到熱度，能長養身心，故文中舉此二為例。

❼ **思食** 四食之一。令心安住並引動內心的思心所，是為思食。三界中都有思食。

❽ **禪定食** 四食之一。由於修習禪定，能長養身心令其不壞，故名禪定食。然一般四食中第四食都指識食而非禪定食。

❾ **劬勞** 勤奮。劬，音渠，字从句聲，有曲身勞作之義。

❿ **三門** 法尊法師原譯作「三業」。藏文原文為「三門」，三門指身語意，而非身語意所造的業，故改譯。

⓫ **搾皮血肉** 費盡艱辛尋求之義。參見《洛桑諾布文集》冊2，頁279。

⓬ **應當令其所作亦得大果** 法尊法師原譯作「亦當成辦彼等所願，令得大果」，今依藏文改譯。

⓭ **《集學論》說** 宋法護等譯《大乘集菩薩學論》云：「乃至欲食如是作意：此身中蟲有八萬戶，共得此食皆得安穩；我今以食攝受諸蟲，我得菩提復以法化。」「如是行乞食者，於所施食起三種念住，謂愍身中所集諸蟲，成就利益一切眾生，攝受正法。」參見《大正藏》冊32，頁100、101；《丹珠爾》對勘本冊64，頁1189。

⓮ **《親友書》亦云** 《親友書》，龍樹菩薩寄與樂行賢王的書信。漢譯本有劉宋求那跋摩譯《龍樹菩薩為禪陀迦王說法要偈》1卷；劉宋僧伽跋摩譯《勸發諸王要偈》1卷；唐義淨譯《龍樹菩薩勸誡王頌》1卷，共三種。引文唐義淨譯《龍樹菩薩勸誡王頌》作：「受餐如服藥，知量去貪嗔，不為肥憍傲，但欲住持身。」引文見《大正藏》冊32，頁752；《丹珠爾》對勘本冊96，頁673。

⓯ **無貪瞋癡而近習** 藏文無「癡」字。「近習」，在此即服用之義。

⓰ **非壯** 此與前文非憍、非慢三者，據阿嘉永津解釋，「憍」指跋扈，「慢」指我慢，在此是指擺出傲慢的態度或恫嚇他人；「壯」指光澤壯碩。並引仁達瓦之言，說為憍及為壯而食是起貪而食，為慢而食是發瞋而食。但善慧摩尼則說，「憍」指身材結實，「慢」指保持年輕的身材，「壯」指膚色光亮。參見《阿嘉雍曾文集》冊上，頁69；《洛桑諾布文集》冊2，頁281。

⓱ **唯為住身故** 法尊法師原譯作「唯為住其身」，為配合箋註，故改譯。

^妙第四、**精勤修習惛寤瑜伽❶**，於眠息時如何行，^妙分五[1]：^一、眠息之時；^二、善妙威儀之勝利；^三、如是威儀意樂；^四、教令珍持；^五、結合一切修持座間軌理[2]。初中分二：^一、正說；^二、座上座間差別。初者：《親友書》云❷：「^巴喚樂行賢王而告之曰[3]：種性之主❸！^巴汝[4]於永晝❹，^巴乃至夜間亦^巴皆以善行度過初後^巴二分❺，^巴後於午夜睡眠時亦莫空無果，^巴眠為不定❻，故應具足^巴善品正念^巴不失而於中眠。」此顯永日及其夜間初後二分，若正修時，若其中間，如所應行。故行坐時，應從五蓋❼淨修其心，令不唐捐，如前已說。^妙**第二、座上座間差別者**：此與護根、正知三中，皆具修時修後❽二法，此中所說，是修後者。^妙**第二、善妙眠睡現行^妙勝利❾**：是修後事，故此莫令空無果。如何眠者，謂於永日及夜三分，於初分中修諸善行，過初分已至中分時，應當眠息，諸為睡眠所養大種，由須睡眠而增長故。若能如是長養其身，於諸善品修二精進❿，極有堪能，極為利益。臨睡息時[5]，應出房外，洗足入內，右脅而臥，重疊左足於右足上，猶如獅子而正睡眠。如獅子臥者，猶如一切旁生之中，獅力最大，心高而穩，摧伏於他；如是修習惛寤瑜伽，亦應由其大勢力等，伏他而住，故如獅臥。餓鬼諸天，及受欲人所有臥狀，則不能爾，彼等一切悉具懈怠，精進微劣，少伏他故。^語有云：「傍生

俯臥、天人仰臥、餓鬼蹲臥❶，著貪欲者左脅而臥。」又有異門，猶如獅子右脅臥者，法爾令身能不緩散；雖睡沈已，亦不忘念；睡不濃厚[6]；無諸惡夢。若不如是而睡眠者，違前四種，一切過失悉當生起。

第四科、不眠息而勤修瑜伽，以及睡眠時應當如何做，分為五科：一、睡眠的時段；二、良好睡姿的利益；三、此儀態的心念；四、教誡要珍重受持；五、應用於一切修持之座間階段的軌理。第一科分為二科：一、正說；二、座上與座間的差別。第一科：《親友書》中說：「呼喚樂行賢王而說：英明的君主！你不只在白天，還有晚間的初夜與後夜二個時段，應該在行善中度過，當午夜入睡之際也不應空度無果。由於睡眠為不定心所，所以應該在那時懷著向善的正念不失而入眠。」其中說明整個白天及初夜、後夜時，座上及座間應如何行。所以應如上文所述，由經行與端坐來淨除心中的五蓋，令行持有意義。**第二科、座上與座間的差別**：這與守護根門、正知而行三者，都各有座上與座間二部分，此處是指座間。**第二科、良好睡眠行儀的利益**：是在座間，所以也不應使之無義。那麼應如何做呢？應以行善度過白天，及夜晚三段時間中的第一段時間。到了第二段時間時應當睡眠，因為要靠睡眠來滋養那些藉此長養的大種。如果能這麼滋養自身，則特別能勝任對於善品修持強猛及恆常兩種精進，利益非常大。臨睡時，應該到臥房外洗腳後再入內，右脅朝下，左腳疊在右腳上，像獅子那樣睡眠。這個的意思是，就像一切畜生中，獅子的體力最為強健，內心昂揚堅穩，威鎮百獸；同樣地，不眠息而勤修瑜伽，也應以大勢力等鎮伏他方而住，所以如獅子而臥。餓鬼、天神、縱欲之人的睡姿則不是如此，因為他們都是怠惰者，精進微劣，鎮伏他方的力

量微弱的緣故。有說畜生俯臥、天人仰臥、餓鬼蹐縮而睡、耽著貪欲者左脅朝下而臥。從另一角度而言，如獅子右脅而臥，自然能使自身不會鬆懈；即使沉睡也不忘失正念；睡意不致濃厚；不作惡夢。如果不這麼睡眠，就會生起與前四者相反的一切過失。

[1]「^妙分五」 果芒本原作「^妙分六」，拉寺本作「^妙分五」。今依拉寺本改之，原因詳見下文。 [2]「三、如是威儀意樂；四、教令珍持；五、結合一切修持座間軌理」 果芒本原作「三、正說眠息威儀；四、如是威儀意樂；五、教令珍持；六、結合一切修持座間軌理」，拉寺本作「三、如是威儀意樂；四、教令珍持；五、結合一切修持座間軌理」。按，果芒本將「是修後事……一切過失悉當生起」分成「善妙威儀之勝利」及「正說眠息威儀」兩科，然依果芒本「善妙威儀之勝利」所攝《廣論》正文，並無此科內涵。拉寺本去「正說眠息威儀」一科，將「是修後事……一切過失悉當生起」悉併入「善妙威儀之勝利」，與《廣論》正文較相吻合，故依拉寺本改之。 [3]「^巴喚樂行賢王而告之曰」 哲霍本作妙註。 [4]「^巴汝」 哲霍本作妙註。 [5]「臨睡息時」 果芒本原作「^妙第三、正說眠息威儀：臨睡息時」，拉寺本無此妙註，今依拉寺本改之，原因詳見此頁校勘2。 [6]「睡不濃厚」 雪本作「二不濃厚」，誤。

❶ 精勤修習悎寤瑜伽 藏文直譯為「不睡眠地勤修瑜伽」。

❷《親友書》云 引文唐義淨譯《龍樹菩薩勸誡王頌》作：「勤驅度永日，於初後夜中，眠夢猶存念，勿使命虛終。」見《大正藏》冊32，頁752；《丹珠爾》對勘本冊96，頁674。

❸ 種性之主 據善慧摩尼解釋，按梵文拼法，「種性」（ རིགས） 應作「明了」（ རིག），在藏文僅一字之差。明了即英明、聰敏，故「明了之主」即英明的君王之義。查《甘珠爾》對勘本，其中正文亦作英明之主，並附有他版作種性之主。參見《甘珠爾》對勘本冊96，頁684；《洛桑諾布文集》冊2，頁281。

❹ 永晝 整個白天。

❺ **初後二分**　指初夜及後夜二者。初夜，見前頁375註5；後夜，見前頁385註8。

❻ **不定**　一種心所法，包含睡眠、惡作、尋思及伺察四種心所。這四種心所由於等起及意樂的差別，有時為善，有時為惡，有時無記，隨意樂而轉，故名不定。

❼ **五蓋**　指掉悔蓋、瞋恚蓋、昏睡蓋、貪欲蓋及疑法蓋。此五者會障蔽禪定，故名為蓋。

❽ **修時修後**　即座上、座間。

❾ **善妙眠睡現行勝利**　即前頁396「善妙威儀之勝利」一科。現行，此處指威儀、儀態。

❿ **二精進**　指常恆精進及敬重精進，又名常恆加行及委重加行。見前頁381註8。

⓫ **踡臥**　彎曲身體而臥。踡又作蜷，音全。

妙**第三**[1]**、眠息意樂**❶ **者：以何意樂睡眠有四：**妙**第一、光明想者**：謂應善取光明之相，以其光心而睡眠之，由是睡時心無黑暗。妙**第二、念者**：謂聞思修諸善法義所成正念，乃至未入熟睡之際，應令隨逐。由此能令已睡沈時等同未睡[2]，於彼諸法心多隨轉，總之睡時亦能修諸善行。妙**第三、正知者**：謂由如是依止念時，隨起煩惱即能了知，斷除不受。妙**第四、起想有三：初、**妙**不逾時起之想**[3] **者**：謂一切種❷，其心不應為睡所蔽❸，應以精進所攝之心，驚懼而眠，猶如傷鹿。由此睡眠不甚沈重，不越起時而能醒覺。**第二、**妙**當修佛所開許睡眠想**[4] **者**：謂作是念：語師云：「若解作『我語於一切種應修佛所開許睡姿』，則與

後文『由是能依佛所開許獅子臥式眠無增減』較相係屬[5]。」今應修佛所開許惺寤瑜伽❹，為修此故，應大勵力引發欲樂。由是能依佛所開許獅子臥式[6]眠無增減。第三、❀**不捨精勤於善想[7]者**：謂應作是思：如我今日勤修惺寤及諸善法，明日亦應如是勤修。為能由是令善欲樂相續，雖忘念中亦能增長，故應勤修❺。❀**第四[8]、教令珍持者**：此食睡行，若能無罪具義而行，現見能遮眾多無義虛耗壽數故，如聖者無著引經，如所決擇而為解說。❀**第五[9]、結合一切修持座間軌理**：如是唯除正修時中所有不共修法之外，加行、正行、完結、中間諸應行者，從此乃至毘鉢舍那，所修一切所緣行相，皆如是行。已釋中間所應行說。

第三科、睡眠的心念：**以什麼心念睡眠，分為四科：第一科、光明想**：應善取光明之相，以具足光明的心睡眠，如此能使入睡時心中不生黑暗。**第二科、正念**：透過聽聞、思惟、修持具義善法所生起的正念，在未睡眠前應當持續依止，由此能使睡眠時也等同未睡，心能多次地趣入那些法義。總之，在睡眠中也能守護善行。**第三科、正知**：如此依靠正念時，若生起任何煩惱，即能了知而斷除不受。**第四科、睡起之想中分三部分：第一科、不逾時起身之想**：任何狀況下，內心都不應被睡意蒙蔽而滑落，應以精進攝持的心，宛如野鹿一般驚悸淺睡。如此能使睡眠不致沉重，不超過應起床的時間就能醒來。**第二科、修佛陀所開許的睡眠之想**：心想：「任何狀況下，我都應當修持佛所開許的不眠

息。」上師說：「若作『任何狀況下都應修持佛所開許的睡姿』，則與下文『如此能無增減地用佛陀開許的獅子臥式入眠』較相契合。」為修此法，應以大精勤策發欲求心。如此能無增減地用佛陀開許的獅子臥式入眠。**第三科、不棄捨勤奮為善之想**：心想：「如同我今日勤修不睡及眾多善法，明天也應該這麼做！」為了透過這樣的思惟，令行善的欲求相續不斷，即使在忘念中也能再再增長，所以應當努力勤修。**第四科、教誡要珍重受持**：如果能無罪並有意義地奉行這種進食與睡眠的行儀，可以見到能夠遏止許多虛度人生的行為，所以照著聖無著引經抉擇而作解說。**第五科、應用於一切修持之座間階段的軌理**：如上所述，除了在正行階段不共的修持內涵以外，加行、正行、結行及座間時應該做的，都應該應用在這個法類直到毗缽舍那間一切所緣行相的修持。座間應如何行已解說完畢。

[1]「^妙第三」 果芒本原作「^妙第四」，拉寺本作「^妙第三」，今依拉寺本改之，原因詳見398頁校勘2。　[2]「由此能令已睡沈時等同未睡」 雪本、哲霍本作「此者已睡沈時等同未睡」。　[3]「^妙不逾時起之想」 拉寺本無。　[4]「^妙當修佛所開許睡眠想」 拉寺本無。　[5]「^語師云：『若解作……較相係屬』」 哲霍本作巴註，「較相係屬」作「較能解釋」。按，依藏文語法，哲霍本應解為：「^巴師云：若解作『我^巴於一切種應修佛所開許睡姿』，則較能解釋下文『由是能依佛所開許獅子臥式眠無增減』之語」。　[6]「臥式」 哲霍本作「臥故」。按，依藏文語法，「臥故」（ཉལ་བས）為「臥式」（ཉལ་སྟངས）之訛字。　[7]「^妙不捨精勤於善想」 拉寺本無。　[8]「^妙第四」 果芒本原作「^語第五」，雪本、哲霍本作「^妙第五」，拉寺本作「^妙第四」。按，參前後科文，諸科皆應作妙註，故依拉寺本改之，原因詳見398頁校勘2。　[9]「^妙第五」 果芒本原作「^妙第六」，拉寺本作「^妙第五」，今依拉寺本改之，原因詳見398頁校勘2。

❶眠息意樂　即前頁396「如是威儀意樂」一科。

❷一切種　指任何情況。

❸其心不應為睡所蔽　藏文直譯為「不應為睡眠所蔽而令心滑落」。

❹我今應修佛所開許悎寤瑜伽　按「悎寤」即不睡，且藏文原文中無「瑜伽」二字，故直譯為「我今應修佛所開許不眠」。語王大師從睡姿角度解釋，故有人認為此處的「不眠」應作「睡眠」。阿嘉永津則引賢劫海大師之語，說此段意思是「我應如佛所說，不以不應行的睡法而眠」，所以認為作「悎寤」是版本筆誤的說法為不合理。更說若作睡眠，則與起想無關，而依原文亦可與「由是能依……」一段文前後產生關聯，所以原作悎寤為正。按：此處若作「我今應修佛所開許不眠」，則其意為我不應該用佛所遮止的睡眠方式來睡眠，既然不用佛所遮的睡眠方式來睡，自然就應以獅子臥等來睡眠；而若作「我今應修佛所開許睡眠」，則其意為我應該如佛所說的獅子臥等睡眠方式來睡眠。因此歸根究柢，其意實無差別。但是這句話原出自《瑜伽師地論》，而現今所見藏文版的《瑜伽師地論》來看，其對應的論文中作：「我應如佛所許不眠而修加行」，故作「不眠」的版本為正。參見《阿嘉雍曾文集》冊上，頁70；《丹珠爾》對勘本冊73，頁93。

❺為能由是令善欲樂相續雖忘念中亦能增長故應勤修　法尊法師原譯作「由是於善欲樂相續，雖忘念中，亦能精勤修上上品」，今據藏文，此段之義為：「為了透由上述睡前的思惟使善法欲相續不斷，即便是在睡著的忘念中也能再再增長，因此應當努力如是思惟」，故改譯。

🈡前述依止善知識軌理法類多為觀察修，故**第二、破除於此🈡以觀察修修**智**軌理邪執分別，**🈚**分四：一、破斥心未趣向聖言之愚者；二、破斥昧於觀修止修謬解；三、破斥解修極狹之自詡智士者；四、宣說一切聖言修持軌理。初中分二：一、敘宗；二、破執。初者：**〔心未趣向聖言及釋諸大教典現教授者，🈚謂昔之支那和尚及後

之斷見者作如是言，^語〔師云：此他宗與一切聖言未現教授者，其致一也。〕：「正修道時，不應於境數數觀察，唯應止修，若以觀慧數觀擇者，是聞思時故；又諸分別，是有相執❶，於正等覺為障礙故。」^妙第二、破執，分四：¯`正破；¯`辨識最初興惡說者；¯`明此惡說為教法隱沒因緣；¯`自宗以觀察止住二者修習之理。初中分六：第一、**此為昧於聞思修三者建立之妄言**：此乃未達修行扼要，極大亂說。《莊嚴經論》云❷：「此^巴依次入聖教時，先依於聞^巴慧❸，起如理作意^巴所聞義之思所成慧[1]❹，^巴依修^巴習如理作意，^巴以現識所證真^巴實義^巴實性為境^巴之修所成智乃生❺。」^巴謂由思惟資糧道❻時所聞之義，生加行道體性所屬之思所成與世間修所成慧❼，依此更生見道❽體性所屬現證實性。此說從其思所成慧如理作意所聞諸義，修所成慧真義現觀❾，乃得起故。

前述依止善知識軌理的這些法類，大多數都側重於觀察修，所以**第二科、破除對用觀察修修習的方法產生的邪謬思惟**，分為四科：¯`破斥心未趣向聖言的愚人；¯`破斥不懂觀察修與止住修的錯解；¯`破斥對修持的理解極端狹隘的自詡智士者；¯`宣說一切聖言的修持軌理。第一科分為二科：¯`敘述其主張；¯`駁斥。第一科：〔心未趣向將如來聖言及釋疏等諸大教典體現為要訣的人們，如過去的支那和尚，及後代的斷見者這麼說，上師說：此處陳述其主張者與未將一切佛語體現為要訣者，如出一轍。〕：「修道時不應一再

觀擇所緣境，而只應該止住修，因為以分別觀察的智慧再再觀擇，是在聽聞與思惟的階段；又因為凡是分別，都是著相，所以會阻礙成佛。」第二科、駁斥，分為四科：⼀`正式駁斥；⼆`辨識首倡惡說之人；⼆`說明這種惡說是聖教隱沒的因緣；⼆`自宗用觀察修與止住修二者修持的軌理。第一科分為六科：第一科、這是不明白聞思修體系的無稽之談：這是根本沒有通達修持要訣的極大謬論，因為《經莊嚴論》中提到：「在這依次深入聖教的過程之中，起初要依靠聽聞的智慧，生起如理作意所聞義理的思所成慧，依靠修習如理作意，而生起以現前識證得真實義實性，以此為境的修所成慧。」即由思惟資糧道的階段所聽聞的義理，而生起本質為加行道的思所成慧與世間修所成慧，依此而生起本質為見道的現證實性。這是說以思所成慧如理作意所聽聞的法義，從而生起現證真實義的修所成慧。

❶ 有相執 簡稱相執，此處指能分別執持境上種種差別、種種行相的心。一般來說，宗喀巴大師的著作中用到相執一詞，有時是指執持境上種種差別行相的心，有時特指實執、自性執。善慧摩尼大師認為此處「有相執」即是「實執」。參見《洛桑諾布文集》冊2，頁284。

❷ 《莊嚴經論》云 引文唐波羅頗蜜多羅譯《大乘莊嚴經論·成宗品》作：「隨次聞思修，得法及得慧。」見《大正藏》冊31，頁592；《丹珠爾》對勘本冊70，頁807，然與正文略有不同。

❸ 聞慧 依靠他力，聽聞以前沒有聽過的三藏文義，並且執持、精勤讀誦的智慧即是聞慧，非指聞所成慧。

❹ 思所成慧 見前頁235註12。

❺**此先依於聞起如理作意修如理作意真義境智生**　法尊法師原譯作「此依先聞，如理作意，起修正作意，真義境智生」。由於《莊嚴經論》本為偈頌體，為配合箋註，故改譯。原文所說修所成智，即修所成慧，見前頁235註10。

❻**資糧道**　見前頁174註1。

❼**世間修所成慧**　凡夫心中的修所成慧皆為世間修所成慧，聖者心中的修所成慧皆是出世間修所成慧。

❽**見道**　見前頁174註1。

❾**真義現觀**　真義指真實義，譬如四諦、無我、空性等。此處「現觀」在藏文原意為「現證」，即現證真實義的智慧。

故所應修者，須先從他聞，由他力故而發定解。次乃自以聖教、正理[1]，如理思惟所聞諸義，由自力故而得決定。如是若由聞思決定，遠離疑惑，數數串習，是名為修。故以數數觀察而修，及不觀察住止而修，二俱須要，以於聞思所決擇義，現見俱有不觀止住，及以觀慧思擇修故。是故若許一切修習皆止修者，如持一麥說一切穀皆唯是此❶，等同無異。復如聞所成慧以聞為先，思所成慧以思為先，如是修所成慧亦應以修為先，以其修慧從修成故。若如是者，則修所成慧前行之修，即是修習思所成慧所決定義，故說修慧從思慧生。以是若有幾許多聞，亦有爾多從此成慧，此慧幾多其思亦多，思惟多故從思成慧亦當不尠❷。如思慧多，則多修行，修行多故，則有眾多滅

除過失、引德道理，故諸經論，皆說於修，聞思最要。若謂聞思所決擇者，非為修故，唯是廣闢諸外知解；若正修時，另修一種無關餘事[2]，如示跑處[3]另向餘跑，則前所說悉無係屬，亦是善破諸聖言中諸總建立三慧❸ 次第生起之理，則其亂說「趣無錯道，不須多聞」亦成善說。^妙第二、昧於聞思修三扼要之相者[4]：未達此等扼要之相，即是多習經典續部與一從來未習教者，於正修時，二人所修，全無多寡。又復執彼行者聞法及觀擇等以為過失[5]諸惡軌派❹，^巴於此雪域令成堅固❺。^妙第三、修與修所成有別者[6]：是故串習聞思二慧所決定義，雖非修成，然許是修，有何相違❻？若相違者，則諸異生未得初禪未到定❼ 時，應全無修，以欲地中，除說已得入^巴如九住心中專注一境欲地心❽之大地❾ 時，由彼因緣，^巴何時生起輕安[7]❿之時，可生修所成慧⓫ 之外，餘於欲地無修所成，對法論⓬ 中數宣說故⓭。

^妙第四、修之字義者：故言修者，應當了知，如《波羅蜜多釋論明顯文句》中云⓮：「所言修者，謂令其意，成彼^巴所修義理體分⓯，或成彼事。」譬如說云「修信」、「修悲」，是須令意生為彼彼。^妙第五、如是修與串習二者須為同義者[8]：以是諸大譯師，有譯修道，有譯串習，如《現觀莊嚴論》云⓰：「見習諸道中。」蓋修習二，同一義故。

^妙許觀察與修相違者,是可笑處者^[9]:又如至尊慈氏云❶:「決擇分❷加行道與見道,及於修道中,數思惟稱量,觀察修習道。」此說大乘聖者修道,^語有謂聞思修三種三摩地依次結合前行、正行、結行❶。於所聞義以四正理❶數數思惟;於所思義以九等引奢摩他❷數數安住;次於九義❷以正思擇、最極思擇、周遍尋思、周遍伺察^[10]四種毗缽舍那❷數數觀察^[11]。尚有數數思惟、稱量、觀察,若說觀擇修持與修二事為相違者,是可笑處❷。

因此所要修習的法類,首先必須從他人聽聞,藉由他力而確切地認知,其後自己依教言與正理如理思惟所聞法義,以自力確切地認知。如此透過聞思確定而無有疑惑以後,再再地熟諳串習,就稱之為修。所以一再地觀擇而修,與不觀察的止住修,兩種都是必要的,因為現實可見,對於聞思所抉擇的內涵,有不觀察而止住,及用分別觀慧抉擇而修兩者。所以主張一切修持都是止住修,就好比手持一粒麥,卻聲稱「一切穀類全都是它」一般。又如聞所成慧之前必須先經過聽聞,思所成慧之前必須先經過思惟,同樣地,修所成慧之前也須先經過修持,因為這種智慧是由修所生成的。既然如此,修所成慧之前的修持,即是修習思所成慧所確解的義理,所以才說修所成慧是從思所成慧出生。因此有多少聽聞,便有那麼多聞所成慧;此慧有多少就有那麼多思惟,此思惟有多少就會有那麼多思所成慧;此慧有多少,同樣也就有那麼多修行,修行多就有眾多消除過失、成就功德的方便。所以經論都提到:對於修行而言,聞思相當重要。如果聞思抉擇並非為了修行,只是剖析許多外在的知識,修行時另修與此毫無關聯的內容,就如同展示一處賽馬跑道,比賽時卻跑向他處一般,則前文所述都變成毫無關聯,也善為破壞總

體至言的體系中三種智慧依序生起的道理，而聲稱「邁向無錯謬道不須多聞」的荒唐言論也將成為善說。**第二科、不解聞思修三者要訣的象徵**：未通達這些竅要的象徵，就是廣泛學習顯教或密教之士，與從未研習教典的人，在正修行時，二人修持內容全無多寡之別。另外，也使認為「修法者進行聞法及觀察抉擇等便是過失」的眾多惡劣軌派，在此雪域根深柢固。**第三科、修與修所成不同**：因此單是熟諳聞思慧所確解的法義，固然不是修所成，但又何妨是修持？如果這二者相違，則凡是未獲得初禪未到地定的凡夫，應該根本不會有修持，因為欲界地中，除了說到達如九住心中專注一境的欲界心大地時，何時依此生起輕安，便會生起修所成以外，在這欲界地之中沒有修所成，對法論中多次這麼宣說。**第四科、「修」字之義**：因此所謂「修」，應如《波羅蜜多釋論明顯文句》所說的那樣去理解：「所謂修持，是令內心具有成為彼所修義理的條件，或者成為所修法義本身。」譬如提到修信、修悲，必須是令內心成為信心與悲心。**第五科、如此則修持與串習二者須是同義**：因此諸大譯師有時翻譯成「修道」，有時則如《現觀莊嚴論》所說「見習諸道中」那般，譯作「串習」，修與串習二者實為同義。

認為觀擇與修持二事相違，是可笑之處：另外，至尊慈氏說：「對於決擇分——加行道，以及見道、修道，一再思惟、衡量、觀察的修道。」已說明大乘聖者的修道，有說聞思修的三種三摩地依序結合前行、正行、結行。憑藉四種正理，再再思惟聽聞的法義；以九種等引奢摩他，再再安住思惟的義理；以正思擇、最極思擇、周遍尋思、周遍伺察四種毗缽舍那，再再觀察這九種義理。有再再思惟、衡量、觀察，仍然認為觀擇而修持與修持二事相違，實在是可笑之處。

[1]「自以聖教、正理」哲霍本作「以自聖教、正理」。 [2]「另修一種無關餘事」哲霍本作「修習一種與餘無關」。按，哲霍本語義應與《廣論》原意相違，誤。 [3]「跑處」哲霍本作「正文」，誤。 [4]「⑭第二、昧於聞思修三扼要之相者」哲霍本作巴

註。　　[5]「過失」雪本作「填料」，誤。　　[6]「^砂第三、修與修所成有別者」哲霍本作巴註。　　[7]「輕安」哲霍本作「學木」，誤。　　[8]「^砂第五、如是修與串習二者須為同義者」拉寺本作「^砂第五、須如是解者」，哲霍本作「^砂第五、如是修與串習二者須解為同義者」。[9]「^砂許觀察與修相違者，是可笑處者」拉寺本無。　　[10]「周遍伺察」拉寺本作「周遍受用」。按，四種毗缽舍那中無「周遍受用」，「受用」(ལོངས་) 為「伺察」(དཔྱོད་) 之訛字。　　[11]「^語有謂聞思修……觀察」此註拉寺本置於本段文末。

❶ **持一麥說一切穀皆唯是此**　以偏概全之義。麥只為五穀之一，不能涵蓋一切穀類。

❷ **不尟**　尟，音顯，即「少」之義。此二字藏文原文為「多」。

❸ **三慧**　指聞思修三種智慧。

❹ **又復執彼行者聞法及觀擇等以為過失諸惡軌派**　法尊法師原譯作「又彼行者，是執聞法及觀擇等以為過失諸惡軌派」，今依藏文改譯。

❺ **令成堅固**　善慧摩尼將此解為不斷出現。參見《洛桑諾布文集》冊2，頁285。

❻ **雖非修成然許是修有何相違**　指雖不是修所成，依然可以是修。如串習聞思所解義理，非為等引地所攝，所以不是修所成，但依然可以是修。

❼ **初禪未到定**　又稱初禪未到地定、初禪近分未至定。初禪根本定的加行作意即是初禪未到定。

❽ **九住心中專注一境欲地心**　九住心分別為：內住、續住、安住、近住、調伏、寂靜、最極寂靜、專注一境、平等住。專注一境欲地心即九住心中第八住心，又名專注一趣。由於勤加策勵，能夠令心持續專一安住在境上，所以稱為專注一境。此心為欲界所攝，故名欲地心。參見《廣論·奢摩他》，頁376。

❾ **大地**　一般指登地以上的菩薩，但也有將此解作九住心中的第八住心。

❿ **輕安**　消除身心粗重，令身心具有修善的堪能性即是輕安，有身輕安及心輕安兩種。

⓫ **修所成慧**　藏文原文無「慧」。修所成未必是修所成慧，如修所成的菩提心，

是修所成而非慧，故非修所成慧。

⑫ **對法論**　對法，梵語Abhidharma義譯，又名阿毗達磨或阿毗曇。唐波羅頗蜜多羅譯《大乘莊嚴經論》中云：「對故及數故，伏故及解故，如是四種義，是說毘曇義。釋曰：『阿毘曇有此四義：一、對；二、數；三、伏；四、解。對者，是向涅槃法，諦菩提分解脫門等說故。數者，是相續法，於一一法色非色、可見不可見等差別無量說故。伏者，是勝上法，於諍論眾中決判法義退彼說故。解者，是釋義法，由阿毘曇修多羅義易可解故。』」對法論，泛指三藏中的論藏，由於論藏具足上述四種內涵，所以稱為對法論。參見《大正藏》冊31，頁610。

⑬ **數宣說故**　可參閱唐玄奘大師譯《俱舍論・分別根品》云：「如欲界繫聞所成法能與自界聞思所成為同類因，非修所成因，欲界無故。」「於欲界中有三作意，一聞所成，二思所成，三生所得。」見《大正藏》冊29，頁32、40；《丹珠爾》對勘本冊79，頁224、266。

⑭ **《波羅蜜多釋論明顯文句》中云**　《波羅蜜多釋論明顯文句》，般若部論典，法友論師造，全名《般若波羅蜜多教授現觀莊嚴論頌釋論明顯文句疏》，尚無漢譯。本論主要詮釋《現觀莊嚴論》的內義，也是解釋《現觀》著名的二十一部印度論著之一。引文見《丹珠爾》對勘本冊52，頁907。

⑮ **體分**　藏文意為「具足條件者」，讓心具有成為所修法的條件。

⑯ **《現觀莊嚴論》云**　引文法尊法師譯《現觀莊嚴論・一切相智品》作：「見修諸道中。」見《現觀莊嚴論略釋》，頁39；《丹珠爾》對勘本冊49，頁10。

⑰ **至尊慈氏云**　引文出自《現觀莊嚴論・圓滿一切相現觀品》，法尊法師譯作：「於順決擇分，見道修道中，有數思稱量，及觀察修道。」見《現觀莊嚴論略釋》，頁91；《丹珠爾》對勘本冊49，頁20。

⑱ **前行正行結行**　善慧摩尼解釋：在三摩地的前行時一再思惟，正行階段以正量稱量，結行階段仔細觀察。參見《洛桑諾布文集》冊2，頁286。

⑲ **四正理**　又名四道理，即觀待道理、作用道理、證成道理、法爾道理。觀待道理指果必須觀待因緣而生；作用道理指一切法各別的作用，例如火能燒物；證成道理指所成立的結論，不會與現量、比量等相違，能夠被量所證成；法爾道理指諸法的自然體性，例如火是熱的，水是濕的。參見《廣論・毗鉢舍那》，頁533。

⓴九等引奢摩他　即能夠專注在境上的九種奢摩他。奢摩他，梵語Samatha
（ཞི་གནས་）音譯，義為止、寂止。九種奢摩他即：初靜慮、第二靜慮、第三靜慮、第
四靜慮、空無邊處定、識無邊處定、無所有處定、非想非非想處定及滅盡定。

㉑九義　指上述九種奢摩他所安住的內涵。

㉒正思擇最極思擇周遍尋思周遍伺察四種毗缽舍那　此四依次又名分辨、善
分辨、遍尋、遍伺。正思擇指緣盡所有性，即空性以外諸法的毗缽舍那；最極
思擇指緣如所有性，即緣空性的毗缽舍那；周遍尋思指分辨粗分義理的毗缽
舍那；周遍伺察指分辨細分義理的毗缽舍那。參見《廣論・毗缽舍那》，頁
531。

㉓若說觀擇修持與修二事為相違者是可笑處　法尊法師原譯作「思擇此語，則
知若說將護與修二事相違，是可笑處。」藏文中雖可如此斷句而理解，然今據
如月格西解釋，此處之義實為：「如果說觀擇而修持與修這兩者是相違的，那
是可笑之處。」故改譯。

欲地中有無修所成

關於此段提到欲地中有無修所成，一般而言，修所成是色界或無色界的等引地所攝，
不能是欲界的非等引地所攝。初修行者無法依靠欲界心（欲地心）生起修所成等引禪
定，故稱欲界為非等引地；初修行者能依靠色界心或無色界心，生起修所成等引禪定，
故稱色界與無色界為等引地。

此段有兩種理解，第一種是：在欲地中除了到九住心中第八住心——專注欲心這樣的
大地時，才能依此生起修所成，除此之外，在欲地中沒有修所成。第二種是：到達大地
菩薩的位階，才能依九住心中第八住心生起修所成，除了大地菩薩以外，其他人無法
依靠欲地心生起修所成。第一種理解將大地解為專注欲心，與藏文字面意思較吻合，
但與一般共通說法不同。第二種理解將大地解為大地菩薩，雖與此段文字不那麼吻
合，但才旦夏茸認為此種理解係獅子賢論師在《八千頌廣釋》中提出的主張，並且宗
喀巴大師《金鬘論》與賈曹傑大師《心要莊嚴釋》都承許這種主張；阿嘉永津則直接

認為此段巴註係誤植，應置於前句「以欲地中」的「以」字之後。依此說法，則能與一般說法完全吻合。

依據如月格西解釋，一般而言大地都指大地菩薩，即登地以上的菩薩，不能解為第八住心，所以此處不能指專注欲心。修所成必須具足殊勝輕安，而九住心中第八住心不可能具足殊勝輕安，因此大地菩薩也無法生起具足殊勝輕安的第八住心。所以此段應解為：除了到達大地時，能依靠與九住心中專注一境的欲界心相似的心，生起修所成，亦即所生起的修所成雖是欲界心，但並不是第八住心，而是與其相似的具足殊勝輕安之心，此外，在欲界中沒有修所成。如月格西對此段的理解雖與才旦夏茸及阿嘉永津的說法相近，但如月格西認為現在的箋註位置即能如此理解，無須解為巴註誤植。

「如」字在藏文中有「例如」及「相似」兩種涵義，如月格西取「相似」之義，而上述其他說法皆取「如同」之義。參見《丹珠爾》對勘本冊 51，頁 1284；《金鬘論》冊下，頁 120（宗喀巴大師造，印度：洛色林圖書館，2005）；《心要莊嚴釋》冊上，頁 450；《才旦夏茸文集》冊 9，頁 190；《阿嘉雍曾文集》冊上，頁 70。

第六、所謂修者非極狹隘之依據及正理者：如是如說修習淨信、修四無量❶、修菩提心、修無常苦，皆是數數思擇將護，說名為修，極多無邊。《入行論》及《集學論》云❷：「為自意修我造此。」是二論中所說一切道之次第，皆說為修。《集學論》云❸：「以如是故，身、受用、福❹，如其所應，當恆修習捨、護、淨、長❺。」此說身及受用、善根等三，於一一中，皆作捨、護、淨、長四事❻，說此一切皆名為修。故言修者，不應執其範圍太小。

第六科、所謂「修」並非範圍極端狹隘的依據以及正理：如上所述，諸如提到修信心、修四無量、修菩提心、修無常及苦等，可見有無量無邊將再再思擇守護名之為修的例子。《入行論》與《集學論》將其中所宣說的一切道次第都稱為修持，而提到：「為了修持自心，所以我撰述此論。」並且《集學論》中說：「因此應隨其所宜地將自身、受用、福德，持續不斷地修持施捨、守護、淨化、增長。」說明身及受用、善根三者，分別各作施捨、守護、淨化、增長，而這一切都稱為修。因此所謂「修」，不應認為其範圍太狹小。

❶ **四無量** 指慈無量、悲無量、喜無量及捨無量。希願無量有情具足安樂及安樂因，是慈無量的行相；希願無量有情遠離痛苦及痛苦因，是悲無量的行相；希願無量有情皆大歡喜，是喜無量的行相；緣無量有情，遠離愛惡親疏，住平等捨，是捨無量的行相。慈無量對治害心，悲無量對治損惱心，喜無量對治不喜他人圓滿之心，捨無量對治強猛貪瞋。由於緣著無量有情，並且能夠產生無量福德，故名四無量。

❷ **《入行論》及《集學論》云** 《入行論》引文如石法師譯《入行論·菩提心利益品》作：「撰此為修心。」《集學論》引文宋法護譯《大乘集菩薩學論·集布施學品》作：「唯自一心為法友。」與藏文本略有不同。見《入行論》，頁1；《大正藏》冊32，頁75；《丹珠爾》對勘本冊61，頁951；冊64，頁1010。

❸ **《集學論》云** 引文宋法護譯《大乘集菩薩學論·集布施學品》作：「謂身所受福報不斷者，於捨護事令淨增長。」見《大正藏》冊30，頁79；《丹珠爾》對勘本冊64，頁1034。

❹ **身受用福** 指修習捨護淨長的三種所緣。身指身體，受用指財物，福指善根。

❺捨護淨長　指施捨、守護、清淨、增長四種修學。如本段所說對於身、受用、福三者都應該修學這四種法。

❻皆作捨護淨長四事　對自身修四事：一、為了利他而直接或暫時施捨自身；二、為利他而以衣食醫藥等守護自身；三、以四力懺悔惡業等能生疾病之因，修不淨觀以淨化貪著自身；四、勤修持戒等增長能修正法的暇滿身。對受用修四事：一、已有的受用，將合適的施予有情；二、剩餘的守護不使浪費；三、新求受用時，不染邪命等使受用清淨；四、運用殊勝方便、智慧，行廣大施而增長受用。對善根修四事：一、已有善根施予有情；二、悔除壞善之因，守護避免生瞋怒等；三、新造善時，以菩提心為動機加以淨化；四、對已作善行修習歡喜，透過迴向增長善根。參見《洛桑諾布文集》冊2，頁286。

第二、辨識最初興惡說者：又說一切分別是相執故，障礙成佛，棄捨一切觀察之修，此為最下邪妄分別，乃是支那和尚堪布之規。破除此執，於止觀時，茲當廣說。第三、明此惡說為教法隱沒因緣者：又此邪執障礙敬重諸大教典，以彼諸教所有義理，現見多須以觀察慧而思擇故。諸思擇者，亦見修時無所須故。又此即是聖教隱沒極大因緣，以見諸大經論非是教授，心不重故[1]。

第四、自宗觀察止住二修差別❶，分二：＇於何等境應觀察修之理；＇於何等境應止住修之理。初中分二：＇問；二、答[2]。今初：如是修道有思擇修，及不思擇止修二種，然如何者思擇修耶？及如何者止住修耶❷？第二、答者[3]：謹當解

釋：如於知識修習淨信，及修暇滿義大難得、死沒無常[4]、業果、生死過患及菩提心，須思擇修。^四其因相者，謂於此等，須能令心猛利，恆常變改其意，此若無者，則不能滅此之違品不敬等故；起如是心，唯須依賴數數觀察❸思擇修故。如於貪境，若多增益可愛之相，則能生起猛利之貪；及於怨敵，若多思惟不悅意相，則能生起猛利瞋恚。是故修習此諸道者，境相明顯不明皆可，然須心力❹猛利恆常，故應觀修。

^妙第二、**於何等境應止住修之理**❺者：若心不能住一所緣，於一所緣，為令如欲堪能住故，修止等時，若數觀察，住心不生，故於爾時則須止修，於止觀時此當廣說。

第二科、**辨識首倡惡說之人**：另外，主張一切分別都是相執，所以是成佛的障礙，因而棄捨所有分別觀察的修持，這種最惡劣的邪妄分別，乃是支那堪布和尚的宗規。駁斥這種見解，將在止觀的章節中解說。第三科、**說明這種惡說是聖教隱沒的因緣**：這種邪妄分別也是深切敬重諸大教典的障礙，因為那些教典的義理，現見絕大多數都必須用觀察慧觀擇；但它卻主張修持時不需要諸多觀擇的緣故。這也即是聖教隱沒的極大因緣，因為認為佛經及諸大釋論並非教授而心不敬重。

第四科、**自宗觀察修與止住修二者的差別**，分為二科：˙一˙對什麼境觀察修的軌理；˙二˙對什麼境止住修的軌理。第一科分為二科：˙一˙提問；˙二˙回答。第一科：若如此，修道中有觀擇而修與不觀擇止住而修

二種，那麼什麼道是觀察修？什麼道是止住修？**第二科、回答**：在此要說明，諸如對善知識修習信心，以及修習暇滿義大而難得、死無常、業果、輪迴的過患、菩提心，必須要觀察修。原因是對於這些法類，一一都需要令心力強猛，長時間地變改心意。因為若不如此，則無法消滅這些法的違品——不敬重等；而生起這樣的心，唯有賴於以觀察慧再再觀擇而修。比如對貪愛的境界多番增益可愛的行相，就會生起強猛的貪念；如果對仇敵多番思惟不悅意的行相，則會引起強烈的瞋怒。因此修持這些道時，無論所緣境的行相明顯與否皆可，但是內心的執取必須強猛而持續，所以應當觀察修。

第二科、對什麼境止住修的軌理：若心無法專注於某一所緣，要令心能勝任於隨其所欲地安住某一所緣，在修持奢摩他等階段時，如果一再觀擇，則不能生起住心，所以這時就必須止住修，這點在止觀的章節時將會解說。

[1]「心不重故」拉寺本作「心不築故」，誤。 [2]「初中分二：一、問；二、答」拉寺本無。 [3]「⟨妙⟩第二、答者」拉寺本無。 [4]「無常」拉寺本作「火常」，誤。

❶ **自宗觀察止住二修差別** 即前頁403「自宗以觀察止住二者修習之理」一科。

❷ **然如何者思擇修耶及如何者止住修耶** 藏文直譯為「然則何道是思擇修，以及何道是止住修？」

❸ **觀察** 此指觀察慧。

❹ **心力** 藏文直譯為「心之執取」。

❺ **於何等境應止住修之理** 即前頁414「於何等境應止住修之理」一科。

^妙第二、破斥昧於觀修止修謬解，分二：一、敘宗；二、破彼^[1]。

今初：又有未解此理者❶，說凡智者唯應觀修，凡孤薩黎❷唯應止修。此說亦非，^妙**第二、破彼，分五：其中智者及孤薩黎所修俱須觀察止住者**^[2]：以此一一皆須二故，雖諸智者，亦須修習奢摩他等；諸孤薩黎，於善知識亦須修習猛信等故。

^妙**第二、明須俱以觀察止住而修之依據者**：又此二種修行道理，於諸經藏及續藏❸中，俱說多種須由觀察而修習者。^妙**第三、觀察修之所為義者**：若無觀修或是微少，則不能生無垢淨慧——道勝命根❹。慧縱略生，亦不增長，故於修道全無進步。道所修證最究竟者，如敬母阿闍黎云❺：「慧中如遍智❻。」謂能無雜簡擇一切如所有性❼、盡所有性❽，即是慧故❾。

^妙**第四、明錯修之相者**：是故於道幾許修習，反有爾許重大忘念，念力鈍劣、簡擇取捨意漸遲鈍，當知即是走入錯道正因之相。

^妙**第五、明一切德皆觀待於智慧觀修者**：又於三寶等功德差別^[3]，若能多知，依此之信亦多增長；若多了知生死過患，故生眾多厭患出離；若由多門，能見解脫所有勝利，故亦於此猛利

希求；若多了解大菩提心，及六度等希有❿ 諸行，則於此等諸不退信、欲樂、精進漸能增廣。如是一切皆依⓫ 觀慧觀察經義修習而起，故諸智者應於此⓬ 觀察修理，引起定解，他不能轉。

第二科、破斥不懂觀察修與止住修的錯解，分為二科：⼀敘述其主張；⼆駁斥。第一科：有人不理解這個道理，宣稱：凡是智者只應觀察修，凡是孤薩黎只應止住修。這種言論也不正確，**第二科、駁斥，分為五科：其中第一科、智者與孤薩黎的修持都需要觀察修與止住修二種：**因為其中任何一者，也都需要這兩種修持。這是因為即使是智者也必須修持奢摩他等，而孤薩黎也必須修持對善知識的強猛信心等的緣故。**第二科、說明必須運用觀擇與止住二者修持的依據：**在經藏及續藏中，都非常多次說到須由觀察的角度而修持這兩種修持方式。**第三科、觀察修的目的：**如果沒有以這種方式修持，或者修持過少，則不能生起道的勝妙命根——無垢智慧；縱然約略生起，智慧也無法增長，因此修道不會有任何進步。因為修道的究竟成果，如同敬母阿闍黎所說：「智慧之中如同遍智。」就是不錯雜地分辨一切如所有性及盡所有性的智慧。

第四科、說明錯誤修持的象徵：所以越是努力修道，忘念反而越是嚴重，以致念力鈍劣、心對於分辨取捨漸趨遲鈍，應知這是步入歧途的正因。

第五科、說明一切功德都有賴於智慧的觀察修：另外，若多了解三寶等的功德特徵，依此而生的信心也能大幅增長；若通曉眾多輪迴的過患，則會生出眾多厭捨、出離；也由於從多種角度見到解脫的勝利，因而猛烈希求解脫；通曉愈多菩提心及六度等希有的行誼，也能漸漸增廣對此堅決不退的信心、欲求與精進。這一切都唯賴於以觀察慧觀擇

而修持佛語的義理，所以有智慧的人們，應當對這個觀察修的道理引發不為外力所牽動的確切認知。

❶ 又有未解此理者　此指西藏先賢跋惹聞喜譯師(ལོ་ཙཱ་བ་རིག་ཐོས་པ་དགའ)及達波吉祥尊勝(དགས་པོ་བཀྲ་ཤེས་རྣམ་རྒྱལ)二位大師未解此理，而作以下的承許。參見《才旦夏茸文集》冊9，頁201。

❷ 孤薩黎　梵語Kusali音譯，或譯為乞士、善士，義為具善者。指主要向內修心、對修行具有勝解並專修苦行的捨世瑜伽行者。

❸ 續藏　泛指密續，即開示密乘灌頂、道次建立、修法及儀軌等密法的佛語。

❹ 道勝命根　為修道的最勝根本命脈，即指無垢淨慧。

❺ 敬母阿闍黎云　引文出自《讚應讚》。《讚應讚》，禮讚部經典，全名《適當讚嘆佛薄伽梵嘆德文中難讚之讚》，共13品，馬鳴菩薩著，尚無漢譯。作者原係數論派外道，後被聖天菩薩降伏而皈依佛門，為滌淨往昔信奉外道的罪愆，故造此讚以讚如來。作者本身精通詞藻，又於佛德深生淨信，故本篇文情並茂，扣人心弦。本讚可分為十三品：〈讚難讚品第一〉、〈讚禮敬品第二〉、〈讚成一切智品第三〉、〈讚力無所畏品第四〉、〈讚語清淨品第五〉、〈讚無諍品第六〉、〈讚順梵說品第七〉、〈讚饒益品第八〉、〈讚無以為報品第九〉、〈讚身一分品第十〉、〈讚舌品第十一〉、〈讚發厭離諸有品第十二〉、〈喻讚品第十三〉。引文見《丹珠爾》對勘本冊1，頁279。

❻ **遍智** 指一剎那中現證一切如所有性、盡所有性的究竟智慧，唯佛所有。法尊法師譯《現觀莊嚴論》中「求寂聲聞由遍智」所說的遍智，在藏文中為一切智之義，與此遍智不同。

❼ **如所有性** 指空性。

❽ **盡所有性** 指非空性的一切法。

❾ **即是慧故** 此句連同前文，藏文直譯為「謂即無雜簡擇一切如所有性、盡所有性之慧故。」據藏文之義，法尊法師此段的譯文不可解為「無雜簡擇一切如所有性、盡所有性就是智慧」，應當解為「無雜簡擇一切如所有性、盡所有性之慧，就是這個遍智的智慧。」因此，「是慧」即「此慧」之義。

❿ **希有** 此作稀奇、卓越解。希，本意寡少，「稀」為滋乳字；當仰慕解，則通「睎」字。

⓫ **皆依** 藏文原文有「唯」字，指唯賴觀察慧觀察經義而生。

^妙**第三、破斥解修狹隘之自詡智士者**❶，**分二：**¨¨**敘宗；**¨¨**破彼。今初：**^語於前所說，或念不應於觀察修引生定解，以須修習心專一住所緣之堅固三摩地，而觀慧思擇與心專一住，二者極相違故。由是**諸於修理見解極狹者，作如是言：「若以觀慧極多思擇，**^巴以觀察修**而修習者，則能障礙專注一緣勝三摩地**❷**，故不能成堅固等持。」**^妙**第二、破彼者：此當宣說**^巴答覆。**若謂「其心於一所緣，如其所欲堪能安住，此三摩地先未成辦，現新修時，若數觀擇眾多所緣，定則不生。乃至其定未成以來，於引定修，唯應止修」，亦是我許；若謂「引發如是定前，觀修眾多即許是此定障礙」者，是全未解大車**❸**釋論宣說引發三摩地軌。謂如黠慧鍛師將諸金銀數數火燒、**

數數水洗，淨除所有一切垢穢，成極柔軟堪能隨順，次作耳環[1]等諸莊嚴具，如欲而轉堪能成辦。如是先於煩惱隨惑❹及諸惡行，如在修習諸黑業果、生死患等時中所說，應以觀慧數數修習彼等過患，令心熱惱，或起厭離，以是作意如火燒金，令意背棄諸黑惡品，淨此諸垢。如在修習知識功德、暇滿義大、三寶功德、白淨業果及菩提心諸勝利等時中所說，以觀察慧數數修習此等功德，令心潤澤，或令淨信，以此作意如水洗金，令意趣向諸白淨品，愛樂歡喜，以白善法澤潤其心。

第三科、破斥對修持的理解極端狹隘的自詡智士者，分為二科：一、敘述其主張；二、駁斥。第一科：對於前文所述，有人心想：「要引發對觀察修的確切認知是不合理的，因為既必須修成心專一安住所緣的堅固三摩地，而用觀察慧觀擇與專一安住二事是極端相違的緣故。」因而對修持的方式見解極端褊狹的人們聲稱：「如果用觀察慧非常多次地觀擇，以觀察修修習，則會成為專注於單一所緣之三摩地的障礙，以致不能成就堅固三摩地。」第二科、駁斥：在此當答覆說明，如果說「先前還未成就能令心隨己所欲安住於一所緣的三摩地，在新修時，如果觀擇眾多所緣，則不能生起禪定。所以在未修成以前，成辦禪定的修持只應採取止住修」，這觀點我們也認同；但如果說「在成就這樣的三摩地以前，觀修較多即是這種三摩地的障礙」，顯然是根本不理解大車釋論所闡述成辦三摩地的道理。譬如技藝精湛的工匠，將金銀再再地以火燒鍊、再再以水清洗，淨除所有汙垢雜質，使之極為柔軟堪用，其後就可以隨心所欲做成耳環等等裝飾品。同樣地，如同在修黑業果及輪迴過患等章節中所說，先以觀察慧一再修習煩

惱、隨煩惱及惡行的過患，使內心極度熱惱或厭離，以這樣的作意，好比烈火燒鍊黃金，令心背棄眾多黑惡品，並淨除那些垢染。如同在善知識的功德、暇滿意義重大、三寶功德、白業果、菩提心的利益等章節中所述，以觀察慧再再修持這些功德，令內心潤澤，或者生起淨信，以這樣的作意，好比以水清洗黃金，令心趨向、欣悅眾多白淨品，以善法滋潤內心。

❶破斥解修狹隘之自詡智士者　即前頁402「破斥解修極狹之自詡智士者」一科。

❷三摩地　見前頁117註8。

❸大車　見前頁58註11。

❹隨惑　又名隨煩惱。指隨順於貪瞋癡等根本煩惱而令心染汙的煩惱。

如是成已，隨所欲修若止若觀，於彼屬意無大劬勞即能成辦，如是觀修，即是成辦無分別定勝方便故。如是亦如聖無著云❶：「譬如黠慧鍛師或彼弟子，若時為欲淨除金銀一切垢穢，於時時中火燒水洗，柔軟隨順，現前堪能成辦彼彼妙莊嚴具。黠慧鍛師若彼弟子，隨所了知，順彼工巧以諸工具，隨所

欲樂妙莊嚴相，皆能成辦。如是諸瑜伽師，若時令心由不趣向貪等垢穢而生厭離，即能不趣染污憂惱。若時令心由於善品愛樂趣向，即生歡喜。次瑜伽師，為令其心於奢摩他品，或毘缽舍那品，加行修習，即於彼彼極善和合、極能正住❷、無動無轉，如為成辦所思義故，皆能成辦。」

又能令心堅固安住一所緣境勝三摩地，所有違緣要有二種，謂沈及掉。是中若有猛利無間見三寶等功德之心，則其沈沒極易斷除，以彼對治，即是由見功德門中策舉其心，定量諸師多宣說故❸。若有無間猛利能見無常苦等過患之心，則其掉舉極易斷除，以掉舉者，是貪分攝散亂之心，能對治彼，諸經論中讚厭離故❹。

如果內心轉成這種狀態，無論想要修持止或觀，將心投注其中，不必費力就能成就。所以這樣的觀察修，實是成辦無分別三摩地最為殊勝的辦法。上述內容，也如聖無著說：「如同技藝精湛的工匠或其學徒，為了淨除金銀中所有汙垢雜質，便時時地將金銀在火中燒鍊、以水清洗，鍛鍊得柔軟堪用，能夠做成種種飾品。於是精巧的工匠或其學徒，以其熟稔的技術，運用工具隨心自如地製造出各種裝飾品。同樣地，當瑜伽師由於心不趣向貪心等垢穢而生起厭離，不趣向具染汙的憂惱；並由趣向喜愛善品而生起歡喜時，則此瑜伽師，無論令心修習奢摩他方面或

者毘鉢舍那方面，都能極其相應、極能安住、不動不搖，也因此能成辦所思惟的義理。」

另外，心堅固地安住於一所緣的三摩地，其主要的違緣有沉沒及掉舉二種。對此，如果有強烈而持續的觀見三寶等功德之心，就能非常輕易地斷除沉沒，因為許多具量善知識都提到，沉沒的對治法即是透過觀見功德而振奮內心。若有強烈而持續的觀見無常及苦等過患之心，就能極輕易地斷除掉舉，因為掉舉是屬於貪欲一類的散亂心，所以許多教典都讚歎厭離為其對治法。

❶ **如聖無著云** 引文出自《瑜伽師地論·本地分》，唐玄奘大師譯作：「譬如黠慧鍛金銀師或彼弟子，於時時間燒鍊金銀，令其棄捨一切垢穢；於時時間投清冷水，令於彼彼莊嚴具業有所堪任調柔隨順。於是黠慧鍛金銀師或彼弟子，以其相似妙工巧智，善了知已用作業具，隨其所樂莊嚴具中種種轉變。如是勤修瑜伽行者，為令其心棄背貪等一切垢穢，及令棄背染污憂惱，於可厭法深生厭離；為令趣向所有清淨善品喜樂，於可欣法發生欣樂。於是行者隨於彼彼欲自安立或奢摩他品或毘鉢舍那品，即於彼彼能善親附，能善和合無轉無動，隨其所樂種種義中，如所信解皆能成辦。」見《大正藏》冊30，頁459；《丹珠爾》對勘本冊73，頁373。

❷ **極善和合極能正住** 法尊法師原譯作「極能隨順、極能安住」，據藏文並參玄奘大師譯文，與原意略有出入，故改譯。

❸ **定量諸師多宣說故** 在《廣論·奢摩他》中，引《修次初編》云：「若由昏沈睡眠所覆，所緣不顯，心沈沒時應修光明想，或由作意極可欣事佛功德等，沉沒除已仍持所緣。」《攝波羅蜜多論》云：「由勤修觀力，退弱而策舉。」《中觀心論》云：「退弱應寬廣，修廣大所緣。退弱應策舉，觀精進勝利。」《集學論》云：「若意退弱，應修可欣而令策舉。」《聲聞地》云：「威儀應經行，善取明相數修彼相，及念佛法僧戒捨天六中隨一，或以所餘清淨所緣策舉其心，或當讀

誦顯示昏沈睡眠過患之經論，或瞻方所及月星等，或以冷水洗面。」參見《廣論》，頁369。

❹ 諸經論中讚厭離故　如《修次初編》云：「若憶先時喜笑等事，見心掉舉，爾時應當作意思惟諸可厭事，謂無常等。由此能令掉舉息滅，次應勵力令心仍於前所緣境無作用轉。」《中觀心論》云：「思惟無常等，息滅掉舉心。」又云：「觀散相過患，攝錄散亂心。」《集學論》云：「若掉舉時，應思無常而令息滅。」參見《廣論》，頁370、371。

❖ **第四、宣說一切聖言修持❶，分三：第一、將修持一切聖言之理結合先輩語教者**：是故從於知識修信，乃至淨修行心❷以來，若有幾許眾多熏修❸，即有爾許智者所喜妙三摩地速易成辦❹。又非但止修，即諸觀修，亦須遠離掉沈二過，將護修習。此教授中諸大善巧先覺尊長，隨授何等應時所緣，為令於其所緣法類起定解故[1]，將諸經論應時之義，由師教授環繞其心，更以先覺語錄莊嚴，圓滿講說❺。又如說云：「若善說者為善聽者宣講演說，如法會中所變心力，暗中獨思難得生起。」善哉，誠然。故不應謂此是修時❻方略❼策勵，以此所說「聞思之時、修行時」者，即是計執說眾多法與正修持，二時相違之邪分別故。

❖ **第二、廣說鈍根引導文者**：然能了解一切講說皆為修持者，實屬少際，故能略攝所應修事，亦可別書❽。

第三、珍愛觀察修之理者：能不能現一切至言皆教授者，唯是於此修習道理獲與未獲決定知解，隨逐而成。況於法藏諸未學者，縱於經咒廣大教典諸久習者，至修道時，現見多成自所學習經論對方。此亦雖應廣為決擇，然恐文繁故不多說。破於修理諸邪分別已廣釋訖。

語譯

第四科、宣說一切聖言的修持，分為三科：第一科、將修持一切聖言之理結合古德的言教：因此從修習對善知識的信心，到修習行菩提心以前，凡有多少修持，便能輕易成就多少智者所喜的堅固三摩地。不僅是止住修，即使是觀察修也必須遠離沉沒、掉舉來守護修習。具此要訣的諸位先輩善巧上師，無論傳授任何階段的所緣，為了對該所緣法類引發確切的認知，對於相關經論的文義，以上師的口訣環繞內心，再以古德前輩的語錄作為莊嚴而圓滿地講說。有人說：「就像懂得說法的人為懂得聽聞的人開示，在法會中心意的變轉程度，私下獨思是難以企及的。」此說甚為善妙精確。所以不應認為：「現在是緣念之時」，才開始努力，因為這就是分判所謂「聞思之時、修行之時」，認為說眾多法與修行階段二者相違背的邪謬分別。

第二科、廣說鈍根引導文：然而能通曉將一切講說都轉為修持之士實屬少數，所以也將另述略攝所應修事。

第三科、珍愛觀察修的內涵：能否體現一切至言為教授，只端賴於是否對此修法獲得確切的認知。且不論那些不學法藏之人，即使是長久學習廣大顯密教典之士，尚見在修道之時，也會成為自己所學那些經論的反方。因此雖有必要詳加抉擇，然而恐怕文詞過多，所以僅敘述至此。破除謬解修法已宣說完畢。

❶宣說一切聖言修持　即前頁402「宣說一切聖言修持軌理」一科。

❷行心　行菩提心的簡稱，與願心相對而言。未以六度行持直接攝持的菩提心是願心，以六度行持直接攝持的菩提心是行心。由於不僅發願欲得無上菩提，更進一步行持六度，故名行心。

❸熏修　藏文直譯為「修持」。

❹即有爾許智者所喜妙三摩地速易成辦　法尊法師原譯作「即有爾許速易成辦智者所喜妙三摩地」，藏文中「爾許」一詞主要是形容「速易」，非形容「三摩地」，故改譯。

❺將諸經論應時之義由師教授環繞其心更以先覺語錄莊嚴圓滿講說　法尊法師原譯作「由師教授，引諸經論應時之義，更以先覺語錄莊嚴環繞其心，圓滿講說」，與原意略有出入，故改譯。

❻此是修時　藏文直譯為「今為緣念之時」。

❼方略　藏文意為「才開始」。

❽故能略攝所應修事亦可別書　藏文直譯為「故將略攝所應修事而別書之」。帕繃卡大師認為此句意為開許後人可以另寫道次第實修相關的論著，所以三世嘉瓦仁波切福德海大師寫了《道次第再冶熔金》，五世嘉瓦仁波切語王大海大師寫了《妙音教授論》，四世班禪善慧法幢寫了《樂道》，五世班禪善慧智寫了《速道》。如月格西則認為，此句似指宗喀巴大師自謂將再造一略論，略攝實修內容之語。參見《掌中解脫》，頁23。

道前基礎

暇滿

今應顯示，如前所說如理依止善知識之弟子，尊重應當如何引導之次第。

第二、依已如何修心之次第❶，分二：⁻`為於暇身取心要故而作勸發❷；⁻`如何攝取心要之理。初中分三：⁻`正明暇滿；⁻`思其義大；⁻`思惟難得。初中分二：⁻`閒暇；⁻`圓滿。今初㊟分二：⁻`辨識閒暇；⁻`解說無閒暇故說為無暇之理。今初：

如《攝功德寶》云❸：「由戒㊟力特別斷諸畜生㊟生處之趣，㊟謂住於海中及散居等體，及㊟非唯如是，總斷八無暇㊟謂不生彼。由遮除此八種無暇及由戒力，當常得㊟八暇。」謂離八無暇即是其暇。㊟第二：㊟云何八無暇者，如《親友書》云❹：「言⁻`執邪見、⁻`生旁生❺，⁻`餓鬼、⁻`地獄、⁻`無佛教，及⁻`生邊地懱戾車[1]❻，⁻`性為騃啞❼、⁻`長壽天[2]。於隨一中受生已，是為八㊟無閒或無暇㊟修法之過患❽，離此諸過得閒暇，㊟或閒暇現前，故當策勵斷㊟惑業輪迴生死❾。」㊟此為教誡樂行賢王。其密意謂一切輪迴痛苦根本，終歸惑業所感受生，此若遮滅，餘皆盡滅。如云：「由生滅故此盡滅。」此復若無四眾❿遊行，是謂⁻`邊地。㊟此中雖有約地域而言者，然此乃約教域而言。若約地域，則藏地為邊地；若約教域，亦有人謂無比丘尼，故為邊地。或謂以有《比丘尼分辨教》等，故無過失。然師則云：四眾以比丘為主，故約後者，仍為中土。

^巴意識受損之愚、^巴語言受損之啞、缺耳、斷支節等名^二根不具。妄執無有前世後世、業果、三寶，是^三邪見者。^巴生於無佛出世^巴之處名^四無佛教。四中初二及最後者，^巴無教示者，不能了解應取應捨^巴之處，第三不能信解正法。三惡趣者，極難發生修法之心，設少生起，亦因苦逼^巴無間，不能修行。長壽天者，《親友書釋》中^⑪，說是無想及無色天；《八無暇論》中^⑫，亦說常為欲事散亂諸欲界天。無想天者，對法中說^⑬，於第四靜慮廣果天^⑭中處於一分，如聚落外阿蘭若處^⑮，除初生時及臨沒時，餘心心所現行皆滅，住多大劫。無色聖人非是無暇，故是生彼諸異生類，以無善根^⑯修解脫道，故是無暇。恆散欲天，亦復如是，^語師謂：是以無色及欲天異生為無暇^[3]。故說彼等亦名無暇，如《親友書釋》云^⑰：「此八處中，以無閒暇，修作善品，故名無暇。」

在此應說明，如上所述如理依止善知識的弟子，上師如何引導的次第。

第二科、依止之後如何修心的次第，分為二科：^一為了在閒暇的所依身獲取心要而作勸發；^二如何取心要的軌理。第一科分為三科：^一辨識暇滿；^二思惟其意義重大；^三思惟其難得。第一科分為二科：^一閒暇；^二圓滿。第一科分為二科：^一辨識閒暇；^二說明因為沒有閒暇所以為無暇的情況。第一科：

《攝功德寶》提到：「憑藉戒律的力量，特別能斷除群居海中或散居陸地等眾多畜生道的有情的體性，以及不僅如此，總體而言能不受生於八種無暇。由遮除這八種無暇及憑藉戒律，將常常獲得八種閒暇。」如上文所述，遠離八種無暇即是閒暇。第二科：何為八種無暇，如同《親友書》中所言：「所謂的執持邪見、投生到畜生、餓鬼、地獄、沒有佛陀的教言、投生為邊地未開化之人、愚癡且暗啞、長壽天，投生其中任何一種狀態，即是八種無閒或無暇修法的過失。遠離這些過失、獲得閒暇或閒暇現前之後，應該為了遮阻由於業及煩惱而受生輪迴，而策勵不懈。」這段對樂行賢王的教誡，意思是說一切輪迴痛苦的根源，都歸於因惑業而受生。若能遮除這樣的受生，其他一切都會隨之消亡。如同有言：「由於消滅了受生，這一切都會消亡。」其中沒有四眾弟子遊行的區域，即是邊陲地區。雖然也有從土地區域而劃分的說法，但在此是就教法傳播區域而論。若以土地區域而言，西藏是邊地，若從教法傳播區域而論，也有人認為因為沒有比丘尼，所以仍是邊地；有人認為由於有《比丘尼分辨教》等等，所以沒有成為邊地的過失。但上師說，四眾之中，以比丘為主要，因此就後者教域而言仍是中土。心智有缺陷的愚癡、有語言障礙的暗啞，不完具肢節、缺耳朵等，是根不具全。妄執沒有前後世、業果、三寶，是邪見者。投生於沒有佛陀降世之處，是沒有佛陀的教言。以上四者之中，前二者及最後一種，是由於沒有能教導者，無法知曉取捨之處；第三者是不信解正法。三惡趣中，極難生起修法之心，縱然生起少許，也由於痛苦無間斷地逼迫而無法修行。長壽天，《親友書釋》中解釋為無想天人及無色界天人二者；而《八無暇論》則解釋為長期因享樂而散亂的欲界天人。無想天人，對法論說在第四靜慮廣果天的一隅，如同郊外寂靜之處；除了最初投生當下，以及臨命終時以外，心與心所的活動完全停止而度過許多大劫。無色界的聖者不應該是無暇，所以是指投生其間的異生凡夫，由於沒有修解脫道的緣分，所以為無暇。長期散亂的欲界天人也是如此；上師說：因此無色界及欲界天的凡夫是無暇。因此這些都稱為無暇。如同《親友書釋》所言：「在這八處，由於沒有閒暇行善，所以稱作無暇。」

[1]「六生邊地懱戾車」　拉寺本脫「六」。　　[2]「八長壽天」　哲霍本脫「八」。

[3]「📘師謂：是以無色及欲天異生為無暇」　哲霍本作巴註。

❶ **依已如何修心之次第**　即前頁250「既親近已如何修心次第」一科。

❷ **為於暇身取心要故而作勸發**　法尊法師原譯作「於有暇身勸取心要」，據藏
文及如月格西解釋，原意為「為了在閒暇的所依身獲取心要而作勸發」，故改
譯。

❸ **如《攝功德寶》云**　引文宋法賢譯《佛母寶德藏般若波羅蜜多經》作：「持戒
遠離畜生趣，捨八非念得正念。」次句於藏譯本作「及八無暇常得暇」。見《大
正藏》冊8，頁684；《甘珠爾》對勘本冊34，頁44。

❹ **《親友書》云**　引文唐義淨譯《龍樹菩薩勸誡王頌》作：「邪見生鬼畜，泥黎
法不聞，邊地懱戾車，生便癡啞性，或生長壽天，除八無暇過，閒暇既已得，爾
可務當生。」見《大正藏》冊32，頁752；《丹珠爾》對勘本冊96，頁676。

❺ **言執邪見生旁生**　法尊法師原譯作「執邪倒見生旁生」，並將藏文中的
「言」字譯為下文「名為八無暇過患」的「名為」，與原意有所出入，故改譯。

❻ **懱戾車**　梵語Mleccha音譯，指生於邊地，不信佛法之人。

❼ **騃啞**　騃音捱，愚癡。騃啞，一般指心智及語言能力不足者，此處泛指諸根不
具而無法學佛的人。

❽ **是為八無暇過患**　法尊法師原譯作「名為八無暇過患」，與原意有所出入，故
改譯。

❾ **生死**　藏文唯有「生」字，故下文箋註解釋說：一切輪迴痛苦根本，終歸惑業
所感受生，此若遮滅，餘皆盡滅。如云：「由生滅故此盡滅。」

❿ **四眾**　指佛陀的四種弟子：比丘、比丘尼、優婆塞、優婆夷。

⓫ **《親友書釋》中**　《親友書釋》，書翰部論典，全名《親友書廣釋》，大慧阿

闍黎（Mahā-prājña）著，尚無漢譯。參見《丹珠爾》對勘本冊96，頁829。

⓬ 《八無暇論》中　《八無暇論》，書翰部論典，馬鳴菩薩著，尚無漢譯。參見《丹珠爾》對勘本冊96，頁486。

⓭ 對法中說　唐玄奘大師譯《阿毘達磨俱舍論》云：「無想有情居在何處？居在廣果，謂廣果天中有高勝處，如中間靜慮，名無想天。彼為恆無想，為亦有想耶？生死位中多時有想。言無想者，由彼有情中間長時想不起故。」見《大正藏》冊29，頁24；《丹珠爾》對勘本冊79，頁186。

⓮ 第四靜慮廣果天　第四靜慮又名四禪天，為四靜慮處中最高處。共有八個天人住處，分別為：無雲天、福生天、廣果天、無煩天、無熱天、善現天、善見天、色究竟天。前三者為凡夫住處；後五處只有聖者安住其中，沒有凡夫，故稱淨居天。廣果天屬於第四靜慮八處中第三處，投生於此的天人福報所感得的善果，比福生天以下凡夫福報所感的善果廣大，故名廣果天。

⓯ 阿蘭若處　梵語Araṇya（ཨ་རཎྱ）音譯，或譯為阿練若，義為寂靜處，指離聚落一俱盧舍的地方。俱盧舍，梵語Krośa音譯，又譯為拘盧舍，古印度長度單位名，古印度以人壽百歲時所用弓之長度為一弓，五百弓之長度即是一俱盧舍。

⓰ 善根　藏文為福緣、緣分之義。

⓱ 如《親友書釋》云　引文見《丹珠爾》對勘本冊96，頁829。

第二、圓滿，分二：◍ **一`自圓滿；二`他圓滿。初中分二：一`正說；二`詞義。今初：五自圓滿者，如云❶：「人、生中、根具，業未倒、信處。」言生中者，謂能生於四眾弟子所遊之地。諸根具者，謂非騃啞，支節眼耳皆悉圓具。業未倒者，謂未自作或教他作無間之罪。信依處者，謂信毘奈耶❷是世出世一切白法所生之處；毘奈耶者，此通三藏。**◍ **第二、詞義者：此五屬於自身所**

攝，是修法緣，故名自滿。⊕第二分三：¯⟩正說；²⟩詞義；³⟩決疑。今初：五他圓滿者，如云❸：「佛降、說正法，教住、隨教轉，有他具悲愍。」言佛降世或出世者，謂經三大阿僧祇劫❹積集資糧，坐菩提藏❺，🈷️有云：藏者，如酪之精華，有處菩提藏及證德菩提藏。初者，報身❻之處於色究竟天，化身❼之處於金剛座現證金剛喻定❽。第二證德菩提藏者[1]，即無上菩提。現正等覺。說正法者，謂若佛陀或彼聲聞宣說正法。教法住世者，謂從成佛❾乃至未示入般涅槃，以現證理所修勝義正法尚未壞滅❿。法住隨轉者，謂由證得正法，了知眾生具有現證正法之力⓫，即如所證，隨轉隨順教授教誡。他悲愍者，謂有施者，及諸施主與衣服⓬等。⊕第二、詞義者：此五屬於他身所有，是修法緣，故名他滿。⊕第三、決疑者：《聲聞地》中所說前四他圓滿者，現在不具，然說正法、法教安住、隨住法轉，尚有隨順⓭堪為具足。🈷️師云：「此文所正顯者，謂佛降臨世間而正住世；彼佛或其聲聞正宣說法；佛住世時之修法存而不衰；由佛或彼聲聞說法，餘諸所化眼得親見諸低劣補特伽羅亦獲果位等事，以是亦趣正法，如善來羅漢⓮典故；又有施主等他悲愍於己，而施法衣等諸順緣，共為五者。所說前四[2]，乃在佛住世時，故今吾等雖難直接具足，然可計以代替者，猶可歸為全具他圓滿[3]。」

第二科、圓滿，分為二科：一自圓滿；二他圓滿。第一科分為二科：
一正說；二詞義。第一科：五種自圓滿，即是所謂：「人、投生中土、諸根
具全、業邊際未倒、信奉依處。」其中投生中土，是指投生在有四眾弟子
遊化之處。諸根具全，指不是愚癡暗啞，而且肢節眼耳等悉數具全。業
邊際未倒，是指未親自或唆使他人造無間罪。信奉依處，是指信奉世出
世間一切白法的出生之處——毗奈耶；毗奈耶在此通指三藏。第二科、
詞義：這五點屬於自身相續所含攝，並且是修法的順緣，所以名為自
圓滿。**第二科分為三科：一正說；二詞義；三決疑。第一科：五種他圓
滿，即是所謂：「佛陀降世、宣說正法、教法住世、法住隨轉、有他人悲
憫。」其中佛陀降世或者出世，是指歷經三大阿僧祇劫積聚資糧後，端
坐菩提藏，有人說：「藏」，有如奶酪的精華，菩提藏有居處菩提藏及證德菩提藏二種。前
者有報身居處之色究竟天，以及化身居處的金剛座，在其處現證金剛喻定。第二證德菩提藏，
即是無上菩提。圓滿成佛。宣說正法，是指佛陀或佛陀的聲聞弟子說法。教
法住世，是指從成佛後說法開始，直到還未入涅槃之間，以現證的方式
而修持的勝義正法還未壞滅。法住隨轉，是透過證悟正法，了知眾生們
擁有現證正法的能力，從而如其所證而作宣說。有他人悲憫，是指有送
物資者以及施主提供法衣等等。**第二科、詞義**：這五種是在他人相續
所有，並且是修法的順緣，因此稱為他圓滿。**第三科、決疑**：《聲聞地》
中所說的前四種他圓滿，雖然現在並不具全，然而宣說正法、諸教法住
世、法住隨轉，尚能具足其隨順。上師說：「本段落直接說明的內容有五項：佛陀降
世應化；佛或佛的聲聞弟子正在說法；佛陀住世時的修法還存而不衰；佛陀或佛的聲聞弟子
說法，使得低劣有情也得以獲證果位等等，其他所化機親眼目睹此事，因而也隨之趣入教法，
譬如善來阿羅漢的典故；以及其他施主等由於悲憫自己而提供法衣等順緣。這當中的前四者
都發生在佛陀住世期間，因此我們現今難以直接完具，然而可以用替代條件來算，所以仍算
是齊備所有的他圓滿。」

[1]「第二證德菩提藏者」哲霍本作「第二證德菩提藏」。　[2]「所說前四」哲霍本作「如其所說初者」。按，依前後文義，「如其所說初者」(གསུངས་པའི་དང་པོ་བཞིན)為「所說前四」(གསུངས་པའི་དང་པོ་བཞི་ནི)之訛誤。　[3]「🅖師云：『此文……具他圓滿。』」哲霍本無「🅖」。

❶ **如云**　《廣論》後文中提到：「《聲聞地》中所說前四他圓滿者。」阿嘉永津也說：「五自圓滿和五他圓滿的攝頌，出自《聲聞地》。」由此可知此文是《聲聞地》原文。但在中藏兩版《聲聞地》中，只找到相關的散文，未見偈頌。頌文唐玄奘大師譯《瑜伽師地論》作：「云何自圓滿？謂善得人身，生於聖處，諸根無缺，勝處淨信，離諸業障。」參見《大正藏》冊30，頁396；《丹珠爾》對勘本冊73，頁7。

❷ **毘奈耶**　梵語Vinaya (ཝེ་ནཡ) 音譯，義為調伏。此處泛指三藏，由於三藏都是佛陀為了調伏有情的心續而說，故稱為毗奈耶。

❸ **如云**　頌文唐玄奘大師譯《瑜伽師地論》作：「云何他圓滿？謂諸佛出世，說正法教，法教久住，法住隨轉，他所哀愍。」參見《大正藏》冊30，頁396；《丹珠爾》對勘本冊73，頁9。

❹ **三大阿僧祇劫**　又名三無數劫。阿僧祇，梵語Asamkhya (ཨ་སོ་ཁྱ) 音譯，又譯阿僧企耶、阿僧祇耶，義為無數。阿僧祇是古印度算數六十位數中最大位數，由於沒有比它更大的數字單位，故名無數，並非完全沒有數量。大劫，佛經所說時間長度名，每一大劫包含成住壞空四個中劫，每一中劫包含二十個小劫，每一小劫相當於一千六百七十九萬八千年。每八十小劫為一大劫，大劫累積到古印度第六十位數——阿僧祇，即是一大阿僧祇劫，此一大阿僧祇劫乘以三，即是三大阿僧祇劫。通常菩薩需要經過三大阿僧祇劫累積資糧，才能成佛。

❺ **菩提藏**　法尊法師原譯作「菩提座」，為配合箋註，故改譯。「藏」，於藏文中有精華、核心之義，故有下文語王大師所引申的註釋。

❻報身 具五決定的究竟色身。五決定分別為：處決定、身決定、眷屬決定、法決定、時決定。處決定指報身佛決定安住在色究竟天密嚴剎土；色究竟天是第四靜慮八處中最高處，色界中最究竟處，故名色究竟天。身決定指報身佛決定現為三十二相、八十隨形好。眷屬決定指報身佛周圍的眷屬決定是地上菩薩。法決定指報身佛所說法決定是大乘法。時決定指報身佛永遠不會示現涅槃，恆時住於色究竟天。

❼化身 不具五決定的究竟色身。由於往昔的願力，為了利益有情而示現種種形象的色身。此處特指示現十二事業的殊勝化身。

❽金剛喻定 一般泛指三乘聖者獲得各乘無學道前一剎那時所現證的禪定，此處特指佛陀心中現證空性的根本智。佛陀心中現證空性的根本智，不為一切實執所破，如同金剛，所以名為金剛喻定。

❾成佛 藏文在「成佛」後有「說法」二字，即指「成佛而說正法」。

❿以現證理所修勝義正法尚未壞滅 法尊法師原譯作「勝義正法可現修證未壞滅故」，今依藏文改譯。

⓫謂由證得正法，了知眾生具有現證正法之力 法尊法師原譯作「謂即如是證正法者，了知有力能證如是正法眾生」，此是依玄奘大師《瑜伽師地論》譯文，然與藏文語序略有出入，故改譯。

⓬與衣服 指布施法衣。與，施予；衣服，原文指法衣。

⓭隨順 指雖非真實然而相類似者。

⓮善來羅漢 佛世的阿羅漢比丘，梵語Svāgata及藏語ལེགས་འོང་（勒翁）的義譯。浮圖長者之子，他的姊姊是給孤獨長者的兒媳。善來出生時，他的父親歡喜地唱道：「善來！善來！」所以取名善來。後來因為薄福的緣故，父母俱喪、家破人亡，眾人於是改稱他為惡來。他行乞時，姊姊施予的資具也全部被賊偷走，甚至向具悲心的給孤獨長者乞食，長者也派人將他趕走。佛陀應供時遇到他，教敕阿難留給他半份食物，但因善來往昔的惡業所感，阿難也忘了留。後來佛陀親自留食物給他，才獲得了飽足，並在佛前出家，聞思修證得阿羅漢果。當時有人譏諷佛陀，既度人中豪傑如舍利弗為徒，又度低賤之士如善來等，收徒無有滿足。因此佛陀為了顯現善來比丘的功德，教敕他去降伏毒龍，善來入慈心三昧將毒龍所放的兵器化為花雨，最後入火界定，勝過毒龍所放

的大火，攝伏壽龍，令受三皈五戒。佛說：「在我聲聞弟子之中，降伏壽龍、入火界定善來第一。」因此大眾感恩善來，七天供佛及僧，佛陀藉此因緣為大眾宣說妙法，令無量有情入佛教法，或證果位。參見《大正藏》冊23，頁857；《甘珠爾》對勘本冊8，頁45。

即如所證隨轉隨順教授教誡二種理解

此段提到法住隨轉，其中「即如所證，隨轉隨順教授教誡」一句，藏文有兩種理解，第一種是「即如所證，隨轉隨順教授教誡」；第二種是「即如所證，趣入聖教」。

法尊法師譯文依第一種理解；而後文語王大師解釋法住隨轉時，解為「其他所化機親眼目睹，佛陀或佛陀的聲聞弟子說法，使得低劣有情也得以獲證果位等等，因而隨之趣入正法」，語王大師顯然是將此段《廣論》理解為第二種涵義，善慧摩尼大師也如此解釋。

玄奘大師譯《瑜伽師地論》云：「云何名為法住隨轉？謂即如是證正法者，了知有力能證如是正法眾生，即如所證隨轉隨順教授教誡，如是名為法住隨轉。」查藏文版《瑜伽師地論》與玄奘大師譯文極為相近。宗喀巴大師依據《瑜伽師地論》解釋十圓滿，其中解釋法住隨轉時，即是略述《瑜伽師地論》文義，因此《廣論》原意應與《瑜伽師地論》完全一致，或許由於此段《廣論》文字簡略，因此後代祖師產生第二種理解。參見《大正藏》冊30，頁396；《丹珠爾》對勘本冊73，頁10；《洛桑諾布文集》冊2，頁291。

第二、思惟暇滿利大，^⑱**分七：第一、殊勝依身不當行同畜生者：**為欲引發畢竟樂故，若未修習清淨正法❶，僅為命存以來引樂除苦而劬勞者，旁生亦有，故雖生善趣，等同旁生。《弟

子書》云❷：「猶如象兒為貪著，深阱❸邊生數口草，欲得無成墮險阬，願㊧具足現世㊧此生樂㊧而唯修彼方便者亦如是。」

㊙第二、**此所依身能辦現前究竟義故，雖天人亦願之者**：總之修行如是正法，特若修行大乘道者，任隨一身不為完具❹，須得如前所說之身。如《弟子書》云❺：「㊙開示非唯於修餘道及發功德，人身與餘依身有所差別，即於初發心時，人身所發強大發心之量，天龍等餘眾生亦非有者[1]：㊧往趣善逝㊧地位之道——㊧施等一切佛子行之所依，將成導㊧無餘眾生㊧速至佛地，又具獨自荷擔之廣大心力㊧之發心，人㊧身所獲得者，㊧如此㊧之道非天龍㊧所獲得，㊧亦非非天，妙翅❻、持明❼、似人❽、腹行❾㊧依身所能獲得。」《入胎經》亦云❿：「雖生人中，亦具如是無邊眾苦，然是勝處，經俱胝劫亦難獲得。諸天臨沒時，諸餘天云：『願汝生於安樂趣中。』其㊧所發願之樂趣者即是人趣。」諸天亦於此身為願處故。㊙第三、**其為勝暇滿身之理者**：又有欲天，昔人世時，由其修道習氣深厚，堪為新證見諦⓫之身，然上界⓬身，則定無新得聖道者。如前所說，欲天亦多成無暇處，故於最初修道之身，人為第一。此復俱盧洲人，不堪為諸律儀所依，故讚三洲之身，其中尤以贍部洲身為所稱歎。㊙第四、**作意以上諸所緣境，而修發起求取心要之行相者**[2]：是故應當作是思惟：我今獲得如是妙身，何故令其空無果利？

暇滿

我若令此空無利者，更有何事較此自欺、較此愚蒙而為重大？曾數馳奔諸惡趣等無暇險處，一次得脫，此若空耗仍還彼處者，我似無心，如被明咒之所蒙蔽。由此等門應數數修。如聖勇云[13]：「得〔何，[巴]謂人身也。〕能下種，度生死[巴]解脫彼岸，[巴]無上[3]妙菩提勝種，勝於如意珠，功德流[巴]不斷之所依諸人，[巴]具慧誰令此[巴]生依身致無果[巴]利，謂不應也。」《入行論》亦云[14]：「得如是暇已，我若不修善，無餘欺過此，亦無過此愚。若我解是義，愚故仍退屈[15]，至臨命終時，當起大憂惱。若難忍獄火，常燒我身者，粗猛惡作火，定當燒我心。難得利益地，由何[巴]難得竟偶獲得，若我如有知，仍被引入獄，如受咒所蒙，我於此無心，何蒙我未知，我心有何物？」

第二科、思惟暇滿意義重大，分為七科：第一科、殊勝的所依身不應行同畜生：如果不是為了成辦畢竟的安樂而修行清淨正法，只是辛勤於成辦死亡到來以前的安樂與消除痛苦，畜生也能辦到，因此縱然投生善趣，卻等同畜生。《弟子書》言：「如同小象貪戀生長在深阱洞邊的幾口青草，無所獲得卻落入深坑內，追求擁有今生的安樂而只營求此道者也與此相同。」

第二科、此所依身能夠成辦階段性及究竟的利益，所以天人也心懷希願：總體而言，要修行如此正法，特別是修行大乘道，並非任何所依

身都能勝任，所以必須獲得上述的所依身。《弟子書》中說明不僅就修行其他道及生起功德而言，人的所依身與其他所依身有所差異，即使在最初發心階段，人身所能生起強力發心的程度，也非天龍等其他眾生所能擁有。提到：「由人身所能獲得，通往善逝地位之道——布施等一切佛子行的所依，將引導眾生一無遺漏地迅速到達佛地、具備獨自荷擔使命的強大心力之發心，這樣的道，並非天龍所能獲得，也不是非天、大鵬鳥、持明、似人、大蟒神的所依身所能獲得。」又如《入胎經》說：「雖然投生為人有如此無邊眾苦，卻是最勝妙的依處，因此縱使歷經千萬劫也難以獲得。諸天在臨命終時，其他天眾也會祝願說：『希望你能投生安樂趣。』所指的安樂趣即是人道。」天眾也以此所依身作為希願處。**第三科、是最勝妙暇滿身的理由**：另外，雖然也有部分的欲界天，由於往昔身為人時修道習氣深厚，因此能作為最初見諦之身；但在上界，則不可能新獲得聖道。而大多數的欲界天眾，也如前述是無暇之處，所以最初修道之身，以人最為殊勝。另外，北俱盧洲人不堪為戒律的所依，所以推崇其他三洲的人身，其中尤其讚歎贍部洲的人身。**第四科、作意上述這些所緣境，生起想取心要的修持行相**：所以應當思惟：「獲得如此善妙的所依身，我為何使之全無成果？如果任其無義，還有什麼自欺、愚癡比這更為嚴重？曾經多次奔馳在惡趣等眾多無暇處的險關，偶然一次得以逃脫，如果任其無義，又返回到那些處境，就像被咒術蒙蔽一樣，我實在是無心哪！」應從這些角度一再修持。如聖勇菩薩說：「獲得什麼——人身，便能播下渡越輪迴到彼岸——解脫的種子？無上妙菩提的最勝種子，遠勝如意寶珠的無盡功德流所依的人們，有誰具足智慧，會令此生所依身空度無果？不應這麼做。」《入行論》也提到：「獲得了如此閒暇，若我不修善，沒有其他較此更為欺誑，也沒有比此更為愚蠢。假若我已明白此理，其後卻因愚昧而退縮，當大限來臨之時，將起極大的憂惱。如果難忍的地獄烈火長久焚燒我的身軀，那麼熾燃猛烈的悔恨之火必然熱惱逼心。極為難得有利之地，何其幸運在極難值遇下偶然獲得！如果我明明還有理智，之後竟仍被牽引入地獄，就像遭到咒術迷惑，我在此完全淪喪自心！就連被什麼蒙蔽，我竟然都不知曉，究竟我心有何物？」

以上為「校勘」段落，實際內容如下：

[1]「^妙開示非唯……亦非有者」拉寺本作巴註。　[2]「^妙第四、作意以上諸所緣境,而修發起求取心要之行相者」拉寺本作「第四、於意修習上述所緣義大之相者」。[3]「^巴無上」拉寺本作「^巴無比」。

❶ **修習清淨正法**　法尊法師原譯作「清淨修習正法」,今依藏文改譯。

❷ **《弟子書》云**　《弟子書》,書翰部論典,月官論師著,尚無漢譯。月官論師的弟子寶稱王子出家後,大臣因國政的需求,勸請王子還俗執政,迫於情勢,王子遂捨去梵行執掌國事,因而耽著五欲。月官論師便撰寫此書寄予國王,使國王如法而行。參見《洛桑諾布全集》冊2,頁305。引文見《丹珠爾》對勘本冊96,頁697。

❸ **深阱**　為捕捉野獸而挖掘的深坑。阱又作「穽」。

❹ **任隨一身不為完具**　藏文直譯為「不是隨便一種身軀就可以」。

❺ **如《弟子書》云**　引文見《丹珠爾》對勘本冊96,頁695。

❻ **妙翅**　天龍八部之一,梵語Garuḍa,音譯為迦樓羅,又名妙翅鳥、大鵬鳥、大鵬金翅鳥。以龍為食物的一種巨鳥。

❼ **持明**　一般通指修煉咒術、方術、明禁行者,此處則指人以外的仙人、精靈等。

❽ **似人**　天龍八部之一,梵語Kiṃ-nara及藏語མི་འམ་ཅི་的義譯,又名緊那羅、緊捺落、人非人。化為人形,與人相似,故名似人。另有一說,似人是一種馬頭人身,歌聲悅耳的有情。還有一說,長得很像人類又非常好看的畜生名為似人。或說即緊那羅,似人而頭上有角,帝釋之樂神。

❾ **腹行**　天龍八部之一,梵語Mahoraga及藏語ལྟོ་འཕྱེ་的義譯,又名摩睺羅迦、摩睺羅伽、大蟒神。有云指匍匐行走的畜生,如龍、蛇等。

❿ **《入胎經》亦云**　《入胎經》,勘查即《甘珠爾》對勘本中的《聖為難陀說處

443

胎大乘經》，共三卷，《甘珠爾》對勘本中另有《聖為長老阿難說入胎大乘經》，然查無此文。《聖為難陀說處胎大乘經》漢譯本有唐義淨大師譯《大寶積經·入胎藏會第十四》。此經緣起為佛陀胞弟難陀貪著家室，佛以種種方便度脫出家，並宣說此經令證四果。主要闡述苦諦中生苦的內涵。宇井伯壽等將《聖為難陀說處胎大乘經》譯作《聖為阿難說處胎大乘經》；又將《聖為長老阿難說入胎大乘經》譯作《聖為長老難陀說入胎大乘經》，然考經文內容，前者實為佛對難陀尊者宣說，而後者則是佛為阿難尊者宣說，宇井伯壽等所譯經名有誤。然藏文《入胎大乘經》與漢文《大寶積經·處胎藏會第十三》的經文相吻合，皆無上述引文；藏文《處胎大乘經》則與漢文《大寶積經·入胎藏會第十四》吻合，並有上述引文，故《德格版·西藏大藏經總目錄》所述漢藏本對勘屬實。此段經文為宗喀巴大師擇要引之，唐義淨大師譯《大寶積經·入胎藏會第十四》作：「此諸有情生在人中，雖有如是無量苦惱，然是勝處。於無量百千俱胝劫中，人身難得。若生天上，常畏墜墮，有愛別離苦。命欲終時，餘天告言：『願汝當生世間善趣。』云何世間善趣？謂是人天。」參見《德格版·西藏大藏經總目錄》冊上，頁15（宇井伯壽等編，台北：華宇出版社，1975）。引文見《大正藏》冊11，頁333；《甘珠爾》對勘本冊41，頁690。

⓫ **見諦** 　即見道，包含三乘見道，獲得見道時現證苦集滅道四諦，故稱見道為見諦。

⓬ **上界** 　指色界及無色界，由於在欲界之上，故名上界。

⓭ **聖勇云** 　聖勇，即馬鳴菩薩。此文出自《善說寶篋論》，共28品，尚無漢譯。引文見《丹珠爾》對勘本冊96，頁493。

⓮ **《入行論》亦云** 　引文如石法師譯《入行論·不放逸品》作：「若我已解此，因癡復怠惰，則於臨終時，定生大憂苦。難忍地獄火，長久燒身時，悔火亦炎燃，吾心必痛苦。難得有益身，今既僥倖得，亦復具智慧，若仍墮地獄，則如咒所惑，今我心失迷；惑患無所知，何蠱藏心耶？」見《入行論》，頁26；《丹珠爾》對勘本冊61，頁967。

⓯ **退屈** 　藏文有懈怠、退縮、怯弱等涵義。

^妙第五、結合先輩上師行傳，而明修如是相，應生何等覺受者：^巴善知識敦巴亦謂懂哦瓦云：「憶念已得暇滿人身乎？」懂哦亦於每次修時，必誦一遍《入中論頌》中❶：「若時^巴修法得自在轉，^巴今於具足順^巴緣之時而安住，設不於^巴如此^巴時中自任持^巴不令墮於惡趣險處，^巴後已墮險處而^巴須成他^巴所自在轉^巴時，後以^巴其餘何事從彼出？^巴謂不得出也。」而為心要❷，應如是學。^妙第六、另說劣慧者修持之理者：如其觀待畢竟義大，如是觀待現時亦然。謂增上生中，自身、受用、眷屬圓滿之因──布施、持戒及忍辱等，若以此身易能成辦，此諸道理亦應思惟。如是觀待若增上生，若決定勝，義大之身，若不晝夜殷勤勵力此二之因而令失壞，如至寶洲空手而返，後世亦當匱乏安樂，莫得暇身。若不得此，眾苦續生，更有何事較此欺誑，應勤思惟。如聖勇云❸：「若^巴人現今眾善富之人^巴身，由^巴昔無量劫^巴所積福德而得，愚^巴於取捨故於此^巴生身，未略集^巴能利後世福德^巴之藏，彼等趣他世，^巴生於痛苦難忍^巴之處、憂惱^巴之室，^巴譬如商至寶洲[1]，空手返^巴還自家。^巴此復往昔獲得人身[2]，是由十善增上力故，今仍無有十善業道，後亦不能^巴獲得^巴人身，^巴若不得人^巴身，則無樂唯苦，^巴又如何能^巴有受樂？^巴非有也。趣往他^巴世之時，其餘欺誑無過此，^巴亦無^巴其餘過此大愚。」^妙第七、作意如是修法行相之理及欲受取心要者：如是思後，當發極

大取心要欲。如《入行論》云❹：「與此工價已，令今作我利，於此無恩利，不應與一切。」又云❺：「由依人身筏，當度大苦流，此筏後難得，愚莫時中眠。」又如博朵瓦《喻法》中云❻：「蟲禮❼騎野馬❽，藏魚❾梅烏食❿。」應如是思，發起攝取心要欲樂。

第五科、結合先輩上師的行誼，說明修持這樣的行相，應生起什麼覺受：善知識敦巴尊者也對懂哦瓦大師說：「憶念已獲得暇滿人身了嗎？」懂哦瓦大師也是在每一次修法前，都會先唸誦一遍《入中論頌》所說：「當還能夠自主自在地修法，現在正處於具備順遂因緣的階段，在此時若不能把持自己免於墜入惡趣險處，之後墮落險崖，不得不為他力所操控時，以後還能用其他什麼從中拯救出來呢？是無法出來的。」然後才開始修法。應當這麼做。**第六科、另外說明慧力淺者的修持方法**：也應當思惟：如同觀待於究竟來說意義重大，同樣地觀待於現階段而言，以此所依身能夠輕易成辦圓滿的增上生的身軀、受用以及眷屬之因——布施、持戒、忍辱等等的道理。應該思惟：「如此觀待於增上生及決定勝都意義重大的所依身，如果不日夜致力於增上生及決定勝二者之因，任其虛擲，就像是到了寶洲卻空手而返，未來也將缺乏安樂，無法獲得閒暇身；如果不能獲得此身，痛苦將接連出生，還有什麼比這更加欺誑？」如同聖勇菩薩說：「如果有人往昔歷經無數劫累積福德，而今獲得富有眾善的人趣身，今生卻因為愚昧於取捨，絲毫沒有累積能夠利益後世的福德寶藏，那些人未來世將生於痛苦難以堪忍之處，進入憂惱之室。比如商人來到寶洲，竟然空手返回自家。往昔所以獲得人身，是藉由十善所致，而今如果還沒有十善業道，則將來也無法再次獲得人身，不能獲得人趣身，又怎麼能享有安

樂？不再有了。如此則無有安樂，全然痛苦。因此走向來生之際，沒有其他較此更加欺誑，也沒有其他較此更大的愚癡。」**第七科、作意此修法行相的方法，以及想要受取心要**：如此思惟，最後也應當生起受取心要的強大欲求，如《入行論》所說：「付給它工資之後，現在就要讓它成辦我的利益，如果沒有利益，就不應該施予它一切。」又說：「憑藉人身船能夠渡越巨大苦流，這樣的船隻之後難以再得，愚者啊！切莫在這樣的時光中昏睡！」博朵瓦大師的《喻法》中也提到：「蟲子作禮、騎上野馬、後藏的魚、糌粑團。」如此思惟，生起受取心要的欲求。

[1]「㊂譬如商至寶洲」 果芒本原作「㊂需如商至寶洲」，雪本、哲霍本作「㊂譬如商至寶洲」，拉寺本作「㊂譬如至㊂於寶洲㊂之商」。按，依前後文義「需」字為「譬」字之訛字，故依雪本等改之。　[2]「㊂此復往昔獲得人身」 拉寺本、哲霍本無「㊂」。

❶《入中論頌》中　《入中論頌》，中觀應成派對《中論》的重要釋論之一，月稱菩薩造。漢譯本有法尊法師譯《入中論頌》。全文分別讚歎菩薩十地及佛地的功德，並主要闡述《中論》究竟的密意——中觀應成見，由此顯明中觀應成及自續二派的差異，是中觀應成派權威著作，也是藏傳佛教研習中觀的主要論典之一。引文法尊法師譯《入中論頌‧無垢地》作：「若時自在住順處，設此不能自攝持，墮落險處隨他轉，後以何因從彼出。」參見《入中論善顯密意疏》藏文頁4（宗喀巴大師著，印度：Saitanam Printing Press, Pandeypur, Varanasil，2008）；中文頁2（宗喀巴大師著，法尊法師譯，台北：福智之聲出版社，2006）。引文見中文《入中論善顯密意疏》，頁57；《丹珠爾》對勘本冊60，頁516。

❷而為心要　藏文直譯為「然後修法」。

❸如聖勇云　出自《八無暇論》。引文見《丹珠爾》對勘本冊96，頁493。

❹ **《入行論》云** 如石法師譯《入行論‧護正知品》作：「既酬彼薪資，當令辦吾利，無益則於彼，一切不應與。」見《入行論》，頁39；《丹珠爾》對勘本冊61，頁976。

❺ **又云** 如石法師譯《入行論‧精進品》作：「依此人身筏，能渡大苦海，此筏難復得，愚者勿貪眠。」見《入行論》，頁62；《丹珠爾》對勘本冊61，頁993。

❻ **博朵瓦《喻法》中云** 《喻法》，博朵瓦大師結合譬喻宣說道次第的語錄，全名《喻法珍寶聚》，善知識頗章頂巴及札迦瓦集撰，尚無漢譯。博朵瓦大師善巧將佛法結合譬喻作講說，其弟子頗章頂巴勸請大師能將所有譬喻集結成冊，大師歡喜應允，囑其成辦並廣弘。大師示寂後，另一弟子札迦瓦和頗章頂巴求授《喻法》，並將《喻法》原著增補及校正，即今流通之版本。文中這二句沒有連貫，且「梅烏食」不見於今版《喻法集》中，而《喻法集釋》中解釋「童子糌粑團」時，與梅烏食的典故一樣，可能是版本不同，待考。參見《洛桑諾布文集》冊2，頁301。引文見《喻法集》，頁2。

❼ **蟲禮** 喻希有難得。謂人獲得暇滿身，如蟲鑽出地面禮敬三寶，豈不難得！

❽ **騎野馬** 喻應珍惜希有人身。這是流傳於西藏的一則故事：以前有位跛腳者，一日坐山中的懸崖上，看到山下野馬奔馳而過，心生恐懼而掉下去，剛好落在馬背上，就緊握馬鬃往前騎，然後加入隊伍遊行，這時心中歡悅唱起歌來。旁人問：「為何這般快樂？」他回答說：「我是跛腳人，平常要騎羊都很困難！今日忽然騎到野馬，豈非難得？何能不樂而歌！」吾人處輪迴中，一次忽得人身，若不趣向正法，復待何時？

❾ **藏魚** 喻當珍惜人身。指一位後藏人，一日到前藏時，因很少吃到魚，看見魚就拼命吃，撐飽肚子到想要嘔吐，又急忙用束帶綑緊脖子。人問其原因，答說：「後藏人要吃到魚，談何容易？我不忍吐出來！」修行人應如此譬喻，能得到一次人身，當愛惜勿失。

❿ **梅烏食** 喻失人身之悲痛。梅烏，藏語，藏人以青稞和酥油為美食，稱之為「梅烏」。曾經有一位母親以梅烏分給孩子們，一子心貪，將自己一份藏於背後，伸手又想取其他孩子的食物，結果原有的被狗咬走，於是大哭。母親問其原因，兒子說：「好不容易獲得梅烏，今被惡狗叼走，豈能不哭？」修行人悲傷空度人身，也應如此。

第三、思惟極難得，^妙分八：^一難得之喻；^二如是難得之因相；^三修暇滿因者稀少；^四於惡趣中亦廣造新罪之理；^五作意此等所緣行相之理；^六覺受之功用；^七具四特法之修軌；^八另說劣慧者修持之理[1]。初者：如是暇身如《事教》中說❶：從惡趣死^巴又復生彼^巴惡趣者，^巴猶如大地土；從彼^巴死歿[2]❷生善趣者，如^巴如來手爪上塵。從^巴人天二善趣死生惡趣者，如大地土^巴塵；從彼^巴二死沒已^巴又復生善趣者，如爪上塵。故從善趣惡趣二俱難得。^妙第二、難得之因相❸者：若作是念：彼由何故如是難得？^巴其因相者，如《四百頌》云❹：「諸人多受行，非殊勝^巴業不善品，^巴由多勤行於此，是故諸異生，多^巴死歿已定往惡趣。」謂善趣人等，亦多受行十不善等非勝妙品，由是亦多往惡趣故。又如於菩薩所起瞋恚心，一一剎那，尚須經劫住阿鼻獄❺，況內相續現有往昔多生所造眾多惡業，果未出生，對治未壞，豈能不經多劫住惡趣耶？

第三科、思惟極為難得，分為八科：^一難得的比喻；^二如此難得的原因；^三修持暇滿之因的人稀少；^四在惡趣中也會大量新造罪惡的道理；^五作意這些所緣之行相的方法；^六覺受的功用；^七具備四種特色而修的方法；^八另外說明慧力淺者的修法。第一科：這樣的閒暇，在《事教》中說，從惡趣死後又再次投生彼惡趣者，就如同大地的塵土；

從惡趣死後投生善趣者，則像如來以手指尖沾取的塵埃；從人天二種善趣死後而趣向惡趣者，像大地的塵土；從這二種善趣死後又再度投生善趣者，如手指尖的塵埃。因此無論從善趣或惡趣而言，都難以獲得。**第二科、難得的原因**：若想：「為什麼會如此難得？」其原因如《四百論》所說：「人們大多數都造作非殊妙的業——不善品，偏重於勤行不善，因此凡夫大多數在命終之後必然走入惡趣。」即使是善趣中的人類等，多數也都大量造作十不善等非勝妙的品類，這也導致走向惡趣。又如瞋恨菩薩，每一剎那尚且要感得經劫處在無間地獄，何況自心相續中，仍有許多往昔多生造集的罪業還未感果，而且未以對治法破壞，豈能不歷經多劫久處惡趣？

[1]「修持之理」雪本作「捉持之理」，誤。　　[2]「^巴死歿」哲霍本無「^巴」。

❶《事教》中說　《事教》，根本說一切有部的律典，又名《十七事》，共109卷。漢譯本在宇井伯壽等編《德格版·西藏大藏經總目錄》中說是唐義淨三藏譯《根本說一切有部毘奈耶·出家事》等七事，對照《甘珠爾》和《大正藏》律文，確有相似的段落，然義淨三藏並未完整譯出《事教》。此律典是「根本說一切有部」的四部律典其中之一，主要說明出家的規範，應如何安居、結夏、解夏等十七件事。此段是取經文大意，非錄原文，今漢譯本未見相應段落。參見《甘珠爾》對勘本冊1，頁204。

❷死歿　原為法尊法師譯文，為配合箋註，改回作箋註之文。

❸難得之因相　即同頁449「如是難得之因相」一科。

❹《四百頌》云　任傑譯《四百論釋》作：「由於諸人類，多持不善品，以是諸異生，多墮於惡趣。」見《四百論釋》，頁141；《丹珠爾》對勘本冊57，頁798。

❺——剎那尚須經劫住阿鼻獄　阿鼻獄，為梵語Avicinaraka（མནརིཙིནརཀ）音譯，「阿鼻地獄」的簡稱，義為無間地獄，八熱地獄之一。身處阿鼻地獄的有情，在地獄的惡業還未淨除之前，必須不間斷地遭受極大痛苦，故名無間地獄。此段內涵出自於《集學論》，宋法護譯《大乘集菩薩學論》云：「若復有人於十方一切世界諸眾生等起瞋恚縛，墮黑暗處。文殊師利，若於菩薩所遠住其前，屈伸臂頃起瞋恚心，是罪過前阿僧祇數。」參見《丹珠爾》對勘本冊64，頁1129；《大正藏》冊32，頁92。

第三、修暇滿因者稀少者：如是若能決定淨治往昔所造惡趣之因，防護新造❶，則諸善趣雖非希貴，然能爾者，實極稀少。若未如是修則定往惡趣，既入惡趣則不能修善，相續為惡，故經多劫，雖善趣名亦不得聞，故極難得。《入行論》云❷：「我以如是行，且不得人身，人身若不得，唯惡全無善。若時能善行，然我不作善，惡趣苦蒙蔽，爾時我何為。未能作諸善，然已作眾惡，經百俱胝劫，不聞善趣名。是故薄伽梵，說人極難得，如龜項趣入，海漂軛木❸孔。雖剎那作罪，尚住無間劫❹，況無始生死，作惡豈善趣？」**第四、於惡趣中亦生大惡之理者**❺：若作是念：由受惡趣苦盡昔惡業已，仍可生樂趣，故非難脫也。即受彼苦之時，時時為惡，從惡趣沒後，仍須轉惡趣，故難脫離。如云❻：「非唯受彼⁰前生所積業果報已，⁰消盡彼業之力，此補特伽羅即便能脫離⁰惡趣。其因相者[1]，謂正受彼⁰昔所造業果

451

位苦時，ᴾ亦復〔起，ᴾ即新積也。〕諸ᴾ餘苦因位之餘罪惡ᴾ故。」ˢ第五、作意此等所緣行相之理者：如是思惟難得之後，應作是念而發欲樂攝取心要：謂若使此身為惡行者[2]，是徒耗費，應修正法而度時期。如《親友書》云❼：「從旁生出得人身，較龜處海遇軛木，孔隙尤難故大王，應行正法令有果。ᴾ所說從旁生沒，難得人身者，亦當結合餘趣。若以眾寶飾金器，而用除棄吐穢等，若生人中作惡業，此極愚蒙過於彼。」《弟子書》中亦云❽：「得極難得人身已，應ᴾ起勤奮ᴾ精進之力，修證ᴾ心中所思ᴾ謂念當獲，如終止受生大海❾，及種大菩提種子之所求ᴾ義。」ˢ第六、修此所緣行相之功用者❿：此又如大瑜伽師謂懂哦云：「應略休息，ᴾ謂當稍事經行。」答云：「實當如是，然ᴾ應為而不為者，以思此暇滿，實為難得。」又如博朵瓦云⓫：「如昔坌宇⓬有一雕房，名瑪卡喀，ᴾ謂即喀孜也。甚為壯麗⓭。次為敵人所劫，經久失壞。有一老人因此房故，心極痛惜，後有一次聞說其房為主所得，自不能走，憑持一矛透迤⓮而至，如彼喜曰，今得瑪卡喀，寧非夢歟。今得暇滿，亦應獲得如是歡喜，而修正法。」乃至未得如是心時，應勤修學。

第三科、修持暇滿之因的人稀少：雖然如此，但如果能夠確定淨除往昔造集的惡趣因，並且謹防新造的機會，則善趣並不稀貴，然而能夠這

樣做的，卻極為希有。如果不這麼做，就會往赴惡趣；到了惡趣，則不能修善，將持續地造惡，因而在許多劫中，就連善趣之名都聽不見，所以人身難以獲得。如《入行論》說：「以我這般所作所為，連人身都無法獲得。如果不能獲得人身，就只有罪惡，毫無善業。當有機緣能行善，然而我卻不修善，一旦被惡趣的痛苦徹底蒙蔽，那時我還能做什麼？如果既未奉行眾善，又造集眾多罪惡，縱然歷經百千萬劫，就連善趣之名也聽不見。因此薄伽梵曾說，人身至極難得，宛如烏龜的頸部要穿過漂流大海中的軛木孔洞一般。一剎那間所造的罪惡，尚且要經劫久處無間地獄，何況無始輪迴以來造集罪惡，怎麼能前往善趣？」**第四科、在惡趣中也會生起廣大罪惡的道理**：如果心想：「承受了惡趣的痛苦，就能消盡往昔眾多惡業，繼而再度投生善趣，所以脫離惡趣並不困難。」但正在受苦之際，也時時造惡，因此雖從惡趣死去，仍然必須再經歷惡趣，所以難以脫離。如有言：「若想：『僅承受前世造集的這些宿業的果報，這些惡業的勢力消盡之後，此補特伽羅就能從惡趣中解脫。』並非這樣就能解脫，因為正在承受往昔所造宿業的苦果時，仍然又會〔生起，即新造集。〕其餘痛苦之因的其他罪業。」**第五科、作意這些所緣之行相的方法**：如此思惟難得之後，心想：「見到若放任此身作惡，是極大的浪費，應該要以修持正法度日。」而生起受取心要的欲求。《親友書》提到：「比起烏龜遇到漂流大海中的軛木之孔，脫離畜生而獲得人身更是極其困難。因此，大王！應該行持正法，使之能有成果。所謂從畜生中死亡後，難以獲得人身這點，也應該結合其他諸趣。比起將珍寶綴飾的金器用來除棄臭惡的嘔吐物，投生為人卻造作惡業，更是至極愚癡。」《弟子書》也說：「獲得了極為難得的人身，應當策發勤奮精進的力量，去成辦心中所思惟『想要獲得所追求的諸如出離受生大海，及播下大菩提種子』的目標。」**第六科、守護修習這些所緣行相的功用**：又如大瑜伽師對懂哦瓦說：「稍稍歇會兒，也該經行一下！」懂哦瓦大師答道：「確實如此！然而應該做卻不做，是因為想到這個暇滿身實在難得啊！」又博朵瓦大師曾說：「往昔坌宇有一座碉堡名為瑪卡堡，傳說就是稱為喀孜的這座城堡，相當壯麗，被敵軍佔據後經久失修而損壞，有一位老人為這座碉堡深感痛惜。後來有一次聽說此碉堡被收復，他明明已無法行走，

453

卻仍拄著一根矛，步履蹣跚地走去，並說：『如今獲得瑪卡堡，不會是夢吧！』同樣地，得到暇滿也必須獲得這樣的歡喜而修法。」應該修持直到獲得這樣的心。

[1]「其因相者」哲霍本作妙註。　　[2]「惡行者」哲霍本作「惡行」。

❶**防護新造**　藏文直譯為「防護新造之門」。

❷**《入行論》云**　引文出自《入行論・不放逸品》，如石法師譯作：「憑吾此行素，人身難復得；若不得人身，徒惡乏善行。若具行善緣，而我未為善，惡趣眾苦逼，屆時復何為？既未行諸善，復集眾惡業，縱歷一億劫，不聞善趣名。是故世尊說：人身極難得；如海目盲龜，頸入軛木孔。剎那造眾罪，歷劫住無間，何況無始罪，積重失善趣。」見《入行論》，頁25；《丹珠爾》對勘本冊61，頁966。

❸**軛木**　指套在牛馬頸上，用以曳引耕犁或車子的曲木。

❹**尚住無間劫**　此處無間指無間地獄，謂經劫處在無間地獄之意。比如對於菩薩起一剎那瞋恚心，就會導致在無間地獄受一劫的痛苦。

❺**於惡趣中亦生大惡之理者**　即前頁449「於惡趣中亦廣造新罪之理」一科。

❻**如云**　引文出自《入行論・不放逸品》，如石法師譯作：「然僅受彼報，苦猶不得脫；因受惡報時，復生餘多罪。」見《入行論》，頁25；《丹珠爾》對勘本冊61，頁967。

❼**《親友書》云**　引文劉宋求那跋摩譯《龍樹菩薩勸誡王頌》作：「海龜投木孔，一會甚難遭，棄畜成人體，惡行果還招。金寶盤除糞，斯為是大癡，若生人作罪，全成極蠢兒。」見《大正藏》冊32，頁752；《丹珠爾》對勘本冊96，頁676。

❽ 《弟子書》中亦云　引文見《丹珠爾》對勘本冊96，頁696。

❾ 受生大海　即輪迴。在輪迴中必須不斷受生，無有邊際，如同大海，故名受生大海。

❿ 修此所緣行相之功用者　即前頁449「覺受之功用」一科。

⓫ 博朵瓦云　引文見《藍色手冊釋》，頁158，然與正文略有不同。

⓬ 坌宇　西藏地名，藏語 འབའ་ཡུལ音譯，又名澎玉，位於拉薩市北。坌，音笨。

⓭ 壯麗　阿嘉永津認為是「宏偉」的意思，夏日東活佛則認為是「必爭之地」的意思。參見《阿嘉雍曾文集》冊上，頁72；《夏日東文集》冊1，頁246。

⓮ 逶迤　指走路蹣跚，一拐一拐拖著身體的樣子。本形容道路、山脈、河流等彎彎曲曲，延續不絕的樣子。亦作「逶移」、「逶蛇」、「委迤」、「委移」。哈爾瓦・嘉木樣洛周仁波切解釋，由於前文有「不能走」一句，而「逶迤」一詞，藏文為「謝竹」（འཁྱལ་དུད），「謝」有抽之義，「竹」有搓摩之義，藏文原文中「逶迤」後也無「而至」一詞，所以「拖身而至」的解法並不合理。其意是指老人聽到瑪卡喀被收復了，雖已不能前往，但仍拿著矛坐在地上來回反覆地搓，以抒發心中激動的情緒。如月格西認為，「謝竹」也有拖著的意思，前文所說不能走是指不能正常地走，所以老人聽到此消息就興奮地持矛拖著身體走，故逶迤可解作拖著身體走的意思。二說皆通。

第七[1]、以四特法修持之理者❶：如是若於暇身，能發一具相取心要之欲樂，須思四法。其中¹`須修行者[2]：謂❷於暇滿身取心要者，非餘方便所能成辦，唯修正法[3]能爾。若念：能修誠善，不修亦可耶？答曰：非也，以一切有情，皆唯愛樂而不愛苦，然引樂除苦亦唯依賴於正法故。²`能修行者[4]：謂❸若念：雖則如是，然我不知能修持否？答曰：能也，以外緣知識、內緣暇滿悉具足故。此復³`必須現世修者[5]：❹若

念：雖則如是，然可此生不修，來生方修。答曰：此亦不然，以**現世不修，次多生中，暇滿之身極難得故。**四`**須於現在而修行者**[6]：謂❤ 若念：固須現世修行，可待閒時方為之耶？答曰：非爾，以何日死，無決定故。其中第三，能破推延於後生中修法懈怠❷；第四能破不趣之懈怠，謂雖於現法定須修行，然於前前諸年月日不起修行，而念後後修行亦可❸。總攝此二為應速修，作三亦可。是則念死亦與此係屬，然恐文繁，至下當說。

第七科、以四種特法修持的軌理：生起一個合格的在暇身獲取心要的欲求，必須思惟四法。**其中**一`**必須修行：**所謂於暇滿身獲取心要，只能透過修法，不是由其他方法所能達到的。如果心想：「能修行固然好，但不修是否也可以？」答：不可，因為一切有情都只追求安樂而不願痛苦，而成辦安樂、消除痛苦，也唯有依賴正法。二`**能夠修行：**若想：「雖然如此，但不知道我是否能修持？」答：可以的，因為具足了外緣善知識，與內緣暇滿。而這又三`**必須在今生就修持：**若想：「雖然如此，但今生即使不修，也可以來世再修。」答：也不可如此，因為今生不修，則在多生之中極難再得暇滿。四`**必須從現在起就修持：**若想：「固然必須在今生修持，但可否等到空閒時再修呢？」答：不可如此，因為無法確定何時死亡。其中第三項，能夠破除想到來世才修法，遂棄置不顧的懈怠；第四項，能夠破除心想：「雖然必須在今生就修行，但在前前的年、月、日中即使都不修，之後再修也可以」，而不肯投入的懈怠。所以也可以將這兩項合併為迅速修持，而歸納為三項。如此則念死也與此相關，但因篇幅甚廣，所以將在下文說明。

❶ 以四特法修持之理者　即前頁449「具四特法之修軌」一科。

❷ 能破推延於後生中修法懈怠　「推延」，藏文直譯為「捨棄」。此句意為「能
　破除想要來世才修法，而捨棄（今生修法）的懈怠」。

❸ 第四能破不趣之懈怠謂雖於現法定須修行然於前前諸年月日不起修行而
　念後後修行亦可　法尊法師原譯作「第四能破雖於現法定須修行，然於前前
　諸年月日不起修行，而念後後修行亦可不趣懈怠」。其中「念後後修行亦可不
　趣懈怠」一句，雖是依藏文直譯，然易生歧義，故將「不趣懈怠」移至「雖於現
　法定須修行」之前。

^妙第八、另說修持之理，此中分二：第一、由種種門思惟之
理者^[1]：如是若由種種門中正思惟者，變心力大，故應思惟如
前所說。若不能者，則應攝為：如何是為暇滿體性、現竟門❶
中利大道理、因果門中難得道理^妙三者^[2]，隨所相宜從前說中取
而修習。^妙第二、特別思惟之理^[3]，其中^妙分二：第一、思惟^[4]
因門難獲得^妙之理^[5]者：謂僅總得生於善趣，亦須戒等修一

淨善，特若獲得暇滿具足，如云❷：「增上生因除戒更非餘。」若無淨戒，不得暇滿之體；縱然有此，若無施等助伴，則彼依身無受用等；縱然有此，若無淨願而為結合，不遇正法，以是[6]則須淨戒而為根本、施等助伴、無垢淨願為結合等眾多善根。現見修積如是因者，極為希少，比此而思善趣身果，若總若別❸具十八法❸依身[7]，皆屬難得。❸第二[8]、**由果門中難獲得者**：應當修持觀非同類諸惡趣眾❹，僅得善趣亦屬邊際，觀待同類諸善趣眾[9]，殊勝暇身極屬希少。❸師云：夏日之時，但看一草堆上幾許蟲蠅，即見人天之身實屬邊際。觀待得善趣者[10]，具十八法殊勝依身亦屬邊際。如是應當思惟：得人身已，入不入法門，以及其中如不如法等事[11]。**如格西鐸巴云❺：「殷重修此，餘一切法由此引生。」故應勵力。**

語譯

第八科、另外說明修持軌理，其中分為二科：第一科、從各種角度思惟的軌理：若能如上由各種角度思惟，則能大幅度轉變內心，所以應如前述思惟。如果達不到這個程度，則應歸納成：暇滿的體性為何、從階段性及究竟的方面而言都意義重大的道理，以及從因及果而言都很難得的道理這三點，隨其所宜地擷取前文所說而作修持。**第二科、特別思惟的軌理，其中分為二科：第一科、思惟從因的角度難得的道理**：一般而言，僅僅獲得善趣，也必須修習持戒等一分的純淨善法，特別是要獲得完整的暇滿，如同《入中論》說：「增上生的因，除了戒律以外沒有其他。」如果沒有清淨的戒律，不能獲得暇滿的體性；雖然具備，若沒有布施等輔助，則此身不能感得受用等；縱有上述條件，如果沒有清淨發願做為連結，將無法值遇正法，因此必須有清淨戒律作為基礎，布施等作為輔助，以無垢的發願作為連結等眾多善根。然而現

實可見，能夠修成此因的人也極其稀少，以此推想，應當思惟：善趣的所依身果，無論是總體的，還是具備十八種特色的殊勝的所依身，皆屬難得。

第二科、從果的角度難得：應當修持：觀待於不同類的惡趣而言，僅僅是善趣都已絕無僅有；即使觀待於同類的善趣，殊勝的暇身也屬極端希有。上師提到：在盛夏時節，只要看看一座草堆上的蟲蟻蚊蠅，便能想見人天身實在絕無僅有；而觀待獲得善趣，全具十八種特色的殊勝暇身，也是絕無僅有的。同樣必須思惟：即使獲得了人身，然而是否進入佛法之門，以及進入佛法之門又如不如法等等。如格西鐸巴曾說：「在此勤懇地下功夫，其他一切法都由此引生。」所以應當努力。

[1]「此中分二：第一、由種種門思惟之理者」 拉寺本作「此中分三：第一」，哲霍本作「此中分二：第一、由種種門積集之理者」。按，拉寺本此處雖言「分三」，然於後文並未標明二、三科。哲霍本「積集」為「思惟」之訛字。 [2]「^妙三者」 拉寺本無。

[3]「^妙第二、特別思惟之理」 拉寺本無。 [4]「^妙分二：第一、思惟」 拉寺本無。

[5]「^妙之理」 拉寺本無。 [6]「^語如云……以是」 哲霍本作巴註。 [7]「^妙具十八法依身」 拉寺本作語註，哲霍本未標作者。 [8]「^妙第二」 拉寺本無。

[9]「觀待同類諸善趣眾」 果芒本原作「僅觀待同類諸善趣眾」，青海本《廣論》、拉寺本、法尊法師原譯無「僅」字。 [10]「觀待得善趣者」 拉寺本作「觀待僅得善趣者」。 [11]「^語師云……不如法等事」 哲霍本作妙註。

❶ **現竟門** 指階段性與究竟兩方面。

❷ **如云** 引文出自《入中論》，法尊法師譯作：「增上生及決定勝，其因除戒定非餘。」見《入中論善顯密意疏》，頁58；《丹珠爾》對勘本冊60，頁516。

❸ **十八法** 即前文所說八種閒暇及十種圓滿，共為十八。

❹ **應當修持觀非同類諸惡趣眾** 法尊法師原譯作「觀非同類諸惡趣眾」，無「應當修持」一詞，今據藏文補譯。

❺ **格西鐸巴云** 引文見《藍色手冊釋》，頁157，然與正文略有不同。

道前基礎

道總建立

第二、如何取心要之理❶，分二：¯⁻於道總建立發決定解；
二⁻正於彼道取心要之理。初中分二：¯⁻三士道中總攝一切
至言之理；語先輩曾云：「《建立次第論》中云：『達何能以顯乘道，解經所詮樞要義，
三士教授即此事。能賜解了總佛語，大扼要者說即此，餘釋方說配密兜[1]。』」**二⁻顯示**
由三士門如次引導之因相。今初妙**分六：第一、一切至言**
攝於成辦二利之理者：

佛初發心、中集資糧、最後現證圓滿正覺，一切皆是❷為利有
情，故所說法一切亦唯為利有情。如是所成有情利義略有二
種，謂現前增上生，及畢竟決定勝。妙**第二、下士成辦增上生**
之理者：其中依於成辦現前增上生事，盡其所說，一切皆悉攝
入下士，或共下士所有法類，巴僅唯成辦獲得此生自身安樂方便者[2]，亦為下
士，然此但為一般或僅為下士也❸。以此中所計**殊勝下士者，是於現世不以為**
重，希求後世善趣圓滿，轉趣修集善趣因故❹。《道炬論》
云❺：「若有巴士夫以諸方便，〔唯巴字遮除為求涅槃樂故斷惡修善。〕為獲得於
生死樂巴人天自在故，希求自利義[3]，巴應知彼為巴三士中之下士巴亦即
小士。」妙**第三、中士成辦決定勝解脫之理者**[4]：決定勝中略
有二種，謂證解脫僅出生死及一切種智位。其中若依諸聲聞乘
及獨覺乘，盡其所說，一切皆悉攝入中士，或共中士所有法
類，以中士夫者，謂發厭患一切諸有，為求自利，欲得度出三有

解脫，以趣解脫方便之道三種學故。《道炬論》云❻：「^㊁厭患而背棄_{苦諦}諸有^㊁輪迴安樂，^㊁以道諦遮^㊁滅輪迴之因——惡^㊁集諦業為^㊁其體性^㊁之士夫，若〔唯，^㊁此唯字遮除為他利故受持輪迴、斷惡修善。〕獨為自故，希求^㊁滅諦自靜^㊁解脫，說名中士夫。」依於成辦一切遍智眾方便者，攝於上士法類之中^[5]。^妙第四、上士成辦一切遍智之理者：如覺窩所造《攝行炬論》云❼：「尊長佛說依，密咒度彼岸，能辦菩提故，此當書彼義。」謂修種智❽方便有二，謂密咒大乘及波羅蜜多大乘。此二攝入上士法類，_以上士夫者，謂由大悲自在而轉，為盡有情一切苦故，希得成佛，學習六度及二次第❾等故。《道炬論》云❿：「由^㊁量通〔達，^語師說：「此字觸及二義：一說為自相續『所屬』之苦，謂將自身相續所屬或所有之苦，代他有情之苦，修習欲盡彼苦之心^[6]，串修取捨。其義即如^音_嘎為前加字之^音_豆，謂屬於也。一說最初先達自身相續之苦，以自身受推之於他，亦欲盡除之。其義即如^音_惹字頭^[7]之^音_豆，謂通達也。《廣論》此處以後者為主^[8]❶。」〕^㊁解了自^㊁之身❶❷苦，^㊁以自身受推比之，若^㊁補特伽羅士夫欲正^㊁為盡除他一切苦^㊁故，而求圓滿佛位者，是為勝士夫^㊁或大士。」此士所修菩提方便，謂波羅蜜多及咒，下當廣說。

第二科、如何取心要的方法，分為二科：一、對於總體道的體系生起確定的認知；二、正說在其中取心要的方法。第一科分為二科：一、三士道中統攝一切至言的道理；先輩祖師曾說：「《建立次第論》中說：『通達什麼，便能以波羅蜜多乘道，開解契經所詮內涵的樞要？就是這三士道的教授。在此說明能夠授與確解總體佛語的扼要處，而結合密乘則在其他論釋中說明。』」二、顯示由三士夫的角度依序引導的理由。第一科分為六科：第一科、一切至言都歸納為成辦二種利益的道理：

佛陀最初發心、中間累積資糧、最終現證圓滿正覺，一切都只是為了利益有情，因此所宣說的一切法，也都只是為了成辦有情的利益。那麼，所要成就有情的利益就有二類，即階段性的增上生，以及終極的決定勝。第二科、下士成辦增上生的道理：其中凡是以成辦階段性的增上生為主題，所宣說的一切法，都統攝於真正的下士，或是共通於下士的法類中；僅致力於獲得今生一己之樂的方便，雖然也算是下士，但那是一般的下士，或者就只是個下士，因為在此所列出的殊勝下士，是不以今生為重，而希求後世增上生的圓滿，並且趣入於修集增上生的諸多因緣的緣故。《道炬論》中提到：「若有士夫以種種的方便，〔只字排除為求涅槃的安樂而斷惡修善。〕希求自身能獲得人天自在的眾多輪迴安樂，應當了知這種士夫是三士夫中的下士，也就是小士。」第三科、中士成辦決定勝的解脫的道理：決定勝有二種：僅僅脫離輪迴的解脫，以及一切遍智的果位。其中凡是以聲聞及獨覺乘為主題，所宣說的一切法，都統攝於真正的中士，或者共通於中士的法類中；因為中士是對一切諸有心生厭惡，為了一己之利，以獲得脫離三有的解脫為目標，而致力於解脫的方便──三學道。《道炬論》提到：「由於厭惡而背棄苦諦──三有輪迴的安樂，以道諦遮除輪迴之因──罪惡集諦的業為本性的士夫，〔只，這個只字排除為了利他而受生輪迴、斷惡修善。〕追求僅為了自己得到寂靜解脫的滅諦，這樣的人稱為中士。」以成就一切遍智的方便為主題的，則統攝於上士的法類。第四科、上士成辦一切遍智的道理：如覺窩阿底峽

尊者所著《攝行炬論》中說：「由於上師佛陀曾說，藉由密乘與波羅蜜
多乘，能夠成就菩提，所以在此將撰述其義涵。」成就一切種智，有密
咒大乘與波羅蜜多大乘二種方便，這兩者都歸屬上士的法類；因為上
士是為大悲心所主宰，為了窮盡有情的一切痛苦，以獲得佛果為目標，
而學習六度與二次第等等。《道炬論》中提到：「若有補特伽羅士夫透過正
量〔通達，上師說：「這裡涉及二種說法：一者是說『自相續所屬的痛苦』，指屬於或存在於
自相續的痛苦，將此當作其他有情的痛苦，進而修習想要滅盡其苦之心，修持取捨。這是就ཀ
字作為前加字的གཏོགས（屬於）所作的解釋。一說則為首先「通達」自相續的痛苦，接著推及
他人，由度量自身的感受，也希望窮盡他人的苦。這是就ར字作為上加字的རྟོགས（通達）字所
作的解釋。《廣論》此處是以後者為主。」〕確知自相續的痛苦，以此度量自身的感受，
進而想徹底窮盡其他有情的一切苦難，為此，追求獲得圓滿佛果，這種人便
是殊勝的士夫，或者上士。」這種士夫修持菩提的方便，有波羅蜜多及密
咒，二者都在下文說明。

[1]「🈁先輩曾云……說配密咒」哲霍本作巴註。　[2]「🈁僅唯成辦獲得此生自身
安樂方便者」哲霍本作「🈁僅唯幻化獲得此生自身安樂方便者」，誤。　[3]「希求
自利義」拉寺本作「希求自利義🈁之遮除為他利故受持輪迴並斷惡修善」。按，此
處疑為下一頁中士夫之巴註「唯，🈁此唯字遮除為他利故受持輪迴、斷惡修善」誤植
於此。　[4]「解脫之理者」哲霍本作「方便之理者」。　[5]「🈁依於成辦……法類
之中」拉寺本作語註。　[6]「修習欲盡彼苦之心」果芒本原作「抓持欲盡彼苦之
心」，拉寺本、雪本、哲霍本作「修習欲盡彼苦之心」。按，果芒本此句不通，故依拉寺
等本改之。　[7]「字頭」果芒本原作「字初」，拉寺本作「字頭」。按，「初」（མགོ）為
「頭」（མགོ）之訛字，故依拉寺本改之。　[8]「🈁師說……後者為主」哲霍本作巴
註。

❶ **如何取心要之理** 即前頁430「如何攝取心要之理」一科。

❷ **皆是** 藏文直譯為「唯是」。

❸ **然此但為一般或僅為下士也** 妙音笑大師《現觀辨析》中，引《瑜伽師地論》而說三種下士：僅以非法的方式希求現世安樂的補特伽羅，是最下下士；以如法與非法的方式營求現世安樂的補特伽羅，是中等下士；不汲汲於現世，唯以正法專求後世安樂的補特伽羅，是殊勝下士。前二種下士是普通下士，也可以說，就只能算是個下士，故說「此但為一般或僅為下士」。但是《道炬論》中所說的下士，是專指殊勝下士，這在四世班禪大師所著的《道炬論釋》當中有提到：「總體而言，下士夫當中也有只希求現世安樂的，但在這裡必須是無誤趣入增上生方便的緣故，所以這裡所講的下士夫只有一種，沒有其他支分。」亦即《廣論》後文所提到「下士夫中雖有二類，謂樂現法及樂後世，此是第二，復須趣入增上生無謬方便」之意。

❹ **轉趣修集善趣因故** 法尊法師原譯作「以集能往善趣因故」，係採意譯，今依藏文改譯。

❺ **《道炬論》云** 引文見《丹珠爾》對勘本冊64，頁1641；《廣論》，中文頁561。

❻ **《道炬論》云** 引文見《丹珠爾》對勘本冊64，頁1641；《廣論》，中文頁561。

❼ **《攝行炬論》云** 阿底峽尊者著，共22偈，主要闡述菩薩行持方面的教誡，尚無漢譯。引文見《丹珠爾》對勘本冊64，頁1855。

❽ **種智** 指一切種智，又名一切相智，均指佛智。

❾ **二次第** 此指密續之生起次第與圓滿次第。

❿ **《道炬論》云** 引文見《丹珠爾》對勘本冊64，頁1641；《廣論》，中文頁561。

⓫ **廣論此處以後者為主** 「由達」的「達」字在藏文中有兩種版本，一種作「གཏོགས།」，另一種作「རྟོགས།」，皆讀作「豆」。前者是「屬於」，後者是「通達」之義。二者於文理上皆可融通，但是宗喀巴大師在此主要取「通達」的意思。

⓬ **自身** 藏文直譯為「自相續」。

中下士道與共中下士道之別

關於下士道與共下士道等的差別，妙音笑大師《現觀辨析》中說：「三種士夫都應修持，並且在生起中士道前要修習的意樂是共下士道的定義。譬如斷除十惡即是共下士道。」遍智寶無畏王大師《地道建立》中說：「只為自利，而主要希求後世安樂，從這一點安立的意樂是殊勝下士道的定義。」

共下士道必須要具備兩個條件：1. 三士夫都要修持。2. 生起中士道前必須先修持。而下士道只須具備第二個條件，不一定要是三士夫的共通所修。例如只為自利而主要希求人天增上生的意樂，是下士道，但並非共下士道，因為中士夫及上士夫不需要修持這種意樂。而斷除十不善的意樂，則是下士道也是共下士道，因為三種士夫都必須修持這種意樂，而且在生起中士道前就必須修持的緣故。

雖然有下士道及共下士道兩種，但是只有下士夫而沒有共下士夫，因為共下士道之「共」字，是三種士夫共通修持之義，可以有一種道是三種士夫的共通所修，但是不可能有一種士夫是三種士夫。同樣地，有中士道及共中士道，但是只有中士夫而沒有共中士夫；有上士道沒有共上士道，有上士夫而沒有共上士夫。

參見妙音笑大師《現觀辨析》冊上，頁20（遍智妙音笑金剛著，中國：文化推廣圖書館，2006）；遍智寶無畏王大師《地道建立》，頁68。

^妙**第五、明三士夫名之依據者：**^巴若念：「雖爾，然下、中、上士之名非出自於經教中耶？」三士之名，《攝決擇》曰^❶：「**復有三士，謂**^巴總體而言，成就內道佛教徒之律儀，須有出離意樂所攝，**有成就正受非**^巴如是**律儀，**^巴然有唯防三門十不善故，**非**^巴從根本**非律儀所攝**^巴斷十不善淨戒律儀，**亦有成就正**

受聲聞〔相應，^巴謂其所具有。〕見一切輪迴皆為苦性，次欲從中脫之，如是出離意樂所攝淨戒律儀，亦有成就正受^巴為利一切有情，故欲得佛位之菩薩淨戒律儀。其中初者為下^巴士，第二為中^巴士，第三為勝^巴士。」與此義同；復說多種上、中、下士建立道理❷。如《道炬》所說，世親阿闍黎於《俱舍釋》中亦說三士之相❸。^妙第六、決疑者：下士夫中雖有二類，謂樂現法^巴之僅入數者，及樂後世^巴之殊勝者，此是第二，^巴其中復^巴有增上生與決定勝二者，不取後者故[1]，須趣入增上生無謬方便。

第五科、說明三士夫之名稱的依據：若想：「縱然如此，但是下中上士這些名稱，是否不是出自於經論？」三士夫的名稱，在《攝決擇分》中提到：「另外又有三種補特伽羅，一般而言，要成就內道佛教徒的律儀，必須要有出離心攝持，既有具足清淨受持不是這樣的律儀，但是由於尚有守護三門不犯十惡，所以也並非根本不是律儀，這樣所攝的斷十不善的戒律儀者；也有具足清淨受持聲聞〔相應，指其所具有。〕的觀見一切輪迴全是痛苦的自性，生起想要從中解脫的出離心，以此心所攝的戒律儀者；也有具足清淨受持為了利益一切有情，希願獲得佛果的菩薩律儀者。其中第一種是最下士夫，第二種是中等士夫，第三種是超勝士夫。」其說與此內涵相似；另外又有宣說多種設立上中下士的準則。如同《道炬論》，世親阿闍黎也在《俱舍釋》中說明三士的定義。**第六科、解答疑難：**下士夫中雖然有汲汲於今生，只是個下士，以及致力於後世的殊勝下士二種，然而在此是指次者，其中又有增上生及決定勝二種，不取後者，因此是專指趣入無錯謬的增上生方便者。

❶ **《攝決擇》曰** 引文出自《瑜伽師地論・攝決擇分》之〈有尋有伺三摩地〉，玄
奘大師譯作：「又有三人，一者有人唯能成就非律儀非不律儀攝所受戒律儀，
二者有人亦能成就聲聞等相應所受戒律儀，三者有人亦能成就菩提薩埵所受
戒律儀。初名下士、次名中士、後名上士。」見《大正藏》冊30，頁643；藏文見
《丹珠爾》對勘本冊74，頁397。

❷ **復說多種上中下士建立道理** 《攝決擇分》中總共由十四種角度而說三士
的建立，引錄全文如下：「復次依行差別建立三士，謂下中上。無自利行無利他
行，名為下士；有自利行無利他行、有利他行無自利行，名為中士；有自利行有
利他行，名為上士。復有四種補特伽羅，或有行惡而非樂惡，或有樂惡而非行
惡，或有行惡亦復樂惡，或非行惡亦非樂惡。若信諸惡能感當來非愛果報，由
失念故、或放逸故、近惡友故，造作惡行，是名行惡而非樂惡。若先世來串習
惡故，喜樂諸惡惡欲所牽，彼由親近善丈夫故、聞正法故、如理作意為依止
故，見諸惡行能感當來非愛果報，自勉自勵遠離諸惡，是名樂惡而非行惡。若
性樂惡而不遠離，是名行惡亦復樂惡。若有為性不樂諸惡亦能遠離，名非行
惡亦非樂惡。此中行惡亦樂惡者，是名下士；若有行惡而非樂惡，或有樂惡而
非行惡，是名中士；若非行惡亦非樂惡，是名上士。復有三士，一重受欲、二重
事務、三重正法。初名下士、次名中士、後名上士。又有三種補特伽羅，一以非
事為自事、二以自事為自事、三以他事為自事。若行惡行以自存活，名以非事為
自事；若怖惡行修行善行，名以自事為自事；若諸菩薩，名以他事為自事等。初
名下士、次名中士、後名上士。」「又諸國王有三圓滿，謂果報圓滿、士用圓
滿、功德圓滿。若諸國王生富貴家，長壽少病有大宗葉。成就俱生聰利之慧，
是王名為果報圓滿；若諸國王善權方便所攝持故，恆常成就圓滿英勇，是王名

為士用圓滿；若諸國王任持正法名為法王，安住正法名為大王，與內宮王子群臣英傑豪貴國人共修惠施，樹福受齋堅持禁戒，是王名為功德圓滿。果報圓滿者，受用先世淨業果報；士用圓滿者，受用現法可愛之果；功德圓滿者，亦於當來受用圓滿淨業果報。若有國王，三種圓滿皆不具足，名為下士；若有果報圓滿或士用圓滿，或俱圓滿，名為中士；若三圓滿無不具足，名為上士。」

「復有三臣，一有忠信無伎能智慧、二有忠信伎能無智慧、三具忠信伎能智慧。初名下士、次名中士、後名上士。若不忠信無有伎能亦無智慧，當知此臣下中之下。又有四語，一非愛似愛、二愛似非愛、三非愛似非愛、四愛似愛。諸有語言辭句善順然非所宜，是名初語；或有語言辭句勃逆然是所宜，是第二語；或有語言辭句勃逆亦非所宜，是第三語；或有語言辭句善順亦是所宜，是第四語。若有宣說非愛似非愛非愛似愛語者，是下士；若有宣說愛似非愛語者，是中士；若有宣說愛似愛語者，是上士。」「復有三種受諸欲者，或有受欲非法孟浪積集財寶，不能安樂正養己身及與妻子，廣說乃至不於沙門婆羅門所修植福田；或有受欲法或非法孟浪或非積集財寶，能以安樂正養己身妻子眷屬及知友等，不於沙門婆羅門所修植福田；或有受欲一向以法，及不孟浪積集財寶，能以安樂正養己身，廣說乃至能於沙門婆羅門所修植福田。此三種中初名下士、次名中士、後名上士。」「復有三人，一者有人貪染而食，愛著饕餮乃至耽湎，不見過患不知出離；二者有人思擇而食，不染不著，亦不饕餮吞吸迷悶堅住耽湎，深見過患善知出離，而於此食未斷未知；三者有人思擇而食，不生貪染，廣說乃至深見過患善知出離，又於此食已斷已知。初名下士、次名中士、後名上士。」「復依施物說有三人，一者有人所施之物，但具妙香不具美妙味之與觸；二者有人所施之物，具妙香味而無妙觸；三者有人所施之物，具足美妙香味與觸。初名下士、次名中士、後名上士。」「又依施田說有三人，一者有人於愛於恩而行惠施、二者有人於貧苦田而行惠施、三者有人於具功德最勝福田而行惠施。初名下士、次名中士、後名上士。復有差別，施於所愛名為下士、施於有恩名為中士、施於貧苦具德勝田名為上士。」「又依施心說有三人，一者有人將欲惠施先心歡喜、正惠施時心不清淨，惠施已後尋復追悔；二者有人先心歡喜，施時心淨施已追悔；三者有人先心歡喜，施時心淨施已無悔。初名下士、次名中士、後名上士。」「復於受持戒福業事，建立三人。一者有

人但離一分，非一切時常能遠離，唯自遠離不勸他離亦不讚美，見同法者心不歡喜，是名下士；二者有人離一切分一切時離，唯自遠離不勸他人亦不讚美，見同法者心不歡喜，是名中士；三者有人一切俱現，是名上士。」「又於受持禁戒處所，建立三人。一者有人住惡說法毘奈耶中，受持禁戒；二者有人住善說法毘奈耶中，受持禁戒而有缺漏；三者有人即住於此受持禁戒而不缺漏。初名下士、次名中士、後名上士。」「又於受持戒心，建立三人。一者有人為活命故受持禁戒、二者有人為生天故受持禁戒、三者有人為涅槃故受持禁戒。初名下士、次名中士、後名上士。」「又於受持別解脫律儀，說有三人。一者有人唯能受持近住律儀、二者有人亦能受持近事律儀、三者有人亦能受持苾芻律儀。初名下士、次名中士、後名上士。」「又於受持苾芻律儀，說有三人。一者有人唯能成就受具足支，無受隨法諸學處支，亦無隨護他人心支，亦無隨護如先所受諸學處支；二者有人成前三支，無後一支；三者有人具成四支。初名下士、次名中士、後名上士。又有三人，一者有人唯成別解脫律儀、二者有人成別解脫靜慮律儀、三者有人成別解脫靜慮無漏三種律儀。初名下士、次名中士、後名上士。又有三人，一者有人唯能成就非律儀非不律儀攝所受戒律儀、二者有人亦能成就聲聞等相應所受戒律儀、三者有人亦能成就菩提薩埵所受戒律儀。初名下士、次名中士、後名上士。」「復依修習思惟方便，建立三人。一者有人唯得勵力運轉思惟、二者有人有間運轉、設得無間要作功用方能運轉、三者有人已得成就任運思惟。初名下士、次名中士、後名上士。」「又依已得修差別故，建立三人。一者有人已得內心奢摩他定，未得增上慧法毘鉢舍那；二者有人已得增上慧法毘鉢舍那，未得內心奢摩他定；三者有人俱得二種。初名下士、次名中士、後名上士。又有三人，一者有人已得有尋有伺三摩地、二者有人已得無尋唯伺三摩地、三者有人已得無尋無伺三摩地。初名下士、次名中士、後名上士。」「又依住修差別，建立三人。一者有人住染污靜慮、二者有人住世間清淨靜慮、三者有人住無漏靜慮。初名下士、次名中士、後名上士。」見《大正藏》冊30，頁642。

❸《俱舍釋》中亦說三士之相　《俱舍釋》，小乘對法藏論典，世親菩薩著。藏傳典籍引用時常稱《俱舍論自釋》。漢譯本有真諦三藏譯《阿毘達磨俱舍釋論》22卷；唐玄奘大師譯《阿毘達磨俱舍論》30卷，共二種。傳說世親菩薩曾

為眾人講述《大毗婆沙》，日造一偈總攝當日所說內涵，歷時六百餘日而造六百多偈，即《俱舍論頌》。後將此論寄回罽賓國，國中毗婆沙師不解其義，又請菩薩造論解說，於是菩薩遂撰此釋。《俱舍釋》中所說三士之相，玄奘大師譯《阿毘達磨俱舍論‧分別世品》云：「下士勤方便，恆求自身樂，中士求滅苦，非樂苦依故。上士恆勤求，自苦他安樂，及他苦永滅，以他為己故。」參見《大正藏》冊50，頁190；冊29，頁6；《丹珠爾》對勘本冊79，頁391。

第二、顯示由三士門如次引導之因相，分二：一˙顯示何為由三士道引導之義；二˙如是次第引導之因相。今初⁑分三，下中二者為上者支分之理者：

⁑若念：「於此理應宣說前述上士之道，然下中二道於此時則不應宣說也。」答曰：無過[1]，如是雖說三士，然於上士道次第中，亦能攝納餘二士道無所缺少，故彼二種是大乘道或分或支。馬鳴阿闍黎所造《修世俗菩提心論》云❶：「⁑斷殺生之無害與⁑斷妄語之諦實，⁑斷不與取之與取及⁑斷邪婬之梵行是四根本，⁑其上〔捨一切所執，⁑謂即布施。〕合而為五，此是⁑出生圓滿善趣⁑身受用之因行，⁑故就此上立下士道。⁑又遍觀生死⁑總別諸苦，⁑為斷⁑彼故修⁑具足諦實⁑行相之道❷，斷除⁑輪迴之因——業惑二種罪，此是⁑成辦寂靜⁑涅槃之因行，⁑故就此上立中士道。此等⁑前所說義亦⁑是上士補特伽羅所應取❸⁑修，⁑以此等一切亦是⁑勝出離——⁑上士道支、⁑或分、或助伴[2]故。⁑故以前述諸義為道支分，其上由達諸法⁑皆空，

🄫及依此出生悲眾生流，🄫發起慈悲為根本之菩提心，而學無邊🄫善巧🄫方便🄫之佛子行，是勝出離🄫上士之行🄫也[3]。」是故此中，非導令趣唯以三有之樂為所欲得下士夫道，及為自利唯脫生死為所欲得中士夫道，是將少許共彼二道，作上士道引導前行，為修上士道之支分。🄫先輩云：「又漸次引導三士道之義者，非謂從下中二士別別究竟所得之地，而為引導[4]。諸共通者[5]，即如導至上士前行；譬如為從甘丹至拉薩故，途經蔡巴[6]❹也。」

第二科、顯示由三士夫的角度依序引導的理由，分為二科：⚊顯示由三士道的角度引導的涵義為何；⚋以如此次第引導的理由。第一科分為三科：第一科、共中下士道是上士道支分的道理：

若心想：「在此固然應當宣說前述的上士道，但是下中二道卻不宜在此宣說。」答：沒有過失，雖然宣說三種士夫，但是上士道的次第中，也一無所缺地統攝其他二士道，因此這二種是大乘道的部分或是支分。因為馬鳴阿闍黎所著的《修世俗菩提心論》中說：「斷除殺生的無害、斷除妄語的誠實、斷除不與取的授予方取，以及斷除邪淫的梵行，在這四根本之上，〔捨棄一切執持，亦即布施。〕共為五種。這是能感生圓滿的善趣的身軀、受用之因的行為，所以在此之上安立下士道。又，洞悉輪迴總體及各別的痛苦，為了將之斷除而修持具有諦實行相之道，並且斷除輪迴之因——業與惑二種罪過，這是成辦寂靜涅槃之因的行持，所以在此之上安立中士道。而上述所說這些也全都是上士補特伽羅所應修持的內容，因為這一切全都是最超勝的出離——上士道的支分、或者部分、或是助伴。所以將此前述那些作為道的旁支，在此之上通達萬法皆是性空，依此而出生悲懷蒼生的江流，發起以慈悲為根本的菩提心，進而學習無涯的善巧的佛子行，這即是最勝出離——上士之行！所以在此並非導向只以獲得三有安樂為目標的下士道，與為

了自利，僅以解脫輪迴為目標的中士道，是將部分與此二者共通的道，當作導向上士道的前行，作為修上士道的支分。先輩祖師說：「以上所說依序導向三士道的涵義，並非指從下中士各自最終極的目標之處而作引導。那些共通的部分，就像引導到上士的前行一般；如同為了從甘丹寺前往拉薩，中途路經蔡巴一樣。」

[1]「㈣若念：『於此……宣說也。』答曰：無過」哲霍本作妙註。 　[2]「或助伴」哲霍本作「或劫奪」，誤。 　[3]「㈣也」哲霍本無「㈣」。 　[4]「非謂從下中二士……而為引導」果芒本原作「謂從下中二士……而為引導」，拉寺本作「非謂從下中二士……而為引導」，哲霍本作「謂以從下中二士……而為引導」。按，依前後文，果芒等版釋漸次引導三士道之義時，將下中二士別別究竟所得之地，作為成辦上士必經之前行。拉寺本則不將下中二士別別究竟所得之地，作為成辦上士必經之前行。雖有先證真實下中二士之道，方入上士者。就《廣論》中「是將少許共彼二道，作上士道引導前行，為修上士道之支分」所言，應如拉寺本之義，僅將下中二士所修之法類作為趣入上士之前行，並非成辦下中二士究竟之地為趣入上士之前行。另依藏文語法，哲霍本中「以」（གིས）為「之地」（གི་ས）之訛字。故依拉寺本改之。 　[5]「諸共通者」果芒本原作「故諸共通者」，拉寺本、哲霍本無「故」。今依拉寺本改之，原因詳見前條校勘。 　[6]「蔡巴」哲霍本作「促」。按，甘丹至拉薩途中，無名「促」（ཚལ）之地者，故「促」（ཚལ）為「蔡」（ཚལ）之訛字。

❶《修世俗菩提心論》云　《修世俗菩提心論》，中觀部論典，全名《修世俗菩提心文蓮花聚論》，共35偈，馬鳴菩薩著，尚無漢譯。主要闡述修世俗菩提心的口訣教授。引文見《丹珠爾》對勘本冊64，頁38。

❷具足諦實行相之道　此處「諦實」是指苦、集、滅、道四諦。聖者所見輪迴苦性及其苦因，滅除輪迴苦性的涅槃，以及獲得涅槃之道，符合事實，而凡夫所見虛妄不實，所以稱聖者所見苦、集、滅、道為諦實。諦實行相，指四諦各有四種行相，合稱四諦十六行相。分別為：苦諦之無常、苦、空、無我；集諦之因、

集、生、緣；滅諦之滅、靜、妙、離；道諦之道、如、行、出。修習四諦十六行相之道，即是此處所說修具足諦實行相之道。

❸ **此等亦應取**　法尊法師原譯作「亦應取此等」，為配合箋註語序，故改譯。

❹ **蔡巴**　地名，藏語ཚལ་པ音譯。位於西藏自治區拉薩市東郊地區。參見《藏漢大辭典》，頁2264。

🅼**第二、如下中士思惟而趣上士之理者**[1]：是故若發如前所說取心要欲，取心要之法，如《中觀心論》云❶：「🅟具智慧者[2]，誰🅟由何不將此等🅟業惑所生**無堅如蕉**🅟及水沫之身，🅟依於暇滿[3]**而成**❷🅟辦利🅟益他之順**緣，修**🅟令轉如**須彌**🅟之菩提**堅實**❸？🅟應為之也。修習之理者，菩薩**上士具悲故，將一一剎那**🅟悉不空過，**老死及**[4]🅟其所表**病**🅟等諸多損害**根本之**🅟此身，🅟**成就為**🅟利益**他**🅟**及安樂**🅟之本。🅟又其理者[5]，謂依於具正🅟妙**法**🅟之**燈炬時，斷八無暇**🅟之間暇，或有**暇**🅟修法之依身，**應以**🅟修持意樂發心、加行六度四攝❹等**上士行，**🅟由成辦無上菩提之門，**令其**🅟**暇滿有果利，**🅟故當如是行。」謂應念云：「我身無實，如蕉如沫，眾病巢穴，老等眾苦所出生處，應以上士所有現行度諸晝夜，令其不空」而趣大乘。🅟是將共中下士諸道導為引至上士前行[6]。

🅼**第三、斷諍**[7]，**修習共中下士道**[8]**為發起上士道前行之理者**[9]：若爾，理應先從上士🅟本身引導，云何令修共下中❺耶？謂修此二所共之道，即上士道發起前行。此中道理，後當宣說。

第二科、如下中士般思惟之後，趣向上士的道理：因此，生起了如前所說想要取心要之心時，則取心要的方法如《中觀心論》所說：「有智慧者誰會為了什麼，不將業及煩惱所生，這些如同芭蕉和水中泡沫一般無堅實的身軀，憑藉著暇滿，能有機會成辦利他的順緣，因而修成轉為宛如須彌山王的菩提藏？應該要修持啊！修持之法就是，具足慈悲的高尚之士——菩薩，每一剎那都不虛度，將這老死以及其所表徵的疾病等眾多損害之源的身軀，修成為利益他人及出生安樂之根本。又其方法，當有正法燈炬，應該依之而將這斷除八無暇的閒暇、有暇修法的所依身，透過修持意樂——發心、加行——六度四攝等上士之行，使此暇滿由於修持無上菩提，而有所成果，所以應當這麼做。」應當想到：「我的身軀如同芭蕉與泡沫，毫無堅實，這個疾病的巢穴、出生衰老等眾苦之源，應以上士之行持度過晝夜，使之有意義。」而趣入大乘。這是將與下中士共通之道，引導為導向上士的前行。

第三科、斷除爭議，修習與下中士共通之道，是生起上士道之前行的道理：若問：那麼理應最初就從上士本身引導，為何要修習與下中共通之道？答：修習與此二者共通之道，本身即是生起上士道的前行。其中道理將在下文說明。

[1]「^妙第二、如下中士思惟而趣上士之理者」拉寺本作語註。按，妙音笑大師於「顯示何為由三士道引導之義」分三子科中，其餘二科皆作妙註，此科不應獨作語註，誤。

[2]「^巴具智慧者」哲霍本無「^巴」。　[3]「^巴依於暇滿」哲霍本無「^巴」。

[4]「及」雪本作巴註。按，藏文此頌為七言體，「及」字若作巴註則不符字數，誤。

[5]「^巴又其理者」哲霍本無「^巴」。　[6]「^巴是將共中下士諸道導為引至上士前行」拉寺本作「^巴若是將共中下士諸道導為引至上士前行」。果芒本為總結前文之義；拉寺本乃連接下文問答之義。　[7]「^妙第三、斷靜」拉寺本無「斷靜」。

[8]「共中下士道」哲霍本作「共中下士業」，誤。　[9]「發起上士道前行之理者」哲霍本作巴註。

❶ 《中觀心論》云　《中觀心論》，中觀經部行自續派論典，共11品，清辨論師著，尚無漢譯。此論及其自釋《分別熾燃論》，為經部行中觀自續派的開派論典，主要闡述經部行自續派的正見，在顯揚其內涵時，也廣破外道的宗義及唯識、小乘部派的見解，是學習經部行中觀自續派必讀的著作之一。引文見《丹珠爾》對勘本冊58，頁6。

❷ 而成　法尊法師原譯作「由行」，「由行」表因由，「而成」表果相。就文義論，此句承前句「依於暇滿」，為配合箋註，今依藏文改譯。

❸ 修須彌堅實　依箋註前後綴文，意為「明明能夠修成如須彌般的菩提堅實，為何不修習？」然因中文語序，無法譯出。

❹ 四攝　菩薩攝受眾生的四種方便：布施、愛語、利行、同事。「布施」指用財物布施有情；「愛語」指為有情宣說悅意如法的語言；「利行」指讓有情能夠依循教導，去行持對現世後世乃至成佛有利的事；「同事」指勸其他有情做的事情，自己也如是行持。參見《廣論・四攝法》，頁331。

❺ 共下中　藏文直譯為「共下中之道」。

第二、如是次第引導之因相，分二：一、正明因相；二、所為義。今初分十四：第一、是入大乘之門者[1]：

須依次引導三士道有其因相，以入大乘門即菩提心，而於相續發彼[2]須依次引導三士道故。此中初因❶ 所以如是者，**轉趣大乘能入之門者，謂即發心於勝菩提。若於相續中生起此心**，如《入行論》云❷：「於相續中發起菩提之[3]心❸，但由發此，於剎那頃，任凡何人於發心前剎那頃，雖為繫

生死獄諸苦惱^巴者，^巴然於後剎那頃，應^巴稱說是諸善逝子，^巴謂獲此名也。」謂即獲得佛子之名或菩薩名，其身即入大乘人❹之數；若退此^巴菩提之心，亦從大乘人還退出故。^妙**第二、發心前，須由思其勝利增長勇喜等及其依據者**[4]：是故諸欲入大乘者，須以眾多方便勵力令發。而❺^巴前文第二因：於相續中發菩提心，須引導入三士道者，以發此^巴菩提心[5]，須先^妙如《華嚴經》❻及《入行論》等所說[6]❼，修習發心勝利，令於勝利，由於至心勇悍❽增廣，及^妙開示令成發心法器之方便者[7]：須皈依、七支願行❾，是能開示菩薩道次最勝教典《集學處論》❿及《入行論》中所說⓫。^語既如是說，且於如是勝利增廣勇喜，並修七支及皈依，當學三士道故。後因⓬成立，以於發心勝利增廣勇喜，亦須修習共中下士意樂[8]；發起欲得勝利心已，修此具足勝利之發心時，亦須串習共中下士意樂；中下士時之[9]皈依等，亦是此中之所須故。依次宣說此等者：

第二科、以如此次第引導的理由，分為二科：一、正說理由；二、目的。
第一科分為十四科：第一科、是進入大乘之門：

必須依序引導三士道，是有理由的，因為進入大乘之門即是菩提心，而要在心續中生起菩提心，必須依序導入三士道的緣故。其中第一個原因，之所以進入大乘之門即是最勝菩提發心，這是因為當心續中生起此心，就如同《入行論》所說：「若在心續中生起菩提心，剛生出的那一剎那，無論任何人，在發心那一剎那以前，雖然還是繫縛於輪迴牢獄的苦難眾生，下一剎那就應以『諸善逝子』之名稱之，即獲得此

名。」便獲得了佛子或菩薩之名、其所依身進入大乘行者之列；何時退失此菩提之心，便從大乘行者的行列中退出。**第二科、發心之前，必須先思惟其利益，增廣踴躍歡喜等，及其依據**：因此，想要進入大乘的人們，必須多方努力策發此心。上述第二個原因——要在心續中生起菩提心，必須依序導入三士道，因為要生起此菩提心，必須先如《華嚴經》及《入行論》等所說，修持發起此心的利益，發自內心對其利益增廣踴躍歡喜；以及開示成為發心法器的方法：要七支願行和皈依，這是說明菩薩道次第的最超勝論典——《集學論》及《入行論》中所說。既有上述，而要能增廣對其利益的踴躍歡喜，以及修習七支、皈依，必須學習三士道。後者理由可以成立，因為增廣對發心利益的踴躍歡喜，也必須修習共中下士的意樂；對於利益生起欲求之後，修持具有此利益的發心時，也必須串習共中下士的意樂；中下士階段的皈依等，也是此處所需的緣故。下文依序宣說這些理由：

[1]「第一、是入大乘之門者」拉寺本無「是」。 [2]「而於相續發彼」哲霍本作「而因發彼」。按，依藏文語法，此註是謂「於相續中發菩提心」，而非「於因中發菩提心」，誤。 [3]「㊫之」原果芒本未標作者，今依拉寺本補之。 [4]「㊝第二、發心前，須由思其勝利增長勇喜等及其依據者」拉寺本此註置於下文「以發此㊫菩提心」之後。按，依拉寺本，前後文義不通，誤。 [5]「㊫前文第二因：於相續中發菩提心，須引導入三士道者，以發此㊫菩提心」此二註果芒本原作妙註，拉寺本作語註，哲霍本作巴註。按，前文477頁巴註開出二因，第一因即「此中初因所以如是者」，此為第二因，理應作巴註，今依哲霍本改之。 [6]「㊝如《華嚴經》及《入行論》等所說」拉寺本無，哲霍本未標作者。 [7]「㊝開示令成發心法器之方便者」拉寺本無。 [8]「亦須修習共中下士意樂」果芒本原作「亦須修習共中士意樂」，拉寺本、雪本、哲霍本皆作「亦須修習共中下士意樂」。按，後文482頁《廣論》正文「若於增上生及決定勝二種勝利發欲得者，故須先修共中下士所有意樂」，即「以於發心勝利增廣勇喜，亦須修習共中下士意樂」之依據，故依拉寺等本改之。 [9]「之」哲霍本無。

❶ **此中初因** 指成立須依次引導三士道的第一個原因——入大乘門即菩提心。

❷ **《入行論》云** 引文如石法師譯作：「生死獄中囚，若生菩提心，即刻名佛子，人天應禮敬。」見《入行論》，頁5；引文見《丹珠爾》對勘本冊61，頁950。

❸ **發菩提心** 法尊法師原譯作「若發大心」，為配合箋註，故改譯。

❹ **大乘人** 法尊法師原譯作「大乘」，藏文為「大乘人」。大乘為補特伽羅相續中的道，而大乘人為補特伽羅，二者相違，故依藏文改譯。下文亦同。

❺ **而** 法尊法師原譯作「然」，為配合箋註，故改譯。

❻ **《華嚴經》** 賈曹傑大師著《入行論正文釋》第一品，說明菩提心勝利時，引到《甘珠爾》方廣部（又稱華嚴部）〈華嚴品〉的經文。漢譯本見唐實叉難陀譯《八十華嚴》卷78及唐般若譯《四十華嚴》卷35，文繁不錄。參見《大正藏》冊10，頁429、825；《甘珠爾》對勘本冊38，頁686；《入行論正文釋》，頁21。

❼ **《入行論》等所說** 依賈曹傑大師在《入行論正文釋》中所分的科判，第一品除了前兩偈外，其餘都是廣說菩提心勝利的部分。除了《華嚴經》和《入行論》，在《勇授問經》中也提到：「菩提心福德，假設若有色，遍滿虛空界，福尤過於彼。若人以諸寶，遍滿恆沙數，諸佛剎土中，供養世間依。若有敬合掌，心敬禮菩提，此供最殊勝，此福無邊際。」宋法護等譯《大乘集菩薩學論》也提到：「即菩提心堅固而能攝受一切福報。如《師子王所問經》云：『爾時星賀那太子白佛言：世尊，云何令諸眾生在所生處常得愛樂攝受諸法？』佛言：『欲解脫諸眾生者，常生謙敬發菩提心，是則名為常得愛樂攝受諸法。』」又如《華嚴經》云：『善男子，菩提心者猶如種子，能生一切諸佛法故。菩提心者猶如良田，能長眾生白淨法故。猶如大地，一切世間所依持故。乃至菩提心者猶如慈父，訓導守護諸菩薩故如毘沙門，能斷一切貧窮苦故。如摩尼珠，成就一切諸義利故。菩提心者猶如賢缾，圓滿一切善希求故。如獨鈷杵，畢竟能摧煩惱冤故。猶如正法，能斷深心諸作意故。猶如利劍，能斷一切煩惱首故。菩提心者猶如利斧，能伐一切諸苦樹故。猶如兵仗，防禦一切極苦難故。猶如鉤竿，於輪迴海拔眾生故。如大風輪，能疾飄偃一切障礙雲霧草故。菩提心者猶

如叢林，積集菩薩諸行願故。如佛塔廟，一切世間天人阿修羅等所尊重故。善男子，菩提心者成就如是無量殊勝功德。』」參見《丹珠爾》對勘本冊61，頁952；冊64，頁1005、1014；《入行論》，頁4；《入行論正文釋》，頁12；《才旦夏茸文集》冊9，頁234；《大正藏》冊32，頁76。

❽ 勇悍　藏文直譯為「勇喜」。

❾ 七支願行　即《廣論·修習軌理》所說七支：禮敬支、供養支、懺悔支、隨喜支、請轉法輪支、請住世支、迴向支。

❿ 《集學處論》　才旦夏茸大師在此引證的《集學處論》原文，宋法護等譯《大乘集菩薩學論》作：「禮敬諸佛常生尊重，次第修作成普賢願。」參見《大正藏》冊32，頁130；《丹珠爾》對勘本冊64，頁1007、1390。

⓫ 《入行論》中所說　賈曹傑大師在《入行論正文釋》第二品開頭提到，起初先由禮拜、供養、皈依、具足四力的方式懺悔惡業違緣，並從隨喜等積集順緣資糧後，受持菩提心。又從這兩科廣開第二、三品的內涵。才旦夏茸大師也提到：「《入行論》第二品說由四種方式，第三品說了五種或三種的方式累積資糧，都說明皈依等是發心的前行。」此中所說的四種方式為：一供養，二禮拜，三皈依，四懺悔；五種方式是：一隨喜善法，二請轉法輪，三請久住世，四迴向善品，五修習布施身、財、受用、善根的意樂。參見《入行論正文釋》，頁40；《才旦夏茸文集》冊9，頁234。

⓬ 後因　即前述「且於如是勝利增廣勇喜，並修七支及皈依，當學三士道故。」

第三、引發希求此心之勝利者：如是所說勝利略有二種，謂諸現前及畢竟勝利。初中復二，謂不墮惡趣及生善趣。若發此心，則如論云❶：「由是如同劫末火❷，剎那定能燒諸罪[1]。」能淨宿造眾多惡趣之因，能斷當來相續積集。如云❸：「餘善皆如芭蕉樹，既生果已則窮

盡,菩提心樹則恆常,施果無盡而增廣[2]。」諸善趣因,先已作者,由此攝故,增長廣大;諸新作者,亦由此心為等起故,無窮盡際。畢竟利義者,謂諸解脫及一切種智,亦依此心易於成辦。若於現時、畢竟勝利,先無真實欲得樂❹故,雖作是言:「此諸勝利從發心生,故應勵力發起此心」,亦唯空言。觀自相續,極明易了。

❺第四、作為此勝利所依亦須中下之理者❺:若於增上生及決定勝二種勝利發欲得者,故須先修共中下士所有意樂。^巴此復於現前增上生中,不墮惡趣,及生善趣二種利益增廣勇喜,亦須見惡趣苦而求不生於彼,見增上生勝利而有欲得之心,故須共下士夫法類。究竟決定勝中有二:謂解脫及一切遍智,於初者中,又若無求獲解脫之心,則於發心,不由具足能獲解脫勝利之分而發勇喜,故須共中士夫法類。**妙第五、正修心時亦須中下之理者**:如是若於二種勝利發欲得已,趣修具有勝利之心者,則須發起此心根本大慈大悲。此復若思自於生死安樂匱乏、眾苦逼惱、流轉道理,身毛全無若動若轉,則於其他有情流轉生死之時樂乏苦逼,定無不忍。《入行論》云❻:「於諸有情先,如是思自利,夢中尚未夢,何能生利他?」故於下士之時,思惟自於諸惡趣中受苦道理;及於中士之時,思惟善趣無寂靜樂,唯苦道理。次於親屬諸有情所,比度自心而善修習,即是發生慈悲之因,菩提之心從此發生。故修共同中下心者,即是生起真菩提心所有方便,

非是引導令趣餘途。^妙第六、此心儀軌之積資淨障，亦須中下之理者：^巴若念：「雖爾，然中下士時所說思惟皈依及業果等，非此所須。」答曰：即如^巴前說，於❼彼二時中，思惟皈依及業果等，多門勵力集福淨罪，^巴亦如其所應，即菩提心之前行、修治相續之方便——七支行願及皈依等，故應了知此等即是發心方便。

第三科、策發希求此心的利益：如上所說的利益，可以歸納為二種，即階段性與究竟的利益。前者又有不墮入惡趣，以及投生善趣二種。因為如果生起此心，就如論中說：「菩提心如同劫末的烈火一般，剎那間必能燒盡眾多罪惡。」能夠淨除往昔造集的眾多惡趣因，阻斷將來造惡的續流。如論中說：「其他善行如同芭蕉樹，結完果實便會枯竭；菩提心樹卻能長久地結出果實，永無窮盡並且增長廣大。」往昔已積累的眾多善趣因，由於此心攝持而能增長廣大；由於以此心作為動機，使得那些新造作的也能永無窮盡。究竟利益——解脫與一切遍智，也能藉由此心而輕易成辦。若先前對於階段性與究竟的利益沒有無偽的欲求，縱使說：「這些利益都從發心而生，所以應當勤奮策發此心」，也只是空言而已。觀察自己的心續，這是極為清楚的。

第四科、作為這些利益的所依，也需要中下的道理：所以若要生起想獲得增上生及決定勝這二種利益的心，必須先修習與中下士共通的意樂。要對階段性的增上生當中，不墮惡趣及投生善趣二種利益增長踴躍歡喜，也必須見到惡趣苦而不願意投生其中，以及見到增上生的利益而有欲求之心，因此需要與下士共通的法類。究竟決定勝中，有解脫與一切遍智二種，就初者而言，若沒有想要獲得解脫的心，就無法從發心具有能獲得解脫利益的這一點，發起踴躍歡喜，所以需要與中士共通的法類。

第五科、正修菩提心時，也需要中下的道理：如此生起求獲二種利

益之心以後，若要進而修持具有此利益的菩提心，則必須生起此心的根本——大慈大悲。當思惟自己在輪迴中漂流，匱乏安樂、飽受痛苦的情況，如果不會寒毛直豎，則對其他有情漂流於輪迴時缺乏安樂、飽受痛苦，也無從生起不忍之心。《入行論》提到：「那些有情，在過去縱使為了自利，夢中都不曾夢見生起這樣的心，又怎麼可能為了利他而生起？」因此，在下士的階段，思惟在惡趣遭受苦難逼迫的情形；在中士的階段，思惟善趣也是痛苦，沒有寂靜安樂的情形；接著以自身的感受，比擬親眷諸有情眾而作修持，成為生起慈悲之因，由此而生菩提心。所以修習與中下士共通之心，即是生起無偽菩提心的方法，並非要導向其他途徑。**第六科、菩提心儀軌中積聚資糧、淨除罪障部分，也需要中下的道理**：若想：「雖然如此，但在中下士的章節所提到的思惟皈依及業果等，在此是否並不需要？」答：如同上述，這兩個階段中，以皈依及思惟業果等角度多方努力淨罪集資，也都隨其所宜成為七支行願及皈依等菩提心的前行、淨治心續的方便，所以應當曉得這些也都是發心的方便。

[1]「剎那定能燒諸罪」 拉寺本作「剎那能燒諸重罪」；《丹珠爾》對勘本《入行論》、青海本《廣論》亦作「剎那能燒諸重罪」。 [2]「^巴如云……而增廣」 哲霍本無「^巴」。

❶**如論云** 引文出自《入行論・菩提心利益品》，如石法師譯作：「覺心如劫火，剎那毀諸惡。」見《入行論》，頁6；《丹珠爾》對勘本冊61，頁953。

❷**劫末火** 佛經中將劫分為成劫、住劫、壞劫、空劫。成劫時世界漸漸形成，住劫時世界安住，壞劫時世界漸漸毀壞，空劫時欲界中沒有任何情器世間。三界中三禪天以下的色界、欲界才會經歷「成、住、壞、空」四個階段。此處所說的

「劫末火」，即在壞劫時天空會出現七個太陽，導致河流大海乾枯，最後起火，將此世界色界初禪以下的外在器世界悉數燒盡。

❸ **如云** 引文出自《入行論·菩提心利益品》，如石法師譯作：「餘善如芭蕉，生果即枯槁，覺心樹生果，不枯反增茂。」見《入行論》，頁6；《丹珠爾》對勘本冊61，頁952。

❹ **欲得樂** 想要得到的欲求心。

❺ **作為此勝利所依亦須中下之理者** 此處「勝利」指增上生及決定勝兩種勝利，所依指欲得這兩種勝利之心。

❻ **《入行論》云** 引文如石法師譯作：「彼等為自利，尚且未夢及，況為他有情，生此饒益心？」見《入行論》，頁8；《丹珠爾》對勘本冊61，頁954。

❼ **如於** 法尊法師原譯作「如是又於」，為配合箋註，故改譯。

第七、教誡珍愛不失大義方便——將中下轉為上士支分之理者：

此中下中法類，即是發無上菩提心支分之道理，尊重亦當善為曉喻❶，弟子於此應獲定解。每次修時，當念此中下二者為上士前行義理，修中下二心作為菩提心發生支分，極應愛重。若不爾者，於前二者個別過度修持，則心境中[1]，此前二諸道與上士道別別無關，乃至未至實上士道，於菩提心未得定解，如由過度思輪迴苦，生起希求獨自寂靜安樂之心，而容或成此菩提心發生障礙或中斷緣，或於此未至正修菩提心間失大利義，故於此事——將諸前者作為上士前行而作修持，應殷重修。師云：「失壞大義之理者，若於最初，即將中下士夫諸道，作為發菩提心前行法類而修，則彼一切悉成大乘之法，復獲無邊勝利。若不如是行，則

485

失壞此。如從最初，即以拜謁❷釋尊像意樂為等起而赴拉薩，則凡邁一步，皆生無量福德；

若以商貿等為等起而至拉薩，雖亦兼謁釋尊聖像，然無如是勝利[2]。」

第七科、教誡要珍愛不喪失大義的方法──將中下士法類作為上士法類的支分的軌理：此中將中下士的法類作為生起無上菩提心之支分的軌理，上師既應善加開導，弟子也應對此生起確切的認知。每次修時，都憶念這些中下士法類成為上士前行的道理，將中下二士之心作為生起菩提心的支分而修，對此應極為珍惜。如果不這麼做，單獨將前二者個別過度地修持，在心境上，此前二道便與上士道成為別別無關，並且在未到達真正的上士道之前，都無法對菩提心獲得任何確切的認知，所以可能形成諸如過度思惟輪迴苦，因而生起希求獨自寂滅安樂之心等，生起此菩提心的阻礙或障緣，或者導致在未到達正式修菩提心其間喪失了大利益。所以對於將諸多前面的法類作為上士的前行而修持這點應當殷切而行。上師說：「關於喪失大義的道理，如果從開始就將中下士道，作為生起菩提心的前行法類而修持，這一切都會成為大乘法，能獲得無邊的利益；不這麼做，便喪失這一切。好比一開始就以想要拜謁釋尊聖像的心念為動機，而前往拉薩，每跨出一步，全部都會感生無量福德；然而若是以想要經商買賣等作為動機而去拉薩，縱使順帶朝禮了釋尊聖像，也不會產生如此的利益。」

[1]「中」 果芒本作正文，青海本《廣論》、法尊法師原譯皆未作正文，拉寺本、哲霍本作箋註。按，若作正文於義不通，故依拉寺等本改之。　　[2]「🈯師云：『失壞大義……然無如是勝利』」 哲霍本無「🈯」。

^妙第八分二：一、二心❶等次第及修持之理；二、學習次第。今初^[1]：如是修習中下之道及善修習如上士時所說道已，於相續中隨力令生真菩提心。次為此心極堅固故，應以不共皈依❷為先而受願軌^[2]❸。由願儀軌正受持已，於諸學處應勵力學。次應多修欲學之心，謂欲學習六度、四攝菩薩行等。若由至心起欲學已，定受行心❹清淨律儀。^語《菩薩地》云❺：「於大乘法無信，及具六度不順品❻者，不令受取。」^妙第二：次應捨命莫令根本罪犯❼染著，餘中下纏❽及諸惡作❾，亦應勵力莫令有染；設若有犯，亦應由於如所宣說出犯❿門中善為淨治。次應總學六到彼岸⓫，特為令心於善所緣堪能隨欲而安住故，應善學習止體靜慮。《道炬論》說⓬為發通故修⓭奢摩他者，僅是一例，覺窩於餘處⓮亦說為發毘缽舍那，故^巴主要為生觀亦應修止。次為斷執^妙補特伽羅及法^[3]二我縛故，以見決定無我空義，次應將護無謬修法，成辦慧體毘缽舍那。

⊛第九、一切道悉攝入三學者：如是⑪三士道圓具三學、二資、智慧方便等者，《道炬釋》說⑮：除修止觀，學習行心律儀⑯學處以下，是為戒學；奢摩他者，是三摩地，或為心學；毘鉢舍那，是為慧學。**⊛第十、為令善巧開合，將一切道攝入二資糧者**：復次，奢摩他下是方便分、福德資糧、依世俗諦所有之道、廣大道次；發起⑫了知世俗、勝義、饒益有情三種殊勝慧⑰者，是般若分、智慧資糧、依勝義諦、甚深道次。應於此等次第、數量決定⑱、智慧方便僅以一分不成菩提，發大定解。由如是理，欲過⑲諸佛功德大海[4]，佛子鵝王是由雙展廣大方便圓滿無缺世俗諦翅，善達二種無我真實勝義諦翅，乃能超過，非是僅取道中一分，如折翅鳥所能飛越。如《入中論》云⑳：「真俗白廣翅圓滿，鵝王列眾生鵝前，承善風力而超過，諸佛德海第一岸。」⊛先輩諸師云：如〈常啼菩薩品〉中所說㉑，於下士道時，如毒箭中心，除拔毒之法，別無所思。如是怖畏三惡趣難，須除從彼得脫之因──斷除不善之外，更不思餘。此上於中士時，因三界三有痛苦而怖，須除欲求解脫之外，更無所思。上士道時，則於此上修習大悲，不忍有情痛苦，須為滅此而求成佛，除此之外，更無所思。思惟不忍三惡趣苦、三有苦性、一切有情痛苦，如箭入心；於此三種對治，須如哀求拔箭之藥與醫者。

第八科分為二科：`一`、**二心等次第及修持軌理**；`二`、**學習的次第。第一科：**如此修習中下士道，以及如上士章節中所說而善為修習之後，在心續中盡力生起無偽的菩提心。其次為了堅固此心，應先進行不共皈依，繼而受願心儀軌。透過儀軌受持願心之後，認真勤學發心的眾多學處。接著多修練想要效學六度四攝等菩薩行之心。若已從內心深處生起想要效學之心，一定要受持清淨的行心律儀。《菩薩地》提到：「對大乘教法沒有信心、具有六度不順品的人，不應受持。」**第二科：**從此寧願捨命也莫沾染根本墮罪，另外也應當努力不要沾染中下品纏及惡作罪；假設有所違犯，也應該依循所宣說的還淨墮罪法，完善地淨除。之後學習總體的六度，特別為了令心能如已所欲安住於善所緣，應善加學習奢摩他的體性——靜慮。《道炬論》說，為了發起神通而生奢摩他，這僅是舉例，阿底峽尊者在其他論著也曾說是為了生起毗缽舍那，所以主要為了生起毗缽舍那，也應當修持奢摩他。其後為了斷除執著補特伽羅及法我的二種繫縛，以正見確立無我空性的內涵，無誤地修持，而成就智慧的體性——毗缽舍那。

第九科、一切道全數統攝於三學中：如此，三士道中具備三學、二資糧、智慧方便等，《道炬釋》中說：除了修持奢摩他、毗缽舍那以外，學習行心律儀的學處以下是戒學；奢摩他是定學或者心學；毗缽舍那則是慧學。**第十科、為了善於開合，將一切道悉數統攝於二種資糧：**另外，奢摩他以下是方便分、福德資糧、依循世俗諦之道，以及廣大道次第；生起了知世俗、了知勝義，以及饒益有情的三種殊勝智慧，是智慧分、智慧資糧、依循勝義諦，以及甚深道次第。應該對這些次第、數量決定，以及智慧方便任缺一者都不能成就菩提，生起強大確切的認知。佛子鵝王以這樣的方式，飛向佛地功德大海，是藉由雙展廣大方便分圓滿無缺的世俗諦翅，及善巧通達二種無我真實性的勝義諦翅，才能前往，不是片面執取道的一分，如折翅鳥般所能飛越的。如《入中論》所言：「鵝王展開寬廣而潔

白的真實性與世俗的雙翅,飛翔在眾生鵝群的前方,乘著善法的風力,飛渡諸佛功德大海的最勝彼岸。」先輩上師們說:如同〈常啼菩薩品〉所揭示,在下士道的階段,就像被毒箭射中心臟時,除了想著拔除的辦法,其餘什麼也不想。同樣地,怖畏三惡道的苦難,必須做到除了想著從中解脫之因──斷除十不善,其餘什麼都不想。在此之上,中士因為三界三有的痛苦而恐懼,必須做到除了求解脫,其他什麼也不想。上士在前述之上,修習大悲而不忍有情的痛苦,必須做到除了為滅有情苦而追求成佛以外,其餘什麼都不想。思惟不忍三惡趣苦、三有苦性以及一切有情的痛苦,如箭入心;對於這三者的對治法,應該像哀求拔出箭矢的良藥與醫生一樣。

[1]「二、學習次第。今初」拉寺本作巴註,且無「今初」。按,「二、學習次第」若為巴註,下文妙註之「第二」則無所屬之母科,且依藏文語法,此應為妙註。 [2]「受願軌」拉寺本無。 [3]「妙補特伽羅及法」拉寺本作巴註。 [4]「欲過諸佛功德大海」青海本《廣論》、果芒本、拉寺本作「欲過佛地功德大海」,《夏日東文集》謂「地」為衍字,私謂義可兩通。

❶二心 願心及行心兩種菩提心。願心又名願菩提心,行心又名行菩提心。

❷不共皈依 菩提心所攝持的皈依。下士夫僅因怖畏三惡趣的痛苦而皈依三寶,及中士夫因怖畏輪迴苦而皈依,此二為共通皈依;上士夫是以為利有情願成佛之心而皈依,不共於中下二士,故稱不共皈依。

❸願軌 受願心的儀軌。

❹行心 兩種菩提心之一。以六度行持直接攝持的發心即是行心。

❺《菩薩地》云 此段是取論文大意,非錄原文。相關段落唐玄奘大師譯《瑜伽師地論・本地分》云:「又諸菩薩不從一切,唯聰慧者求受菩薩所受淨戒,無淨信者不應從受。謂於如是所受淨戒,初無信解不能趣入不善思惟、有慳貪者慳貪弊者、有大欲者無喜足者,不應從受;毀淨戒者、於諸學處無恭敬者、於

戒律儀有慢緩者，不應從受；有忿恨者、多不忍者、於他違犯不堪耐者，不應
從受；有嬾惰者、有懈怠者、多分耽著日夜睡樂倚樂臥樂、好合徒侶樂喜談
者，不應從受；心散亂者、下至不能搆牛乳頃善心一緣住修習者，不應從受；有
闇昧者、愚癡類者、極劣心者、誹謗菩薩素怛纜藏及菩薩藏摩怛履迦者，不應
從受。」見《大正藏》冊30，頁515；《丹珠爾》對勘本冊73，頁730。

❻ **六度不順品** 指六度主要對治的違品，依次為：慳吝、犯戒、瞋恚、懈怠、散
亂及惡慧。

❼ **根本罪犯** 又名根本墮罪、根本墮。指違背所受律儀的根本重罪。

❽ **中下纏** 纏，糾纏束縛之義，以煩惱束縛內心，所以統稱煩惱為纏。在違犯菩
薩戒時分成上品纏犯、中品纏犯及下品纏犯三種。中下纏，即指中品纏犯、下
品纏犯。犯菩薩戒時如果具備了數數現行、都無慚愧、深生愛樂、見是功德
（將罪見為功德）四種狀況，即是上品纏犯。雖然沒有具備上述四種狀況，但
是只要具備「見是功德」，即是中品纏犯。上述四種狀況中，如果不具備「見是
功德」，即使具備其他三者，也只是下品纏犯。此處上中下三品是根據犯戒的
輕重程度而判定。

❾ **惡作** 違背所受律儀的輕微罪惡。

❿ **出犯** 即墮罪的還出儀軌。

⓫ **六到彼岸** 指六度、六波羅蜜。

⓬ **《道炬論》說** 參見《丹珠爾》對勘本冊64，頁1644；《廣論》，頁564。

⓭ **修** 藏文直譯為「生」。

⓮ **覺窩於餘處** 如覺窩所著的《攝修大乘道方便論》中說：「當依寂止修勝
觀。」宗喀巴大師所著《菩提道次第略論》及妙音笑大師所著《色無色定大
疏》中，探討寂止及勝觀二者生起的次第，成立先修寂止再修勝觀時，所引的
經論大致都與《攝修大乘道方便論》這段相同。參見《丹珠爾》對勘本冊64，
頁1818；《宗喀巴大師文集》冊10，頁209；《色無色定大疏》，頁67（妙音笑大
師著，印度：果芒圖書館，2000）。

⓯ **《道炬釋》說** 《道炬釋》，中觀部論典，相傳為阿底峽尊者著。漢譯本有今
人如石法師譯註《菩提道燈抉微》。據《廣論》記載：傳說尊者在補讓（སྤུ་
རངས）時曾經撰寫一本《道炬論略釋》，之後在桑耶（བསམ་ཡས）時，那措譯師請

阿底峽尊者為此論增添解釋，尊者要他自己增廣內容即可，所以今本恐非尊者所著原貌。此段論文為宗喀巴大師擇要引之。參見藏文版《廣論》，頁339（台北：佛陀教育基金會，2008）；《廣論》，頁244；《丹珠爾》對勘本冊64，頁1725、1735、1756。

❶ **行心律儀**　法尊法師原譯作「律儀」，無「行心」一詞，今據藏文補譯。

❷ **了知世俗勝義饒益有情三種殊勝慧**　「了知世俗慧」指善巧世俗的聲明、因明、工巧明、醫方明及內明的智慧。「了知勝義慧」指證得無我實性的智慧。「了知饒益有情慧」指了解引發有情現世及來世利益的智慧。

❸ **次第數量決定**　法尊法師原譯作「次第決定、數量決定」，今據哈爾瓦‧嘉木樣洛周仁波切及如月格西解釋，於藏文中「決定」一詞，僅與「數量」相配，故改譯。

❹ **過**　藏文直譯為「往」，下文「超過」亦同。

❺ **《入中論》云**　引文法尊法師譯《入中論善顯密意疏》作：「世俗真實廣白翼，鵝王引導眾生鵝，復承善力風雲勢，飛度諸佛德海岸。」見《入中論善顯密意疏》，頁313；《丹珠爾》對勘本冊60，頁587。

❻ **〈常啼菩薩品〉中所說**　出自《大般若經》，唐玄奘大師譯《大般若波羅蜜多經》云：「譬如有人遇中毒箭，為苦所切更無餘想，但作是念：『我於何時得遇良醫，為拔此箭得免斯苦？』常啼菩薩亦復如是，當於爾時更無餘想。」此處引據〈常啼菩薩品〉，是說常啼菩薩尋求善知識之心，如中毒箭，但求良醫不作餘想。以此說明下中上士時，尋求度脫三惡趣苦、輪迴苦、眾生苦的心，就要像中毒箭的心一樣迫切，並非指〈常啼菩薩品〉中提及三士別別意樂。藏文《甘珠爾》中《般若十萬頌》並無〈常啼菩薩品〉，而見於《般若二萬頌》及《般若一萬八千頌》。《大正藏》中相對於《般若二萬頌》的《大般若經第二會》則無此品，只見於〈第一會〉。參見《大正藏》冊6，頁1061；《甘珠爾》對勘本冊28，頁796。

鵝王列於眾鵝前之譯解

此段所引《入中論》云：「真俗白廣翅圓滿，鵝王列眾生鵝前，承善風力而超過，諸佛德海第一岸。」法尊法師所譯《入中論善顯密意疏》作：「世俗真實廣白翼，鵝王引導眾生鵝，復承善力風雲勢，飛度諸佛德海岸。」

對照藏文，此偈第二句最後一個虛字有兩種版本，《丹珠爾》對勘本所收錄的《入中論》、《入中論自釋》、慶喜論師所著《入中論疏》，以及宗喀巴大師所著《入中論善顯密意疏》、《四家合註》都將此字作施動之虛字，表示前者作出某種動作；僧成大師所著《入中論釋》則將此字作繫屬之虛字，表示前後的關聯。

《入中論自釋》中將第二至四句解為「鵝王與殊勝的眾生鵝一同度越諸佛功德的大海」，《入中論疏》的解法與《入中論自釋》相同，但是都未明確解釋「列前」或「引導」之義；《入中論善顯密意疏》相對應的釋文，可以解為「鵝王以眾鵝作為前導」或「眾鵝令鵝王作為領頭」；僧成大師將第二句解為鵝王列於眾生鵝之前，意即鵝王居於眾鵝之首，引領眾鵝。

《入中論》中有「列前」一詞，意即「前導」或「引導」，《入中論自釋》及《入中論疏》並未直接解釋此詞之義，但是在《入中論善顯密意疏》中將施動的虛字配合「列前」解釋。

夏日東活佛的解法與法尊法師的譯文不同，其依據《雜事釋》而認為「列前」即是「前導」之義，譬如為了表示對大人物的敬重，會走在他前面作為前導。依此說法，則應解為眾鵝列於鵝王之前。

如月格西認為此段配合施動之虛字與繫屬之虛字，依次解為「眾鵝讓鵝王列於前面」及「鵝王列於眾鵝的前面」，表達方式雖有不同，但同樣都是表達鵝王列於眾鵝前。

此偈宣說六地菩薩的功德，從六地菩薩帶領眾生成佛、列於眾生之前，或眾生作為六地菩薩的前導以示敬重，都能解釋六地菩薩的功德。

菩提道次第廣論四家合註白話校註集

第十一、須入密咒者：如是以諸共道淨相續已，^語具足如理擇慧、不退轉信、相續不斷精進等富饒聖財❶，又復心力勝他之具勝緣者，**決定應須趣入密咒，以若入密速能圓滿二資糧故。**^妙**第十二、唯行**^[1]**波羅蜜多道之理者**：設若過此非所能堪，或由種性功能羸劣，不樂趣者，則應唯將此道次第漸次^[2]增廣。^妙**第十三、入咒次第者**：若入密咒者，則依知識法勝出前^巴時波羅蜜多者，依^妙密咒所說^[3]應當隨行，以總一切乘，特密咒中，珍重宣說故。次以根源清淨續部所出灌頂成熟身心，爾時所得一切^巴依止守護飲食三昧耶❷及^巴五部共通及別別律儀❸，應寧捨命如理護持。特若受其根本罪染，雖可重受，然相續已壞，功德難生❹，故應勵力，莫令根本罪犯染著。^語師云：如頭及手足等，未曾斷截與斷已治癒二者不同；特於無上密咒之深妙，是能於濁世❺短壽一生成佛，而染根本墮，彼生則定不能成佛。**又應勵防諸支罪染，設受染者，亦應悔除、防止令淨，以三昧耶及諸律儀是道本故。次於續部，若是下部有相瑜伽❻，若是上部生次瑜伽❼，隨其一種善導修學；此堅固已^[4]，若是下部無相瑜伽❽，或是上部滿次瑜伽❾，隨於其一應善修學。**

第十一科、必須進入密乘：如此以共通道淨化相續之後，具足如理觀擇

的智慧、不退轉的信心、持續不斷的精進等富饒聖財，並且心力遠勝他人、具足最上善緣的人們，一定要進入密咒，因為如果進入密乘，將能迅速圓滿二種資糧。**第十二科、只走波羅蜜多道的軌理**：如果能力僅止於此，或因種性的能力羸弱而不樂趣入，則只要將此道次第逐漸增廣。**第十三科、進入密乘的次第**：如果進入密乘，則依止善知識軌理要比先前波羅蜜多的階段更超勝，應當依循密咒乘所說而行，因為在總體一切乘，特別是密咒中，尤其強調此事。接著以根源純正的密續所傳的灌頂成熟相續，那時所獲得的一切依止、守護、飲食的誓言，以及五部總體律儀與各別的律儀，寧可捨命也都應如理守護。特別是如果造了根本墮罪，雖然可以重受，然而相續已經損壞，功德極難生起，所以應當努力不被任何根本墮罪所沾染。上師說：如同頭與手足等，未曾斷截與斷掉後重新癒合，兩者不同；特別是無上密咒的甚深超勝處，是能在濁世短壽的一生中成佛，而造了根本墮，必定無法在那一生成佛。**還應努力不要被各種支分的墮罪所沾染，若有違犯，也要以懺悔、防護來淨除，因為誓言與律儀是道的根基。其後善巧引導修學下部密續有相瑜伽，或者上部生起次第任何一者；堅固之後，進而善加修學下部密續無相瑜伽，或者上部圓滿次第任何一者。**

[1]「唯行」拉寺本作「唯婬」，誤。 [2]「漸次」哲霍本無。 [3]「^妙密咒所說」拉寺本、雪本、哲霍本作巴註。 [4]「此堅固已」雪本作「依此已」。

❶**聖財** 如唐義淨大師譯《大寶積經》云：「云何聖財？謂信、戒、聞、慚、愧、捨、慧，如是等法，是謂七聖財。」一般世財是痛苦之因，而這些善法超勝世間，是出生無邊安樂及功德之因，故稱為聖財。另有不同算法，明見月律師所著《毗尼止持會集》中，將慚、愧合算，加入精進，又將禪定、智慧合併為一，

立為「信、進、戒、聞、慚愧、捨、定慧」七聖財。參見《大正藏》冊11，頁248；
《新編卍續藏經》冊61，頁665（藏經書院編輯，台北：新文豐出版公司，
1995。以下簡稱《卍續藏經》）。

❷ **依止守護飲食三昧耶** 指修行者受灌頂後需要守護的依止誓言、守護誓
言、飲食誓言。

❸ **五部共通及別別律儀** 「五部」，指五部佛：不動佛、寶生佛、無量光佛、不
空成就佛、毗盧遮那佛。「共通律儀」，指受灌頂後要守護上述五部佛的共通
律儀；「別別律儀」，指每一部佛自己不共於其他部佛的律儀。

❹ **功德難生** 藏文直譯為「功德極難生起」。

❺ **濁世** 五濁惡世的簡稱，五濁強盛時期名為五濁惡世。五濁分別為：壽濁、煩
惱濁、眾生濁、劫濁及見濁。

❻ **下部有相瑜伽** 指密續四部中下三部——事部、行部、瑜伽部中，觀修時現出
本尊的面容、身形、手印等形相的瑜伽。

❼ **上部生次瑜伽** 「上部」指密續四部裡的無上瑜伽部。「生次瑜伽」即生起次
第瑜伽的簡稱，見前頁131註4。

❽ **無相瑜伽** 指密續下三部觀修時所現本尊沒有具體形相，全然住於觀修空
性的瑜伽。

❾ **滿次瑜伽** 即圓滿次第瑜伽的簡稱，見前頁132註8。

第十四、解說俱趣顯密二道為《道炬論》等之密意者：

《道炬論》說如是建立道之正體，故⁹此處道次第亦如是導，大
覺窩師於餘論中亦嘗宣說。《攝修大乘道方便論》云❶：「⁽一⁾欲
⁹獲得⁹此具有⁹意所**不思議勝**⁹身功德之**無上菩提**，⁽三⁾[1]以賴修⁹習乃
獲此**菩提故**，⁽二⁾⁹須以**樂修為心要**。⁽五⁾[2]已得⁹此昔所**極難得**，

體性圓滿，具足暇滿十八特法❷，獲之能得大義之身，非唯如是，後亦極難獲得故，(四)由是復應專一勤修，令暇滿不空。」(六)[3]又云❸：「譬如由犯重罪而入王獄之罪犯，從彼牢獄，設若偶有能逃時機[4]，與餘任何食財名譽等事悉非相等，應[5]速從彼牢獄處逃。吾等漂流輪迴亦於此廣大生死海，設若得[6]有能度脫時機，與餘任何此生身受用等事悉[7]非相等，應當速出輪迴有宅❹處。」又云❺：「此復大乘殊勝皈依為作根本依，以出離意樂攝持之[8]總體增上戒❻，及特別住發願心已其學處根本，應受菩提薩埵❼行心律儀，漸隨自有幾許心力，如次第不紊、數量決定之理，修行六度彼岸及四攝事等，菩提薩埵一切行。」又云❽：「其中又特於(二)[9]方便之心要──禪定自性❾，(四)[10]與慧之心要，(一)修[11](三)止(五)[12]觀及彼二雙運瑜伽。」

《定資糧品》亦云❿：「先以下中士道為前行，於自相續[13]堅固發起大悲愍力所生行持所依⓫──圓滿德相正等菩提之心，其次不著三有輪迴報⓬用之安樂，具足背棄所有諸慳吝攝持之施等六度，及信等七聖財等圓滿⓭，如是具相所依之補特伽羅，(一)應至心恭敬具相上師等同於佛，由意樂加行之門如理依止，(五)具彼師灌頂時所教授之誓言⓮與律儀得已未失，於日夜六時⓯善勤於修習者。(三)圓滿獲得瓶灌及秘密灌頂⓰所表徵四灌頂⓱，(二)由此尊重恩，能入如續部所說之具相壇城，(四)得四種灌頂已，由其作業，令行者身語心三別別及共通

垢染不共**清淨**⁽¹⁸⁾，⁽ᴾ⁾授權能修二種道次⁽¹⁹⁾，安置成就四身果位⁽²⁰⁾殊勝能力，故成堪修成辦殊勝及共通**成就**⁽ᴾ⁾方便——二種道次之**器**⁽²¹⁾。（六）⁽ᴾ⁾彼由圓滿⁽ᴾ⁾修習二種道次之**定**〔支⁽¹⁴⁾，⁽ᴾ⁾謂即因也。〕所生⁽ᴾ⁾福智二種**資糧故**，〔速，⁽ᴾ⁾謂即此生⁽¹⁵⁾。〕**當得**⁽ᴾ⁾殊勝道之⁽¹⁶⁾**成就**⁽ᴾ⁾——金剛持，如是⁽ᴾ⁾行持即**是住密咒**⁽ᴾ⁾行持規。」

第十四科、說明入顯密二道是《道炬論》等的意趣：這樣建立道的正體是《道炬論》所說，而道次第在此也是如此引導，阿底峽尊者在其他論典中也這麼說。《攝修大乘道方便論》提到：「若想要獲得具有心所不可思議之勝妙身功德的無上菩提，應該要以勤勉修持為核心，因為獲得如此菩提，端賴於修持的緣故。另外，理應專注地精勤修持，不令暇滿空過，因為得到這個身體，具備暇滿的十八種特色而體性圓滿、在以前就非常難得、獲得了它會有廣大利益，不僅如此，之後也極難再次獲得的緣故。」又說：「譬如由於犯下重罪，被關進國家監獄的罪犯，假如偶然有從那座監牢中逃脫的機會時，其他食、財、美名等任何需求全都不會與之相等，而是會從那牢獄的處境中迅速逃脫。我們漂流在輪迴之中，假如也出現得以渡越而解脫這個輪迴大海的機會，則今生的身受用等其他任何需求全都不能與之相提並論，只應儘速逃出三有輪迴的舍宅、處所。」又提到：「又以殊妙的大乘皈依作為根本依憑，安住於出離心攝持的總體增上戒，以及特別安住發起願心之後願心學處的根本，而受持菩薩的行心律儀。並且應當盡己心力所及，逐步而依次不亂，確定數量，如理地行持六度四攝等一切菩薩行。」又說：「其中又特別應修持方便的核心——禪定本質的寂止，與智慧的核心——勝觀，及彼二雙運的瑜伽。」《定資糧品》也提到：「最初先以下中士道為前行，堅固自心續中發起的由大悲憫力所生之行持所依——完全具足條件的圓滿菩提心。此後不貪著三有輪迴的受用安樂，具有棄捨一切慳吝執著的布施等六度，還有信心等七聖財的圓滿等等，具備如此條件的所依補特伽羅，應

當發自內心地恭敬具備條件、等同佛陀的上師，在意樂與行為兩方面如理依止。由於這位上師的恩德，得以進入如同續部所說具條件的壇城，**圓滿獲得寶瓶灌頂與秘密灌頂**所表徵的四種灌頂。**得到四種灌頂**之後，藉由其作業，能夠不共地淨化身語意三各別及共通的垢染，有權修持二種道次第，以及安立成就四身果位的殊勝能力，令此**行者成為**堪能修持成辦最勝及共通**成就**的方便──**二種道次第的法器**。之後獲得而具有上師他在灌頂時所宣示並傳授的誓言及律儀，且未損壞，在晝夜六時中**甚為精勤**全面守護的人，當修持二種道次第的三摩地的〔支分，指因。〕所生的福智二資糧完全圓滿，將迅速在此生**獲得**最超勝道的成就──金剛持。**如此行持即是安住**密咒的行持**軌理。」**

[1]「（三）」哲霍本作「（二）」。　[2]「（五）」哲霍本作「（十七）」。按，哲霍本「（十七）」（第十七個字母ঽ）為「（五）」（第五個字母ঽ）之訛字。　[3]「（六）」拉寺本無。　[4]「🅟機」原果芒本未標作者，今依拉寺本、雪本補之。　[5]「🅟應」原果芒本未標作者，今依拉寺本補之。　[6]「若🅟得」拉寺本、哲霍本作巴註。　[7]「🅟悉」原果芒本未標作者，今依拉寺本補之。　[8]「🅟為作根本依……持之」原果芒本未標作者，今依拉寺本補之。　[9]「（二）」拉寺本作「（三）」。　[10]「（四）」拉寺本無。　[11]「⁽¹⁾修」拉寺本作「🅟及⁽¹⁾修」。　[12]「（五）」拉寺本無。　[13]「🅟於自相續」哲霍本無「自」。　[14]「🅟修習二種道次之定支」拉寺本作「🅟以二種道次修習定支」。　[15]「🅟謂即此生」拉寺本作「🅟即如此生」。　[16]「🅟殊勝道之」拉寺本作「🅟殊勝之」。

❶《攝修大乘道方便論》云　《攝修大乘道方便論》，中觀部論典，共87偈，阿底峽尊者著，尚無漢譯。主要闡述欲求佛果之人，應如何修大乘道。引文見《丹珠爾》對勘本冊64，頁1810。

❷暇滿十八特法　指暇滿所具八種閒暇及十種圓滿。

❸又云　引文出自《攝修大乘道方便論》。見《丹珠爾》對勘本冊64，頁1812。

❹有宅　指輪迴。

❺又云　引文出自《攝修大乘道方便論》。見《丹珠爾》對勘本冊64，頁1813。

❻增上戒　指佛教的戒律，由於勝過外道的種種禁戒，故名增上戒。增上一詞，在藏文中即有超勝之義。

❼菩提薩埵　梵語Bodhisattva (བོ་དྷི་སཏྭ) 音譯，簡稱菩薩。「菩提」義譯為覺，淨除一切應斷的垢染，證悟一切應證的功德，故名菩提。「薩埵」義譯為勇識，指發心欲求無上菩提者，具足勇悍的心力，累積福智資糧，故名勇識。

❽又云　引文出自《攝修大乘道方便論》。見《丹珠爾》對勘本冊64，頁1817。

❾方便之心要禪定自性　依如月格西解釋，此處是就六度次第而說方便的心要為禪定。六度的前五度都屬於方便分，而修習前四度主要是為了生起禪定，《入行論》也是在〈禪定品〉中廣說修菩提心的方法，所以說禪定是方便的心要。

❿《定資糧品》亦云　《定資糧品》，密續論典，共11偈，阿底峽尊者著，尚無漢譯。主要闡述修定的勝利、不如理修習的過失、修定的條件和資糧等。引文見《丹珠爾》對勘本冊27，頁542。

⓫行持所依　指菩提心。希求無上菩提者，必須先發菩提心，才能在此基礎之上行持六度等菩薩行；如果沒有菩提心，所作所為都不能成為菩薩行，故為菩薩行持所依。

⓬報　藏文直譯為「受用」。

⓭信等財圓滿　法尊法師原譯作「圓滿信等財」，為配合箋註，故改譯。信等財，即信、戒、聞、捨、慚、愧、慧七者。

⓮具彼教誓言　法尊法師原譯作「具師教律儀」，為配合箋註，故改譯。

⓯日夜六時　一天中分六個階段；早上、中午、午後為日三時，初夜、中夜、後夜為夜三時。以現在的時間來說，清晨六點到十點是早上，十點到中午兩點是中午，中午兩點到下午六點是午後，下午六點到晚上十點是初夜，晚上十點到凌晨兩點是中夜，凌晨兩點到早上六點是後夜。

⓰瓶秘密灌頂　法尊法師原譯作「瓶密諸灌頂」，為配合箋註，故改譯。「瓶」指瓶灌，寶瓶灌頂的簡稱，為四種灌頂之一。在進行灌頂時，傳法上師依靠壇

城，授與弟子水及寶冠等物品，淨化身垢，授權弟子修習生起次第，並且在弟子心中安立獲得果位身金剛化身緣分的灌頂，是為瓶灌。「秘密灌頂」，為四種灌頂之一。在進行灌頂時，依靠上師的世俗菩提心壇城，為弟子進行語灌頂，淨化語垢，授權弟子修習風脈瑜伽及唸誦咒語，並且在弟子心中安立獲得果位語金剛報身緣分的灌頂，是為秘密灌頂。

⓱ **四灌頂**　即寶瓶灌頂、秘密灌頂、智慧灌頂及句義灌頂。

⓲ **不共清淨**　哈爾瓦‧嘉木樣洛周仁波切依《上師薈供》中「漸次或頓浸」之意解釋：漸次指共通清淨，頓浸即指不共清淨，不共清淨指一併淨除身語意三的垢染。

⓳ **二種道次**　此處指無上密的生起次第及圓滿次第。

⓴ **四身果位**　指佛的智慧法身、自性法身、報身及化身。

㉑ **故成堪修成辦殊勝及共通成就方便二種道次之器**　此句當中有「成」、「修」、「成辦」三個動詞，依據藏文依次配對「器」、「方便——二種道次」、「殊勝及共通成就」。

第二、所為義，᷑**分二**：一、**正說**；二、**依據**[1]。**第一、正說，分二**：一、**設問**；二、**答覆**[2]。**初者**：若中下士諸法品類，悉是上士前加行者，᷑但作為上士道次足矣，何須別立「共中下士道次」名耶？᷑非唯如是，於中下士時，但應單說上士法類前行所須共道即可，然於上下士別別章中，皆各宣說觀待自道圓滿稱體之道，此又何為？᷑**第二者**[3]：**別分三士而引導者，有二大義：一、**᷑**初問別立三士名之所為義者，為**᷑**欲摧伏增上我慢，謂尚未起共同中下士夫之心，即便自許我是大士。二、**᷑次問於各士夫章中，皆各宣說別別圓滿道之所為義者，**為廣益上中下心。廣饒益

之理者，謂上二士夫，^巴中士亦須希求得增上生及^巴上士亦須希求其解脫。故於所導上中二類補特伽羅，教令修習此^巴中下二^巴士意樂，無有^巴延緩各自道等過失，起^巴求脫惡趣及輪迴之功能故❶。^巴若唯就此法專屬所化機❷而言，固可於最初時，俱顯惡趣輪迴苦等，一併令發希求解脫此等之佛位等心；然而非獨為此，亦須成辦總體所化義利，且於其中亦有最下所化。故若是^巴如是下品補特伽羅，^巴當為開示合自心量完整之道，成就符順自身福緣義利。不然，雖令修上❸^巴道，既不能發上品意樂，又棄下品俱無成故。復次，為具上善根者，開示共道，令其修習，此諸功德，或先已生，若先未生，速當生起。若生下下[4]，可導上上，故於自道非為迂緩❹。

第二科、目的，分為二科：一 正說；二 依據。第一科、正說，分為二科：一 提問；二 解答。第一科：如果中下士的法類是上士的前行，只要作為上士的道次第就足夠了，又何須安立「與中下士共通的道次第」之名？不僅如此，在中下士的章節中，只須宣說上士法類前行所需的共通道就可以了，然而在上下士各自的章節裡，還是一一說明了對於自道而言圓滿完整的道，又何須如此呢？第二科：分立三士而作引導，有兩大目的：一、就第一個問題，安立三士各自之名的目的，是為了降伏增上我慢——在尚未生起與中下士夫共通之心時，就自詡是上士。二、就第二個問題所言，在各士夫的章節中，都各宣說各自圓滿之道的目的，是為了廣泛利益上中下三種心量的人。廣泛利益的道理，是因上二士夫中，中士也必須希求增上生，上士也必須希求解脫，因此就被引導的上中補特伽羅而言，教導令他們也修持中下二士意樂，不會造成延遲各自的道等過失，並且會發起希求脫離惡趣及輪迴的功德。如果只就本教授的專屬所化機而論，固然可

以一開始就一併指出惡趣及輪迴之苦等等，使之同時發起想獲得脫離這些痛苦的佛果之欲求等；然而不單是為了他們，還必須成辦本教授總體所化機的利益，其中也包括最下等的所化機。所以若是這樣的最下的補特伽羅，應當開示合其心量的完整之道，以成就與他的機緣相符的利益。否則即使從上品道修起，也生不起上品之心，又因捨棄下品，導致一無所成。另外，如果為具有上等善根者開示共通道令他修習，則先前已經生起，或者先前未曾生起的眾多功德也會迅速出生。因此，如果生起下下功德，可以導向上上道，所以不會拖延自己的道途。

[1]「^妙分二：^一正說；^二依據」 拉寺本作巴註。　　[2]「第一、正說，分二：^一設問；^二答覆」 拉寺本無。　　[3]「^妙第二者」 拉寺本無。　　[4]「若生下下」 果芒本原作「生下下者」，拉寺本、法尊法師原譯作「若生下下」。

❶ 起功能故　藏文直譯為「起功德故」。

❷ 專屬所化機　指必須依靠此經論才能證得其所詮義理的所化機。而此處道次第教授的專屬所化機，是指必須依靠此道次第，才能證得道次所詮義理的大乘種姓所化機。

❸ 雖令修上　藏文直譯為「雖從上修」。

❹ 迂緩　曲折緩慢，此處指延緩。迂，音淤。

^妙第二、須以次第引導心^妙之依據[1]者❶：《陀羅尼自在王請問經》中❷，以黠慧寶師漸磨摩尼法喻合說，恐文太繁，故不多

錄。[᠍]又此因眾所周知[2]，不必詳明。此引導次第者，龍猛依怙亦云^❸：「[᠍]當先[᠍]說能獲增上生[᠍]善趣所依之下士夫法[᠍]類，[᠍]於其隨後[᠍]說生決定勝^❹[᠍]解脫及一切遍智^❺之方便──中上士法類，有其因相。[᠍]因相為何？以[᠍]果位之時，初得增上生[᠍]人天之身[3]已，於如是漸次[᠍]相繼之依身，獲得決定勝[᠍]解脫與一切遍智故。」此說增上生道及決定勝道次第引導。聖者無著亦云^❻：「又諸菩薩為令漸次集善品故^❼，於諸有情具劣慧者，先說淺法^❽，隨轉粗近[᠍]新說昔所未知之教授，[᠍]及令昔時已知不忘失故而說教誡^❾。知轉為中慧者^❿，為說中法，隨轉處中教授教誡[4]。知轉為廣慧者，為說深法，隨轉幽微教授教誡。是名菩薩於諸有情次第利行。」聖天亦於《攝行炬論》^⓫，成立先須修習到彼岸乘意樂，次趣密咒漸次道理。攝此義云：「諸初業有情──[᠍]生起次第師^⓬，轉趣於勝義[᠍]或勝義圓滿次第，正等覺說此[᠍]先說生起次第，其後宣說圓滿次第之方便[᠍]善巧，如[᠍]依梯[᠍]之低階登於上級次第。」《四百論》中亦說^⓭：「先遮止非福[᠍]＋不善之下士夫法類，^語其後[5]中間破除[᠍]輪迴根本我[᠍]執之中士夫法類，[᠍]次於後[᠍]時無餘斷〔一切見，[᠍]謂惡見網及其習氣。〕之上士道，若[᠍]補特伽羅了知[᠍]如是依次修習之理，是為善巧。」此說道有決定次第。敬母善巧阿闍黎亦云^⓮：「如[᠍]離垢白淨衣[᠍]以染[᠍]劑傅色^⓯[᠍]之時，先於色底^⓰[᠍]泡煮，其後漸次染為妙色，先以施等[᠍]福德資糧所表徵之下中士語，令心生[᠍]堪為法器之善性^⓱，[᠍]其次當[᠍]導入由無邊理路之門[6]，修[᠍]實

性諸法⑱ ⑪ 之上士道。」月稱大阿闍黎亦引此教為所根據⑲，成立
道之次第決定。現見於道引導次第，諸修行者，極應珍貴，故
於此理，應當獲得堅固定解。 ⑬諸師云：「見此道之次第至極扼要，以若不善

攝此，致令錯亂，縱費幾許劬勞，道終不生，或生相似非真實道，誤以為真而耗時日；若次第

不亂，凡所修習達扼要故，正修之道亦速發起，由此力故，亦能極速生[7]上道故也[8]。」

第二科、必須依序引導內心的依據：《陀羅尼自在王請問經》當中，
以工藝精湛的珠寶匠依序打磨珠寶的例子，結合法義而作宣說，由於
擔心文辭過多，故不引述。也因為這已是眾所周知，所以不必詳細說明。關於這樣的
引導次第，龍樹怙主也曾說：「必須先開示能獲得增上生善趣所依身的下士法類，
此後才開示能生起決定勝解脫與一切遍智的方法——中士與上士的法類，是有其理由
的。理由為何？因為當感果的時候，最初先獲得增上生人天身，之後在這樣漸次延
續的所依身中，獲得決定勝——解脫與一切遍智。」是說依序導入增上生道及決
定勝道。聖者無著也曾提到：「另外，菩薩為了使所化機逐漸真正修成
善品，對於劣慧的有情，最初先宣說粗淺的法要，使之趣入對於先前未知
的法義首次宣說之淺顯教授，以及為了不忘先前已知的內容而說的教誡。當了知他
們具備了中等的智慧，就為他們宣說中等的法教，使之趣入中等的教
授與教誡；當了知他們具備了廣大智慧，便宣說甚深法義，使他們深入
幽微的教授及教誡。這便是符合次第地利益那些有情。」聖天論師也在
《攝行炬論》中，成立必須依序先修習波羅蜜多乘的意樂，其後才進入
密咒的軌理，並歸納其義涵而說：「諸初業有情——生起次第師，要進入勝
義或勝義圓滿次第，圓滿的佛陀說最初先宣說生起次第，其次宣說圓滿次第的這個巧
妙方法，就如同藉著階梯較低的層級登上較高層級的順序。」《四百論》也說：
「最初先遮止非福——十不善的下士法類，此後中間破除輪迴根本我執的中士法

類，其次在**最後階段無有餘遺地斷除一切惡見**網及其習氣的上士道，凡是補特伽羅，知曉如此依序修持之理的人，便是智者。」這是指道有確定的次第。敬母善巧阿闍黎也提到：「譬如要以染料將潔白無垢的衣裳染色時，首先泡煮在色底中，接著逐步染成美麗的顏色一般，最初先以布施等福德資糧所表徵的下中士的眾多法語，令心發起堪為法器的善妙本性，其後應導入透過無邊正理修持實性法的上士道。」月稱大阿闍黎也引這段文為依據，成立道的次第是決定的。由於見到修行應當極為珍愛引導道的次第，所以對於這個道理，應該獲得堅固的確切認知。上師們說：「看見這個道次第極其重要，因為若不能對此善加掌握而造成紊亂，縱使花費再大的努力，也根本不會生起道證，或者生起與之相似但不是真實的道，卻誤以為真而虛耗光陰。如果次第不亂，凡所修習都能夠直達扼要，所以當前的道既能夠迅速生起，藉此勢力，上品的道也能極其迅速地生起。」

[1]「^妙之依據」拉寺本無。　[2]「^巴又此因眾所周知」拉寺本作「^巴今此因眾所周知」。　[3]「^巴人天之身」拉寺本作「^巴巫婆之身」，誤。　[4]「隨轉處中教授教誡」哲霍本作「處中教授教誡隨轉處中教授教誡」。按，文義不通，衍一「處中教授教誡」。　[5]「^語其後」拉寺本未標作者，雪本、哲霍本作巴註。　[6]「^巴導入由無邊理路之門」原果芒本未標作者，今依拉寺本補之。　[7]「極速生」雪本作「極速徙」。按，雪本「徙」（ཉ）為「生」（ཉ）之訛字。　[8]「^語諸師云……上道故也」哲霍本作巴註。

❶須以次第引導心之依據者　即前頁501「依據」一科。

❷《陀羅尼自在王請問經》中　《陀羅尼自在王請問經》，《甘珠爾》中無此經名，此譬喻則見於《聖決定說如來大悲大乘經》。又，「陀羅尼自在王」即是《聖決定說如來大悲大乘經》中請法的菩薩，故疑此經又名《陀羅尼自在王請問經》。此經漢譯本有西晉月氏三藏竺法護譯《大哀經》8卷，北涼曇無讖

譯《大方等大集經》〈瓔珞品〉、〈陀羅尼自在王菩薩品〉兩品,共兩種。西晉月氏三藏竺法護譯《大哀經》作:「又,族姓子!如來至真有諸法界有一種味成最正覺,於眾生界無所蔽礙,善權方便以無礙法而悉明了,則為眾生轉其法輪令不退轉阿惟越致。譬如,族姓子!上工珠師修於清淨無垢寶珠重治令曜,手執此珠寶,舉著濁水令水凝然去濁就清。不復勤而勞其功,然後則出著於食味,上於瓶甖。若於缽器,令其中水皆使清澄。所勞功夫不足言耳。然後服著大藥味中,以微細重而重洗之,所洗已淨去諸刺蕀,是則名曰夜光寶珠。如來至真亦復如是,查諸眾生暇穢境界,為演無常、苦、空、非身,悲哀、辛酸苦之栽。眾生迷惑,愛樂生死、苦惱厭患,爾乃令入賢聖法律。如來精進於彼無難,然後乃達空無相願;如來以慈而開導之,所勤精進而無所著,便次得成於不退轉,斑於精道三場精進。」北涼曇無讖譯《大方等大集經》作:「善男子,譬如善識真寶之匠,於寶山中獲得一珠。得以水漬,從漬出已置醋漿中,從醋漿出已置之豆汁,意猶不已,復置苦酒,苦酒出已置眾藥中,從藥出已以瓊褐磨,是名真正青琉璃珠。善男子,如來亦爾,知眾生界不明淨故,說無常苦及以不淨,為壞貪樂生死之心。如來精進無有休息,復為演說空無相願,為令了知佛之正法。如來精進猶不休息,復為說法令其不退菩提之心,知三世法,成菩提道,名大珍寶良佑福田。」然與藏譯本《聖決定說如來大悲大乘經》所說的譬喻略有不同。其中提到先用鹽水、再用水銀、後用藥水等三樣物品洗滌寶石,漢譯則用六種物品。參見《大正藏》冊13,頁21、439;《甘珠爾》對勘本冊57,頁547。

❸龍猛依怙亦云　引文出自《寶鬘論》,陳真諦三藏譯《寶行王正論》作:「先說樂因法,後辯解脫法,眾生前安樂,次後得解脫。」見《大正藏》冊32,頁493;《丹珠爾》對勘本冊96,頁288。

❹後生決定勝　法尊法師原譯作「決定勝後起」,為配合箋註,故改譯。

❺一切遍智　指佛之智慧。

❻聖者無著亦云　引文出自《瑜伽師地論·本地分》,唐玄奘大師譯作:「又諸菩薩於諸有情先審觀察,知劣慧者為說淺法,隨轉粗近教授教誡。知中慧者為說中法,隨轉處中教授教誡。知廣慧者為說深法,隨轉幽微教授教誡。令其漸次修集善品。是名菩薩於諸有情漸次利行。」見《大正藏》冊30,頁531;《丹

珠爾》對勘本冊73，頁817。

❼ **集善品故** 藏文直譯為「正集善品故」。

❽ **於諸有情具劣慧者先說淺法** 法尊法師原譯作「於諸有情先審觀察，知劣慧者為說淺法」，係依玄奘大師《瑜伽師地論・本地分》譯文，然與藏文版《瑜伽師地論》略有不同，故改譯。

❾ **新說昔所未知之教授及令昔時已知不忘失故而說教誡** 聖解脫軍所著的《兩萬頌光明釋》及妙音笑大師所著的《現觀辨析》中，皆反此說，謂新說昔所未知者為教誡，令昔時已知不忘失故而說者為教授。

❿ **知轉為中慧者** 法尊法師原譯作「知中慧者」，係依玄奘大師《瑜伽師地論・本地分》譯文，然藏文中有「轉為」二字，今依藏文補譯。下文「知轉為廣慧者」亦同。

⓫ **《攝行炬論》** 《攝行炬論》，共11品，聖天菩薩著，尚無漢譯。下文攝義的頌文見《丹珠爾》對勘本冊18，頁170。

⓬ **生起次第師** 依如月格西解釋，從初修生起次第到獲得圓滿次第前的行者，是生起次第師，獲得圓滿次第後即是圓滿次第師。

⓭ **《四百論》中亦說** 法尊法師原譯作「《四百論》中亦說道次極為決定」。考藏文《廣論》，並無「道次極為決定」一句，故刪去。夏日東活佛針對此頌提到「遮」、「破除」、「斷」之藏文ㅁꍦ字，須去前加字「ㅁ」，作ꍦ，理解為「能遮」、「能破除」、「能斷」。引文法尊法師譯《四百論》作：「先遮止非福，中應遣除我，後遮一切見，知此為智者。」參見《夏日東文集》冊1，頁270；引文見《四百論釋》，頁168；《丹珠爾》對勘本冊57，頁810。

⓮ **敬母善巧阿闍黎亦云** 引文出自《一百五十讚佛讚》。《一百五十讚佛讚》，禮讚部論典，又名《百五十頌》，馬鳴菩薩著。漢譯本有唐義淨三藏譯《一百五十讚佛頌》。造此讚的緣起：度母為了消除馬鳴菩薩的罪障，教誡菩薩應該廣作讚頌。此讚是由十三種角度禮讚佛陀，一、禮讚的起因；二、六度的因相；三、無比；四、希有；五、身；六、大悲；七、語；八、聖教；九、發願；十、入道；十一、難行；十二、智者；十三、無價。唐義淨三藏譯《一百五十讚佛頌》作：「初陳施戒等，漸次淨心生，後談真實法，究竟令圓澄。」引文見《大正藏》冊32，頁761；《丹珠爾》對勘本冊1，頁363，然與正文略有不同。

❺ **傅色** 著色。

❻ **色底** 指於染色前用以泡洗所染織物，使其易於吸收染料的媒染劑。

❼ **令心生善性** 法尊法師原譯作「善法動其心」，為配合箋註，故改譯。

❽ **次當修諸法** 法尊法師原譯作「次令修諸法」，據藏文無「令」字，為配合箋註，故改譯。

❾ **月稱大闍黎亦引此教為所根據** 月稱論師著《菩薩瑜伽行四百論廣釋》云：「又如有人，從善醫治毒者得獲塗藥，能除一切疾病，自病瘥已，又施此藥與中毒人，令彼得瘥，然若將藥，施無病者，當令致死。於有情說法，應知亦爾。是故為令一切有情，相續堪受法要，最初應說世間實相為何，令諸智者易入空見，故云：『如淨衣染色，先以施等語，善法動其心，次令修諸法。』」參見《丹珠爾》對勘本冊60，頁1267。

《菩提道次第廣論四家合註白話校註集》綜述
釋如法

壹、造論者宗喀巴大師的功德
　　一、遍學各宗而集大成
　　二、實證無上佛陀果位
　　三、創建圓滿學修體系
　　　　(一)廣弘律法、振興戒幢
　　　　(二)開聞思門、建立道次

貳、造《菩提道次第廣論》的因緣
　　一、大師發心尋求道次教授的因緣
　　二、大師著作《菩提道次第廣論》的因緣

參、《菩提道次第廣論》的特色
　　一、取三士夫教授及三主要道為全論綱要
　　二、綜合各派道次論著之說而立全論章節
　　三、經論為據語錄莊嚴正理抉擇而作闡述

肆、格魯派道次第的論著與流傳

伍、四家合註的形成與版本

陸、四家註的作者
　　一、巴梭法王註
　　二、語王大師註
　　三、妙音笑大師註
　　四、札帝格西註

柒、法尊法師略傳

捌、此次翻譯的因緣及譯註內容

壹、造論者宗喀巴大師的功德

一、遍學各宗而集大成

　　《菩提道次第廣論》（以下簡稱《廣論》），是一部將所有佛語扼要攝集為一，依循深見、廣行二大派軌的宗規，編為行者修習次第的鉅作。它總結了先前所有經義以及各宗觀點，自始至終貼緊修行要訣，依著次第和盤托出，這樣一部論著出現於世，誠可謂空前絕後。因此，此論在整個格魯派的修學體系當中，佔著至關重要的地位。可以說，它就是整個格魯教法的靈魂、精髓，同樣的也是一切修行者修持的指南。能夠在廣博無際的經論當中，提取精髓匯為次第，必為集大成的宗師所能為。而本論的造者，正是一位遍學各宗，博通經論，修證佛位的至聖。

　　格魯派開派祖師至尊三界法王宗喀巴大師，公元 1357 年，降生於青海宗喀，3 歲之時，其父親即送與敦珠仁欽（義成寶）法王教導。並從噶瑪巴‧若比多傑（遊戲金剛）得受全圓居士戒。7 歲之時由仁欽敦珠法王為作親教師，童菩提為作軌範師，剃度出家，受沙彌戒，法號洛桑札巴（善慧名稱）。大師出生之際，即有種種祥徵瑞兆。自幼即捨世俗幼童的習氣，擁有與生俱來的慈悲心、出離心。並從敦珠法王得受種種密法灌頂傳承。從大師的幼年即可看出，大師對於教法的執持、戒行的守護，都有著非凡的功德，絕不是一般人所能達到的程度。也因此，大師自幼即得諸多法王殷殷教誨，而在未來的日子當中，凡是大師所師從的大德，也都一致的對大師無比的讚歎，無不傾囊相授，甚至反過來向大師求法，互成師徒。

　　大師於 3 歲至 16 歲之間，基本都是追隨著仁欽敦珠法王修學，16 歲之後，因應法王勸囑，大師便從青海起程，前往整個藏區佛法、文化的中心——衛藏求法。

　　大師所處的年代，為西藏佛法後弘期各宗派並興時代。前弘期的吐蕃諸王大力弘揚佛法，設立譯場，迎請印度諸位大德，令佛法於西藏得以大弘。朗達瑪大舉滅佛之後，雖然將整個藏區之前所建立的佛法毀滅殆盡，但是卻更激發了一群志興聖教的大德，以更大的力量復興佛法，開展出較前弘期教法更為圓滿，更為昌盛的局面。

後弘期教法的興起，多以貢巴饒色大師師徒復興戒律為起始，其後此支派的持律大德，在阿底峽尊者入藏創建噶當派後，基本全數都進入了噶當派。阿底峽尊者以印度佛教頂嚴身份，受藏王菩提光、智光的殷重迎請，於 1043 年入藏，弘揚了道次等諸多法類。隨後由種敦巴大師繼承法脈，建立熱振寺，大弘噶當。噶當派的特色注重修心、戒律及教典的研習，對於密法則隱密的修持。由於學風嚴謹，在整個藏區建立諸多的僧團，成為藏地住持教法的主力。噶舉、薩迦的許多大德，或從噶當諸師學習道次教授，或從而學習顯乘諸大經論的解說，故與此派多有法源。薩迦派則為昆氏袞秋杰波以藏地望族身分，於 1073 年建立薩迦寺，世代以子嗣相傳法位。薩迦諸祖對於卓彌譯師等新譯出的密咒傳承全面傳持下來，並且得受印度大成就者毗瓦巴所傳的《道果》密法修持，又從噶當諸師習學因明、中觀、彌勒諸論。至薩迦班智達之後，大興辯論的學風，漸漸開啟了廣研經論，創立各大辯論場的局面，並且傳持了諸多希有珍貴的不共密法傳承。噶舉派由瑪爾巴與穹波大師所傳下的達波噶舉與香巴噶舉二支，其中又以瑪爾巴大師所傳傳承最為完整圓滿，其所傳下的達波噶舉於後期也尤為興盛。瑪爾巴大師初從卓彌譯師學習梵文，其後三度赴印、四次赴尼泊爾求法，親近那洛巴、智藏、吉祥等百餘位大善知識，盡學父續母續所有密咒講解、教授、實修之法，並依彌勒巴生起大手印的證悟。後由心子密勒日巴承其法脈，一心專修，得即生成佛之勝位，密祖又得其大弟子達波拉杰，融合噶當道次與大手印的教授，大弘噶舉教法，從此又開出諸多流派。噶舉派的祖師們以了義空性的大手印為其修持的根本，結合諸多實修的口訣，善修禪定，開創了以專修為主的派系。夏魯派開派大德布敦大師，生於 1290 年，是一位兼通五明，學貫顯密，多聞強志的大德，他將當時所能得到的經論，作了一次全面性的統合，釐清了各種法類的源流，將許多顯密的教法細緻的傳規傳承下來。故藏地有諺云：「找不到的問布（布敦大師），不懂的問杰（宗喀巴大師）。」可見其廣學的程度。其餘如堆補巴所創立的覺囊派、舊傳的寧瑪派在當時也都興盛地弘揚。

　　宗喀巴大師就是在這樣一個新興教派迭起的年代，依著敦珠法王的教誨，向各派的大師求學。依據大師傳記記載，大師一生所師從的上師多達四十位左右，其中噶當、薩迦、噶舉、夏魯、覺囊派的頂嚴，大師都曾一一受法求學。

大師廣學各派教法的情況，依著《至尊宗喀巴大師傳》（以下簡稱《廣傳》），將大師所師從的上師，依求法的內容整理如下：

年齡	所師師長	所師教派	所受傳承
3 歲	噶瑪巴·若比多傑（1340～1383）	噶瑪噶舉派	全圓優婆塞戒。
3~16 歲	敦珠法王（1309～1385）	噶當派	能怖金剛、枳布傳規勝樂金剛、喜金剛、金剛手、大日如來灌頂；文殊和妙音母等法門；金剛界頂最勝吉祥、法界語灌頂、九髻不動金剛、五部陀羅尼及下三部密續。黑敵閻曼德迦、能怖金剛、紅色閻曼德迦三法門、魯、納、枳三師傳規、金剛手大輪。多聞天王、長壽本尊無量壽澤大里、智慧怙主六臂明王。
7 歲	童菩提（1309～1385）	噶當派	出家戒和沙彌戒。
17、45 歲	法王京俄仁波切卻季嘉波（1335～1407）	止貢噶舉派	《大乘發心儀軌》、《大手印五法》等止貢派大多數的教法集要，以及《金剛鬘》、《那若六法》等許多甚深法門；《那若六法》、《大手印俱生和合法》。
17 歲	寶護	蔡巴噶舉派	《醫法八支論》。
17 歲	德瓦巾寺涅塘巴·吉祥獅子、法台格公巴	噶當派	結緣聽法。
17 歲	能海（云丹嘉措）、烏金巴	噶當派	《現觀莊嚴論本釋》、《現觀莊嚴論·絳嘉註解》。
17 歲	德瓦巾寺絳仁巴	噶當派	《經莊嚴論》等慈氏論著。
17 歲	人王索南堅贊（福幢，1312～1375）	噶舉派	文殊心咒的隨許灌頂、枳布傳規的勝樂身曼荼羅灌頂、寶帳怙主隨許灌頂等。

年齡	所師師長	所師教派	所受傳承
19 歲	扎澤巴・仁欽南傑（寶尊勝，1318～1388）	夏魯派	麥枳勝樂十三尊灌頂、紅閻曼德迦五尊灌頂等，扎澤傳規毗沙門法中息靜黃色九尊和威猛藍色。
19 歲	薩桑巴・班欽瑪底瓦・洛追堅贊（慧幢，1294～1376）	覺囊派	聲明學等各種經教。
19 歲	秋勒南傑	博東派	《瑜伽六支導釋》
19 歲	吉窩特寺堪欽巴	噶當派	《噶當道次第》誦授傳承。
19、24 歲	納塘・鄧桑巴（14 世紀）	噶當派	[19歲]《桑讓注解》中講的關於《俱舍論》的教義。[24歲]鄧桑巴所著《量釋注疏》。
20 歲	哲欽寺・梁溫巴・衰噶伯瓦（普慶德，1285～1379）	覺囊派	《現觀莊嚴論》詳解。
20、22、23、24、34、44 歲	仁達瓦・宣努洛追（童慧，1349～1412）	薩迦派	[20歲]《俱舍論》指授、《入中論》；[22歲]《阿毗達磨集論》、《入中論》等講解、《律經》等的誦傳；[23歲]仁達瓦所著《阿毗達磨集論廣疏嘉言海》、《釋量論》、《密集根本續》的講解、《五次第》的導釋等許多教法；[24歲]《現觀莊嚴論》、《中觀》、《因明》、《對法》；[34歲]仁達瓦所著《量釋論莊嚴注疏》、《密續之王吉祥密集金剛根本續》的解說；[44歲]《中觀根本明句釋》。
20 歲	堪欽譯師絳曲哲謨（菩提頂，1303～1380）	嘎當派	隨緣傳法。

年齡	所師師長	所師教派	所受傳承
20 歲	覺摩隆寺堪布·洛色（智明）	噶當派	《律經根本》和《律本釋》及所有支分，《俱舍論》。
23 歲	多傑仁欽（金剛寶，1353 ～ 1405）	薩迦派	薩迦傳規之《喜金剛續第二品》的講解。
23 歲	墨竹拉隆寺·索朗札巴（福稱）		諸多經教。
24 歲	衰噶札喜（普慶吉祥，1349 ～ 1425）	薩迦派	《薩迦傳規的上師瑜伽》、《薩迦毗瓦巴的甚深護持法》。
24 歲	朗喀南交欽波（虛空大瑜伽師）	香巴噶舉派	蘇噶悉地法門等。
24 歲	譯師朗喀桑波（虛空賢）		《詩鏡》等詞章的典籍，《迦波羅》、《旃陀羅》、《聲明粉板字聲論》等聲明典籍。
24 歲	傑尊巴		《現觀莊嚴論》、《毗奈耶》、《中觀》、《因明》。
24 歲	納塘堪布衰噶堅贊（普慶幢，14 世紀）	噶當派	中觀諸論的論文誦授（不講只念論文作傳授）、《因明》。
28 歲	堪布·楚臣仁欽（戒寶，14 世紀）、堪布上座大持律師喜饒貢波（智慧怙主）、索南多傑（福金剛）	噶當派	受比丘戒，比丘戒的補充講授。
28 歲	法王京俄仁波切京俄札巴絳秋（稱菩提）	達波噶舉派	道果等全圓教授，以及那若六法，法王帕木竹巴和止貢·久典貢波全集的誦授。
33 歲	察寺·多敦·意希堅贊（智幢）、蔡巴	蔡巴噶舉派	《時輪廣釋無垢光明論》的詳細詮釋。

年齡	所師師長	所師教派	所受傳承
34 歲	堪布仁波且·札巴喜年（名稱友）		五次第法類等各種經教誦授。
34、37 歲	烏瑪巴·尊追生格（意為中觀師精進獅子）	薩迦派	中觀見、文殊法門；修定所緣、文殊菩薩傳授給烏瑪巴的作業諸法、所緣修習次第等許多經教；密集不動金剛的四灌頂法。透過烏瑪巴從文殊菩薩聽受的有：許多教法，疑難要點；文殊獨勇能怖金剛法及無上瑜伽法等，以及護法神閻摩法王外、內、密三種的隨賜灌頂和加持法，以及三摩地四灌頂等法；中觀正見，顯密的差別，無上密宗道的諸大扼要，並五次第的程式和數目決定（如決定次第為五）等無邊教義。
34 歲	札巴堅贊（稱幢，1336～1378）		《現觀莊嚴論》。
34 歲	法王嘉秋貝桑（勝依吉祥賢，14 世紀）	薩迦派	《喜金剛第二品》。
34、35、36 歲	卻吉伯瓦（法吉祥，1316～1397）	夏魯派	[34歲]時輪灌頂及《時輪廣釋支分》等續釋的講解、作法指導、瑜伽六支的修法指南等全圓教授；[35歲]《金剛鬘》的灌頂經教指導解說，以及舞姿、彈線、音調三者傳統作法的教導；薄伽梵金剛手大輪的灌頂、經教、教授秘訣等許多深廣的教法；[36歲]《金剛心要釋》、《金剛手上集釋》、《那若法門廣釋》以及許多時輪支分的教法，並聽受了布敦大師所著的兩種傳規的密集經教解說等許多教法。

年齡	所師師長	所師教派	所受傳承
35 歲	瑜伽師札巴 （名稱）、 瑜伽師貢桑 （普賢）	夏魯派	金剛界和吉祥最勝頂等所有瑜伽部大曼荼羅（壇城）繪畫彈線、舞姿、音調、曼陀羅儀軌的彙編、挽結手印等法。
35、36 歲	持密大師金剛持穹波賀巴	夏魯派	瑜伽部諸大曼荼羅灌頂，大白傘蓋、三三昧耶、十一面觀音、金剛摧壞、阿彌陀佛等事部法；毗盧遮那現證等行部法；瑜伽部諸大曼荼羅灌頂為表率的諸下部密續（指除了無上瑜伽部以外的下三部密續）部的經教，西藏所有的清淨灌頂法流從未中斷的全圓教授，並聽受了無上部集密、薄伽梵勝樂輪魯亨巴和納波覺巴的傳規等無上大密的無數經教。
36 歲	帕巴日寺堅贊札巴 （幢稱）	夏魯派	瑜伽部法類的舞姿和音調等傳統作法、各種適宜的教法、布敦大師所著《金剛生起廣釋》、《瑜伽根本續攝義》、《釋續金剛頂》、《吉祥最勝》、《淨治惡趣續》等，以及《現見自性》、《果夏那莊嚴續》、《吉祥最勝廣釋》等續及釋續和無量的印度經典著作的經文誦授。
39 歲	洛札大成就者 南喀堅贊 （虛空幢，1326～1401）	噶當派	上師瑜伽法、《南喀堅贊全集》、《菩提道次第》、金剛手所說的不可思議的秘密教導、經教、隨賜灌頂、金剛手五尊隨賜灌頂、金剛鬘問答、歡喜鬘問答之經教和隨賜灌頂、金剛手五鵬灌頂和隨賜灌頂、普伏凶頑灌頂、獨勇三面六臂馬頭金剛隨賜灌頂等教法、吉祥大輪甘露精滴的生圓二次第甚深教授。

年齡	所師師長	所師教派	所受傳承
39、40歲	札噶堪欽・卻交桑波（法依賢）	噶當派	《毗奈耶》、《俱舍》、《中觀》等經教誦授、《道炬論釋》、霞惹瓦的《道次第》、卓隆巴的《教法次第》、措那瓦的《道次第》、《藍色小冊經教根本釋》、《入行論》等噶當經典派的許多顯密教授。

大師的師承中，師長名諱或師從的時間不詳者：

◆從寧瑪派的法王達域瓦聽受舊密寧瑪派的阿闍黎蓮花生的《忠言紙卷》等黃紙密書，及長壽法和馬頭金剛法門等。

◆從香巴噶舉甲欽絳巴貝（慈賢）聽聞香巴噶舉之法。

◆薩迦派的大門徒多敦・峨梁瑪的座前，聽受過《勝樂五次第導釋》。

◆在納塘譯師頓珠桑波（義成賢）的座前，聽受過七部量論、六臂怙主的隨許灌頂。

◆在納塘一位大堪布的座前，聽受過屬於《甘珠爾》的《莊嚴經》等許多經教誦授。

◆從夏爾拉章的一位精於教授祕訣的密宗老格西近前求得祕訣。

◆在大成就者巴俄多傑及烏瑪巴座前聽受內、外、密三種作業閻摩。

◆在勒寧仁波且・絳央仁欽堅贊座前，聽受了一些法緣。

◆在法王・壩惹哇・絳稱伯桑波的座前，聽受過熱窮傳規的無量壽佛獨尊灌頂、全圓的長壽導修法，及尼古諸法類。

　　從這些記載中可以看見大師學習廣博全面程度：戒律方面的講解傳規，從專門傳持戒律的噶當派覺摩隆寺堪布・洛色全圓聽受；顯教方面般若、中觀、俱舍、因明等各宗論著，主要從薩迦派仁達瓦、別從覺囊派梁溫巴、噶當派烏

金巴、絳仁巴、鄧桑巴等諸大德多番聽受研習；無上密法類的勝樂、能怖、紅閻曼德迦、喜金剛等諸灌頂則分別從噶當派敦珠法王、噶舉派索南堅贊、夏魯派堪欽・仁欽南傑獲得，密集法類的講解，從薩迦派仁達瓦、夏魯派卻吉伯瓦、穹波賀巴聽受；喜金剛法類的講解，從薩迦法王嘉秋貝桑聽受；時輪法類的解說，則從蔡巴噶舉派多敦・意希堅贊、夏魯派卻吉伯瓦得聞；下三部密續法類則從夏魯派穹波賀巴全圓聽受，復從夏魯派瑜伽師札巴、瑜伽師貢桑、卻吉伯瓦、帕巴日寺堅贊札巴得習諸講授及瑜伽部法類的舞姿和音調等傳統作法。噶舉派的諸甚深實修口訣教授，則從噶舉派法王京俄仁波切卻季嘉波、法王京俄仁波切京俄札巴絳秋得聞道次第及諸修心教授，則從噶當派札噶堪欽・卻交桑波、洛札大成就者南喀堅贊圓滿得受。

另外必須特別提出的是，大師除了從各派大德獲得諸傳承之外，更重要的是大師對於佛法中最為甚深的難點，如中觀空見、無上密甚深瑜伽等，雖依諸大德而研習探尋，然仍未能徹底解除心中的疑惑。尤其對於空正見，就如大師在其所著的《緣起讚》當中說的：「於此稀有殊勝教，諸多無智愚昧者，周遍紛然起相爭，猶如跋嚩菟絲草。由見如是紛亂相，故我殷勤多勵力，隨順智者之所行，數數尋覓尊密意。次於自宗與他宗，廣修遍學眾教時，後後反陷疑惑網，遍極熾燒惱我意。」又如大師在《辨了不了義善說藏論》中說：「頗有多聞諸教法，於正理路亦勤習，內證功德不下劣，然終未達此深處。」可見大師認為當時的大德雖有諸多功德，但是對於空性正見，大多仍未通達。因此縱然大師隨諸智者研習，仍有許多疑問無法解決。為了能夠真實無誤地徹達中觀空性見，於是大師決定敦請親見文殊的烏瑪巴大師為作傳述，請問諸多中觀正見、顯密教法的扼要難點。

即如《入行論》中所說的：「何時欲瞻禮，或欲問法義，願我無障礙，面見文殊尊。」雖然大師從烏瑪巴大師得聞諸多文殊的語教，但仍未以此為滿足，大師進一步希求能夠親見本尊，恒時得到本尊攝受。故向烏瑪巴大師求受文殊法門，晝夜殷勤祈禱專修文殊本尊，未久即得親見本尊及壇城。大師親見文殊之後，烏瑪巴大師即時觀見徵兆，告大師云：「你似乎已經親見本尊了。」從此以後，大師凡一祈禱，本尊即得顯現在前。

如同《宗喀巴大師傳起信津梁》中所說的：「親見文殊的身容和語教的現象等詳細的史事，雖不能普遍公開宣揚，然而對於經論之義，應如何研究？研究是否完成？什麼是修行之要扼？應如何引導應化有情？相依如何的侍徒？住如何的地點等大都自己不作主張，而是向本尊文殊啟問的。」《宗喀巴傳一百零八稀有的史事》中也說：「一切應捨應取之處，都獲得了文殊的教導。因此大師的身語意事業，縱是細微的事，是否應作？除向本尊文殊啟問外，決不草率從事。」大師一生當中諸多重大的行誼，諸如振興戒律、閉關專修、依止佛護月稱論著而證空性、修精奇寺、寫作讚頌精奇寺的彌勒怙主的《梵冠讚》、著作《菩提道次第論》的〈毗缽舍那〉章等，亦無一不是遵循文殊的教誨而行。更重要的是，格魯派中諸凡不共的教法，如三主要道、中觀應成見的抉擇、耳傳上師瑜伽修法、密集五次第、大威德金剛修法等，無一不是由文殊本尊親自傳與大師的。所以大師在《密宗道次第》中說：「紫金色身殊妙頂，靛青五髻為莊嚴，妙音於我一切生，歡喜攝受施大恩。」又於《五次第明燈論》中說：「由尊事業一少分，入我心內令難得，極隱密義皆彰顯，至尊慧藏祈垂護。」而在《辨了不了義善說藏論》中說：「由師妙音恩善見。」在《緣起讚》中說：「由師恩德得見時。」在《廣論》中說：「知識初佛妙音尊，善歸依故是彼力，故願善擇真實義，彼勝智者恆護持。」在周加巷法王所著的《廣傳》中也記載大師親自對克主傑大師說：「有一些人根本不知此種要義，這種特殊之要義，即文殊和威合修法。至尊文殊親口所說法中，此為不共究竟之要，對他者不常開示的嘉言，印、藏的智者誰也未能發現。至尊文殊視我為唯一特殊應化有情，而說此密論。」在在處處都顯示著大師所宣說的教法，皆為至尊文殊所親自開示傳授，因此在《宗喀巴傳嘉言集》才會有這樣的結論：「可以說至尊宗喀巴大師之宗派，即是文殊之宗派。」可以說，大師將後弘期諸師所傳承下來的一切教法，悉皆遍學而領納於心，又從文殊本尊通達佛語中最甚深的難點、親承諸多顯密殊勝的教法，這也是為什麼大師在後弘期諸派都廣為弘揚之際，仍能開創出新的教派，並且盛於他宗的原因。

宗喀巴大師曾自己說過，一生所學深廣的程度，實非一般人所能企及。從大師的著作中即可看出，大師對中觀、現觀、量論、戒學、無上密、瑜伽等下三部密續、道次第等等，哪怕是任何一部教典的通達程度，都是一般人乃至窮

盡一生的力量，也未必能夠達到的。創建甘丹寺後，賈曹傑大師分配二十四個康村（僧院）各負責傳持大師所傳下的一部分不共密法。格魯三大寺的僧眾以修學大師顯教中的量論、現觀、中觀、俱舍、戒論聞思為主，上下密院則傳持大師密法教授，另外又有一支單傳耳傳教法的法脈。用世間的比喻來說，大師在佛法的領域，就像一個人拿到了所有科系的博士學位，而他一個人所具備的學問，必須開設好幾座學院才能傳承他的學說。除此之外，大師對於工巧、醫學、文學、梵文也都有很深的造詣。在許多經典及祖師的授記中，都說大師就是文殊的化身，雖然這樣甚深的境界不是我們一般人所能了知的，但是就現象界可見的部分，縱若言「文殊之智，蓋即如是」，也是至為中肯的。歷史上被譽為文殊化身的人仍屬不鮮，但是像大師那樣集大成者，唯有佛陀堪稱媲美！

二、實證無上佛陀果位

如同《廣論》中所說的：「佛初發心、中集資糧、最後現證圓滿正覺，一切皆是為利有情，故所說法一切亦唯為利有情。如是所成有情利義略有二種，謂現前增上生，及畢竟決定勝。」另外又說：「決定勝中略有二種，謂證解脫僅出生死及一切種智位。」佛陀出世宣說正法，其目的就是為了要利益有情，而對於眾生的利益又可分為人天果位增上生、解脫輪迴的果位、證達一切遍智的佛果。同樣的，對於修學佛法的人而言，這三者也就是我們學佛所想要成辦的利益。

然而實質上，就如貢唐大師在《辨了不了義箋註》中所說的：「誰獲正見，即此補特伽羅遍入解脫之門，彼亦成辦佛陀降世之所為義，至此之間，則非爾也。以餘一切教法，但為趣此之能熟加行耳，正行之心要義，即為清淨正見。」佛陀降世，其目的最低的下限是希望眾生能夠脫離輪迴，而脫離輪迴，則必須要證達空性的正見。而如果再從更究竟的角度來說，就如同《法華經》中所說的：「舍利弗！諸佛隨宜說法，意趣難解。所以者何？我以無數方便，種種因緣、譬喻言辭，演說諸法。是法非思量分別之所能解，唯有諸佛乃能知之。所以者何？諸佛世尊唯以一大事因緣故出現於世。舍利弗！云何名諸佛世尊唯以一大事因緣故出現於世？諸佛世尊，欲令眾生開佛知見，使得清淨故，出現於世；欲示眾生佛之知見故，出現於世；欲令眾生悟佛知見故，出現於

世；欲令眾生入佛知見道故，出現於世。舍利弗！是為諸佛以一大事因緣故出現於世。佛告舍利弗：諸佛如來但教化菩薩，諸有所作，常為一事，唯以佛之知見示悟眾生。舍利弗！如來但以一佛乘故，為眾生說法，無有餘乘，若二、若三。舍利弗！一切十方諸佛，法亦如是。」因此，究竟而言，佛陀出世說法，不只是希望眾生能解脫輪迴、不受諸苦而已，宣說任何的法，或實或權，最終的目的都只有一個，也就是達到圓滿自他二利的佛陀果位。

為了達到前面所說的增上生乃至決定勝的果位，戒學是必不可少的。如同月稱菩薩在《入中論》中說的：「增上生及決定勝，其因除戒定非餘。」而大師的戒學功德，在下文中會另作詳述。至於要得到解脫輪迴的果位，則如前文引貢唐大師的教言所說的，必定要尋求清淨的中觀見以證達空性慧。因而在整個佛法當中，證達清淨的中觀見，亦即所謂的般若，就是三乘學者能夠成就聖位的根本，故亦稱為四聖者的佛母。而要成就一切智智位，最初必須以菩提心趣入大乘之門，其後或以顯乘修積三大阿僧祇劫的資糧而成就佛位，或依密乘不共殊勝方便而快速成就三身。正因如此，欲於濁世當中，以短暫的人生成就解脫或佛位的方便心要，即是清淨的中觀見與金剛乘道。

而如同克主傑大師所著的《清淨雪山頌》中所說的：「我於無數不淨剎，不惜身命勤宣說，空性結合密咒道，廣弘佛所歡喜道。」宗喀巴大師在宿昔即於諸佛跟前立下誓願，當於濁世之中，弘揚清淨的中觀見與金剛乘道相結合的教法。由於大師這樣的不共心願，使得大師在其一生之中展現出了極為殊勝的功德，亦即特別尋求、修持、弘揚中觀見與金剛乘道相結合的教法，並透過這樣的道路，為我們示現出於一生中證達佛位的妙道。

大師對於清淨中觀見的尋求，如《廣傳》中所說：「宗喀巴大師心中的密意是，若未覓得甚深中觀見，則不能獲得道之命脈，然而中觀正見極難獲得。因此若顛倒受持，其錯誤和過患較他者為大！這是聖者師徒（指龍樹與聖天）所說的。因此宗喀巴大師意識到必須求得無誤的中觀見，並將此事常時掛念於心中，有如常啼菩薩求法那樣辛勤。所以他在至尊文殊近前，大都是啟問正見之理。」大師自己也曾經說過：「能無誤地開示怙主龍樹師徒密意的善知識，印、藏、尼泊爾三地和衛、藏、康三區等不論何處有，如得其根源，為了尋覓

彼師，寧捨身命，甘受任何困難，現在必須立即去尋找的猛利心情，那時我已經具有。」

大師為如此強烈的希求心所策動，因而不斷地精勤學習空性正見的教典。然由於許多習學空性見者無法真實解了空性的內涵，因而對於空性的解釋大相逕庭，大師學習的時候，也曾經經歷陷入疑網，深感熱惱的地步。也正因如此，大師才決意修習本尊法，親見文殊而請問空性見的種種問題。《廣傳》中記載，大師曾請問文殊：「現在我的正見，在應成和自續兩派中，屬於何種？」文殊說：「任何一派也不是。」大師經過多番的請問難點，仍感到有不解之處，於是文殊教授云：「勿忘這些教言，從筆記中可以得知。尤其是應在與本尊無別的上師近前，祈求加持，並閉關念修，努力地做積福與淨障，而且對於經論的教義，應以理智詳察細思，將此三者結合進行實修。勿輕易地認為已經滿足，當延長時間不斷地善作考察。待到時機已至，由於我（文殊）現在給你播下了這些種子作為增上緣，你將會迅速地獲得善妙的通達。」

文殊菩薩的這段教言，也就是格魯派中極為著名的文殊三教授。為了能夠如實的證達真實義，經由文殊本尊的指示，大師於 36 歲時與八位清淨的弟子開始隱世專修。在數年的期間內，大師遵循著文殊本尊的指示，發起了不可思議的精進，行懺悔法，結合百拜頂禮和供養曼達等，以致指端裂縫。又因使用石曼達，而致肘部磨穿的地步，至此仍不以為意，始終勇猛精進地修習，之後，每修一次懺罪法而行禮拜時，三十五佛的身像即不斷地真實顯現。同時，大師又殷重地祈求本尊，研閱闡述正見的教典。

大師年屆 39 歲時，於夏季朝拜精奇寺彌勒怙主像，供養眾多供品，發諸偉大宏願。其後於冬季時，到了塔波麥隆甲索普時，修力大增，得諸不可思議的現證功德。當時大師屢屢親見至尊文殊，高大莊嚴，美妙圓滿！有無數的佛和菩薩圍繞。自是時起，先後多次親見薄伽梵聖救度母、頂髻尊勝母、聖光明母、頂髻白傘蓋佛母等許多本尊。又復親見聖龍樹、聖天、阿闍黎佛護、龍菩提、具德月稱等深觀傳承的諸班智達，以及聖無著兄弟、阿闍黎方象、法稱、阿闍黎功德光、釋迦光、天王慧、莊嚴師、蓮花戒、阿壩雅等廣大行傳承的諸班智達，以及伊紮菩提王、大婆羅門薩哈拉、大阿闍黎魯亨巴、枳布巴、納波

覺巴等諸印度大成就者班智達。當時大師也曾疑惑，所見的這些景象，究竟是自己心境的顯現而已，還是真實的淨相？當大師心想是否應當依信這些景象時，至尊文殊為之告示說：「這並非庸常心境的現象，應當於諸尊猛利祈禱，如此可得護持。並且依止諸尊的論著，能得到成就自他廣大利益緣起。」

透過如是精勤的修習，大師年屆41歲的時候，於一日夢中，得見龍樹、聖天、佛護、月稱、清辨等諸中觀師一同探討無自性義。其中有一身色青藍、體型魁梧的論師自稱是阿闍黎佛護班智達，手持一部中觀梵本前來進行加持。第二天，恰巧有人獻供《中論佛護釋論》於大師，大師閱讀《中論佛護釋論》時，於應成中觀究竟要義，及其所破界限等，未經少勞即於心中生起異昔究竟定解，一切執相緣念皆歸破滅，於空性義一切疑慮增益執著，盡除無餘，如實現見真實義。大師由於感念釋迦世尊開示甚深緣起，因而獲得增上的信解力，著作出透由讚歎緣起說的方式而讚歎世尊的《緣起讚善說藏》，此與《辨了不了義善說藏論》合為大小二部善說藏論，成為大師抉擇空性見的重要論著。對於這段史傳，一切智克主傑曾作頌云：「龍樹聖天及佛護，月稱等師恆加持，尋於甚深法性義，斷盡疑垢虔啟請。」又如妙音法王所著《宗喀巴密傳頌》中也說到：「佛子龍樹五師徒，談論甚深緣起論，由彼佛護梵經本，加持而證聖密意，具德上師前啟請。」

對於大師如實證達空性的功德，《土觀宗派源流》中引克主傑大師所著的《起信津梁傳》說：「大師以正理力，於真實義，全斷增益執，一心專住空性等持三摩地，運用正知正念，善巧保任，串修已達究竟。仗此力故，大師亦曾自云：『現已串修熟練，於出定後，所見種種境界，如空而現，猶如幻起。不由空見所印持之境相，多不獨起了。』所說的這個情況是令諸智者歡悅之事蹟，是不可思議的，即在一切佛與菩薩，都要以讚頌花來作稱讚，至於我等就更不用說了。」在《廣傳》中也記載大師的上師噶當派堪欽·卻交桑波透由本尊了知大師中觀正見的清淨無謬：「此師原先主要是依止湯薩巴修習正見，因此，他對於宗喀巴大師所講的中觀正見難以理解。他啟問於本尊不動怙主說：『法王羅桑札巴的正見，究為何種？』答說：『是無誤的釋迦牟尼佛世尊的清淨究竟正見。在無上密乘的階段中，也不能逾越此清淨正見，你應當以此為主而修。』又問：『那末，措那瓦的正見，也是這樣的嗎？』答說：『他也是為

了生起龍樹的正見而修習的。菩薩寶賢（亦稱善財）和羅桑札巴是無二無別的。」從此以後，堪欽‧卻交桑波即以一切智宗喀巴大師的正見，作為主要修持。因此，他不久也獲得不退轉證悟。」另外，《廣傳》中也記載，與宗喀巴大師互為師徒的噶舉派大德京俄仁波切‧索南堅贊或稱拉日惹巴的著述中曾說：「我見一切智宗喀巴羅桑札巴的著述中，有許多密宗之要扼，尤其是密集中的諸教授秘訣。因此，我獲得密宗，特別是至尊那若巴師徒的教授中的許多不共的要義，令我對宗喀巴大師生起了與金剛持無二無別的猛利信仰！總的說來，此師才19歲時，我就與他會晤，而且也得過他的傳法，但對於他的著作未多閱讀。思想複雜的人們認為宗喀巴大師僅是主要講說名詞句義的一位善巧者而已。後期中我也善為閱讀大師的密宗諸法類，對於大師中觀諸論中的『唯名安立』等言教，認為與大手印離戲論安立於勝超法味中的階段，以及空性與緣起無別之義，是與任何現相現起來退失中，即刻住修（入定）是極符合的。以此我生信解。但是對於『勝觀』之修法略有懷疑。總覺大師的密意，總括起來是在『奢摩他』的修法的基礎上，而修『毗缽舍那』之法，似乎與大手印有相同之處。後來我和大師見面時，所說『毗缽舍那』之諸要扼，真實與大手印是相同的。」從諸位大德的論述中知大師所證達的空性見，實與諸聖者的證悟同為一味。

在金剛乘的修證方面，《土觀宗派源流》中作了極為攝要的述說：「獲得證驗二種次第的情形，《密傳》說：『大師48、49歲時，在沃卡地區桑昂浪的降巴林寺造《建立次第疏》及《密宗道次第廣論》時曾說：總於五次第義、別於第三次第幻身之修法等，凡有關《吉祥密集根本續》和聖者五師徒疏釋所詮之不共粗分之義，均已達到徹底圓滿瞭解，迄今已過十餘載，其間不能宣說，現只略說少分。』大師在沃噶紮修《勝樂輪近修》和《尼古六法引導》已多次生起經中所說的希有驗證。又在涅區的僧格宗修《時輪六支加行》的證驗引導，生起《六支加行》的殊勝證德，親見時輪獨勇聖容，蒙受稱讚說：『你嫻於時輪法，猶如月賢之再來。』在沃卡桑登林寺定中見到密集文殊金剛的曼荼羅主尊。又見到文殊與慈氏研討正法的滿注甘露寶瓶，由曼荼羅主尊授予他，又見到湯吉勤巴‧布敦仁欽珠巴大師在寶座上做慈氏坐，授給他《密集根本續》說：『作此法的主人吧』。遂以明咒和手印為他加持。又在定中得到洛

絷瑪巴譯師的九類融合教授，遷識法等生起殊勝解會。又在甘丹閉關時，自見『埃』、『旺』二字，自上方鼻端經『阿哇都帝』脈道注於下端，猶如光繩，白光閃爍。即從此生起不共殊勝溶樂和契合空性的四喜妙智成為四空體性，以後遂長保任此樂空妙智。入定之中正如密經與大成就者的典籍中所說起空樂妙智，非如內外道的共通三摩地，僅就其一分，便安立空樂智慧之名，而是住於真正之三摩地。在出定後，所現一切皆成天曼荼羅的空樂遊戲，而度歲月。以上為傳中所說。」

此外，大師的大弟子中，能隨時親見至尊文殊的多敦巴也曾在夢中夢見宗喀巴大師之塔，塔的量度美好圓滿，塔尖直達雲際，色極潔白，如塗白瓷釉那樣的光彩。雲隙中有叫空行母的，相如天女；也有普通婦女相的，裝飾骨飾和各種寶飾，手中持著滿注白色甘露之寶瓶，為數無量，都以甘露遍注於白塔。夢醒後，多敦巴大師便將這番情景啟問至尊文殊，文殊指示說：「這些徵象，是表示宗喀巴心中，已通曉一切顯密要道，達到了圓滿究竟，以及樂空殊勝三摩地已於其心中生起之徵象。」在周加巷法王《廣傳》中說：「這些指示是與前文記載相同的。但是其中塔的量度美好圓滿，是表示大師心中，一切顯密道要，已通曉到圓滿究竟，塔頂直達雲際，是表示大師心中次第生起共與不共的證達，已獲得最高『心遠離』的究竟證達；雲表示已達到將獲得與虹光相同的第三次第幻身的界限；色極潔白，如塗白瓷釉之象，是表示大樂之所依──如白君陀花色的菩提絲毫未染衰敗之垢，而輾轉增長；諸空行母作清淨浴，是表示生起殊勝樂空慧之助緣──智慧空行母，及田生空行母絷幹瑪所作。不知大師已證達如是最高的成就果位，而僅憑凡庸者的心境所顯之象，遂說大師未生起如往昔大成就者諸前輩那樣的修證，而積下對聖者輕蔑之罪業的人們，是極為可憐可悲的！」

宗喀巴大師在密法的修持方面，雖然得到了如此高深的證悟，然而為了教法的根本毗奈耶不要受到任何的染雜，因此大師於住世時從未受用業手印，而於中陰身中證得雙運的果位。在《廣傳》中，有詳為記載大師於中陰身中證得金剛持身的勝蹟。傳中說，大師略現病相之時，依然如前修習四座瑜伽及自入法之修持次第，未曾間斷。主要入於勝三摩地修持之中。如是至於二十四日午後時分，大師於薄伽梵勝樂輪廣興供養。其後於晚間，大師一心專修，傳說在

外相所看到的，大多為修持金剛念誦等法。總之，即為安住於替代密行之死時光明結合法身次第修持之中。其後，到了上午初段時分，大師身著三衣，在墊上結金剛跏趺坐，端正身軀，雙手作入定印，現前安住正念之門，一心專修。直到二十五日天明，日輪顯照，世間明朗時分，三空依次融入，入於一切空，真實現證勝義諦光明法身。在這之前大師略有病痛，因此面容稍略減少了光彩。但是到了當時，下部粗分風息合入腸道中，頓時之間，面容就像滿月一般圓淨，猶如天子孺童之相。之前肉體中的暗色、散壞之相，還有所有的皺紋，至此一點跡象也都看不到了，成為目難久睹的光明蘊體。有人見到大師的身光明為紅黃色，有人說是黃白色，也有人說色如純金。總之，就如同 16 歲孺童本尊文殊身相。

大師示寂後，距離大師頭額的極近處，現起了五彩虹霓，光華燦爛。當時虛空中真實顯現一切空光明，因此遍空淨無纖塵，極為瑩潔，沒有任何一切雲彩塵埃，在四十九天之內，乃至微風都斷絕不興。從寺外一直到大師的寢室之間各個地方的屋頂、牆沿諸處，在夜間排列了無量明燈以興供養，通宵燈焰，無風吹動。在大多數的時候，都能見到白虹當空，極為悅意。甘丹寺左右以及前面的一切諸處，也現起各色虹彩，遍佈諸方。這些顯現，一直到了多日之後，才開始消失。依一切智克主傑大師所說，大師示寂之後，心中生起此生現證報身成佛，而且諸多本尊對於喇嘛烏瑪巴，及洛札大成就者洽多哇、至尊多敦巴等人都曾作了大師將獲得現證佛位的懸記，由這些種種相兆及諸正量士夫的觀察，無不顯示大師於中陰身中成就佛位。

宗喀巴大師於其一生之中，親證空性見及金剛持位，這樣的示現，不僅告訴我們，只要能夠依著佛陀所讚的妙道而精勤修持，必定能得到所追求的決定勝位，更是為我們證明了他一生中所追尋解了的正理，與諸佛的密意是別無二致的。正因如此，追隨大師教法學修而證得聖位者，亦如夜星不可勝計。即如吾輩，生於此世，但能受大師所傳教法而實修者，亦必能於短短的一生中得到不可思議的勝利。

三、創建圓滿學修體系

（一）廣弘律法、振興戒幢

大師不僅一生所學包涵了顯密的所有教法，實證無上佛位，成為一位教證圓滿的大德，更偉大的是，大師將其一生所學的教法，創建成一套完整的學修體系，使得格魯派在創建後的六百多年中，都一直呈現著傳持圓滿教法的面貌。

大師對於教法的學修，首重戒律。雖然佛法的內涵博大精深，但是真正要說到教法住世與否，必定得觀待於戒律是否住世。就如同貢唐大師在《現觀莊嚴論辨析第一品箋註》中說的：「沒有律而有經論也不能安立有教法，或者說雖然『有』但卻不是『住』。《請問教》說：『優婆離，乃至有羯磨，有殷重行，此時正法即住。沒有羯磨，沒有殷重行，正法即滅。』《律讚》中說：『勝藏圓滿律若住，爾時法炬即安住。』」宗喀巴大師於《功德之本頌》中也說到：「勝教根本別別解脫戒。」漢土的《南山律》亦云：「佛法二寶，賴僧弘傳，僧寶所存，非戒不立。」可見住持戒法、振興戒法，亦即住持教法、振興教法。這就是為什麼大師如此重視戒法的弘傳，同時也是為什麼大師能真正住持圓滿教法的原因。

大師對於戒法的振興，可從三個部分而言。第一是大師自身嚴守律儀的行誼；第二是大師對於戒法的宣講與提倡；第三是大師圓融的解釋顯密之間，尤其是密法與別解脫戒的關聯。

從第一部分來講，大師於 3 歲的時候，即從噶瑪巴・若比多傑座前受全圓居士戒。以如此幼小的孩童而言，就連要懂得戒律為何事，尚且都是幾乎不可能的事，何況能清淨持守。但是大師自小就具足超凡的慧力，出塵的志向，遠離了幼童的無知散亂，因此在這麼小的年紀就能以一顆出離之心，正受戒體，清淨執持。

大師 7 歲時便從法王敦珠仁欽座前，剃度出家，受沙彌戒三十六條，而於其中一切應取捨之處，精勤守護，未曾違犯有所染汙。

大師於 28 歲時，由大僧會寺戒寶為作親教師，持律師智慧怙主為作羯磨師，領經師福金剛為作屏教師，並餘二十比丘為具信僧伽，依如法儀軌正受近圓比丘戒，而成人天無上福田。

　　大師受持戒法以來，即勤奮地聞習一切律典。多返聞受結合《律經根本廣解》的釋說，以及法友論師所著的《律經廣釋》、功德光論師所著的《律經略釋》、妙友論師所著的《律事廣解》、阿闍黎律天論師所著的《律分別句義釋》、戒護論師所著的《阿笈摩釋》、無垢友論師所著的《別解脫經廣釋》、羅漢氏宿天論師所著的《別解脫經花鬘貫釋》、釋迦光論師所著的《沙彌頌釋》、律天論師所著的《沙彌五十頌》等一切印藏律典的義理，對於遮止、作持、開緣三種制規，以及遮戒、守護之理、還淨之理無不通曉。盡除一切未解、邪解、疑惑、臆造的垢染，獲得究竟的定解。為了能夠明晰的憶持戒法，大師還將四十卷的《律根本頌廣釋》，全部熟記於心，以得於任何時處都能確切地分別一切開遮。

　　大師清淨持守的行誼，就如《廣傳》所記載的：「宗喀巴大師這一生中，不僅是戒行潔淨的大德，而且是對於三律儀的粗細制戒的界限，任何方面，任於何時，亦不犯染罪過的垢穢的一位聖超大德。如一切智克主傑的著述中說：『雖以佛智善觀察，師心清淨戒學行，絲毫廢弛之罪過，亦不能見誠啟請。』」

　　「尤其是大師到前藏從堪欽巴座前，受得近圓比丘戒以來，對於他勝、僧殘、墮、向彼悔等犯墮的垢穢，從未犯染，就連細微的惡作罪以內的過失垢穢，也從未犯染。由於時間和地點的關係，萬一發生一些細微的惡作罪時，亦於當日或未受食時的當天當晚，立即作懺悔而防護。真是如聖阿羅漢優波離和阿說示（即馬勝比丘）等那樣的圓滿守護戒體。而且在聞、思、修等的任何時間中，也經常不斷地如保護眼珠般守護戒律。有一些人藉口現在因為是聞思的時候，廢弛戒學沒有什麼關係。又有一些人說，由於是修密宗的時候，可以取酒和婦女等五欲為修道之用，沒有什麼關係，而做毀壞戒律的行為。這些行為，大師自己絕不去做，是自不待說的。」

大師不僅在別解脫律儀上，嚴格持守，對於菩薩及密宗戒持守上也同樣絲毫不懈。而且大師所建立的教派中，還特別以三乘的律儀作為三乘教法具體的實踐。這樣的思想，在大師所著《功德之本頌》中就有說到：「即此清淨出離慧引起，正知正念大大不放逸，聖教根本別別解脫戒，修持視為心要求加持。」此即言以持守別解脫戒為修持心要。又說：「僅唯發心而於三聚戒，若不修習不能成菩提，善觀察已而於菩薩戒，起大精進受學求加持。」此言勇受和學習菩薩學處以成菩提也。又說：「此時二種悉地成就本，守護清淨誓言三昧耶，於之獲得真實決定已，寧捨生命守護求加持。」此言於共不共悉地成就之本即三昧耶戒獲堅固定解已，寧捨生命亦當守護。關於這一點，我的師長哈爾瓦・嘉木樣洛周仁波切即曾說過：「由此即見至尊宗喀巴大師的宗風，即以三乘律儀總攝一切修持以取成就。」

　　從第二部分來講，大師對於三乘律儀，不遺餘力的講說、提倡，致使戒風於焉重振。大師整飭毗奈耶戒法的事蹟，就如同傳記所說：大師39歲時，在涅區金粉塔前廣興供養，而對當地的眾生廣說戒法，並且告誡大眾說：「所有一切功德的根本，就是讓自己所受許的律儀清淨無染。我對於別解脫戒的他勝、僧殘、粗重等等的墮罪，從來就未曾毀犯。如果知道違犯了墮罪、惡作，則立即懺悔前時所作，防護當來不再違犯。同時，也教誡徒眾們應當如此行持。至尊文殊曾特別地教誨說：『應當圓滿具足僧人的衣著，持守一切律儀行持，下至微細諸戒，都應當持守。』當時我啟白至尊文殊說：『因為時節因緣的關係，我自己尚且難以如此行持，何況要讓其他人的心也都嚴持一切律儀，這更是難上加難！』至尊文殊說：『這並不是做不到，想到為了佛陀的教法，應當曉得該努力去做。』所以我就依著文殊的教誨，今後當習所有制戒，乃至濾水事等微細學處，皆依傳規而行。一切師徒若行若住，皆須執持三衣、敷具、鉢盂、濾水器等一切沙門資具。」由是大師持戒的美譽遍傳了諸方。自此圓滿沙門所應具備的裝束，漸漸地披覆大地。之所以會這麼作，就如同大師所教示的：「即如本尊的語教所策勵的那般，由於不忍教法衰頹，所以才善為建立戒法的傳規，並不是想要標異於人而這麼作的。」

大師年屆 44 歲的時候，前往噶爾東寺，為如海般具器的應化有情詳說了《菩薩戒品》、《事師五十頌》、《十四根本墮》等。對於大師如是弘揚戒律，克主傑大師說：「由於想到承諾為大乘的諸人士，在一切諸佛菩薩作證之下，如果對所受許的發心諸學處，已盡明了應當如何學習的道理，卻未如理學習的話，那便徒有大乘人的虛名而已。對希求進入密宗金剛乘的人們來說，也要在對共通道善為精修的基礎上，依止上師之法，比大乘共通道的階段中所開示的依法更為特殊。其後應當考慮在一位符合續部具足德相的上師座前，求傳灌頂。那時，所承許的三昧耶和戒律，當如愛護眼珠般守護。尤其是大師想到，對根本罪若未做到寧捨身命，不犯戒律，則捨棄了所承許的三昧耶戒。雖聲言在學密宗道，而實際是大開難以忍受的惡趣之門。哀哉！如何能使承諾為大乘人和承諾為學密宗道的人們，能依戒而行，是所至禱！大師想到這裡，心中難忍，由於大慈大悲的動機，為了對諸應化有情教導戒法起見，大師也就極為詳細地講授了《菩薩地戒品》、《事師五十頌》和《十四根本罪》等。」

又大師年屆 45 歲時，與上師仁達瓦共往朗哲頂會見法吉祥賢大師，與六百三藏法師並僧伽大眾共為安居。三位法王一同商議，認為應當滌除對於教法所有無知邪解疑惑，以利教法眾生，於是想到《毗奈耶》所說的：「如是此生主要根，增長普持有二事，如是諸種正法中，戒律為基為根本。」毗奈耶是正法之要，但有戒法，教法即存，戒法若亡，教法就不住世，所以在大師心中，這件事就像重擔一樣。於是大師心生光顯毗奈耶法，令戒律如晝日不衰，而為大眾詳說《律根本頌》。又依《毗奈耶》十七事所說的微細制戒，讓諸有情們竭力持守律典中所說的內容。又依《毗奈耶》所說粗細、制戒體性、次第、守護的方式等等，假如有所違犯，為犯何罪，各依類別而如律中所說的方法修習還淨儀軌，善為建立清淨的軌則。當時凡是聞受毗奈耶的人，各省身心，依著所犯粗細罪過而進行懺悔。並且在捨離墮罪治罰羯磨方面，都遵照著律法而行，以淨除墮罪。從此以後，所有侍從大師的人，每日都各自省察身心，不讓罪墮與己久伴，儘速地依法還淨。其他方面諸如加持資具、設立淨地，夜餘時分守

持禁眠等一切細微儀軌，全都精勤地守護。對於細微的戒律尚且如此，其他不是那麼難持守的戒律，自然就更不必說了。

因此《廣傳》中記載了涅寧巴慶喜妙樂的一段評述：「總的說來，藏地佛教前弘期，由寂護及蓮花生建立起佛教清淨之規。中間有一段時間，由於不善知曉空性之要，以此大肆譭謗方便分，而且遮止一切作意思惟。這樣漢地的堪布和尚的見解，使佛教染上垢穢時，幸賴大阿闍黎蓮花戒對此邪見作了很好的破除，抉擇出佛的真實密意，這是極大的恩德。次以佛教後弘期來說，由於誤解密續部之義，有一些驕矜的班智達和瑜伽師對佛教根本——梵行，作了極大的破壞時，幸賴大德怙主阿底峽作了很好的破除。此外，還使諸種錯誤認識肅清無蹤，而令無顛倒清淨教法興盛起來。因此他的恩德，是遍於一切西藏人士的。但是雖經如是革新，由於漸次入於極惡濁世，前弘和後弘兩期的邪知邪見的極惡斑紋重新現起時，大都認為顯教與密宗、聽聞和修學等，彼此如水火相矛盾，而加以輕視。一切人士復對於正法的清淨戒學，加以破斥。因此，此間西藏區域中，成了僅有一些殘餘的佛教的影像，幸賴至尊宗喀巴大師發願住持正法的偉大宏願圓滿成就之力，為了復興佛教，乘願而來此北方一帶，以其卓越的勤奮之力，做出了不可思議的利益佛教和眾生的事業。因此直至現今，其他宗派中的教導求學僧的教師們，以及修士中略有才能者，昔日對於飲酒及非時食等如昔無厭不知羞愧的情況，以及昔日大寺中的僧人不認識敷具、鉢盂等沙門的資具，至於七衣、五衣、小幅、綴片等名稱，耳中也未曾聽說等情況，今日已不復見。現今西藏直至喀什米爾和漢地之間，一切方隅都能見清淨的沙門之相和服裝，對於五衣和副禪裙等以上諸資具，能守持其制，並且能守持傳統儀軌。對接受施物、取淨水、持濾水器、夜餘時禁眠、安放常帶物、禁觸火、禁觸財寶、禁斷男根等應守之制也能守持，隨時憑依正念、開許法、加持淨廚等的戒學，縱是細微諸事，也都能鄭重進行，成為與沙門相符的淨行。能有這樣的德行事蹟，都是從宗喀巴大師的慈悲恩德而來的。不僅如此，在我們自許為住持教法傳承的僧眾中，凡能守持法衣、敷具和鉢盂之制，以及能禁飲酒和下午非時不食，這些若不是從我們的聖皈依處——至尊宗喀巴大師的恩德而來，能從其他而來嗎？具

智而且正直的人士詳思為禱！這些事情，現在看來十分明顯，所以容易知曉。至於大師開創顯密要道清淨之規，以及闡明教授中諸要扼的情況，則應從大師的著論中，始可得知。因此，對於大師親口所說諸教誡，若作觀察思考，定能生起真實的定解。所以當努力尋求和探索！」

從第三部分來講，在大師所處的年代，雖然各個宗派並相爭鳴，但是在戒律的持守上，除了噶當派之外，未必非常大力的提持。在這之中有幾種不同的原因。首先，以密法作主要修持的派別，對於顯教的戒法，漸漸地產生輕忽的態度。甚至有部分人產生錯誤的認知，認為密法高於顯教，所以顯教的戒法不但不會於密法有所幫助，甚至會有所滯難。於是對於自己所受的別解脫戒未能如法持守，當然也不會認為這有什麼不如法之處，以至於演變成顯密之間水火不容的地步。從另一方面來看，雖然有許多大德對於戒律亦能如理持守，但是未能以住持僧團的方式弘揚教法，所以雖然這些大德對於顯密有著圓融的體悟，但是並不會對於住持戒法起到非常積極的作用。因此在大師的年代，就出現了教內戒法弛廢的現象。

而在佛陀的言教中，對於持密行者應如何看待顯教別解脫律儀，是有極為明確的規範的。這之中有兩個層次。第一，凡是受持別解脫律儀者，無論是在家五戒、沙彌十戒、比丘兩百五十條戒，任受何戒，都不能因為受了其他律儀，便能有所違犯。因為密咒的誓言戒中，有著明言規定，對於所受佛制三乘律儀，是不能違越的。因此說受持了密法就可以不顧別解脫戒的持守，是極大的錯謬。因為對於已受持別解脫戒趣入密乘的行者而言，一旦違越了別解脫戒根本戒，不僅會產生違犯別解脫的根本墮，更會產生違犯密乘戒的根本墮。而如果是受持出家戒的行者，更是嚴禁受用真實手印，修雙身法。這點在阿底峽尊者所著的《道炬論》說得非常清楚。《道炬論》中宣說了密法的修學次第之後，末了特別敦囑說：「初佛大續中，極力遮止故，密與慧灌頂，梵行者勿受。倘持彼灌頂，安住梵行者，違犯所遮故，失壞彼律儀。其持禁行者，則犯他勝罪，定當墮惡趣，亦無所成就。」阿底峽尊者與宗喀巴大師，於密法的修證中，皆已達到圓滿次第的修證，但是一生之中持清淨幢相，未曾受用業手印。因此但凡現僧相

者，一律不得修持雙身，這本即是佛陀所傳下的清淨宗規。從第二個層面來說，即便是在家居士受持了密乘戒，沒有淨梵行的要求，但是就密乘戒的角度而言，依舊不得隨意修持此法。因為認為不必證達真實義，逕行男女之樂即能成佛，遂行不淨行者，即犯三昧耶戒。所以即便未受別解脫戒而入密乘，亦不得隨意行業手印的。再從第三個層面而言，為了警策後世學人，勿妄以為既入密乘，即可隨意行不淨行，故諸大德即便已成就生圓二次第的證量，又未受出家眾的別解脫律儀，仍然示現不輕受業手印的行誼。如《密勒日巴尊者傳》中記載，至尊密勒日巴返回家鄉時，到了過去教他念誦的師父的兒子近前，老師的兒子問他的上師和學法的經歷，他如實地答覆後，老師的兒子說：「真是太稀奇了！因此，你最好與你的未婚妻哲色結婚，並將房屋田地自己管起來，效法你上師的事蹟吧！」但尊者說：「上師瑪爾巴是為利益眾生而受用明妃。像他那樣的功德和功能，我是沒有的。『獅子能跳下去的地方，兔子也跳下去，就只會摔死。』」

宗喀巴大師不僅承接了阿底峽尊者所傳下的宗規，釐清了趣入密乘是否即可不必受持別解脫戒的問題，更進一步的，大師還說明小乘所行持的次第，除極少分不共者外，亦為趣入大乘必備的前行，由此破斥以大乘、密乘自居而對小乘諸道不屑行持的邪解。這點在《廣論》中即說道：「趣入大乘道者，有共不共二種道。共者即是劣乘藏中所說諸道，此等何因而成應捨？故除少分希求獨自寂靜樂等不共者外，所餘一切，雖大乘人亦應修持。故諸菩薩方廣藏中廣說三乘，其因相者亦即此也。」由此即可得知，小乘諸道，即是大乘共道，而小乘的別解脫律儀自然是大乘的共道，理當為若顯若密一切自認為大乘行者所應受持。

另外大師也提到，凡是想要修證佛位的行者，必須經歷多生方能成就，所以為了生生世世都得到能夠修學佛法的殊勝身，必須積聚其因。而在諸因之中，又以戒為根本，故以此證成若顯若密，任何趣入大乘欲求佛位的行者，都必須受持戒律。如《廣論》中說：「是故修種智者，經極長時，修諸極多、諸極殊勝戒、施、忍等，亦是希求彼等妙果，最極殊勝身等勝生。成辦究竟決定勝者，謂如《入行論》云：『由依人身舟，度脫大

苦海。」是須依止，以人所表善趣之身，度諸有海，趣妙種智。此復須經多生，故能辦此身勝因尸羅，是道之根本。」

對於受持小乘別解脫的意樂——出離心，有許多以大乘自居的行者，也會認為這是大乘所棄捨的法類，對此大師在《廣論》中也明確地破斥道：「若作是云：若於生死修習厭患，令心出離，則如聲聞墮寂滅邊，於生死中不樂安住。故修厭患，於小乘中可名為妙，然諸菩薩不應修此。《不可思議祕密經》云：『諸菩薩者，為欲成熟攝受有情，於生死中見大勝利，非於涅槃見如是利。』又云：『若諸菩薩，於生死行境生怖畏者，墮非行境。』又云：『薄伽梵，聲聞怖畏生死行境，菩薩返應周遍攝受無量生死。』此是倒執經義成大錯謬。經說不應厭離生死，此義非顯由於惑業增上力故，漂流三有生老病死，是等諸苦不應厭離。是顯菩薩為利眾生，乃至生死最後邊際，擐披誓甲學菩薩行。雖總眾生一切大苦，一一剎那降自身心，然不由此厭離怖畏，於廣大行勤發精進，於生死中不應厭離。」

又說道：「又於三有見為勝利之理者，即彼經說菩薩精勤義利有情，如於此事所發精進，如是其心而獲安樂。故不厭患三有之義，是於生死，義利有情不應厭患，當於此事而發歡喜。若由煩惱及業增上漂流生死，眾苦逼迫，尚不能辦自己義利，況云利他。此乃一切衰損之門，較小乘人，極應厭患，極應滅除。若由大悲、願等增上，於三有中攝取生者，則應歡喜。此二不同。若未如是分別，如前宣說，則此說者，若有菩薩律儀，《菩薩地》說犯一惡作，是染違犯，恐繁不錄。」如此解釋大乘經中所說的菩薩不厭生死，是不厭入生死救度有情，而非不厭業惑增上的生死，為了救度有情出離生死，菩薩出離之心，必須更甚於聲聞獨覺。以此即釐清了大乘行者是否應修習別解脫律儀的意樂——出離心的問題。

大師既從各個角度證成了小乘諸道，尤其是別解脫律儀的修持，為大乘行者所須修持的內涵，更進一步說到，凡是顯乘之道，皆須攝入密乘道中，為密乘所須的共道。《廣論》中說：「設作是云，若入波羅蜜多大乘，雖須劣乘法藏所說諸道，然於趣入金剛乘者，度彼岸乘所有諸道非為

共同,道不順故。此極非理!以度彼岸道之體性,悉皆攝入:意樂——謂於菩提發心;行——謂修學六到彼岸,是則一切定應習近。如《勝金剛頂》云:『縱為活命故,不應捨覺心。』又云:『六度彼岸行,畢竟不應捨。』又餘咒教,宣說非一。

眾多趣入無上瑜伽曼陀羅時,亦多說須受共不共二種律儀,共者即是菩薩律儀。受律儀者,即是受學三聚戒等菩薩學處。除發心已如其誓受學所學處而修學外,雖於波羅蜜多乘中亦無餘道故。又《金剛空行》及《三補止》、《金剛頂》中,受阿彌陀三昧耶時,悉作是云:『無餘受外密,三乘正妙法。』受咒律儀須誓受故。由見此等少有開遮不同之分,即執一切猶如寒熱遍相違者,是顯自智極粗淺耳。」

由此即成立了波羅蜜多乘為密乘之基,共小乘法為波羅蜜多與密咒二乘之基,貫通了此三者的次第,由此在正見上徹底打破所有不必受持律儀的邪解。

宗喀巴大師就是在戒法不振的時代中,以這樣的行誼、言教復興戒律。其實在這個娑婆世界,許多佛法弘揚之處,往往也都存在著戒法漸漸廢弛的現象。推究其本,無非有兩種原因,一者貪欲煩惱增上,二者無知邪解增上。大師之所以能夠振興戒法,實以大師在正理上破除了所有對戒律的無知、錯解,又能以調心教授令學者能漸次深信業果、調伏煩惱,以持淨戒。正由於大師以圓滿的正理、教授入手,方能打下深厚的戒基;有了如此深厚的戒基,才能在此之上再建構起圓滿的修學體系。

(二)開聞思門、建立道次

大師一生的學修歷程,就如同他在《證道歌》中所說的:「初務廣大求多聞,中現經教皆教授,後盡日夜遍薰修,為弘聖教遍迴向。」大師對於佛陀所傳下的一切教法,無有厭足,鉅細靡遺地精勤受學。並在多方求學之後,廣開講筵,解說種種經教。

大師在格魯三大寺尚未建立之前,即已在諸多大寺院講說顯密教法,據《廣傳》記載,大師於 19 歲那年冬天,在勒林駐錫時,由於一些學者

和侍從前來殷勤勸請，於是大師應允講說了一遍《阿毗達磨雜集論》。這是大師第一次講說大論。在這之後，大師在般若學及瑜伽行部方面多次地宣講了《現觀莊嚴論》、《大乘莊嚴經論》、《辨中邊論》、《辨法性論》、《寶性論》、《瑜伽師地論》、《聲聞地》、《寂止論》；在因明學方面曾宣講《因明論》、《釋量論》；中觀方面，曾宣講《中觀五論》、《入中論》、《中觀光明論》、《辨了不了義論》、《四百論》；對法方面，曾講說《俱舍論》、《阿毗達磨雜集論》；修心法類方面，曾宣說《入行論》、《道次第》；三乘律儀方面，曾宣講了《毗奈耶》、《律經根本》、《事師五十頌》、《菩薩戒品》、《十四根本罪》；偉大行派的教典方面，曾講述了《入行論》、《集學論》；密乘方面，曾宣講了《密宗道次第廣論》、《勝樂輪根本續》、《魯亨巴傳規的勝樂大疏》和母續的圓滿次第、《密集釋明燈論四家注》、《時輪廣釋無垢光論》以及一些密宗釋續、五次第詳細指導、六支瑜伽的詳細指導等。此外大師還創立了在祈願大法會期間為眾人每日不間斷地講說阿闍黎聖勇所著《釋迦牟尼本生傳》的傳規。上述這些論著，大師於其一生之中，曾多次宣講，每每有數百乃至千名僧眾與會聽聞。透由如此的講聞，自然會興起僧眾注重學習佛法教理的風氣，進一步才能夠依著所了解的教理進而實修。而且從大師所講說的內容來看，幾乎涵蓋了顯密所有重要的典籍，這樣的學習方式能免除由於囿於宗派之見而不能得見完整佛法面貌的弊端。

在宗喀巴大師的晚年，大師重要的幾位弟子奉命在拉薩地區建立起了三大寺。這三座大寺，分別為賈曹傑與杜津巴於 1409 年大師 53 歲時所啟建的甘丹寺，妙音法王於 1416 年大師 60 歲時所啟建的哲蚌寺，大慈法王於 1418 年大師 62 歲啟建的色拉寺，在當時即已聚集了約四、五千名僧眾，依循著宗喀巴大師的講修傳規而共住，從此誕生了新噶當派。在三大寺中，大師在甘丹寺中講法次數最多，於哲蚌寺則於 63 歲時作過一次開光，並為二千多名僧眾講說《廣論》及《那若六法》、《入中論》、《密集》。著名的為俗眾開放講說《廣論》的法會，就是在這次的講法中進行的。而色拉寺由於建寺最晚，因而只在大師 63 歲時蒞臨其寺參與誦戒布薩。不過在這次的法會中，有一件特殊意義的事情，即大師於眾高徒中詢

問有沒有人能執持金剛乘的教法，協饒僧格於眾中勇悍自薦，大師亦承許之，賜與《密集》經本，隨後協饒僧格即創建下密院，格魯派學修顯密的道場至此可謂完備。而於大師示寂後，更是漸次地發展成格魯六大寺，上下密院、無數小寺的規模。

格魯派於其後的數百年中漸漸的創立出一套完整的顯密學修制度，雖然宗喀巴大師、克主傑、賈曹傑父子三尊在三大寺初建的時期，並沒有明確的記載說到大師對於僧眾的學制中應當學哪幾部論，每部論應當學習多久，次第如何等細緻的規範，但是格魯派隨後發展出的學修制度，確是與大師息息相關的。首先，大師在許多著作中都提到了要先有顯教的基礎再進入密乘的學修。而大師在講法的過程中，也特別注意聞法者的資質，對於合器者方為宣說金剛乘法。因此格魯派格西的學制也正是依著大師如是的意趣，先於三大寺修學顯教的教理，其次再進入上下密院學修密法。其次，三大寺及上下密院主要學修的典籍，多是大師於住世時所主要傳持的教典。諸如《量論》、《現觀》、《入中論》、《俱舍》、《戒論》、《辨了不了義》、《密集五次第明燈論》、《勝樂大疏》、《大威德修法》等，這些必修的典籍，都是從大師所講述的教典中擷選出來的。第三，僧眾學習教理的依據，雖然各僧院奉有不同的論主，但是無一例外，皆共以宗喀巴大師父子的論著作為共通的依據。而宗喀巴大師父子對於這些重要的論著也都著有詳細的註釋，因而能成為新創的不共學派。第四，學習的方式，採用大師學習過程中所使用的講聞及辯論合併的學習法。因此，可以說整個格魯體系的學修方式，無論學習的次第、內容、依據、方法，都與宗喀巴大師的行誼及教言有著密切的關聯。

宗喀巴大師在《廣論》的皈敬頌中曾說過：「今勤瑜伽多寡聞，廣聞不善於修要，觀視佛語多片眼，復乏理辨教義力。」好樂修行的人不樂廣聞佛法的教理，廣聞的人卻不懂得修行的要訣，對於佛法的認識只停留在片面的觀點，又沒有辨析教理的能力，大師的這四句話，幾乎是道盡了整個佛法發展的過程中所常見的弊病。而上述的格魯派的學習制度及方法，可以說正面地解決了「今勤瑜伽多寡聞」、「觀視佛語多片眼」、「復乏理辨教義力」的問題。但是不可諱言的，在學習完這些廣博的經論之後，

能否理出一條適合眾人的實修次第，以及能否將所學的教理轉為實修的指導教授，這個問題依舊是存在的。正是因為如此，在《廣論》中才會提到一類修行者的看法：諸大經論只是增長見聞知識，以資談論的，要修行還得另找祕訣。這還是較為明顯偏差的看法，對於學習經論的人而言，就算學得非常相應，也難免會被一個問題難倒：學的這些東西在實際的修行上怎麼用？

這些偏激的想法乃至不解的疑惑，其所導向的思路就是：要真修實證的話，諸大經論皆無所用之處。而這樣的思路，必定會使得諸佛菩薩所留下來的教典逐漸式微，最下也會造成聞思與修習二者相互危害。

在宗喀巴大師之前，從一方面來講，這樣的問題是存在的。但從另一方面來講，同時也有許多大德們致力於解決這樣的問題。最為顯著的，當屬噶當派諸師。噶當一詞的意涵，本即指一切佛語至言皆是修行的教授。這樣的派別名稱，便已說明了噶當派祖師心中的立宗。而噶當派的先祖阿底峽尊者，於入藏後所作的最為重要的事業之一，即著作《道炬論》。這一部論的誕生，不僅闡明了成佛的次第，同時也將各部佛語，各派祖師論著的要義攝入其中，指出了一條如何將各種經論的內義攝為修持口訣的路徑。自從阿底峽尊者著述了《道炬論》之後，歷代的噶當祖師多有道次第的著述傳世。《噶當箴言集》中記載強森宣努嘉秋的話說：「近世所存噶當派修心論常需者，自首至終約有三十餘部。」而道次第法類的弘傳，也非止於噶當派內。諸如噶舉派崗波巴大師的《達波解脫莊嚴論》、帕摩竹巴的《經教次第》、寧瑪派的《龍欽心髓前行》、薩迦派中的共道前行也都師承其說或受其影響。而創立格魯派的宗喀巴大師，也同樣的接續了這一傳承，而與其他教派不同的是，宗喀巴大師更完整的深入噶當派中各種不同的道次第傳承，著作方面也依循著噶當派祖師的意趣，匯集了其中的善說而加以擴充，並且承認自己即為噶當派師。因此可以說，宗喀巴大師是徹徹底底服膺噶當派的修持方式，並以之為格魯派的修持準繩。

宗喀巴大師於 39 歲、40 歲這兩年之間，深入的學習噶當派道次法類之後，經過長時抉擇道次的數量次第，最後如大師自己所說的：「以卓隆

巴父子所著道次為本，並攝眾多道次要義」而著成《廣論》。此論一成，大師即極力講述弘揚，其後又為不能受持廣文者，刪去《廣論》中的引據論辯，而成《菩提道次第略論》（以下簡稱《略論》）。從此格魯派的修持指南，無不以此為宗。而在這個基礎上，大師更以道次的概念，將四部密續的修持體系化，著《密宗道次第廣論》。這樣的論著，可以說是將噶當派的道次思想，更具體地延伸至密續的修持，而這兩部道次第廣論的結合，自然也就成為整個格魯派修持的完整體系。尤其是《廣論》，由於所闡述的內容，為顯乘共道的修持，因此，凡為格魯派的修持者，無不從此趣入。即便未能依著《廣論》而學，也必定會以《略論》或其他格魯大德的道次講義作為學習的教典。在格魯各大寺中，《廣論》雖然未像五大論那樣被列入考核及常態學習的內容，但是或將之列為趣入五大論前的必修前行，或於每年的大法會中由堪布對全體僧眾講述。而在許多大上師的傳法法會中，《道次第》更是作為最為重要的論典之一，為諸多修持者詳為講授。因此，整個顯乘五大論及密續論著的學修，配合道次第體系的法類，這就形成了格魯派教法特殊的修學體制，令行者學有所據，行有所依。避免了在修行的過程中，一心想要修持，卻於經論所說的教理疏而不達，盲修瞎練；同時也去除了廣學教理而如入海數沙，不達修要的弊端。

貳、造《菩提道次第廣論》的因緣

一、大師發心尋求道次教授的因緣

如克主傑大師在《起信津梁》當中說：「大師離世務專修以來，他觀察到必須有一攝集一切佛經之義而無餘，其中道之體性、數目決定、次第等一切與大車軌的規章相合，而且適合現在初學者的身心修習之法。於是大師向上師本尊猛利地祈願，並對所有解釋經典密意的一切論典，不斷地詳細研究。因此，對於最初從依止善知識起，直至最後『寂止』和『勝觀』學習情況，所有大小乘共通道，以及大乘不共道，在此之上增加密宗善巧方便特別不共諸法，而成為實修之法。並對其中道之體性和次第數目決定等，生起了無誤的定解。大師對於任何經籍熟練精通，不是僅從其中抽出一部分來，而是察知一切經論皆為

一補特伽羅的成佛因素，而作為修習之法。並且不以進行解說而止，是用適合現在世人的高低才情，與任何上、中、下根器者的身心都適應的所緣次第，使實修便易且大順人意，唯由勤作調心次第之門，而作應如何引導一切尊卑眾生之次第。」

大師著作《菩提道次第廣論》的因緣中，其最深的因緣，莫過於克主傑大師所說的這段大師的發心。大師在遍學一切經教之時，其不共殊特的發心，可以用這幾點來總攝：一、如二大車之道軌，無謬遍達一切顯密經續所有密意；二、以一教授遍攝所有佛語密意；三、將一切佛語密意匯為成佛道中最初直至最後的次第，以適一切根機；四、特彰調心方便，以令學者易趣佛法實修利益。正是由於這樣的發心，策動著大師尋求此道次教授的傳承，並加以增廣完善而造出《廣論》。

而在尋求此教授的過程中，亦如一切智克主傑所說：「他見到具德阿底峽的教導，是將所有解釋佛經的論典教授秘訣，合編為一個道次第而作開示的。因此他認識到由正確的講說和聽受兩者來解釋而且實行修習時，重要的並非瑣碎零星的教授秘訣，而是將所有的經論作出妥善的安排。所以大師認為必須以共通道修心之法來引導眾生，不須開示許多引導的門類，唯一重要的是以此道次第為主來作引導。」

如同克主傑尊者所說，大師觀察到阿底峽尊者所創立的道次傳規，能攝一切顯密扼要，並且善為編排修持的次第，因此對此宗規生起了極大的勝解而尋求其傳承。

自從阿底峽尊者造《道炬論》，開立了三士夫的道次教授之後，噶當祖師代代傳承，並分成了教典派、教授派、口訣派三個傳承。教典派的傳承由博朵瓦大師依次傳霞惹瓦、切喀瓦、吉布巴、經教自在主、眾生依怙、桑欽巴、措那瓦、門札巴，而後傳與宗喀巴大師的親承上師法依賢。其特點為依據《本生論》、《集法句經》、《菩薩地》、《經莊嚴論》、《入行論》、《集學論》等噶當六典，配合諸多經論而結合道次第以引導學徒。教授派則由袞巴瓦依次傳內鄔蘇巴、塔瑪巴、虛空獅子，而後傳至大師的親承上師洛札大成就者虛空幢大師，其特點為對於廣大的經論不作廣博的解說探討，而以《道炬論》為基

礎，配合《教法次第論》道次論典而作講聞。口訣派則由懂哦瓦依次傳嘉育瓦、杰貢巴、佛陀子、虛空王、獅子賢、佛子賢，而後傳與大師的親承上師洛札大成就者虛空幢大師。此派特點為依據並結合《緣起藏經》的內容而引導學徒，並且主要以上師耳傳口訣作為主要修持。噶當派的傳承自種敦巴大師以後分成了這三派，直到宗喀巴大師從法依賢尊者及洛札大成就者虛空幢二位上師得受傳承之後，噶當三派的法流才又匯合為一，而大師也是在此圓滿的噶當傳承之上，更增以清淨的空性見及密續的修持，而創立了新噶當──格魯的宗規，將噶當派的傳承無餘的承接並且弘揚光大。

據《廣傳》記載，大師在大約 38 歲時，先在涅區與堪欽·法依賢相見。當時宗喀巴大師在前往洛札的途中，順便去到涅區拜見堪欽·法依賢。堪欽·法依賢在夢中，見到阿底峽尊者前來。第二天他和宗喀巴大師會面後，交談顯密教法時，真實看出宗喀巴大師即是阿底峽尊者，於是，堪欽·法依賢以三匹上等緞供獻於宗喀巴大師而請求傳法，當時大師說：「對如同太陽般的大善知識你來說，如螢火一般的我向你說法，能不愧煞？無論如何為獲得瑜伽修法緣起，當先請堪欽對我傳法。」由於大師鄭重的請求，堪欽·法依賢對宗喀巴大師完整的講授了《道炬論釋》、措那瓦的《道次第》。宗喀巴大師說：「我那時成了彼師（措那瓦）。」這顯然是宗喀巴大師承認他過去曾轉生為措那瓦。宗喀巴大師對堪欽講授了阿底峽的全圓教授。此外，還講授了密集五次第道諸要點以及龍樹師徒的密意要法等許多顯密的要義。堪欽·法依賢對宗喀巴大師講授了卓隆巴的《教法次第》和措那瓦的《註疏》等。

大師向法依賢尊者求得傳承之後，隨即於 39 歲的藏曆六月赴往洛札卓窩寺會見大成就者虛空幢大師，虛空幢大師也親自前來迎接。相見之時，二位大師相互見到了許多希有的徵兆，於是各為對方傳授法要。宗喀巴大師應虛空幢大師之請，為之講授了《集學論》，並且又為之單獨傳授五部陀羅尼灌頂等許多隨賜灌頂法。而虛空幢大師則為宗喀巴大師傳授了自己所著述的《全集》，以及《菩提道次第》的教授。至此大師即已完整的得受噶當三派的傳承。

此外宗喀巴大師還向虛空幢大師請示了是否赴印度求學的問題。經過觀察之後，虛空幢大師告訴宗喀巴大師：「如果去到印度，雖然能成為善巧精通

十八種明處的班智達，並且當上金剛座的堪布。但是壽命將縮短，對諸弟子，難作饒益。因此若住在西藏，向文殊祈禱，能速速獲得護持。」由此因緣，宗喀巴大師才決定放棄前往印度求學的想法，而繼續留在西藏。在這之後，大師經涅區而前往到諾若，在諾若東達住了約五個月的時間，請來大善知識卓隆巴所著《教法次第廣論》，繼續深究道次第法類的深意。透由對《教法次第廣論》詳細閱讀，大師了悟到道次第教授將所有佛經的密意，作為一位行者的修行教授，並且其所闡述道之體性、次第、數量決定等，都與龍樹、無著二大車軌的主張相同，因此生起了極大的定解。講說了一遍《教法次第》。這次的說法，可以說是大師對於得到道次法類傳承，完整研習之後的第一次弘揚道次第。

綜觀大師一生求學的歷程，從 16 歲前往衛藏，至 39 歲之間值遇洛札大成就者虛空幢大師，23 年之間的學習可以分成四個段落，從 16 歲至 28 歲之間，大師以顯教現觀、量論、中觀、俱舍、戒律的聞思為主，其間也受了部分灌頂及密續的講解；28 歲至 35 歲之間，大師主要學習時輪、密集、勝樂、喜金剛、道果等無上密續詳細的解說；35 歲至 39 歲間，大師先從夏魯派諸位大德學習圓滿的密續儀軌，其後專修文殊法門，親見文殊，並且離世專修；39 歲時從法依賢及洛札大成就者虛空幢大師得到圓滿的道次第傳承，結束了大師拜師求法的歷程。大師一生廣從諸師求法，最後以學習道次教授作為歸結，必定有其不共的原因。就如同大師在《廣論》中所說的：「盡滿眾生希願義，故是教授大寶王，攝納經論千流故，亦名吉祥善說海。」大師視此道次教授，即如一切教授中的大寶王，所學的一切經論皆如支流，由此教授悉能攝入，所以它就像吉祥的善說大海。或許正因為此，所以就像噶當派祖師伽喀巴所說的那樣：「以前任聽何種教法教授，總想對於成佛而言，是否仍有一種更不一樣的法門，遇到霞惹瓦後，這個問題得到了解決，心想現在好了，再也沒有比這個法門更好的了，因而生起決定，所以對於其他的法我不再垂涎，也不貪聽，生起了一種輕鬆愉快的感覺。」以大師無上的根機，以諸教派中教法的殊勝，大師依著所學的任何派別的教授，而欲修至佛位，固然都是綽綽有餘的。但大師卻如是示現，誠為吾等芸芸眾生開大車道，普攝上下諸器，此恩之深，不可言說矣。

二、大師著作《菩提道次第廣論》的因緣

　　大師在深入求學完道次法類的傳承之後，於 43 歲時，就開始為數以千計的僧眾宣講道次第。而在 45 歲時，更是特別在噶當派的祖庭熱振寺宣講道次第。

　　就在這個期間，大師在熱振寺的獅子巖腳下著出《道次第傳承上師啟請文·開勝道門》，並在最具加持力的阿底峽歪頭像前虔誠地祈禱，於是親見釋迦佛世尊直至大師的親傳上師南喀堅贊之間所有噶當派的傳承祖師，特別是親見阿底峽尊者、種敦巴、博朵瓦、霞惹瓦達一個月之久。大師不僅親見諸師，而且獲得諸師授賜的許多教授。最後種敦巴、博朵瓦、霞惹瓦三師合入阿底峽身中，阿底峽將手置於大師頭頂上說道：「你當對教法作廣大的事業，成就菩提。你做利益有情的事業，我願作你的助伴。」說後就消逝不見。後世的祖師也認為阿底峽尊者此語，即是勸請大師著作《廣論》。而在此之後，尋即有大譯師交卻伯桑，以及堪欽·蘇浦瓦、止貢法王、桑樸法王等前後藏的諸位大德，於大師座前，再三懇請著作《廣論》。經由之前種種的徵兆，再加上外在的這些相應的因緣，大師也應允著作《廣論》。

　　大師年屆 46 歲時，開始著《廣論》。當時，大師又將種敦巴所建造的阿底峽歪頭像迎請來安置於枕上，敬獻供品，並作祈禱。於是漸次順利地完成《廣論》中〈奢摩他〉以前的內容。就在緊接著要著作講說空性的〈毗缽舍那〉時，大師突然感到即便能寫出這部分的內容，恐怕能真正了解其中內義的人也寥寥無幾，對於別人恐怕產生不了太大的利益。於是著作的希願減低了很多。此時，至尊文殊現身指示大師說：「不要畏縮，無論如何必須寫作，這將能獲得中等的利益。」對於這句話，至尊善慧摩尼解釋道：「這句話的意思是：一般的士夫很難證達無我，或者是說相對於大師廣大的心願來講，這種利益僅僅算是中等，否則的話，著〈毗缽舍那〉造就了很大的利益，這是以現量就能夠成立的。」周加巷法王在《廣傳》中也解釋道：「一切智宗喀巴大師對於甚深中觀之清淨正見，由聞、思、修及講說、辯論、著作三門，做出廣大事業，使晚近期間雪山叢中（西藏）所謂的『任何亦不思想之見』及『非有非無之見』、『他空之見』等認為是究竟之見的諸規，成為潛蹤而隱沒。從而開顯

了怙主龍樹師徒之意旨——健全的離邊中觀見。此見已成為最上、徹底和主要之見。具智者大都能心領神會，最上根諸人能現證此見之義，最低限度也能正確知曉，還有直至而今，已出現和正在出現的心趣向於無顛倒方面的人，是難以數計的。所有這些情況，在正直者面前，已成為現實。因此，本尊雖說『將會獲得中品利益』，然而以一切智宗喀巴大師發心利他的無量廣大的願望說來，應當說暫時估量，是將會獲得中品利益的。但其他獲得播下空性見的習氣的應化有情，是難得數計的。因此，獲得出乎意料的廣大利益，是不待說了的。」

文殊本尊極力的勸請，大師也繼續的奮力寫作。在寫作〈毗缽舍那〉的過程中，大師將上師與文殊視為無二而作猛利的祈禱，在觀擇空性的時候，虛空中出現了《般若十萬頌》二十空性的文字，顯現為銀字的形相，以及寫在紙上的形相。每作一輪觀擇的時候，就會出現一輪這樣的景象。就在如此勝妙的境界中，大師完成了〈毗缽舍那〉廣述的論著。

此外，在著作《廣論》時，還有諸多善神前來護持的史蹟。《廣傳》中說：「世間大神、兇暴唐古喇山神以及巡遊神等許多歡喜善法的前藏地方神齊來向大師虔誠頂禮而說道：『我們是蓮花生及阿底峽的護法居士，現在按你振興教法的願望，我們願幫助你成就諸順緣。因此請求悲心攝受！』因此之故，所以大師在作道次第的回向時作偈頌說：『助成妙道諸順緣，能除違緣人非人，諸佛所讚之正道，願諸生中永不離。』」

綜上所述的種種因緣，在《噶當法源論》中將《廣論》歸結了五點殊勝。第一、所說殊勝：是指在至尊文殊對大師所教授的三主要道之上，以阿底峽尊者的三士夫道次第教授作為莊嚴；第二、宣講軌理殊勝：是指斷除了道的歧途，體性無謬，次第不亂，數量無所缺剩；第三、請法者殊勝：是指具足善巧並且行儀清淨的桑樸法王等大德們作為請法者；第四、處所殊勝：是指在勝者佛陀所授記的北方熱振勝者寂靜處著作；第五、眷屬殊勝：指其大弟子為作眷屬。而至尊妙音笑金剛，則說此論具足了法圓滿、請法者圓滿、從圓滿的善知識而聽聞、造者圓滿、處所圓滿等五種圓滿。可以說，大師在著作《廣論》的過程中，具足了種種內在、外在、乃至祕密的勝妙因緣吉兆，因此這段著作《廣論》的因緣一直以來都被許多大德們傳為佳話。

參、《菩提道次第廣論》的特色

宗喀巴大師的獨一心子克主傑大師曾經說，覺窩傑大師吉祥阿底峽所教授的道次第雖然有噶當教典派、教授派等等所傳下來希有的道次第論典，但是至尊宗喀巴大師的廣略二本道次第的教授，其道的總體及別別的支分中，都有著往昔雪域的任何一位智者所未曾宣說過的不共、希有、殊勝、無上的善說。

這段話確實可以細細的探究。以克主傑大師一生的行誼來看，他所服膺的人是少之又少的。在舊噶當派時期，道次第的著作不勝枚舉，其說如此興盛，而在眾道次第論著之中，克主傑對大師所著的道次第有著如此高的評價，必然有其特殊的理由。末學固然未能盡知其中的深意，但是也試著從幾個角度來探討。

一、取三士夫教授及三主要道為全論綱要

第一點要提出來的是，整部《廣論》的架構，其實是綜合了阿底峽尊者《道炬》的三士夫教授，及文殊本尊所傳授的「三主要道」教授相合成的論著。這點在許多傳記中都有明確的記載。善慧摩尼大師在《廣解菩提道次第廣論義理教授大寶藏論》中說道：「由於這些上妙的跡象以及緣起相結合的緣故，大師開始著作了這本《廣論》。當時，至尊文殊菩薩問大師道：『我為你教授的以出離心、菩提心、空正見三者而作引導的正道，難道不能攝集你所要寫的內容嗎？』大師回答說：『是能夠攝集的。但是我是以這三者為主，補充以《道炬論》等等的教授，並且結合三士夫的道次來著作本論。』文殊菩薩回答說：『非常非常的好！』」而從大師所著的《廣論》來看，大師所著的道次第本即以《道炬》的三士夫教授作為根本依據，而在此之上，對於三主要道的講述確實尤為深廣，從這些方面來看，大師對於整部《廣論》，的確是以三士夫教授及三主要道作為綱要。

三士夫的教授與三主要道之間，有很大的共通之處，但亦有其不同的側重點。三士夫的教授，是指希求人天果位的下士、希求解脫輪迴的中士、希求佛位的上士所應修持之法。其特點在於讓所有不同根器的人，在修學佛法的時候，都能依各自的程度，找到自己相應的起修點，並依各自的起點，最後都能走向最究竟的成佛之道。而就算是一開始就決定行大乘道的人，也能檢查自己

是否完備修學大乘的基礎，並從自己所應下手之處起修。這樣的好處，大師在《廣論》中有提到：「別分三士而引導者，有二大義。一、為摧伏增上我慢，謂尚未起共同中下士夫之心，即便自許我是大士。二、為廣益上中下心。廣饒益之理者，謂上二士夫，亦須希求得增上生及其解脫。故於所導上中二類補特伽羅，教令修習此二意樂，無有過失，起功能故。若是下品補特伽羅，雖令修上，既不能發上品意樂，又棄下品俱無成故。復次，為具上善根者，開示共道，令其修習，此諸功德，或先已生，若先未生，速當生起。若生下下，可導上上，故於自道非為迂緩。」也就是說，許多自許為大乘行者的人，對於基礎的共道未必即已修起，但是由於自許為大乘行者，便生起憍慢，認為這些下部下乘的法，我不需要修，而對於那些修習共道的人，心中也生起輕慢之心。一旦了解了三士夫法類的次第，知道原來下乘的法其實就是修習上乘的基礎、不可或缺的共通之道，那麼自然就不會因為自己修學大乘法生起慢心、未修共道即自認為大士。其次是能夠普遍利益各種根機的人。如果今天只講了上士道，那麼根機不足的人，不但沒有辦法依之修行，甚至連下品的法類也都一併丟棄了。而對於上士根機者而言，說了共下的法類，不但沒有過失，反而能讓許多功德快速地生起，生起了共道的功德之後，自然能夠引入上上之法，對於這些上根者的修道也不會造成延遲。

三主要道指的是出離心、菩提心、空正見。這三個法類所突顯的是在正修道時主要修習的要點。依大師所著的《三主要道》來看，大師認為這三者之間，應有其修習的順序。如云：「若無清淨出離則無有，滅息希求有海樂果法，由貪三有眾生遭繫縛，是故先當尋求出離心。」「雖已發起求脫出離心，若無清淨發心為攝持，不成無上菩提勝樂因，是故智者應發菩提心。」「若不具足通達法性慧，縱雖修習出離菩提心，不能斷除三有根本故，通達緣起之法應勤修。」在三主要道的內容中可以看出，這是在探討一位希求「決定勝」——解脫、佛位，尤其主要是希求佛位的行者修持的要點。並且說出了這三個法類的功能，以及相互之間的關聯性，讓人一目了然地知道成佛最主要應當修持何法，而且不僅知其然，還知其所以然。

三士夫的教授與三主要道的內容，雖然有很多相攝之處，但是由於從不同的角度出發，因此兩者之間不共的超勝之處是無法相互取代的。而且，在過去

噶當派的三士夫教授之中，雖然對於出離心及菩提心的法類，多有詳盡的教授，但是在空正見方面，卻從來未有如大師在《廣論》的〈毗缽舍那〉說得如此詳盡的。如前文所說，大師在著作〈毗缽舍那〉前，曾經一度意願降低，其原因周加巷法王在《廣傳》中說得很明確：「勝觀之主要，對於空性之義，是由無量智理之門來作抉擇和領會的。這樣的做法，不用說是普通有情，就是才智超群的人士，也須向上師本尊一心祈禱，修廣大積資懺淨，以及對於教授之義，必須由聞、思、修三者作極大的努力而實修。如果本來是假裝聽到，或僅憑一些聽聞境界，或以歡樂聯繫之法來探索，則對空性之義，一點也難通達。再以現證空性來說，必須證得聖道。因此應知生於此最極濁世之末的眾生，大都是有極大的業力與煩惱之障，而且由於缺乏抉擇的智慧，而成為鈍根和福分低劣者。因此，對於教法方面，苦行、堅毅、忍耐等力，極為薄弱，甚至僅心向於法者，也極為難得！自認為是教徒的人們，一開始就追隨誇耀自己有所謂深而又深、高而又高之修法，有晝修晝成佛、夜修夜成佛的秘訣的人。他們對教法的信解是：不須觀待於守護三昧耶戒律，以及難行毅力等，可以隨便修行。略知一些清淨正見、菩提心等術語時，便說這些是『法相乘之法』，連略作了知的心也沒有，而捨棄不顧。裝作有較此更深的正見和增上心者，為數極多。由於有這些原因，所以宗喀巴大師意識到縱然寫出詳廣的「勝觀法類」，但是如實通達和領會；似乎很難！」先前的噶當派祖師在道次第論著中未有詳盡的空性論述，想或與此亦有關聯。然而當大師著完〈毗缽舍那〉時，其內容卻多達八卷，佔全論的三分之一，這是所有道次第論著從未見過的現象。即便格魯派後來的祖師，著有三百種左右的道次論典，也很少有在〈毗缽舍那〉章如此詳盡的解說空性。因此大師以三主要道作為本論的綱要，確實補足了先前道次著作中這部分的空缺，使得這部道次第的完整性成為昔所未有的善說。

　　然而三主要道的內容，與三士夫教授相較之下，並未講說下士的法類。而且也未立三士之名，而這些部分在噶當派的道次教授中反而非常的明晰，由此也可想知當文殊本尊問大師說：「我為你教授的以出離心、菩提心、空正見三者而作引導的正道，難道不能攝集你所要寫的內容嗎？」大師為何回答說：「我是以這三者為主，補充以《道炬論》等等的教授，並且結合三士夫的道次來著作本論。」

二、綜合各派道次論著之說而立全論章節

　　大師在《廣論》中雖然明確的說本論的根本教典，即是阿底峽尊者的《道炬論》。所謂的三士夫教授，也的確是由此論所出，但是細讀《道炬論》與《廣論》即可了知，且不說細部的內容，即便在架構上，兩部論著還是有著很大的廣略之別。

　　《道炬論》雖說了三士的教授，然而在全論中只有短短的四個偈頌說明了三士的差別，其後所有的內容，都在說明如何趣入上士及上士所應修持之法。而這部分的內容，阿底峽尊者主要側重於願心、行心及其律儀、修定、修空性慧，最後特別說明趣入密乘粗略的次第。

　　不過，在《道炬論》中，雖然未對其他法類，尤其是中下士夫法類有細緻的解說，但後來的噶當諸師，卻在這方面有許多開展。而且不同的派別中也都有各自的特色，甚至是每一位祖師都或多或少有些不同的角度。

　　大師在學習噶當教法的時候，是從二位上師得到噶當教典派、教授派、口訣派三派傳承的。因此對於各個派別的道次教授，大師是完整地了達於心的。而在大師修學的過程中，一方面認為阿底峽尊者所抉擇的道次第極為超勝，另一方面其實也不斷在眾多道次論著中尋求與自己所抉擇相合的更細緻的道次第。克主傑大師即曾說過：「大師觀察到在此雪山叢中，大菩薩吉祥燃燈智的教授──菩提道次第，其無誤地抉擇顯教和密乘的道次第，這樣的大車軌是極為稀有的。對彼宗規生起了極大的定解。他對阿底峽教導之規，也即是大善知識博朵瓦等的教導，也有卓越的定解。但是他特別觀察到大譯師洛敦協饒所著《教法次第》，及其首要弟子伯敦·卓隆巴所著《教法次第廣論》等與他自己所想到的道次第大都相符，而且宗規也極為優越。」而在《廣論》中，大師自己也說以「大譯師及卓壟巴父子所著道次為本。」由此可見，大師是經過一番抉擇之後，在眾多道次第的教典之中，選取了卓隆巴的《教法次第論》作為其主要章節的依據。

　　從現在所能見到的噶當派道次論典之中，可以看出大師所著《廣論》與卓隆巴大師所著《教法次第論》之次第結構、經論引據，確實有諸多相符之處。

以章節而言，《教法次第廣論》中，先言依師，次為暇滿、無常、業果、輪迴過患、菩提心前行修習大悲、正行發心、修習菩薩行方便分，修習菩薩行智慧分、菩薩諸地建立、無學位地建立。而《教法次第略論》則分作：信心品、上師德相品、暇滿品、念死無常品、皈依品、輪迴過患品、業果及別解脫戒品、修慈悲品、發心品、三身果位品。而大師的《廣論》前行方面為人殊勝、法殊勝、講聞軌理、依師、修習軌理、暇滿、道總建立；下士為念死、三惡趣苦、皈依、業果；中士為希求解脫、苦諦、集諦、十二因緣、解脫正道；上士為發菩提心、六度、四攝、奢摩他、毗缽舍那。由此可見，大師所著《廣論》確實是糅合了廣略《教法次第》的架構而成。

大師引據教典的部分，很明顯的也參照了《教法次第論》。如《廣論》中〈善知識德相〉引《經莊嚴論》；〈修習德本信心〉章中引《寶炬陀羅尼經》、《十法經》；〈暇滿〉章中引《入行論》；〈念死〉章中引《廣大遊戲經》、《集法句經》，這些引據都依循了《教法次第論》。

從現今所見到的噶當派道次論著來看，卓隆巴大師所著的《教法次第廣略論》，在內容方面特為廣博，而在章節脈絡方面也尤為詳明清晰，大師在眾多噶當派道次論著中以《教法次第廣略論》為其所本，必然有其深刻的原因。

然而大師在整部《廣論》中，仍然將其他不同道次論著中的特點集之於一，使得《廣論》名副其實的成為「三流匯一」的集大成之作，這點，可以從以下幾個方面來了解。

第一、抉擇道之初始為依師軌理：在諸多不同的噶當道次論典中，最初趣入的法類多不相同。以博朵瓦《喻法》而言，是以皈依作為起修之首。以霞惹瓦的道次而言，是以暇滿作為起修之首。卓隆巴的《教法次第略論》中是以總體的信心為首。然而宗喀巴大師在《廣論》則選擇了鐸巴《藍色手冊》及卓隆巴《教法次第廣論》中的說法，以修習依師軌理為首。並且於該章之初，特別引用了《藍色手冊》以成立此法類應為諸法類之首。

鐸巴，為博朵瓦大師的弟子，著有《藍色手冊》，此即鐸巴尊者所輯博朵瓦大師的語錄。鐸巴尊者師從博朵瓦大師，博朵瓦大師平時以無常法類貫串初

中後的修持，而於喻法當中，以皈依作為起修之首，並將依師軌理置於密法之後迴向之前。然而鐸巴尊者所輯博朵瓦的語錄中卻直接以依師軌理作修習的起首，不可謂非驚人之舉。雖然諸師之說似有相異，然而後世的許多祖師，多謂鐸巴所說方為博朵瓦的究竟密意。而宗喀巴大師經多番的抉擇，依據經論所說，最後取此善說，置之於修持之首，從此立定了格魯派以依止法為核心的修持方式。

第二、詳敘三士引導教授的道理：所有的噶當道次第，皆以三士作為綱要而開展，然而並非所有的道次論典都對於三士的體性、依據，以及此說的超勝之處有專門的解說。然而在《霞惹瓦道次第》中，起首即明了何為三士引導的教授，這樣的引導方式有什麼經論的依據，如何成立一切的佛法都離不開三士夫的法類，讓一切修持者都能依著這樣的教授而得到利益。而在宗喀巴大師的《廣論》中沿襲了這樣的詳釋，在〈道總建立〉的篇章中，仔細地討論了這些方面的問題。這令學修道次第的人，都能夠深入地了解到為什麼要以這樣的方式修持，乃至為何要以這樣的方式引導他人。知其然又知其所以然，自然會讓學修此法的人有更深的認同感。

第三、引入十二因緣的道理：在噶當三派當中，口訣派的祖師將道次結合《緣起藏經》的內容而引導學徒。《廣論》也說到：「此中樸窮瓦大善知識，專於十二緣起有支，淨修其心，思惟緣起流轉還滅，著道次第。此復是說，思惟惡趣十二有支流轉還滅為下士類。次進思惟二善趣中十二有支流轉還滅為中士類。如是比度自心，推想曾經為母有情，亦皆由其十二支門漂流生死發生慈悲，為利彼故，願當成佛，學習佛道為大士類。」然而在其他的道次論著中，鮮有論及十二因緣的內容，大師於《廣論》特將十二因緣法類攝入中士道中的發起希求解脫之心的方便一科之中，這也是擷取了噶當口訣派的要訣，將此法類攝入道次之中。

第四、並收噶當諸師所傳下的發心教授：阿底峽尊者一生視大乘發心為修持的核心，其所傳下的發心教授亦有不同。如於《道炬論釋》中所提到的由知母修念恩、報恩、慈心、悲心而發菩提心的教授，於博朵瓦大師的喻法中亦依此建立發菩提心的次第。而霞惹瓦傳伽喀巴，由伽喀巴著出的《修心七義》

中,則講到了「自他相換」的發心教授。這些修習菩提心的教授,實為阿底峽尊者向金洲大師求得之後傳與噶當諸師的不共特法,甚至有些內容在當時是以祕傳的方式傳承下來的。而大師在著《廣論》之時,特別將這些噶當派的不共發心教授無餘並收,使得初業根機的行者,亦得了知修習發心之次第方便。

可見大師在著作《廣論》之時,於章節次第方面;依卓隆巴大師的《教法次第論》;對於修道之起始,取鐸巴《藍色手冊》之說;循《霞惹瓦道次第》詳明三士引導次第之義;依口訣派諸師遺風,受取十二因緣的修法;合《道炬釋難》、博朵瓦《喻法》、伽喀巴《修心七義》之教授,而闡述菩提心的修法。因此大師所著的《廣論》,是全面地傳承了各家之長處,非單一的承襲一家之言,因此克主傑大師認為大師所著的《廣論》,非噶當教典派、教授派、口訣派所傳下來的希有的道次第論典所能及,這絕非溢美之詞!

三、經論為據、語錄莊嚴、正理抉擇而作闡述

大師在著作《廣論》之時,採取了極為嚴格的態度,對於每一個法類,乃至於每一個理路,多先舉出佛語及印度二大車軌等具量諸師之釋說作為依據,更以藏地祖師的語錄作為莊嚴,並以正理善作抉擇。藏人在探討正理時,常言曰:「經教為據,正理成立。」一個正理,必須要有聖人之「教」與辨析之「理」雙重印證,才足以被承認為真理,成為修持的依憑。大師在著《廣論》之時,幾乎是處處呈現了這種嚴謹之風。讀者閱之,自然現見。這樣的善說,不僅絕無僅有,更重要的是,能令學者既知每一個法類的淵源,又能再再確認其清淨無誤,使人能於教理產生堅固不動的定解。

佛法修持之學,甚重傳承。大師所著的《廣論》,之所以勝過前說,並非因為大師創立了什麼先前的祖師所未曾講過的話,發明了非諸佛菩薩之意的新說。恰恰相反的,大師的《廣論》之所以超勝,其實是因為完善地繼承不同派別中所傳下的善說,並於此一論之中,將之巧妙的結合,成為一個極為完備的體系。大師之人,大師之著作,在在處處,都體現了這種集大成的特色!

肆、格魯派道次第的論著與流傳

　　《廣論》著成以後，宗喀巴大師隨即兩度濃縮其義，於 59 歲時，在甘丹寺寫成《菩提道次第略論》，其後又造了《菩提道次第攝義》，其用意即為慧力不足以廣學者，將《廣論》中要義提挈出來，以便學人易於掌握其中的內容。在《廣論》中，宗喀巴大師自己寫道：「然能了解一切講說皆為修持者，實屬少際，故能略攝所應修事，亦可別書。」《略論》也說道：「為易趣入深廣道，更以略法於此說。」《廣傳》中也說：「由於以前大師所著《廣論》意義廣泛，淺慧者難於領會。因此至尊文殊鼓動大師再寫一易知的略本。大師依文殊吩咐，於當年內寫作了《道次第略論》。」善慧摩尼在《廣解菩提道次第廣論義理教授大寶藏論》中也提到：「大師將往昔所寫的《廣論》中有關引據教典及破立等等的辯論，大體都刪掉之後，攝集了諸扼要處，著作了《略論》。」

　　《略論》在〈毗缽舍那〉以前，大抵依著《廣論》的原文進行刪減，把引據及破立的部分省略之後，留下《廣論》當中主體的部分，因此其內容大都可以在《廣論》原文當中逐字的找到。但在〈毗缽舍那〉一章則別開生面，以簡要的方式開闡空性的修持要訣。恩師如月格西曾說：「在宗喀巴大師所著的五部空性論著中，《廣論·毗缽舍那》的特色為對他宗種種異說廣為破立，清晰地辨明世俗有的界限；《辨了不了義善說藏論》則是依序探討唯識、自續、應成的空見，對於各派所破易於了解；《中論正理大海疏》則以深邃的義理，發抉《中論》每一品中聖龍樹破除自性的不同微妙思路，故理路特為廣博；《入中論善顯密意疏》則是依著月稱論師應成的論宗開闡中觀師的深廣道體；〈略論·毗缽舍那〉的特色為以簡要地總攝立破，開闡自宗所許的空性修法，便於修持。」此外又特別說：「在這五本論當中，最能易於了知格魯空見不共的修持法的論著，即為〈略論·毗缽舍那〉。」由此也可得見，《略論》的內容，不管是奢摩他以前的廣行道次，還是毗缽舍那的深見空慧，都更為簡要而便於實修。

　　除了《略論》之外，宗大師還著作了《菩提道次第攝義頌》，又名《證道歌》。此文共四十五偈，先有五偈皈敬頌，與《廣論》原文相同；次有四偈辨

明所說教典及開示法殊勝等；餘下三十六偈正說道次第。在各部分道次之中，間以「我瑜伽者如是修，汝求脫者亦應爾。」以此作為主體道次段落的話，則共有十七個段落。除了講聞依師及奢摩他為三偈之外，其他皆為兩偈。這十七個段落的主題依次為：1 講聞及依師軌理、2 暇滿、3 念死並三惡趣苦及皈依業果、4 四力懺悔、5 四諦、6 發心、7 施度、8 戒度、9 忍度、10 進度、11 靜慮度、12 智度、13 奢摩他、14 毗缽舍那、15 止觀雙運、16 趣入密續、17 迴向。

雖然此文僅僅只有四十五偈，但是諸大上師們無不稱譽此文能攝廣略菩提道次所有內涵，如絨它洛桑丹確嘉措所著的《菩提道次第攝義頌釋》中說：「三界眾生無等上師東宗喀巴所造《道次第攝義頌》，圓具道次第所有義理極為稀有。」故此篇與《廣論》、《略論》並列入於菩提道次第八大教授之中。

自從大師著作了《菩提道次第論》後，便多次的為諸多僧眾開示本論的內涵。據《廣傳》中的記載，大師年屆 48 歲時，應人主札巴堅贊殷勤勸請，前往溫區德欽頂，在那裡與前來集會的千百三藏法師一起安居坐夏，應化有情大轉法輪，講說了《菩提道次第導釋》。此後，大師前往俄德貢嘉的拉雪俄噶絳巴嶺寺，為尋求教義的諸人，講授《道次第》。51 歲，在吉麥的仲布隆寺冬季安住時，為數以千計的僧眾講授了《道次第》。大師年屆 52 歲，也就是大師在拉薩創立祈願法會的那一年，在祈願法會圓滿後的孟春期間，大師在色拉卻頂寺為近六百名三藏法師詳細地講《道次第》等。同年春末，在桑日普欽寺為京俄・索南桑波及勘欽・嘉桑巴等許多特哇山修士，此外還有許多三藏法師一起會集，講授了《道次第》等許多教法。大師 54 歲時，在甘丹寺中，詳細地講授了《道次第》等。大師 58 歲時，在札喜垛喀寺為根敦竹巴等千百三藏法師講說了《道次第》等。大師 62 歲時，在甘丹寺中，為從各方面集來的數以千計的三藏法師及原有的僧眾，講授《道次第》等。而在大師示寂的那一年，大師還特別廣開方便，對僧俗大眾開示道次第。這次用意深遠的講授，在妙音笑大師所著的《宗喀巴傳佈繪圖紋》記載道：「大師駐錫哲蚌寺的時期中，前來集會的求法善知識約有二千人。師徒全體，都由內鄔（在內鄔的帕竹政權）作承事服役，供給公私的薪餉，作出了不可思議的供養。那時，大師講授了《道次第導釋》、《那若六法》、《入中論》和《密續解說》等。在過去，大師對一般的民眾，不廣講教法的導釋，而且在大會中，講道次第導釋，也不適

合，因為有極為謹嚴之規。但是此次由於特殊的用意，大師無遮阻地令一般的民眾不管多少都來，任隨先後來的人們，一切都不作區別，甚至許多乞丐也來集會，大師對他們也無遮地講授道次第和中觀等法，而做最後的攝受。」

除此之外，大師的獨一心子克主傑大師在大師示寂之後，曾經數次對大師猛力祈禱而親見大師，在其中一次親見大師的時候，大師即教示克主傑尊者應當將大師所著的兩種道次作為大師的遺囑而作研閱。此如《廣傳》中所記載道：

「克主傑想念至尊上師宗喀巴，心想我的上師現住何處？何時能見？想著而流下了許多悲淚！內心幾乎不能鎮定，全身抖顫，毛髮豎動，而猛利祈禱說：『至尊上師宗喀巴請對我眷顧！請對那些粗野行為的有情眷顧！上師的教法，也如空中閃電、乾闥婆城（海市蜃樓），迅速自歸消滅。我何時能到上師的近前？』那時，至尊宗喀巴大師騎著可怖的猛虎，示現瑜伽師的裝束，身紅色，眼鼻特大，右手持火焰利劍舉向天空，左手捧持滿儲甘露的顱器，紅色髮髻上束藍綢，以骨飾而為莊嚴。極露笑顏，容光煥發，有八十位大成就者隨從圍繞，歡喜前來，說道：『徒兒！心勿不安！我非汝不想，你除我誰也不念！留下你，我哪裡也不去。想念我時，當知我著作的以顯密兩種道次第為主的這些論著，是我的遺囑。』」

從這些記載來看，宗喀巴大師在著作完《道次第》之後，幾乎是以最大的力度來弘揚本論。在每一次大的講經法會當中，都能見到大師以本論作為主要的論典來宣講。乃至到了最後一度的講經法會時，還特別破例對所有廣大的信徒居士宣說道次，克主傑大師於大師示寂後，亦親見大師特為敦囑兩本《道次第》即是大師的遺囑，這一切都可以看出大師對於《道次第》的重視，以及往後的時期中，《道次第》為何會成為格魯派主要不共教法的原因。

宗大師著作了《菩提道次第論》之後，格魯派的祖師們相繼著作了菩提道次第的講義。其中有五部論典與宗喀巴大師所著的三部菩提道次的論著合稱為八大教授，這八本論，也可以說是在道次第法類中最為重要的引導教授。

這五部論著中的第一本論典為《道次熔金論》。此論為三世嘉瓦仁波切福

德海大師所著。此論以宗喀巴大師所著的《道次攝義》為主軸，簡明地闡述了每一個道次第的修習之法，及道次第之間的關係、如何連接。被祖師們視為宗喀巴大師所著的《道次攝義》的註釋。其後五世嘉瓦仁波切著《妙音教授論》，此論與《道次熔金論》同樣是以顯教的角度開闡道次之義，並被視為《道次熔金論》的闡述。

而由班禪一系所傳下的兩部論著，是四世班禪洛桑確堅所著的《樂道》與五世班禪所著的《速道》。這兩部論著中有許多口訣派道次第甘露淋治等與密法相繫屬的訓誡，也有人說其中以甘丹幻化寶籍的教授而作莊嚴。而《速道》又被視為《樂道》的解釋，兩部論之間有著很密切的關聯。

八大教授中最後一部為達波昂旺札巴所著的《善說精髓》。此論攝集了宗喀巴大師所著的《略論》之義，撰為偈頌，以便誦持。

八大教授之外，較著名的講義還有根敦蔣揚所著的《南傳妙音教授論》、霞瑪班智達的《霞瑪道次第》、《毗缽舍那釋難》、帕繃喀大師講述的《掌中解脫》、尊珠耶謝大師的《甘露藏》等。據筆者依大慈恩・月光國際譯經院藏書所編輯的《西藏各派道次第相關論著目錄・善緣慶典》（未發布）統計，格魯派中著道次論述者共一百七十餘家，論著近五百種，合而約為三萬餘紙，粗算有一千五百萬字以上，而這尚且是不完整的統計。

到了近代，《廣論》的影響已經跨越了眾多的民族。迄今為止，《廣論》已被譯為蒙、漢、英、日、韓、越、義、印尼等多國文字。而在漢地，自從法尊法師於 1934 年譯出本論之後，數十年間，漢地學習此論已蔚然成風，家師日常老和尚於四十多年前即開始弘揚此論，大陸諸多高僧大德，如智敏法師、學誠法師等，亦不遺餘力地弘揚此論。致使在整個北傳佛教界中乃至西方世界，其指導修持方向的影響力日趨深遠，蓋所謂至聖之言，金科玉律，放諸四海皆準。真正的經典，越經時日的淬煉，只會越發光輝耳。

伍、四家合註的形成與版本

從上述的總結當中可以見到，對於菩提道次第法類的解釋已多達數百種。但是有一點值得引起注意的，就是這些道次第的論著，大多數是以講義、提要、攝頌的方式寫成，另外也有許多是屬於針對某一單元的解說，或是其他道次第論著的講記。至於對《廣論》全文的註釋反而非常少見。

《廣論》的註解中，最負盛名即是《四家合註》。除此之外，能算是針對《廣論》而作註釋的論著，而且是通篇註解的，只有阿嘉永津（1740～1827）的《廣論名詞解釋論》一小冊、確佩加措所著的《菩提道次第廣論講誦筆記至言大寶藏》一大函（約18世紀）、善慧摩尼（1903～1968）的《廣解菩提道次第廣論義理教授大寶藏論》三函、才旦夏絨（1910～1985）的《菩提道次第廣論廣記》三大冊，夏日東活佛的《菩提道次第廣論四家註講記》三大冊。另外這幾年中，又見有康噶楚臣格桑所著的《顯明至尊宗喀巴菩提道次第廣論引教依據之日》及袞秋堅贊所著的《菩提道次第廣論筆記仙人古道》兩部側重考據的論著問世。此外多是零散短篇的相關問答或是聞法的筆記，目前統計約有四十種。然而對《廣論》通篇完整的註釋並不多見，而且這些論著中，除了阿嘉永津為相對早期的著作之外，其餘多是二十世紀以後，甚至是近數十年間的著作，尤其是夏日東活佛的《菩提道次第廣論四家註講記》又是後學將其講述以講記方式記錄而成，並非其親筆撰述，所以早期的《廣論》全文通釋的註本非常少有。即便是阿嘉永津的《廣論名詞解釋論》，為公認較早期的大家之作，也都只與四家註中的札帝格西註屬同時之作，其餘三家箋註，都早於《廣論名詞解釋論》約一、二百年。由此可見，這四家的箋註，可謂目前所知所有的《廣論》註釋中的先進。另外，四家又都是格魯宗師中的泰斗，其註釋的內容普遍為教界所認可，加上四家的註解形式，同樣都是箋註，並且各有各的側重點，不相妨礙重疊，這幾個特點的融合，就促成後人將四家註匯為一編，以《菩提道次第廣論四家合註》的面貌問世利生了。

另外，《四家註》當中，札帝格西的註解則只註了〈毗缽舍那〉的部分，巴梭法王、語王大師、妙音笑大師的註解則貫通全文。三家之中，巴註主要針對難解、簡約的文句，嵌入字詞以釋其義，令學者暢讀無滯。語註則多為徵引

典故、歸結論義、探討難點、結合修要的大段註釋。然而此二家箋註,較側重於〈毗缽舍那〉之前。妙註則重在列科疏文,釋說難點。因此筆者猜想,這也是為什麼在十九世紀初會匯成一部這樣的《廣論四家合註》的原因。因為唯有將此四家的註解匯為一編,才能見到一部完整、全面性的《廣論》全文的註釋。而且《四家註》的前兩家——巴梭法王與語王大師的註釋風格本來就極為不同,因此極少重複之處,第三家的妙音笑大師在註釋時,明顯有多處是配合了前兩家的註解,而對於不足之處再加以註釋。最後一家札帝格西則註解了前三家未詳盡註釋的〈毗缽舍那〉,所以四家的註解交相呼應,互為補充,四家的箋註合在一起,自然就形成了一部完整又無重複之嫌的《廣論》註本。

有關於《菩提道次第廣論四家合註》是何時成書的問題,在戒勝格西所寫的《新訂箋註標記源流始末》中說:「此將論中一切難點釋為散文之諸箋合編三界唯一明燈——《菩提道次第廣論四家合註》,是為成滿濁世無比殊勝導師永津大班智達至尊智幢吉祥賢(耶謝堅參貝桑波)之甚深心願,並欲利諸以聞思趣入此勝教典者,故於十三迴繞壬戌年(1802),由勝壽寺司庫善妙幢(格勒堅參)出資千一百餘兩銀,以諸具量道次為底本,佯作校勘,新刻建版,如是經本,遂廣流通。」這就是《四家合註》最早的刻版記載。但是這個版本由於錯誤過多,所以才1842年,就由永津班智達諾門汗文殊慧幢大師發心重刻,並請戒勝格西重新校勘。隨後又有1946年的拉薩雪印經院的翻刻本,1972年的新德里本。以上都是長函的版本。到了2005年,則同時出現了哲霍本及果芒僧院本,二版都是現代印刷的裝訂版,其中以果芒本的校訂為優。後來色珠古籍收輯社及隆務寺都照本翻印哲霍本,未加任何校改,綜上合為八種,都同屬於拉薩版系,但現今尚未見最早的兩種木刻版,因此實得六種版本。而拉卜楞寺的安多版系則於三世妙音笑大師時期公元1807年時刻版,由於經過眾多格西的校訂,因此此版對拉薩版系有很大的參照價值。

此外,哈爾瓦‧嘉木樣洛周仁波切曾說:拉卜楞寺的《四家合註》木刻版毀於文革期間,其後拉卜楞寺曾依照舊版的經文重新刻版,但由於過於倉促,因此重刻版有許多錯誤之處。但是,目前譯經團隊尚未找到新舊不同的兩種版本,因此也無從得知新舊兩種版本的差異之處。又102任赤仁波切曾說於少年時曾從赤仁波切得受後藏版的《四家合註》,並說於拉達克地區尚存有此版,

然至今仍未尋獲，因此後藏版《四家合註》如今是否仍存世，也仍待考。

以上是《四家合註》刻版的源流，至於手抄本最早始於何時，目前尚不可考。然而在戒勝格西所寫的《新訂箋註標記源流始末》中就有提到，他在校訂《四家合註》時，即曾參照過單箋註本、二家合註本、三家合註本、四家合註本，這些版本極有可能都是手抄本，因此推測在《四家合註》刻版之前，手抄本的《四家合註》應當早已問世。

有關版本的問題，性柏法師於《菩提道次第廣論四家合註白話校註集》的〈校勘凡例〉中已有說明，在此就不再贅述。

另外略提一事，阿嘉永津《廣論名詞解釋論》、善慧摩尼《廣解菩提道次第廣論義理教授大寶藏論》皆謂巴梭法王之註為朱註、語王大師之註為墨註、妙音笑大師之註為黃註。法尊法師〈宗喀巴大師的菩提道次第廣論〉一文中也持同樣的看法。而阿莽班智達的《聞法錄》中卻說，妙音笑大師的註應是朱註，只是抄寫的人在寫跋文時為了好看，所以改用其他墨水的顏色，所以有人稱之為墨註或黃註。而照理來講，最早的巴註應是墨註，在抄寫時為了辨別後二家註才以朱黃區別。而且有不少古本可以證明妙音笑大師的註解是朱註。

針對這個問題，筆者認為不必去判定孰是孰非。首先，當時這種「彩色版」的《四家合註》，絕非木刻版，現在見到任何木刻版的《四家合註》全是黑白的。當年也不可能已有木刻的彩色印刷技術。所以所謂的朱註、墨註、黃註，只可能是手寫本。而據戒勝格西的記載，在刻版出現前，確實已經先有了單箋註本、二家合註本、三家合註本、四家合註本，這些版本極有可能都是手寫本。既然是手寫本，手寫的人樂意用什麼色來寫那都是他自己決定的，沒什麼規定。第二，阿莽班智達曾親眼見過這樣的彩色手寫版，其實阿嘉永津也極有可能親眼見過。阿嘉永津生於 1740 至 1827 年，早於阿莽班智達二十年。《四家合註》的第一次刻版在 1802 年，當時阿嘉永津已是 62 歲的高齡。所以阿嘉永津的說法錯誤的可能性也很低，不如說這些不同的手寫本都存在，不同地方習慣的寫法不同罷了。

陸、四家註的作者

一、巴梭法王註

　　《四家註》中，最早的註解為巴梭註。此註的作者略有爭議。一世巴梭法王，法名確吉堅贊，義為法幢，為宗喀巴大師的親傳弟子中衛藏十教炬之一。生於公元 1402 年，其兄長即克主傑大師，此師主要從宗喀巴大師及克主傑大師親授顯密教法。除此之外，還從親見文殊的文殊海大師得到格魯派單傳的耳傳教授，並得授格魯《幻化寶籍》。由於住持後藏的巴梭敦吞珠德清寺，故得巴梭法王之名。後來於夢中得宗喀巴大師授記，告之應當繼承甘丹赤巴。61 歲時，適第五任赤巴智法護大師欲求繼位之人，而赴後藏求請一世嘉瓦仁波切僧成大師接任，大師卻告之：此事非巴梭法王莫屬。巴梭法王 61 歲時，應僧成大師之邀，赴札什倫布寺與之詳談，最後臨別之際，僧成大師囑咐說：「此行是去登宗喀巴大師的法座位，我當叩拜，不必還禮。」遂往甘丹寺登座，為第六任座主。在任期間，廣泛授具足戒，講說引導、灌頂傳經、密宗口訣，並且廣弘菩提道次第法門。另外，又將甘丹耳傳教授，傳與法金剛等三位高徒，教令離世專修，皆得即生成佛的勝位。任位十年，將法位傳與慧教大師（洛追丹巴），而於公元 1473 年 72 歲時，於甘丹寺示寂。北京民族文化宮曾收其文集一函。

　　或許由於一世巴梭法王在傳持格魯教法上有著不可取代的功德，而且特別對菩提道次第的弘揚也不遺餘力，因此有人認為《四家註》中的巴註即是此師所著。較明確持此觀點的即戒勝格西。他在〈新訂箋註標記源流始末〉中說道：「此中道次第廣論箋註凡標記『巴』者，皆為第六代文殊怙主上師法王座主巴梭法幢之箋註。」但是絕大多數的大德都特別指明，此箋註非一世巴梭所註，而為其轉世巴梭天王法幢所著。如阿嘉永津《廣論名詞解釋論》中說：「說巴梭的箋註並非克主傑的弟弟巴梭法王親自所著，而是其第五世轉世的巴梭天王法幢所著。」阿莽班智達在《聞法錄》中也說：「第一家箋註，世稱為巴梭轉世的天王法幢所著，這點沒有諍議。」幾乎是下了定論。善慧摩尼《廣解菩提道次第義理教授大寶藏論》、慧海大師《菩提道次第廣論講授筆記》中也持相同觀點。其實這部箋註，並未收入一世巴梭法王及五世巴梭天王法幢的

文集，而且現在並沒有更多的依據考證此事，不過先輩大德既已斷語，而且從《廣論》註釋的歷史來看，在一世巴梭法王的年代，確實尚未有為《廣論》作註之風，不僅如此，幾位宗喀巴大師的弟子也鮮少有為宗喀巴大師的《廣論》寫註疏，因此是一世巴梭寫的箋註的可能性確實不大。

巴梭天王法幢大師，公元 1537 年生於多麥地區。有謂其為第五世的巴梭法王，亦有謂是第四世轉世，而此活佛世系又稱達察世系，故亦有稱此師為第四世達察活佛。師 7 歲時即向父母稟白出家修道之心，當時先依止哀噶桑波為師，背誦諸多常用課誦等教典。至 12 歲時，依止丹巴帕桑杰出家受沙彌戒，法號天王法幢，其後入噶爾妥寺寺籍，聞思《入行論》及諸修心法類。21 歲時於哲蚌寺晉見三世嘉瓦仁波切，得受甘露法要。34 歲時又回到家鄉。41 歲時赴昌都強巴林寺任法台，在此處廣弘教法，公元 1605 年 69 歲時示寂。布達拉宮有收其文集一函。

巴註在《四家註》中的行文風格，多是最典型的夾註。也就是在文句中間直接加入箋註，必須與原文連讀方成文句。這樣的夾註，讓許多文義簡奧的字句，頓時成為人人易懂的道理。如上所述，宗喀巴大師在《廣論》中大量引用了佛語、印度祖師論著、祖師語錄為依據。而印度論著，尤其是偈頌體裁的論典，其文字之簡練，非經註釋，常人多不能解。而巴註對於這些引據的印度論著，著力特深，幾乎凡有引經論之處，即有巴註消文疏通。以下略舉數例：

《釋量》亦云：「⑫自了知所說義者，是為方便；將其為所化機宣說者，是為方便所生。其中**彼方便所生**⑫——為所化機宣說——之**因**⑫——方便，⑫自若〔**不現**，⑫此謂自未如實了知。〕則於**彼**⑫**義難**⑫為所化機如理**宣說**。」自若未能如實決定，不能宣說開示他故。

原文所引的《釋量論》文：「彼方便生因，不現彼難宣」本來不易理解。巴註先解釋何謂「方便」——自己先了知真理，再進一步解釋「方便生」，就是指透過自己了解義理，而為他人解說，這就叫作「方便生」。而「方便生

因」，就是又指回所謂的方便——自己先了知義理。「不現」則指不了知其義，如此一來則解開論典艱澀的文句，能知道其表達的意涵即自己尚未了解義理之前，不可能為別人解說。

除了對印度論著中艱澀文句作了解釋外，藏地祖師的語錄中較不易理解的文句，巴註也往往都有明確的解釋。如：

修寶喇嘛云：「阿底峽之教授，於一座上，以聞思修三，發起令身語意三碎為微塵之精進，其效則是：今乃了解一切經論教典皆是教授。」

在這段祖師語錄中的「身語意三碎為微塵」，頗為費解。但經巴註注釋之後，則知這是一種至極精進的相狀。如此一解，則此用語反而有種貼切而形象化的感受，能體會到這是祖師在講：身語意三都須全力以赴地同時作修持的一種精進狀態。

此外，巴註也對於文中的特殊法相名詞，大多作了夾註，讓一般人能較容易粗概地了解這些法相的意思。如：

勝者阿逸多云：「諸菩薩依身欲成辦現前、究竟饒益眾生者，由了知聲聞、獨覺、菩薩三道之道種智為方便，成辦其果世間三種種姓利。」

在這段文中，所謂的「諸欲饒益眾生者」經過註釋之後就能明白即指菩薩，而所謂的道種智，即是指其了知聲聞、獨覺、菩薩三種道的智慧。

而在某些註釋中，雖然也用了較專門的法相名詞來解釋，但是對於經論中所要表達的意涵，確實作了很明確的界定，讓學者能有跡可循，不致於面對到經文無從認定其中意涵。如：

謂一、成就㊟不忘詞義聞所成慧之念；二、成就㊟勝義等引——修所成慧所定解之勝慧；三、成就㊟世俗後得——思所成慧所定解之覺慧；四、成就㊟智慧輾轉增上所解決定義，不為見所動轉之堅固；五、成就㊟資糧加行二道所攝世間智慧；六、隨順證達、㊟獲得見修二道所攝出世間慧，㊟是為六種。㊟四種離繫果者，七、貪欲微劣；八、瞋恚微劣；九、愚癡微劣；十、㊟三毒輕故，魔羅於彼不能得便，㊟是為四種。㊟九種增上果者，十一、諸佛世尊㊟於之猶如獨一愛子而為護念；十二、㊟十護方神等喜樂白法諸㊟人非人等於彼守護㊟防不順品；十三、㊟梵天帝釋等諸天於彼助發威德㊟威光勢力；十四、㊟不顧財利，故諸非愛㊟怨敵等不能得便㊟損害譏毀等事；十五、㊟為其諸㊟善知識及親愛㊟所信，復由信故親愛終不破離；十六、㊟無有私欲，不求利敬，故其言教威重，㊟堪能信受而得受持；十七、㊟智慧增長，不求利敬，其人㊟於智者前當得無所怖畏；十八、㊟不念有無所得等，由是因故得多喜悅；十九、㊟諸佛菩薩及諸尊重智者稱讚㊟功德，是為九種。㊟一種異熟果者，謂二十、其行法施㊟功德及恩是所堪念。」

　　這段內容是〈講聞軌理〉中的如法講說勝利，其所說的二十種勝利，如成就念、成就勝慧、成就覺慧、成就堅固、成就智慧、隨順證達出世間慧，直接從字面上來看，很難理解其確切所指的內涵，而且其相互之間的差別性也不易理解。但在巴註中，各別定義其中的意涵，並且對於這二十種勝利，以等流果、離繫果、增上果、異熟果而作分類，令學人更進一步了解這些勝利的體性及差別。以下這段《聽聞集》的註釋也有同樣的特點：

「由聞知諸法，^巴此為僅聽聞之勝利。由聞遮諸惡，^巴此二句是明戒學。由聞斷無義^巴散亂，^巴此二句是明如理作意思惟所聞義理之勝利；此句是明定學。由聞^巴依二學已，次以慧學斷煩惱縛而得涅槃；^巴此結合修習所聞思義之勝利。」

這段《聽聞集》中說道：「由聞知諸法，由聞遮諸惡，由聞斷無義，由聞得涅槃。」初讀之下，的確是看到了聽聞佛法有許多好處，但是這些好處究竟是指什麼，又為何聽聞能得到這些好處，都仍是個問題。而透過巴註這段解釋，首先知道了「無義」是指內心的散動，而「涅槃」是指以智慧斬斷煩惱的繫縛。其次，更重要的是，巴註中告訴我們，光說聽聞的話，它的勝利主要是讓我們了知正法為何，至於能夠斷除惡行，這必須是在聽聞的功夫之上，再加上戒學的功夫才能達到的；要斷除無義，則要再加上定學的功夫才能做到；想要達到涅槃，那就得要再加上慧學才能達到。另外，遮除惡行與斷除無義，都是在聽聞之上要加上如理作意思惟；要得涅槃，就得進一步修習所聞思之義。這樣的註釋，首先告訴我們戒定慧和聞思修的次第性為何，其不同層度的功用為何。如此一來，不僅讓讀者知道，此後續的成就，最初都是從聽聞而來，同時也闡明了不能止於聽聞，必須要再進一步修持，讓讀者不致於讀完此段經文後便誤解只要聽聞就能得到一切。這就是巴註對於經論所要闡述之義明作明晰界定的特點。

下面這段註文，也可見巴註的用心：

《親友書》亦云：「應知飲食如醫藥，無貪瞋癡而近習，非為憍^巴傲故，非〔慢，^巴謂高舉或姣好。〕故，非〔壯，^巴謂身光澤，結實緊緻。〕若爾，是為何故？唯為^巴安住身^巴之故。」^巴「唯」字是除為憍故食等事，非除為利他等，以住身亦為此故也。

一個「唯為住身故」的「唯」字，巴梭法王猶恐學人誤解，還特別將「唯」字所要去除的內容界定清楚：「唯」字是除為憍故食等事，非除為利他等，以住身亦為此故也。說：雖然是講只為住身而食，但不要以為就真的只是為了活命才吃飯的，這個「唯」，只是去除掉上述的為了「憍、慢、壯」不好的世俗動機而食，不是要遮除為了利他等善良的動機而食，因為修行者之所以要活命，其實就是為了這些善良的目的而活的，所以論中的「唯」字並沒有將這些好的內涵遮除掉的。這些意涵並不難理解，但對於長年以辯論的方式聞思的人而言，對於任何問題都是取最精準的態度，因此在經論的解釋上，也都是一絲不苟，不僅是怕學人望文生義，同時也是維護經論的原意，以免有心者妄生諍論。

　　而在巴註中，有些經論的原文雖非難解，但經由巴註的增文，特別能感受到一種修行者的心境，如：

　　《讚悔》中云：「●諸輪迴者於此●輪迴之中，●自無始來直至現今，於取捨處心亦恆●時愚昧，●由是增上力故，煩惱重疾病勢猛烈，於極長時習近重病痾，●既已習近，故略作修持無有所益，須經長時精進修持無錯圓滿之道，譬如具癩●疾者斷手足，依少服藥有何益。」

　　《讚悔》中的一句「此中心亦恆愚昧」經過巴註的增文，即能感受到我等長夜於輪迴中不停的流轉，這麼長的時間過去了，但是對於自己該作什麼，不該作什麼，還是一片迷糊。接下來，「煩惱重疾病勢猛烈，於極長時習近重病痾，●既已習近，故略作修持無有所益，須經長時精進修持無錯圓滿之道」，這段文，讓讀者感受到，其實長期處在輪迴中的我們，病勢是非常猛烈的，所以要發心修道，略略地使點勁來修是沒用的，得要長時、精進地修圓滿無錯之道才行，將論典中所要表達的感受直抒讀者案前。

　　另外，巴註也擅長將經論中的文字擬為對話，讓讀者在閱讀經論時，感受到其中的意涵活靈活現，饒富趣味，像〈講聞軌理〉中的這段註文就充分地表現出這種特色：

又云：「[●]復次，譬如有[●]人，處居觀戲[●]者戲舞之場，[●]擬戲者態，旁人問曰：『爾解戲耶？知則請為一試。』其人曰：『我實不解，但擬其態耳。』復有一人，談說勇士有制他力等爾許雄才，旁人心念：『觀其氣態，彼有爾許才德耶？』遂問之曰：『爾許才德，尊悉具耶？』其人答曰：『我但談說其餘勇士德，[●]非己具足如是才德也。』如是自言法功德時，餘人問曰：『尊具如是法功德耶？』答云：『我實未修，唯稱餘諸正士功德耳。』茲為自己失壞，[●]或已失壞殷重修之過，此是[●]唯愛著言說[●]文詞之失。」

　　巴註中除了常見的典型夾註之外，其實也有整段的論述，這些論述，多是將修行的要訣點出，對於實修者而言尤為扼要。如〈親近善士〉中的這段註文中說：

又云：「[●]須當如是之因相者，以供施[●]或奉獻彼[●]師，即成恆供[●]十方一切佛。[●]謂上師縱為庸常異生，然若弟子觀之為佛而作供養，則一切諸佛皆入其師毛孔之中而受供養。由此因故，《五次第》亦云：『供養上師一毛孔，勝供三世一切佛。』此復通體而言，諸凡供養佛陀，於自方面，皆可獲得供養福德，然而諸佛未必受用；而供上師，不唯有供養福德，更獲諸佛受為己有之福，故更超勝。若念由供上師，當致何果？由供彼[●]故，當致是福資糧[●]所表徵之二種資糧圓滿，從[●]此二資糧得殊勝成就[●]謂獲最勝成就佛位。」

　　這段註文，在解釋為何供養上師就能成為供養一切佛的問題，同時告訴學人一個道理，由於上師與弟子之間的關係，就算上師還是凡夫，但只要弟子能夠生起勝解作意，觀上師為佛而作供養，諸佛就會安住上師身中而受供養。而由於諸佛親自受用，因此這比平時只是供養諸佛而佛未受用的福德還要殊勝。

透過巴註的解釋，便能更深入的理解供師勝於供諸佛的關鍵之處在於勝解作意。由於師生的因緣，再加上弟子視師如佛的勝解作意，如此方能達到最大的功效。下面這段巴註也揭示了一個修行的要點：

巴　此中有依止善識勝利、不依過患、由思身語意德而修信心、由隨念恩而修恭敬、後時應如何行五者。此時切要者，固為中間二種所緣，然從此至止觀之間，皆於最初宣說修習勝利、不修過患者，則初二者即是此事，故至尊所著《白淨增上意樂請問篇》中所說：「一切修習之首，猶如梵語者何？」說法雖繁，然吾師言實即此二。

　　註文中說到，以修習依止法為例，修持內容有依止勝利、不依過患、修信、念恩、後時應如何行五者。就修習依止法本身而言，五者之中最切要的固然是修信念恩，然而《廣論》從依師到止觀之間，都是先說思惟勝利過患這兩者，因此在修持任何法類的開頭，都應以思惟勝利過患為首。這說明了我們在修持的時候，如果沒有將修持佛法對自己有什麼切身的關係想清楚的話，必定很難有強烈的動力去修持正修的內涵，因此無論修持什麼法類，最初要深入思惟勝利過患，是共通的要則。

　　綜上所述，巴註的內容揭開了文句與我們之間的隔閡，讓我們能直接體會到古老的哲言所要傳遞給我們的真理，並在解釋文句的同時，將一種修行的風骨帶進讀者的心中。

二、語王大師註

　　第二家箋註為語王堅穩大師的註釋。

　　語王堅穩的註釋，又稱貢汝註，又稱達隆札註，而在《四家合註》中則稱語註。之所以有這麼多名稱，在阿莽班智達的《聞法錄》、慧海大師的《廣論講授筆記》中都說到，這部註釋的源流，最早是貢汝法源講授與妙音達隆札巴，而妙音達隆札巴又講授與妙音珍寶法增，繼而傳下後由語王堅穩大師寫成註文。戒勝格西的《新訂箋註標記源流始末》中則未提到此註傳承自貢汝法源大師。

阿嘉永津則提了另一種說法：此註是由妙音達隆札巴所講授，後來傳到了善慧持教大師或卡若大師，再轉而講授給語王堅穩大師，語王大師繼而書之於文。

　　從各家的說法來看，語王大師是此註的書寫者沒有什麼疑義，但是語王大師與妙音達隆札巴大師是否是直接的師徒關係，還是再傳師徒的關係，沒有人有非常確切的斷語。但阿莽班智達則提出，此註的書寫者有三種說法，一是卡若堪欽語王堅穩所寫，二是德竹堪千善慧增長所寫，三是克蘇確澤善慧持教所寫，但這三個人其實可能就是同一個人。

　　語王大師與妙音達隆札巴之間師徒關係之所以如此難考，眾說紛紜，最大的原因是語王大師的生卒事蹟目前全無可考。但是就之前的師承來看，貢汝大師生於 1550 年，任哲蚌寺果芒僧院第十七任住持，早期的果芒僧院教材即是此師所著，後於 1630 年圓寂。而妙音達隆札巴生於 1546 年，於 70 歲時任第三十任甘丹赤巴，1618 年圓寂。其弟子妙音珍寶法增生於 1573 年，於 53 歲時任第三十五任甘丹赤巴。語王堅穩大師若是再傳弟子則其生年就極有可能超過 1620 年以後，與妙音笑大師幾乎就成為同一個年代的人。當然，師生間是有可能年紀相仿的，但從妙音笑大師的註文來看，很明顯的是依著前兩家註的基礎上再加以註疏的（其實後三家都有配合前家的特點），而且阿莽班智達在《聞法錄》中推斷，妙音笑大師曾經從涅里堪欽法稱及其高徒天怙領誦師善慧幢得過巴註及語註的講解傳承，因此語王大師早於妙音笑大師一代，也就是早於三、四十年的可能性很大，筆者就此推測，語王大師約生於 1600 年左右，而以這個年代而言，與妙音珍寶法增只差三十年左右，故二師極有可能是親傳的師徒關係。

　　如上所述，語王大師其實是將貢汝法源傳妙音達隆札巴，妙音達隆札巴傳妙音珍寶法增，其次又往下傳承的開示記錄成文。正因如此，語註的行文風格與巴註恰好成了天壤之別。由於語註是記錄了他所聽到的師長開示，因此語註大部分的寫法都是整段的註解，插入字句中而須與原文交錯連讀的註文並不多。在註釋的內容上，語註的側重點也不同。語註內容的特色之一即對於歷史背景、典故考據言之甚詳，無論是經論還是語錄，只要有故事在背後，語註基本都會詳出之。

語註對於史料的註釋，涉及人地時物等多方面，以地方而言，像語註對於那爛陀寺、止迦摩囉室囉、能飛聚落寺宇都有專門的註釋：

〔**勝那蘭陀**，⟨語⟩師云：此為往昔阿育王於舍利弗誕生處，所建安置大乘經函之宏偉經院。五百大乘阿闍黎、陀尊兄弟及龍樹等，皆於其中，以講聞大乘教法之門廣為拓建，為印度諸僧團中最殊勝者。〕

後時〔**止迦摩囉室囉**，⟨語⟩師云：此寺於摩羯陀北方，恆河畔小丘頂上，具一百零八佛殿，內殿中央供奉與金剛座大菩提像等量之世尊像，外有圍牆環繞。安住其中諸班智達，行種種聖教事業，亦為僧伽資生極妙善處，覺窩大師亦從此處迎赴藏地。建寺者為法王達摩波羅，彼即獅子賢論師之施主。〕

〔**能飛聚落**，⟨語⟩師云：「昔有內道居士，任一外道起屍修法侍者。既成，起屍之舌化作寶劍。居士倚劍飛登須彌山頂，須臾遍歷四洲八渚，還來將劍歸與外道，外道囑云：『此屍成金，割截取用，但勿傷骨，夜中即復，終無盡期。』言訖持劍飛登天境。居士即倚金屍，依己凌虛所見須彌四洲布列，建此大寺。寺中但憑其金，足供百位比丘及百居士資生多年。」傳稱藏地桑耶寺，亦為靜命堪布仿照此寺所建。〕

　　同樣的，在人物方面，語註的解說也比其他三家詳明。如阿底峽尊者的胞弟精進月的事蹟是怎樣的？阿底峽尊者的善巧二大車軌的二師為誰？種敦巴所依止的五位上師是誰？在語註中皆有註釋：

苾芻比惹贊扎⟨巴⟩精進月，⟨語⟩有說此師善巧密咒教授，能化出真實壇城。曾赴藏地，於堆隆措昧施降冰雹，後至雅隆。終於昂雪之龍寺示寂。

又以善巧二大車軌二師教授而莊嚴故，勝出餘軌。 ^語二師者，謂善巧無著派之金洲，及善巧龍樹派之小明了杜鵑，如《道次第傳承上師祈請文》中所說，為覺窩阿底峽之親傳上師。雖有說是阿哇都帝巴及金洲二師，然師云：德哇尖巴及喇嘛一切遍智二師，俱許前說。

善知識敦巴者，尊重尠少， ^語印度二師，謂覺窩傑阿底峽、班智達哲蔡瑪尖。藏地三師，謂喇嘛色尊、嘉之祥那南金剛自在、汝倉之雍敦，數未過五。

而對於《廣論》所引據的經論，如果這句法語有其典故背景，語註也多註出令讀者能更切入經論的情境。如《法句經》、《本生論》等具有故事背景的經文，語註多會說明其因緣。如下文的《本生論》即是其例：

《本生論·^巴三十一章》亦云： ^語世尊生為月王子時，從一梵志得聞四偈正法，於一一偈，獻以千金所值財物為作酬謝。父王責之曰：「所酬過當矣！」王子曰：「所酬非重也！正法善說，若可計價，一偈之值，足奉王位。所以然者，以聞正法，有如是功德也。」於是月王子為父宣說聞法勝利。 ^巴月王子告蘇達薩子云：「 ^巴若^巴有士夫由聞^巴三寶功德、業果決定之理、四諦之過患勝利等法，發^巴澄淨、信解、欲求信意，^巴於三寶依次供養、依止、安置，及於取捨善惡、遮趣四諦等成妙歡喜獲堅住，啟發智慧無愚癡，用自肉^巴為酬而買^巴聽聞亦應理。」

《本生論》云：「 ^語昔有蘇達薩子，殺眾人，噉其肉。將食月王子時，王子為說無有諂誑具正法語，次告之曰：『今我此身，悉聽尊便。』言訖，從容安坐於前。彼於王子高操起信解信，由斯入心之言，明了己過，意起憂悔，欲聞正法。於是蘇達薩子白月王子言：

『我鄙惡行影⁹像，明見⁹現於尊所開顯法鏡⁹中時，⁹悔昔造作罪業之意極起痛惱，⁹今後我⁹心當⁹現前趣正法。』」

　　而在上文第一段的註釋中，可以見到語註與巴註的緣起略有不同，語註認為這是月王子對其父王說的話，而巴註則認為是對蘇達薩子的話。考之於藏經，則語註所說更為吻合經論所載，由此也可見語註在典故上的著力。

　　除經論之外，藏地的祖師語錄，語註也往往會說明祖師說此法語的因緣，像種敦巴大師所說的：「我慢高坵，不出德水」及博朵瓦大師所說的「是須於一遠近適中經久修習」，語註也都註出祖師們如此說的因緣：

如善知識敦巴云：「我慢高坵，不出德水。」⁹有格西拉穹瓦者，又名卡汝瓦，領其徒眾三十人許至敦巴前，傲言曰：「當今無人威名過我！」善知識敦巴告曰：「慧堅！我慢高坵，不出德水，稍謙遜之！」

如博朵瓦云⁹師為噶當教典派宗師，故有弟子無數，有來告假者，即告之曰：「有一⁹弟子來⁹此者，是加我擔，若去⁹別處一二，是擔減少，然⁹汝住餘處，亦不能成，是須於一遠近適中經久修習。」

　　語註的特點之二就是有很強的考據性。像對於阿底峽尊者的生卒年，語註就列出了不同的說法並提出宗喀巴大師說法的依據：

此復住於阿里三載，聶塘九歲，衛藏餘處五年之中，為諸善士開示經咒教典教授，罄盡無餘。⁹《甘丹法源史》謂覺窩尊生於壬午年，五十九歲時自印度啟程，六十歲時抵尼泊爾，六十一歲至阿里，六十三歲至前藏，七十三歲時圓寂於聶塘，駐錫藏地十一載，此為一說。又那措所傳善本方志謂覺窩尊生於庚午年，五十七歲時自印度啟程，當年歲末入藏，甲午年七十三歲圓寂，於藏地駐

十七載。二說之中，雖以前說為主，然此《道次第》中所說者，順應後說。

此外，語註對於文字的考據上，也是絲毫不苟。就連不同版本的一個藏文字，語註中都會提出來討論，就如《道炬論》中的「由達自身苦」的「達」字，由於藏文中有不同的寫法，因而可以解作「由達自身苦」，也可解作「由屬自身苦」，而針對不同的版本應如何解釋，語註中都作了解說：

《道炬論》云：「由❷量通〔達，❷師說：「此字觸及二義：一說為自相續『所屬』之苦，謂將自身相續所屬或所有之苦，代他有情之苦，修習欲盡彼苦之心，串修取捨。其義即如 ◌音嘎為前加字之 ◌音豆，謂屬於也。一說最初先達自身相續之苦，以自身受推之於他，亦欲盡除之。其義即如 ◌音惹字頭之 ◌音豆，謂通達也。《廣論》此處以後者為主。」〕❷解了自❷之身苦，❷以自身受推比之，若❷補特伽羅士夫欲正❷為盡除他一切苦❷故，而求圓滿佛位者，是為勝士夫❷或大士。」

語註除了考據性之外，對於法義也有很強的辨析特點。在許多原文義理容易被誤解，或是難以理解的地方，語王大師都寫下了具有辨析特色的成段註文。如《廣論》一開始所說的：「故彼造者，亦即此之造者」，此句向來有眾多解釋，甚至也有人將此句解為宗喀巴大師自己承認與阿底峽尊者同一心續，而語註則就此作了辨析，還原了宗喀巴大師的原意：

故彼造者，亦即此之造者。❷有謂是語顯示此二上師同一心續。究竟而言，固為同一心續，然此文義是謂此《菩提道次第》所詮說之根本教典或如根本頌者，即為覺窩傑所造《道炬論》，故彼造者理應亦為此道次第之造者。下文所說法殊勝，亦即宣說《菩提道炬論》之殊勝，其旨實同。

下面這段註釋，對於造作一業卻能感生多生之果的問題，進行了辨析。在這個問題點上，語註側重探討這樣的造業，其十二緣起應當是如何成立的？有人認為這是在造業時，頓時出生百種無明，而語註中引述了其師長不同的解說：

所造《札那釋難論》中，亦引經云：「❶非唯由求聞求學之門而聞多詞句，下至**設唯聞一頌**，❷是補特伽羅**若不執為尊**，❸**彼即百世**❹**無間生犬中**，❺**隨後生賤族姓**，❻**如屠夫之惡種姓**。」❼有謂此義云：「毀謗師等具力之業，於其等起無明之上，俱時成就其百支分。從此等無明各自所屬引果之第一犬受生，至賤族姓之間，能引之業諸行依次生起，愛取潤發彼最初業，成就第一犬之生有，乃至出生其老死。如是至賤族姓間，依次而成一一生中，無明支分雖一一滅，然總體無明仍屬同重緣起，故至賤族姓間，猶未圓滿。」然吾師云：「前前業作不共策發，而於此等生中不為餘所間隔，定當受取者，是即此業猛利之義，而非諸多無明行俱時生成等。如是《集學論》中引經言：比丘以清淨心禮拜如來舍利塔，由是業故，其身所覆下至黃金地基之間所有微塵，當感爾許千倍生中為轉輪王。此等亦為最初之業引生第一轉輪王身，於此依身，由前業力為作不共策發，造積第二身能引之業。如是此等諸身不為餘道所隔，定當受取者，是即此業之力。」

又如對於邊地的解釋，向來也有眾多歧義，語註於此作了辨析，首先講述中土邊地本來就有以地域而分及以教法流傳之地而分兩種。而以教法之地而分的方式，主要是看有無四眾，但以藏地而言，並沒有比丘尼，所以有人認為藏地就算以教法流傳角度而言，也是邊地。語註中即引師語辨析四眾以比丘為主，因此藏地仍可算是中土：

此復若無四眾遊行，是謂⟨語⟩邊地。⟨語⟩此中雖有約地域而言者，然此乃約教域而言。若約地域，則藏地為邊地；若約教域，亦有人謂無比丘尼，故為邊地。或謂以有《比丘尼分辨教》等，故無過失。然師則云：四眾以比丘為主，故約後者，仍為中土。

除了上述的這些帶有知識性的特點之外，更重要的是，語註在闡述原典法義的時候，勾勒出了修行的要點，並對原典進行總結，這樣的註釋，讓修持者能夠更加透徹地理解法義，掌握住調心的竅要。以下面這段註解為例，《廣論》引了《猛利請問經》說到了對於師長說法的恩德，即便於多劫竭盡恭敬供養承事，尚且不能報其恩。巴註的特點在於增入字詞，讓讀者容易看懂經中的文句，而語註則側重解說為什麼說法恩無法以敬養承事即能報答：

隨以幾許名、句、文身開示其偈，假使即於爾所劫中，以無諂心，以一切種利養、恭敬及諸供具，承事供養此阿闍黎，⟨巴⟩佛喚長者！⟨巴⟩彼於阿闍黎作應敬重阿闍黎事，猶未圓滿，況**非以**⟨巴⟩與爾許**法**⟨巴⟩偈等等量劫中而作供養，**而**⟨巴⟩於短於爾許時中，以利養等作**為敬事，**⟨巴⟩如是於阿闍黎作應敬重阿闍黎事猶非圓滿。」⟨語⟩敬事非圓滿義者，師云：從誰聽聞詮說六度一四句偈，縱經與法字數相等劫中，以財等物一切安樂資具而為承事，猶不足報。以受用者，有盡之物；而正法者，令獲無盡涅槃果位故也。

又如在〈道總建立〉章中，《廣論》提到如果不能將下士、中士共道的內容，與上士相貫連，那麼將會損失極大的利益。語註對於為何會「失壞大義」作出了精要的解釋：

若不爾者，⟨巴⟩於前二者個別過度修持，**則**⟨巴⟩心境中，**此**⟨巴⟩前二**諸道與上士道別別無關，乃至未至實上士道，於菩提心未得定解，**⟨巴⟩如由

過度思輪迴苦，生起希求獨自寂靜安樂之心，**而**^巴容或成此^巴**菩提心發生障礙**^巴或中斷緣，**或於此**^巴未至正修菩提心**間失大利義，故於此事一**^巴將諸前者作為上士前行而作修持，**應殷重修。**^語師云：「失壞大義之理者，若於最初，即將中下士夫諸道，作為發菩提心前行法類而修，則彼一切悉成大乘之法，復獲無邊勝利。若不如是行，則失壞此。如從最初，即以拜謁釋尊像意樂為等起而赴拉薩，則凡邁一步，皆生無量福德；然以商貿等為等起而至拉薩，雖亦兼謁釋尊聖像，然無如是勝利。」

透過這樣的註釋，能讓修持者能把握到一個要點：很多時候，我們所作的是同一件事情，但是由於目的不同，意樂不同，因而產生的效益也大大不同。既然我們花的是一樣的力氣，就應該在心念的部分善為修持，否則本來能夠得到的利益就失去了。語註在解釋失大義利的同時，也明確地指出一條修行之道。

在《廣論》當中，有許多道理是不難理解的，但實際要讓內心調整到如經論所說的狀態卻不容易。而語註中，在許多地方點出了調心的要訣，就像下面這段文中，對於親近承事善知識的心態，語註說，不要感到是負擔，而要感到是莊嚴，提出了極具形象化的修持方式：

博朵瓦教示懂哦瓦諸徒眾云：「汝能值遇如此菩薩、我之知識，如教奉行，實屬大福，今後莫覺如擔，當為莊嚴。」^語此復如於婦女嚴飾、士兵鎧甲等，因起嚴飾及鎧甲想而生喜愛，然使聚而擔之，則現不堪負荷之態。如是若念：「又須如是依止上師」，則成負擔，而現不堪之態；若念：「得依如是善識，實屬福緣」，便成莊嚴。

從「覺如擔」到「為莊嚴」，本來是個不容易調整的心態，但是透過語王大師的解釋就能明白，就連我們生活中也會有這樣的心態，一件事情可能本來是個負擔，但是若能見到此事之上的好處，自然就只有莊嚴的感受而沒有負擔的感覺。依止師長修行，同樣也是如此。修行的過程中，難免會有辛苦之處，但是如果知道其價值、意義、希有難得之處，那麼在心中就不會感到是負擔，反而是一種莊嚴了。

接下來看一段語註在「密護根門」中的解釋：

^妙**第四、如何防護，其中有**^巴**守護諸根及以六根防護二者，**^妙**第一、守護根者：謂根境合，**^巴**既起**^巴**從眼至意六識後，意識便於**^巴**色乃至法六可愛境六非愛境，發生貪**^巴前六者**，及瞋**^巴後六，**^巴見已應當勵力**^巴習近對治，從彼諸境護**^巴心**，令不生**^巴貪瞋。

^巴**第二、即以六根而防護者：若於何境，由瞻視等，能起煩惱，即於此**^巴六可愛境，**^巴最初即便不縱**^巴不散諸根而正止息。**^語

總之，此二差別者，六根既已於境散動，發起貪瞋，於此無間習近對治而遮止者為初；六根於境，初即不令放散而遮止者為次。說初業行者對治勢力羸弱之輩，後者為要。

在《廣論》的這段文中，提到了兩種如何密護根門的方法，語註在這段原文之後，首先簡要的解釋了這兩種方式具體的差別，也就是當六根對到六境產生了煩惱之後，就立即努力修持對治法，第二種即一開始就讓六根不要對到會令自身產生煩惱的外境。最後又教誡道，對於初修之人，第二種方法更為重要，這樣的要點對於修持者格外的重要。

又如在〈暇滿〉章中，語註也記錄了師長所傳承的一段對於暇滿法類的修持法：

觀待同類諸善趣眾，殊勝暇身極屬希少。^語師云：夏日之時，但看一草堆上幾許蟲蠅，即見人天之身實屬邊際。觀待得善趣者，具十八法殊勝依身亦屬邊際。如是應當思惟：得人身已，入不入法門，以及其中如不如法等事。

對於暇滿難得的認知，其實並非一隱晦、遙遠的事情。語註中就說了一個至極簡易就能了解的方法。在夏天的時候，有時一團草堆裡就能看到數不盡的蟲蠅，如果用這樣的數量來推算的話，人道善趣的數量真是太少了。而就算是人道，如果用所學過的離八無暇，具十圓滿的條件去看，能符合條件的也是少之又少。這不是什麼玄妙的道理，人人只要去推想就能得到結論。既然暇滿如此難得，對於已經得到人身的我們，自然要靜下心來想想，我們所作的一切，究竟入不入道，合不合乎正法？

總之，語註的內容，蘊含著很多的修持要訣。這是一部記錄了貢汝、達隆札巴、妙音珍寶法增，直至語王大師至少四代傳承的教授。在語註中，一再說到了師云、先輩所說，令人感受到一種古老的傳承加持之力。也讓我們看到，先輩對於經論的研習態度，是如此的嚴密、淵博、同時又注重實修調心的功夫。

三、妙音笑大師註

第三家註為一世妙音笑大師的註釋。

一世妙音笑大師，於公元 1648 年生於多康地區，位於當今甘肅境內。13 歲時在耶謝加措座前出家受沙彌戒，後發心至拉薩求法，雖經祖父母再三勸阻，終於 21 歲時至拉薩哲蚌寺果芒僧院學法，數年之間，即以超乎常人的速度通達五大論的內義。26 歲時，大師赴桑普寺舉行連續五日的立宗答辯，在薩迦派與格魯派共十僧院的僧眾大會上，顯現出過人的辯才，從此聲譽遠播。26 歲時，從五世嘉瓦仁波切受具足戒，29 歲時進入下密院學習密法，直到 32 歲。期間大師撰寫了《入中論辨析》。33 歲時，赴格佩山靜修，其後繼續聽習密法。二十年間，大師著作出《辨了不了義辨析》、《宗義大疏》、《色無色定辨析》等諸多論著，也為諸多前來求法者講授《菩提道次第》。53 歲時，應六

世嘉瓦仁波切之請，任果芒僧院住持，繼續著述，講授經論。後時果芒僧院所依據的教材遂改用妙音笑大師的著述。60歲時，應拉藏汗之請，任帕繃喀寺住持三年許，在此期間，即著出此部《廣論》的箋註。由於河南親王濟農父子，再三祈請大師回到甘肅建寺，於是大師於63歲時起程從拉薩歸鄉，同時帶回許多格西一同興建寺院。翌年（1709）3月15日，啟建拉卜楞寺。73歲時，得康熙冊封為班智達額爾德尼諾門汗，74歲時示寂。大師著作輯為十五函，其內容遍覆了因明、中觀、現觀、對法、戒論、宗義、密續釋疏、修法儀軌、傳法儀軌、歷史、聲明學、詩詞學、規章制度、聞法錄，所涉門類極為廣泛。

然而，必須特別提出的是，妙音笑大師是一位一生傾盡全力弘揚道次第的大德。首先，從妙音笑大師的箋註跋文中，即可看出妙音笑大師曾經多次從諸位大德得過《廣論》的講說及誦授傳承。而據傳記中記載，大師一生之中一共完整地講說了道次第五十餘次。在道次第傳承祖師中，妙音笑大師也是一位極其重要的大德，後世的《菩提道次第祈請文》即有「最勝語王善慧大海尊，具恩大師善慧法稱足，一切遍智善慧勝寶幢，妙音喜笑金剛我祈請」的祈禱文。在著作方面，妙音笑大師的道次第著作共有四種，除了上述的箋註之外，在文集中還收有《菩提道次第釋教理寶藏》、《菩提道次第直接引導》、《菩提道次第廣略二論問答》。而且從內容上來看，《菩提道次第釋教理寶藏》是一部未寫完的遺稿，七十多紙的篇幅才寫完〈法殊勝〉的註釋，以大師著述的風格，當時若能將此書完成，想必又是一部曠世鉅作，可惜或因法務悾惚，以致留有遺憾。不過，就此也能看出大師在弘揚道次法類上的無比熱忱！

妙音笑大師的這部箋註，並未收入其文集之中，當然這部註釋最初著成的時候是單行本的，《三家合註》、《四家合註》都是後來的事了。目前我們手邊收集到的《單註本》是在拉卜楞寺《四家合註》之後才出版的，是依據兩種抄本和《四家合註》刻本校訂出版。據大師自己的跋文中說，這部箋註名為《菩提道次第箋註金輪寶》，著作的因緣是由其根本上師義成海大師及多位大德一同勸請大師撰釋。大師繼巴註與語註之後，其所著箋註同樣有著承接前二家註而作註釋的痕跡。因此可以看見，有些地方與前家註釋意見相同時，大師即取一模一樣的文字寫入註釋，而不會有意思相類，文字卻又稍有不同之處，以致於合併註釋時有難以搭配的現象。而妙音笑大師的註釋，主要是對《廣

論》作了更詳盡的科判,這是前二家沒有詳註的內容。因而妙音笑大師的註解,又被稱為「科判箋註」。

在印度,於論著中寫上詳細科判的作法並不流行,但在藏地卻非常普遍,而且有越來越精細的趨向。這點,究竟有沒有受到漢地的影響還有待考究。在藏地,科判被視為一種註釋的方式,比如《廣論》本身就有科判,妙音笑大師又以更細的科判作為註釋。又如《略論》,本身已有科判,而赤江仁波切也單以科判的方式作註釋。科判,一方面既有總結歸納的作用,一方面又有剖析分類的特點。當將科判單獨輯出時,又有目錄的功能。因此,詳細的科判能讓讀者在進入原文之前,快速的掌握總別的內容,而且讀後也能提綱挈領地回憶要點,對學習本論而言有很大的助益。

即如《廣論》中〈法殊勝〉的內容,向來讓一般的初學者感到不易掌握,因為大師在開展此處的內涵時作了大量的理路論辯、並引據很多經論,先說明了某種殊勝本身是成立的,最後才成立本論具足此種殊勝。因此初學者在沒有科文的狀況下,未必能掌握到此處的脈絡和概要。但以「通達一切聖教無違殊勝」這科內容為例,妙音笑大師將這科內容開成八科,如此一來,就能很清晰地看到宗喀巴大師這一章節的思想脈絡:

第一、辨識聖教

第二、通達一切聖教無違之理

第三、以教理顯示不如是許是相違

第四、成立聖教無違之因

第五、斷諍

第六、開示彼為應理

第七、通達一切聖教無違方便

第八、此論開示一切聖教無違,故具此種殊勝

從妙音笑大師科文中可以看出，大師在講述此科內容時，先釐定了什麼是「教法」，確定了這個問題，才能進一步討論「一切教法」是否是「無違」。這即是第一科「辨識聖教」。

確定了什麼是教法之後，再討論什麼狀態稱為「通達一切聖教無違」。反過來說，如果不這麼立論的話，在教理上會犯下什麼錯誤，如教典中所說的會有什麼相違。這就是第二、第三科「通達一切聖教無違之理」、「以教理顯示不如是許是相違」。

至此，只是說完「一切聖教無違」的立宗，尚未說明怎麼用道理去成立「一切聖教是無違」的，因此第四科就說明「成立聖教無違之因」。

而這四科內容，已經算是安立完自宗了，接著讓尚且不能認同的人發難，而由自宗進行解釋，這即是第五科的「斷諍」。而緊接著第六科「開示彼為應理」再加強上述的立論，說明自宗如此立論為合理，對方如此立論為不合理的理由。

講完前六科之後，知道了一切聖教確實是不相違的，那麼作為一個學人，要透過什麼方法來知道「一切聖教不相違」，此即第七科「通達一切聖教無違方便」。

最後，回歸到根本的主題，「此論開示一切聖教無違，故具此種殊勝」完成了這一科的圓滿論述。經過妙音笑大師科文的歸納與分析，我們也能看到宗喀巴大師在闡述一個主題時，次第井然、邏輯縝密、面向完備。讀者閱之，自能感受到這之中的妙用，在此就不廣泛地錄出了。

此外，妙音笑大師對於許多經論中所說到的難點，在前二家註釋未詳註的部分，也多有大篇的註釋。這些註釋，與妙音笑大師其他五大論的著作一樣，都有著極強的辨析性，尤其在〈毗缽舍那〉章中，這樣的註文尤多。

相對而言，巴註與語註較著重在止觀前的註釋，而札註則全為〈毗缽舍那〉的註釋，妙音笑大師的科文則是貫穿整部論典的，而對於語註巴註解釋得較少的〈毗缽舍那〉，妙註也多有補充，無異乎有祖師會說，妙註是四家註中

最為完整的註釋。這幾部註釋，經歷了不同時代相繼完成，卻能互相搭配而成為一部完整的註釋，實可謂人間著作中的一絕。

四、札帝格西註

第四家的註釋為札帝格西註。

札帝格西，法名大寶義成（仁欽敦珠），為色拉寺的大學者，經筆者統計，其著作目前共存有二十種，目前尚未有完整收錄所有著作的文集。除了《毗缽舍那註》之外，其文字學方面的著作《音勢論密意明釋》、《西藏語言論三十頌疏開顯普賢密意莊嚴》等，都非常的著名，基本成了格魯派學習文字學的通用教科書。另外，他還著有《開顯離邊正理難處顯明真如炬》、《全解辨了不了義大論善說藏之甚深難處論善說心要密意莊嚴》、《觀擇犢子部宗義祕密要義所出義理開顯密義》，可見其對於宗義、空性方面的法類極為通達。

然而，如此一位大學者，目前尚未能確切知道其生卒年。從其師承來看，他曾師事妙音笑大師的弟子秀・不空善巧大師，故其約為公元 1690 至 1750 年間人。

札帝格西的箋註，有稱之為《止觀註》，有稱之為《毗缽舍那註》，但現今所見的《四家合註》除了〈毗缽舍那〉此外，沒有他處的註解。札帝格西對於〈毗缽舍那〉的註釋，極為詳盡，其註釋的風格，除了沒有妙音笑大師的「科判註」之外，可謂兼巴註、語註之風而有之。阿嘉永津盛讚他說：「將所有的難點都解釋完了。」〈毗缽舍那〉之深廣，素為學人所敬畏，而札帝格西的詳註，對學人的裨益自然是不言而喻了。

柒、法尊法師略傳

法尊法師，公元 1902 年 12 月 14 日出生於河北深縣南周堡村。

1920 年春末，依五台山瑞普和尚剃度出家，法名妙貴，字法尊。同年，在大勇法師座前聽經，惕勵啟發。隔年於北京法源寺道階法師座下受具足戒，繼

往南京寶華山研習戒法。1922 年,遠赴太虛大師創辦的武昌佛學院修學,因而對於大小顯密各乘有一個輪廓的認識。

其後,因大勇法師發心入藏求法遂於北京成立藏文學院,法尊法師即往修學,並於 1925 年與該學院學僧入藏。九年期間,在打箭爐、跑馬山、甘孜、昌都、拉薩等地,依止箚迦大師、格陀諸古安東大師、達朴大師、甘丹赤巴等學習藏系佛教經論,直到 1934 年,太虛法師促歸辦理漢藏教理院事為止。後為迎請安東大師蒞臨漢地傳法,再次入藏。總計入藏約 10 餘年,不但親炙諸多善士廣學經論,並依次翻譯許多重要典籍,特別是藏傳佛教的顯密論著,如《廣論》等,對於藏傳佛教在漢地的弘傳,貢獻厥偉。

法師一生雖然經歷許多艱辛困頓,但始終堅持建教的使命,常以「縱不能於先覺的辛苦事業上,培福增慧,然也決不應該於先覺的功勞恩義上,折福損慧才好。」此話作為畢生宗旨。1980 年 12 月 14 日在北京廣濟寺圓寂,享年79 歲,戒臘 59 齡。

捌、此次翻譯的因緣及譯註內容

《廣論》問世六百多年了,它不僅在藏地流傳極為廣泛,自從法尊法師將此論漢譯之後,在漢地學習此論者亦日益眾多。與此同時,《道次熔金論》、《妙音教授論》、《樂道》、《速道》等道次第的重要教授也都一一譯出,許多大德講授道次的講記也依序成書,整體學習道次的風氣可謂蒸蒸日上。

家師日常老和尚四十年前於美國,即發心弘揚此論,經過多年的努力,《廣論》學修漸漸拓展至國際各地。2000 年時,恩師真如老師值遇了家師日常老和尚,殷重地祈求家師能詳講《廣論》的止觀二章,以利廣大習學道次的眾生。當時家師告訴真如老師:這個佛法事業,就由你來完成。轉而敦囑真如老師繼續向哈爾瓦・嘉木樣洛周仁波切求受《菩提道次第廣論四家合註》的傳承。於是真如老師向哈爾瓦・嘉木樣洛周仁波切多次祈請,終於在 2002 年得到仁波切的應允,為真如老師講授《菩提道次第廣論四家合註》的傳承。

哈爾瓦・嘉木樣洛周仁波切於高級藏語系佛學院求學期間，於至尊夏日東活佛座下完整聽受《四家合註》的講誦傳承。這部開示，後經整理成文，即今民族出版社所出版的藏文《夏日東文集》十冊中的前三冊內容。2013 年時，仁波切又從拉卜楞寺的老格西固嘉・智華上師得受一次《四家合註》的講誦傳承。仁波切於 2002 年起，陸續為真如老師詳講此傳承教授。後於 2013 年，應真如老師及眾僧祈請，仁波切蒞臨大覺佛學院，歷經半月，為五百多位僧眾及五百多位居士完整傳授《四家合註》講誦傳承。此希有的道次傳承，遂始傳佈於漢土的僧團、信士之中。仁波切傳授此教授後，囑咐真如老師及求法僧眾，將來此法的弘傳就交付與諸位了。

家師日常老和尚於二十年前即開始招收沙彌，教令學習古文及藏文，以期將來成辦譯經事業，饒益各方眾生。筆者即由家師之恩，於 1995 年 11 歲時，與諸同道入寺修學，蒙受正法潤澤，承恩至今。後恩師真如老師繼承師位，稟家師之遺志，遵仁波切之策劃，開立十年藏文五部大論學制，寺中遂有完整學修格魯顯乘法要之僧伽。恩師尤感兩代以來，多年戮力，至今因緣俱備，又得仁波切諄囑加持，即於 2013 年 12 月 24 日，於新加坡正式召開《菩提道次第廣論四家合註》譯場籌備會，命弟子釋如法任主譯，釋如密任主校，主持譯場之事。於是集寺內外一時之選，各依所長，規劃分工，於該年年末，《菩提道次第廣論四家合註》譯場成立。

真如老師於籌備會中，再三申明譯場宗旨：將清淨傳承的源流傳入漢地，令得修學無誤教授。為確保譯文精準傳達祖師之意，譯場工作寧緩勿急；為兼顧繼承古文，順應白話，故文白重譯。依據真如老師的心意，譯場決定開出「原文」、「校勘」、「註釋」、「說明」、「語譯」五個項目，來完成這部且譯且校且註的《菩提道次第廣論四家合註白話校註集》。

「原文」一欄中，以法尊法師所譯的《廣論》作為底本，由末學主譯。之所以以古文的方式譯出箋註，主要的目的，一是為了使箋註配合原《廣論》譯文的古文體，以免夾註與原文並讀之時，有不停地越古穿今之苦。其次，我們也稟承家師日常老和尚弘揚繼承漢土文化的精神，希望延續古體文的寫作，以古雅的文字譯經，讓這些古老的文化永遠有新的生命力注入其中。此外，針對

法尊法師的譯文，我們作了詳細的校訂，明顯屬於誤譯之處，我們都在原文欄中進行了改譯。有些部分譯文無誤，但譯法易生歧義者，則經斟酌後，或改譯、或於「註釋」欄中述明原義。或譯文無誤，為配合箋註故，亦作改譯。凡改譯者，皆於「註釋」欄中說明原譯為何及改譯之由。

「校勘」一欄中，由參異性柏法師及助理性同法師、性懷法師，參校各個不同的藏文本，用漢文譯錄與譯本所據底本相異之文，並論各家之間的合理性。主譯依此選取恰當的藏文版本作翻譯，而讀者也能在不懂藏文的情況，看到不同版本的差異處。

「註釋」一欄中主要分成四種內容，一為「譯註」，即上文所說的對於法尊法師原譯文改動處的說明，由主譯譯師主筆。二為「考據」，即註解引文出處、人物生平、地理考據，由考據譯師釋性展、釋性理，及其助理釋性尊主筆。在引文出處方面，我們會註釋此經論的特點、作者生平、此書收於何處，有何相對應的漢譯本，使讀者便於檢索。引文與我們所找到的原典有異之時，註釋中也會特別提出。三為「法義」，即註解論典中出現的法相名詞及難解的義理，由主譯立定註釋方向，審義譯師釋性華主筆，主譯譯師及主校譯師隨宜補充。四為「訓詁」，即訓釋原文中古文字詞，由蔡纓勳教授執筆。

「說明」一欄為對原文中具有爭議性的議題，作成篇的討論。這項欄目中，我們匯集了多年來五大論辯論的相關內容，讓學習道次第的道友，也能以其他更深廣的角度來探討道次第的內涵。此欄由審義譯師釋性華撰寫，主校譯師釋如密隨宜補充。

「語譯」一欄為《廣論》及《箋註》的全文白話語譯。讀者未習慣古文者，可逕讀此欄，輕鬆地了解論典的內容，不再為消文所難。此欄由語譯譯師釋性忠譯出。

在翻譯工作上，為了追求精準，譯場方面也設立了各種職能、多組程序以監控譯文質量。當在翻譯上有難解及重大歧義之處，主譯則使審義問於授義師長哈爾瓦仁波切及恩師如月格西，大善知識阿喀雲丹於本院授課期間，亦將疑義請益於師。譯文初稿，由主校譯師據藏文校對，主潤譯師釋如吉負責潤文，

使譯文信且雅達。此外，另有習藏文諸師十餘人任眾校員，提供校對意見；潘呂棋昌教授、蔡纓勳教授、江寶珠老師任眾潤員，提供潤文意見，經合校潤譯師釋如行整理刪節，提報主校主潤譯師參酌修改譯文。又有釋緣亦、趙軍等十六位長時研習《廣論》之法師、居士，對於譯註提出不解或疑惑處，由主校譯師整理刪節，提報主要譯師參酌進行增補修改譯註。

為了使各項譯註能達到對校互參的效果，主譯、語譯、參異、審義各組，一開始都保持各自獨立性。如語譯譯師不依已譯出的古文而作白話語譯，而是依著藏文直接進行語譯；參異譯師於校勘時獨立辨別各版異文的可取性，審義譯師依師長授義及所了知的經論進行註釋。最後，各組再將所有內文匯集在一起，進行一次從頭至尾的大會校。合校潤譯師於會校前先整理出各部分的分歧之處，於會校之時提出，各組據理論辯，最後由主譯或主校譯師作出裁定，全文才算大致底定。最後將初步成品呈總監真如老師批閱，提出最後修改意見。

在這次的註譯過程中，我們都感到這是一次更深入的學習。同時我們也很忻慰，透過師長的教授，眾人齊心的努力，取得了一定的成果。比如在原譯文的校改方面，我們發現有些已被奉為圭臬之名句，卻與原文有出入。像〈修習軌理〉中所說的「有欲修心，即便截止，則於後次心欲趣入；若不爾者，見座位時，即覺發嘔。」這裡所說的「有欲修心，即便截止」藏文原文其實是「當修習的心只剩下最後一點殘餘的時候，就應該停下。」如此理解，則於義甚合。否則，剛開始想修就停下，當至何時方能久修？

又如原譯〈親近善士〉章，引伽喀巴語云：「依尊重時，恐有所失。」。針對此句之義，阿嘉永津解作：「將依止上師時，惶恐捨離」之意，善慧摩尼則進一步解釋作「顧慮雖然待在上師跟前，但由於意樂及加行依止方式有過失，而完全捨棄上師。」恩師如月格西解釋作：「擔心在親近善知識的當下，就捨離了善知識。」可知此非「恐有所失」之意。以恐有所失，是怕出了什麼錯。而這裡是在說，我們的現狀，好像以為自己在親近善知識，結果就在這時候把善知識捨棄了。因此原譯文不能說完全誤譯，但是未能如藏文原意表達出「棄捨」之感，讓人感覺到一種自我的認知與真實的情況完全相反矛盾的感受：「說是在親近，結果在當下就捨離了。」

又如「善知識德相」一科所引的《妙臂請問經》中，原譯有一「精悍工巧知報恩」的句子。依《廣論》原文及箋註此句應作「精悍又復知報恩」，無「工巧」一詞。若加「工巧」，則成十七德，與經義不合。疑是法尊法師將藏文中報恩的「報」字誤譯為「工巧」。

在箋註的翻譯上，由於師長的指導，讓我們在翻譯上釐清很多難點。〈皈敬頌〉讚阿底峽一偈，有一段妙音笑箋註，中國社會科學出版社所出版之《四家合註》譯作：「攝二大車嘉：具足辭、意、加持，非出虛構，不雜煩惱而善傳流。」其中「虛構」一詞，於藏文果芒本作「ཐོར་ཤོང」，此詞甚為費解，遍檢字書皆不得也。問於哈爾瓦仁波切，師云：藏文中有「ཐོར་ཤོང」一詞，意謂間隙。如房舍之間為防火故刻意留存之間隙者即此，以喻傳承有間斷，「ཐོར་ཤོང」應是此字傳抄之訛。其後譯經院得拉卜楞寺本《四家合註》而作參校，此字確作「ཐོར་ཤོང」，藏漢大辭典亦有此字，解作空隙、間隙，為方言也，此說遂定。

在參校異本方面，透過以不同版本作理校，也使得譯文更趨精確。如〈講聞軌理〉中，有一段註文，果芒本及哲霍本原作：

由聞知諸法，[●]此為僅聽聞之勝利。**由聞遮諸惡，**[●]此二句是明戒學。

由聞斷無義[●]散亂，[●]此句是明如理作意思惟所聞義理之勝利；此句是明定學。

由聞[●]依二學已，次以慧學斷煩惱縛而**得涅槃；**[●]此結合修習所聞思義之勝利。

「此句是明如理作意思惟所聞義理之勝利」這句話，在拉寺本中，作「此二句是明如理作意思惟所聞義理之勝利」多了一個「二」字。在這段巴註中，以聞思修及戒定慧兩組意涵來說明不同程度的聽聞，有不同的勝利。但是如果依果芒本，則不能顯出「由聞遮諸惡」屬於聞思修中的哪一個階段。如果聞而不具足思惟修習，則不能遮除諸惡，因此最下必為具足思惟，方能遮惡，故將「由聞遮諸惡，由聞斷無義」皆安立為具足思惟的聽聞勝利，於義為善，即據之而改。

又如〈講聞軌理〉中，有一段妙註，果芒本原作：「總體而言，僅唯聽聞，容有廣大勝利，然僅以《集》中所言聽聞不能遮罪」。而拉寺本則作：「總體而言，僅唯聽聞，容有廣大勝利，然不能生《集》中所言由聞遮諸惡」。按，《集》中所言聽聞實有多種，含能遮罪之聽聞，依果芒本易生歧義，故依拉寺本而譯。

此外，在參異譯師校對的過程中，也發現了部分的誤標問題。如：

《本生論·^巴三十一章》亦云：^語世尊生為月王子時，從一梵志得聞四偈正法，於一一偈，獻以千金所值財物為作酬謝。父王責之曰：「所酬過當矣！」王子曰：「所酬非重也！正法善說，若可計價，一偈之值，足奉王位。所以然者，以聞正法，有如是功德也。」於是月王子為父宣說聞法勝利。^巴月王子告蘇達薩子云：「若^巴有士夫由聞^巴三寶功德、業果決定之理、四諦之過患勝利等法，發^巴澄淨、信解、欲求信意，^巴於三寶依次供養、依止、安置，及於取捨善惡、遮趣四諦等成妙歡喜獲堅住，啟發智慧無愚癡，用自肉^巴為酬而買^巴聽聞亦應理。

這段內容中的語註，在哲霍本作巴註，但是這段註文顯然與下文的「月王子告蘇達薩子云」相異，因此這不可能是同一人所註，加上果芒本及拉寺本皆作語註，故顯然是誤標。這雖然是其他版本的問題，但是本書在「校勘」欄中都一併校出，以利閱讀其他藏文版本的讀者。

在譯註方面，除了明確的改譯之外，本書也將有疑義的原譯文據藏文註出。如「精勤修習悎寤瑜伽」一語，究為何義，頗為費解，經查漢藏典籍，作了如下的註釋，以得出較能理解的意涵：

古版玄奘大師所譯《瑜伽師地論》作「常勤修習悎寤瑜伽」，今版則改為「常勤修習覺寤瑜伽」。依玄奘大師與法尊法師二譯，此句應解為精勤修習某種瑜伽，而此瑜伽為「悎寤瑜伽」或「覺寤瑜伽」。「悎寤」一詞在藏文中為不眠之義，若作「悎寤瑜伽」或「覺寤瑜伽」，則為「不眠瑜伽」之義，然下文並

未說明不眠瑜伽。另外,藏文此句直譯為「不睡眠地勤修瑜伽」。依此譯解,則此科中分為兩部分,一為在不應睡眠時要精勤修習瑜伽,二為睡眠時應如何修,與下面正文的內容相符順,譯法上也符合藏文語序。於此特為申明而存疑之。下文的精勤修習悎寤瑜伽,在藏文中也是「不睡眠地勤修瑜伽」。

在考據方面,有許多漢藏的經典,雖然同名但是內容卻不一致,真正內容相同的經典,經名卻反而相異,以致將漢藏的經典錯誤地對認,而找不到相對應的經文。因此考據譯師花費了許多精力,將《廣論》所引用的經典仔細地考察出其真正相對應的漢文譯本,避免了許多錯誤。

如〈親近善士〉中的《菩薩藏經》,中國社會科學出版社所出版的《四家合註》註釋中,謂此經為《大寶積經·菩薩藏會第十二》。然依藏傳祖師著述,此處《菩薩藏經》即《華嚴經》的異名,而非與之同名的《大寶積經·菩薩藏會第十二》。社科版也說《華嚴經》中有找到相對應的經文,但不應認為此經是《大寶積經·菩薩藏會第十二》。

〈依止勝利〉中的《不可思議秘密經》,社科版的註釋中謂此經為《大寶積經·第三會密跡金剛力士會》及宋法護譯的《如來不思議秘密大乘經》,而未引出相應段落。然經考據,此經實為經集部經典,全名《聖光明不可思議童子所說法異門》,共1卷,而非一般通指的寶積部經典《不可思議秘密經》。其漢譯本亦即鳩摩羅什譯《不思議光菩薩所說經》。

除了上述幾本漢藏異名的經典外,有些即便漢藏同名的經典內容,仍不易找出其出處。如〈親近善士〉章中所說的華嚴九心,檢之於漢藏兩部《華嚴經》皆不可得,以《華嚴經》中所言者,遠遠超出九心也。經考據組翻閱《才旦夏茸文集》方知此說為《集學論》將《華嚴經》所說大地心至王子心,攝為九心,故《廣論》依循其說而謂九心也。檢之於《集學論》確有此說。方知大師此說依據也。

又如〈修習軌理〉中,巴註說到:「至尊所著《白淨增上意樂請問篇》中所說:『一切修習之首,猶如梵語者何?』說法雖繁」,考據譯師即將「說法雖繁」的眾說考據如下:

按語王名稱大師所著的《答白淨增上意樂請問篇意・成就寶鬘智者頂嚴》提到：「與梵語相似的修，須是觀察修和止住修二者之中的觀察修，一切白淨善法的根本唯有修信。」又說：「此處的修信專指道的根本——對善知識修信。」此師將一切修習之首，解為對善知識修信。而善慧法幢大師所著的《答白淨增上意樂請問篇・善慧笑音》則說：「一切修中最初首，猶如梵語者為何？無比殊勝上師許，即是善為觀自心。」顯而易見，此師承許善觀自心為此處所說的修習之首。參見《善慧意飾叢書》冊39，頁71、103（印度：洛色林文化協會，1999）。

在法義的註釋方面，透過諸師參閱各種註本，令註釋的內容也趨於詳盡。如〈皈敬頌〉中的龍猛之義，箋註中說：等同龍與阿周那故為**龍猛**，本書註釋中詳參各家註釋，作了如下的解釋：

等同龍與阿周那故為龍猛 龍猛，梵語Nāgārjuna及藏語ཀླུ་སྒྲུབ（拿嘎周那）的義譯，拿嘎譯為龍，周那全名阿周那（Arjuna），譯為成政（སྲིད་སྒྲུབ）。阿周那，印度神話中的核心人物。其父為般度王，娶貢提國公主普利塔，或稱貢蒂。夫妻二人祈禱天神，恪遵教義，嚴修苦行，以求天神賜子，於是相繼召來正法神、風神、天帝釋而賜三子，阿周那列位第三，因為天帝釋所賜，故名帝釋之子。於當時武藝超群，箭術第一，打敗敵軍，擁立兄長堅戰即位，並鞏固王權，而成印度神話中的猛將。如同龍住海中，具足三種特性：擁有寶庫藏如意寶、口噴毒火焚燒乾薪，以及為他照明。龍猛心中亦有斷除二邊證悟空性的寶庫、焚燒一切惡見乾薪、盡除心中無明黑暗，故名龍。即如月稱菩薩所著《顯句論》云：「尊於二邊顯正道，得生大覺智慧海，實證法庫甚深處，以大悲心闡其意。尊以正見熾烈火，焚燒於今猶未除，異端教義諸乾薪，摧此世間意愚暗。」又，龍猛也具有擁護法政，破除輪迴敵軍的功德，此如帝釋之子，擁立王政，調伏敵方的特性，故名阿周那。如《顯句論》云：「人天所化世界中，尊著離二理聚論，善詮勝出三界法，無餘摧滅三有敵，於彼龍猛敬頂禮。」而法藏大師《十二門論宗致義記》也記載：「近問大原三藏云：西國俗盡說，前代有猛壯之人，名阿順那。翻為猛者，但指彼人，非正譯其名。」至於譯作龍樹的原因，鳩摩羅什大師所譯《龍樹菩薩傳》中說：「其母樹下生之，因字阿周陀那，阿周陀那樹名也。以龍成其道，故以龍配字，號曰龍樹也。」法藏大師《十二門論宗致義記》也說：「又西國有一色樹，亦名阿順那。此菩薩在樹下生，因名阿順

那。是故翻為樹者，亦指彼樹，非正翻名。阿順那雖俱無正翻，就義指事，樹得人失。以於樹下而生，龍宮悟道。故云龍樹。」又龍樹菩薩藏文為「魯竹」（ཀླུ་སྒྲུབ），「魯」為龍、「竹」為成就，合稱「龍成就」，永津智幢大師認為：由於此師從龍宮取回龍泥塑造一千萬座佛塔及請回《大般若經十萬頌》，世人皆尊稱為龍成就。而布敦大師則將「周那」一詞，解為樹立政權（司竹・སྲིད་སྒྲུབ），所以龍樹的藏文為「魯竹」，「魯」為龍，「竹」為樹立法政。參見《大正藏》冊50，頁185；冊42，頁219；《大宗義》，頁370（妙音笑大師著，印度：果芒圖書館，2000）；《摩訶婆羅多》（毗耶娑著，黃寶生譯，北京：中國社會科學出版社，2005）；《貢德大辭典》冊4，頁399（圖滇桑竹著，台北：佛陀教育基金會，2013）；《師師相承傳》藏文冊上，頁204；中文頁150；《佛教史大寶藏論》，頁164（布敦大師著，郭和卿譯，台北：福智之聲出版社，2003）。

又如「釋儀」中的「軌範語淨」，註釋中也列出各家的說法：

軌範語淨　依據日常老和尚的解釋，軌範語淨包含尊長本身具足教理上圓滿的認識、驗證上確定不移的境界，以及說法應機兩方面；所說法清淨則指應最圓滿的機宣說圓滿的法。夏日東活佛則認為軌範語淨指軌範師能夠無誤說法；所說法清淨需要具足四法：開示增上生及解脫、遠離能詮語言的過失、具足調伏三界煩惱的作用、開示息滅煩惱及痛苦的勝利。而恩師如月格西解釋，此段所說軌範語淨，是指師長懷著清淨的意樂而說法，並不是指師長所說的內容清淨，所以與第三個條件所說法清淨沒有重複之過。參見《菩提道次第廣論舊版手抄稿》冊1，頁89（日常法師講述，台北：福智佛教基金會內部發行講義，2009）；《夏日東文集》冊1，頁31（夏日東善慧講修著，青海：青海人民出版社，2011）。

〈講聞軌理〉中的「抱肩」、「抱項」，究竟是指什麼動作，我們也請教了諸位師長，並參考祖師的解釋，而列各家說法如下：

抱肩及抱項　這兩個詞配合箋註有不同解釋：義淨三藏所譯一切有部律中與此相對應的段落作拊肩、叉腰。恩師如月格西認為，抱肩一詞，藏文原意為搓揉頸部，配合箋註則理解為雙手從前向後搓揉頸部；抱項一詞，藏文原意為搓揉背部，配合箋註則理解為雙手從後搓揉背部。依恩師如月格西的解釋，應改譯為揉頸及揉背。哈爾瓦・嘉木樣洛周仁波切認為，抱項一詞藏文原意為背手。善慧摩尼

則認為，抱肩指雙手在胸前交叉，右手放在左肩，左手放在右肩。抱項指雙臂平伸向後，手指交叉，抱住頸部。此種解法與法尊法師譯本相順。參見《洛桑諾布文集》冊2，頁129；《大正藏》冊23，頁902。

又如〈修習軌理〉中，語註引到「不修心者如畫燈，無律則如無主藏，不積資如種無水」，註釋中也引用了慧海大師的解釋而作說明：

此段偈文的意涵，慧海大師記錄了三世貢唐大師相關的開示：不管是做聞思等任何善行，都必須觀照自心，讓它成為調伏心續的方便。如果這樣，就能修改自心的煩惱，也能消除其他有情心中的煩惱，成為具足修改、救護兩種功德的如法行為。如果不這樣，就算日以繼夜地聞思修，由於無法調伏相續，變得日益散亂，就如畫中的燈一般，沒有消除黑暗的作用。不管是任何善根，如果具有戒基，將功德種在戒律的田裡，就能在善趣身感果，並且讓善業不斷增長，果報將會受用無盡，所以凡夫、聲聞、獨覺、菩薩一切增上生及決定勝的因，沒有比戒律更為殊勝的，因此佛陀講完布施後便說戒律。雖然布施，但如果失壞戒律的雙足，布施的果報會在龍等惡趣身成熟，以前布施的果就會窮盡，不再增長，如同沒有主人的寶藏。努力聞思修時，積聚資糧非常重要，就像種植青稞，不能只有種子，還要有泥土、水、肥料。參見《廣論講授筆記》，頁163。

由於這些祖師的註釋，大多仍是藏文原典而未譯作漢文，故特於本書盡力譯成漢文，令學習者能得見諸位祖師解釋的要點。

在「說明」方面，本書中共有〈文殊彌勒為佛抑或菩薩〉、〈一分真實三摩地探義〉、〈阿底峽尊者生卒年異說〉、〈支那和尚與禪宗〉、〈小明了杜鵑與阿哇都帝是否同一人〉、〈菩薩發起三乘道之抉擇〉、〈其行法施是所堪念何以為異熟果〉、〈於後聖教能成何益異解〉、〈諸佛能否以水洗罪〉、〈於師起大師想是否為成就的殊勝因〉、〈百世生犬之業感果理辨析〉、〈欲地中有無修所成〉、〈即如所證隨轉隨順教授教誡二種理解〉、〈中下士道與共中下士道之別〉、〈鵝王列於眾鵝前之譯解〉十五篇主題性的探討，引用經論及師長教授深入辨析，令欲詳究教理者得參閱之。

在「語譯」方面，我們經過多番的改訂之後，讓這欄語譯可作兩用：去掉夾註的內容，單念大字的原文，則為《廣論》的白話語譯；若將大字的原文與小字的箋註並讀，則成《廣論四家合註》整體的白話語譯。而且語譯過程全為依藏文新譯，故其較能符合原意。

由於譯註的內容龐大，歷時漫長，因此譯場決定將整部《菩提道次第廣論四家合註白話校註集》分為八冊依次出版。此次首冊的內容為〈道前基礎〉，約三十萬言，前後譯校工作足足經歷兩年時間，而後方才進入編輯排版流程。

這兩年間，起初籌備之際，為求各種版本，直是上下搜求。每新得一版，參異譯師即將校勘記全文重更。考據譯師則時為求證一句，翻經十部，倚案終朝。語譯的部分，為達到單讀原文及合讀原文註文皆能順暢，各位主要譯師及提疑組、審閱組三校五改。大會校的過程，更是傾盡各組力量反覆論辯，一字一句，有時也足以令諸師搜腸眩腦，歷經一年日無間斷，而後定稿。行政及打字員釋性由、張波全程配合各組需求，這兩年之間，眾譯師勤恪的程度，廢寢忘食固不敢當，然燭火徹宵確也尋常。尤其是各組譯師，現多於寺內擔任教職，早晚功課一如繼往。如此緊湊的日程下，所以能長時為譯經的佛法事業效命，甘之如飴者，誠以感師長教授之恩，傳承相續之責，眾生檀越厚望，無一不令吾等傾心相酬也。因此諸師才固有限，然亦竭才而為矣！此部白話校註集但能有益於聖教有情，則一切辛勞不足道也。

在多次的校對過程中，我們也發現一個事實，就如前人所說，校書如掃落葉，旋掃旋生。每一次我們自我檢查的時候，總都還是能發現問題。如今出版的內容，我們只能說經過長時的努力，問題相對較少，但相信其中仍有改善的空間。在未來的日子裡，我們仍會再繼續地尋找需改善之處，以俟再版之時更作修改，敬請諸位大德不吝指教。

最後特別鳴謝 TBRC（藏傳佛教資源中心）執行長 Jeff Wallman、喜瑪拉雅文庫董事長次仁多杰仁波切、靈嚴寺欽哲仁波切、保定觀音寺住持寂禪法師、林先珍居士大力協助譯場搜集經本的工作；釋性體、釋性霄、釋性賞、釋性回、趙連超、屈雪松、屈雪蓮、郝帥蘇、王九巒、劉仲軒、王瑩、李鯤、張承、黃彥人、丁松漢等諸位僧信大德協助譯場版務工作；王淑均、沈平川、蔡

佩均、張敬忠、胡碧瑩、郭齡燕、許淑鉶、何燦君、蔡慧莉、林文玲、郭美雀、湯秋惠、江合原、張瑜芳、姚乃方、賴漢舜、陳美伶、柯美霜、唐淑蘭、朱秋瑩、林桂美、楊月滿等居士發心投入繁瑣的編輯校對工作；侯文詠、李永晃、陳萬和、王俊文、李麗斐等居士指導出版團隊予以極其用心的考究和專業意見。因眾人之齊心，以成利眾人之事，未來八年中，大慈恩・月光國際譯經院團隊將以更大的努力，來完成此部《四家合註》的全面翻譯校註。

吉祥如意！

大慈恩・月光國際譯經院《菩提道次第廣論四家合註白話校註集》譯場

主譯　釋如法

2016 年 1 月 1 日記

索 引

■ 佛菩薩、人名

■ 書名

■ 法相

■ 地名

AMRITA TRANSLATION FOUNDATION

大慈恩譯經基金會
AMRITA TRANSLATION FOUNDATION

創設緣起

　　真如老師為弘揚清淨傳承教法，匯聚僧團中修學五部大論法要之僧人，於 2013 年底成立「大慈恩・月光國際譯經院」，參照古代漢、藏兩地之譯場，因應現況，制定譯場制度，對藏傳佛典進行全面性的漢譯與校註。

　　譯經院經過數年的運行，陸續翻譯出版道次第及五部大論相關譯著。同時也收集了大量漢、藏、梵文語系實體經典以及檔案，以資譯經。2018 年，真如老師宣布籌備譯經基金會，以贊助僧伽教育、譯師培訓、接續傳承、譯場運作、典藏經像、經典推廣。

　　2019 年，於加拿大正式成立非營利組織，命名為「大慈恩譯經基金會」，一以表志隨踵大慈恩三藏玄奘大師譯經之遺業；一以上日下常老和尚之藏文法名為大慈，基金會以大慈恩為名，永銘今後一切譯經事業，皆源自老和尚大慈之恩。英文名稱為「AMRITA TRANSLATION FOUNDATION」，意為不死甘露譯經基金會，以表佛語釋論等經典，是療吾等一切眾生生死重病的甘露妙藥。本會一切僧俗，將以種種轉譯的方式令諸眾生同沾甘露，以此作為永恆的使命。

　　就是現在，您與我們因緣際會。我們相信，您將與我們把臂共行，一同走向這段美妙的譯師之旅！

大慈恩譯經基金會官網網站：https://www.amrtf.org/

620

創始榮董名單

真如老師 楊哲優闔家 蕭丞莛 王名誼 釋如法 賴春長 江秀琴 張燈技
李麗雲 鄭鳳珠 鄭周 江合原 GWBI 蔡鴻儒 朱延均闔家 朱崴國際
康義輝 釋徹浩 釋如旭 陳悌錦 盧淑惠 陳麗瑛 劉美爵 邱國清 李月珠
劉鈴珠 楊林金寶 楊雪芬 施玉鈴 吳芬霞 徐金水 福泉資產管理顧問
王麒銘 王藝臻 王嘉賓 王建誠 陳秀仁 李榮芳 陳侯君 盧嬿竹 陳麗雲
張金平 楊炳南 宋淑雅 王淑均 陳玫圭 蔡欣儒 林素鐶 鄭芬芳
陳弘昌闔家 黃致文 蘇淑慧 魏榮展 何克澧 崔德霞 黃錦霞 楊淑涼
賴秋進 陳美貞 蕭仲凱 黃芷芸 陳劉鳳 楊耀陳 沈揚 曾月慧 吳紫蔚
張育銘 蘇國棟 闕月雲 蘇秀婷 劉素音 李凌娟 陶汶 周陳柳 林崑山
闔家 韓麗鳳 蔡瑞鳳 陳銀雪 張秀雲 游陳溪闔家 蘇秀文 羅云彤
余順興 Huang,Yu Chi 闔家 林美伶 廖美子闔家 林珍珍 蕭陳麗宏
邱素敏 李翊民 李季翰 水陸法會弟子 朱善本 顏明霞闔家 劉珈合闔家
蔡少華 李賽雲闔家 張航語闔家 詹益忠闔家 姚欣耿闔家 羅劍平闔家
李東明 釋性修 釋性祈 釋法謹 吳宜軒 陳美華 林郭喬鈴 洪麗玉
吳嬌娥 陳維金 陳秋惠 翁靖賀 邱重銘 李承慧 蕭誠佑 蔣岳樺 包雅軍
陳姿佑 陳宣廷 蕭麗芳 周麗芳 詹尤莉 陳淑媛 李永智 程莉闔家
蘇玉杰闔家 孫文利闔家 巴勇闔家 程紅林闔家 黃榕闔家 劉予非闔家
章昶 王成靜 丁欽闔家 洪燕君 崔品寬闔家 鄭榆莉 彭卓 德鳴闔家
周圓海 鄒靜 劉紅君 潘紘 翁梅玉闔家 慧妙闔家 蔡金鑫闔家
慧祥闔家 駱國海 王文添闔家 翁春蘭 林廷諭 黃允聰 羅陳碧雪
黃水圳 黃裕民 羅兆鈴 黃彥傑 俞秋梅 黃美娥 蘇博聖 練雪溱 高麗玲
彭劉帶妹・彭鈺茹 吳松柏・彭金蘭 吳海勇 陳瑞秀 傅卓祥 王鵬翔
張曜楀闔家 鄧恩潮 蔡榮瑞 蔡佩君 吳曜宗 陳耀輝 李銘洲 鄭天爵

621

624

上士道護法——六臂怙主

上士道護法──六臂怙主 偈讚

上師怙主無分別　　我今虔誠敬皈依

我等有情諸煩惱　　祈願斷除盡無餘

怙主上師無分別　　我今虔誠敬皈依

我等有情諸障礙　　祈願斷除盡無餘

中士道護法——多聞天子

中士道護法——多聞天子 偈讚

藥叉大王多聞子

財富自在雨妙欲

大悲怙主滅貧乏

敬禮天王幷眷屬

下士道護法──閻摩法王

下士道護法──閻摩法王 偈讚

大力閻摩法王及眷屬

若於阿底峽及宗師教

作害怨魔盼汝悉鏟除

如子守護教法持教者

菩提道次第廣論四家合註
白話校註集（第一冊）

造　　論	宗喀巴大師
合　　註	巴梭法王　語王堅穩尊者　妙音笑大師　札帝格西
譯　　論	法尊法師
總　　監	真　如
譯　　註	釋如法　釋如密等

責任編輯	葉郭枝
文字編輯	王淑均
美術設計	吳珮湜　陳荷鸞　蘇筱涵
排　　版	華漢電腦排版有限公司
印　　刷	科樂印刷事業股份有限公司

出 版 者	福智文化股份有限公司
地　　址	105407 台北市松山區八德路三段 212 號 9 樓
電　　話	02-2577-0637
客服 Email	serve@bwpublish.com
官方網站	https://www.bwpublish.com/
總 經 銷	時報文化出版企業股份有限公司
地　　址	333019 桃園市龜山區萬壽路二段 351 號
電　　話	02-2306-6600 轉 2111
出版日期	2021 年 12 月　初版第七刷
定　　價	新台幣 1000 元

I S B N	978-986-93257-0-7（全　套：精裝）
	978-986-93257-1-4（第 1 冊：精裝）

國家圖書館出版品預行編目資料

菩提道次第廣論四家合註白話校註集 / 宗喀巴大
　師造論；巴梭法王等合註；法尊法師譯論；
　釋如法，釋如密等譯註. -- 初版. -- 臺北市：
　福智文化，2016.06
　　冊；　公分
ISBN 978-986-93257-0-7（全　套：精裝）. --
ISBN 978-986-93257-1-4（第 1 冊：精裝）

　1.藏傳佛教　2.注釋　3.佛教修持

226.962　　　　　　　　　　　　　105009291